河北省住房和城乡建设领域施工现场专业人员岗位培训系列用书

资 料 员

主　编　王振国
副主编　张艳荣　肖兴华

中国建材工业出版社

图书在版编目（CIP）数据

资料员/王振国主编．--北京：中国建材工业出版社，2018.9（2018.10重印）
河北省住房和城乡建设领域施工现场专业人员岗位培训系列用书
ISBN 978-7-5160-2014-2

Ⅰ．①资…　Ⅱ．①王…　Ⅲ．①建筑工程—技术档案—档案管理—岗位培训—自学参考资料　Ⅳ．①G275.3

中国版本图书馆CIP数据核字（2017）第207309号

资料员
主　编　王振国
副主编　张艳荣　肖兴华

出版发行：中国建材工业出版社
地　　址：北京市海淀区三里河路1号
邮　　编：100044
经　　销：全国各地新华书店
印　　刷：北京鑫正大印刷有限公司
开　　本：787mm×1092mm　1/16
印　　张：27
字　　数：660千字
版　　次：2018年9月第1版
印　　次：2018年10月第2次
定　　价：74.00元

本社网址：www.jccbs.com　微信公众号：zgjcgycbs

编 委 会

主　　编　王振国

副 主 编　张艳荣　肖兴华

参　　编　赵江华　齐卫华　马　燕　王瑞琪　王振涛

参编单位　河北省建设人才与教育协会

河北省建设人才与教育协会建设教育培训分会

邢台市建设系统职工培训中心

承德市建设职业技能培训中心

廊坊市城市建设勘察院培训中心

河北城乡建设学校

张家口市城建职工中等专业学校

秦皇岛经济技术开发区润安建设工程职业培训学校

邯郸建筑工程中专学校

保定铭诚建筑工程技术咨询服务有限公司

大元建业集团股份有限公司

唐山建工职业技能培训学校有限公司

定州市定安建筑工程技术职业培训学

辛集市辛安职业培训学校

前　　言

2011年7月，住房和城乡建设部颁布了《建筑与市政工程施工现场专业人员职业标准》JGJ/T 250—2011，于2012年1月1日起实施，为满足我省资料员的培训、考核需要，由本书编委会组织编写了河北省住房和城乡建设领域施工现场专业人员岗位培训系列用书《资料员》。可作为资料员通用与基础知识及岗位与技能知识的培训和考核用书。

本书依据住房和城乡建设部颁布的《建筑与市政工程施工现场专业人员考核评价大纲》编写，分为通用与基础知识和岗位与技能知识两册。其中通用与基础知识主要内容包括十一章：第一章法律法规及相关规定，第二章建筑工程识图，第三章建筑构造、建筑设备的基本知识，第四章工程材料的基本知识，第五章建筑施工技术，第六章力学基本知识，第七章施工项目管理基础知识，第八章文秘、公文写作，第九章工程造价资料的相关基本知识，第十章检索、处理及应用施工资料，第十一章施工信息管理系统。岗位与技能知识主要内容包括六章：第十二章资料管理的相关规定和标准，第十三章建筑工程竣工验收备案归档管理知识，第十四章建筑业统计基本知识，第十五章施工资料管理，第十六章资料安全管理的有关规定，第十七章施工资料用表。

由于我们的学识和经验有限，因而书中还存在诸多不完善或不尽如人意之处，真诚地希望行业内人员多提宝贵意见，以便修订时加以补充、修改，使之更加完善。同时，书中疏漏和错误之处，恳请广大读者和专家学者批评指正。

编　者

前　言

目　录

第一章　建设法规

第一节　建设法规概述

一、建设法规的概念

建设法规是指国家立法机关或其授权的行政机关制定的，调整建设活动中发生的国家及其有关机构、企事业单位、社会团体、公民之间的各种社会关系的法律制度和规范的总称。它是国家对城市建设、乡村建设、市政及社会公用事业等各项建设活动进行组织、管理、协调的方针、政策和基本原则的具体体现。

二、建设法规的调整对象

建设法规的调整对象是指纳入建设法规调整范围的建设活动过程中所形成的各种社会关系。具体而言，建设法规的调整对象主要包括以下几种关系。

（一）建设活动中的行政管理关系

建设活动中的行政管理关系，是国家及其建设行政主管部门同建设单位、设计单位、施工单位及有关单位（如中介服务机构）之间发生的相应的管理与被管理关系。它包括两个相互关联的方面：一方面是规划、指导、协调与服务；另一方面是检查、监督、控制与调节。这不但要明确各种建设行政管理部门相互间及内部各方面的责权利关系，而且要科学地建立建设行政管理部门同各类建设活动主体及中介服务机构之间规范的管理关系。这些都必须纳入法律调整范围之内，由有关的建设法规来承担。

（二）建设活动中的经济协作关系

在各项建设活动中，各种经济主体为了自身的生产和生活需要，或为了实现一定的经济利益或目的，必须寻求协作伙伴，随即发生相互间的建设活动中的经济协作关系，如投资主体（建设单位）同勘察设计单位、建设安装施工单位等发生的勘察设计和施工关系。

建设活动中的经济协作关系是一种平等自愿、互利互助的横向协作关系，一般应以建设合同的形式确定。

（三）建设活动中的民事关系

建设活动中的民事关系是指因从事建设活动而产生的国家机关、社会组织、自然人之间的民事权利和义务关系。主要包括：在建设活动中发生的有关自然人的损害、侵权、赔偿关系；建设领域从业人员的人身和经济权利保护关系；勘察、设计著作权的财产关系、人身关系；房地产交易中买卖、租赁、产权关系；土地征用、房屋拆迁导致的拆迁安置、财产赔偿关系等。

三、建设法规体系

法律法规体系，通常是指一国现行的法律规范，按照一定标准和原则构成的有机统一整体。在我国，建设法规属于经济法的重要组成部分。

我国建设法规体系按立法权限划分，由五个层次组成。

（一）建设法律

建设法律是由全国人民代表大会及其常委会制定通过，并由国家主席以主席令的形式发布的属于国务院建设行政主管部门业务范围的各项法律。目前已颁布的属于建设方面的法律，如《中华人民共和国建筑法》《中华人民共和国招标投标法》和《中华人民共和国城乡规划法》等。建设法律是我国建设法规体系的核心和基础。

（二）建设行政法规

建设行政法规是指由国务院制定，经国务院常务委员会审议通过，由国务院总理以中华人民共和国国务院令的形式发布的属于建设行政主管部门主管业务范围的各项法规。建设行政法规常以“条例”“规定”“办法”等名称出现，如《建设工程质量管理条例》《中外合作设计工程项目暂行规定》《无照经营查处取缔办法》等。其效力低于建设法律，在全国范围内施行。

（三）建设部门规章

建设部门规章是由住房城乡建设部根据国务院规定的职责范围，依法制定并颁布的各项规章或由住房城乡建设部与国务院其他部门联合制定并发布的规章。建设部门规章常以“规定”“办法”和“实施细则”等名称出现，如《注册造价工程师管理办法》《民用建筑节能管理规定》《注册建筑师条例实施细则》等。它是法律和行政法规的具体化和补充，其对有关行政管理部门具有约束力，效力低于建设行政法规。

（四）地方建设法规

地方建设法规是指在不与宪法、法律、行政法规相抵触的前提下，由省、自治区、直辖市人民代表大会及其常务委员会结合本地区实际情况制定颁行或经其批准颁行的由下级人民代表大会或其常委会制定的、只能在本行政区域内适用的建设方面的法规，如《河北省建筑条例》等。

（五）地方建设规章

地方建设规章是由具有立法权的各地人民政府根据法律和法规制定颁布的、只在本行政区域有效的建设方面的规章，如《河北省建筑装饰装修管理规定》等。

关于地方立法权的问题，2015 年 3 月 15 日，第十二届全国人民代表大会第三次会议决定对《中华人民共和国立法法》做出修改，地方立法权扩至所有设区的市。

在建设法规的五个层次中，建设法律的法律效力最高，层次越往下的法律法规效力越低。法律效力低的建设法规不得与比其法律效力高的建设法规相抵触。若有些条款与上层次法规有矛盾，如地方法规或行政法规与法律抵触，须报全国人民代表大会处理；地方规章与行政法规或法律抵触，须报国务院处理。

第二节　《建筑法》

《中华人民共和国建筑法》（以下简称《建筑法》）于1997年11月1日由第八届全国人大常委会第28次会议通过，自1998年3月1日起施行。2011年4月22日第十一届全国人大常委会第20次会议通过了《关于修改〈中华人民共和国建筑法〉的决定》，修改后的《建筑法》自2011年7月1日起施行。

《建筑法》的立法目的在于加强对建筑活动的监督管理，维护建筑市场秩序，保证建筑工程的质量和安全，促进建筑业健康发展。《建筑法》规定，在中华人民共和国境内从事建筑活动，实施对建筑活动的监督管理，应当遵守本法。其中的建筑活动，是指各类房屋建筑及其附属设施的建造和与其配套的线路、管道、设备的安装活动。抢险救灾及其他临时性房屋建筑和农民自建低层住宅的建筑活动，不适用本法。

《建筑法》共8章85条，分别在建筑许可、建筑工程发包与承包、建筑工程监理、建筑安全生产管理、建筑工程质量管理、法律责任等方面做出了规定。

一、建筑许可

建筑许可包括工程许可和从业资格两部分，属于《建筑法》第二章的内容。

（一）工程许可

1. 建筑工程许可的概念

我国的建筑工程许可主要指的是建筑工程施工许可证制度。它是指由国家授权有关行政主管部门，在建筑工程施工开始以前，对该项工程是否符合法定的开工必备条件进行审查，对符合条件的建筑工程发给施工许可证，允许该工程开工建设的制度。在我国，对有关建筑工程实行施工许可证制度，有利于保证开工建设的工程符合法定条件，在开工后能够顺利进行；同时，也便于有关行政主管部门全面掌握和了解其管辖范围内有关建筑工程的数量、规模、施工队伍等基本情况，及时对各个建筑工程依法进行监督和指导，保证建筑活动依法进行。

2. 实行施工许可证制度的建筑工程范围

施工许可证是由建设行政主管部门颁发的准予建筑工程开工的文件，具有一定的法律效力，凡是按规定应当申请领取施工许可证的建筑工程，没有施工许可证就不能开工。施工许可证的申领由国务院建设行政主管部门根据实际情况确定一个限额，限额以下小型工程的施工不需要申请领取施工许可证。

实行施工许可证制度的建筑工程，开工前，建设单位应当按照国家有关规定向工程所在地县级以上人民政府建设行政主管部门申请领取施工许可证。这一规定包括以下三项内容：

（1）建筑施工许可证必须在开工日期之前领取。根据国家计划主管部门的有关规定，开工日期是指建设项目或单项工程设计文件中规定的永久性工程计划开始施工的时间，以永久性工程正式破土开槽开始施工的时间为准，在此以前的准备工作，如地质勘探，平整场地，拆除旧有建筑物，修建临时建筑和施工用临时道路、水、电等工程都不算正式开工。

(2) 建筑施工许可证是由建设单位申请领取的。

(3) 县级以上人民政府的建设行政主管部门是施工许可证的审查和发放机关。建设行政主管部门应当依法履行该项职责，对经审查符合法定开工条件的建筑工程颁发施工许可证，对不符合条件的，不得发给施工许可证。

3. 申领施工许可证应当具备的条件

(1) 已经办理该建筑工程用地批准手续；

(2) 在城市规划区的建筑工程，已经取得规划许可证；

(3) 需要拆迁的，其拆迁进度符合施工要求；

(4) 已经确定建筑施工企业；

(5) 有满足施工需要的施工图纸及技术资料；

(6) 有保证工程质量和安全的具体措施；

(7) 建设资金已经落实；

(8) 法律、行政法规规定的其他条件。

建设行政主管部门应当自收到申请之日起十五日内，对符合条件的申请颁发施工许可证。

4. 施工许可证有效期限及延期的规定

建筑工程施工许可证是有关行政主管部门根据建设单位的申请，对符合法定开工条件的建筑工程依法做出的施工许可，该项施工许可只能在一定期限内有效。

建设单位应当自领取施工许可证之日起三个月内开工。因故不能按期开工的，应当向发证机关申请延期；延期以两次为限，每次不超过三个月。既不开工又不申请延期或者超过延期时限的，施工许可证自行废止。

(二) 从业资格

1. 建筑业企业资质

从事建筑活动的建筑施工企业、勘察单位、设计单位和工程监理单位，按照其拥有的注册资本、专业技术人员、技术装备和已完成的建筑工程业绩等资质条件，划分为不同的资质等级，经资质审查合格，取得相应等级的资质证书后，方可在其资质等级许可的范围内从事建筑活动。其中建筑业企业资质分为施工总承包、专业承包和施工劳务三个序列。具体的序列与类别详见表 1-1。表 1-2～表 1-4 为部分建筑业企业的承包工程范围。

表 1-1　建筑业企业资质序列及类别

序号	资质序列	资质类别
1	施工总承包资质	施工总承包序列设有 12 个类别，一般分为 4 个等级（特级、一级、二级、三级）。包括建筑工程施工、公路工程施工、铁路工程施工、港口与航道工程施工、水利水电工程施工、电力工程施工、矿山工程施工、冶金工程施工、石油化工工程施工、市政公用工程施工、通信工程施工、机电工程施工总承包
2	专业承包资质	专业承包序列设有 36 个类别，一般分为 3 个等级（一级、二级、三级）。包括地基基础工程、起重设备安装工程、预拌混凝土、电子与智能化工程、消防设施工程、防水防腐保温工程、桥梁工程、模板脚手架、建筑装修装饰工程、建筑机电安装工程、建筑幕墙工程、古建筑工程、城市及道路照明工程等专业承包
3	施工劳务资质	不分类别和等级

表 1-2　建筑工程施工总承包企业承包工程范围

<table>
<tr><th>资质名称</th><th>等级</th><th>净资产（以上）</th><th>承包工程范围</th><th>备注</th></tr>
<tr><td rowspan="4">建筑工程施工总承包资质标准</td><td>特级</td><td></td><td></td><td rowspan="4">注：
1. 建筑工程是指各类结构形式的民用建筑工程、工业建筑工程、构筑物工程以及相配套的道路、通信、管网管线等设施工程。工程内容包括地基与基础、主体结构、建筑屋面、装修装饰、建筑幕墙、附建人防工程以及给水排水及供暖、通风与空调、电气、消防、防雷等配套工程。
2. 建筑工程相关专业职称包括结构、给排水、暖通、电气等专业职称。
3. 单项合同额 3000 万元以下且超出建筑工程施工总承包二级资质承包工程范围的建筑工程的施工，应由建筑工程施工总承包一级资质企业承担</td></tr>
<tr><td>一级</td><td>1 亿</td><td>可承担单项合同额 3000 万元以上的下列建筑工程的施工：
（1）高度 200m 以下的工业、民用建筑工程；
（2）高度 240m 以下的构筑物工程。</td></tr>
<tr><td>二级</td><td>4000 万</td><td>可承担下列建筑工程的施工：
（1）高度 100m 以下的工业、民用建筑工程；
（2）高度 120m 以下的构筑物工程；
（3）建筑面积 4 万平方米以下的单体工业、民用建筑工程；
（4）单跨跨度 39m 以下的建筑工程。</td></tr>
<tr><td>三级</td><td>800 万</td><td>可承担下列建筑工程的施工：
（1）高度 50m 以下的工业、民用建筑工程；
（2）高度 70m 以下的构筑物工程；
（3）建筑面积 1.2 万平方米以下的单体工业、民用建筑工程；
（4）单跨跨度 27m 以下的建筑工程。</td></tr>
</table>

表 1-3　市政公用施工总承包企业承包工程范围

<table>
<tr><th>资质名称</th><th>等级</th><th>净资产（以上）</th><th>承包工程范围</th><th>备注</th></tr>
<tr><td rowspan="4">市政公用工程施工总承包资质标准</td><td>特级</td><td></td><td></td><td rowspan="4">注：
1. 市政公用工程包括给水工程、排水工程、燃气工程、热力工程、道路工程、桥梁工程、城市隧道工程（含城市规划区内的穿山过江隧道、地铁隧道、地下交通工程、地下过街通道）、公共交通工程、轨道交通工程、环境卫生工程、照明工程、绿化工程。
2. 市政综合工程指包括城市道路和桥梁、供水、排水、中水、燃气、热力、电力、通信、照明等中的任意两类以上的工程。
3. 市政工程相关专业职称包括道路与桥梁、给排水、结构、机电、燃气等专业职称</td></tr>
<tr><td>一级</td><td>1 亿</td><td>可承担各类市政公用工程的施工</td></tr>
<tr><td>二级</td><td>4000 万</td><td>可承担下列市政公用工程的施工：
（1）各类城市道路；单跨 45m 以下的城市桥梁；
（2）15 万吨/日以下的供水工程；10 万吨/日以下的污水处理工程；25 万吨/日以下的给水泵站、15 万吨/日以下的污水泵站、雨水泵站；各类给排水及中水管道工程；
（3）中压以下燃气管道、调压站；供热面积 150 万平方米以下热力工程和各类热力管道工程；
（4）各类城市生活垃圾处理工程；
（5）断面 25m² 以下隧道工程和地下交通工程；
（6）各类城市广场、地面停车场硬质铺装；
（7）单项合同额 4000 万元以下的市政综合工程</td></tr>
<tr><td>三级</td><td>1000 万</td><td>可承担下列市政公用工程的施工：
（1）城市道路工程（不含快速路）；单跨 25m 以下的城市桥梁工程；
（2）8 万吨/日以下的给水厂；6 万吨/日以下的污水处理工程；10 万吨/日以下的给水泵站，10 万吨/日以下的污水泵站、雨水泵站，直径 1m 以下供水管道；直径 1.5m 以下污水及中水管道；
（3）2kg/cm² 以下中压、低压燃气管道、调压站；供热面积 50 万平方米以下热力工程，直径 0.2 米以下热力管道；
（4）单项合同额 2500 万元以下的城市生活垃圾处理工程；
（5）单项合同额 2000 万元以下的地下交通工程（不包括轨道交通工程）；
（6）5000m² 以下城市广场、地面停车场硬质铺装；
（7）单项合同额 2500 万元以下的市政综合工程</td></tr>
</table>

表 1-4　部分专业承包企业可以承揽的业务范围

资质名称	等级	净资产（以上）	承包工程范围	备注
地基基础工程专业承包	一级	2000 万	可承担各类地基基础工程的施工	
	二级	1000 万	可承担下列工程的施工： （1）高度 100m 以下工业、民用建筑工程和高度 120m 以下构筑物的地基基础工程； （2）深度不超过 24m 的刚性桩复合地基处理和深度不超过 10m 的其他地基处理工程； （3）单桩承受设计荷载 5000kN 以下的桩基础工程； （4）开挖深度不超过 15m 的基坑围护工程	
	三级	400 万	可承担下列工程的施工： （1）高度 50m 以下工业、民用建筑工程和高度 70m 以下构筑物的地基基础工程； （2）深度不超过 18m 的刚性桩复合地基处理或深度不超过 8m 的其他地基处理工程； （3）单桩承受设计荷载 3000kN 以下的桩基础工程； （4）开挖深度不超过 12m 的基坑围护工程	
建筑幕墙工程专业承包	一级	2000 万	可承担各类型的建筑幕墙工程的施工	
	二级	400 万	可承担单体建筑工程幕墙面积 8000m² 以下建筑幕墙工程的施工	
防水防腐保温工程专业承包	一级	1000 万	可承担各类建筑防水、防腐保温工程的施工	
	二级	400 万	可承担单项合同额 300 万元以下建筑防水工程的施工，单项合同额 600 万元以下的各类防腐保温工程的施工	
建筑装修装饰工程专业承包	一级	1500 万	可承担各类建筑装修装饰工程，以及与装修工程直接配套的其他工程的施工	注：1. 与装修工程直接配套的其他工程是指在不改变主体结构的前提下的水、暖、电及非承重墙的改造。 2. 建筑美术设计职称包括建筑学、环境艺术、室内设计、装潢设计、舞美设计、工业设计、雕塑等专业职称
	二级	200 万	可承担单项合同额 2000 万元以下的建筑装修装饰工程，以及与装修工程直接配套的其他工程的施工	

2. 人员资质

从事建筑活动的专业技术人员，应当依法取得相应的执业资格证书，并在执业资格证书许可的范围内从事建筑活动。

二、建筑工程发包与承包

建筑工程的发包，是指建筑工程的建设单位（或总承包单位）将建筑工程任务（勘察、设计、施工等）的全部或一部分通过招标或其他方式，交付给具有从事建筑活动的法定从业资格的单位完成，并按照约定支付报酬的行为。建筑工程的承包，是指具有从事建筑活动的法定从业资格的单位，通过投标或其他方式，承揽建筑工程任务，并按照约定取得报酬的行为。

（一）一般规定

1. 建筑工程发包与承包活动应当共同遵守的基本原则

（1）建筑工程的发包与承包双方应当依法订立合同，全面履行合同约定义务的原则。

（2）建筑工程发包与承包的招标投标活动应当遵循公开、公正、平等竞争的原则。

（3）在建筑工程的发包与承包活动中，禁止任何形式的行贿受贿行为的原则。

（4）建筑工程的造价应当由合同双方依法约定，以及发包单位应当依照合同约定，及时拨付工程款项的原则。

2. 建筑工程发包方与承包方依法订立合同的相关规定

建筑工程的发包单位，通常为建筑工程的建设单位，即投资建设该项建筑工程的单位（即“业主”）。此外，建筑工程实行总承包的，总承包单位经建设单位同意，在法律规定的范围内，对部分工程项目进行分包的，工程的总承包单位即成为分包工程的发包单位。

建筑工程的承包单位，即承揽建筑工程的勘察、设计、施工等业务的单位，包括对建筑工程实行总承包的单位和承包分包工程的单位。

建筑工程的发包单位与承包单位订立的合同，是指有关建筑工程的承包合同，即由承包方按期完成发包方交付的特定工程项目，发包方按期验收，并支付报酬的协议。其可以由建设单位与一个总承包单位订立总承包合同，然后由总承包单位与各分包单位订立分包合同；也可以由建设单位分别与从事建筑活动的勘察、设计、施工、安装单位签订合同。建筑工程的发包与承包单位必须按照《中华人民共和国合同法》订立书面合同，明确双方的权利和义务，不按照合同约定履行义务的，依法承担违约责任。

建筑工程发包与承包的招标投标活动，应按照《中华人民共和国招标投标法》的规定，遵循公开、公平、公正和诚实信用的原则，择优选择承包单位。

发包单位及其工作人员在建筑工程发包中不得收受贿赂、回扣或者索取其他好处；承包单位及其工作人员不得利用向发包单位及其工作人员行贿、提供回扣或者给予其他好处等不正当手段承揽工程。

发包单位与承包单位应在合同中按照国家有关规定约定建筑工程造价；公开招标发包的，其造价的约定，须遵守招标投标法律的规定。发包单位应当按照合同的约定，及时拨付工程款项。

（二）发包

1. 建筑工程的发包方式

建筑工程发包方式有以下两种：

（1）招标发包。是指发包方通过公告或者其他方式，发布拟建工程的有关信息，表明其将招请合格的承包商承包工程项目的意向，由各承包商按照发包方的要求，提出各自的工程报价和其他承包条件，参加承揽工程任务的竞争，最后由发包方从中择优选定中标者作为该项工程的承包方，与其签订工程承包合同的发包方式。招标发包是建筑工程发包的基本方式。

（2）直接发包。是指由发包方直接选定特定的承包商，与其进行一对一的协商谈判，就双方的权利义务达成协议后，与其签订建筑工程承包合同的发包方式。这种发包方式应当只适用于少数不适于采用招标方式发包的特殊建筑工程。其适用范围包括两种情况：一是工程项目本身的性质不适宜进行招标发包，如某些保密工程或有特殊专业要求的房屋建筑工程等；二是从建筑工程的投资主体上看，对私人资本投资建设的工程，采用何种方式发包，法律一般没有必要加以限制，投资人可以自行选择发包方式，既可以招标发包，也可以直接发包。

2. 公开招标发包的基本程序性规则

（1）发布招标公告。建筑工程实行公开招标的，发包单位应当依照法定程序和方式发布招标公告。

（2）提供招标文件。招标文件由发包单位提供，其主要内容是：招标工程的主要技术要求，主要的合同条款，评标的标准和方法，开标、评标、定标的程序等。

应当认真编制招标文件，保证招投标顺利进行，在招标文件中，还会有其他内容，由编制单位根据需要决定，但上述法定的内容必不可少。

（3）在招标文件规定的时间、地点公开进行开标。开标应当由招标单位主持，所有投标人都应当参加，有关部门与监督单位到场。标书启封后，应当宣读标书的主要内容，开标后，任何投标人都不允许更改标书的内容和报价，也不允许增加优惠条件，评标、定标的标准和方法都不能改动。

（4）评标、定标。指开标后，应当按照招标文件规定的评标标准和程序，对标书进行评价、比较，在具备相应资质条件的投标者中，择优选定中标者。

3. 对发包行为的限定

此类限定是规范发包行为的，也是保护承包单位合法权益、维护建筑市场正常秩序的。建筑法中的规定主要有下列三项：

（1）建筑工程实行招标发包的，发包单位应当将建筑工程发包给依法中标的承包单位。

（2）政府及其所属部门不得滥用行政权力，限定发包单位将招标发包的建筑工程发包给指定的承包单位。

（3）按照合同约定，建筑材料、建筑构配件和设备内工程承包单位采购的，发包单位不得指定承包单位购入用于工程的建筑材料、建筑构配件和设备或者指定生产厂、供应商。

4. 对发包形式的规定

（1）提倡对建筑工程实行总承包，禁止将建筑工程肢解发包。这是提倡将一个建筑工程由一个承包单位负责组织实施，由其统一指挥筹划，以求获取较好的效益和较高的效率。

（2）按规定，在总承包中，既可以是统包，也可以是分项总承包，建筑工程的发包单位可以将建筑工程的勘察、设计、施工、设备采购一并发包给一个工程总承包单位，也可以将建筑工程勘察、设计、施工、设备采购的一项或者多项发包给一个工程总承包单位。按照这项规定，建设单位为甲方，总承包单位为乙方。甲方可以与一个乙方订立合同，也可以与几个乙方订立合同。

（3）禁止肢解发包，也就是不得将应当由一个承包单位完成的建筑工程肢解成若干部分发包给几个承包单位。

5. 建筑工程招标的开标、评标、定标的组织实施单位应接受有关主管部门的监督

6. 发包方只能将工程发包给具备相应资质条件的单位

（三）承包

1. 承包的规则

（1）承包单位只能在其资质等级许可的业务范围内承揽工程，并且不得允许他人借用自己的名义或者自己借用他人的名义，超越资质等级承揽工程。

（2）大型建筑工程或者结构复杂的建筑工程，可以由两个以上的承包单位联合共同承包；共同承包的各方对承包合同的履行承担连带责任。这种责任意味着共同承包的每一个承包单

位都有义务承担共同承包所应负的全部责任，在这个承包单位履行了义务之后，有权向共同承包的其他承包单位那里索取补偿。联合共同承包形式，适用于大中型建筑工程和结构复杂的建筑工程。

为防止出现越级承包问题，联合体只能按照资质等级较低的单位的许可业务范围承揽工程。

(3) 禁止转包。这是一项非常明确的法律规定，禁止转包包括直接的转包与变相的转包。因此，《建筑法》规定，禁止承包单位将其承包的全部建筑工程转包给他人，禁止承包单位将其承包的全部建筑工程肢解以后，以分包的名义分别转包给他人。

(4) 规定施工总承包的，建筑工程主体结构的施工必须由总承包单位自行完成。如此规定，也有利于防止转包。

2. 关于分包的规定

(1) 总承包单位可以将部分工程分包，但都必须经过建设单位同意，同意的方式为在总承包合同中约定，或者经建设单位认可，若未经建设单位同意实行分包，则被视为违法分包。

(2) 总承包单位和分包单位就分包工程对建设单位承担连带责任，总承包单位按照总承包合同的约定对建设单位负责，分包单位按照分包合同的约定对总承包单位负责的法律关系不变。

(3) 禁止分包单位将其承包的工程再分包。这项规定有利于将分包的工作内容转向拥有专业技术和专门施工设备的分包单位，减去中间层次。

(4) 承包单位的资质必须与所承担的建筑工程的等级相适应。

三、建筑安全生产管理

（一）建筑安全生产管理的概念及内容

所谓建筑安全生产管理，是指为保证建筑生产安全所进行的计划、组织、指挥、协调和控制等一系列管理活动，目的在于保护职工在生产过程的安全与健康，保证国家和人民的财产不受损失，保证建筑生产任务的顺利完成。

建筑安全生产管理包括：建设行政主管部门对于建筑活动过程中安全生产的行业管理；劳动行政主管部门对建筑活动过程中安全生产的综合性监督管理；从事建筑活动的主体（包括建筑施工企业、建筑勘察单位、设计单位和工程监理单位）为保证建筑生产活动的安全生产所进行的自我管理。

（二）建筑安全生产管理必须遵循的若干规定

为依法加强建筑安全生产管理，预防和减少建筑业事故的发生，保障建筑行业职工及他人的人身和财产安全，《建筑法》对建筑生产安全问题做了专门规定。

1. 建筑工程安全生产管理必须遵循的基本方针和基本制度规定

(1) 基本方针。即建筑工程安全生产管理必须坚持安全第一、预防为主的方针。在建筑生产活动中，应当将保证生产安全放到第一位，在管理、技术等方面，采取能够确保生产安全的预防性措施，防止发生建筑工程事故。

(2) 基本制度。即建筑工程安全生产管理必须建立健全安全生产的责任制度和群防群治制度。

所谓安全生产责任制度，是指将各项保障生产安全的责任具体落实到各相关管理人员和不同岗位人员身上的制度。主要包括：建筑施工企业主要负责人的安全生产责任制、企业各职能机构的负责人及其工作人员的安全生产责任制、岗位人员的安全生产责任制。

所谓群防群治制度，是指由广大职工群众共同参与的预防安全事故的发生、治理各种安全事故隐患的制度。

2. 建筑工程设计必须遵循保证工程安全性能的要求

保证工程的安全性能，是指在建筑工程设计中，必须综合考虑保证工程施工作业安全和建筑物使用安全的要求，提出的各项设计技术要求，能够保证工程的结构等方面具有可靠的安全性，既能保证工程施工作业的安全，又能确保该建筑物的使用安全。

3. 对建筑施工企业提出的保证生产安全的要求

（1）对施工企业编制施工组织设计的安全要求；

（2）对施工现场安全管理的要求；

（3）对建立健全企业安全生产责任制的要求；

（4）对建立健全劳动安全生产教育培训制度的要求；

（5）禁止进行危及安全生产的违章指挥、违章作业；

（6）为从事危险作业的职工办理意外伤害保险的要求。

4. 建筑安全事故的处理

事故分为一般事故和重大事故。一般事故包括轻伤事故和重伤事故。施工中发生事故时，建筑施工企业必须采取紧急措施，减少人员伤亡和财产损失。在建筑活动中，一旦发生安全事故，施工企业必须根据不同的事故情况，采取相应的紧急措施。发生事故时，必须按照国家有关规定，及时向有关部门报告。

四、建筑工程质量管理

从事建筑活动的各方应当履行保证工程质量的基本义务和责任。《建筑法》对此做了明确的、有较强针对性的规定。

（一）建筑工程勘察、设计、施工的质量必须符合国家有关建筑工程安全标准的要求

一切从事建筑活动的单位和人员，在建筑工程的勘察、设计、施工活动中，必须依法办事，保证其勘察、设计和施工的质量，符合国家有关建筑工程安全标准的要求。这在建筑工程的各项质量要求中，是最重要的一条，此项标准属于强制性的标准，为确保建筑工程安全，国家应当及时修订建筑安全标准。

（二）实行总承包的建筑工程，总承包单位与分包单位的质量责任

（1）在总包与分包相结合的承包形式中，总承包人应当对总承包合同项下的全部工程任务的质量负责，即使总承包单位根据总承包合同的约定或经建设单位认可，将总承包合同范围内的部分工程任务分包给他人，总承包单位也必须对分包的工程任务的质量负责。

（2）对于分包工程的质量，总承包单位与分包单位都要负责。总承包单位与分包单位之间对分包工程所负的质量责任为连带责任。也就是说，对因分包工程出现的质量问题，建设单位或其他受损害人既可以要求总承包单位承担责任，也可以直接要求分包单位承担责任，

总承包单位和分包单位应当承担全部责任，不得推卸。当然，对属于分包单位的原因造成的工程质量问题，总承包单位在向他人承担责任后，可以根据分包合同的约定，向分包人追偿。

(3) 总承包单位将建筑工程分包给其他单位的，分包单位应当接受总承包单位的质量管理。总承包单位要对总承包合同项下的全部工程任务的质量，包括分包工程的质量承担责任，当然，也有权对分包工程实施质量管理。分包单位应当接受总承包单位的质量管理，不得拒绝。

（三）建筑工程的竣工验收制度

建筑工程的竣工验收，是指在建筑工程已经按照设计要求完成全部施工任务，准备交付给建设单位投入使用时，由建设单位或有关主管部门依照国家关于建筑工程竣工验收制度的规定，对该项工程是否合乎设计要求和工程质量标准所进行的检查、考核工作。建筑工程的竣工验收是项目建设全过程的最后一道程序，是对工程质量实施控制的最后一个重要环节。

交付竣工验收的建筑工程必须具备以下条件：

(1) 必须符合规定的建筑工程质量标准。主要包括依照法律、行政法规的相关规定，保证建筑工程质量和安全的强制性国家标准与行业标准；建筑工程承包合同约定的对该项建筑工程特殊的质量要求，以及为体现法律、行政法规规定的质量标准和建筑工程承包合同约定的质量要求而在工程设计文件中提出的有关工程质量的具体指标与技术要求。只有完全符合上述质量标准，不存在质量缺陷的建筑工程，才能作为合格工程予以验收。

(2) 有完整的工程技术经济资料。工程技术经济资料一般应包括建筑工程承包合同，建筑工程用地的批准文件，工程的设计图纸及其他有关设计文件，工程所用主要建筑材料、建筑构配件和设备的出厂检验合格证明与进场检验报告，申请竣工验收的报告书及有关工程建设的技术档案等。

(3) 有建筑工程质量保修书。工程竣工交付使用后，施工企业应对其施工的建筑工程质量在一定期限内承担保修责任，以维护使用者的合法权益。为此，施工企业应当按照规定提供建筑工程质量保修证书，作为其向用户承诺承担质量保修责任的书面凭证。

(4) 具备国家规定的其他竣工条件。例如，按照国务院建设行政主管部门的规定，城市住宅小区竣工综合验收，还应做到住宅及公共配套设施、市政公用基础设施等单项工程全部验收合格，验收资料齐全；各类建筑物的平面位置、立面造型、装饰色调等符合批准的规划设计要求；施工机具、暂设工程、建筑残土、剩余构件全部拆除运走，达到场清地平；有绿化要求的已经按照绿化设计全部完成，达到“树活草青”要求等。

建筑工程必须经竣工验收合格后，方可交付使用；没有经过竣工验收或者经过竣工验收确定为不合格的建筑工程，不得交付使用。

五、建筑工程的质量保修制度

（一）建筑工程的质量保修制度

建筑工程的质量保修制度是指对建筑工程在交付使用后的一定期限内发现的工程质量缺陷，由施工企业承担修复责任的制度。建筑工程作为一种特殊的耐用消费品，一旦被建成后，将长期使用。建筑工程在建设中存在的质量问题，在工程竣工验收时被发现的，必须经修复完好后，才能作为合格工程交付使用；有些质量问题在竣工验收时未被发现，而在使用过程中的一定期限内逐渐暴露出来的，施工企业则应当负责无偿修复，以维护用户的利益。

（二）对建筑工程实行质量保修的范围

（1）地基基础工程和主体结构工程。建筑物的地基基础工程和主体结构质量问题直接关系建筑物的安危，这两项工程是不允许存在质量隐患的。对使用中发现的地基基础工程或主体结构工程的质量问题，如果能够通过加固等确保建筑物安全的技术措施予以修复的，施工企业应当负责修复；不能修复造成建筑物无法继续使用的，有关责任者应当依法承担赔偿责任。

（2）屋面防水工程。

（3）其他土建工程。这是指除屋面防水工程以外的其他土建工程。包括地面与楼面工程、门窗工程等。例如，对正常使用中发现的室内地坪空鼓、开裂、起砂，墙皮、面砖、油漆等饰面脱落，厕所、厨房、盥洗室地面泛水、积水，阳台积水、漏水等土建工程中的质量问题，应属于建筑工程的质量保修范围，由施工企业负责修复。

（4）电气管线、上下水管线的安装工程，包括电气线路、开关、电表的安装，电气照明器具的安装，给水管道、排水管道的安装等。建筑物在正常使用过程中，如出现电器、电线漏电，照明灯具坠落，上下水管道漏水、堵塞等，属于电气管线、上下水管线安装工程的质量问题的，施工企业应当承担保修责任。

（5）供热、供冷系统工程，包括暖气设备、中央空调设备的安装工程等，施工企业也应对其质量承担保修责任。

（6）其他应当保修的项目范围。凡属于国务院规定和合同约定应由施工企业承担保修责任的项目，施工企业都应当负责保修。

第三节　《安全生产法》

《中华人民共和国安全生产法》由中华人民共和国第九届全国人民代表大会常务委员会第二十八次会议于2002年6月29日通过公布；2014年8月31日第十二届全国人民代表大会常务委员会第十次会议通过全国人民代表大会常务委员会关于修改《中华人民共和国安全生产法》的决定，自2014年12月1日起施行。共计7章114条。

《中华人民共和国安全生产法》的立法目的：为了加强安全生产工作，防止和减少生产安全事故，保障人民群众生命和财产安全，促进经济社会持续健康发展。

一、生产经营单位安全生产保障的有关规定

《中华人民共和国安全生产法》中生产经营单位安全生产保障的有关规定：

第十六条　国家对在改善安全生产条件、防止生产安全事故、参加抢险救护等方面取得显著成绩的单位和个人，给予奖励。

第十七条　生产经营单位应当具备本法和有关法律、行政法规和国家标准或者行业标准规定的安全生产条件；不具备安全生产条件的，不得从事生产经营活动。

第十八条　生产经营单位的主要负责人对本单位安全生产工作负有下列职责：

（一）建立、健全本单位安全生产责任制；

（二）组织制定本单位安全生产规章制度和操作规程；

（三）组织制定并实施本单位安全生产教育和培训计划；

（四）保证本单位安全生产投入的有效实施；

（五）督促、检查本单位的安全生产工作，及时消除生产安全事故隐患；

（六）组织制定并实施本单位的生产安全事故应急救援预案；

（七）及时、如实报告生产安全事故。

第十九条　生产经营单位的安全生产责任制应当明确各岗位的责任人员、责任范围和考核标准等内容。

生产经营单位应当建立相应的机制，加强对安全生产责任制落实情况的监督考核，保证安全生产责任制的落实。

第二十条　生产经营单位应当具备的安全生产条件所必需的资金投入，由生产经营单位的决策机构、主要负责人或者个人经营的投资人予以保证，并对由于安全生产所必需的资金投入不足导致的后果承担责任。

有关生产经营单位应当按照规定提取和使用安全生产费用，专门用于改善安全生产条件。安全生产费用在成本中据实列支。安全生产费用提取、使用和监督管理的具体办法由国务院财政部门会同国务院安全生产监督管理部门征求国务院有关部门意见后制定。

第二十一条　矿山、金属冶炼、建筑施工、道路运输单位和危险物品的生产、经营、储存单位，应当设置安全生产管理机构或者配备专职安全生产管理人员。

前款规定以外的其他生产经营单位，从业人员超过一百人的，应当设置安全生产管理机构或者配备专职安全生产管理人员；从业人员在一百人以下的，应当配备专职或者兼职的安全生产管理人员。

第二十二条　生产经营单位的安全生产管理机构以及安全生产管理人员履行下列职责：

（一）组织或者参与拟订本单位安全生产规章制度、操作规程和生产安全事故应急救援预案；

（二）组织或者参与本单位安全生产教育和培训，如实记录安全生产教育和培训情况；

（三）督促落实本单位重大危险源的安全管理措施；

（四）组织或者参与本单位应急救援演练；

（五）检查本单位的安全生产状况，及时排查生产安全事故隐患，提出改进安全生产管理的建议；

（六）制止和纠正违章指挥、强令冒险作业、违反操作规程的行为；

（七）督促落实本单位安全生产整改措施。

第二十三条　生产经营单位的安全生产管理机构以及安全生产管理人员应当恪尽职守，依法履行职责。

生产经营单位作出涉及安全生产的经营决策，应当听取安全生产管理机构以及安全生产管理人员的意见。

生产经营单位不得因安全生产管理人员依法履行职责而降低其工资、福利等待遇或者解除与其订立的劳动合同。

危险物品的生产、储存单位以及矿山、金属冶炼单位的安全生产管理人员的任免，应当告知主管的负有安全生产监督管理职责的部门。

第二十四条　生产经营单位的主要负责人和安全生产管理人员必须具备与本单位所从事的生产经营活动相应的安全生产知识和管理能力。

危险物品的生产、经营、储存单位以及矿山、金属冶炼、建筑施工、道路运输单位的主要负责人和安全生产管理人员，应当由主管的负有安全生产监督管理职责的部门对其安全生产知识和管理能力考核合格。考核不得收费。

危险物品的生产、储存单位以及矿山、金属冶炼单位应当有注册安全工程师从事安全生产管理工作。鼓励其他生产经营单位聘用注册安全工程师从事安全生产管理工作。注册安全工程师按专业分类管理，具体办法由国务院人力资源和社会保障部门、国务院安全生产监督管理部门会同国务院有关部门制定。

第二十五条　生产经营单位应当对从业人员进行安全生产教育和培训，保证从业人员具备必要的安全生产知识，熟悉有关的安全生产规章制度和安全操作规程，掌握本岗位的安全操作技能，了解事故应急处理措施，知悉自身在安全生产方面的权利和义务。未经安全生产教育和培训合格的从业人员，不得上岗作业。

生产经营单位使用被派遣劳动者的，应当将被派遣劳动者纳入本单位从业人员统一管理，对被派遣劳动者进行岗位安全操作规程和安全操作技能的教育和培训。劳务派遣单位应当对被派遣劳动者进行必要的安全生产教育和培训。

生产经营单位接收中等职业学校、高等学校学生实习的，应当对实习学生进行相应的安全生产教育和培训，提供必要的劳动防护用品。学校应当协助生产经营单位对实习学生进行安全生产教育和培训。

生产经营单位应当建立安全生产教育和培训档案，如实记录安全生产教育和培训的时间、内容、参加人员以及考核结果等情况。

第二十六　条生产经营单位采用新工艺、新技术、新材料或者使用新设备，必须了解、掌握其安全技术特性，采取有效的安全防护措施，并对从业人员进行专门的安全生产教育和培训。

第二十七条　生产经营单位的特种作业人员必须按照国家有关规定经专门的安全作业培训，取得相应资格，方可上岗作业。

特种作业人员的范围由国务院安全生产监督管理部门会同国务院有关部门确定。

第二十八条　生产经营单位新建、改建、扩建工程项目（以下统称建设项目）的安全设施，必须与主体工程同时设计、同时施工、同时投入生产和使用。安全设施投资应当纳入建设项目概算。

第二十九条　矿山、金属冶炼建设项目和用于生产、储存、装卸危险物品的建设项目，应当按照国家有关规定进行安全评价。

第三十条　建设项目安全设施的设计人、设计单位应当对安全设施设计负责。

矿山、金属冶炼建设项目和用于生产、储存、装卸危险物品的建设项目的安全设施设计应当按照国家有关规定报经有关部门审查，审查部门及其负责审查的人员对审查结果负责。

第三十一条　矿山、金属冶炼建设项目和用于生产、储存、装卸危险物品的建设项目的施工单位必须按照批准的安全设施设计施工，并对安全设施的工程质量负责。

矿山、金属冶炼建设项目和用于生产、储存危险物品的建设项目竣工投入生产或者使用前，应当由建设单位负责组织对安全设施进行验收；验收合格后，方可投入生产和使用。安全生产监督管理部门应当加强对建设单位验收活动和验收结果的监督核查。

第三十二条　生产经营单位应当在有较大危险因素的生产经营场所和有关设施、设备上，设置明显的安全警示标志。

第三十三条　安全设备的设计、制造、安装、使用、检测、维修、改造和报废，应当符合国家标准或者行业标准。

生产经营单位必须对安全设备进行经常性维护、保养，并定期检测，保证正常运转。维护、保养、检测应当作好记录，并由有关人员签字。

第三十四条　生产经营单位使用的危险物品的容器、运输工具，以及涉及人身安全、危险性较大的海洋石油开采特种设备和矿山井下特种设备，必须按照国家有关规定，由专业生产单位生产，并经具有专业资质的检测、检验机构检测、检验合格，取得安全使用证或者安全标志，方可投入使用。检测、检验机构对检测、检验结果负责。

第三十五条　国家对严重危及生产安全的工艺、设备实行淘汰制度，具体目录由国务院安全生产监督管理部门会同国务院有关部门制定并公布。法律、行政法规对目录的制定另有规定的，适用其规定。

省、自治区、直辖市人民政府可以根据本地区实际情况制定并公布具体目录，对前款规定以外的危及生产安全的工艺、设备予以淘汰。

生产经营单位不得使用应当淘汰的危及生产安全的工艺、设备。

第三十六条　生产、经营、运输、储存、使用危险物品或者处置废弃危险物品的，由有关主管部门依照有关法律、法规的规定和国家标准或者行业标准审批并实施监督管理。

生产经营单位生产、经营、运输、储存、使用危险物品或者处置废弃危险物品，必须执行有关法律、法规和国家标准或者行业标准，建立专门的安全管理制度，采取可靠的安全措施，接受有关主管部门依法实施的监督管理。

第三十七条　生产经营单位对重大危险源应当登记建档，进行定期检测、评估、监控，并制定应急预案，告知从业人员和相关人员在紧急情况下应当采取的应急措施。

生产经营单位应当按照国家有关规定将本单位重大危险源及有关安全措施、应急措施报有关地方人民政府安全生产监督管理部门和有关部门备案。

第三十八条　生产经营单位应当建立健全生产安全事故隐患排查治理制度，采取技术、管理措施，及时发现并消除事故隐患。事故隐患排查治理情况应当如实记录，并向从业人员通报。

县级以上地方各级人民政府负有安全生产监督管理职责的部门应当建立健全重大事故隐患治理督办制度，督促生产经营单位消除重大事故隐患。

第三十九条　生产、经营、储存、使用危险物品的车间、商店、仓库不得与员工宿舍在同一座建筑物内，并应当与员工宿舍保持安全距离。

生产经营场所和员工宿舍应当设有符合紧急疏散要求、标志明显、保持畅通的出口。禁止锁闭、封堵生产经营场所或者员工宿舍的出口。

第四十条　生产经营单位进行爆破、吊装以及国务院安全生产监督管理部门会同国务院有关部门规定的其他危险作业，应当安排专门人员进行现场安全管理，确保操作规程的遵守和安全措施的落实。

第四十一条　生产经营单位应当教育和督促从业人员严格执行本单位的安全生产规章制度和安全操作规程；并向从业人员如实告知作业场所和工作岗位存在的危险因素、防范措施以及事故应急措施。

第四十二条　生产经营单位必须为从业人员提供符合国家标准或者行业标准的劳动防护用品，并监督、教育从业人员按照使用规则佩戴、使用。

第四十三条　生产经营单位的安全生产管理人员应当根据本单位的生产经营特点，对安全生产状况进行经常性检查；对检查中发现的安全问题，应当立即处理；不能处理的，应当及时报告本单位有关负责人，有关负责人应当及时处理。检查及处理情况应当如实记录在案。

生产经营单位的安全生产管理人员在检查中发现重大事故隐患，依照前款规定向本单位有关负责人报告，有关负责人不及时处理的，安全生产管理人员可以向主管的负有安全生产监督管理职责的部门报告，接到报告的部门应当依法及时处理。

二、从业人员权利和义务的有关规定

《中华人民共和国安全生产法》中从业人员权利和义务的有关规定：

第二十一条　矿山、金属冶炼、建筑施工、道路运输单位和危险物品的生产、经营、储存单位，应当设置安全生产管理机构或者配备专职安全生产管理人员。

前款规定以外的其他生产经营单位，从业人员超过一百人的，应当设置安全生产管理机构或者配备专职安全生产管理人员；从业人员在一百人以下的，应当配备专职或者兼职的安全生产管理人员。

第三十七条　生产经营单位对重大危险源应当登记建档，进行定期检测、评估、监控，并制定应急预案，告知从业人员和相关人员在紧急情况下应当采取的应急措施。

生产经营单位应当按照国家有关规定将本单位重大危险源及有关安全措施、应急措施报有关地方人民政府安全生产监督管理部门和有关部门备案。

第四十四条　生产经营单位应当安排用于配备劳动防护用品、进行安全生产培训的经费。

第四十五条　两个以上生产经营单位在同一作业区域内进行生产经营活动，可能危及对方生产安全的，应当签订安全生产管理协议，明确各自的安全生产管理职责和应当采取的安全措施，并指定专职安全生产管理人员进行安全检查与协调。

第四十六条　生产经营单位不得将生产经营项目、场所、设备发包或者出租给不具备安全生产条件或者相应资质的单位或者个人。

生产经营项目、场所发包或者出租给其他单位的，生产经营单位应当与承包单位、承租单位签订专门的安全生产管理协议，或者在承包合同、租赁合同中约定各自的安全生产管理职责；生产经营单位对承包单位、承租单位的安全生产工作统一协调、管理，定期进行安全检查，发现安全问题的，应当及时督促整改。

第四十七条　生产经营单位发生生产安全事故时，单位的主要负责人应当立即组织抢救，并不得在事故调查处理期间擅离职守。

第四十八条　生产经营单位必须依法参加工伤保险，为从业人员缴纳保险费。

国家鼓励生产经营单位投保安全生产责任保险。

第四十九条　生产经营单位与从业人员订立的劳动合同，应当载明有关保障从业人员劳动安全、防止职业危害的事项，以及依法为从业人员办理工伤保险的事项。

生产经营单位不得以任何形式与从业人员订立协议，免除或者减轻其对从业人员因生产安全事故伤亡依法应承担的责任。

第五十条　生产经营单位的从业人员有权了解其作业场所和工作岗位存在的危险因素、

防范措施及事故应急措施，有权对本单位的安全生产工作提出建议。

第五十一条　从业人员有权对本单位安全生产工作中存在的问题提出批评、检举、控告；有权拒绝违章指挥和强令冒险作业。

生产经营单位不得因从业人员对本单位安全生产工作提出批评、检举、控告或者拒绝违章指挥、强令冒险作业而降低其工资、福利等待遇或者解除与其订立的劳动合同。

第五十二条　从业人员发现直接危及人身安全的紧急情况时，有权停止作业或者在采取可能的应急措施后撤离作业场所。

生产经营单位不得因从业人员在前款紧急情况下停止作业或者采取紧急撤离措施而降低其工资、福利等待遇或者解除与其订立的劳动合同。

第五十三条　因生产安全事故受到损害的从业人员，除依法享有工伤保险外，依照有关民事法律尚有获得赔偿的权利的，有权向本单位提出赔偿要求。

第五十四条　从业人员在作业过程中，应当严格遵守本单位的安全生产规章制度和操作规程，服从管理，正确佩戴和使用劳动防护用品。

第五十五条　从业人员应当接受安全生产教育和培训，掌握本职工作所需的安全生产知识，提高安全生产技能，增强事故预防和应急处理能力。

第五十六条　从业人员发现事故隐患或者其他不安全因素，应当立即向现场安全生产管理人员或者本单位负责人报告；接到报告的人员应当及时了以处理。

第五十七条　工会有权对建设项目的安全设施与主体工程同时设计、同时施工、同时投入生产和使用进行监督，提出意见。

工会对生产经营单位违反安全生产法律、法规，侵犯从业人员合法权益的行为，有权要求纠正；发现生产经营单位违章指挥、强令冒险作业或者发现事故隐患时，有权提出解决的建议，生产经营单位应当及时研究答复；发现危及从业人员生命安全的情况时，有权向生产经营单位建议组织从业人员撤离危险场所，生产经营单位必须立即作出处理。

工会有权依法参加事故调查，向有关部门提出处理意见，并要求追究有关人员的责任。

第五十八条　生产经营单位使用被派遣劳动者的，被派遣劳动者享有本法规定的从业人员的权利，并应当履行本法规定的从业人员的义务。

三、安全生产监督管理的有关规定

《中华人民共和国安全生产法》中安全生产监督管理的有关规定：

第五十三条　因生产安全事故受到损害的从业人员，除依法享有工伤保险外，依照有关民事法律尚有获得赔偿的权利的，有权向本单位提出赔偿要求。

第五十四条　从业人员在作业过程中，应当严格遵守本单位的安全生产规章制度和操作规程，服从管理，正确佩戴和使用劳动防护用品。

第五十五条　从业人员应当接受安全生产教育和培训，掌握本职工作所需的安全生产知识，提高安全生产技能，增强事故预防和应急处理能力。

第五十六条　从业人员发现事故隐患或者其他不安全因素，应当立即向现场安全生产管理人员或者本单位负责人报告；接到报告的人员应当及时予以处理。

第五十七条　工会有权对建设项目的安全设施与主体工程同时设计、同时施工、同时投入生产和使用进行监督，提出意见。

工会对生产经营单位违反安全生产法律、法规，侵犯从业人员合法权益的行为，有权要求纠正；发现生产经营单位违章指挥、强令冒险作业或者发现事故隐患时，有权提出解决的建议，生产经营单位应当及时研究答复；发现危及从业人员生命安全的情况时，有权向生产经营单位建议组织从业人员撤离危险场所，生产经营单位必须立即作出处理。

工会有权依法参加事故调查，向有关部门提出处理意见，并要求追究有关人员的责任。

第五十八条　生产经营单位使用被派遣劳动者的，被派遣劳动者享有本法规定的从业人员的权利，并应当履行本法规定的从业人员的义务。

第五十九条　县级以上地方各级人民政府应当根据本行政区域内的安全生产状况，组织有关部门按照职责分工，对本行政区域内容易发生重大生产安全事故的生产经营单位进行严格检查。

安全生产监督管理部门应当按照分类分级监督管理的要求，制定安全生产年度监督检查计划，并按照年度监督检查计划进行监督检查，发现事故隐患，应当及时处理。

第六十条　负有安全生产监督管理职责的部门依照有关法律、法规的规定，对涉及安全生产的事项需要审查批准（包括批准、核准、许可、注册、认证、颁发证照等，下同）或者验收的，必须严格依照有关法律、法规和国家标准或者行业标准规定的安全生产条件和程序进行审查；不符合有关法律、法规和国家标准或者行业标准规定的安全生产条件的，不得批准或者验收通过。对未依法取得批准或者验收合格的单位擅自从事有关活动的，负责行政审批的部门发现或者接到举报后应当立即予以取缔，并依法予以处理。对已经依法取得批准的单位，负责行政审批的部门发现其不再具备安全生产条件的，应当撤销原批准。

第六十一条　负有安全生产监督管理职责的部门对涉及安全生产的事项进行审查、验收，不得收取费用；不得要求接受审查、验收的单位购买其指定品牌或者指定生产、销售单位的安全设备、器材或者其他产品。

第六十二条　安全生产监督管理部门和其他负有安全生产监督管理职责的部门依法开展安全生产行政执法工作，对生产经营单位执行有关安全生产的法律、法规和国家标准或者行业标准的情况进行监督检查，行使以下职权：

（一）进入生产经营单位进行检查，调阅有关资料，向有关单位和人员了解情况；

（二）对检查中发现的安全生产违法行为，当场予以纠正或者要求限期改正；对依法应当给予行政处罚的行为，依照本法和其他有关法律、行政法规的规定作出行政处罚决定；

（三）对检查中发现的事故隐患，应当责令立即排除；重大事故隐患排除前或者排除过程中无法保证安全的，应当责令从危险区域内撤出作业人员，责令暂时停产停业或者停止使用相关设施、设备；重大事故隐患排除后，经审查同意，方可恢复生产经营和使用；

（四）对有根据认为不符合保障安全生产的国家标准或者行业标准的设施、设备、器材以及违法生产、储存、使用、经营、运输的危险物品予以查封或者扣押，对违法生产、储存、使用、经营危险物品的作业场所予以查封，并依法作出处理决定。

监督检查不得影响被检查单位的正常生产经营活动。

第六十三条　生产经营单位对负有安全生产监督管理职责的部门的监督检查人员（以下统称安全生产监督检查人员）依法履行监督检查职责，应当予以配合，不得拒绝、阻挠。

第六十四条　安全生产监督检查人员应当忠于职守，坚持原则，秉公执法。

安全生产监督检查人员执行监督检查任务时，必须出示有效的监督执法证件；对涉及被检查单位的技术秘密和业务秘密，应当为其保密。

第六十五条　安全生产监督检查人员应当将检查的时间、地点、内容、发现的问题及其处理情况，作出书面记录，并由检查人员和被检查单位的负责人签字；被检查单位的负责人拒绝签字的，检查人员应当将情况记录在案，并向负有安全生产监督管理职责的部门报告。

第六十六条　负有安全生产监督管理职责的部门在监督检查中，应当互相配合，实行联合检查；确需分别进行检查的，应当互通情况，发现存在的安全问题应当由其他有关部门进行处理的，应当及时移送其他有关部门并形成记录备查，接受移送的部门应当及时进行处理。

第六十七条　负有安全生产监督管理职责的部门依法对存在重大事故隐患的生产经营单位作出停产停业、停止施工、停止使用相关设施或者设备的决定，生产经营单位应当依法执行，及时消除事故隐患。生产经营单位拒不执行，有发生生产安全事故的现实危险的，在保证安全的前提下，经本部门主要负责人批准，负有安全生产监督管理职责的部门可以采取通知有关单位停止供电、停止供应民用爆炸物品等措施，强制生产经营单位履行决定。通知应当采用书面形式，有关单位应当予以配合。

负有安全生产监督管理职责的部门依照前款规定采取停止供电措施，除有危及生产安全的紧急情形外，应当提前二十四小时通知生产经营单位。生产经营单位依法履行行政决定、采取相应措施消除事故隐患的，负有安全生产监督管理职责的部门应当及时解除前款规定的措施。

第六十八条　监察机关依照行政监察法的规定，对负有安全生产监督管理职责的部门及其工作人员履行安全生产监督管理职责实施监察。

第六十九条　承担安全评价、认证、检测、检验的机构应当具备国家规定的资质条件，并对其作出的安全评价、认证、检测、检验的结果负责。

第七十条　负有安全生产监督管理职责的部门应当建立举报制度，公开举报电话、信箱或者电子邮件地址，受理有关安全生产的举报；受理的举报事项经调查核实后，应当形成书面材料；需要落实整改措施的，报经有关负责人签字并督促落实。

第七十一条　任何单位或者个人对事故隐患或者安全生产违法行为，均有权向负有安全生产监督管理职责的部门报告或者举报。

第七十二条　居民委员会、村民委员会发现其所在区域内的生产经营单位存在事故隐患或者安全生产违法行为时，应当向当地人民政府或者有关部门报告。

第七十三条　县级以上各级人民政府及其有关部门对报告重大事故隐患或者举报安全生产违法行为的有功人员，给予奖励。具体奖励办法由国务院安全生产监督管理部门会同国务院财政部门制定。

第七十四条　新闻、出版、广播、电影、电视等单位有进行安全生产公益宣传教育的义务，有对违反安全生产法律、法规的行为进行舆论监督的权利。

第七十五条　负有安全生产监督管理职责的部门应当建立安全生产违法行为信息库，如实记录生产经营单位的安全生产违法行为信息；对违法行为情节严重的生产经营单位，应当向社会公告，并通报行业主管部门、投资主管部门、国土资源主管部门、证券监督管理机构以及有关金融机构。

四、安全事故应急救援与调查处理的规定

《中华人民共和国安全生产法》中安全事故应急救援与调查处理的规定：

第七十条　负有安全生产监督管理职责的部门应当建立举报制度，公开举报电话、信箱或者电子邮件地址，受理有关安全生产的举报；受理的举报事项经调查核实后，应当形成书面材料；需要落实整改措施的，报经有关负责人签字并督促落实。

第七十一条　任何单位或者个人对事故隐患或者安全生产违法行为，均有权向负有安全生产监督管理职责的部门报告或者举报。

第七十二条　居民委员会、村民委员会发现其所在区域内的生产经营单位存在事故隐患或者安全生产违法行为时，应当向当地人民政府或者有关部门报告。

第七十三条　县级以上各级人民政府及其有关部门对报告重大事故隐患或者举报安全生产违法行为的有功人员，给予奖励。具体奖励办法由国务院安全生产监督管理部门会同国务院财政部门制定。

第七十四条　新闻、出版、广播、电影、电视等单位有进行安全生产公益宣传教育的义务，有对违反安全生产法律、法规的行为进行舆论监督的权利。

第七十五条　负有安全生产监督管理职责的部门应当建立安全生产违法行为信息库，如实记录生产经营单位的安全生产违法行为信息；对违法行为情节严重的生产经营单位，应当向社会公告，并通报行业主管部门、投资主管部门、国土资源主管部门、证券监督管理机构以及有关金融机构。

第七十六条　国家加强生产安全事故应急能力建设，在重点行业、领域建立应急救援基地和应急救援队伍，鼓励生产经营单位和其他社会力量建立应急救援队伍，配备相应的应急救援装备和物资，提高应急救援的专业化水平。

国务院安全生产监督管理部门建立全国统一的生产安全事故应急救援信息系统，国务院有关部门建立健全相关行业、领域的生产安全事故应急救援信息系统。

第七十七条　县级以上地方各级人民政府应当组织有关部门制定本行政区域内生产安全事故应急救援预案，建立应急救援体系。

第七十八条　生产经营单位应当制定本单位生产安全事故应急救援预案，与所在地县级以上地方人民政府组织制定的生产安全事故应急救援预案相衔接，并定期组织演练。

第七十九条　危险物品的生产、经营、储存单位以及矿山、金属冶炼、城市轨道交通运营、建筑施工单位应当建立应急救援组织；生产经营规模较小的，可以不建立应急救援组织，但应当指定兼职的应急救援人员。

危险物品的生产、经营、储存、运输单位以及矿山、金属冶炼、城市轨道交通运营、建筑施工单位应当配备必要的应急救援器材、设备和物资，并进行经常性维护、保养，保证正常运转。

第八十条　生产经营单位发生生产安全事故后，事故现场有关人员应当立即报告本单位负责人。

单位负责人接到事故报告后，应当迅速采取有效措施，组织抢救，防止事故扩大，减少人员伤亡和财产损失，并按照国家有关规定立即如实报告当地负有安全生产监督管理职责的部门，不得隐瞒不报、谎报或者迟报，不得故意破坏事故现场、毁灭有关证据。

第八十一条　负有安全生产监督管理职责的部门接到事故报告后，应当立即按照国家有关规定上报事故情况。负有安全生产监督管理职责的部门和有关地方人民政府对事故情况不得隐瞒不报、谎报或者迟报。

第八十二条　有关地方人民政府和负有安全生产监督管理职责的部门的负责人接到生产安全事故报告后，应当按照生产安全事故应急救援预案的要求立即赶到事故现场，组织事故抢救。

参与事故抢救的部门和单位应当服从统一指挥，加强协同联动，采取有效的应急救援措施，并根据事故救援的需要采取警戒、疏散等措施，防止事故扩大和次生灾害的发生，减少人员伤亡和财产损失。

事故抢救过程中应当采取必要措施，避免或者减少对环境造成的危害。

任何单位和个人都应当支持、配合事故抢救，并提供一切便利条件。

第八十三条　事故调查处理应当按照科学严谨、依法依规、实事求是、注重实效的原则，及时、准确地查清事故原因，查明事故性质和责任，总结事故教训，提出整改措施，并对事故责任者提出处理意见。事故调查报告应当依法及时向社会公布。事故调查和处理的具体办法由国务院制定。

事故发生单位应当及时全面落实整改措施，负有安全生产监督管理职责的部门应当加强监督检查。

第八十四条　生产经营单位发生生产安全事故，经调查确定为责任事故的，除了应当查明事故单位的责任并依法予以追究外，还应当查明对安全生产的有关事项负有审查批准和监督职责的行政部门的责任，对有失职、渎职行为的，依照本法第八十七条的规定追究法律责任。

第八十五条　任何单位和个人不得阻挠和干涉对事故的依法调查处理。

第八十六条　县级以上地方各级人民政府安全生产监督管理部门应当定期统计分析本行政区域内发生生产安全事故的情况，并定期向社会公布。

第四节　《建设工程安全生产管理条例》

为了解决建设工程安全生产实践中突出存在的问题，加强对建设工程安全生产的监督管理，保障人民群众生命和财产安全。2003 年 11 月 12 日，国务院第 28 次常务会议审议通过了《建设工程安全生产管理条例》，于 2004 年 2 月 1 日起施行。《条例》对《中华人民共和国建筑法》和《中华人民共和国安全生产法》的规定进一步细化，结合建设工程的实际情况，将两部法规规定的制度落到实处，规定了建设单位、勘察单位、设计单位、施工单位、工程监理单位和其他设备租赁等单位的安全责任和义务，规定了政府安全监督责任、内容和方式，确定了违反《条例》规定的处罚方式。

《建设工程安全生产管理条例》共 8 章 71 条，主要内容包括以下几个方面。

一、建设单位的安全责任

（1）应当向施工单位提供施工现场及毗邻区域内供水、排水、供电、供气、供热、通信、广播电视等地下管线资料，气象和水文观测资料，相邻建筑物和构筑物、地下工程的有关资料，并保证资料的真实、准确、完整。

（2）不得对勘察、设计、施工、工程监理等单位提出不符合建设工程安全生产法律、法规和强制性标准规定的要求，不得压缩合同约定的工期。

（3）在编制工程概算时，应当确定建设工程安全作业环境及安全施工措施所需费用。

（4）不得明示或者暗示施工单位购买、租赁、使用不符合安全施工要求的安全防护用具、机械设备、施工机具及配件、消防设施和器材。

（5）在申请领取施工许可证时，应当提供建设工程有关安全施工措施的资料。

（6）依法批准开工报告的建设工程，应当自开工报告批准之日起15日内，将保证安全施工的措施报送建设工程所在地的县级以上地方人民政府建设行政主管部门或者其他有关部门备案。

（7）应当将拆除工程发包给具有相应资质等级的施工单位。

二、施工单位的安全责任

施工单位是工程建设活动中的重要主体之一，在施工安全中居于核心地位，是绝大部分生产安全事故的直接责任方。《建设工程安全生产管理条例》对施工单位的市场准入、施工单位的安全生产行为规范和安全生产条件以及施工单位主要负责人、项目负责人、安全管理人员和作业人员的安全责任，做出了明确的规定。

（一）主要负责人和项目负责人的安全施工责任

施工单位主要负责人和项目负责人的安全素质直接关系到施工安全，必须将其应负的施工安全责任法律化。

1. 施工单位主要负责人的安全责任

施工单位主要负责人依法对本单位的安全生产工作全面负责。其主要职责包括：

（1）建立健全安全生产责任制。

（2）建立健全安全教育培训制度。

（3）制定安全生产规章制度和操作规程。

（4）保证本单位安全生产条件所需资金的投入。

（5）对所承担的建设工程进行定期和专项安全检查，并做好安全检查记录。

2. 项目负责人的安全责任

施工单位的项目负责人应当对建设工程项目的安全生产负责，在施工活动中占有非常重要的地位，代表施工企业法定代表人对项目组织实施中劳动力的调配、资金的使用、建筑材料的购进等行使决策权。因此，施工单位的项目负责人应当对建设工程项目施工安全负全面责任，是项目安全生产的第一责任人。为了加强对项目负责人安全资格的管理，明确其安全生产职责，《建设工程安全生产管理条例》第21条第2款规定，施工单位的项目负责人应当由取得相应执业资格的人员担任，对建设工程项目的安全施工负责，其职责主要包括：

（1）落实安全生产责任制。

（2）落实安全生产规章制度和操作规程。

（3）确保安全生产费用的有效使用。

（4）根据工程的特点组织制定安全施工措施，消除安全事故隐患。

（5）及时、如实报告生产安全事故。

（二）安全管理机构和安全管理人员的配置

依据《建设工程安全生产管理条例》第23条的规定，施工单位应当设立安全生产管理机构，配备专职安全生产管理人员。所谓安全生产管理机构，是指建筑施工企业设置的负责安全生产管理工作的独立职能部门。所谓专职安全生产管理人员，是指经建设主管部门或者其他有关部门安全生产考核合格取得安全生产考核合格证书，并在建筑施工企业及其项目从事安全生产管理工作的专职人员。

1. 专职安全生产管理人员的主要职责

（1）负责对安全生产进行现场监督检查。

（2）发现安全事故隐患，应当及时向项目负责人和安全生产管理机构报告。

（3）对于违章指挥、违章操作的，应当立即制止。

2. 专职安全生产管理人员的配备

（1）总承包单位。根据《建筑施工企业安全生产管理机构设置及专职安全生产管理人员配备办法》的规定，总承包单位配备项目专职安全生产管理人员应当满足下列要求：

① 建筑工程、装修工程按照建筑面积配备：1万平方米以下的工程不少于1人；1万～5万平方米的工程不少于2人；5万平方米及以上的工程不少于3人，且按专业配备专职安全生产管理人员。

② 土木工程、线路管道、设备安装工程按照工程合同价配备：5000万元以下的工程不少于1人；5000万～1亿元的工程不少于2人；1亿元及以上的工程不少于3人，且按专业配备专职安全生产管理人员。

（2）分包单位。分包单位配备项目专职安全生产管理人员应当满足下列要求：

① 专业承包单位应当配置至少1人，并根据所承担的分部分项工程的工程量和施工危险程度增加。

② 劳务分包单位施工人员在50人以下的，应当配备1名专职安全生产管理人员；50人～200人的，应当配备2名专职安全生产管理人员；200人及以上的，应当配备3名及以上专职安全生产管理人员，并根据所承担的分部分项工程施工危险实际情况增加，不得少于工程施工人员总人数的5%。

（三）总承包单位与分包单位的安全管理

施工总承包，是指发包单位将建设工程的施工任务，包括土建施工和有关设施、设备安装调试的施工任务，全部发包给一家具备相应的施工总承包资质条件的承包单位，由该施工总承包单位对全过程向建设单位负责，直到工程竣工，向建设单位交付符合设计要求和合同约定的建设工程的承包方式。实行施工总承包的，施工现场由总承包单位全面统一负责，包括工程质量、建设工期、造价控制、施工组织等，由此，施工现场的安全生产也应当由施工总承包单位负总责。总承包单位依法将建设工程分包给其他单位的，分包合同中应当明确各自的安全生产方面的权利、义务。总承包单位和分包单位对分包工程的安全生产承担连带责任。分包单位应当服从总承包单位的安全生产管理，分包单位不服从管理导致生产安全事故的，由分包单位承担主要责任。

（四）特种作业人员的资格管理

垂直运输机械作业人员、安装拆卸工、爆破作业人员、起重信号工、登高架设作业人员等特种作业人员，必须按照国家有关规定经过专门的安全作业培训，并取得特种作业操作资格证书后，方可上岗作业。

（五）项目管理的技术人员管理

建设工程施工前，施工单位负责项目管理的技术人员应当对有关安全施工的技术要求向施工作业班组、作业人员做出详细说明，并由双方签字确认。

（六）安全警示标志和危险部位的安全防护措施

《安全生产法》第28条规定，生产经营单位应当在有较大危险因素的生产经营场所和有关设施、设备上，设置明显的安全警示标志。施工单位应当在施工现场入口、起重机械、临时用电设施、脚手架、出入通道口、楼梯口、电梯井口、孔洞口、桥梁口、隧道口、基坑边沿、爆破物，有害危险气体、液体的存放处等危险部位，设置明显的安全警示标志。安全警示标志必须符合国家标准。施工单位应当根据不同施工阶段和周围环境及季节、气候的变化，在施工现场采取相应的安全施工措施。施工现场暂时停止施工的，施工单位应当做好现场防护，所需费用由责任方承担，或者按照合同约定执行。

（七）施工现场的安全管理内容

(1) 毗邻建筑物、构筑物和地下管线和现场围栏的安全管理。

(2) 现场消防安全管理。

(3) 保障施工人员的人身安全。

(4) 施工人员的安全生产义务。

(5) 施工现场安全防护用具、机械设备、施工机具和配件的管理。

(6) 起重机械、脚手架、模板等设施的验收、检验和备案。施工单位应当自施工起重机械和整体提升脚手架、模板等自升式架设设施验收合格之日起30日内，向建设行政主管部门或者其他有关部门登记。登记标志应当置于或者附着于该设备的显著位置。

（八）人身意外伤害保险

施工单位应当为施工现场从事危险作业的人员办理意外伤害保险。意外伤害保险费由施工单位支付。实行施工总承包的，由总承包单位支付意外伤害保险费。意外伤害保险期限自建设工程开工之日起至竣工验收合格止。

建筑法律、行政法规关于人身意外伤害保险的规定，包括4个方面的内容：一是意外伤害保险是法定的强制性保险。该项保险不论施工单位是否愿意、经济状况好坏、工程造价多少，必须投保。二是意外伤害保险的投保人是施工单位。三是意外伤害保险的被保险人或者受益人是从事危险作业的职工。四是意外伤害保险期限与建设工程工期相同。

第五节　《建设工程质量管理条例》

一、施工单位的质量责任和义务

（一）依法承揽工程的责任

施工单位应当依法取得相应等级的资质证书，并在其资质等级许可的范围内承揽工程。禁止施工单位超越本单位资质许可的业务范围或者以其他施工单位的名义承揽工程。禁止施工单位允许其他单位或者个人以本单位的名义承揽工程。施工单位不得转包或者违法分包工程。

（二）建立质量保证体系

施工单位对建设工程的施工质量负责。施工单位应当建立质量责任制，确定工程项目的项目经理、技术负责人和施工管理负责人。总承包单位依法将建设工程分包给其他单位的，分包单位应当按照分包合同的约定对其分包工程的质量向总承包单位负责，总承包单位与分包单位对分包工程的质量承担连带责任。

（三）按图施工的责任

发现图纸和设计文件有差错的，应当及时提出意见和建议。确需要修改的，应当由原建设工程勘察、设计单位修改，经原建设工程勘察、设计单位书面同意，建设单位也可以委托具有相应资质的单位，修改单位对修改的设计文件承担相应责任。应当报告建设单位要求勘察、设计单位修改并加以补充。

（四）对建筑材料、构配件和设备进行检验的责任

（五）对施工质量进行检验的责任

隐蔽工程在隐蔽前，施工单位应当通知建设单位和建设工程质量监督机构。

（六）见证取样的责任

施工人员对涉及结构安全的试块、试件以及有关材料，应当在建设单位或者工程监理监督下现场取样，并送具有相应资质等级的质量检测单位进行检测。

检测机构发现涉及结构安全检测结果不合格的情况，及时报告工程所在地的建设主管部门。

（七）保修的责任

施工单位对施工中出现质量问题的建设工程或者竣工验收不合格的建设工程，应当负责返修。

二、工程质量保修

（一）工程质量保修制度

建设工程实行质量保修制度。建设工程承包单位在向建设单位提交工程竣工验收报告时，应当向建设单位出具质量保修书。质量保修书中应当明确建设工程的保修范围、保修期限和保修责任等。建设工程的保修期，自竣工验收合格之日起计算。

（二）工程最低保修期限

在正常使用条件下，建设工程最低保修期限为：

① 基础设施工程、房屋建筑的地基基础工程和主体结构工程，为设计文件规定的该工程合理使用年限；

② 屋面防水工程、有防水要求的卫生间、房间和外墙面的防渗漏，为5年；

③ 供热与供冷系统，为2个采暖期、供冷期；

④ 电气管道、给排水管道、设备安装和装修工程，为2年。

其他工程的保修期限由发包方与承包方约定。

第六节　《劳动法》与《劳动合同法》

一、《劳动法》

1994年7月5日第八届全国人民代表大会常务委员会第八次会议通过公布《中华人民共和国劳动法》（以下简称《劳动法》），自1995年1月1日起施行。根据2009年8月27日第十一届全国人民代表大会常务委员会第十次会议通过的《全国人民代表大会常务委员会关于修改部分法律的决定》修正。

《劳动法》是国家为了保护劳动者的合法权益，调整劳动关系，建立和维护适应社会主义市场经济的劳动制度，促进经济发展和社会进步，根据宪法而制定颁布的法律。

（一）《劳动法》的调整对象

《劳动法》调整的对象，包括两个方面的关系。一是劳动关系，即在实现社会劳动过程中，劳动者与用人单位之间所发生的社会关系，这是《劳动法》调整的最基本、最重要的关系。二是与劳动关系密切相关的其他关系，主要包括：因处理劳动争议而发生的关系；因执行社会保险而发生的关系；因有关部门监督检查劳动法律、法规的执行而发生的关系；因工会组织的活动而发生的关系；因劳动行政部门管理劳动工作而发生的关系等。

（二）《劳动法》的适用范围

中华人民共和国境内的企业、个体经济组织、民办非企业单位等组织（以下称用人单位），与劳动者建立劳动关系，订立、履行、变更、解除或者终止劳动合同，适用《劳动法》。

国家机关、事业单位、社会团体和与其建立劳动关系的劳动者，订立、履行、变更、解除或者终止劳动合同，依照《劳动法》执行。

《劳动法》的适用范围具体为：

（1）各类企业和与之形成劳动关系的劳动者；

（2）个体经济组织和与之形成劳动关系的劳动者；

（3）国家机关、事业组织、社会团体实行劳动合同制度的以及按规定应实行劳动合同制度的工勤人员；

（4）实行企业化管理的事业组织的人员；

（5）其他通过劳动合同与国家机关、事业组织、社会团体建立劳动关系的劳动者。

排除了公务员和比照实行公务员制度的事业组织和社会团体的工作人员，以及农村劳动者（乡镇企业职工和进城务工、经商的农民除外）、现役军人和家庭保姆等。

（三）劳动法律主体的权利与义务

1. 劳动者的基本权利和义务

根据《劳动法》第3条的规定，劳动者应享有的权利具体包括：平等就业和选择职业的权利、取得劳动报酬的权利、休息休假的权利、获得劳动安全卫生保护的权利、接受职业技能培训的权利、享受社会保险和福利的权利、提请劳动争议处理的权利以及法律规定的其他劳动权利。其中“劳动报酬”是指劳动者从用人单位得到的全部工资收入。“法律规定的其他劳动权利”是指劳动者依法享有参加和组织工会的权利，参加职工民主管理权利，参加社会义务劳动的权利，参加劳动竞赛的权利，提出合理化建议的权利，从事科学研究、技术革新、发明创造的权利，依法解除劳动者合同的权利，对用人单位管理人员违章指挥、强令冒险作业有拒绝执行的权利，对危害生命安全和身体健康的行为有权得出批评、检举和控告的权利，对违反劳动法的行为进行监督的权利等。

劳动者应承担的义务具体包括：劳动者应当完成劳动任务，提高职业技能，执行劳动安全卫生规程，遵守劳动纪律和职业道德。

2. 用人单位的基本权利和义务

用人单位的权利和义务与劳动者的权利和义务相对应，《劳动法》规定，用人单位有要求劳动者完成劳动任务、提高劳动技能、遵守劳动纪律和职业道德的权利，对违反劳动纪律的劳动者给予批评教育、纪律制裁、经济处罚的权利，依法享有用工及工资分配方面的权利等。

《劳动法》同时也规定，用人单位应当依法建立和完善规章制度，保障劳动者享有劳动权利和履行劳动义务，这是用人单位最基本的义务。

二、《劳动合同法》

《中华人民共和国劳动合同法》(以下简称《劳动合同法》)是为了完善劳动合同制度，明确劳动合同双方当事人的权利和义务，保护劳动者的合法权益，构建和发展和谐稳定的劳动关系而制定的。由第十届全国人民代表大会常务委员会第二十八次会议于2007年6月29日修订通过，自2008年1月1日起施行。2012年12月28日第十一届全国人民代表大会常务委员会第三十次会议《关于修改〈中华人民共和国劳动合同法〉的决定》修正。

(一) 劳动合同的概念

劳动合同，又称为劳动契约或劳动协议，是劳动者与用人单位确立劳动关系、明确双方权利和义务的协议。

(二) 劳动合同的种类

对劳动合同的种类，理论上按照不同标准有很多分类方式，其中具有法律意义的分类有以下几种：

(1) 按照劳动合同的期限划分，可分为有固定期限的劳动合同、无固定期限的劳动合同、以完成一定的工作为期限的劳动合同。

(2) 按用工方式的不同，可分为全日制劳动合同、非全日制劳动合同、劳务派遣合同。

(3) 按劳动合同存在形式不同，可分为书面劳动合同和口头劳动合同。

(4) 以劳动者是否为个人划分，可分为个人劳动合同、集体劳动合同。

(三) 劳动合同的订立原则

1. 合法原则

合法原则主要体现为：劳动合同必须依法订立，不得违反法律、行政法规的规定。必须符合以下要求：劳动合同的主体合法；劳动合同的内容必须合法，双方在劳动合同中设定的权利和义务应当符合国家法律、法规和政策，不得侵害国家、集体和社会公共利益；劳动合同订立的程序和形式必须合法。

2. 公平原则

公平原则是指劳动合同的内容应当公平、合理。就是在符合法律规定的前提下，劳动合同双方公正、合理地确立双方的权利和义务。用人单位不能滥用优势地位，迫使劳动者订立不公平的合同。

3. 平等、自愿、协商一致原则

所谓平等，是指在订立合同时，劳动合同双方当事人法律地位平等，都有权选择对方，并就合同的内容表达具有同等效力的意志。自愿，是指订立劳动合同完全出于双方当事人的意志，任何一方不得将自己的意志强加于对方，也不允许第三方非法干预。协商一致，是指订立劳动合同的双方当事人，应在平等、自愿的基础上充分协商，最终达成一致。

4. 权利和义务相统一原则

根据这一原则，劳动合同的双方当事人均有相同、相应的权利和义务，不允许任何一方只享有权利而不承担义务，也不允许任何一方只承担义务而不享有权利。权利和义务是相对的。

5. 诚实信用原则

就是在订立劳动合同时要诚实，讲信用。如在订立劳动合同时，双方都不得有欺诈行为。诚实信用是合同法的一项基本原则，也是劳动合同法的一项基本原则，它也是一项社会道德原则。

（四）劳动合同的内容

通过平等协商，劳动者和用人单位双方所达成的劳动合同中的条款有以下内容：

1. 必备条款

必备条款也称为法定条款。只有完全具备这种条款，劳动合同才可依法成立。

《劳动合同法》第 81 条规定，劳动合同应当具备以下条款：

（1）用人单位的名称、住所和法定代表人或者主要负责人；

（2）劳动者的姓名、住址和居民身份证或者其他有效身份证件号码；

（3）劳动合同期限；

（4）工作内容和工作地点；

（5）工作时间和休息休假；

（6）劳动报酬；

（7）社会保险；

（8）劳动保护；

（9）法律、法规规定应当纳入劳动合同的其他事项。

2. 约定条款

约定条款是指劳动者和用人单位在法定的必备条款之外经过协商认为需要约定的条款，如试用期和商业保密条款等。

（五）劳动合同的效力

劳动合同的成立，是指双方当事人意思表示一致，设立劳动合同关系。劳动合同成立，并不意味着劳动合同一定生效。

会导致劳动合同无效的情形，例如：以欺诈、胁迫的手段或者乘人之危，使对方在违背真实意思的情况下订立或者变更劳动合同的；用人单位免除自己的法定责任、排除劳动者权利的；违反法律、行政法规强制性规定的。

按照我国劳动争议处理的现行体制，对劳动合同的无效或者部分无效有争议的，由劳动争议仲裁机构或者人民法院确认。

（六）劳动合同的变更和解除

劳动合同的变更是在原合同的基础上对原劳动合同内容做部分修改、补充或者删减，而不是签订新的劳动合同。原劳动合同未变更的部分仍然有效，变更后的内容就取代了原合同的相关内容，新达成的变更协议条款与原合同中其他条款具有同等法律效力，对双方当事人都有约束力。

1. 劳动合同的变更

劳动合同的变更，是指劳动合同依法订立后，在合同尚未履行和尚未完全履行之前，合同双方当事人依法对原劳动合同的内容进行修改或补充的行为。它仅限于劳动合同内容的变更，而不包括当事人主体的变更。

根据规定，允许变更劳动合同的情形有：经双方当事人协商同意的；订立劳动合同时所依据的法律、行政法规和规章已经修改或废止的；劳动合同条款与集体合同规定不同的；企业经上级主管部门批准或根据市场变化决定转产或调整生产任务的；企业严重亏损或因发生自然灾害，确定无法按照原约定的条件履行劳动合同的；因其他客观情况发生重大变化，致使劳动合同无法履行的；劳动者因健康状况不能从事原工作的；法律、法规规定的其他情形。

2. 劳动合同的解除

劳动合同的解除，是指当事人双方提前终止劳动合同的法律效力，解除双方的权利义务关系。劳动合同解除的情形主要包括：

（1）双方协商解除劳动合同。

（2）用人单位单方解除劳动合同。当具备法律所规定的条件时，用人单位可以单方解除劳动合同，而无须双方达成一致意见，这主要有以下三种情况：

① 因劳动者不符合录用条件或者有严重过错或触犯法律，用人单位可随时通知劳动者解除劳动合同；

② 因劳动者不能胜任工作或因客观原因致使劳动合同无法履行的，用人单位应提前 30 日通知劳动者，方可解除劳动合同；

③ 因经济性裁减人员，用人单位按照法定程序与被裁减人员解除劳动合同。

但需要注意的是，根据《劳动合同法》第 42 条的规定，劳动者有下列情形之一的，用人单位不得依据本法第 40 条、第 41 条的规定解除劳动合同：从事接触职业病危害作业的劳动者未进行离岗前职业健康检查，或疑似职业病患者在诊断或医学观察期间的，在本单位患职业病或者因公负伤并被确认丧失或者部分丧失劳动能力的；患病或者负伤，在规定的医疗期内的；女职工在孕期、产期、哺乳期内的；在本单位连续工作满 15 年，且距法定退休年龄不足 5 年的；法律、行政法规规定的其他情形。

（3）劳动者单方解除劳动合同。《劳动合同法》规定，用人单位有下列情形之一的，劳动者可单方解除劳动合同：

① 未按照劳动合同决定提供劳动保护或劳动条件的；

② 未及时足额支付劳动报酬的；未依法为劳动者缴纳社会保险费的；

③ 用人单位的规章制度违反法律、法规规定，损害劳动者权益的；

④ 因《劳动合同法》第 26 条第 1 款规定的情形致使劳动合同无效的；

⑤ 法律、行政法规规定的劳动者可以解除劳动合同的其他情形。

用人单位以暴力、威胁或者非法限制人身自由的手段强迫劳动者劳动的，或者用人单位违章指挥、强令冒险作业危及劳动者人身安全的，劳动者可以立即解除劳动合同，不需事先告知用人单位。

这一规定是为了保护劳动者的自主择业权、获得劳动报酬权和反对强迫劳动而赋予劳动者的单方解除劳动合同的权利。

（七）劳动合同的终止

劳动合同的终止，是指终止劳动合同的效力。《劳动合同法》第 44 条规定，有下列情形之一的，劳动合同终止：

① 劳动合同期满的；

② 劳动者开始依法享受基本养老保险待遇的；

③ 劳动者死亡，或者被人民法院宣告死亡或宣告失踪的；

④ 用人单位被依法宣告破产的；

⑤ 用人单位被吊销营业执照、责令关闭、撤销或者用人单位决定提前解散的；

⑥ 法律、行政法规规定的其他情形。

（八）违反劳动合同的责任

1. 用人单位违反劳动合同的责任

（1）用人单位违反劳动合同的情形

① 用人单位故意拖延不订立劳动合同，即招用后也不按规定订立劳动合同以及劳动合同到期后故意不及时续订劳动合同的；

② 由于用人单位的原因订立无效劳动合同，或订立部分无效劳动合同的；

③ 用人单位违反规定或劳动合同的约定侵害女职工或未成年工合法权益的；

④ 用人单位违反规定或劳动合同的约定解除劳动合同的。

（2）用人单位违反劳动合同的赔偿

用人单位有上述情形之一，对劳动者造成损害的，应按下列规定赔偿劳动者的损失：

① 造成劳动者工资收入损失的，按劳动者本人的应得工资收入支付给劳动者，并加付应得工资收入 2 倍的赔偿费用；

② 造成劳动者劳动保护待遇损失的，应按国家规定补足劳动者的劳动保护津贴和用品；

③ 造成劳动者工伤、医疗待遇损失的，除按国家规定为劳动者提供工伤、医疗待遇外，还应支付劳动者相当于医疗费用 25％的赔偿费用；

④ 造成女职工和未成年工身体健康损害的，除按国家规定提供治疗期间的医疗待遇外，还应支付相当于其医疗费用 25％的赔偿费用；

⑤ 劳动合同约定的其他赔偿费用，如违约金等。

2. 劳动者违反劳动合同的责任

劳动者违反《劳动法》的规定或劳动合同的约定解除劳动合同，对用人单位造成损失的，劳动者应赔偿用人单位下列损失：

（1）用人单位因对其招收录用所支付的费用；

（2）用人单位为其支付的培训费用，双方另有约定的按约定办理；

（3）对生产、经营和工作造成的直接经济损失；

（4）劳动合同约定的其他赔偿费用。

劳动者违反劳动合同中约定的保密事项，对用人单位造成经济损失的，按《反不正当竞争法》第 20 条的规定向用人单位支付赔偿费用。

3. 连带赔偿责任

用人单位招用尚未解除劳动合同的劳动者，对原用人单位造成经济损失的，除该劳动者承担直接赔偿责任外，该用人单位应当承担连带赔偿责任。

第二章　建筑工程识图

第一节　施工图的基本知识

房屋建筑施工图是指利用正投影的方法把所设计房屋的大小、外部形状、内部布置和室内装修，以及各部分结构、构造、设备等的做法，按照建筑制图国家标准规定绘制的工程图样。它是工程设计阶段的最终成果，同时又是工程施工、监理和计算工程造价的主要依据。

一、房屋建筑施工图的作用及组成

按照内容和作用不同，房屋建筑施工图分为建筑施工图（简称“建施”、结构施工图（简称“结施”）和设备施工图（简称“设施”）。

（一）建筑施工图的组成及作用

建筑施工图一般包括建筑设计说明、建筑总平面图、平面图、立面图、剖面图及建筑详图等。其中平面图、立面图和剖面图是建筑施工图中最重要、最基本的图样，称为基本建筑图。

建筑施工图表达的内容主要包括房屋的造型、层数、平面形状与尺寸以及房间的布局、形状、尺寸、装修做法，墙体与门窗等构配件的位置、类型、尺寸、做法以及室内外装修做法等。建造房屋时，建筑施工图主要作为定位放线、砌筑墙体、安装门窗、装修的依据。

（二）结构施工图的组成及作用

结构施工图一般包括结构设计说明、结构平面布置图和结构详图三部分，主要用以表示房屋骨架系统的结构类型、构件布置、构件种类、数量、构件的内部构造和外部形状、大小，以及构件间的连接构造。施工放线、开挖基坑（槽），施工承重构件（如梁、板、柱、墙、基础、楼梯等）主要依据结构施工图。

（三）设备施工图的组成及作用

设备施工图可按工种不同再分成给水排水施工图（简称水施图）、采暖通风与空调施工图（简称暖施图）、电气设备施工图（简称电施图）等。水施图、暖施图、电施图一般都包括设计说明、设备的布置平面图、剖面图、系统图、详图等内容。设备施工图主要表达房屋给水排水、供电照明、采暖通风、空调、燃气等设备的布置和施工要求等。

二、房屋建筑施工图的图示特点

（一）房屋建筑施工图的编排顺序

房屋建筑施工图应按专业顺序编排，一般按照图纸目录、总图、建筑施工图、结构施工图、给水排水施工图、暖通与空调施工图、电气施工图的顺序编排。

各专业的图纸，一般是全局性的在前，局部性的在后；先施工的在前，后施工的在后；

重要的图纸在前，次要的图纸在后。具体的编排顺序如下：

对于建筑施工图，一般是图纸目录、建筑设计说明、总平面图、底层平面图、二层～顶层平面图、屋顶平面图、各方向立面图（如南立面图、北立面图等）、各编号剖面图、外墙详图、楼梯详图等；

对于结构施工图，一般是图纸目录、结构设计说明、结构平面图、构件详图；

对于设备施工图，一般是图纸目录、设计说明、平面图、剖面图、系统图、详图。

（二）制图标准相关规定

（1）图纸幅面

图纸幅面是指图纸的大小规格。图框是图纸上所供绘图的范围的边线。图纸的幅面及图框尺寸见表 2-1。从表中可以看出，Al 幅面是 AO 的对裁，A2 幅面是 Al 的对裁，其余类推。图纸的短边不应加长，AO～A3 幅面长边尺寸可加长。图纸分横式和立式两种幅面。

表 2-1　幅面及图框尺寸（mm）

尺寸代号	幅面代号				
	A0	A1	A2	A3	A4
$b \times l$	841×1189	594×841	420×594	297×420	210×297
c	10			5	
a	25				

注：表中 b 为幅面短边尺寸，l 为幅面长边尺寸，c 为图框线与幅面线间宽度，a 为图框线与装订边间宽度。

图纸中应有图框线、标题栏、装订边线和对中标志。一般 AO～A3 幅面的图纸宜采用横式幅面，也可采用立式幅面；A4 幅面的图纸宜采用立式幅面。

标题栏即图标，位于图纸的下方或右方。图标用于填写工程图样的图名、图号、比例、设计单位、注册师姓名、设计人姓名、审核人姓名及日期等内容，其长边的长度至少为 200mm，短边的长度宜采用 30mm、40mm 或 50mm。对于图标样式，没有强制性规定，因此不同设计单位的图纸可能不一样。

会签栏是指工程图样上由各工种负责人填写所代表的有关专业、姓名、日期等内容的表格。会签栏中应包括实名列和签名列。

（2）常用建筑材料图例和构件代号

常用建筑材料图例见表 2-2。

表 2-2　常用建筑材料图例

序号	名　称	图　例	备　注
1	自然土壤		包括各种自然土壤
2	夯实土壤	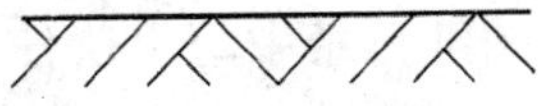	
3	石材	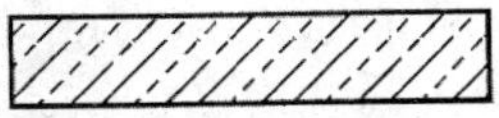	

续表

序号	名　称	图　例	备　注
4	毛石	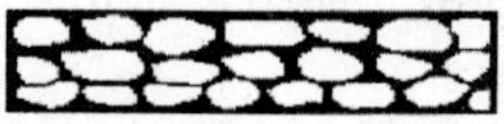	
5	普通砖	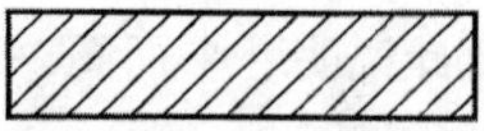	包括实心砖、多孔砖、砌块等砌体。断面较窄不易绘出图例线时，可涂红，并在图纸备注中加注说明，画出该材料图例
6	饰面砖		包括铺地砖、陶瓷锦砖、人造大理石等
7	焦渣、矿渣	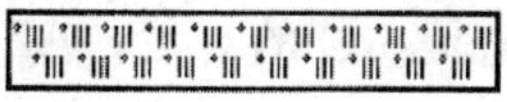	包括与水泥、石灰等混合而成的材料
8	混凝土		1. 本图例指能承重的混凝土及钢筋混凝土； 2. 包括各种等级、骨料、添加剂的混凝土； 3. 在剖面图上画出钢筋时，不画图例线； 4. 断面图形小时，不易画出图例线时，可涂黑
9	钢筋混凝土	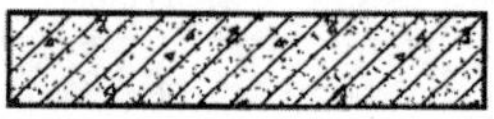	
10	粉刷材料		

对预应力混凝土构件，则在构件代号前加注“Y”，如 YKB 表示预应力混凝土空心板。

第二节　施工图的图示方法及内容

一、建筑施工图

建筑施工图是房屋建筑工程图纸中最基本的图样，简称“建施”。建筑施工图用来表明房屋的规划位置、外部形状、内部布局等内容。

建筑施工图是施工单位进行施工的依据，其内容主要包括图纸目录，建筑设计说明，总平面图，平、立、剖面图，构件详图等。整套图纸要求完整详细、前后统一、尺寸齐全、正确无误。

（一）图纸目录和建筑设计说明

（1）图纸目录

图纸目录是整套建筑施工图中的首页，是查阅图纸的主要依据，包括图纸的类别、编号、图名、图幅大小以及备注等栏目。

图纸目录一般包括整套图纸的目录，应有建筑施工图目录、结构施工图目录、给水排水施工图目录、采暖通风施工图目录和建筑电气施工图目录。

如果施工图中采用标准图，通常需在图纸目录中写出所使用标准图的名称、图集编号、图号或页码。

（2）建筑设计说明

建筑设计说明是施工图样的必要补充，主要是对图样中未能表达清楚的内容加以详细的文字说明，通常包括工程概况、建筑设计的依据、设计标高、构造要求以及对施工单位的要求等。

构造要求通常以工程做法表的形式表现。工程做法表主要是对建筑各部位构造做法用表格的形式加以详细说明。在表中对各施工部位的名称、做法等详细表达清楚，如采用标准图集中的做法，应注明所采用标准图集的代号、做法编号，如有改变，在备注中说明。

建筑设计说明中往往还包括门窗表。门窗表是对建筑物所有不同类型的门窗统计后列成的表格，以备施工、预算需要。在门窗表中应反映门窗的类型、大小、所选用的标准图集及其类型编号，如有特殊要求，应在备注中加以说明。

（二）建筑总平面图

（1）建筑总平面图的形成和用途

将新建工程四周一定范围内的新建、拟建、原有和拆除的建筑物、构筑物连同其周围的地形、地物状况用水平投影方法和相应的图例所画出的图样，即为总平面图。

建筑总平面图用以表示新建房屋的位置、朝向、与原有建筑物的关系，以及周围道路、绿化和给水、排水、供电条件等方面的情况，作为新建房屋施工定位、土方施工、设备管网平面布置，安排在施工时进入现场的材料和构件、配件堆放场地、构件预制的场地以及运输道路的依据。

建筑总平面图常用的比例是 1∶500、1∶1000、1∶2000 等。

（2）建筑总平面图的识读

重点了解以下内容：

1）图名、比例及其有关文字说明。

2）工程性质、用地范围、地形地貌和周围环境情况。

3）新建建筑的平面形状和准确位置。

4）房屋室内地面和室外平面绝对标高。

5）建筑的朝向和风向，看指北针或风向频率玫瑰图。

6）新建房屋四周的道路、绿化。

7）建筑物周围的给水、排水、供暖和供电的位置，管线布置走向。

表 2-3 为常用建筑总平面图图例。

（3）建筑总平面图的示例

图 2-1 为某建筑总平面图。总平面图上的建筑物、构筑物的名称，一般直接标注在图上。当图样比例较小或图面无足够位置时，也可编号列表注在图内。

1）周围地形、环境及朝向：如图 2-1 所示，该小区坐落于青年大街、民主路、中心路、新运大街围成的区域内。周围是住宅和运动场，地形平坦，但向西北方向逐渐增高。该小区共有 4 栋待建建筑，分别为两栋三层或两栋四层（由建筑占地图上形右上角的点数得出）。待建建筑坐北朝南，周边有围墙。

图中指北针指示的大致方向为上北下南，左西右东。小区的主入口设置在小区西侧。

2）新建建筑物的定位：如图 2-1 所示，新建建筑物的定位采用测量坐标定位。图中给出了坐标轴线、每栋建筑物的准确坐标以及新建建筑物长、宽尺寸。同时左下角建筑还给出了与附近已有建筑物的距离，以方便确定新建建筑物的相对位置和校核。

3）尺寸：总平面图中坐标、标高和距离等尺寸通常以“米”为单位，保留至小数点后两位，不足时以“0”补齐。

4）标高：总平面图中应标注新建房屋首层地面和室外整平地坪的绝对标高（高程）。图 2-1中室外绝对标高为 48.00m，室内绝对标高为 48.30m。

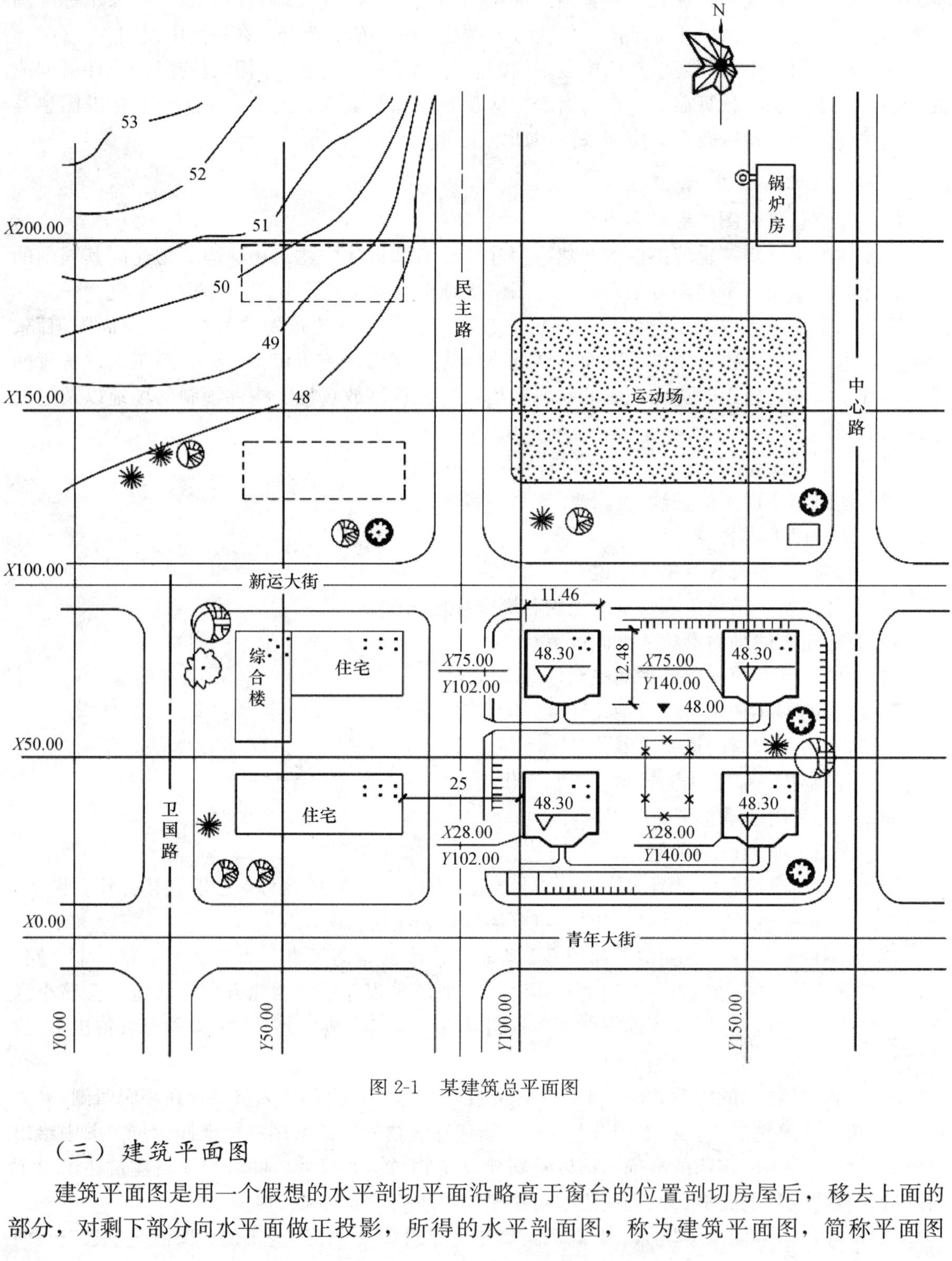

图 2-1　某建筑总平面图

（三）建筑平面图

建筑平面图是用一个假想的水平剖切平面沿略高于窗台的位置剖切房屋后，移去上面的部分，对剩下部分向水平面做正投影，所得的水平剖面图，称为建筑平面图，简称平面图

（图 2-1）。它反映出房屋的平面形状、大小和布置；墙、柱的位置、尺寸和材料；门窗的类型和位置等。

建筑平面图是建筑施工图的基本样图之一，可作为施工放线，砌筑墙、柱，设备安装、室内装修及编制预算的重要依据。

表 2-3　常用建筑总平面图图例

名　称	图　例	说　明
新建的建筑物	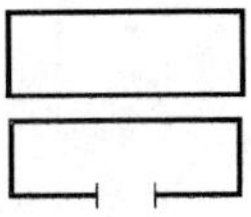	① 上图为不画出入口图例，下图为画出入口图例 ② 需要时，可在图形内右上角以点数或数字（高层用数字）表示层数 ③ 用粗实线绘制
原有的建筑物		① 应注明拟利用者 ② 用细实线绘制
计划扩建的预留地或建筑物		用中虚线绘制
拆除的建筑物		用细实线绘制
新建的地下建筑物或构筑物		用粗虚线绘制
围墙及大门	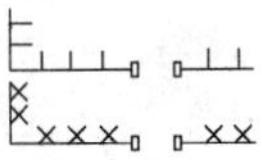	① 上图为砖石、混凝土或金属材料的围墙 ② 下图为镀锌铁丝网、篱笆等围墙 ③ 如仅表示围墙时，不画大门
坐标	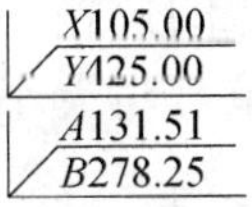	上图表示测量坐标，下图表示施工坐标
填挖边坡	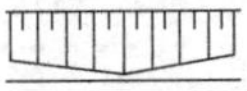	边坡较长时，可在一端或两端局部表示
护坡	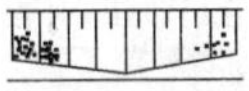	
室内标高	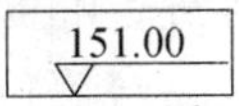	
室外标高	▼143.00	
原有道路		
计划扩建的道路	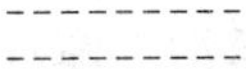	
人行道	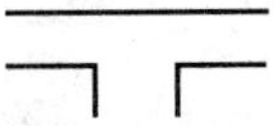	

续表

名　称	图　例	说　明
雨水井与消火栓井	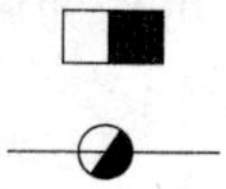	上图表示雨水井，下图表示消火栓井
草地	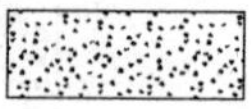	
针叶乔木		

(1) 建筑平面图的图示方法

一般房屋有几层，就应有几个平面图，包括首层平面图、标准层平面图、顶层平面图和屋顶平面图。多层或高层房屋建筑每层及屋顶均应绘制平面图，若中间若干层的平面布置完全一致时，则可将这些完全相同的平面图用一个标准层平面图来表示，并在图中注明其层数。例如标准层平面图（二层～十八层），并分别在平面图中标注各层的地面标高。

因平面图是水平剖面图，因此平面图是按剖面图的图示方法绘制，即被剖切平面剖切到的墙、柱等轮廓用粗实线表示，未被剖切到的部分如室外台阶、散水、楼梯以及尺寸线等用细实线表示，门的开启线用中粗实线表示。

建筑平面图下方标注相应的图名及采用的比例。常用的比例是 1∶50、1∶100 或 1∶200，其中 1∶100 使用最多。

(2) 建筑平面图的图示内容

1) 表示所有轴线及其编号，以及墙、柱、墩的位置、尺寸。

2) 表示所有房间的名称及其门窗的位置、编号与大小。

3) 注出室内外的有关尺寸及室内楼地面的标高。

4) 表示电梯、楼梯的位置及楼梯上下行方向及主要尺寸。

5) 表示阳台、雨篷、台阶、斜坡、烟道、通风道、管井、消防梯、雨水管、散水、排水沟、花池等位置及尺寸。

6) 表示室内设备，如卫生器具、水池、工作台、隔断及重要设备的位置、形状。

7) 表示地下室、地坑、地沟、墙上预留洞、高窗等位置尺寸。

8) 在底层平面图上画有剖面图的剖切符号及编号，左下方或右下方画有指北针。

9) 标注有关部位的详图索引符号。

10) 综合反映其他工种如水、暖、电、煤气等对土建工程的要求：各工种要求的水池、地沟、配电箱、消火栓、预埋件、墙或楼板上的预留洞等在平面图中标有其位置和尺寸。

11) 屋顶平面图上一般要表示出女儿墙、檐沟、屋面坡度、分水线与雨水口、变形缝、楼梯间、水箱间、天窗、上人孔、消防梯及其他构筑物、索引符号等。

(3) 建筑平面图图例

建筑构造及配件图例见表 2-4。

表 2-4　建筑构造及配件图例

序号	名　　称	图　　例	说　　明
1	墙体		应加注文字或填充图例表示墙体材料，在项目设计图纸说明中列材料图例表并给予说明
2	隔断		① 包括板条抹灰、木制、石膏板、金属材料等隔断 ②适用于到顶与不到顶隔断
3	栏杆		
4	楼梯	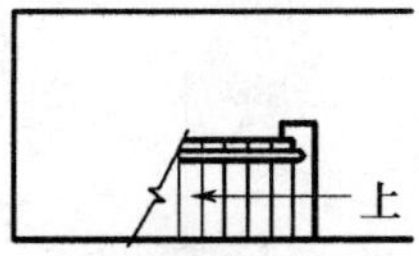 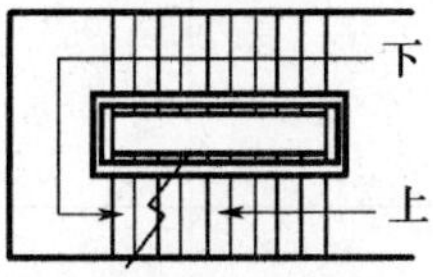 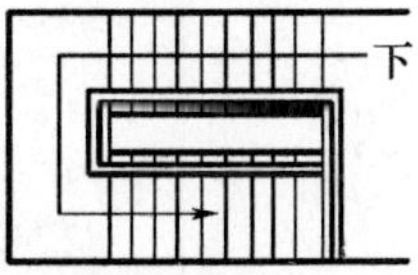	① 上图为底层楼梯平面，中图为中间层楼梯平面，下图为顶层楼梯平面 ② 楼梯及栏杆扶手的形式和梯段踏步数应按实际情况绘制
5	坡道	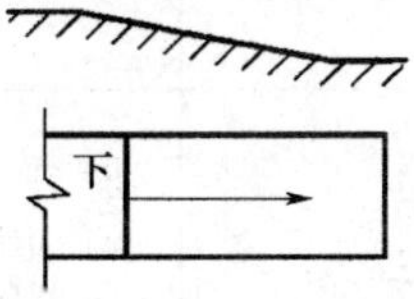 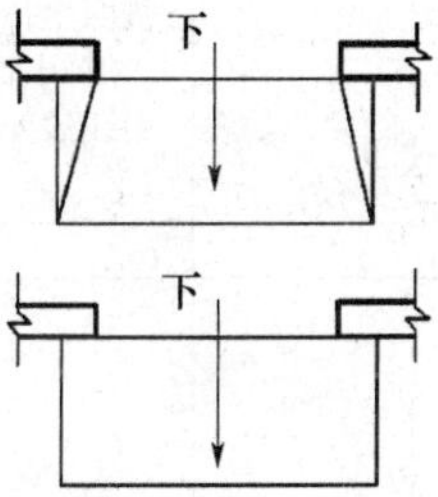	上图为长坡道，下图为门口坡道
6	平面高差	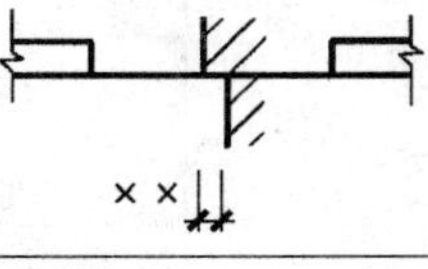	适用于高差＜100 的两个地面或楼面相接处
7	检查孔		左图为可见检查孔 右图为不可见检查孔
8	孔洞		阴影部分可以涂色代替
9	坑槽	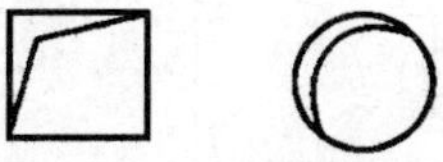	

续表

序号	名　　称	图　　例	说　　明
10	墙预留洞	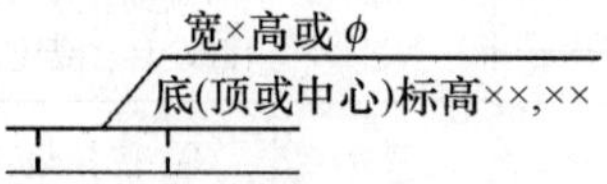	① 以洞中心或洞边定位 ② 宜以涂色区别墙体和留洞位置
11	墙预留槽	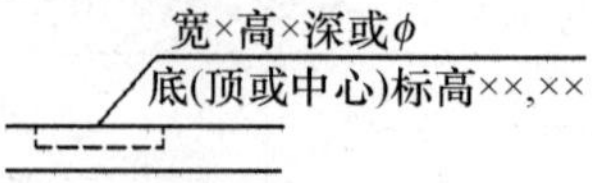	① 阴影部分可以涂色代替 ② 烟道与墙体为同一材料，其相接处墙身线应断开
12	烟道	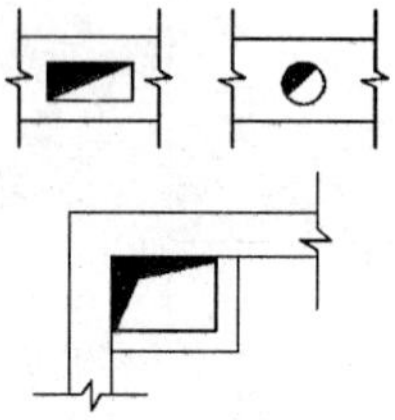	
13	通风道	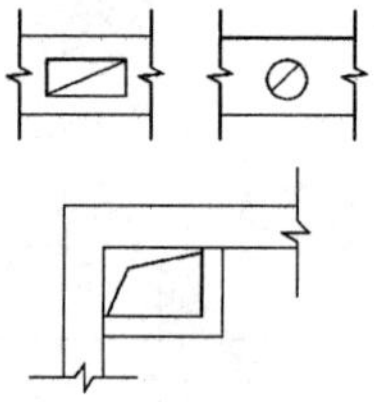	
14	新建的墙和窗	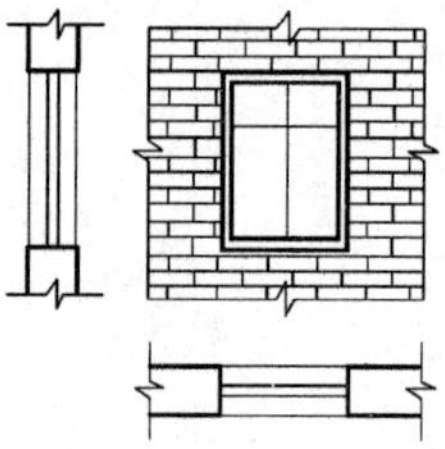	① 本图以小型砌块为图例，绘图时应按所用材料的图例绘制，不易以图例绘制的，可在墙面上以文字或代号注明 ② 小比例绘图时，平、剖面窗线可用单粗实线表示
15	改建时保留的原有墙和窗	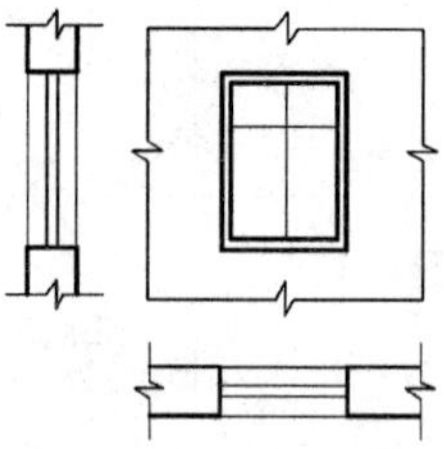	
16	应拆除的墙	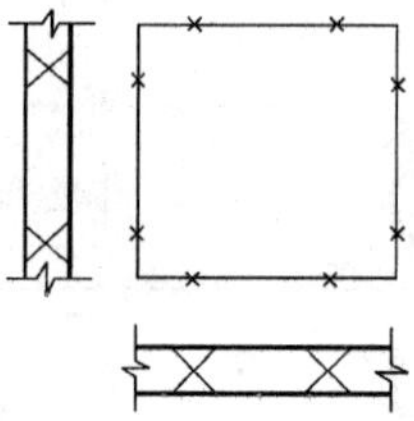	

续表

序号	名　　称	图　　例	说　　明
17	在原有墙或楼板上新开的洞	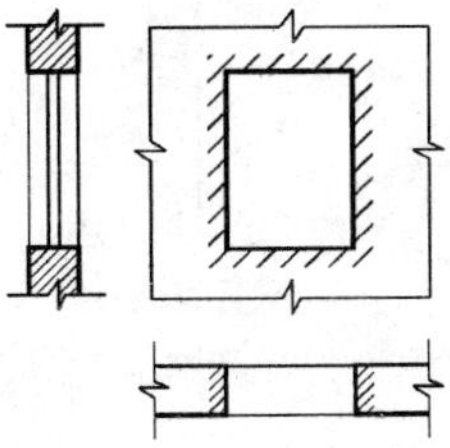	
18	在原有洞旁扩大的洞	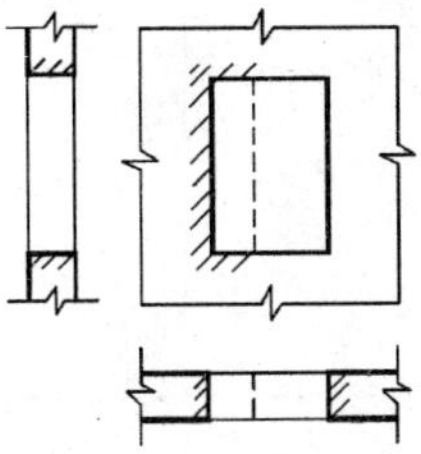	
19	在原有墙或楼板上全部填塞的洞	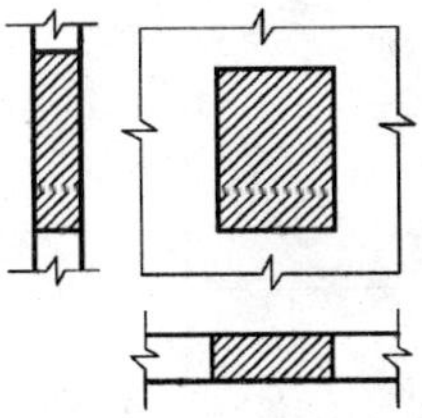	
20	在原有墙或楼板上局部填塞的洞	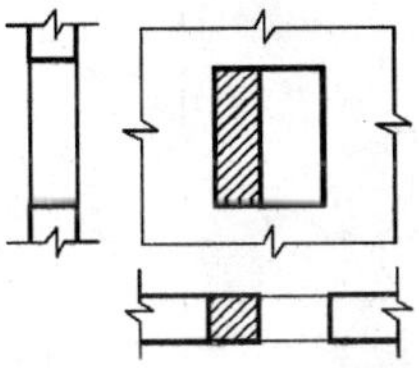	
21	空门洞	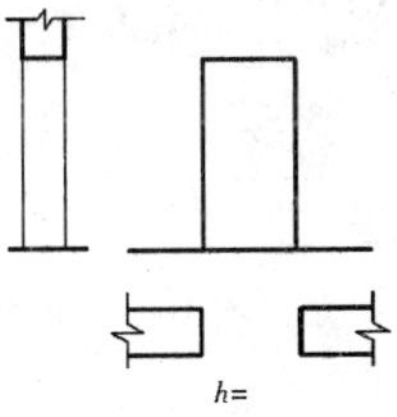	h 为门洞高度
22	单扇门（包括平开或单面弹簧）	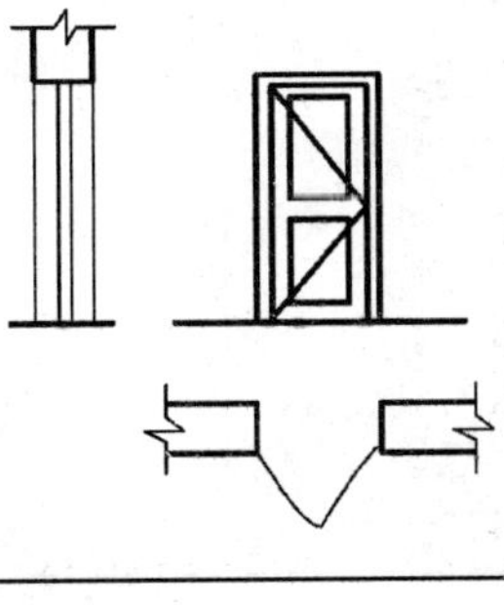	① 门的名称代号用 M ② 图例中剖面图左为外、右为内，平面图下为外、上为内 ③ 立面图上开启方向线交角的一侧为安装合页的一侧，实线为外开，虚线为内开 ④ 平面图上门线应 90°或 45°开启，开启弧线宜绘出 ⑤ 立面图上的开启线在一般设计图中可不表示，在详图及室内设计图上应表示 ⑥ 立面形式应按实际情况绘制

序号	名　称	图　例	说　明
23	双扇门（包括平开或单面弹簧）	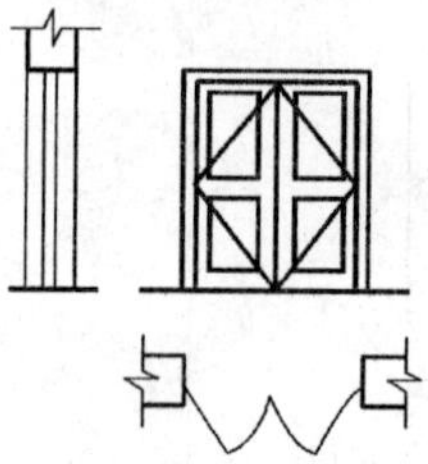	
24	对开折叠门	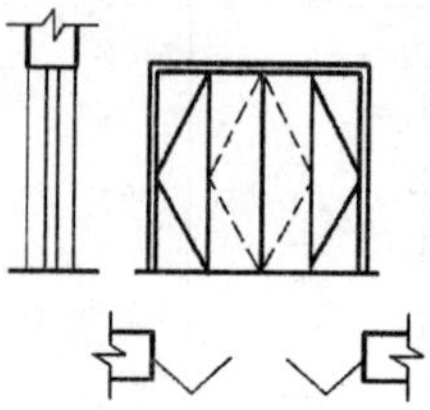	
25	推拉门	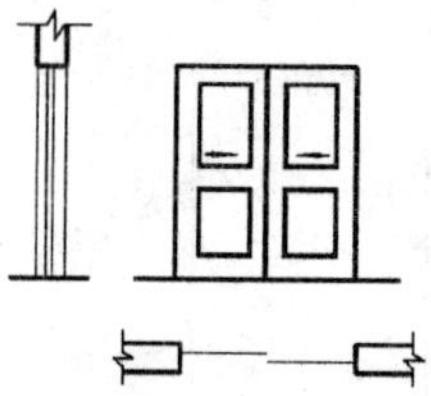	
26	墙外单扇推拉门	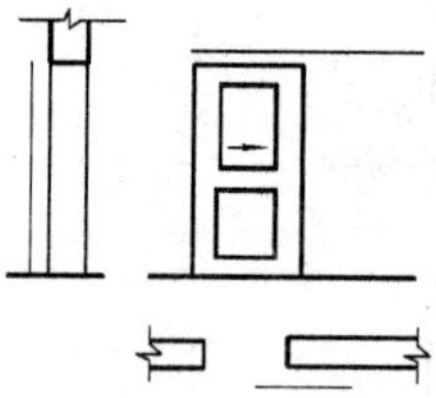	
27	墙外双扇推拉门	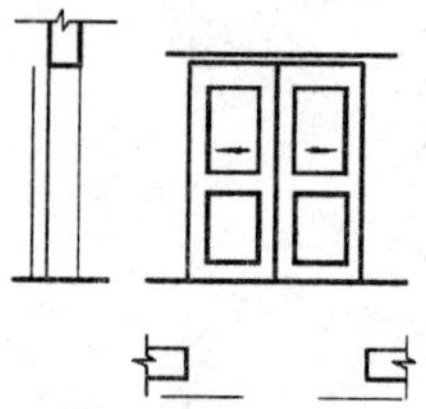	① 门的名称代号用 M ② 图例中剖面图左为外、右为内，平面图下为外、上为内 ③ 立面形式应按实际情况绘制
28	墙中单扇推拉门	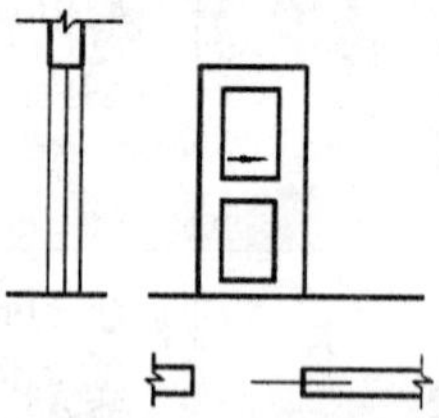	
29	墙中双扇推拉门	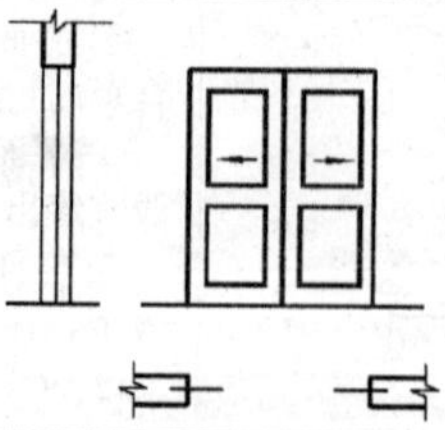	

序号	名　称	图　例	说　明
30	单扇双面弹簧门	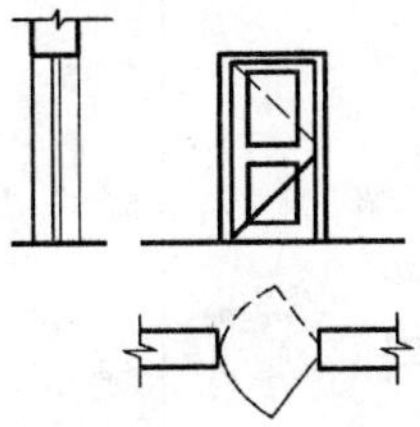	① 门的名称代号用 M ② 图例中剖面图左为外、右为内，平面图下为外、上为内 ③ 立面图上开启方向线交角的一侧为安装合页的一侧，实线为外开，虚线为内开 ④ 平面图上门线应 90°或 45°开启，开启弧线宜绘出 ⑤ 立面图上的开启线在一般设计图中可不表示，在详图及室内设计图上应表示 ⑥ 立面形式应按实际情况绘制
31	双扇双面弹簧门	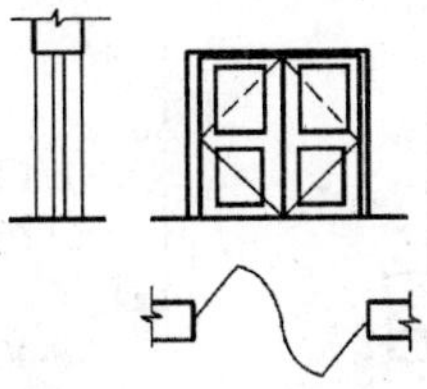	
32	单扇内外开双层门（包括平开或单面弹簧）	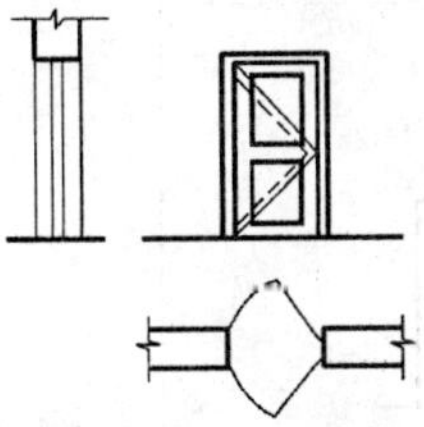	
33	双扇内外开双层门（包括平开或单面弹簧）	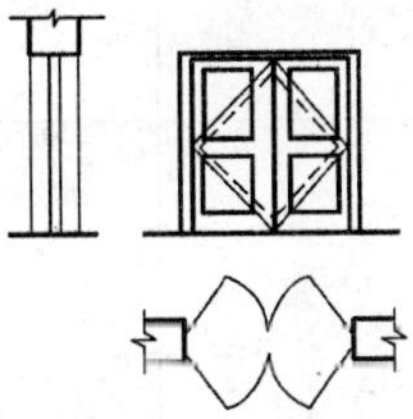	
34	转门	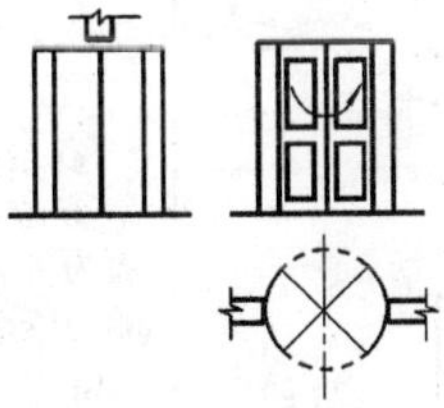	① 门的名称代号用 M ② 图例中剖面图左为外、右为内，平面图下为外、上为内 ③ 平面图上门线应 90°或 45°开启，开启弧线宜绘出 ④ 立面图上的开启线在一般设计图中可不表示，在详图及室内设计图上应表示 ⑤ 立面形式应按实际情况绘制
35	自动门	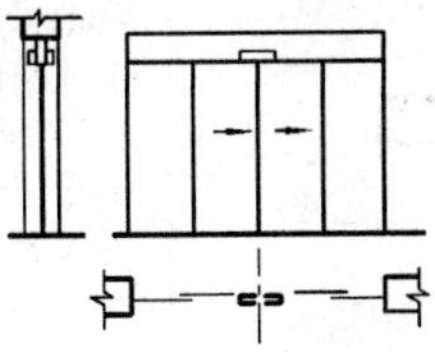	① 门的名称代号用 M ② 图例中剖面图左为外、右为内，平面图下为外、上为内 ③ 立面形式应按实际情况绘制
36	折叠上翻门	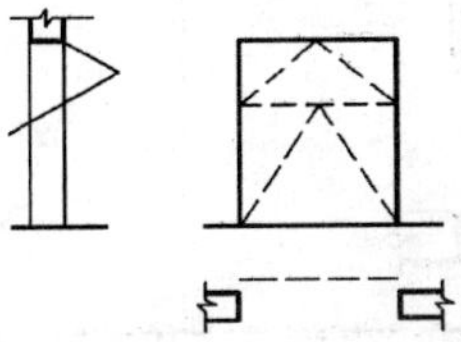	① 门的名称代号用 M ② 图例中剖面图左为外、右为内，平面图下为外、上为内 ③ 立面图上开启方向线交角的一侧为安装合页的一侧，实线为外开，虚线为内开 ④ 立面形式应按实际情况绘制 ⑤ 立面图上的开启线设计图中应表示

续表

序号	名　　称	图　　例	说　　明
37	竖向卷帘门	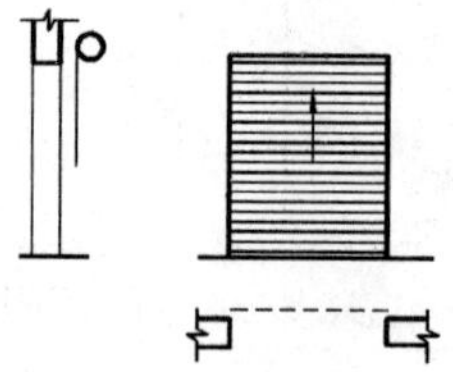	① 门的名称代号用 M ② 图例中剖面图左为外、右为内，平面图下为外、上为内 ③ 立面形式应按实际情况绘制
38	横向卷帘门	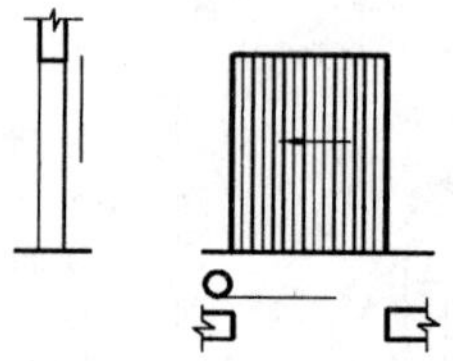	
39	提升门	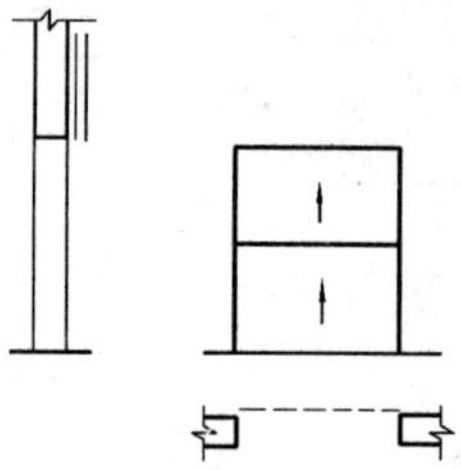	
40	单层固定窗	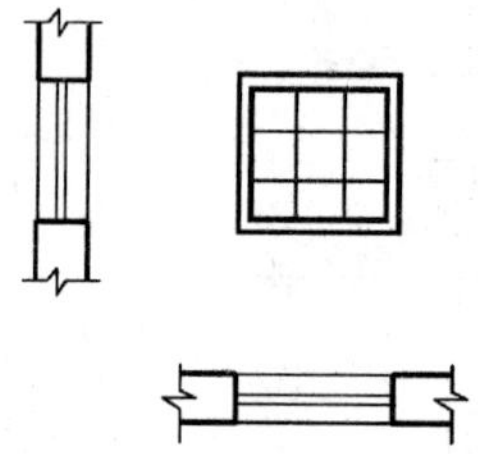	① 窗的名称代号用 C 表示 ② 立面图中的斜线表示窗的开启方向，实线为外开，虚线为内开。开启方向线交角的一侧为安装合页的一侧，一般设计图中可不表示 ③ 图例中，剖面图左为外、右为内，平面图下为外、上为内 ④ 平面图和剖面图上的虚线仅说明开关方式，在设计图中不需表示 ⑤ 窗的立面形式应按实际绘制 ⑥ 小比例绘图时平、剖面的窗线可用单粗实线表示
41	单层外开上悬窗	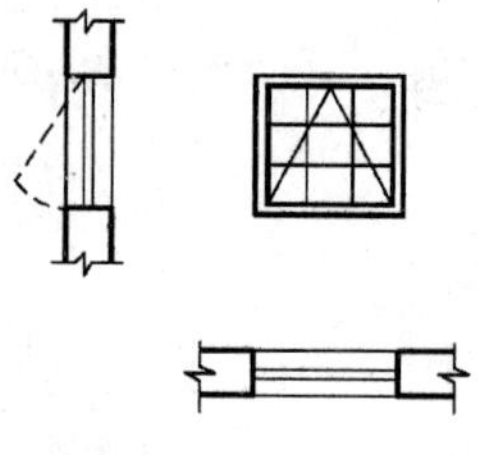	
42	单层中悬窗	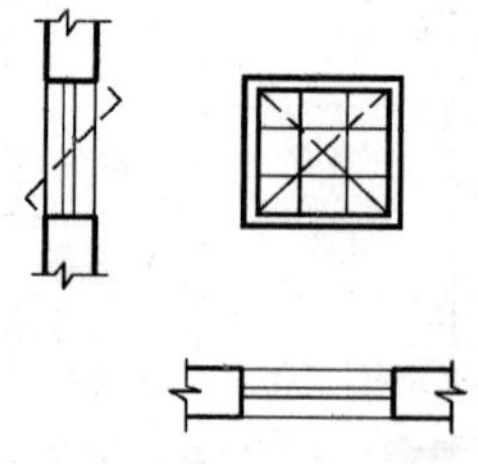	

<table>
<tr><th>序号</th><th>名　称</th><th>图　例</th><th>说　明</th></tr>
<tr><td>43</td><td>单层内开下悬窗</td><td>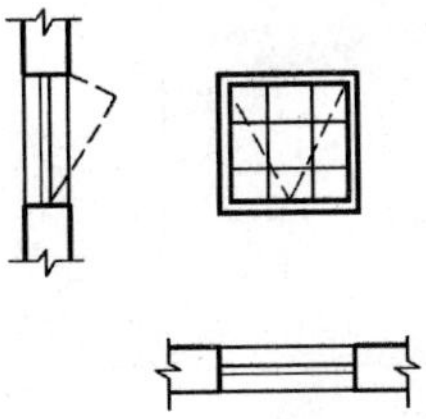</td><td rowspan="5">① 窗的名称代号用C表示
② 立面图中的斜线表示窗的开启方向，实线为外开，虚线为内开。开启方向线交角的一侧为安装合页的一侧，一般设计图中可不表示
③ 图例中，剖面图左为外、右为内，平面图下为外、上为内
④ 平面图和剖面图上的虚线仅说明开关方式，在设计图中不需表示
⑤ 窗的立面形式应按实际绘制
⑥ 小比例绘图时平、剖面的窗线可用单粗实线表示</td></tr>
<tr><td>44</td><td>立转窗</td><td>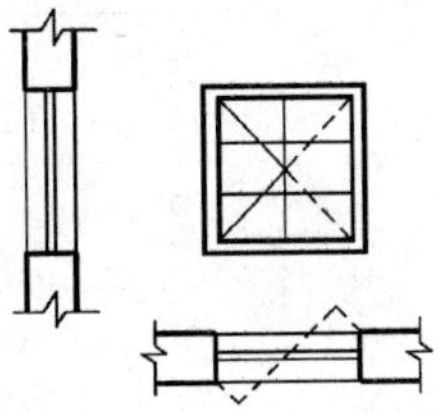</td></tr>
<tr><td>45</td><td>单层外开平开窗</td><td>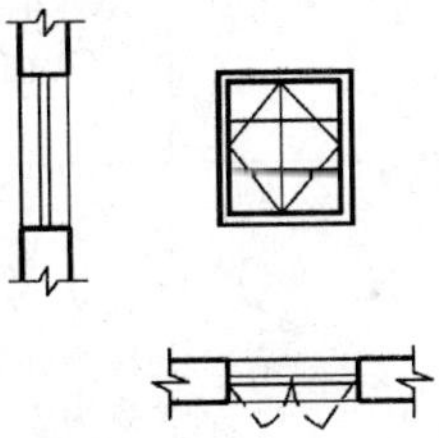</td></tr>
<tr><td>46</td><td>单层内开平开窗</td><td>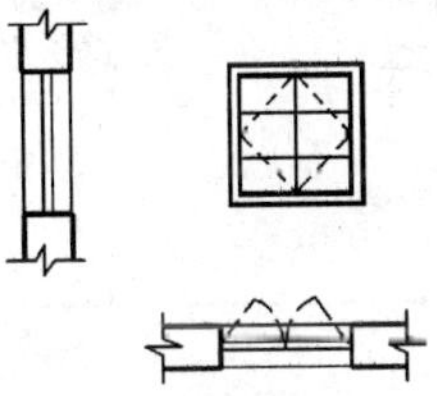</td></tr>
<tr><td>47</td><td>双层内外开平开窗</td><td>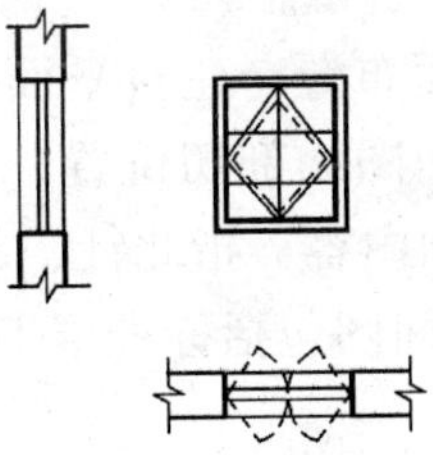</td></tr>
<tr><td>48</td><td>推拉窗</td><td>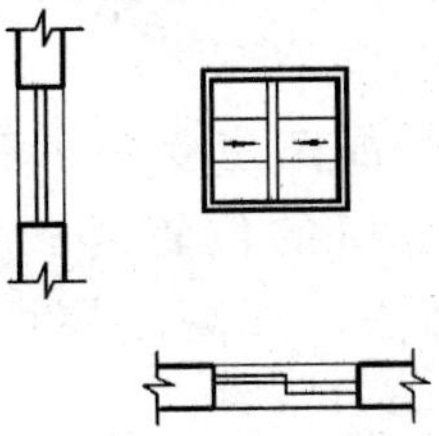</td><td>① 窗的名称代号用C表示
② 图例中剖面图左为外、右为内，平面图下为外、上为内
③ 窗的立面形式应按实际情况绘制
④ 小比例绘图时平、剖面的窗线可用单粗实线表示</td></tr>
</table>

续表

序号	名　称	图　例	说　明
49	上推窗	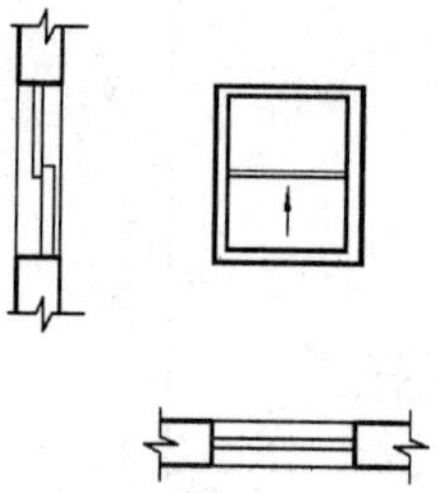	
50	百叶窗	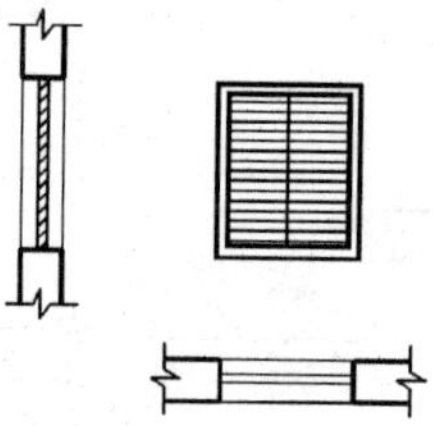	① 窗的名称代号用C表示 ② 立面图中的斜线表示窗的开启方向，实线为外开，虚线为内开。开启方向线交角的一侧为安装合页的一侧，一般设计图中可不表示 ③ 图例中，剖面图左为外、右为内，平面图下为外、上为内 ④ 平面图和剖面图上的虚线仅说明开关方式，在设计图中不需表示 ⑤ 窗的立面形式应按实际绘制
51	高窗	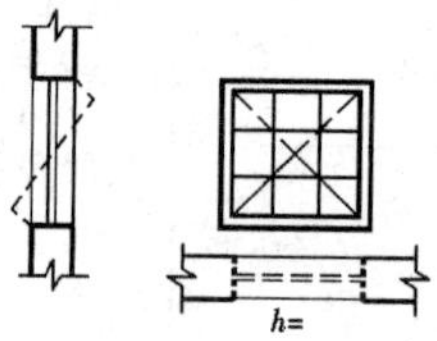	① 窗的名称代号用C表示 ② 立面图中的斜线表示窗的开启方向，实线为外开，虚线为内开。开启方向线交角的一侧为安装合页的一侧，一般设计图中可不表示 ③ 图例中，剖面图左为外、右为内，平面图下为外、上为内 ④ 平面图和剖面图上的虚线仅说明开关方式，在设计图中不需表示 ⑤ 窗的立面形式应按实际绘制 ⑥ h 为窗底距本层楼地面的高度

(4) 建筑平面图的识读

1) 首层平面图的识读（图 2-2），重点了解以下内容：平面图的图名、比例；建筑的朝向，看指北针；建筑的结构形式；建筑的平面布置；建筑平面图上的尺寸；建筑中各组成部分的标高情况；门窗的位置及编号；建筑剖面图的剖切位置、索引标志；各专业设备的布置情况。首层平面图与其他层平面相比增加两项内容：指北针、剖切符号。

2) 其他楼层平面图的识读：其他楼层平面图包括标准层平面图和顶层平面图，其形成与底层平面图的形成相同。

在标准层平面图上，为了简化作图，已在底层平面图上表示过的内容不再表示。识读标准层平面图时，重点应与底层平面图对照异同。

3) 屋顶平面图的识读（图 2-3）。屋顶平面图主要表示三个方面的内容：屋面的排水情况，如排水分区、天沟、屋面坡度、雨水口的位置等；突出屋面的物体，如电梯机房、水箱、检查孔、天窗、烟筒等；细部做法，如高出屋面泛水、天沟、变形缝、雨水口等。

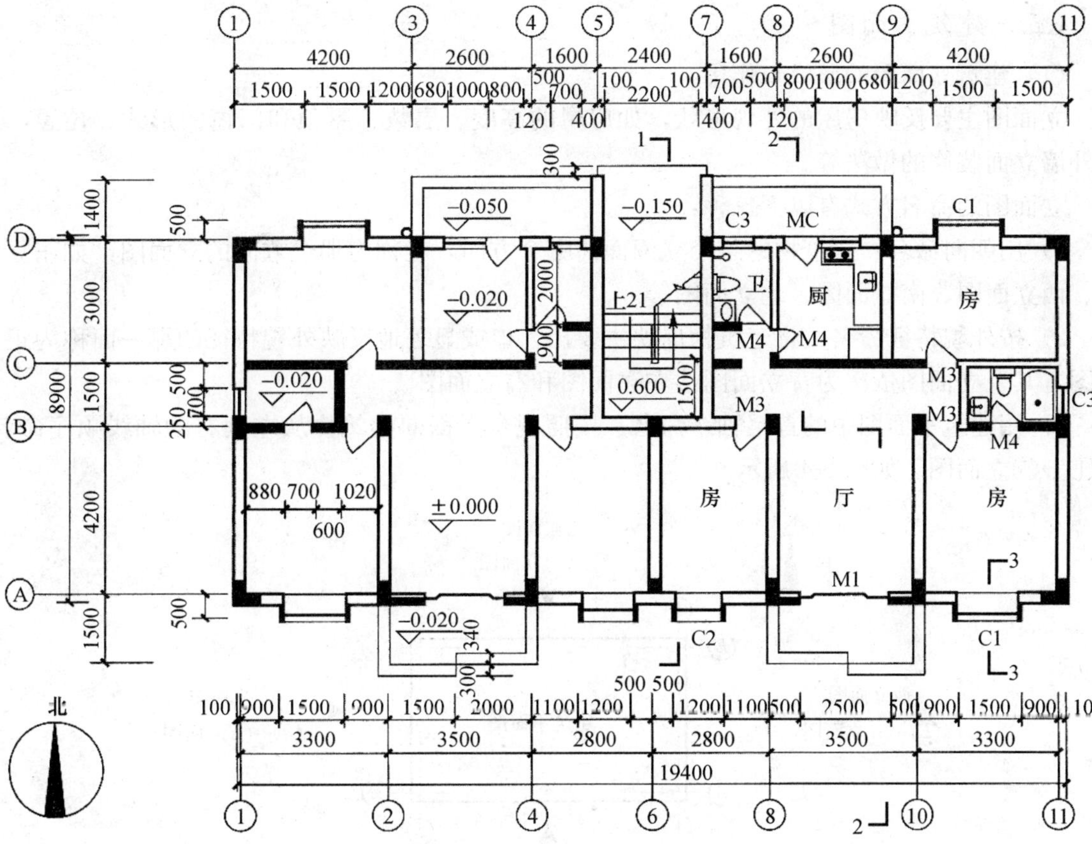

首层平民图 1:100

图 2-2　首层平面图

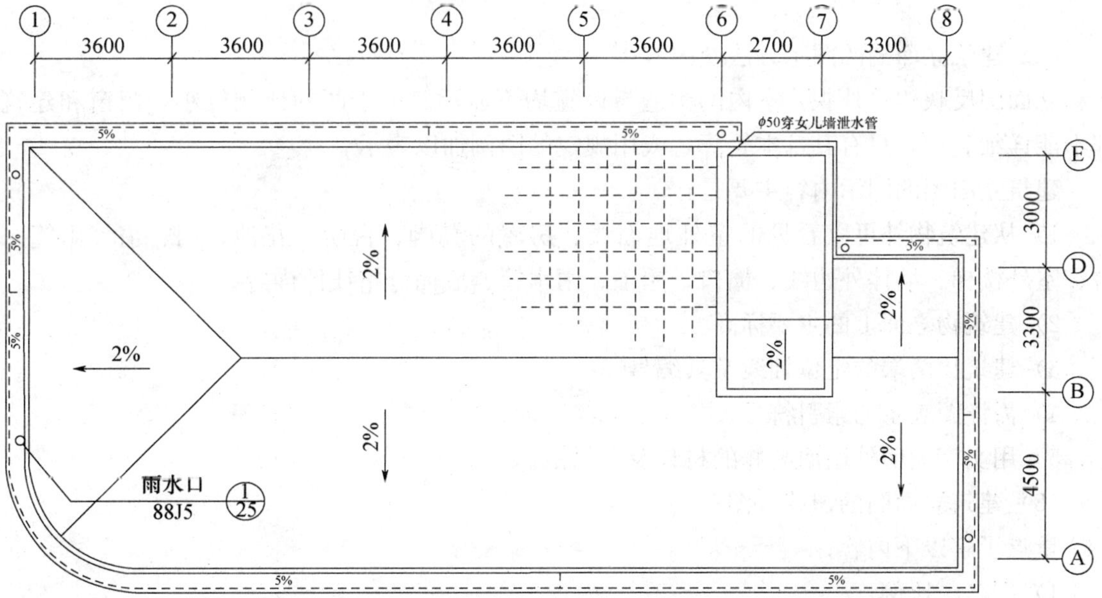

屋顶平面图 1:100

图 2-3　屋顶平面图

（五）建筑立面图

(1) 建筑立面图的形成与作用

立面图主要反映房屋的外观形状，如房屋的高度、层数、屋顶和门窗的形式、位置，以及外墙立面装修的做法等。

立面图的命名方式有以下三种：

1）用朝向命名：建筑物的某个立面面向哪个方向，就称为那个方向的立面图，如东立面图、西立面图、南立面图、北立面图等。

2）按外貌特征命名：将建筑物反映主要出入口或显著地反映外貌特征的那一面称为正立面图，其余立面图依次为背立面图、左立面图和右立面图。

3）用建筑平面图中的首尾轴线命名：按照观察者面向建筑物从左到右的轴线顺序命名，如①—⑤立面图。如图 2-4 所示。

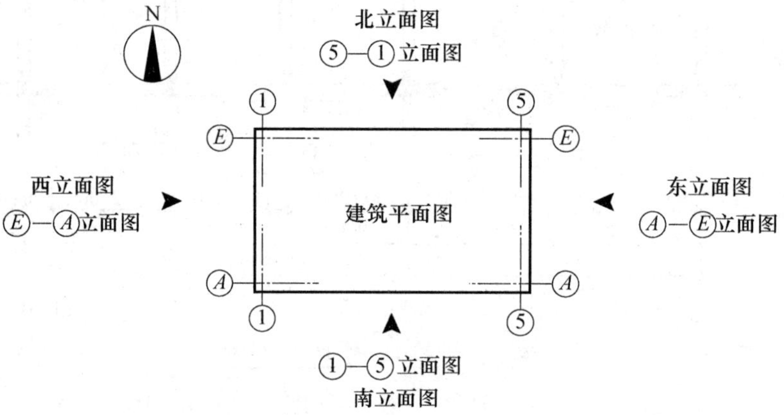

图 2-4　建筑立面图的投射方向与名称

(2) 建筑立面图的图示方法及内容

立面图反映建筑外貌，室内的构造与设施均不显示。由于图的比例较小，门窗和建筑细部不能详细表示，只有其基本轮廓，或用规定的图例加以表示。

建筑立面图的图示内容主要是：

1）从建筑物外可以看见的室外地面线、房屋的勒脚、台阶、花池、门、窗、雨篷、阳台、室外楼梯、墙体外边线、檐口、屋顶、雨水管、墙面分格线等内容。

2）建筑物立面上的主要标高。

3）建筑物两端的定位轴线及其编号。

4）需详图表示的索引符号。

5）用文字说明外墙面装修的材料及其做法。

(3) 建筑立面图的识读（图 2-5）

重点了解以下内容；

1）图名、比例。

2）建筑的外貌。

3）建筑的高度。

4）建筑物的外装修。

5）立面图上详图索引符号的位置与其作用。

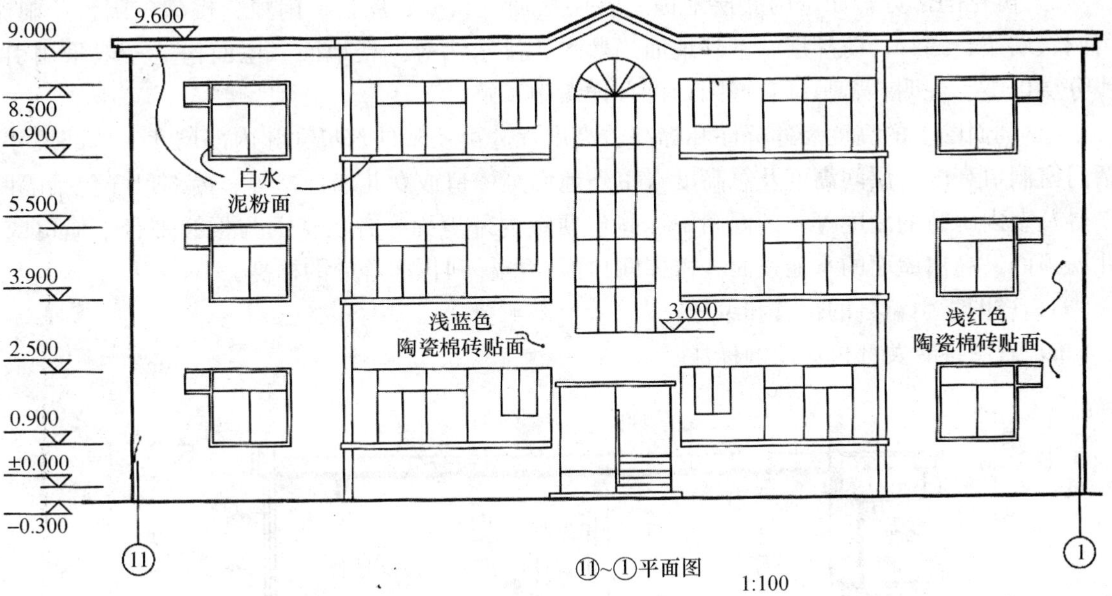

图 2-5　某房屋建筑立面图示例

（六）建筑剖面图

（1）建筑剖面图的形成与作用

假想用一个或一个以上垂直于外墙轴线的铅垂剖切平面剖切建筑，得到的剖面图称为建筑剖面图，简称剖面图。

建筑剖面图用以表示建筑内部的结构构造、垂直方向的分层情况、各层楼地面、屋顶的构造及相关尺寸、标高等，是与平、立面图相互配合的不可缺少的重要图样之一。

（2）建筑剖面图的图示内容与图示方法

剖面图的数量根据房屋的具体情况和施工实际需要确定。剖面图通常横向设置，有时也纵向设置。剖面图的剖切位置根据图纸的用途或设计深度，一般选择能反映全貌、构造特征以及有代表性的部位剖切，如楼梯间、门窗洞口等。主要表示房屋的内部结构、分层情况、各层高度、楼面和地面的构造以及各配件在垂直方向的相互关系等内容。图中包括被剖切到的断面（或用构配件的图例表达）和按投射方面可见的构配件，以及必要的尺寸、标高等。

剖面图的投影方向及图名与建筑首层平面图的剖切符号保持一致。剖切符号用阿拉伯数字、罗马数字或拉丁字母进行编号，如 1—1 剖面图、2—2 剖面图、A—A 剖面图等。

剖面图中一般用一条加粗实线来表示室内外地面线。图中不表示地面以下的基础部分，基础部分将由结构施工图中的基础图来表达。

（3）建筑剖面图的识读（图 2-6）

重点了解以下内容：

1）图名、比例，与底层平面图对照，确定剖切位置及投影方向。

2）墙柱及其定位轴线。了解房屋内部构造和结构形式，如各层梁板、楼板、屋面的结构形式、位置及其与墙（柱）相互关系。

3）可见的部分，如室内底层地面、各层楼面、顶棚、屋顶、门窗、楼梯、阳台、雨棚、留洞、墙裙、踢脚、防潮层、室外地面、散水、排水沟等。楼地面、屋面构造一般采用引出线分层以文字说明。若另画有详图，可在详图中了解。

4）剖面图上的高度尺寸标注和标高。高度尺寸可反映外部尺寸和内部尺寸。外部尺寸包括门窗洞口高度，层间高度及总高度（室外地面至檐口或女儿墙顶）等。内部尺寸包括隔断、平台及室内门窗的高度等。剖面图中标高包括室内外地面、各层楼面与楼梯平台、檐口或女儿墙顶面、高出屋面的水池顶面、楼梯间顶面、电梯间顶面等处的标高。

5）详图索引符号的位置和编号；

6）看图中有关部位坡度的标注。

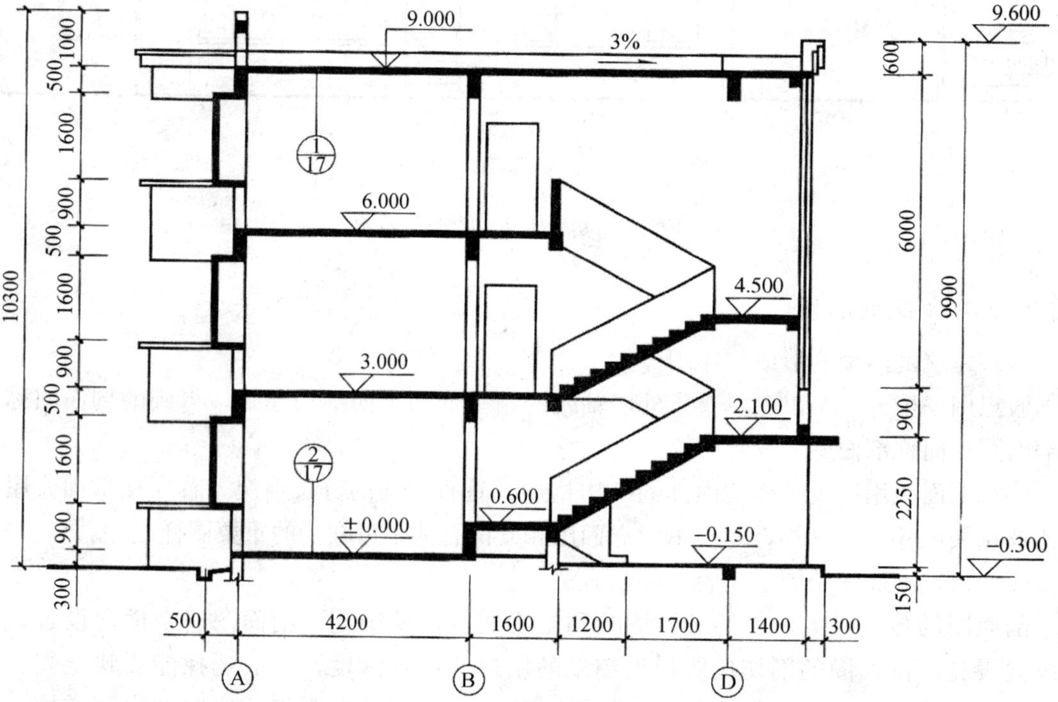

1—1剖面图　1:100

图 2-6　某房屋建筑剖面图示例

（七）建筑详图

建筑平、立、剖反映了房屋的全貌，但由于绘图的比例小，一些细部的构造、做法、所用材料不能直接表达清楚，为了适应施工的需要，需将这些部分用较大的比例单独画出，这样的图称为建筑详图，简称详图。

建筑详图是建筑平、立、剖面图的补充，是建筑施工中的重要依据之一。详图的特点是比例大，反映的内容详尽，常用的比例有 1∶50、1∶20、1∶10、1∶5、1∶2、1∶1 等。

需要绘制的详图包括局部构造详图（如墙身详图、楼梯详图、门窗详图等）、房间设备详图（如卫生间详图、实验室详图等）及内外装修详图（如顶棚详图、花饰详图等）。

(1) 墙身详图

墙身详图实际上是建筑剖面图的局部放大图。

图 2-7、图 2-8 图示内容：主要表达地面、楼面、屋面和檐口等处的构造，楼板与墙体的连接形式以及门窗洞口、窗台、勒脚、防潮层、散水等细部做法。

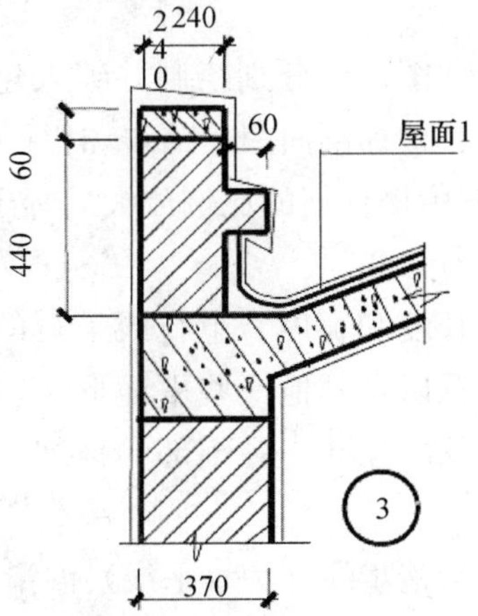

图示方法：1）比例；2）图例；3）尺寸标注；4）文字说明

图 2-7 墙身檐口构造详图示例

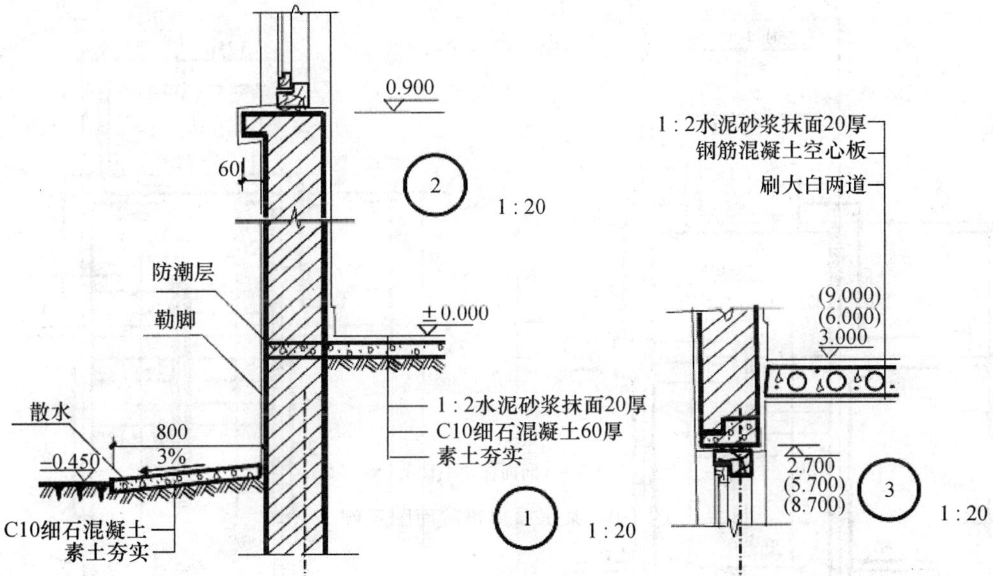

图 2-8 墙身与地面、楼面构造做法详图示例

房屋建筑施工图中勒脚、散水的节点详图表示房屋外墙的防潮、防水和排水的做法。勒脚采用防水和耐久性好的材料，以保护接近地面部分的墙身免受雨水水文侵蚀，并防止机械性的破坏。散水是沿外墙四周向外做出的倾斜坡面，其作用是迅速排走勒脚附近的水用以防止雨水或地面水侵蚀墙基。

（2）楼梯详图

楼梯是多层房屋中上下交通的主要设施，通常由楼梯段、休息平台、栏杆或栏板组成。楼梯的构造较复杂在建筑平、立、剖面图中很难将其表示清楚，因此通常需另绘制楼梯详图。楼梯详图主要表示楼梯的类型、结构形式、各部位的尺寸及装修做法等，是楼梯施工放样的主要依据。

楼梯详图分为建筑详图与结构详图，应分别绘制并编入建筑施工图和结构施工图中。楼梯的建筑详图通常包括楼梯平面图、楼梯剖面图、踏步和栏杆等节点详图。

1）楼梯平面图：将建筑平面图中楼梯间的比例放大后画出的图样，称为楼梯平面图，比例通常为 1∶50（图 2-9）。

楼梯平面图主要表明楼梯段的长度和宽度、上行或下行的方向、踏步数和踏面宽度、楼梯休息平台的宽度、栏杆扶手的位置以及其他一些平面形状。因此在楼梯平面图中应注明楼梯间的开间和进深、楼地面和平台面的尺寸、各细部的详细尺寸等，此外在楼层地面和休息平台面上还应标注出各层的标高。

在楼梯平面图中为防止剖切线与踏步线（为水平线）混淆，在楼梯剖切位置通常以 45°的折断符号来表示。楼梯的上行或下行方向是以各层楼地面为基准来进行标注的。向上者称上行、向下者称下行，并用长线箭头和文字在楼梯段上注明上、下的方向。

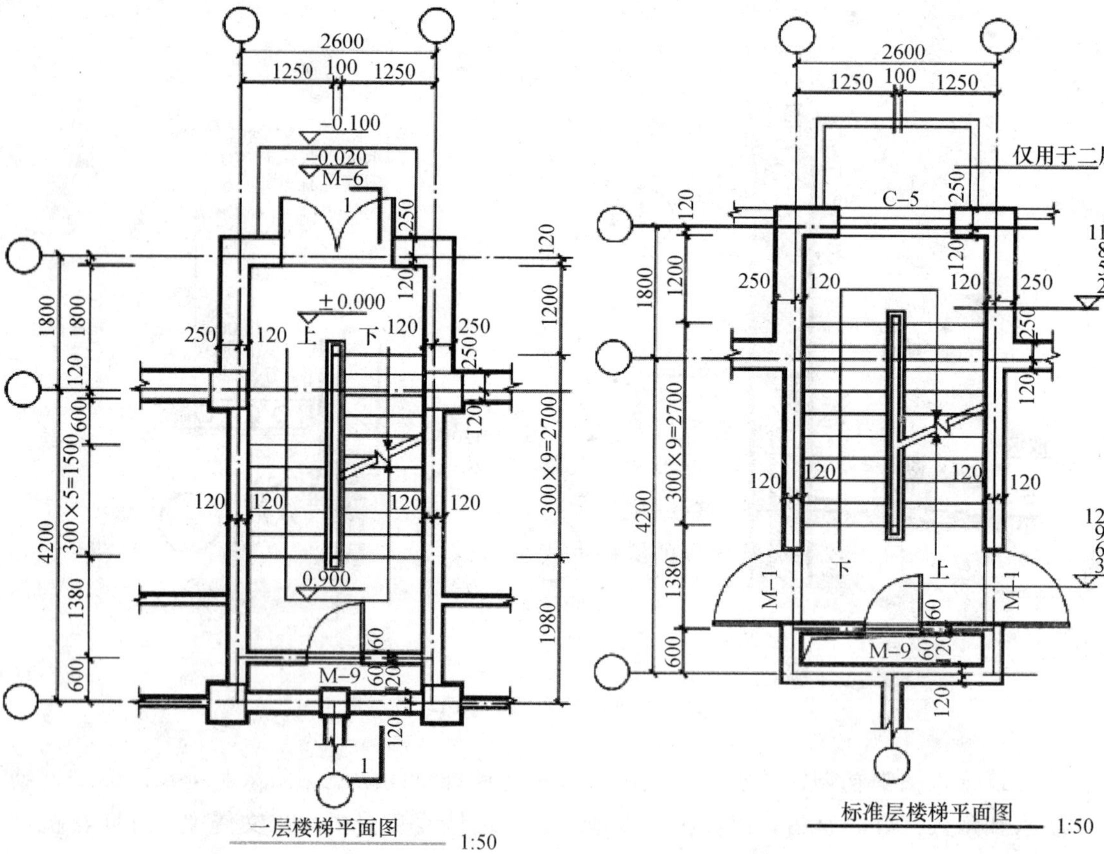

图 2-9 楼梯平面图示例

2）楼梯剖面图：楼梯剖面图主要表达楼梯踏步、平台的构造、栏杆的形状以及相关尺寸，比例一般为1∶50、1∶30或1∶40。

楼梯剖面图应注明各楼楼层面、平台面、楼梯间窗洞的标高、踢面的高度、踏步的数量以及栏杆的高度。

3）卫生间详图：由于建筑平面图的比例较小，卫生间平面图只能反映出卫生洁具的形状和数量，并不能具体反映这些洁具的具体位置、地面排水情况、地漏位置等，通常需要画出卫生间详图，该详图的比例通常为1∶50。

4）门窗详图：通常情况下，若建筑门窗的形式、用料、大小及构造做法采用标准图集中的标准设计，即可采用门窗表的形式在建筑施工图说明中说明门窗在标准设计图集中的编号等资料即可。若门窗需要由设计者另行设计，则这些门窗不仅应在门窗表中列出，还应当在建筑施工图中绘制想用的门窗详图。

门窗详图一般由门窗立面图、节点详图、门窗五金表及文字说明等组成。

立面图：主要表示门窗的外形、开启方式和方向以及门窗的主要尺寸和节点索引符号等内容。

节点详图：主要表示门框、门扇，窗框、窗扇各部位的断面形状、材料和构造关系。

a. 门窗详图的表示内容：门窗立面图表明门窗的组合形式、开启方式、主要尺寸及节点索引标志。

门窗的开启方式由开启线决定，开启线有实线和虚线之分。

门窗节点剖面图表示门窗某节点中各部件的用料和断面形状，还表示各部件的尺寸及其相互间的位置关系。

b. 门窗详图的识读：从窗的立面图上了解窗的组合形式及开启方式。

从窗的节点详图中还可了解到各节点窗框、窗扇的组合情况及各木料的用料断面尺寸和形状。

二、结构施工图

房屋由屋盖（楼板）、梁、柱、墙、基础等基本构件组成。房屋各部分自身重量、设备及家具的重量、人群的重量等，均由各类承重构件传递到基础，再由基础传至地基。房屋建筑中的承重构件通常采用钢筋混凝土、钢、木、及砖石等材料。房屋建筑按照其采用的主要承重结构材料分为：钢筋混凝土结构、钢结构、木结构、砌体结构（砖石结构）等，其中钢筋混凝土、砌体结构为民用建筑通常采用的结构形式。

结构施工图是根据建筑的要求，经过结构选型和构件布置以及力学计算，确定建筑各承重构件的形状、材料、大小和内部构造，把这些构件的位置、形状、大小和连接方式绘制成图样，指导施工，这种图样称为结构施工图，简称“结施”。

（一）结构施工图概述

（1）结构施工图的作用

结构施工图主要表达建筑结构构件的布置形式、连接方法、各构件的详细做法及相互关系，同时也反映其他专业（如建筑、给排水、暖通、电气等）及施工对结构的要求，是施工定位、放线、基槽开挖、支模板、绑扎钢筋、设置预埋件、浇注混凝土以及安装梁、板、柱，编制预算和施工进度计划的重要依据。

（2）结构施工图的组成

1）结构设计说明：说明新建建筑的结构类型、耐久年限、地震设防烈度、地基状况、材料强度等级、选用的标准图集、新结构与新工艺及特殊部位的施工顺序、方法及质量验收标准。

2）结构平面布置图：结构平面布置图表达建筑结构构件的平面布置，包括基础平面图、楼层结构平面图和屋顶结构平面布置图。

3）结构构件详图：结构构件详图表达结构构件的形状、大小、材料和具体做法。包括梁、板、柱构件详图，基础详图，屋架详图，楼梯详图和其他详图。

（二）基础结构图

基础是建筑物地面以下的承重构件，它承受建筑物上部传来的各种荷载，并将其传递给地基。基础结构图是表示建筑地面以下基础部分的平面布置和详细构造的图样，通常包括基础平面图和基础详图，它是施工放线、开挖基坑和砌筑基础的依据。

基础的形式一般取决于上部建筑的结构形式、建筑物荷载大小以及地质地形条件等因素。基础的形式种类较多，常用的包括：条形基础、独立基础、片筏基础、箱型基础和桩基础等。基础通常采用钢筋混凝土、砖石等建筑材料砌筑。

（1）基础设计说明

基础设计说明主要用来说明场地土的质量、基础材料的强度等级、质量要求、基槽开挖深度的要求以及基础各部位的施工要求等。

（2）基础平面图

1）基础平面图的形成与作用：假想用一个水平剖切平面沿建筑底层地面下一点剖切建筑，将剖切平面上面的部分去掉，并移去回填土所得到的水平投影图，称为基础平面图（图 2-10）。

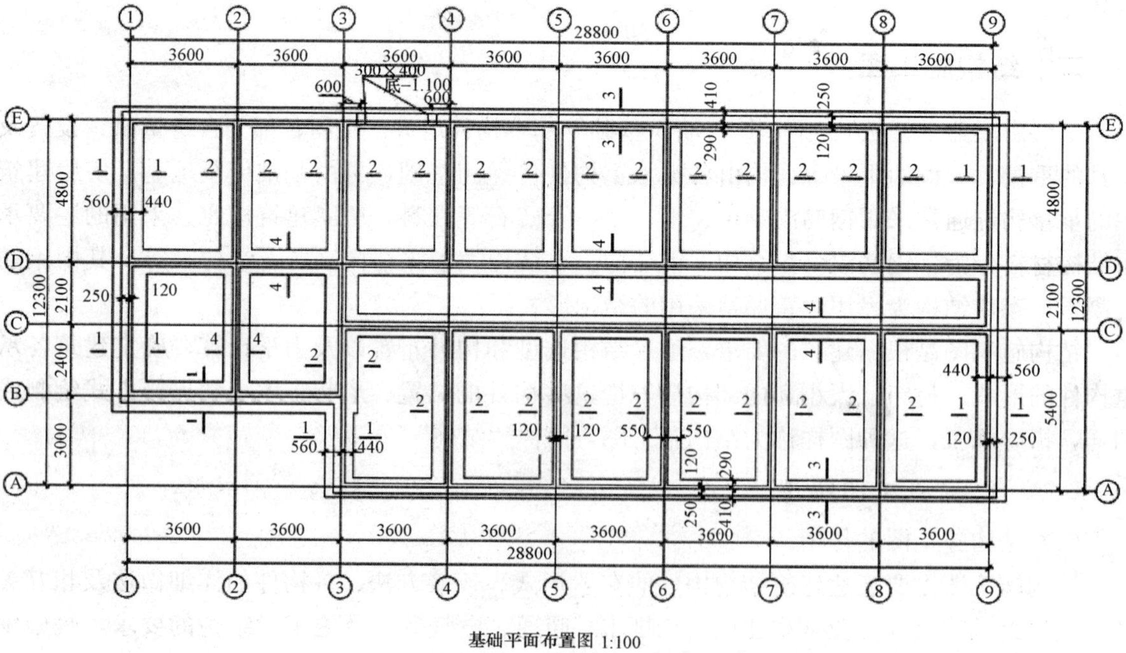

基础平面布置图 1:100

图 2-10　条形基础平面图

基础平面图主要表达基础的平面位置、形式及其种类，是基础施工时定位、放线、开挖基坑的依据。

基础平面图的比例一般与建筑平面图的比例相同。

2）基础平面图的识读。重点了解以下内容：

a. 图名、比例。

b. 与建筑平面图对照，了解基础平面图的定位轴线、轴线编号、轴线间尺寸等。

c. 基础的平面布置，结构构件的种类、位置、代号。

d. 剖切编号，通过剖切编号了解基础的种类，各类基础的平面尺寸、基础底面标高、基础梁的位置及编号等。

e. 阅读基础设计说明，了解基础的施工要求、用料。

f. 联合阅读基础平面图与设备施工图，了解设备管线穿越基础的准确位置，洞口的形状、大小以及洞口上方的过梁要求。

（3）基础详图

1）基础详图的形成与作用：基础详图是基础断面图，剖切位置在基础平面图上，具体表示基础的形状、大小、材料和构造做法，是基础施工的重要依据（图 2-11）。

如基础为钢筋混凝土基础，应重点突出钢筋在混凝土基础中的位置、形状、数量和规格。

基础详图通常采用较大的比例（如 1∶20、1∶10 等）。

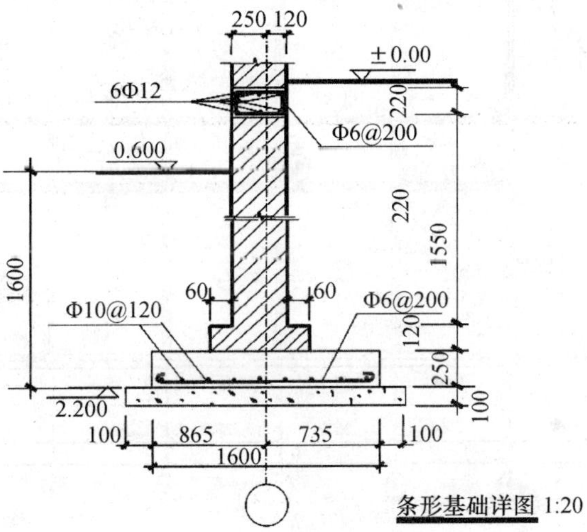

图 2-11　条形基础详图示例

2）基础详图的识读。重点了解以下内容：

a. 图名与比例，因基础的种类往往比较多，读图时，将基础详图的图名与基础平面图的剖切符号、定位轴线对照，了解该基础在建筑中的位置。

b. 基础的形状、大小与材料。

c. 基础各部位的标高，计算基础的埋置深度。

d. 基础的配筋情况。

e. 垫层的厚度尺寸与材料。

f. 基础梁的配筋情况。

g. 管线穿越洞口的详细做法。

h. 室内外地面及基础底面的做法。

i. 施工说明等。

（三）结构平面图

（1）楼层结构平面图的形成和作用

钢筋混凝土结构通常包括框架、框架剪力墙及筒体结构。用一个假想的水平剖切平面从结构各层楼板层中间剖切，得到的水平剖面图，称为楼层结构平面布置图，简称楼层结构平面图。楼层结构平面图主要表示各楼层结构构件（如墙、梁、板、柱等）的平面位置。

结构施工图内容一般包括楼层（楼板、屋面板）结构平面布置图以及从各平面布置图中索引表示的各构件（梁、柱）的配筋详图（图 2-12），是建筑结构施工时构件布置、安装的重要依据。

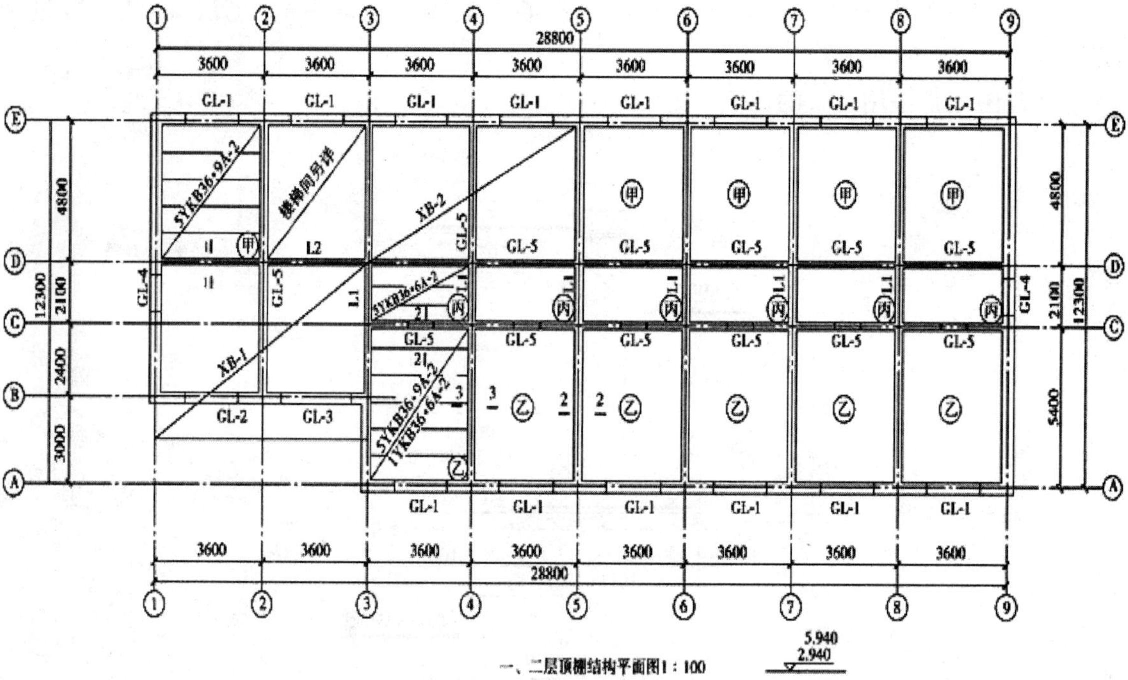

图 2-12 结构布置平面图与详图

（2）楼层结构平面图的图示方法

在楼层结构平面图中外轮廓线用中粗实线表示，被楼板遮挡的墙、柱、梁等，用细虚线表示，其他用细实线表示。图中的结构构件用构件代号表示。楼层结构平面图的比例应与建筑平面图的比例相同。

由于钢筋混凝土楼板有预制楼板和现浇楼板两种，其表达方式不同。如楼板层是预制楼板，则在结构平面布置图中主要表示支撑楼板的墙、梁、柱等结构构件的位置，预制楼板直接在结构平面图中进行标注。

现浇钢筋混凝土楼板配筋通常包括受力筋、分布筋和支座钢筋三种类型，如图 2-13 表示。配筋图中用粗实线表示每一种受力筋及支座钢筋（也称负弯矩筋或负筋），并注明其类型、直径及间距，对分布筋通常另加注释而不直接绘出。此外凡位于板底部的钢筋，其弯钩通常绘制成向上或向左；反之位于板顶部的钢筋，其弯钩通常绘制成向下或向右。

当现浇板配筋简单时，直接在结构平面图中表明钢筋的弯曲及配置情况，注明编号、规格、直径、间距（图 2-14）。当配筋复杂或不便表示时，用对角线表示现浇板的范围。

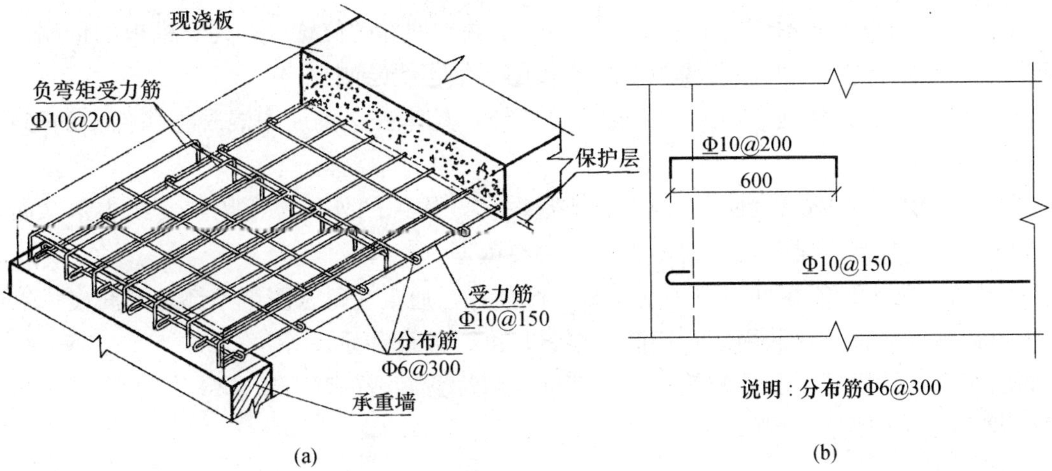

图 2-13　钢筋混凝土板的配筋表示方法

（a）示意图；（b）平面图

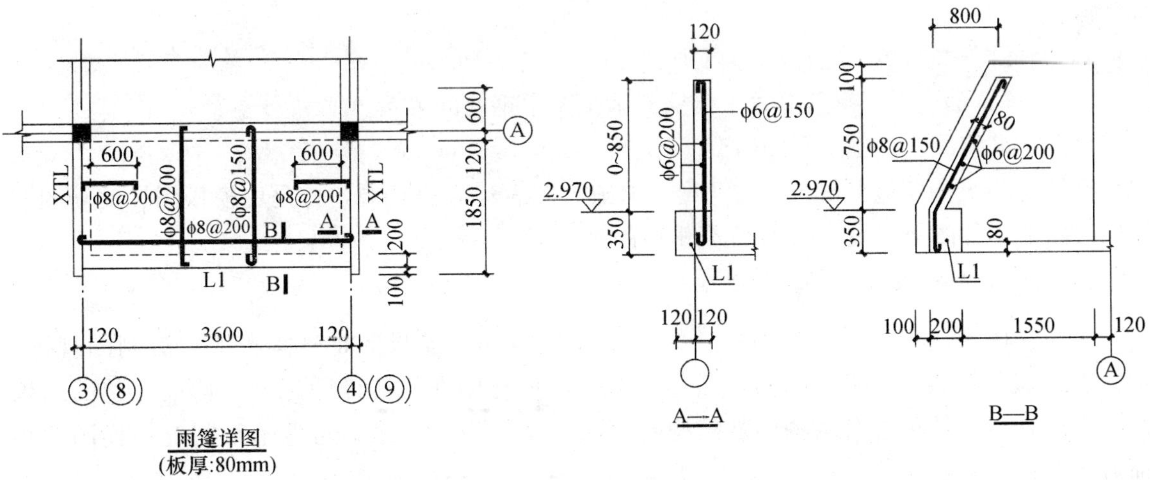

图 2-14　现浇板配筋图示

(3) 楼层结构平面图的识读

重点了解以下内容：

1) 图名与比例。

2) 与建筑平面图对照，了解楼层结构平面图的定位轴线。

3) 通过结构构件代号了解该楼层中结构构件的位置与类型。

4) 现浇板的配筋情况及板的厚度。

5) 各部位的标高情况，并与建筑标高对照，了解装修层的厚度。

如有预制板，了解预制板的规格、数量等级和布置情况。

(四) 构件详图

(1) 钢筋混凝土构件详图

钢筋混凝土构件详图一般包括模板图、配筋图和钢筋表三部分。

1) 模板图：模板图表示构件的外表形状、大小及预埋件的位置等，是支模板的依据。一般在构件较复杂或有预埋件时才画模板图，模板图用细实线绘制。

2) 配筋图：配筋图包括立面图、断面图两部分，具体表达钢筋在混凝土构件中的形状、位置与数量。

在立面图和断面图中，把混凝土构件看成透明体，构件的外轮廓线用细实线表示，而钢筋用粗实线表示。配筋图是钢筋下料、绑扎的主要依据。

3) 钢筋表：为了便于钢筋下料、制作和方便预算，通常在每张图纸中都有钢筋表。钢筋表的内容包括钢筋名称，钢筋简图，钢筋规格、长度、数量和质量等。

钢筋表对于识读钢筋混凝土配筋图很有帮助，应注意两者的联合识读。

(2) 钢筋混凝土梁施工图的识读

重点了解以下内容：

1) 图名与比例。

2) 模板图内容。

3) 阅读配筋图中的立面图，了解在该梁中上下排配筋的情况，箍筋的配置，箍筋有没有加密区。

4) 断面图内容。

5) 阅读钢筋表，了解钢筋表中钢筋与施工图中钢筋的关系。

(3) 钢筋混凝土柱施工图的识读

钢筋混凝土柱的施工图与钢筋混凝土梁施工图表达方法相同，也是由模板图、配筋图和钢筋表组成，如图 2-15 是一钢筋混凝土柱的施工图。

(五) 平面整体表示法识图

平面整体表达方式是把结构构件的尺寸和配筋等，按照平面整体表示方法制图规则，整体直接表达在各类构件的结构平面布置图上，再与标准构造详图配合，构成完整的结构设计，改变了传统的那种将构件从结构平面布置图中索引出来，再逐个绘制配筋详图的烦琐方法。

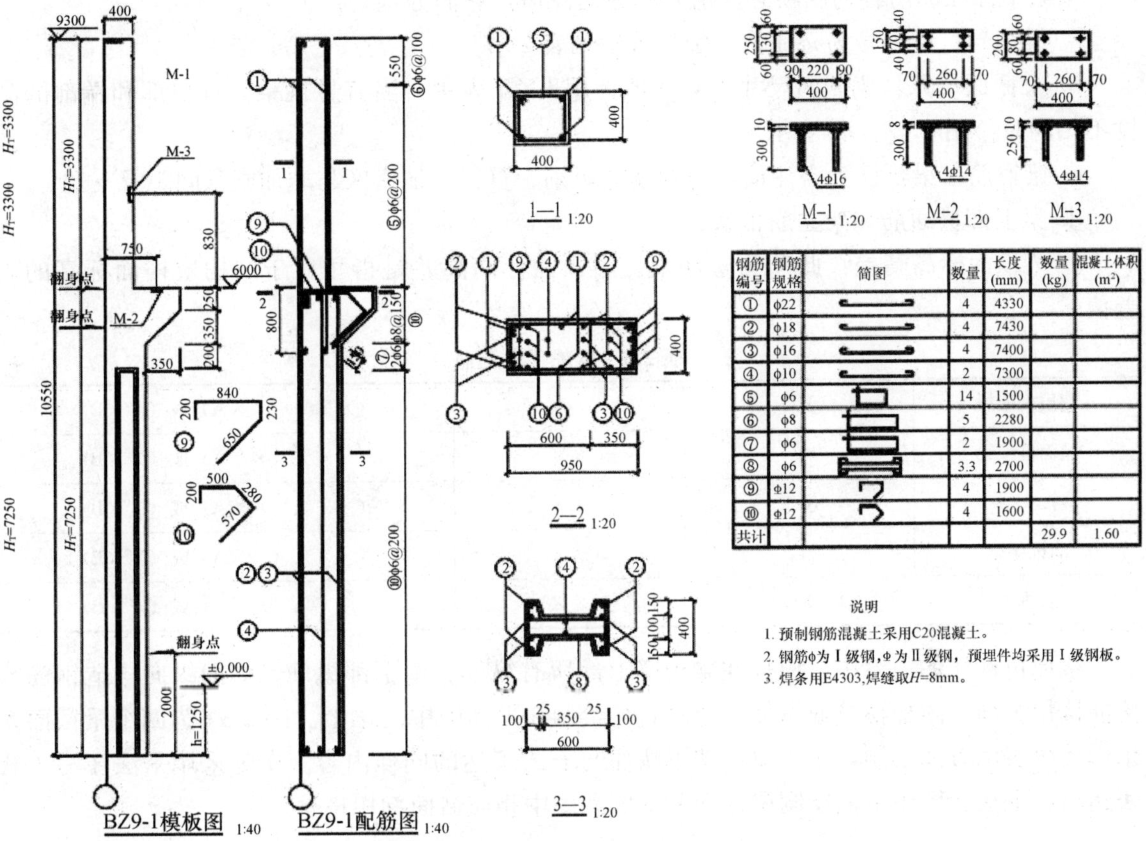

钢筋编号	钢筋规格	简图	数量	长度(mm)	数量(kg)	混凝土体积(m^2)
①	φ22		4	4330		
②	φ18		4	7430		
③	φ16		4	7400		
④	φ10		2	7300		
⑤	φ6		14	1500		
⑥	φ8		5	2280		
⑦	φ6		2	1900		
⑧	φ6		3.3	2700		
⑨	φ12		4	1900		
⑩	φ12		4	1600		
共计					29.9	1.60

说明

1. 预制钢筋混凝土采用C20混凝土。
2. 钢筋φ为Ⅰ级钢，φ为Ⅱ级钢，预埋件均采用Ⅰ级钢板。
3. 焊条用E4303，焊缝取H=8mm。

图 2-15 钢筋混凝土柱施工图

(1) 梁平法施工图识图

1) 平面注写方式识图：平面注写方式是在梁平面布置图上分别在不同编号的梁中各选一根梁，在其上注写截面尺寸和配筋具体数值的方式表达梁平法施工图。

平面注写包括集中标注和原位标注。

集中标注表达梁的通用数值，原位标注表达梁的特殊数值。如图 2-16 所示。

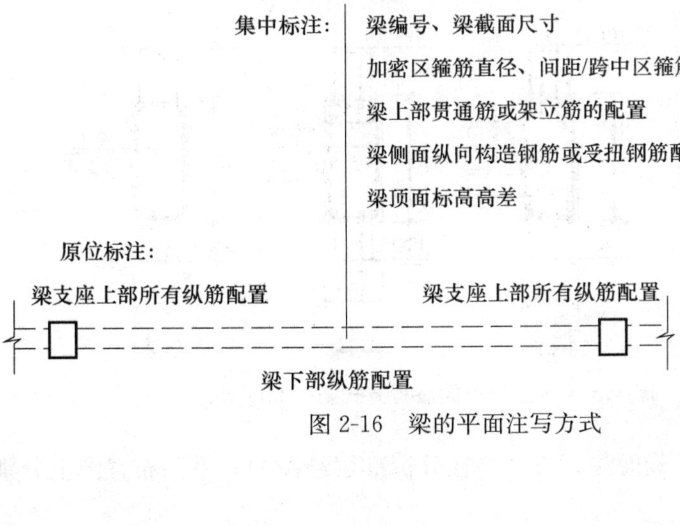

图 2-16 梁的平面注写方式

梁集中标注的内容为四项必注值和一项选注值，它们分别是：

a. 梁编号：梁编号为必注值，编号方法见表 2-5。

b. 梁截面尺寸：梁截面尺寸为必注值，用 $b \times h$ 表示。当有悬挑梁，且根部和端部的高度不相同时，用 $b \times h_1/h_2$ 表示。

c. 梁箍筋：梁箍筋为必注值，包括箍筋级别、直径、加密区与非加密区间距及支数。

d. 梁上部贯通筋和架立筋根数。

e. 梁顶面标高高差：此项为选注值。梁顶面标高高差是指相对于结构层楼面标高的高差值。

表 2-5　梁的代号汇总

楼层框架梁	KL	××	(××)、(××A) 或 (××B)
屋面框架梁	WKL	××	(××)、(××A) 或 (××B)
框支梁	KZL	××	(××)、(××A) 或 (××B)
非框架梁	L	××	(××)、(××A) 或 (××B)
悬挑梁	XL	××	(××)、(××A) 或 (××B)

梁原位标注的内容中，应标注梁支座上部所有纵筋、梁下部纵筋、侧面纵向构造钢筋或侧面抗扭纵筋、附加箍筋或吊筋，将其直接绘制在平面图中的梁上。图 2-17 为四个梁截面系采用传统表示方法绘制，用于对比按平法注写方式表达的同样内容。实际采用平法注写方式表达时，平法绘图中不需绘制梁截面配筋图和图中相应截面剖切符号。

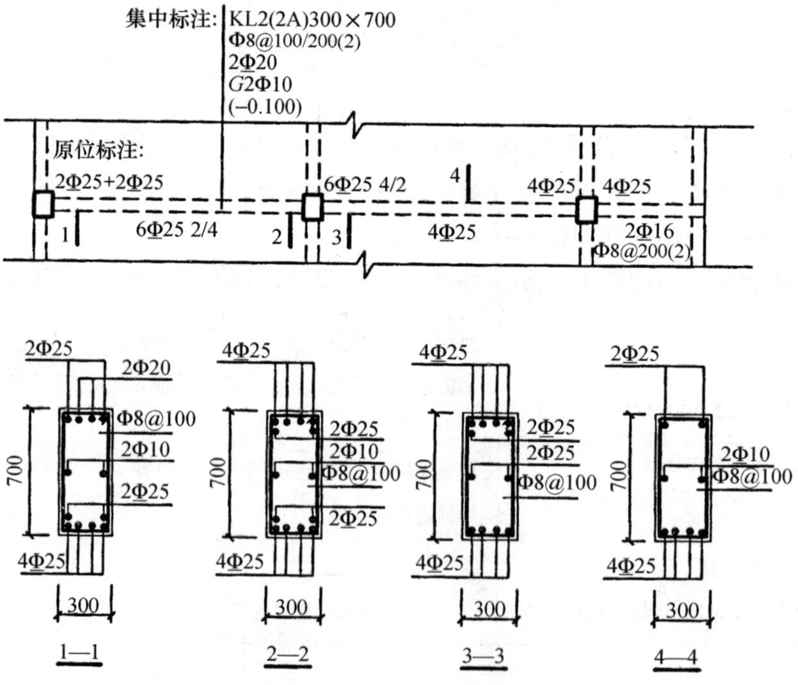

图 2-17　传统表示方法与平面注写方式梁配筋图对比示例

2）截面注写方式识图：截面注写方式是在分标准层绘制的梁平面布置图上分别在不同编

号的梁中各选择一根梁用剖切符号引出配筋图，并在其上注写截面尺寸和配筋具体数值的方式表达梁平法施工图。如图 2-18 所示。

在截面配筋图上注写截面尺寸 $b \times h$、上部筋、下部筋、侧面筋和箍筋的具体数值时，其表达方式与平面注写方式相同。

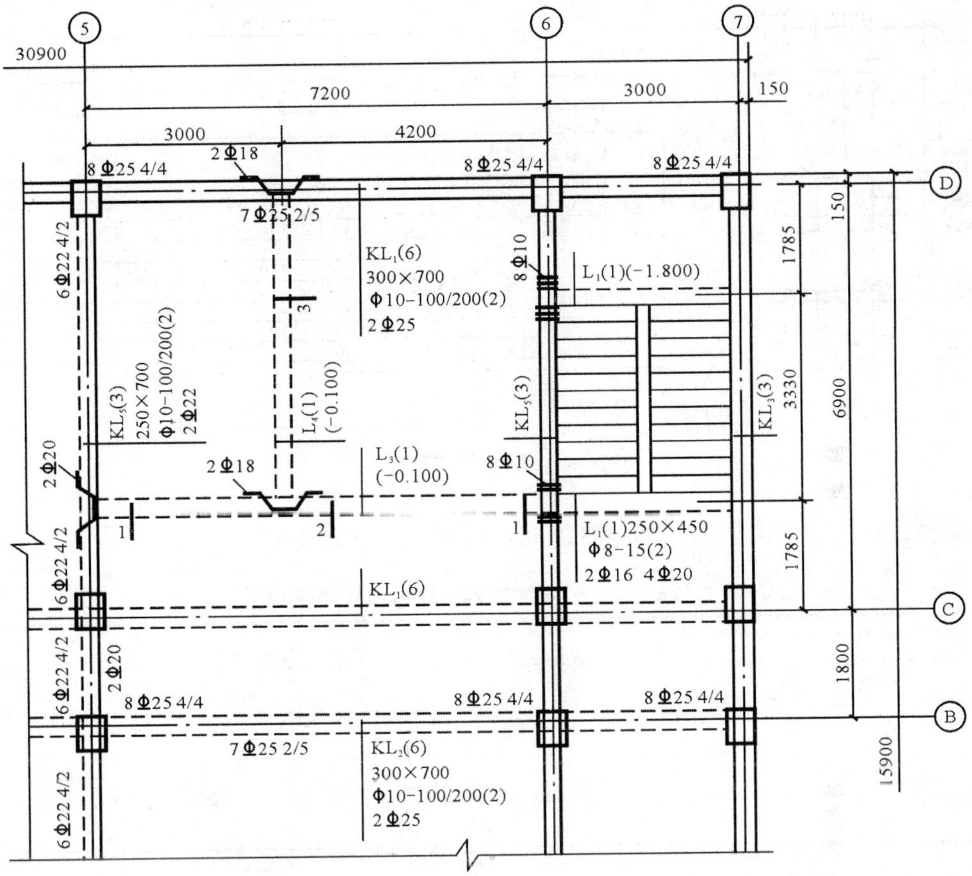

9	30.270	3.60
8	26.670	3.60
7	23.070	3.60
6	19.470	3.60
5	15.870	3.60
4	12.270	3.60
3	8.670	3.60
2	4.470	4.20
1	-0.030	4.50
层号	标高(mm)	层高(m)

楼层结构标高、层高

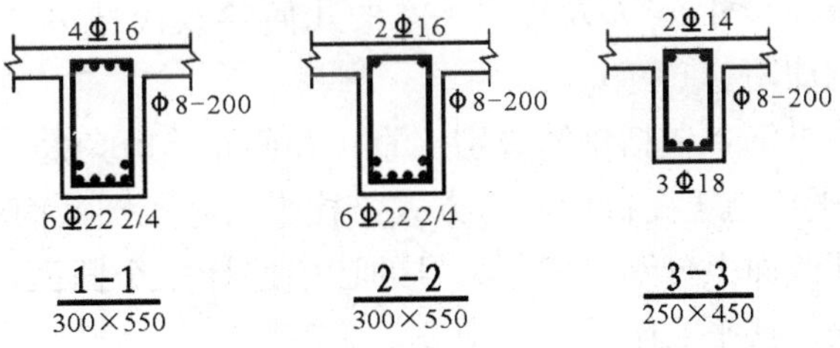

图 2-18 梁的截面注写方式

（2）柱平法施工图识图

1）列表注写方式识图：列表注写方式是在柱平面布置图上分别在同一编号的柱中选择一个截面标注几何参数代号；在柱表中注写柱号、柱段起止标高、几何尺寸与配筋的具体数值，并配以各种柱截面形状及其箍筋类型图的方式表达柱平法施工图（图 2-19）。

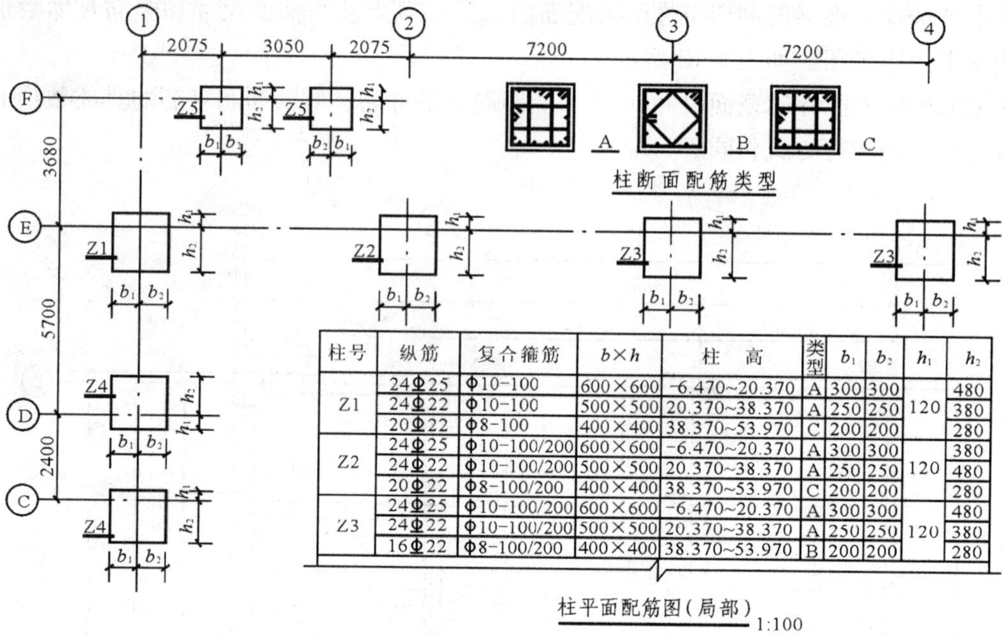

柱号	纵筋	复合箍筋	$b\times h$	柱　高	类型	b_1	b_2	h_1	h_2
Z1	24Φ25	Φ10-100	600×600	-6.470~20.370	A	300	300	120	480
	24Φ22	Φ10-100	500×500	20.370~38.370	A	250	250		380
	20Φ22	Φ8-100	400×400	38.370~53.970	C	200	200		280
Z2	24Φ25	Φ10-100/200	600×600	-6.470~20.370	A	300	300	120	380
	24Φ22	Φ10-100/200	500×500	20.370~38.370	A	250	250		480
	20Φ22	Φ8-100/200	400×400	38.370~53.970	C	200	200		280
Z3	24Φ25	Φ10-100/200	600×600	-6.470~20.370	A	300	300	120	480
	24Φ22	Φ10-100/200	500×500	20.370~38.370	A	250	250		380
	16Φ22	Φ8-100/200	400×400	38.370~53.970	B	200	200		280

图 2-19　柱的列表注写方式

柱编号：柱编号由类型编号和序号组成，编号方法见表 2-6。

表 2-6　列表注写方式柱的编号组成

柱类型	代　号	序　号
框架柱	KZ	××
框支柱	KZZ	××
梁上柱	LZ	××
剪力墙上柱	QZ	××

注写各段柱的起止标高：自柱根部往上以变截面位置或截面未变但配筋改变处为界分段注写。

注写截面尺寸 $b\times h$ 及轴线关系的几何参数代号 b_1、b_2 和 h_1、h_2 的具体数值：须对应于各段柱分别注写。

注写柱纵筋：包括钢筋级别、直径和间距，分角筋、截面 b 边中部筋和 h 边中部筋三项。

2）柱平法施工图截面注写方式：柱平法施工图截面注写方式是在分标准层绘制的柱平面布置图的柱截面上分别在同一编号的柱中选择一个截面，以直接注写截面尺寸和配筋具体数值的方式表达柱平法施工图（图 2-20）。

柱的编号方法见表 2-7。

表 2-7　截面注写方式柱的编号组成

柱类型	代　号	序　号	柱类型	代　号	序　号
框架柱	KZ	××	梁上柱	LZ	××
框支柱	KZZ	××	剪力墙上柱	QZ	××
芯柱	XZ	××			

层号	标高/m	层高/m
屋面2	65.670	
塔层2	62.370	3.30
屋面1（塔层1）	59.070	3.30
16	55.470	3.60
15	51.870	3.60
14	48.270	3.60
13	44.670	3.60
12	41.070	3.60
11	37.470	3.60
10	33.870	3.60
9	30.270	3.60
8	26.670	3.60
7	23.070	3.60
6	19.470	3.60
5	15.870	3.60
4	12.270	3.60
3	8.670	3.60
2	4.470	4.20
1	−0.030	4.50
−1	−4.530	4.50
−2	−9.030	4.50

结构层楼面标高
结构层高

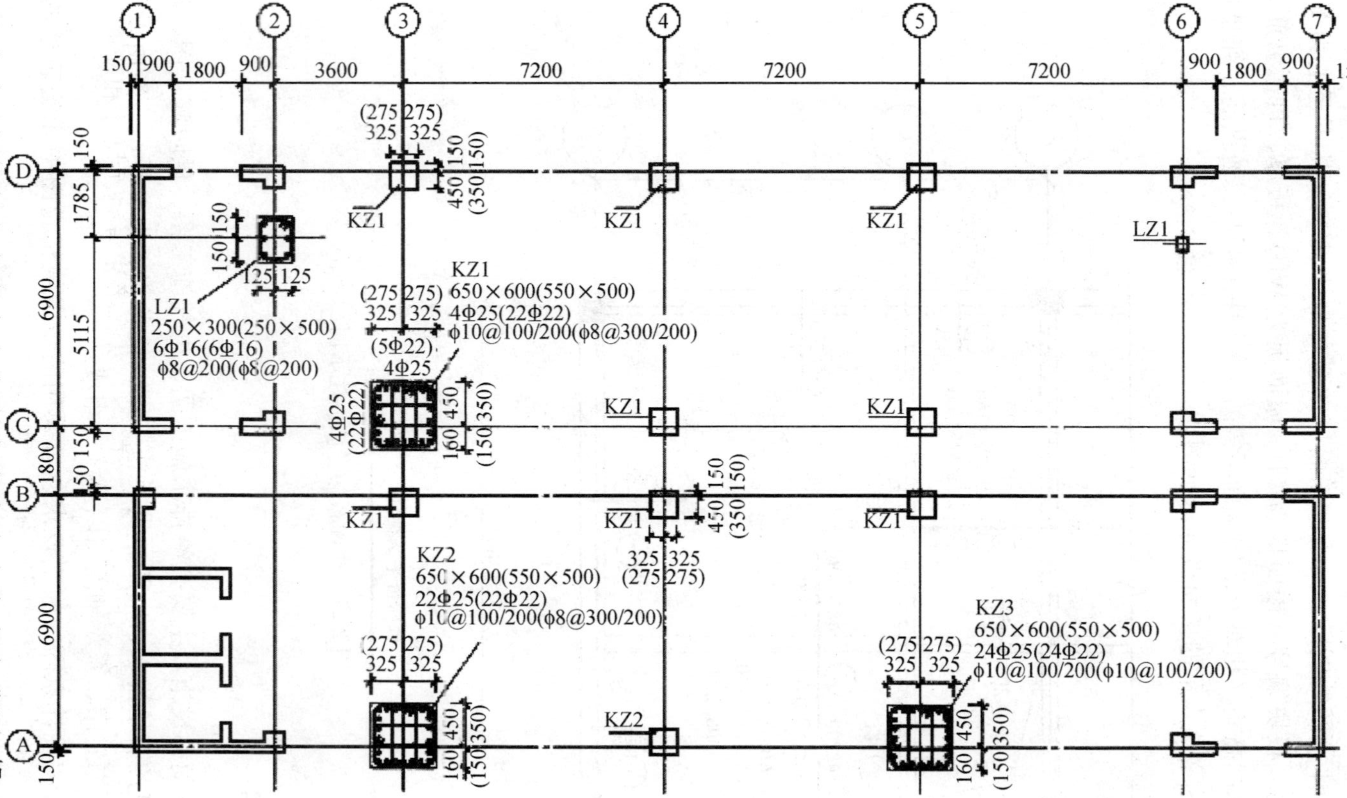

19.470–37.470
(37.470–59.070)
柱平法施工图

图2-20　柱平法施工图截面注写方式示例

（3）楼板（屋面板）平法施工图识图

在楼板（屋面板）平法施工图中，板注写的内容包括板块的集中标注和板支座的原位标注。通常情况下，结构平面图的坐标方向为：图面从左至右为 X 方向，从下至上为 Y 方向。板块集中标注的内容为：板块编号（楼面板为 LB、屋面板为 WB）、板厚、贯通纵筋，以及当板面标高不同时的标高高差（相对于结构楼面标高）。板支座上部非贯通纵筋、纯悬挑板上部受力钢筋。图 2-21 为平法表示的楼面板标示示例。

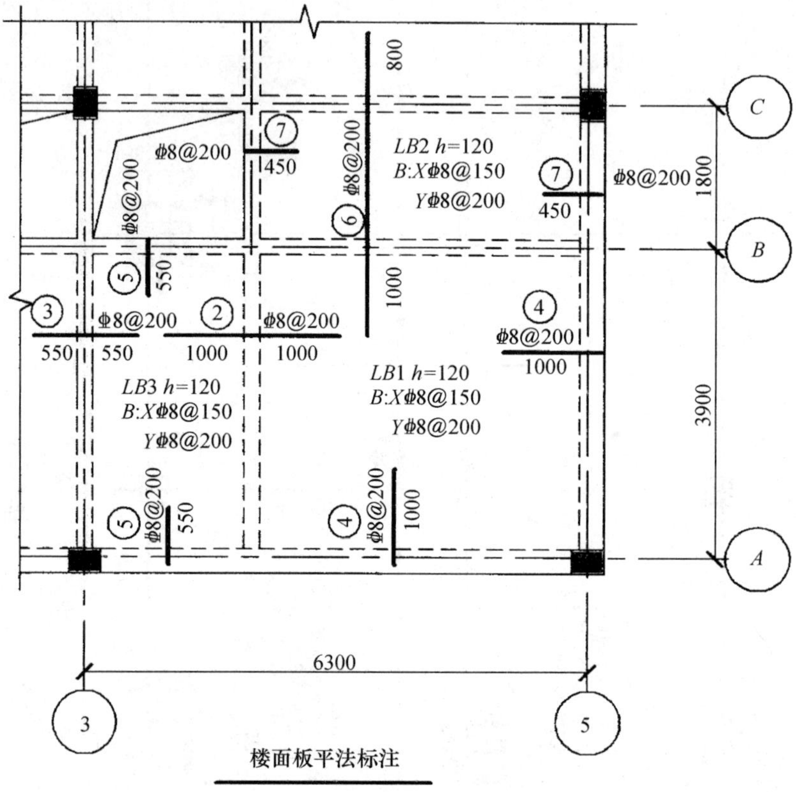

图 2-21 楼面板的平法标注示例

三、设备施工图

建筑设备施工图（简称设施）主要有给排水施工图、电气施工图、供暖施工图、通风与空调施工图组成。常见的有给排水、电器、供暖施工图，简称水、电、暖，一般由设计总说明、管道（线路）平面布置图、系统轴测图以及详图组成。

设计总说明主要说明设计意图，施工要求、可采用的设备规格及图中无法表达的内容，用文字表达出来。

平面布置图是以建筑平面图为基础，将相应设备向水平方向进行投影绘制出来的，用来表达水、电、暖等施工、安装设备的平面布置情况的平面图。

系统轴测图是用轴测投影方式表达管道或线路在空间的走向的图样，简称系统图。之所以采用轴测图是因为管道线路的敷设常常是纵横交错的，在平面图上较难表明它们的空间走向。通常电气施工图不必画成轴测图的形式，只用示意图表示线路系统关系。

详图表示某些设备的详细构造与安装做法的图样称为详图。凡标准图集上有的详图都不再表示。

设备施工图中所表示的设备装置和管道、线路多采用统一的图例符号表示，因此，在阅读设备施工图时，一定要先了解与图样相关的图例符号及其代表的内容。

在设备施工图中，各种管道或线路走向都有一定顺序。例如在一幢房屋内：给水系统：引入管—水表节点—立管—干管—支管—用水设备；电气系统：进户线—配电盘—干线—分配电盘—支线—用电设备；供暖系统：供暖干管—立管—支管—散热设备—回水干管。

因此，在读设备施工图时，可应按一定顺序去阅读。

（一）建筑给水排水施工图

（1）建筑给排水施工图的分类

建筑给排水施工图分为室内给排水施工图和室外给排水施工图。

室内给排水施工图表示一幢建筑内部的给水排水工程设施情况，主要表达房屋内的浴厕、厨房等，或工业厂房中的锅炉间、澡堂、化验室以及其他需要用水房间的管道布置，一般包括平面图、系统图、屋面排水平面图、剖面图和详图等。

室外给排水施工图表达的范围较广，既可以表示某一区域或一个城市的给水排水管网的布置以及各种取水、出水、净水结构和水处理的设置，也可以表示工矿企业内的厂区或一个住宅区建筑物外部的给水排水工程设施。其内容包括平面图、高程图、纵剖面图和横剖面图以及详图等。

（2）给排水施工图的图示特点

1）常用图例：建筑给排水图纸上的管道、卫生器具、设备等均按照《给水排水制图标准》（GB/T 50106—2010）使用统一的图例来表示（表 2-8）。在《给水排水制图标准》中列出了管道、管道附件、管道连接、管件、阀门、给水配件、消防设施、卫生设备及水池、小型给水排水构筑物、给水排水设备、仪表等共 11 类图例。

表 2-8 给排水常用图例

名称	图例	备注	名称	图例	备注
生活给水管	——J——		管堵		
废水管	——F——	可与中水源水管合用	法兰堵盖		
污水管	——W——		闸阀		
管道交叉	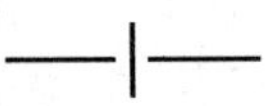	在下方和后面的管道应断开	截止阀	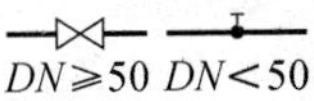	
三通连接	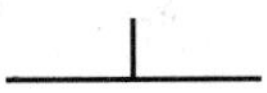		浮球阀	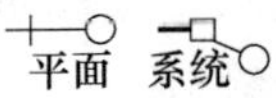	
四通连接	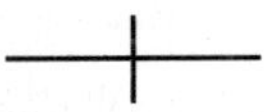		放水龙头	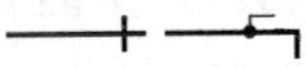	左侧为平面，右侧为系统
多孔管			台式洗脸盆	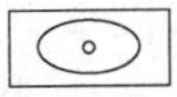	

续表

名称	图例	备注	名称	图例	备注
管道立管	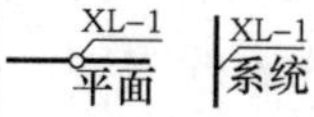	X 为管道类别 L 为立管 1 为编号	浴盆	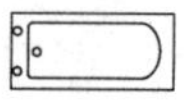	
存水弯	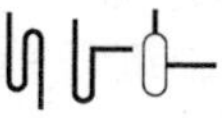		盥洗槽	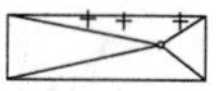	
立管检查口	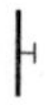		污水池		
通气帽	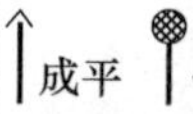		坐式大便器	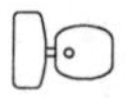	
圆形地漏	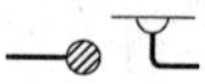		小便槽	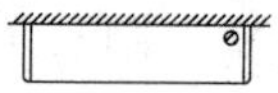	
自动冲洗水箱	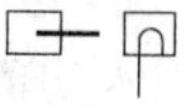		淋浴喷头		
法兰连接	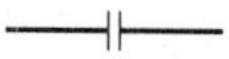		矩形化粪池	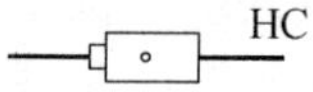	HC 为化粪池代号
承插连接			阀门井检查井	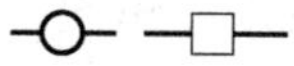	
活接头	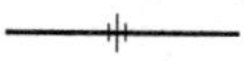		水表	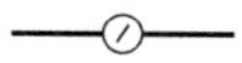	

（3）室内给排水施工图的基本内容

1）平面布置图：在设计图纸中，用水设备的种类、数量、位置，均要做出给水和排水平面布置；各种功能管道、管道附件、卫生器具、用水设备，如消火栓箱、喷头等，均应用各种图例表示；各种横干管、立管、支管的管径、坡度等，均应标出。平面图上管道都用单线绘出，沿墙敷设时不注管道距墙面的距离。

建筑内部给排水，以选用的给水方式来确定平面布置图的张数。底层及地下室必绘；顶层若有高位水箱等设备，也必须单独绘出。建筑中间各层，如卫生设备或用水设备的种类、数量和位置都相同，绘一张标准层平面布置图即可；否则，应逐层绘制。

在各层平面布置图上，各种管道、立管应编号标明。

2）系统图：系统图，也称“轴测图”，其绘法取水平、轴测、垂直方向，完全与平面布置图比例相同。系统图上应标明管道的管径、坡度，标出支管与立管的连接处，以及管道各种附件的安装标高，标高的±0.00 应与建筑图一致。系统图上各种立管的编号应与平面布置图相一致。系统图均应按给水、排水、热水等各系统单独绘制，以便于施工安装和概预算应用。

系统图中对用水设备及卫生器具的种类、数量和位置完全相同的支管、立管，可不重复完全绘出，但应用文字标明。当系统图立管、支管在轴测方向重复交叉影响识图时，可断开移到图面空白处绘制。

3）施工详图：凡平面布置图、系统图中局部构造因受图面比例限制而表达不完善或无法表达的，为使施工概预算及施工不出现失误，必须绘出施工详图。通用施工详图系列，如卫生器具安装、排水检查井、雨水检查井、阀门井、水表井、局部污水处理构筑物等，均有各种施工标准图，施工详图宜首先采用标准图。

绘制施工详图的比例以能清楚绘出构造为根据选用。施工详图应尽量详细注明尺寸，不应以比例代替尺寸。

4）设计施工说明及主要材料设备表：用工程绘图无法表达清楚的给水、排水、热水供应、雨水系统等管材、防腐、防冻、防露的做法；或难以表达的如管道连接、固定、竣工验收要求、施工中特殊情况技术处理措施，或施工方法要求严格必须遵守的技术规程、规定等，可在图纸中用文字写出设计施工说明。工程选用的主要材料及设备表，应列明材料类别、规格、数量，设备品种、规格和主要尺寸。

此外，施工图还应绘出工程图所用图例。

所有以上图纸及施工说明等应编排有序，写出图纸目录。

（4）室内给排水施工图的识读

阅读主要图纸之前，应当先看说明和设备材料表，然后以系统图为线索深入阅读平面图、系统图及详图。

阅读时，应三种图相互对照来看。先看系统图，对各系统做到大致了解。看给水系统图时，可由建筑的给水引入管开始，沿水流方向经干管、立管、支管到用水设备；看排水系统图时，可由排水设备开始，沿排水方向经支管、横管、立管、干管到排出管。

1）平面图的识读：室内给排水管道平面图是施工图纸中最基本和最重要的图纸，常用的比例是 1∶100 和 1∶50 两种。它主要表明建筑物内给排水管道及卫生器具和用水设备的平面布置（图 2-22）。图上的线条都是示意性的，同时管材配件如活接头、补心、管箍等也不画出来，因此在识读图纸时还必须熟悉给排水管道的施工工艺。

在识读管道平面图时，应该掌握的主要内容和注意事项如下：

查明卫生器具、用水设备和升压设备的类型、数量、安装位置、定位尺寸。

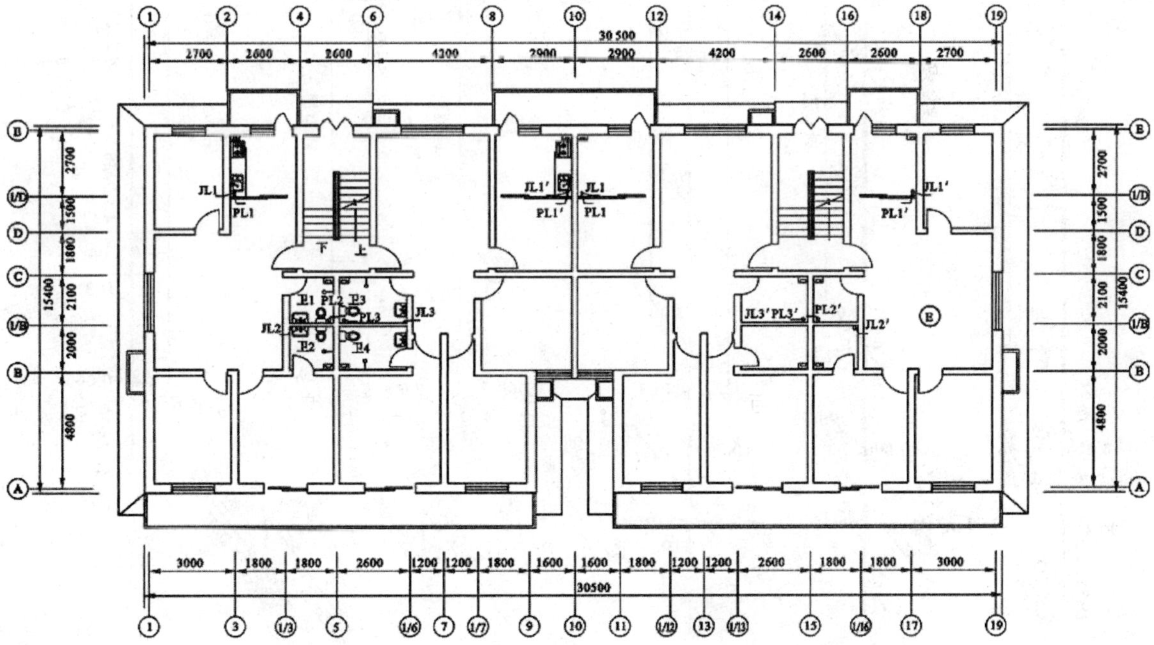

一至六层给排水立管平面图

图 2-22　室内给排水管道平面图示例

弄清给水引入管和污水排出管的平面位置、走向、定位尺寸、与室外给排水管网的连接形式、管径及坡度等。

查明给排水干管、立管、支管的平面位置与走向、管径尺寸及立管编号。从平面图上可清楚地查明是明装还是暗装，以确定施工方法。

消防给水管道要查明消火栓的布置、口径大小及消防箱的形式与位置。

在给水管道上设置水表时，必须查明水表的型号、安装位置以及水表前后阀门的设置情况。

对于室内排水管道，还要查明清通设备的布置情况，清扫口和检查口的型号和位置。

2）系统图的识读：给排水管道系统图主要表明管道系统的立体走向。

在给水系统图上，卫生器具不画出来，只需画出水龙头、淋浴器莲蓬头、冲洗水箱等符号；用水设备如锅炉、热交换器、水箱等则画出示意性的立体图，并在旁边注以文字说明（图 2-23）。

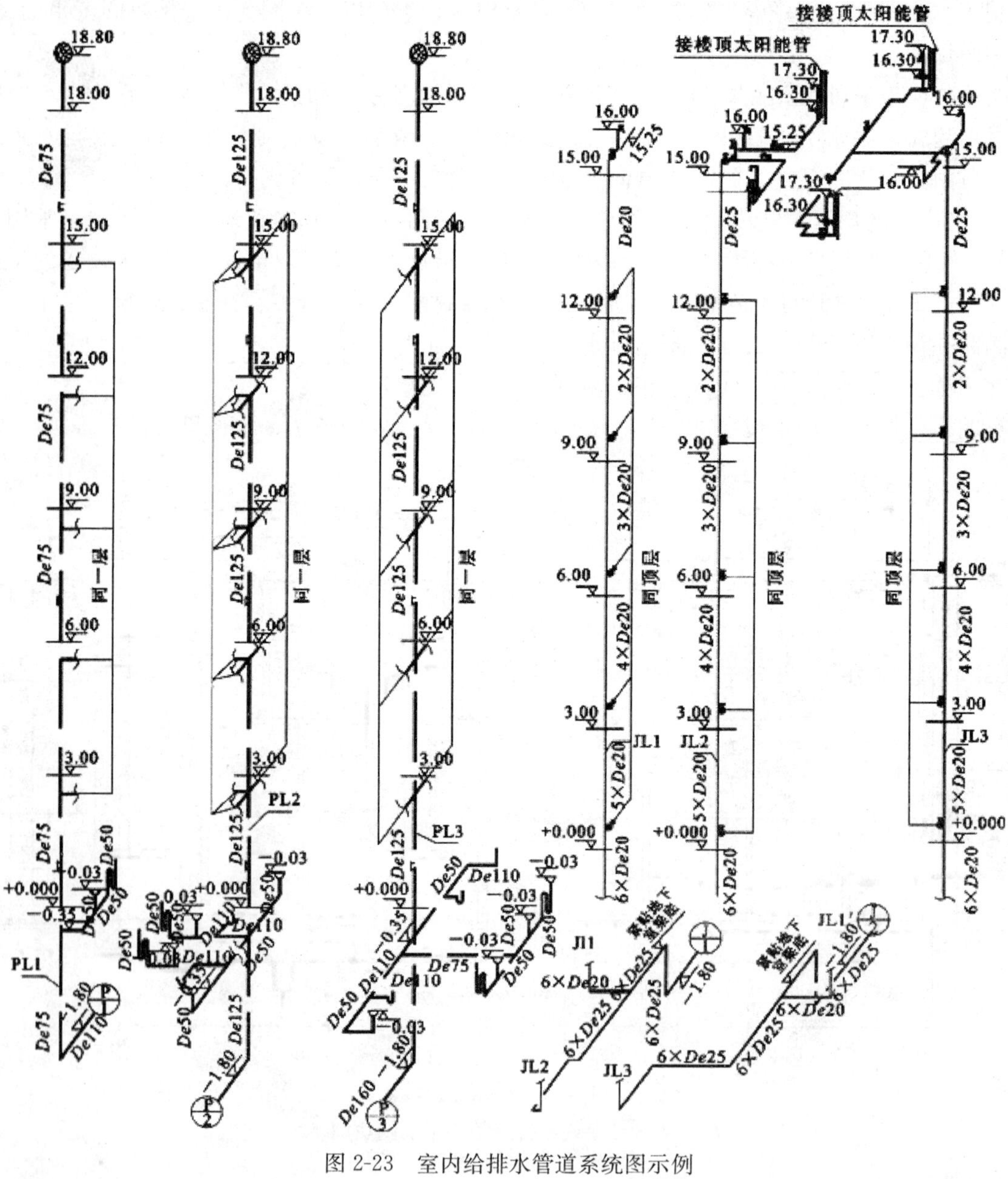

图 2-23　室内给排水管道系统图示例

在排水系统图上也只画出相应的卫生器具的存水弯或器具排水管。

在识读系统图时，应掌握的主要内容和注意事项如下：

查明给水管道系统的具体走向，干管的布置方式，管径尺寸及其变化情况，阀门的设置，引入管、干管及各支管的标高。

查明排水管道的具体走向，管路分支情况，管径尺寸与横管坡度，管道各部分标高，存水弯的形式，清通设备的设置情况，弯头及三通的选用等。识读排水管道系统图时，一般按卫生器具或排水设备的存水弯、器具排水管、横支管、立管、排出管的顺序进行。

系统图上对各楼层标高都有注明，识读时可据此分清管路是属于哪一层的。

3）详图的识读：室内给排水工程的详图包括节点图、大样图、标准图，主要是管道节点、水表、消火栓、水加热器、开水炉、卫生器具、套管、排水设备、管道支架等的安装图及卫生间大样图等。

（二）采暖施工图

（1）室内供暖施工图的组成

室内采暖施工图的组成包括图纸目录、设计说明、设备及主要材料表、系统平面图、系统轴测图、详图、系统剖面图、文字说明等。如单独成图时，其编号一般排在平面图等图纸之前，编排顺序为图纸目录、设计施工说明、设备及主要材料表等。

（2）采暖工程施工图的主要内容和识读

1）设计说明：室内供暖系统的设计说明一般包括以下内容：

建筑物的采暖面积、热源的种类、热媒参数、系统总热负荷。

采用散热器的型号及安装方式、系统形式。

在安装和调整运转时应遵循的标准和规范。

在施工图上无法表达的内容，如管道保温、油漆等。

管道连接方式，所采用的管道材料。

在施工图上未作表示的管道附件安装情况，如在散热器支管与立管上是否安装阀门等。

2）主要设备材料表，为了便于施工备料，保证安装质量和避免浪费，使施工单位能按设计要求选用设备和材料，一般的施工图均应附有设备及主要材料表，简单项目的设备材料表可列在主要图纸内。设备材料表的主要内容有编号、名称、型号、规格、单位、数量、质量、附注等。

3）平面图：室内供暖平面图表示建筑各层供暖管道与设备的平面布置（图 1-24）。内容包括：

建筑物的平面布置，包括轴线、房间主要尺寸、指北针、房间名称、房间分布、门窗和楼梯间位置等。图上应有轴线编号、外墙总长尺寸、地面及楼板标高等与采暖系统施工安装有关的尺寸。

热力入口位置，供、回水总管名称、管径。

干、立、支管位置和走向，管径以及立管（平面图上为小圆圈）编号。

散热器的类型、位置和数量。各种类型的散热器规格和数量标注方法为：

a. 柱型、长翼型散热器只注数量（片数）；

b. 圆翼型散热器注明根数、排数，如 3×2（每排根数×排数）；

c. 光管散热器注明管径、长度、排数，如 $D108\times200\times4$ [管径（mm）×管长（mm）×排数]；

d. 闭式散热器注明长度、排数，如 1.0×2［长度（m）×排数］；

e. 膨胀水箱、集气罐、阀门位置与型号；

f. 补偿器型号、位置，固定支架位置。

对于多层建筑，各层散热器布置基本相同时，也可采用标准层画法。在标准层平面图上，散热器要注明层数和各层的数量。

平面图中散热器与供水（供汽）、回水（凝结水）管道的连接按图 2-24 中所示方式进行。

当平面图、剖面图中的局部要另绘详图时，应在平面图或剖面图中标注索引符号。

主要设备或管件（如支架、补偿器、膨胀水箱、集气罐等）在平面上的位置。

用细虚线画出的采暖地沟、过门地沟的位置。

识读平面图，要了解系统在水平方向的分布，热水或蒸汽主干管道进入口和其在室内的走向、回水干管的走向及出口、立管和散热器的布置等。

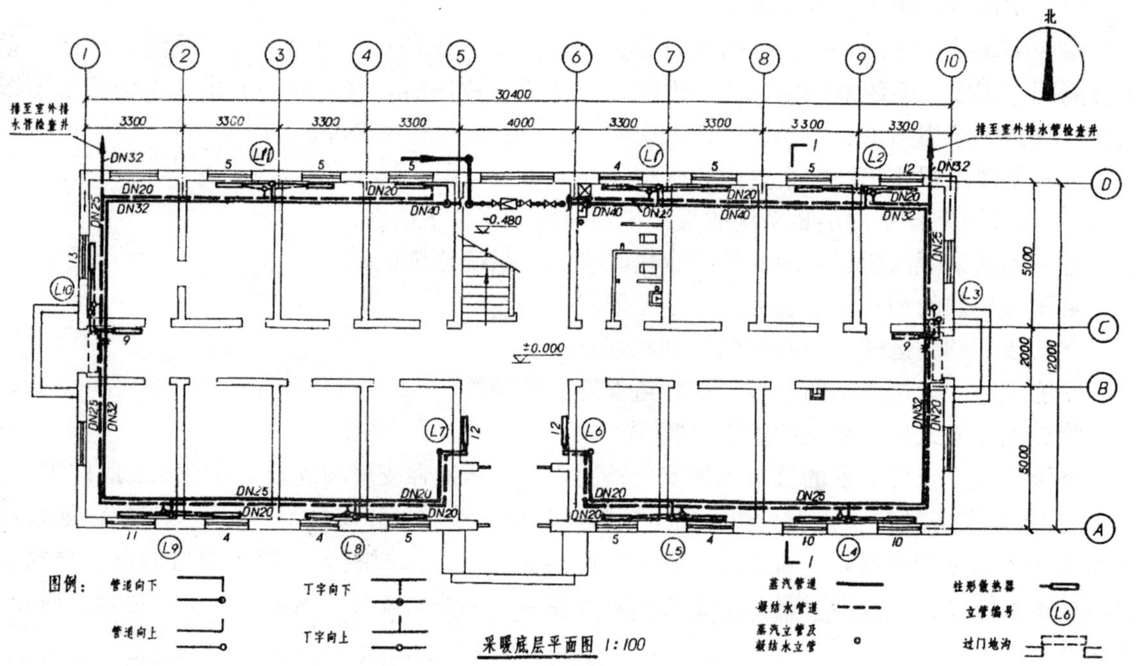

图 2-24 某办公楼采暖系统布置底层平面图

4）系统轴测图：系统图的布置方向一般包括水平方向和垂直方向。散热器、管道及其附件（阀门、疏水器）均在图上表示出来。此外，图上还标注各立管编号、各段管径和坡度、散热器片数、干管的标高等（图 2-25）。

供暖系统图一般包括如下内容：

采暖管道的走向、空间位置、坡度，管径及变径的位置，管道与管道之间连接方式；散热器与管道的连接方式，例如是竖单管还是水平串联的，是双管上分或是下分等；管路系统中阀门的位置、规格；集气罐的规格、安装形式（立式或是卧式）；蒸汽供暖疏水器和减压阀的位置、规格、类型；节点详图的索引号等。

系统图应按规定进行编号，并标注散热器的数量。柱型、圆翼型散热器的数量注在散热器内；光管式、串片式散热器的规格及数量注在散热器的上方。

采暖系统编号、入口编号由系统代号和顺序号组成。

竖向布置的垂直管道系统，要标注立管号。

阅读供暖系统图时，一般从热力入口起，先弄清干管的走向，再逐一看各立、支管。

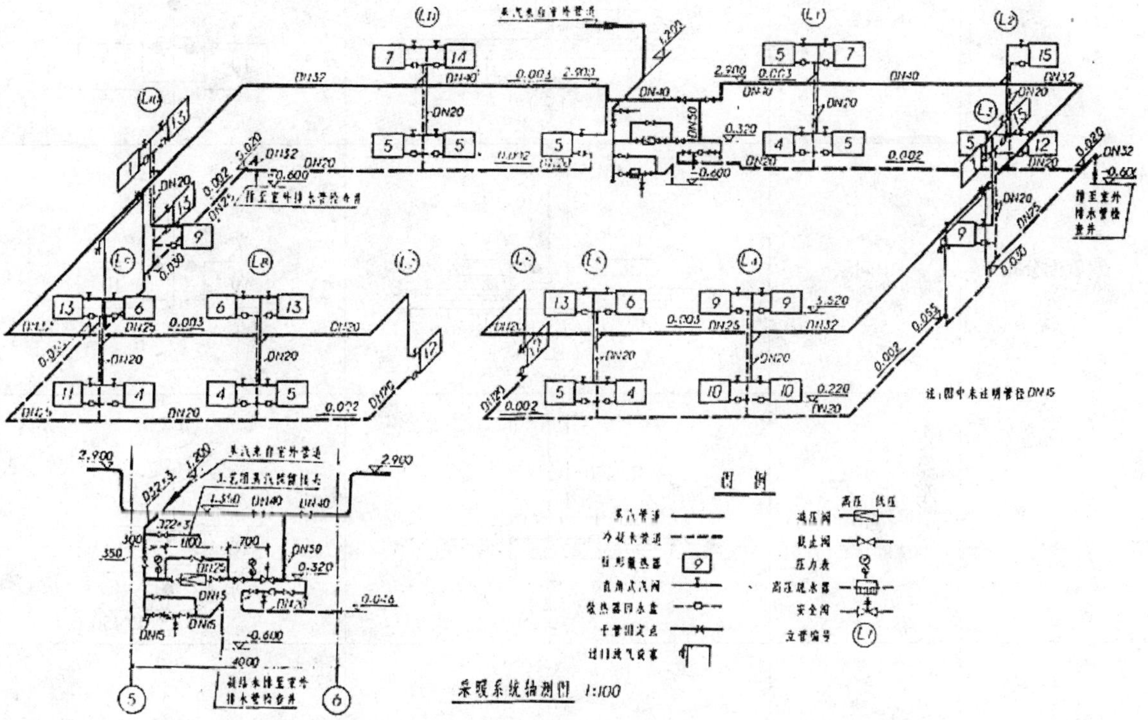

图 2-25　某办公楼采暖系统轴测图

5）详图：在供暖平面图和系统图上表达不清楚、用文字也无法说明的地方，可用放大比例的施工图——详图表示。详图也叫大样图用以表示采暖系统节点与设备的详细构造及安装尺寸要求，它包括节点图、大样图和标准图。

节点图：能清楚地表示某一部分采暖管道的详细结构和尺寸，但管道仍然用单线条表示，只是将比例放大，使人能看清楚。

大样图：管道用双线图表示，看上去有真实感。

标准图：它是具有通用性质的详图，一般由国家或有关部委出版标准图案，作为国家标准或部标准的一部分颁发。

6）采暖系统剖面图：采暖系统剖面图的内容：

采暖系统剖（立）面图要表达房屋和采暖系统在高度方向的构造和布置情形。

系统剖面图中标注设备的名称及型号、散热器的规格和数量、立管编号、管道的截面尺寸、标高及坡度等，写上必需的注释或说明等。

对于比较简单的采暖工程，若平面图和系统轴测图能充分表达，常省略剖面图。管道与散热器连接

7）管道与散热器连接画法见表 2-9。

表 2-9　管道与散热器连接画法

系统形式	楼　层	平面图	轴测图
双管上分式	顶层	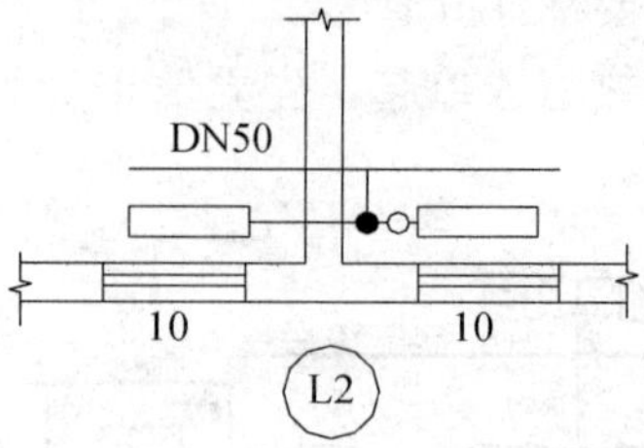	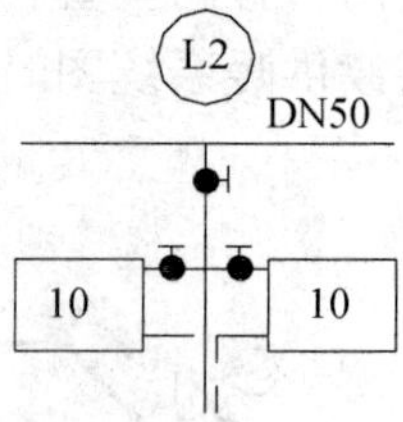
	中间层	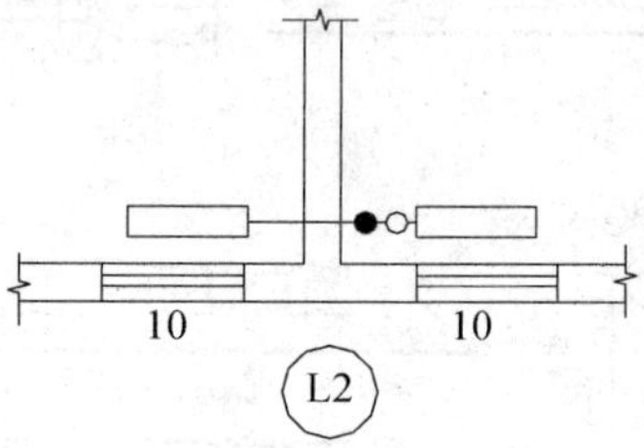	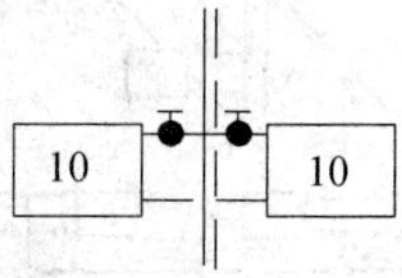
	底层	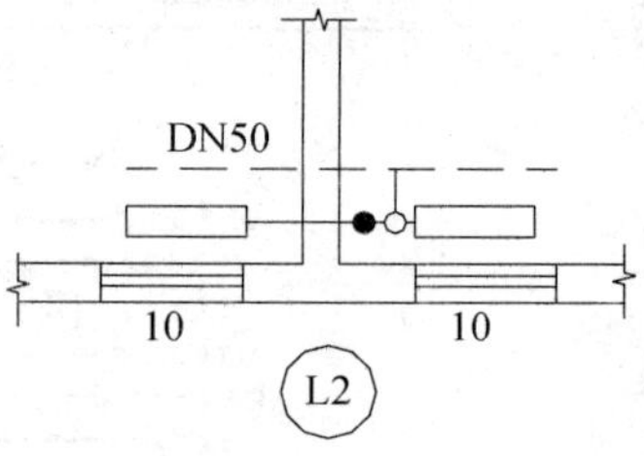	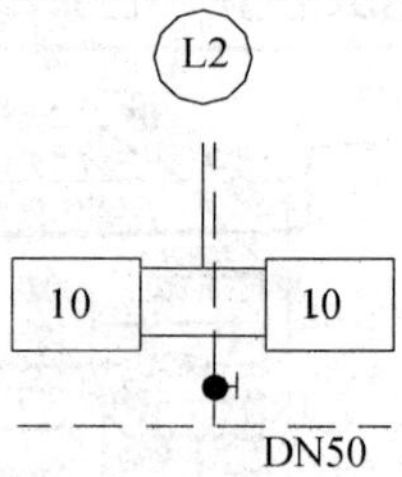
双管下分式	顶层	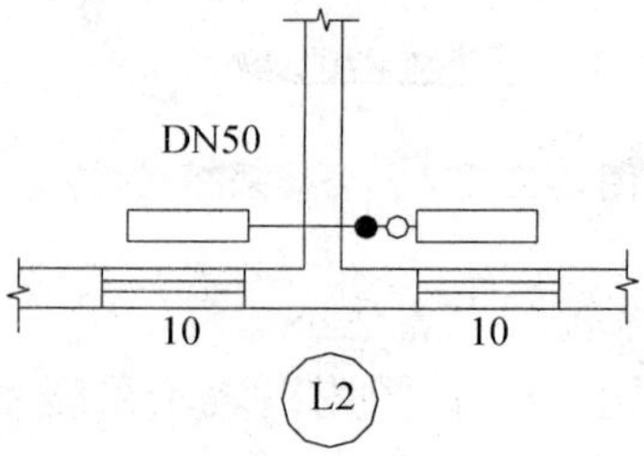	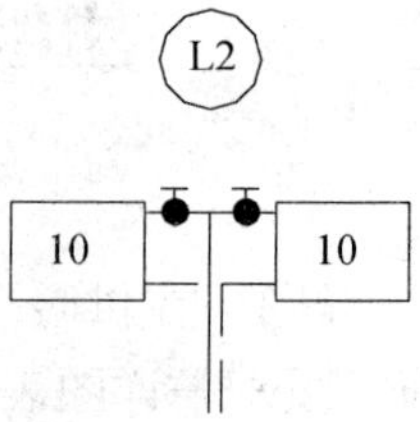
	中间层	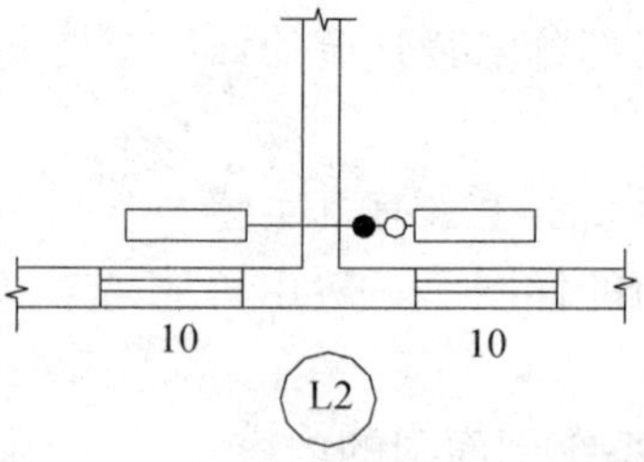	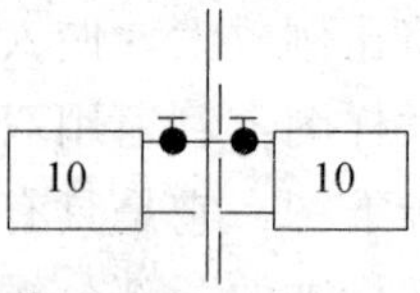
	底层	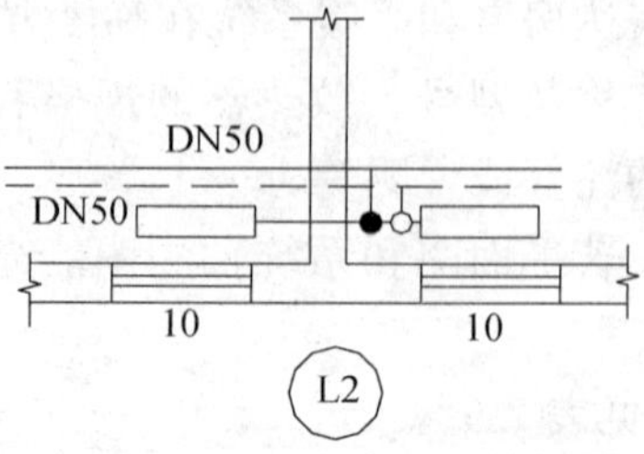	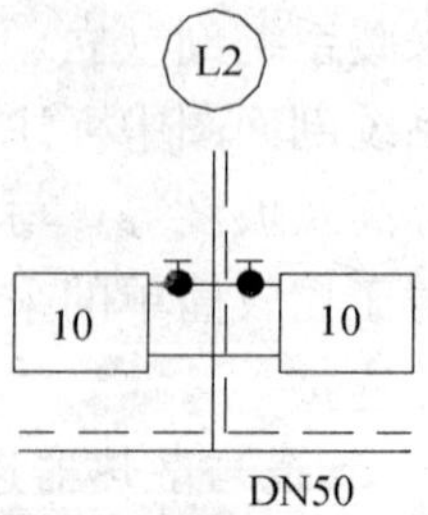

续表

系统形式	楼　层	平面图	轴测图
	顶层	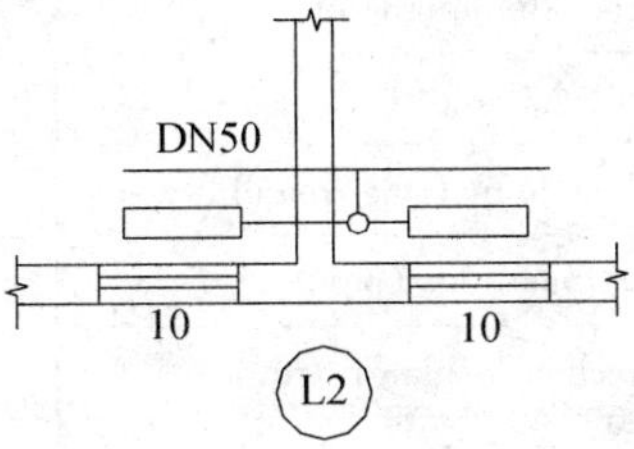	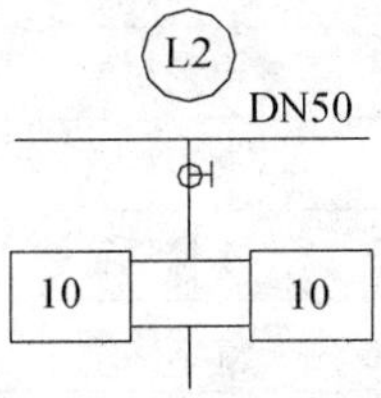
单管垂直式	中间层	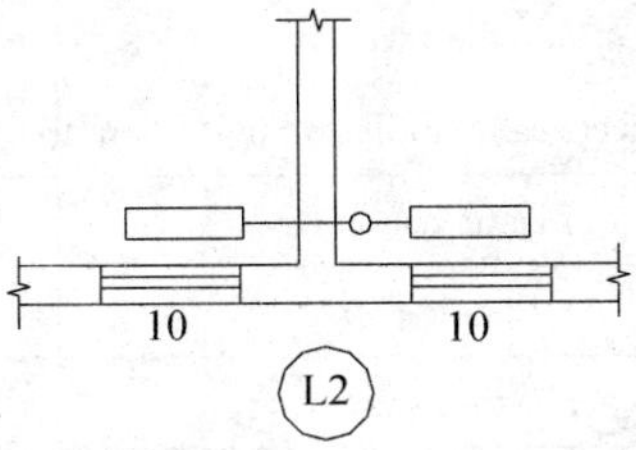	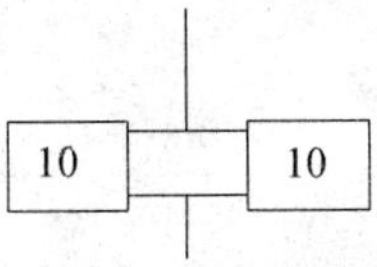
	底层	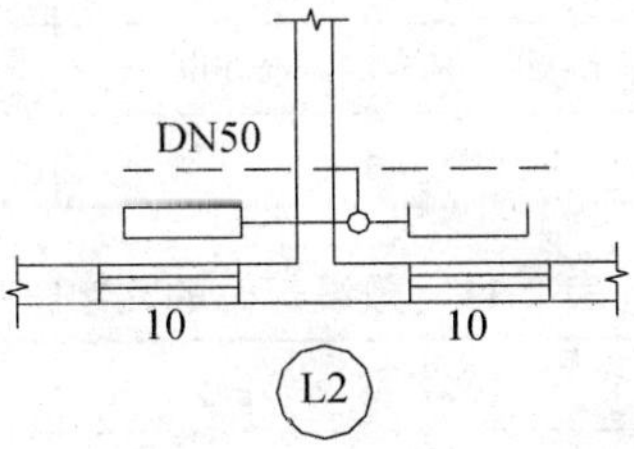	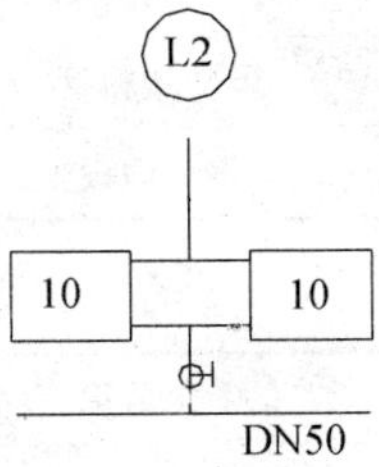

（三）电气施工图

(1) 建筑电气施工图的组成

建筑电气施工图由目录、设备材料表、施工说明、系统图、平剖面图（平面图）等组成。

(2) 电气线路在平面图上的表示方法

线路敷设标注形式为：

$$a\text{-}b\ (c\times d)\ e\text{-}f$$

其中，a 为线路的编号；b 为导线的型号；c 为导线的根数；d 为导线的截面积（mm^2）；e 为敷设方式；f 为线路的敷设部位。

例如：WP1-BV（3×50+1×35）CT CE，则表示：1 号动力线路，导线型号为铜芯塑料绝缘线，3 根 $50mm^2$、1 根 $35mm^2$，沿顶板面用电缆桥架敷设。

又如：WL2-BV（3×2.5）SC15WC，则表示：2 号照明线路、3 根 $2.5mm^2$ 铜芯塑料绝缘导线穿钢管沿墙暗敷。

线路敷设方式及敷设部位的文字符号见表 2-10、表 2-11。

表 2-10　线路敷设方式的文字符号

序号	中文名称	英文名称	旧符号	新符号	备注
1	暗敷	Conccalcd	A	C	
2	明敷	Exposed	M	E	

续表

序号	中文名称	英文名称	旧符号	新符号	备注
3	铝皮线卡	Aluminum clip	QD	AL	
4	电缆桥架	Cable tray		CT	
5	金属软管	Flexible metallic conduit		F	
6	水煤气管	Gas tubc（pipe）		G	
7	瓷线缘子	Porcclain insulator（knob）	G	G	
8	钢索敷设	Supported messenger wire	S	M	
9	金属线槽	Metallic raceway		MR	
10	电线管	Elcctrical metallic tubing	DG	T（MT）	
11	塑料管	Piastic conduit	SG	P（PC）	
12	塑料线卡	Plastic clip		PL（PCL）	含尼龙线卡
13	塑料线槽	Plastic raccway		PR	
14	钢管	Steel conduit	GG	S（SC）	
15	半硬塑料管	Scmi flexible P. V. C. conduit		FPC	
16	直接埋设	Directs burial		DB	

表 2-11　敷设部位的文字符号

序号	中文名称	英文名称	旧符号	新符号	备注
1	沿梁或跨梁敷设	Along or across beam	L	B（AB）	
2	沿柱或跨柱敷设	Along or across column	Z	A（AC）	
3	沿墙面敷设	On wall surface	Q	W（WC）	
4	沿天棚或顶面板敷设		P	CE	
5	吊项内敷设		R	SCE	
6	暗敷在梁内	Concealed in beam		BC	
7	暗敷在柱内			CLC	
8	墙内敷设	In wall		W	
9	地板或地面下敷设	In floor ground	D	F（FR）	
10	暗敷在屋面或顶板内	Concealed in ceiling or slab		CC	

（3）照明及动力设备在平面图上的标注方法

用电设备的文字标注为：

$$\frac{a}{b}\text{或}\frac{a}{b}+\frac{c}{d}$$

其中，a 为设备编号；b 为额定功率（kW）；c 为线路首端熔断器体或断路器整定电流（A）；d 为安装标高（m）。

配电箱的文字标注为：ab/c 或 a-b-c，当需要标注引入线的规格时，则标注为：

$$a\frac{b\text{-}c}{d\ (e\times f)\ \text{-}g}$$

例如：AP4（XL-3-2）÷40，则表示 4 号动力配电箱，其型号为 XL-3-2，功率为 40kW。又如：AL4-2（XRM-302-20）÷10.5，则表示第四层的 2 号配电箱，其型号为 XRM-302-20，功率为 10.5kW。

照明灯具的标注形式为：

$$a\text{-}b\,\frac{c\times d\times l}{e}f$$

例如：10 盏型号为 YG2-2 的双管荧光灯，采用链吊式安装方式，高度为 2.5m。

标注形式为：

$$10\text{-}YG_{2-2}\frac{2\times 40}{2.5}ch$$

灯具的安装方式标注文字符号的意义见表 2-12。

表 2-12　照明灯具安装方式标注文字符号

序号	中文名称	英文名称	旧符号	新符号	备注
1	沿梁或跨梁敷设	Along or across beam	L	B（AB）	
2	沿柱或跨柱敷设	Along or across column	Z	A（AC）	
3	沿墙面敷设	On wall surface	Q	W（WC）	
4	沿天棚或顶面板敷设		P	CE	
5	吊项内敷设		R	SCE	
6	暗敷在梁内	Concealed in beam		BC	
7	暗敷在柱内			CLC	
8	墙内敷设	In wall		W	
9	地板或地面下敷设	In floor ground	D	F（FR）	
10	暗敷在屋面或顶板内	Concealed in ceiling or slab		CC	

第三节　施工图的识读

（一）施工图识读方法

（1）总揽全局。识读施工图前，先阅读建筑施工图，建立起建筑物的轮廓概念，了解和明确建筑施工图平面、立面、剖面的情况。在此基础上，阅读结构施工图目录，对图样数量和类型做到心中有数。阅读结构设计说明，了解工程概况及所采用的标准图等。粗读结构平面图，了解构件类型、数量和位置。

（2）循序渐进。根据投影关系、构造特点和图纸顺序，从前往后、从上往下、从左往右、由外向内、由大到小、由粗到细反复阅读。

（3）相互对照。识读施工图时，应当将图样与说明对照看，建施图、结施图、设施图对照看，基本图与详图对照看。

（4）重点细读。以不同工种身份，有重点地细读施工图，掌握施工必需的重要信息。

（二）施工图识读步骤

识读施工图的一般顺序如下：

（1）阅读图纸目录。根据目录对照检查全套图纸是否齐全，标准图和重复利用的旧图是否配齐，图纸有无缺损。

（2）阅读设计总说明。了解本工程的名称、建筑规模、建筑面积、工程性质以及采用的材料和特殊要求等。对本工程有一个完整的概念。

（3）通读图纸。按建施图、结施图、设施图的顺序对图纸进行初步阅读，也可根据技术分工的不同进行分读。读图时，按照先整体后局部，先文字说明后图样，先图形后尺寸的顺序进行。

（4）精读图纸。在对图纸分类的基础上，对图纸及该图的剖面图、详图进行对照，精细阅读。

第三章　建筑构造、建筑设备的基本知识

第一节　建筑构造的基本知识

一、建筑物的构造组成与建筑物的等级划分

（一）建筑的分类

建筑物可以从多方面进行分类，常见的分类方法有以下五种。

（1）按建筑物的使用功能分

1）民用建筑：民用建筑是供人们居住和进行公共活动的建筑的总称。

a. 居住建筑：供人们居住和进行公共活动的建筑的总称，如宿舍、住宅、公寓等。

b. 公共建筑：指供人们进行各种公共活动的建筑物，如办公楼、医院、图书馆、商店、影剧院等。

2）工业建筑：工业建筑指各类生产用房和为生产服务的附属用房，如钢铁、机械、化工、纺织、食品等工业企业中的生产车间及发电站、锅炉房等。

3）农业建筑：农业建筑指用于农业、牧业生产和加工用的建筑。

4）园林建筑：园林建筑指建造在园林内供游憩用的建筑物。

（2）按主要承重结构所用的材料分

1）砖木结构：建筑物的主要承重构件为砖和木材，其中墙、柱用砖砌，楼板、屋架用木材。这种结构常见于古建筑结构。

2）混合结构：建筑物的竖向承重构件和所有墙体均用烧结普通砖或混凝土砌块等，水平承重构件为钢筋混凝土梁、楼板及屋面板。这种结构一般用于多层建筑。

3）钢筋混凝土结构：建筑物的主要承重构件如梁、柱、板及楼梯等用钢筋混凝土，而非承重墙用空心砖或其他轻质砌块。这种结构一般用于多层或高层建筑中。

4）钢结构：建筑物的主要承重构件用钢材做成，而维护外墙和分隔内墙用轻质块材、板材等。这种建筑多用于高层建筑和大跨度的公共建筑。

5）其他建筑：其他建筑包括充气建筑、塑料建筑等。

（3）按建筑物的层数或总高度分

1）住宅建筑：1～3 层为低层，4～6 层为多层，7～9 层为中高层，大于等于 10 层为高层。

2）公共建筑：总高度超过 24m 为高层（不包括高度超过 24m 的单层主体建筑）。

3）建筑物总高度超过 100m 时，不论其是住宅还是公共建筑，均为超高层。

（4）按施工方法分

1）全装配式：全装配式指主要构件如墙板、楼板、屋面板、楼梯等都在加工厂或现场预制，在施工现场进行装配。

2）全现浇式：全现浇式指主要承重构件都在施工现场浇筑，如钢筋混凝土梁、板、柱、

楼梯构件。

3）部分现浇：部分现浇指一部分构件如楼板、楼梯、屋面板等在加工厂预制，另一部分构件如柱、梁为现场浇筑。

（5）按建筑物的规模和数量分

1）大量性建筑：大量性建筑指单体建筑规模不大，但兴建数量多、分布面广的建筑，如住宅、学校、办公楼、商店等。

2）大型性建筑：大型性建筑指建筑规模大、数量少，但单栋建筑体量大的公共建筑，如大型体育馆、航空港、大会堂等。

（二）建筑物的构造组成

图 3-1 为民用建筑的构造组成图，房屋的主要组成部分如下：

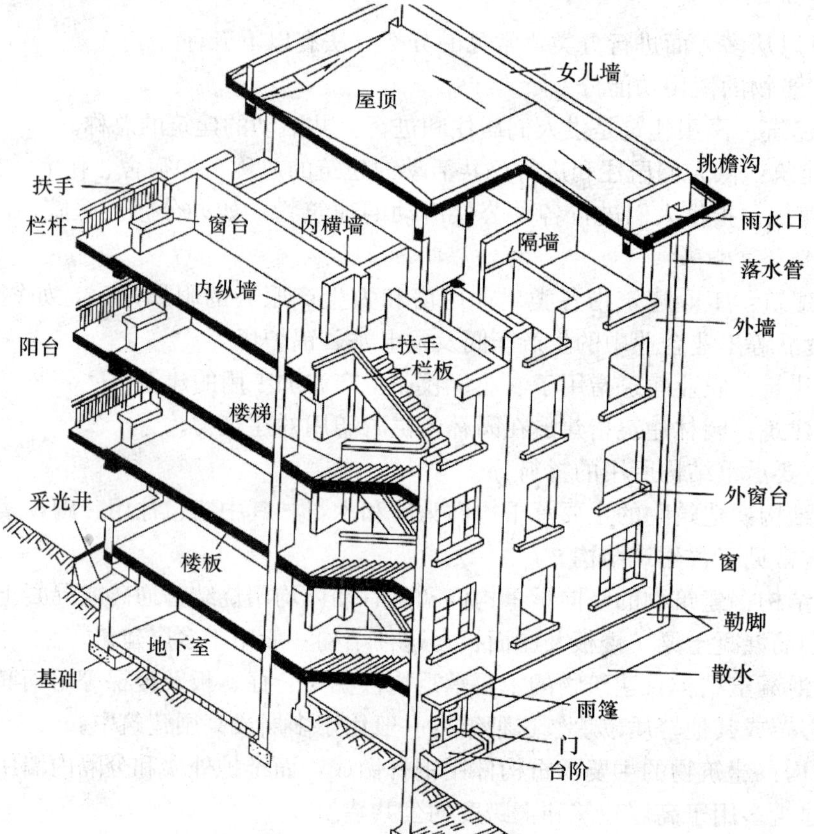

图 3-1　民用建筑的构造组成

（1）基础：建筑物埋在自然地面以下的部分，承受建筑物的全部荷载，并把这些荷载传给地基。

（2）墙和柱：建筑物竖直方向的构件，其中有墙体分承重墙和非承重墙。承重墙和柱承受屋顶和楼层传来的荷载，并将这些荷载传给基础；非承重墙只起围护和分隔作用。

（3）楼板层：建筑物水平方向的承重构件，将楼层上的荷载传给墙或柱，同时还对墙体起着水平支撑作用。

(4) 地面：室内地坪，承受着家具、设备、人和本身自重，并通过垫层传到基层。

(5) 楼梯：楼房建筑的垂直交通设施，供人们平时上下和紧急疏散时使用。

(6) 屋顶：建筑物顶部的围护和承重构件，除承受自重、积雪、风荷载并传给墙体外，还具有防雨雪侵袭、太阳辐射、保温隔热等作用。

(7) 门窗：门主要用作内外交通联系及分隔房间，有时也兼采用通风的作用；侧窗主要是采光、通风。

除上述组成部分外，还有一些附属部分，如阳台、雨篷、台阶、散水等。

（三）建筑物的等级划分

(1) 按建筑物的耐久等级分类

建筑物耐久等级的指标是设计使用年限。在《民用建筑设计通则》中对建筑物的耐久年限（设计使用年限）做如下规定：

1）一级：使用年限为100年以上，适用于重要的建筑和高层建筑。

2）二级：使用年限为50～100年，适用于一般性建筑。

3）三级：使用年限为25～50年，适用于次要建筑。

4）四级：使用年限为15年以下，适用于临时性或简易建筑。

(2) 按建筑物的耐火等级分类

我国《建筑设计防火规范》规定，9层及以下的住宅建筑、建筑高度不超过24m的公共建筑、建筑高度超过24m的单层公共建筑、工业建筑等的耐火等级分为四级。耐火等级标准是依据房屋主要构件的燃烧性能和耐火极限确定的。

二、常见基础的构造

（一）基础的分类

(1) 基础按其埋置深度大小分类

基础按其埋置深度大小分为浅基础和深基础。基础埋深是指自设计室外地面至基础底面的深度。基础埋深＜5m时，开挖、排水用普通方法，此类基础称为浅基础。如浅层土质不良，需将基础加大埋深，此时需采取一些特殊的施工手段和相应的基础形式来修建，如桩基、沉箱、沉井和地下连续墙等，因此基础埋深＞5m的基础称深基础。

(2) 按基础的材料及受力特点分类

1）刚性基础：刚性基础是指由砖石、素混凝土、灰土等刚性材料制作的基础，这种基础抗压强度高而抗拉、抗剪强度低。

2）柔性基础：基础宽度加大不受刚性角限制，抗压、抗拉强度都很高的钢筋混凝土基础称为柔性基础。

(3) 基础按构造形式分类

基础按构造形式可分为以下5类，如图3-2所示。

1）独立基础：基础是独立的块状形式，常用断面形式有踏步形、锥形、杯形，适用于多层框架结构或厂房排架柱下基础，地基承载力不低于80kPa时，其材料通常采用钢筋混凝土、素混凝土等。当柱为预制时，则将基础做成杯口形，然后将柱子插入，并嵌固在杯口内，故称杯口基础。

2）条形基础：基础是连续带形，也称带形基础。有墙下条形基础和柱下条形基础。墙下条形基础：一般用于多层混合结构的承重墙下，低层或小型建筑常用砖、混凝土等刚性条形基础。柱下条形基础：因为上部结构为框架结构或排架结构，荷载较大或荷载分布不均匀，地基承载力偏低，为增加基底面积或增强整体刚度，以减少不均匀沉降，常用钢筋混凝土条形基础，将各柱下基础用基础梁相互连接成一体，形成井格基础。

3）片筏基础：建筑物的基础由整片的钢筋混凝土板组成，板直接由地基土承担，称为片筏基础。

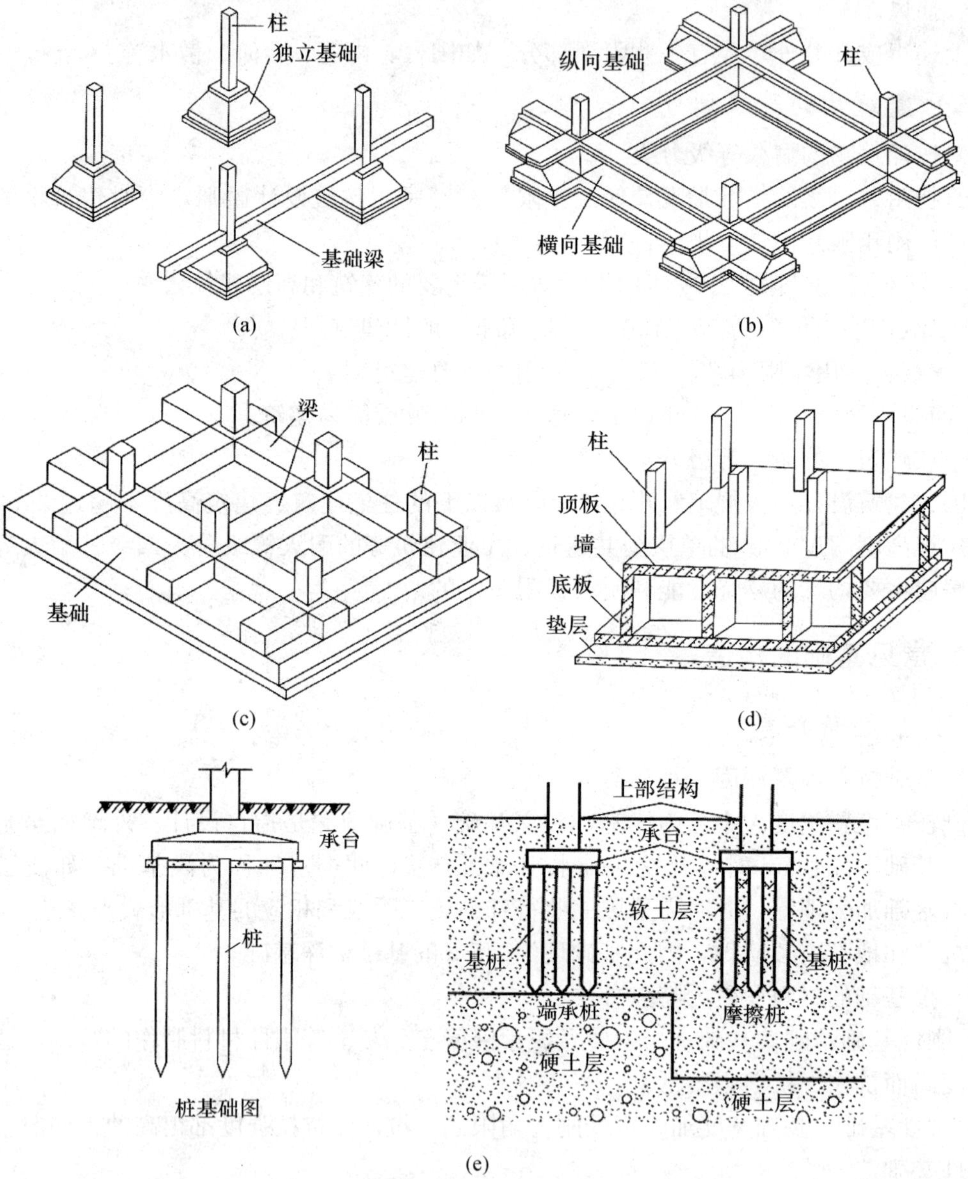

图 3-2　基础的类型

（a）独立基础；（b）条形基础；（c）片筏基础；（d）箱形基础；（e）桩基础

4）箱形基础：当上部建筑物为荷载大、对地基不均匀沉降要求严格的高层建筑、重型建筑以及软弱土地基上多层建筑，为增加基础刚度，将地下室的底板、顶板和墙整体浇成箱子状的基础，称为箱形基础。

5）桩基础：当浅层地基上不能满足建筑物对地基承载力和变形的要求，而又不适宜采取地基处理措施时，就要考虑以下部坚实土层或岩层作为持力层的深基础，桩基应用最为广泛。桩基的种类很多，最常采用的是钢筋混凝土桩，其根据施工方法不同可分为打入桩、压入桩、振入桩及灌入桩；根据受力性能不同分为端承桩、摩擦桩等。

（二）常用基础的构造

（1）混凝土基础

这种基础采用素混凝土浇筑而成。基础一般有梯形和台阶形两种形式。混凝土刚性角为45°，即 $b/h \leqslant 1$，但是在施工中不宜出现锐角，以防混凝土振捣不密实，减少了基础底面的有效面积。因此基础断面应保证两侧有高度不小于200mm的垂直面，然后按刚性角容许值倾斜，这种形式的基础叫梯形基础，如图3-3所示。台阶形混凝土基础底面应设置垫层，垫层的作用是找平坑槽，保护钢筋。垫层常用材料是C15、C20的混凝土，厚度80～100mm，每侧加宽度80～100mm。

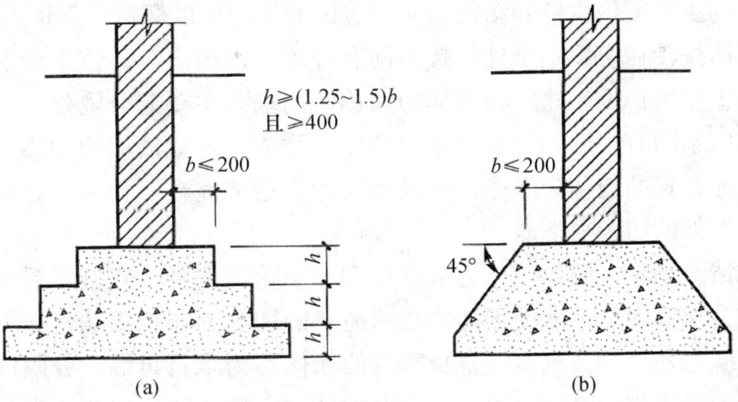

图3-3 混凝土基础形式

（a）台阶性；（b）梯形

（2）钢筋混凝土基础

基础底板下均匀浇筑一层素混凝土，作为垫层，目的是保证基础钢筋和地基之间有足够的距离，以免钢筋锈蚀，垫层一般采用C15或C20素混凝土，厚度为100mm，垫层每边应伸出底板各100mm。钢筋混凝土基础由底板及基础墙（柱）组成。现浇底板是基础的主要受力结构，其厚度和配筋均由计算确定，基础底板的外形一般有锥形和阶梯形两种。

钢筋混凝土锥形基础宜采用一阶或两阶形式，底板边缘的厚度一般不小于200mm，也不宜大于500mm。阶梯形基础每阶高度一般为300～500mm。当基础高度在500～900mm时采用两阶，超过900mm时用三阶，如图3-4、图3-5所示。

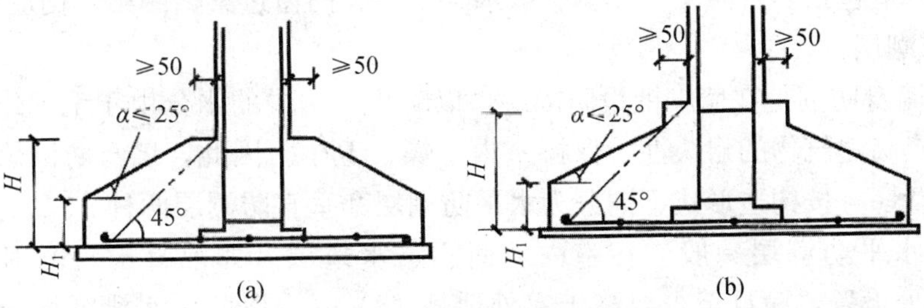

图3-4 钢筋混凝土锥形基础

（a）一阶；（b）两阶

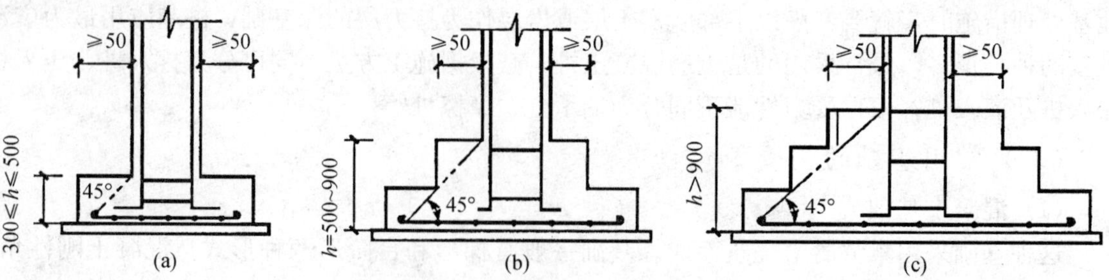

图 3-5　钢筋混凝土阶梯形基础

（a）单阶；（b）两阶；（c）三阶

三、墙体与地下室的构造

墙体是建筑的主要围护构件和结构构件。墙体的作用可以概括为承重、围护和分隔。

建筑物的墙体按其在房屋中所处位置不同有外墙、内墙之分。位于建筑物四周的墙称为外墙，主要起围护作用；位于建筑物内部的墙称为内墙，主要起分隔作用。按建筑物的墙体在房屋中所处方向不同有横墙和纵墙之分。沿建筑物横向布置的墙称为横墙，外横墙称为山墙。沿建筑物纵向布置的墙称为纵墙，外纵墙也称为檐墙。在一面墙上，窗与窗之间的墙称为窗间墙；窗洞下部的墙为窗下墙。

从结构受力情况来看，墙体可分为承重墙和非承重墙两种。直接承受上部屋顶、楼板传来的荷载的墙称为承重墙；不承受上部传来的荷载的墙称为非承重墙，非承重墙包括承自重墙、隔墙、填充墙和幕墙等。只承受自身重量的墙体称为承自重墙，分隔内部空间且其重量由楼板或梁承受的墙体称为隔墙，骨架结构中的填充在柱子间的墙称为框架填充墙，悬挂于骨架外部的轻质墙称为幕墙。

按墙体所用材料和制品不同有砖墙、石墙、砌块墙、混凝土墙、玻璃幕墙、复合板墙等。

（一）砖墙的构造

（1）砖墙的尺寸

砖墙的厚度视其在建筑物中的作用不同所考虑的因素也不同，如承重墙根据强度和稳定性的要求确定，围护墙则需要考虑保温、隔热、隔声等要求来确定。此外砖墙厚度应与砖的规格相适应。

（2）墙体的细部

砖墙细部构造包括墙身防潮、勒脚、散水、窗台、门窗过梁、圈梁、构造柱等。

1）墙身防潮层：

a. 作用：墙身防潮是在墙脚铺设防潮层，以防止土壤中的水分由于毛细作用上升使建筑物墙身受潮，提高建筑物的耐久性，保持室内干燥、卫生。因此，墙身防潮层应在所有的内外墙中连续设置，且按构造形式不同分为水平防潮层和垂直防潮层两种。

b. 位置：水平防潮层一般应在室内地面不透水垫层（如混凝土）范围以内，通常在－0.060m标高处设置，而且至少要高于室外地坪 150mm，以防雨水溅湿墙身。当地面垫层为透水材料时（如碎石、炉渣等），水平防潮层的位置应平齐或高于室内地面 60mm，即在

+0.060m处。当室内地面低于室外地面或内墙两侧的地面出现高差时，除了要分别设置两道水平防潮层外，还应对两道水平防潮层之间靠土一侧的垂直墙面做防潮处理，即垂直防潮层。墙身防潮层位置，如图 3-6 所示。

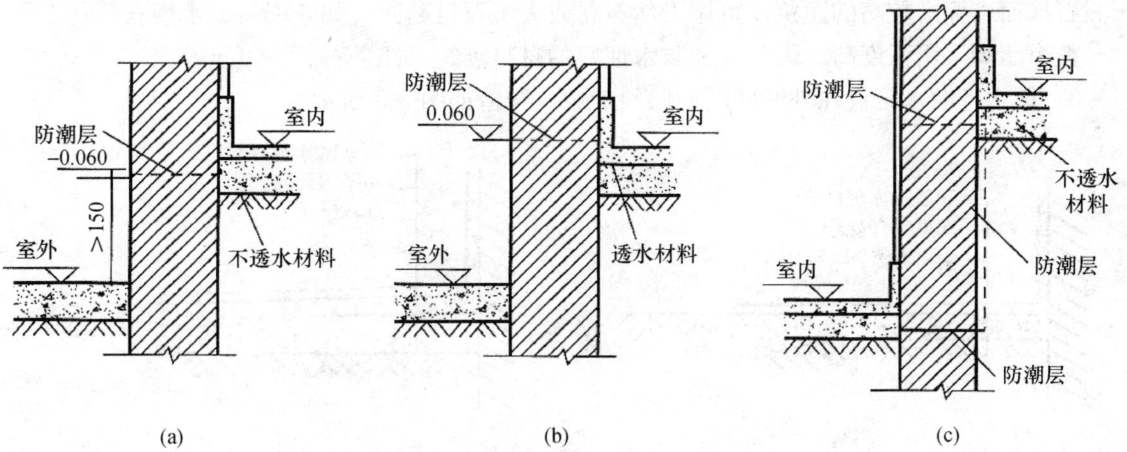

图 3-6 墙身水平防潮层的位置

（a）室内垫层为不透水材料时；（b）室内垫层为透水材料时；（c）内墙两侧地面有高差

c. 做法：墙身水平防潮层的做法有油毡防潮层、防水砂浆防潮层和配筋细石混凝土防潮层三种。

油毡防潮层：在防潮层部位先抹 20mm 厚的水泥砂浆找平层，然后干铺油毡一层或用沥青粘贴一毡二油。

防水砂浆防潮层：在防潮层位置抹一层 20mm 或 30mm 厚 1∶2 水泥砂浆掺 5%的防水剂配制成的防水砂浆；也可以用防水砂浆砌筑 4～6 皮砖。

细石混凝土防潮层：在防潮层位置铺设 60mm 厚 C15 或 C20 细石混凝土，内配 $3\phi6$ 或 $3\phi8$ 钢筋以抗裂。

2）勒脚：勒脚是墙身接近室外地面的部分，如图 3-7 所示。

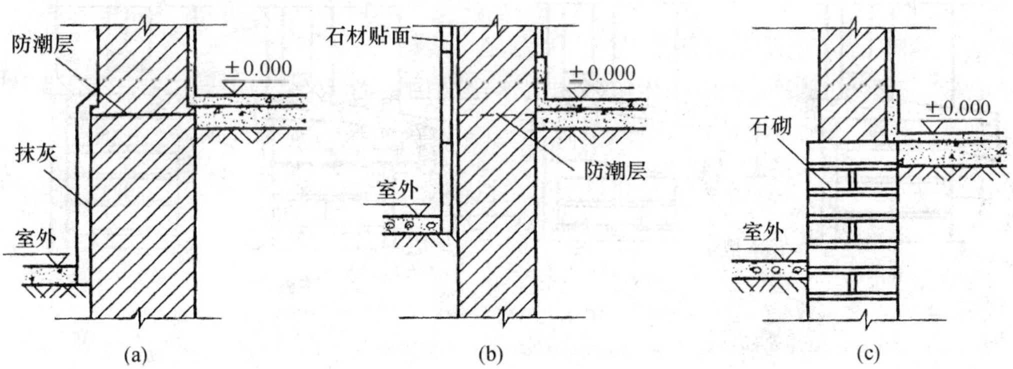

图 3-7 勒脚的构造做法

（a）表面抹灰；（b）石材贴面；（c）石材砌筑

a. 作用：保护墙体免受机械碰撞，避免墙角受潮，影响美观。

b. 位置：墙身接近室外地面的部分，高度一般位于室内地坪与室外地面的高差部分。一般情况下，其高度不应低于 500mm，常用 600～800mm，考虑建筑立面造型处理，也有的将勒脚高度提高到底层窗台。

c. 做法：对一般建筑，可采用 20mm 厚 1∶3 水泥砂浆抹面，1∶2 水泥白石子水刷石或斩假石抹面；标准较高的建筑，可用天然石材或人工石材贴面，如花岗石、水磨石等；整个墙脚采用强度高、耐久性和防水性好的材料砌筑，如条石、混凝土等。

3）散水：散水是设在外墙四周的倾斜护坡，构造如图 3-8 所示。

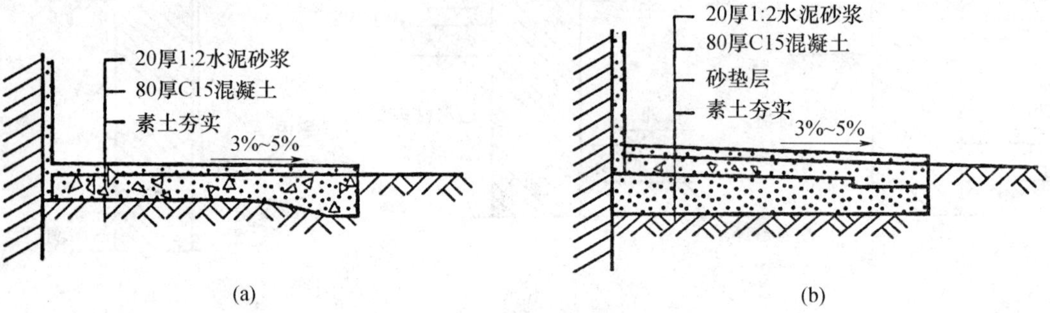

图 3-8　混凝土散水的做法

（a）混凝土散水；（b）季节性冰冻地区的散水

a. 作用：避免墙脚积水。

b. 位置：建筑物外墙四周地面做成 3%～5%的倾斜坡面。

c. 做法：散水可用水泥砂浆、混凝土、砖、块石等材料做面层，其宽度一般为 600～1000mm。

4）窗台：

a. 作用：排水。

b. 位置：窗洞口下方。

c. 做法：外窗台有悬挑窗台和不悬挑窗台两种，挑窗台底部边缘处抹灰时应做宽度和深度均不小于 10mm 的滴水线或滴水槽。内窗台一般为水平放置，通常结合室内装修做成水泥砂浆抹灰、木板或贴面砖等多种饰面形式，如图 3-9 所示。

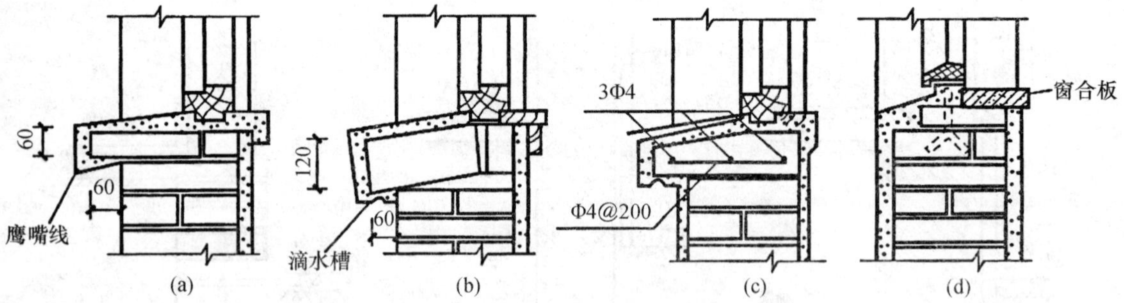

图 3-9　窗台构造

（a）平砌砖窗台；（b）侧砌砖窗台；（c）混凝土窗台；（d）不悬挑窗台

5）过梁：过梁是门窗洞口上部承重构件，如图 3-10 所示。

a. 作用：过梁的作用是为了承担门窗洞口上部荷载，并将它传到两侧构件（如墙体）上。

b. 位置：门窗洞口上方。

c. 做法：钢筋混凝土过梁：过梁的断面形式有矩形和 L 形，矩形多用于内墙和混水墙，L 形多用于外墙和清水墙。梁高应与砖的皮数相适应，如 60mm、120mm、180mm、240mm 等。过梁在洞口两侧伸入墙内的长度，应不小于 240mm。

砖砌平拱过梁：砖砌平拱的高度多为一砖长，灰缝上部宽度不宜大于 15mm，下部宽度不应小于 5mm，中部起拱高度为洞口跨度的 1/50。砖不低于 MU7.5，砂浆不低于 M2.5，净跨宜≤1.2m，不应超过 1.8m。

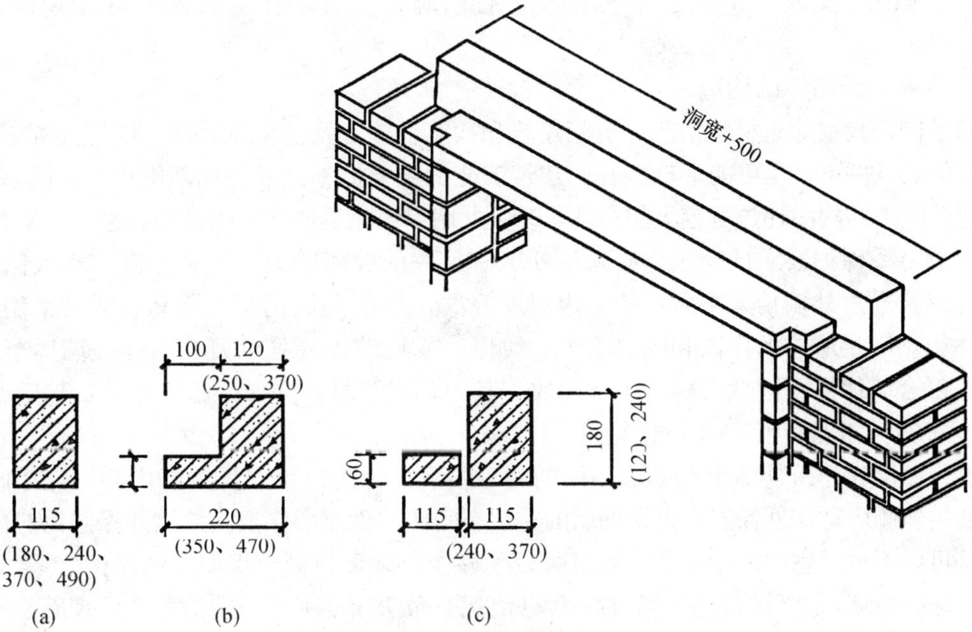

图 3-10　钢筋混凝土过梁

(a) 矩形截面；(b) L 形截面；(c) 组合式截面

钢筋砖过梁：通常将间距小于 120mm 的 ϕ6mm 钢筋埋在梁底部厚度为 30mm 的水泥砂浆层内，钢筋伸入洞口两侧墙内的长度不应小于 240mm，并设 90°直弯钩，埋在墙体的竖缝内。在洞口上部不小于 1/4 洞口跨度的高度范围内（且不应小于 5 皮砖），用不低于 M2.5 的砂浆砌筑。钢筋砖过梁净跨宜≤1.5m，不应超过 2m。

6）圈梁：圈梁是沿外墙四周及部分内墙设置的连续闭合的梁。

a. 作用：圈梁可以提高建筑的空间刚度、整体性，增强墙体的稳定性，减少由于地基不均匀沉降而引起的墙身开裂，提高建筑物的抗震能力。

b. 位置：圈梁通常设置在基础墙、楼板和檐口标高处，尽量与楼板结构连成整体。圈梁的具体数量应满足《建筑抗震设计规范》的相关规定。当屋面板、楼板与门窗洞口间距较小，而且抗震设防等级较低时，也可设在门窗洞口上部，兼起过梁的作用。

c. 做法：圈梁有钢筋砖圈梁和钢筋混凝土圈梁两种，多采用钢筋混凝土圈梁。钢筋混凝土圈梁宽度一般与墙同厚，当墙厚大于 240mm 时，圈梁的宽度可以比墙体厚度小，但不应小于 2/3 墙厚。严寒、寒冷地区圈梁宽度不应贯通整个墙厚，并应局部做保温处理。圈梁高度一般不小于 120mm，常见的有 180mm 和 240mm。

7）构造柱：在多层砌体结构房屋规定部位，按构造配筋并按先砌墙后浇筑混凝土柱的施工顺序制成的混凝土柱，通常称为钢筋混凝土构造柱，简称构造柱。

a. 作用：与圈梁形成了具有较大刚度的空间骨架，增强了建筑物的整体刚度，提高了墙体抗变形能力。

b. 位置：一般设在建筑物转角、楼梯间的四角、内外墙交接处。

c. 做法：构造柱的最小截面尺寸和配筋量应符合建筑设计抗震规范要求。构造柱下端应伸入地梁内，无地梁时应伸入底层地坪下 500mm 处。为加强构造柱与墙体的连接，该处墙体宜砌成马牙槎，并应沿墙高每隔 500mm 设 2ϕ6 水平钢筋，每边伸入墙内不少于 1m。施工时应先放置构造柱钢筋骨架，后砌墙，随着墙体的升高而逐段现浇混凝土构造柱。

（3）节能复合墙体的构造

建筑节能，指在建筑材料生产、房屋建筑和构筑物施工及使用过程中，满足同等需要或达到相同目的的条件下，尽可能降低能耗。建筑节能的主要措施之一是加强围护结构的节能，而外墙是建筑围护结构中耗热量较大的构件，改善外墙保温隔热性能将明显提高建筑的节能效果。

对于有冬季保温要求的建筑，必须使外墙有足够的保温能力。炎热地区夏季太阳辐射强烈，室外热量通过外墙传入室内，使室内温度升高，影响人们正常工作和生活。采用单一材料的墙体很难满足墙体的保温和隔热要求。所以，发展节能高效的复合墙体是墙体节能的根本出路。复合墙体由不同性质材料组合而成，其中，轻质材料（如聚苯乙烯板）起保温作用，较高强度材料（如混凝土）起承重作用。

根据保温层在建筑外墙上与基层墙体的相对位置，保温层设在外墙的内侧，称作内保温；设在外墙的外侧，称作外保温；设在外墙的夹层空间中，称作中保温。外墙外保温比起内保温，其优点是可以不占用室内使用面积，而且可以使整个外墙墙体处于保温层的保护之下，冬季不至于产生冻融破坏，是目前应用广泛的一种外墙保温做法。但由于外墙的整个外表面是连续的，同时外墙面又会直接受到阳光照射和雨雪的侵袭，所以外保温构造在对抗变形因素的影响、防止材料脱落以及防火等安全方面的要求更高。根据 10J121《外墙外保温建筑构造》，目前我国常用外墙外保温构造有以下几种：

1）A 型——粘贴保温板外保温系统：A 型系统是指将燃烧性能符合要求的保温板粘贴于外墙外表面，在保温板表面涂抹抹面胶浆并铺设增强网，然后做饰面层的保温系统。保温板与基层墙体的连接有粘结和粘锚结合两种方式。保温板有模塑式聚苯乙烯板（EPS 板）、挤塑式聚苯乙烯板（XPS 板）或硬质聚氨酯泡沫塑料（PUR）板等（图 3-11）。

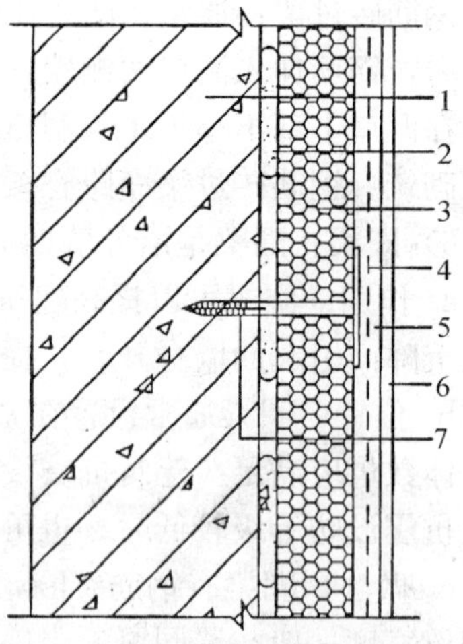

图 3-11　粘贴保温板外保温系统

1—基层；2—胶粘剂；3—保温板；4—玻璃纤维网；5—抹面层；6—涂料饰面；7—锚栓

2）B 型——胶粉 EPS 颗粒保温浆料外保温系统：B 型系统由界面层、胶粉 EPS 颗粒保温浆料保温层材料（以聚苯乙烯颗粒为保温材料，加入聚合物水泥胶浆搅拌而成，直接抹在墙体表面为保温层）、抹面层（满铺玻纤网）、饰面层组成的保温系统（图 3-12）。

3）C 型——EPS 板现浇混凝土外保温系统：C 型系统以现浇混凝土外墙作为基层，EPS 板作建筑物的保温层，EPS 保温板内表面（与现浇混凝土接触的表面）沿水平方向开有矩形齿槽，内、外表面均满涂界面砂浆，施工时将ESP板置于外模板内侧并安装锚栓作为辅助固定件。浇灌混凝土后，墙体与EPS板结合为一体。拆模后EPS板表面做抹面胶浆薄抹面层，抹面层中满铺玻纤网，外表以涂料或饰面砂浆为饰面层（图3-13）。

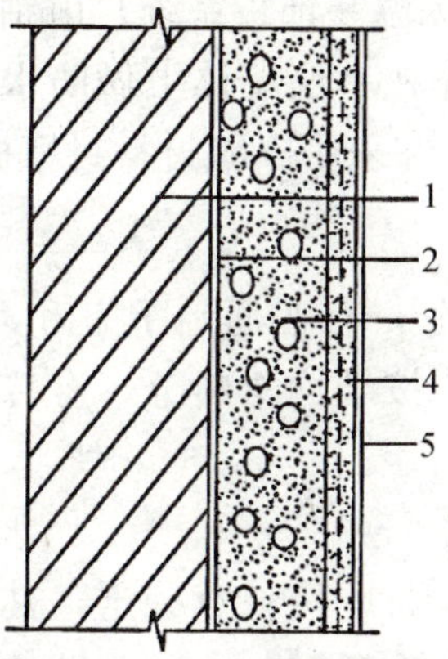

图3-12 胶粉EPS颗粒保温浆料外保温系统

1—基层；2—界面砂浆；3—胶粉EPS颗粒保温浆料；4—抹面胶浆复合玻纤网；5—涂料饰面

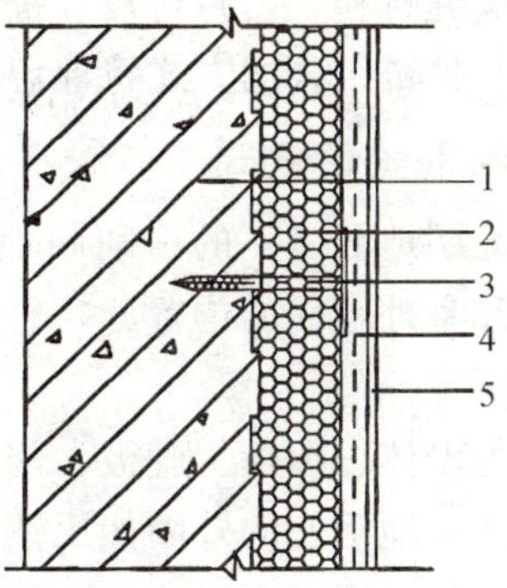

图3-13 EPS板现浇混凝土外保温系统

1—现浇混凝土外墙；2—EPS板；3—锚栓；4—复合玻纤网的薄抹面层；5—饰面层

4）D型——EPS钢丝网架板现浇混凝土外保温系统，D型系统以现浇混凝土墙面作为基层，EPS单面钢丝网架板为保温层，钢丝网架中的EPS板外侧开有凹凸槽。施工时将EPS板置于外模板内侧，并在ESP板上设置锚栓作为辅助紧固件，浇筑混凝土后钢丝网架板腹丝和辅助紧固件与混凝土结合为一体。钢丝网架板表面抹掺加外加剂的水泥砂浆厚抹面层，外表面做饰面。以涂料做饰面层时应加抹玻纤网抗裂砂浆薄抹面层（图3-14）。

5）E型——胶粉EPS颗粒浆料贴砌EPS板外保温系统：E型系统由界面砂浆、胶粉EPS颗粒浆料、EPS板、抹面层、涂料饰面层组成。抹面层中应满铺玻纤网（图3-15）。

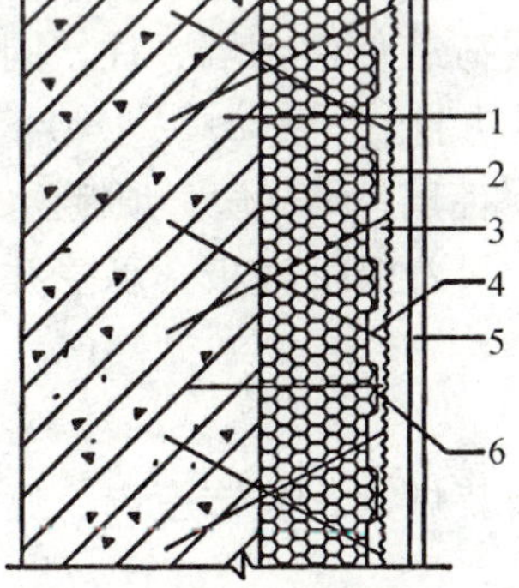

图3-14 EPS钢丝网架板现浇混凝土外保温系统

1—现浇混凝土外墙；2—EPS单面钢丝网架板；3—掺外加剂的水泥砂浆厚抹面层；4—钢丝网架；5—饰面层；6—锚栓

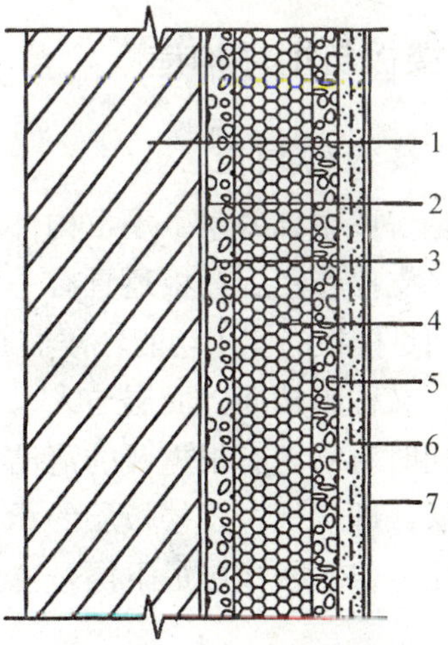

图3-15 胶粉EPS颗粒浆料贴砌EPS板外保温系统

1—基层；2—界面砂浆；3—胶粉EPS颗粒浆料；4—EPS板；5—胶粉EPS颗粒浆料；6—抹面胶浆复合玻纤网；7—涂料饰面层

6）F 型——现场喷涂硬泡聚氨酯（PUR）外保温系统：F 型系统（简称 PU 喷涂系统）由界面层、现场喷涂硬泡聚氨酯保温层、界面砂浆层、找平层、抹面层、涂饰层组成。抹面层中满铺玻纤网。

7）G 型——保温装饰板外保温系统：G 型系统（简称保温装饰板系统）由粘结砂浆、保温装饰板、嵌缝材料、密封材料和锚固件构成。施工时，先在基层墙体上做防水找平层，采用以粘为主、粘锚结合的方式将保温装饰板固定在基层上，并采用嵌缝材料封填板缝。

（二）地下室的构造

建筑物底层地面以下的房间叫地下室。地下室按功能分，有普通地下室和人防地下室。按顶板标高和室外地面的位置分，有全地下室和半地下室。按结构材料分，有砖墙地下室和混凝土墙地下室。

地下室由墙体、顶板、底板、门窗、楼梯五大部分组成。

（1）墙体：地下室的外墙如用钢筋混凝土或素混凝土墙，应按计算确定，其最小厚度应满足结构要求外，还应满足抗渗厚度的要求。其最小厚度不低于 300mm，外墙应做防潮或防水处理。

（2）顶板：可用预制板、现浇板。

（3）底板：处于最高地下水位以上，并且无压力产生作用的可能时，可按一般地面工程处理，即垫层上现浇混凝土 60～80mm 厚，再做面层；如底板处于最高地下水位以下时，采用钢筋混凝土底板，并双层配筋，底板下垫层上还应设置防水层，以防渗漏。

（4）门窗：普通地下室的门窗与地上房间门窗相同，地下室外窗如在室外地坪以下时，应设置采光井和防护篦，以利室内采光、通风和室外行走安全。

（5）楼梯：可与地面上房间结合设置，层高小或用做辅助房间的地下室，可设置单跑楼梯，防空要求的地下室至少要设置两部楼梯通向地面的安全出口，并且必须有一个是独立的安全出口。这个安全出口周围不得有较高建筑物，以防空袭倒塌堵塞出口影响疏散。

四、楼板与地坪构造

（一）楼板的构造

楼板是房屋主要的水平承重构件和水平支撑构件，它将荷载传递到墙、柱，同时又对墙体起着水平支撑作用。楼板还具有一定的隔声、保温、隔热功能。

为了满足楼板的使用功能，楼板通常由以下几部分组成：面层、结构层、顶棚层、附加层。

面层：又称为楼面。面层与人、家具设备等直接接触，起着保护楼板、承受并传递荷载的作用，同时对室内有很重要的清洁及装饰作用。

结构层：即楼板，是楼板层的承重部分。

顶棚层：位于楼板层最下层，主要作用是保护楼板、安装灯具、装饰室内、遮掩各种水平管线等。

附加层：又称功能层，对有特殊要求的室内空间，楼板层应增设一些附加层，主要作用是隔声、隔热、保温、防水、防潮、防腐蚀、防静电等。

（1）楼板的分类

根据所选用材料的不同，楼板可分为木楼板、钢筋混凝土楼板和压型钢板组合楼板。木楼板虽具有自重轻、构造简单、吸热系数小等优点，但其隔声、耐久和防火性较差，耗木材量大，除林区外，现已极少采用。钢筋混凝土楼板因其承载能力大、刚度好，且具有良好的耐久、防火性和可塑性，目前被广泛采用。压型钢板组合楼板是利用压型钢板为底模，上部浇筑混凝土而形成的一种组合楼板。它具有强度高、刚度大、施工速度快等优点，但钢材用量大、造价高。

钢筋混凝土楼板根据施工方法的不同，可分为现浇整体式、预制装配式、装配整体式三种类型。

（2）现浇钢筋混凝土楼板

现浇整体式钢筋混凝土楼板是在施工现场进行支模板、绑扎钢筋、浇筑并振捣混凝土、养护、拆模等工序而将整个楼板浇筑而成整体。这种楼板的整体性好、抗震性强、防水抗渗性好，能适应各种建筑平面形状的变化，但现场湿作业量大、模板用量多、施工速度较慢、施工工期较长。根据受力和传力情况不同，现浇整体式钢筋混凝土楼板分为板式楼板、梁板式楼板、无梁式楼板和压型钢板组合楼板等。

1）板式楼板：将楼板现浇成一块平板，并直接支承在墙上，这种楼板称为板式楼板。板式楼板底面平整，便于支模施工，是最简单的一种形式，它适用于平面尺寸较小的房间，如厨房、卫生间、走廊等。板的厚度通常为跨度的1/40～1/30，且不小于60mm。

2）梁板式楼板：对平面尺寸较大的房间，若仍采用板式楼板，会因板跨较大而增加板厚。为此，通常在板下设梁来减小板跨，这时，楼板上的荷载先由板传给梁，再由梁传给墙或柱。这种由板和梁组成的楼板称为梁板式楼板。梁板式楼板又可分为主次梁式楼板、井式楼板、密肋式楼板等。

3）无梁楼板：将板直接支承在柱上，不设梁，这种楼板称为无梁楼板。无梁楼板分无柱帽和有柱帽两种类型，当荷载较大时，应在柱顶设托板与柱帽，以增加板在柱上的支承面积。无梁楼板的柱网一般布置成方形或近似方形，以方形柱网较为经济，跨度一般在6m左右，板厚通常不小于120mm。无梁楼板的底面平整，增加了室内的净空高度，有利于采光和通风，且施工时架设模板方便，但楼板厚度较大，无梁楼板多用于楼板上活荷载较大的商场、仓库、展览馆建筑。

4）压型钢板组合楼板：压型钢板组合楼板是在型钢梁上铺设压型钢板，以压型钢板做底模，在其上现浇混凝土，形成整体的组合楼板。

压型钢板组合楼板由现浇混凝土、钢衬板和钢梁三部分组成。钢衬板采用冷压成型钢板，简称压型钢板。压型钢板有单层和双层之分。双层压型钢板通常是由两层截面相同的压型钢板组合而成，也可由一层压型钢板和一层平钢板组成。采用双层压型钢板的楼板承载能力更好，两层钢板之间形成的空腔便于设备管线敷设。钢衬板之间的连接以及钢衬板与钢梁之间的连接，一般采用焊接、自攻螺栓、膨胀铆钉或压边咬接的方式。

（3）预制装配式钢筋混凝土楼板

预制装配式钢筋混凝土楼板是将楼板在预制厂或施工现场预制，然后在施工现场装配而成。这种楼板可节省模板，提高劳动生产率，加快施工速度，缩短工期，但楼板的整体性较差，近几年在地震设防区的应用范围受到很大限制。常用的预制钢筋混凝土楼板，根据其截面形式可分为实心平板、槽形板和空心板三种类型。

1）实心平板：实心平板上下板面平整，制作简单，宜用于跨度小的走廊板、楼梯平台板、阳台板、管沟盖板等处。板的两端支承在墙或梁上，板厚一般为50～80mm，跨度在

2.4m 以内为宜，板宽约为 500～900mm。

2）槽形板：槽形板是一种梁板结合的构件，即在实心板两侧设纵肋，构成槽形截面。

3）空心板：空心板孔洞形状有圆形、长圆形和矩形等，以圆孔板的制作最为方便，应用最广。

（4）装配整体式钢筋混凝土楼板

装配整体式钢筋混凝土楼板是采用部分预制构件，经现场安装，再整体浇筑混凝土面层形成的楼板。它兼有现浇和预制钢筋混凝土楼板的优点。

1）密肋填充块楼板：密肋填充块楼板是以陶土空心砖、矿渣混凝土实心块等作为肋间填充块来现浇或预制密肋和面板的。密肋填充块楼板板底平整，有较好的隔声、保温、隔热效果，在施工中，空心砖还可起到模板的作用，有利于管道的敷设。此种楼板常用于学校、住宅、医院等建筑。

2）预制薄板叠合楼板：预制薄板叠合楼板是由预制薄板和现浇钢筋混凝土层叠合而成的装配整体式楼板。预制板部分通常采用预应力或非预应力薄板，为保证预制薄板和叠合层间有较好的连接，薄板需做处理，如刻槽、板面露出结合钢筋等。

（二）地坪的构造

地坪一般由面层、垫层和基层三个基本构造层次组成，对有特殊要求的地坪可在面层与垫层之间增设附加层，如图 3-16 所示。

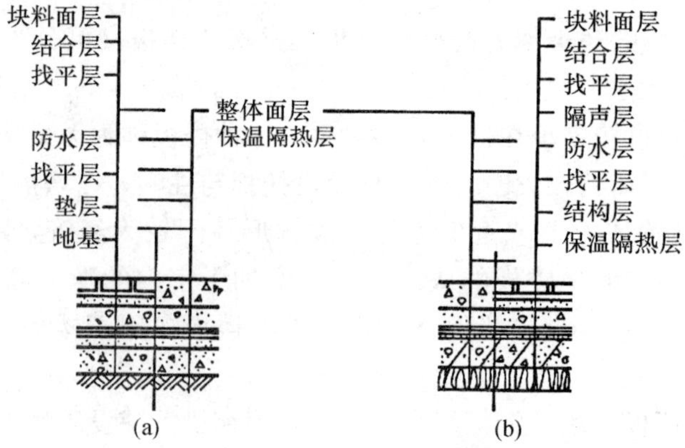

图 3-16　地坪组成示意图

（a）底层地坪的组成；（b）楼层地坪的组成

（1）面层

面层是地坪层最上面的部分，也是人们经常接触的部分，直接承受物理、化学作用，所以应具有耐磨、平整、易清洁、不起尘、防水、防潮的作用，同时也具有装饰的作用。

（2）垫层

垫层为面层与基层之间的找平层或填充层，主要起加强基层、传递荷载的作用。垫层有刚性垫层和非刚性垫层。刚性垫层一般采用 C15 或 C20 厚 60～100mm 的混凝土，非刚性垫层常用的有 50mm 厚砂垫层、80～100mm 厚碎石灌浆、50～70mm 厚石灰炉渣等。垫层可以就地取材，可以用灰土、碎砖、三合土做垫层。

（3）基层

首层地面基层是垫层与土壤层间的找平层或填充层，它可以加强地基承受荷载能力，并起找平作用，可就地取材，通常为素土夯实或灰土、道碴、三合土、卵石等。

五、竖向交通设施的一般构造

房屋各个不同楼层以及不同高差之间，需要有个垂直交通设施，此项设施有楼梯、电梯、自动扶梯、爬梯以及台阶、坡道等。

（一）楼梯的组成

楼梯主要由楼梯段（简称梯段）、楼梯平台和中间平台、栏杆（或栏板）和扶手三部分组成，如图 3-17 所示。

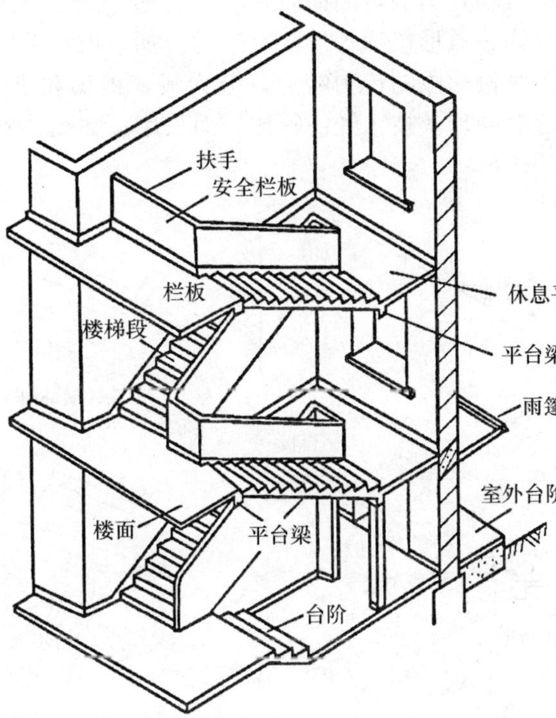

图 3-17　楼梯构造

（1）楼梯段

设有踏步供建筑物楼层之间上下行走的通道段落称为楼梯段，俗称“梯跑”。踏步又分为踏面（供行走时踏脚的水平部分）和踢面（形成踏步高差的垂直部分），踏步尺寸决定了楼梯的坡度。为了减轻疲劳，梯段的踏步级数一般不宜超过 18 级，但也不宜少于 3 级（级数过少易被忽视，有可能造成伤害）。

（2）楼层平台和中间平台

楼梯平台是指连接两梯段之间的水平部分。平台可用来供楼梯转折、连通某个楼层或供使用者在攀登了一定距离后稍事休息。与楼层标高相一致的平台称为楼层平台，介于两个楼层之间的平台称为中间平台或休息平台。

（3）栏杆（或栏板）和扶手

栏杆是布置在楼梯梯段和平台边缘处有一定安全保障度的围护构件。栏杆或栏板顶部供人们行走倚扶用的连续构件，称为扶手。楼梯段应至少在一侧设扶手，楼梯段宽达三股人流（1650mm）时应两侧设扶手，达四股人流（2200mm）时应加设中间扶手。扶手也可设在墙上，称为靠墙扶手。

（二）现浇钢筋混凝土楼梯构造

按楼梯材料分，楼梯可分为钢筋混凝土楼梯、钢楼梯、木楼梯与组合楼梯。钢筋混凝土的耐火性和耐久性均较木材和钢材要好，故在一般建筑的楼梯中应用最为广泛。钢筋混凝土楼梯按施工方式可分为现浇整体式和预制装配式。

现浇钢筋混凝土楼梯是指楼梯段、楼梯平台等整体浇筑在一起的楼梯。它整体性好，刚度大，坚固耐久，可塑性强，对抗震较为有利，并能适应各种楼梯形式。但是在施工过程中，要经过支模、绑扎钢筋、浇灌混凝土、振捣、养护、拆模等作业，受外界环境因素影响较大。在拆模之前，不能利用它进行垂直运输，因而较适合于比较小型的楼梯或对抗震设防要求较高的建筑中。对于螺旋形楼梯、弧形楼梯等形式复杂的楼梯，也宜采用现浇钢筋混凝土楼梯。

现浇钢筋混凝土楼梯按照楼梯段的传力特点，分为板式楼梯和梁式楼梯两种，应按具体的工程，根据功能要求、造型处理及技术经济等比较而采用，如图 3-18 所示。

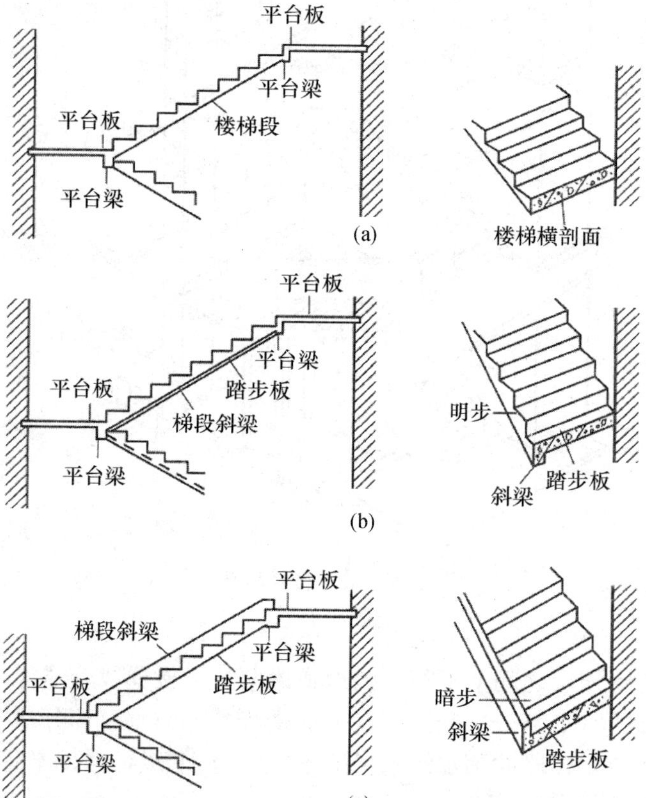

图 3-18　钢筋混凝土板式楼梯和梁板式楼梯

(a) 钢筋混凝土板式楼板；(b) 梁板式楼梯梁在下面；(c) 梁板式楼梯梁在上面

(1) 钢筋混凝土板式楼梯

板式的楼梯段作为一块整浇板，斜向搁置在平台梁上，楼梯段相当于一块斜放的板，平台梁之间的距离即为板的跨度。楼梯段应沿跨度方向布置受力钢筋。也有带平台板的板式楼梯，即把两个或一个平台板和一个梯段组合成一块折形板。这样处理平台下净空扩大了，但斜板跨度增加了。当楼梯荷载较大，楼梯段斜板跨度较大时，斜板的截面高度也将很大，钢筋和混凝土用量增加，经济性下降。所以板式楼梯常用于楼梯荷载较小，楼梯段的跨度也较小的住宅等房屋。板式楼梯段的底面平齐，便于装修。

（2）梁板式楼梯梁板式楼梯是由踏步板、楼梯斜梁、平台梁和平台板组成。荷载由踏步板传给斜梁，再由斜梁传给平台梁，而后传到墙或柱上。

六、门与窗的构造

门和窗是房屋的重要组成部分。门的主要功能是交通联系，兼采光和通风；窗主要供采光和通风用。同时，两者在不同情况下又具有分隔、隔声、保温、防火、防水等围护功能，也拥有重要的建筑造型和装饰作用。

门窗按其制作的材料分为术门窗、钢门窗、铝合金门窗、塑料门窗等。

（一）窗的构造

（1）窗的分类

1）按开启方式分类：固定窗、平开窗、悬窗、立转窗、推拉窗等。

2）按框料分类：木窗、彩板钢窗、铝合金窗和塑料窗，以及塑钢窗、铝塑窗等复合材料的窗。

3）按层数分类：单层窗和多层窗。

4）按镶嵌材料分类：玻璃窗、百叶窗和纱窗等。

（2）窗的组成和尺度

组成：窗主要由窗框和窗扇组成。在窗扇和窗框间装有各种铰链、风钩、插销、拉手及导轨、转轴、滑轮等五金零件，有时还加设窗台、贴脸、窗帘盒等。为保温或隔声需要，还可设置双层窗。平开木窗的组成示意，如图 3-19 所示。

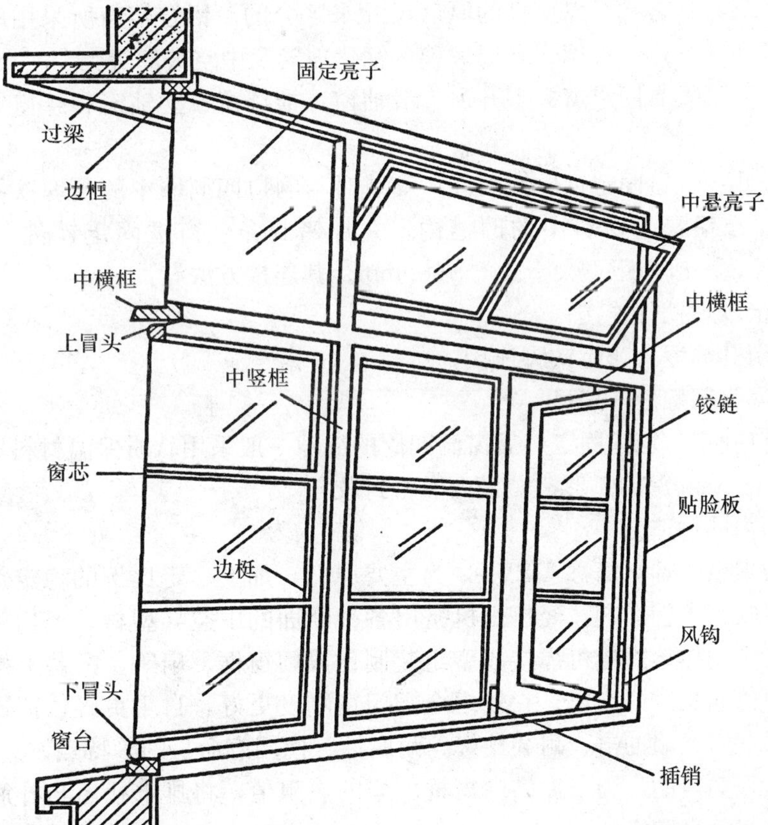

图 3-19 平开木窗的组成

尺度：既要满足采光、通风与日照的需要，又要符合建筑立面设计及建筑模数协调的要求。我国大部分地区标准窗的尺寸均采用3M的扩大模数。

(3) 平开木窗的构造

1) 窗框：由边框、上框、下框（中竖框、中横框）组成。在构造上应有裁口及背槽处理，裁口有单裁口和双裁口之分。窗框断面尺寸应考虑接榫牢固。窗框安装有两种方法，塞口法和立口法。塞口法是在墙砌好后再安装窗框，采用塞口时洞口的高、宽尺寸应比窗框尺寸大10～30mm。立口法指在砌墙前即用支撑先立窗框然后砌墙，框与墙的结合紧密，但是立樘与砌墙工序交叉，施工不便。

窗框在墙中的位置：内平（窗框与墙内表面相平）、外平、居中三种情况。窗框与窗扇的防水措施：在内开窗的下口和外开窗的中横框处，都是防水的薄弱环节，仅设裁口条还不能防水，一般需做披水条和滴水槽，以防雨水内渗；在近窗台处做积水槽和泄水孔，以利于渗入的雨水排出窗外。

2) 窗扇：玻璃窗扇由上冒头、下冒头、边梃、窗芯和玻璃等构成。为镶嵌玻璃，在冒头、边梃和窗芯上要做8～12mm宽的铲口，铲口深度一般为12～15mm，不超过窗扇厚度的1/3，通常设在窗扇的外侧以利防水、抗风和美观。两扇窗的接缝处一般做高低盖口，必要时加钉盖缝条。

玻璃的安装一般用油灰嵌固。对于不会受雨水侵蚀的窗扇玻璃，也可用小木条镶钉。

(4) 铝合金窗的构造

铝合金窗产品系列名称是以窗框的厚度尺寸来区分的。铝合金窗所采用的玻璃根据需要可选择普通平板玻璃、浮法玻璃、夹层玻璃、钢化玻璃及中空玻璃等。

铝合金窗常见形式有固定窗、平开窗、滑轴窗、推拉窗、立轴窗和悬窗等，一般多采用水平推拉式。

先在窗框外侧用螺钉固定钢质锚固件，安装时与洞口四周墙中的预埋铁件焊接或锚固在一起，玻璃嵌固在铝合金窗料中的凹槽内，并加密封条。窗框固定铁件，除四周离边角150mm设一点外，一般间距不大于400～500mm。其连接方法有：

1) 采用墙上预埋铁件连接；

2) 墙上预留孔洞埋入燕尾铁脚连接；

3) 采用金属膨胀螺栓连接；

4) 采用射钉固定。窗框固定好后窗洞四周的缝隙一般采用软质保温材料填塞。填实处用水泥砂浆抹留5～8mm深的弧形槽，槽内嵌密封胶。

(5) 塑钢门窗的构造

以改性硬质聚氯乙烯（简称UPVC）为主要原料，加上一定比例的稳定剂、着色剂、填充剂、紫外线吸收剂等辅助剂，经挤出机挤出各种断面的中空异型材。经切割后，在其内腔衬以型钢加强筋，用热熔焊接机焊接成型组装制作成门窗框、扇等，配装上橡胶密封条、压条、五金件等附件而制成的门窗。它较之全塑门窗刚度更好，自重更轻，造价适宜。塑钢门窗具有抗风压强度好、耐冲击、耐久性好、耐腐蚀、使用寿命长的等特点。

异型材一般是中空的，为了提高门窗框、扇的热阻值，将排水孔道与补筋空腔分隔，可以做成双腔室，甚至多腔室。

为了提高硬质聚氯乙烯中空异型材的刚性和窗扇窗框的抗风压强度，常在塑料窗用主型材内腔中放入钢质或铝质异型材。

常用的塑钢窗有固定窗、平开窗、水平悬窗与立式悬窗及推拉窗等。

塑钢门窗框与墙体的连接有假框法、固定件法和直接固定法。

（二）门的构造

（1）门的作用和分类

门的主要用途是交通联系和围护，在建筑的立面处理和室内装修中也有着重要作用。

1）按开启方式分类：平开门、弹簧门、推拉门、折叠门、转门、上翻门、升降门、卷帘门等，如图 3-20 所示。

2）按门所用材料分：木门、钢门、铝合金门、塑料门及塑钢门、全玻璃门等。

3）按门的功能分：普通门、保温门、隔声门、防火门、防盗门、人防门以及其他特殊要求的门等。

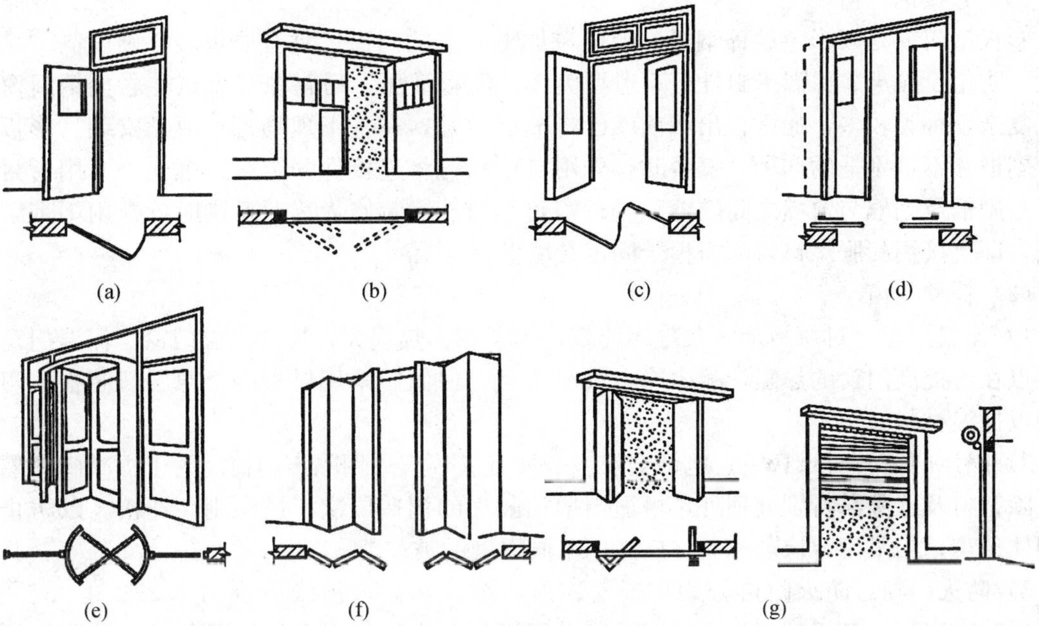

图 3-20　平开门的分类

（a）单扇平开门；（b）双扇平开门；（c）弹簧门；（d）推拉门；（e）转门；（f）折叠门；（g）卷帘门

（2）平开门的组成和尺度

平开门：主要由门框、门扇、亮子和五金零件组成。

洞口尺寸：可根据交通、运输以及疏散要求来确定。一般情况下，门的宽度为：800～1000mm（单扇）；1200～1800mm（双扇）。门的高度一般不宜小于 2100mm，有亮子时可适当增高 300～600mm。对于大型公共建筑，门的尺度可根据需要另行确定。

（3）平开木门的构造

1）门框：门框的断面形状与窗框类似，但门框的断面尺寸要适当增加，门框的安装与窗框相同，分立口和塞口两种施工方法。工厂化生产的成品门，其安装多采用塞口法施工。

门框在墙洞中的位置同窗框一样，有门框内平、门框居中和门框外平三种情况。门框的墙缝处理与窗框相似，但应更牢固。门窗靠墙一边开防止因受潮而变形的背槽，并做防潮处理。门框外侧的内外角做灰口，缝内填弹性密封材料。

2）门扇：夹板门门扇由骨架和面板组成，骨架通常采用（32～35）mm×（34～36）mm的木料制作。镶板门门扇由骨架和门芯板组成。骨架一般由上冒头、下冒头及边挺组成，有时中间还有中冒头或竖向中梃。门芯板可采用木板、胶合板、硬质纤维板及塑料板、玻璃等制作。

（4）铝合金门

铝合金门的特性与铝合金窗相同。门的开启方式可以推拉，也可采用平开。铝合金门的构造及施工方法可参照铝合金窗的构造做法。

（5）塑料门与塑钢门塑料门与塑钢门的特性、材料、施工方法及细部构造可参照塑料窗与塑钢窗的构造做法。

（三）其他门窗

（1）彩板钢门窗

彩板钢门窗是以彩色镀锌钢板，经机械加工而成的门窗。具有质量轻、硬度高、采光面积大、防尘、隔声、保温密封性好、造型美观、色彩绚丽、耐腐蚀等特点。彩板钢门窗断面形式复杂，种类较多，通常在出厂前就已将玻璃装好，在施工现场进行成品安装。彩板门窗有带副框和不带副框的两种。安装时，先用自攻螺钉将连接件固定在副框上，并用密封胶将洞口与副框及副框与窗樘之间的缝隙进行密封。当外墙装修为普通粉刷时，常用不带副框的做法，即直接用膨胀螺钉将门窗樘子固定在墙上。

（2）特种门窗

1）保温门窗：对寒冷地区及冷库建筑，为了减少热损失，应做保温门窗。保温门窗设计的要点在于提高门窗的热阻，减少冷空气渗透量。保温门采用拼板门，双层门芯板，门芯板间填以保温材料。

2）隔声门窗：对录音室、电话会议室、播音室等应采用隔声门窗。为了提高门窗隔声能力，除铲口及缝隙需特别处理外，可适当增加隔声的构造层次；避免刚性连接，以防止连接处固体传声；当采用双层玻璃时，应选用不同厚度的玻璃。

3）防火门窗：防火门可分为甲、乙、丙三级，其耐火极限分别为 1.2h、0.9h、0.6h。根据对防火门耐火等级的要求，门扇可以采用钢板、木板外贴石棉板再包以镀锌薄钢板或木板外直接包镀锌薄钢板等构造措施。防火门不仅应具有一定的耐火性能，且应关闭紧密、开启方便。常用防火门多为平开门、推拉门。它平时是敞开的，一旦发生火灾，须关闭且关闭后能从任何一侧手动开启。用于疏散楼梯间的门，应采用向疏散方向开启的单向弹簧门。当建筑物设置防火墙或防火门窗有困难时，可采用防火卷帘代替防火门，但必须用水幕保护。

七、屋顶的基本构造

屋顶是建筑物最上面覆盖的外围护结构，它的主要功能，一是抵御自然界的风、雨、太阳辐射、气温变化和其他外界的不利因素，使屋顶所覆盖的空间有一个良好的使用环境；二是不仅能够满足防水排水、保温隔热、抵御侵蚀等要求，还应满足强度、刚度和整体稳定性的要求。

（一）屋顶的分类和组成

屋顶根据屋面材料、结构类型的不同可分为平屋顶、坡屋顶和其他屋顶。

(1) 平屋顶

平屋顶一般指屋面坡度小于5%的屋顶，常用的坡度为1%～3%。平屋顶构造简单，节约材料，屋顶上面便于利用，可做成露台、屋顶花园等。

平屋顶一般由面层（防水层）、保温隔热层、结构层和顶棚层四部分组成。因各地气候条件不同，所以其组成也略有差异。

1）面层（防水层）：屋顶通过面层材料的防水性能达到防水的目的。平屋顶坡度较小、排水缓慢，要加强面层的防水构造处理。平屋顶一般选用防水性能好和单块面积较大的屋面防水材料，并采取有效的接缝处理措施来增强屋面的抗渗能力。目前，在工程中常用的有卷材防水、刚性防水和涂膜防水等几种形式。

2）保温层或隔热层：为防止冬、夏季顶层房间过冷或过热，需在屋顶构造中设置保温层或隔热层。常用的保温材料大都是轻质多孔的粒状材料和块状制品，如膨胀珍珠岩、加气混凝土块、聚苯乙烯泡沫塑料板等。

3）结构层：平屋顶主要采用钢筋混凝土结构。按施工方法不同，有现浇钢筋混凝土结构、预制装配式钢筋混凝土结构和装配整体式钢筋混凝土结构三种形式。

4）顶棚层：顶棚层的作用及构造做法与楼板层顶棚基本相同，分直接抹灰式顶棚和悬吊式顶棚。

(2) 坡屋顶

坡屋顶由斜屋面组成，屋面坡度一般大于10%，坡屋顶按其坡面的数目可分为单坡顶、双坡顶、四坡顶等。当房屋宽度不大时，可选用单坡顶；当房屋宽度较大时，可选用双坡顶及四坡顶。双坡顶有硬山与悬山之分，硬山是指房屋两端山墙高出屋面，山墙封住屋面，悬山是指屋顶的两端挑出山墙外面。

(3) 其他屋顶

随着使用要求和科学技术的发展，出现了许多新的屋顶结构形式，如拱结构、薄壳结构、悬索结构等。这些结构受力合理，能充分发挥材料的力学性能，节约材料，但施工复杂，造价较高，常用于大跨度的大型公共建筑。

（二）屋顶的排水方式

为保证屋顶流水畅通，需进行排水组织设计，首先选择排水坡度，然后确定排水方式并做好排水组织。

平屋顶的排水方式有无组织排水和有组织排水两大类。

(1) 无组织排水

无组织排水是指屋面的雨水由檐口自由滴落到室外地面，因不用天沟、雨水管导流，又称自由落水。

(2) 有组织排水

当房屋较高或年降雨量较大时，应采用有组织排水，以避免雨水自由下落对墙面造成冲刷和污染。

有组织排水是设置与屋面排水方向垂直的纵向天沟，把雨水汇集起来，经过雨水口和雨水管有组织地排到地面或排入下水系统。有组织排水可分为外排水和内排水，如图3-21所示。

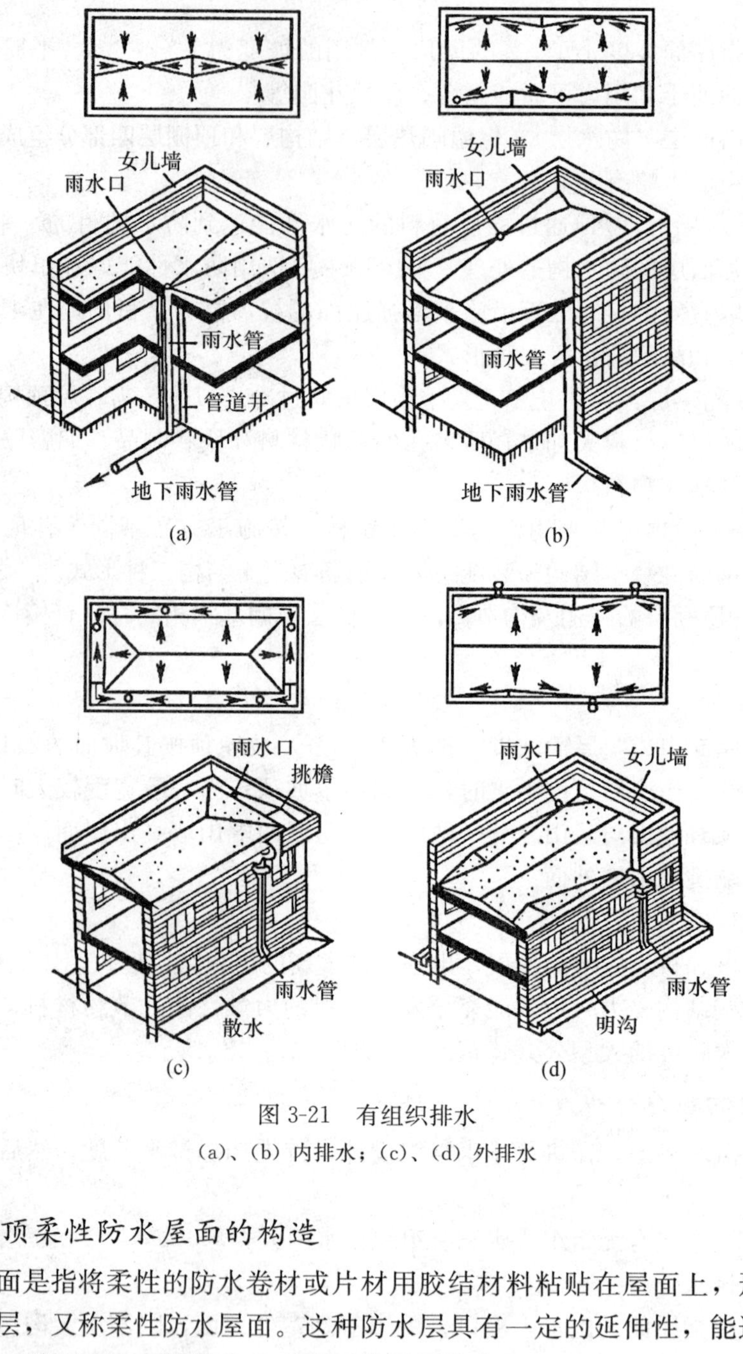

图 3-21　有组织排水

(a)、(b) 内排水；(c)、(d) 外排水

（三）平屋顶柔性防水屋面的构造

卷材防水屋面是指将柔性的防水卷材或片材用胶结材料粘贴在屋面上，形成一个大面积的封闭防水覆盖层，又称柔性防水屋面。这种防水层具有一定的延伸性，能适应温度变化而引起的屋面变形。适用于防水等级为Ⅰ～Ⅳ级的屋面防水。

（1）柔性防水屋面的基本构造层次及做法

柔性防水屋面的基本构造层次，如图 3-22 所示。

结构层：柔性防水屋面的结构层通常为预制或现浇的钢筋混凝土屋面板。对于结构层的要求是必须有足够的强度和刚度。

找坡层：这一层只有当屋面采用材料找坡时才设。通常的做法是在结构层上铺垫 1∶(6～8) 水泥焦渣或水泥膨胀蛭石等轻质材料来形成屋面坡度。

找平层：防水卷材应铺贴在平整的基层上，否则卷材会发生凹陷或断裂，所以在结构层或找坡层上必须先做找平层。找平层可选用水泥砂浆、细石混凝土和沥青砂浆等，厚度视防水卷材的种类和基层情况而定。找平层宜设分格缝，分格缝也叫分仓缝，是为了防止屋面不规则裂缝以适应屋面变形而设置的人工缝。分格缝缝宽一般为 20mm，且缝内应嵌填密封材料。分格缝应留在板端缝处，其纵横缝的最大间距为：找平层如采用水泥砂浆或细石混凝土时，不宜大于 6m；找平层如为沥青砂浆时，不宜大于 4m。

结合层：以油毡卷材为例，为了使第一层热沥青能和找平层牢固地结合，须涂刷一层既能和热沥青黏合，又容易渗入水泥砂浆找平层内的稀释沥青溶液，俗称冷底子油。另外，为了避免油毡层内部残留的空气或湿气，在太阳的辐射下膨胀而形成鼓泡，导致油毡皱折或破裂，应在油毡防水层与基层之间设有蒸汽扩散的通道，故在工程实际操作中，通常将第一层热沥青涂成点状（俗称花油法）或条状，然后铺贴首层油毡。

防水层：防水卷材有沥青防水卷材、高聚物改性沥青防水卷材和合成高分子防水卷材等。当屋面坡度小于 3%时，卷材宜平行屋脊从檐口到屋脊向上铺贴；屋面坡度在 3%～15%时，卷材可以平行或垂直屋脊铺贴；屋面坡度大于 15%或屋面受振动荷载时，沥青卷材应垂直屋脊铺贴。铺贴卷材应采用搭接法，上下搭接不小于 70mm，左右搭接不小于 100mm。多层卷材铺贴时，上下层卷材的接缝应错开。当屋面防水层为二毡三油时，可采用逐层搭接半张的铺设方法，操作较为简便。

保护层：保护层的材料做法，应根据防水层所用材料和屋面的利用情况而定。

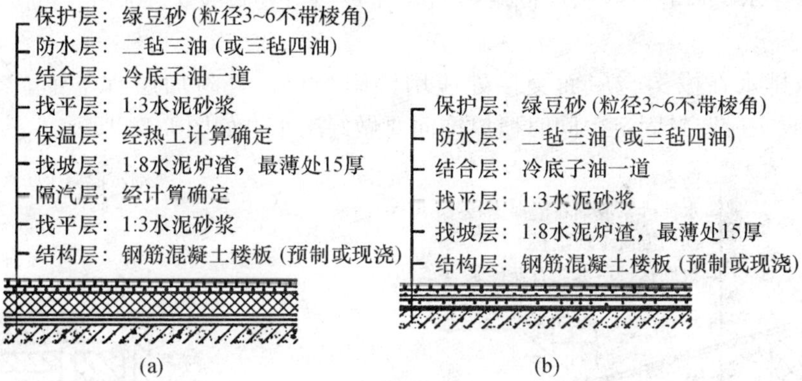

图 3-22　柔性防水屋面

（a）柔性防水保温屋面；（b）柔性防水非保温屋面

（2）柔性防水屋面的细部构造

泛水构造：泛水系屋面防水层与垂直屋面凸出物交接处的防水处理。柔性防水屋面在泛水构造处理时应注意：

1）铺贴泛水处的卷材应采取满粘法，即卷材下满涂一层胶结材料。

2）泛水应有足够的高度，迎水面不低于 250mm，非迎水面不低于 180mm，并加铺一层卷材。

3）屋面与立墙交接处应做成弧形（R＝50～100mm）或 45°斜面，使卷材紧贴于找平层上，而不致出现空鼓现象。

4）做好泛水的收头固定，当女儿墙较低时，卷材收头可直接铺压在女儿墙压顶下，压顶做好防水处理，当女儿墙为砖墙时，可在砖墙上预留凹槽，卷材收头应压入凹槽内固定密封，凹槽距屋面找平层最低高度不小于250mm，凹槽上部的墙体应做好防水处理，当女儿墙为混凝土时，卷材收头直接用压条固定于墙上，用金属或合成高分子盖板作挡雨板，并用密封材料封固缝隙，以防雨水渗漏，如图3-23所示。

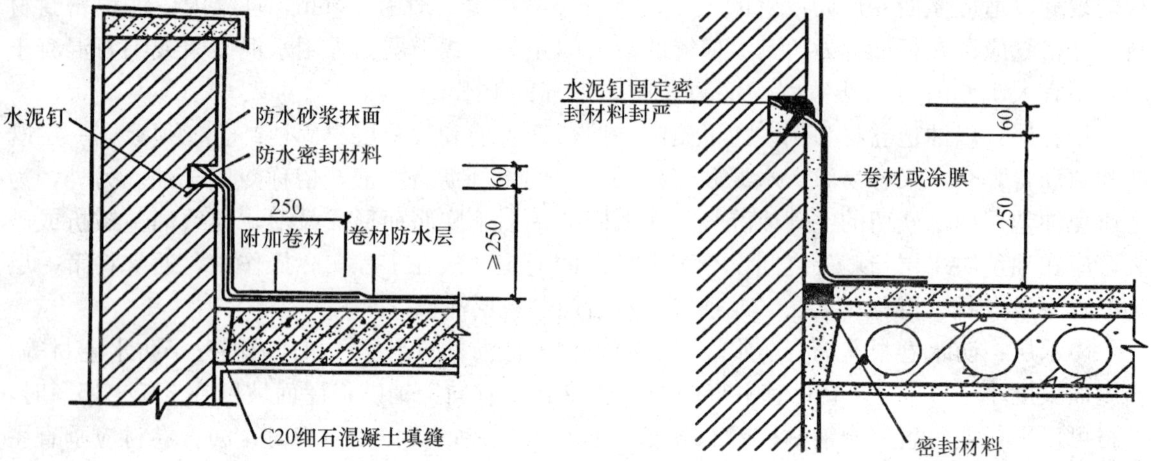

图3-23　泛水构造

檐口构造：柔性防水屋面的檐口构造有无组织排水挑檐和有组织排水挑檐及女儿墙檐口等，在檐口构造处理时应注意：

1）无组织排水檐口卷材收头应固定密封，在距檐口卷材收头800mm范围内，卷材应采取满粘法。

2）有组织排水在檐沟与屋面交接处应增铺附加层，且附加层宜空铺，空铺宽度应为200mm，卷材收头应密封固定，同时檐口饰面要做好滴水，如图3-24所示。

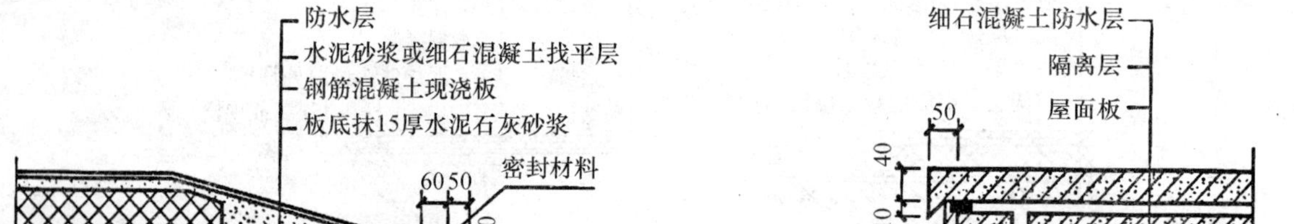

图3-24　檐口构造

女儿墙檐口构造：处理的关键是做好泛水的构造处理。女儿墙顶部通常应做混凝土压顶，并设有坡度坡向屋面。

雨水口构造：雨水口有直管式雨水口和弯管式雨水口两种：

1）直管式雨水口，用于外檐沟排水或内排水。

2）弯管式雨水口，用于女儿墙外排水。

（四）平屋顶刚性防水屋面的构造

刚性防水屋面是指以刚性材料作为防水层的屋面，如防水砂浆、细石混凝土、配筋细石混凝土防水屋面等。这种屋面具有构造简单、施工方便等优点，但对温度变化和结构变形较敏感，容易产生裂缝而渗水。刚性防水屋面主要适用于防水等级为Ⅲ级的屋面防水，也可用做Ⅰ、Ⅱ级屋面多道防水设防中的一道防水层，不适用于设置在有松散材料保温层的屋面以及受较大振动或冲击的建筑屋面。

（1）刚性防水屋面的基本构造层次及做法

结构层：刚性防水屋面的结构层必须具有足够的强度和刚度，故通常采用现浇或预制的钢筋混凝土屋面板。

找平层：为了保证防水层厚薄均匀，通常应在预制钢筋混凝土屋面板上先做一层找平层，找平层的做法一般为20mm厚1∶3水泥砂浆，若屋面板为现浇时可不设此层。隔离层：隔离层的做法一般是先在屋面结构层上用水泥砂浆找平，再铺设沥青、废机油、油毡、油纸、黏土、石灰砂浆、纸筋灰等。有保温层或找坡层的屋面，也可利用它们作隔离层。

防水层：刚性防水屋面防水层的做法有防水砂浆抹面和现浇配筋细石混凝土面层两种。目前，通常采用后一种。

（2）刚性防水屋面的细部构造

1）分格缝构造：刚性防水屋面的分格缝应设置在屋面温度年温差变形的许可范围内和结构变形敏感的部位。因此，分格缝的纵横间距一般不宜大于6m，且应设在屋面板的支承端、屋面转折处、防水层与凸出屋面结构的交接处，并应与屋面板板缝对齐。分格缝宽一般为20～40mm，为了有利于伸缩，首先应将缝内防水层的钢筋网片断开，然后用弹性材料如泡沫塑料或沥青麻丝填底，密封材料嵌填缝上口，最后在密封材料的上部还应铺贴一层防水卷材。

2）泛水构造：刚性防水屋面的泛水构造是指在刚性防水层与垂直屋面凸出物交接处的防水处理，可先预留宽度为30mm的缝隙，并且用密封材料嵌填，再铺设一层卷材或涂抹一层涂膜附加层，收头做法与柔性防水屋面泛水做法相同。

3）檐口构造：刚性防水屋面檐口的形式一般有自由落水挑檐口、挑檐沟外排水檐口和女儿墙外排水檐口三种做法。

a. 自由落水挑檐口一般是根据挑檐挑出的长度，直接利用混凝土防水层悬挑，也可以在增设的钢筋混凝土挑檐板上做防水层。这两种做法都要注意处理好檐口滴水。

b. 挑檐沟外排水檐口一般是采用现浇或预制的钢筋混凝土槽形天沟板，在沟底用低强度的混凝土或水泥炉渣等材料垫置成纵向排水坡度。屋面铺好隔离层后再浇筑防水层，防水层应挑出屋面至少60mm，并做好滴水。

c. 女儿墙外排水檐口通常是在檐口处做成三角形断面天沟，其构造处理与女儿墙泛水做法基本相同，但应注意在女儿墙天沟内需设纵向排水坡度。

4）雨水口构造：刚性防水屋面的雨水口也有直管式雨水口和弯管式雨水口两种做法。

（五）平屋顶涂膜防水屋面的构造

涂膜防水屋面又称涂料防水屋面，是指用可塑性和黏结力较强的防水涂料直接涂刷在屋面基层上，形成一层不透水的薄膜层，以达到防水目的。主要适用于防水等级为Ⅲ、Ⅳ级的屋面，也可用做Ⅰ、Ⅱ级屋面多道防水设防中的一道防水层。

（1）涂膜防水材料

合成高分子类防水涂料，如聚氨醋、环氧树脂和丙烯酸类防水涂料。高聚物改性沥青防水涂料，如再生橡胶改性沥青防水涂料、水乳型氯丁橡胶沥青防水涂料、SBS 橡胶改性沥青防水涂料等。

（2）涂膜防水屋面的构造层次及做法

涂膜防水屋面的构造层次与卷材防水屋面相同，由结构层、找坡层、找平层、结合层、防水层和保护层组成。

结合层：应选用与防水涂料相同的材料经稀释后满刷在找平层上，以保证防水层与基层粘结牢固。

防水层：涂刷防水涂料需分层进行，乳剂型防水涂料，一般手涂 3 遍可使涂膜厚度达到 1.2mm；溶剂型防水涂料，手涂 4～5 遍，可做 1.2mm 以上的厚度。

保护层：当屋面不上人时，可用蛭石或细砂撒面、银粉涂料涂刷等做法；当屋面为上人屋面时，保护层做法与卷材防水上人屋面做法相同。

（3）涂膜防水屋面细部构造

分格缝：涂膜防水只能提高表面的防水能力，为防止由于温度和结构变形导致基层开裂而使屋面渗漏，须对屋面面积较大和结构变形敏感部位设置分格缝。

泛水构造：涂膜防水屋面泛水构造与卷材屋面基本相同。

（六）平屋顶的保温与隔热

屋顶属建筑物的外围护构件，应满足保温与隔热的功能要求。在寒冷地区为防止建筑物的热量散失过多、过快，须在屋顶结构中设置保温层。夏季在太阳辐射热作用下，使屋顶温度升高，为减少传进室内的热量和降低室内温度，屋顶应采取隔热降温措施。

保温材料多为轻质多孔、导热系数小的材料，一般可分为三种类型。

散料类：常用炉渣、矿渣、膨胀蛭石、膨胀珍珠岩等。

整体类：是以散粒类保温材料为骨料，掺入一定量的胶结材料、现场浇筑而形成的

整体保温层，如水泥炉渣、水泥膨胀珍珠岩、水泥膨胀蛭石、沥青蛭石、沥青膨胀珍珠岩等。

板块类：由工厂先预制做成的板块类保温材料，如预制膨胀珍珠岩、膨胀蛭石及加气混凝土、泡沫混凝土、聚苯板、挤塑板等块材或板材。

保温层的设置有正铺法、倒铺法、复合法及设空气间层的保温屋面法等。

（七）坡屋面的构造

坡屋顶主要由承重结构层和屋面两部分组成。必要时还应增设保温层、隔热层及顶棚等，如图 3-25 所示。

坡屋顶的承重结构方式有砖墙承重、屋架承重、钢筋混凝土梁板承重三种。

现浇钢筋混凝土梁板坡屋面的构造组成有瓦材及瓦材铺设层、找平层、保温隔热层、卷

材或涂膜防水层和隔汽层等。

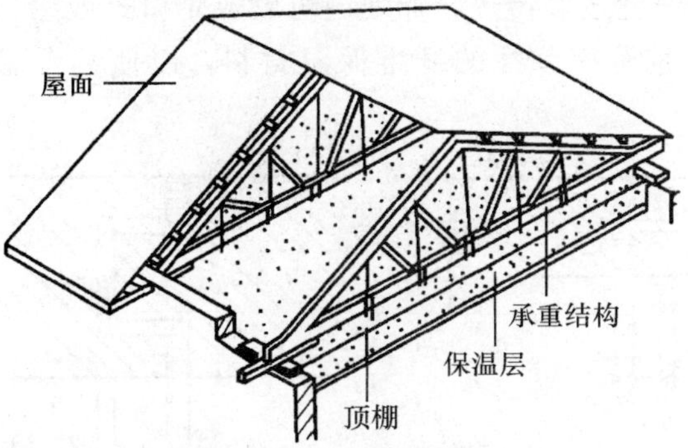

图 3-25　坡屋顶的构造

八、变形缝的构造

建筑物由于受温度变化、地基不均匀沉降以及地震的影响，结构内将产生附加的变形和应力，如果不采取措施或措施不当，会使建筑物产生裂缝，甚至倒塌，影响使用与安全。为避免这种状态的发生，可以采取“阻”或“让”两种不同措施。前者是通过加强建筑物的整体性，使其具有足够的强度与刚度，以阻止这种破坏；后者是在变形敏感部位将结构断开，预留缝隙，使建筑物各部分能自由变形，不受约束，即以退让的方式避免破坏。后种措施比较经济，常被采用，但在构造上必须对缝隙加以处理，满足使用和美观要求。建筑物中这种预留缝隙称为变形缝。

（一）变形缝分类

变形缝是为防止建筑物在外界因素（温度变化、地基不均匀沉降及地震）作用下产生变形，导致开裂甚至破坏而人为设置的适当宽度的缝隙，包括伸缩缝、沉降缝和防震缝三种类型。

（1）伸缩缝（温度缝）

对应昼夜温差引起的变形。是为防止建筑构件因温度变化而产生热胀冷缩，使房屋出现裂缝，甚至破坏，沿建筑物长度方向每隔一定距离设置的垂直缝隙称为伸缩缝，也叫温度缝。温度缝要把建筑物的墙体、楼板层、屋顶等地面以上部分全部断开，基础部分因受温度变化影响较小，故不需断开。

（2）沉降缝

对应不均匀沉降引起的变形。为防止建筑物各部分由于地基不均匀沉降引起房屋破坏所设置的垂直缝隙称为沉降缝。

（3）防震缝

对应地震可能引起的变形。建造在抗震设防烈度为 6～9 度地区的房屋，为了防止建筑物各部分在地震时相互撞击引起破坏，按抗震要求设置的垂直缝隙即防震缝。

（二）变形缝的构造

（1）伸缩缝的构造

伸缩缝的设置应从基础的顶面开始，墙体、楼地层、屋顶均应设置。伸缩缝的间距与结构类型和对结构的约束有关。伸缩缝的宽度为20～40mm，墙体在伸缩缝处断开。为避免风、雨对室内的影响和避免伸缩缝过多传热，伸缩缝可砌成企口式或错口式，如图3-26所示。缝内填充沥青麻丝或玻璃棉毡等有弹性的纤维保温材料，以使缝在温度变化伸缩时仍能填充缝隙。

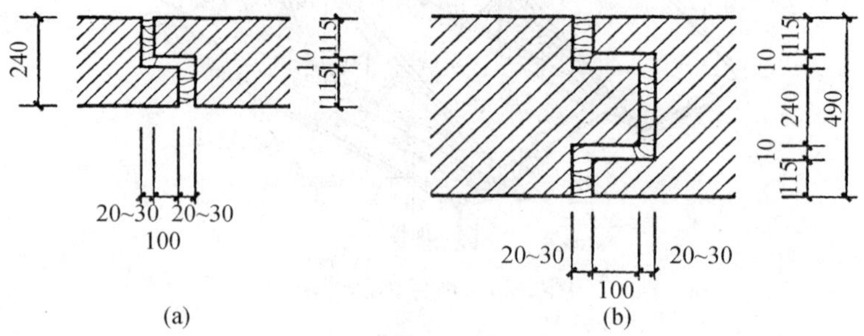

图3-26　墙体伸缩缝的缝型

(a) 错口式；(b) 企口式

(2) 沉降缝

沉降缝是在房屋适当位置设置的垂直缝隙，把房屋划分为若干个刚度一致的单元，使相邻单元可以自由沉降，而不影响房屋整体。沉降缝应包括基础在内，从屋顶到基础全部构件均需分开。沉降缝可以兼起伸缩缝的作用，但伸缩缝不能代替沉降缝。沉降缝的宽度随地基情况和建筑物的高度而不同，地基越软弱，建筑物越高，缝宽越大。沉降缝的构造与伸缩缝的构造基本相同。

(3) 防震缝

防震缝应沿房屋基础顶面以上全部结构布置，缝的两侧均应设置墙体，基础因埋在土中可不设缝。防震缝宽可采用50～100mm。地震设防地区房屋的伸缩缝和沉降缝应符合防震缝的要求。防震缝构造要求与伸缩缝相似。

变形缝处所选择的盖缝板的形式必须能够符合所属变形缝类别的变形需要。所选择的盖缝板的材料及构造方式必须能够符合变形缝所在部位的其他功能需要，如防水、防火、美观等。在变形缝内部应当用具有自防水功能的柔性材料来塞缝，例如挤塑型聚苯板、沥青麻丝、橡胶条等，以防止热桥的产生。

九、单层厂房的基本构造

(一) 单层厂房结构组成

在厂房建筑中，支承各种荷载作用的构件所组成的骨架，称为结构。目前，我国单层工业厂房一般采用的是装配式钢筋混凝土横向排架结构。排架结构的主要组成，如图3-27所示。

(1) 基础：承受柱和基础梁传来的全部荷载，并将荷载传给地基。

(2) 排架柱：是厂房结构的主要承重构件，承受屋架、吊车梁、支撑、连系梁和外墙传来的荷载，并把它传给基础。

(3) 屋架（屋面梁）：是屋盖结构的主要承重构件，承受屋盖上的全部荷载，并将荷载传给柱子。

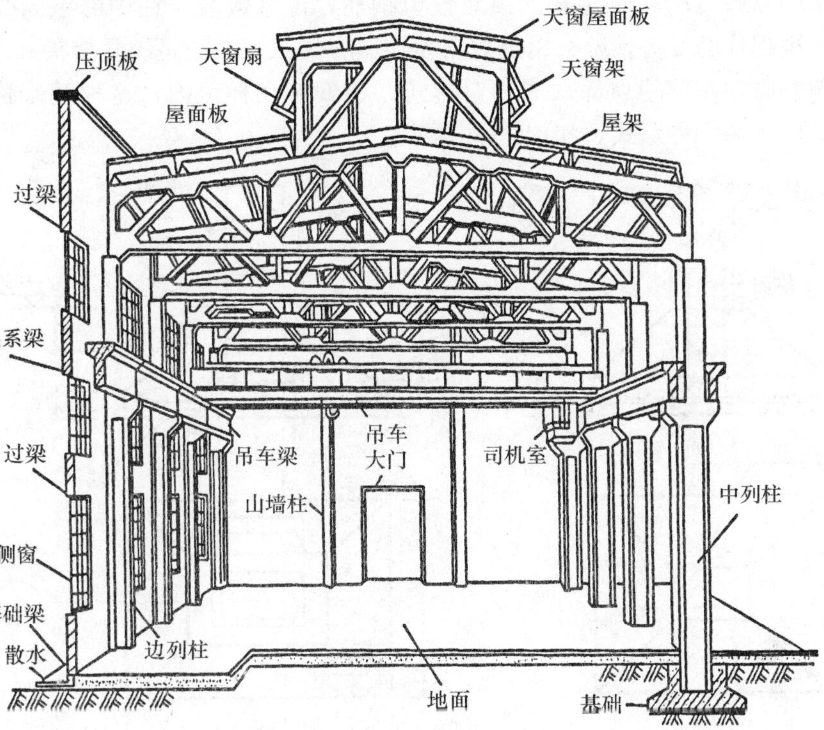

图 3-27 单层厂房的组成

(4) 吊车梁：承受吊车和起重的重量及运行中所有的荷载（包括吊车启动或刹车产生的横向、纵向刹车力），并将其传给框架柱。

(5) 基础梁：承受上部墙体重量，并把它传给基础。

(6) 连系梁：是厂房纵向柱列的水平连系构件，用以增加厂房的纵向刚度，承受风荷载和上部墙体的荷载，并将荷载传给纵向柱列。

(7) 支撑系统构件：加强厂房的空间整体刚度和稳定性，它主要传递水平荷载和吊车产生的水平刹车力。

(8) 屋面板：直接承受板上的各类荷载（包括屋面板自重，屋面覆盖材料，雪、积灰及施工检修等荷载），并将荷载传给屋架。

(9) 天窗架：承受天窗上的所有荷载并把它传给屋架。

(10) 抗风柱：同山墙一起承受风荷载，并把荷载中的一部分传到厂房纵向柱列上去，另一部分直接传给基础。

(11) 外墙：厂房的大部分荷载由排架结构承担，因此，外墙是自承重构件，主要起着防风、防雨、保温、隔热、遮阳、防火等作用。

(12) 窗与门：供采光、通风、日照和交通运输用。

(13) 地面：满足生产使用及运输要求等。

(二) 单层厂房主要结构构件的构造

(1) 基础构造

由于柱有现浇和预制两种施工方法，因此基础应采用相应的构造形式。当基础与柱均为现场浇筑但不同时施工时，应在基础顶面预留钢筋，位置数量与柱中的纵向受力钢筋相同，其伸出长度应根据柱的受力情况、钢筋规格及接头方式（焊接还是绑扎接头）来确定。

当柱为预制时，基础的顶部做成杯口形式，柱安装在杯口内，这种基础称为杯形基础，是目前应用最广泛的一种形式，如图 3-28 所示。

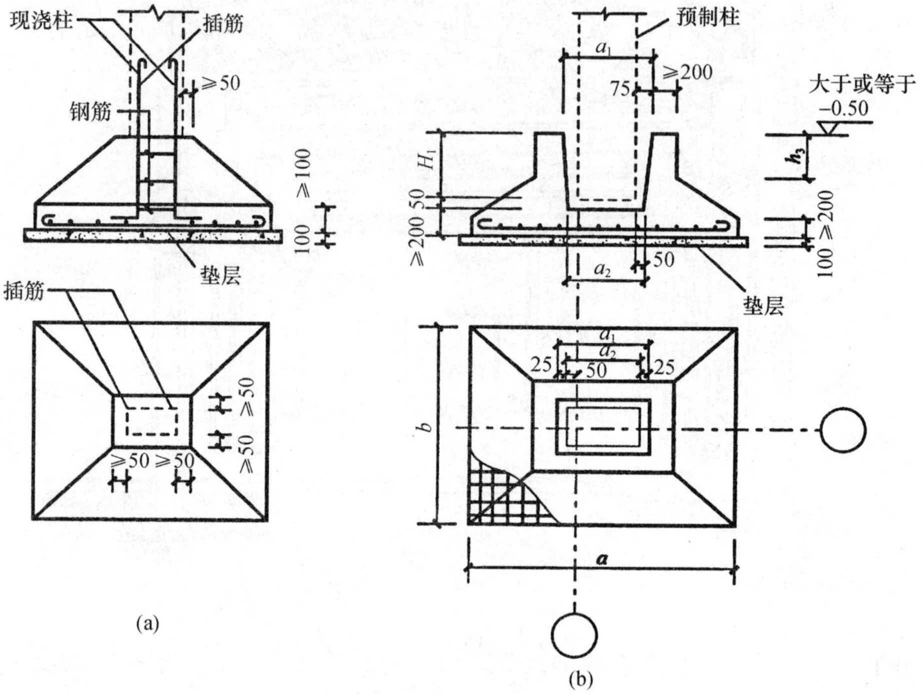

图 3-28 基础构造

（a）现浇柱下基础；（b）预制柱下杯形基础

为了便于柱的安装，杯口尺寸应大于柱的截面尺寸，周边留有空隙。具体要求如下：

1）杯口顶每边应比柱每边大 75mm。

2）杯口底每边应比柱每边大 50mm。

3）在柱底面与杯底面之间还应预留 50mm 的缝隙，用高强度细石混凝土找平。

4）柱子就位后杯口与柱子四周缝隙用 C20 细石混凝土灌实。

（2）基础梁构造

单层厂房当采用钢筋混凝土排架结构时，外墙和内墙仅起围护或隔离作用，如果外墙或内墙自设基础，则由于它所承重的荷载比柱基础小得多，容易与柱产生不均匀沉降，而导致墙面开裂。因此，一般厂房常将外墙或内墙砌筑在基础梁上，基础梁两端架设在相邻独立基础上，这样可使内、外墙和柱一起沉降，墙面不易开裂。

基础梁搁置的构造要求：

1）基础梁顶面标高应至少低于室内地坪 50mm，比室外地坪至少高 100mm。

2）基础梁一般直接搁置在基础顶面上，当基础较深时，可采取加垫块、设置高杯口基础或在柱下部分加设牛腿等措施。

3）基础产生沉降时，梁底的坚实土壤也对基础梁产生反拱作用；寒冷地区土壤冻胀将对基础梁产生反拱作用，因此在基础梁底部应留有 50～100mm 的空隙，寒冷地区基础梁底铺设厚度大于或等于 300mm 的松散材料，如矿渣、干砂等。

（3）柱

在单层工业厂房中，柱按其作用分为排架柱和抗风柱两种。柱按材料类型分为钢筋混凝土柱和钢柱两种。钢筋混凝土柱又可分为单肢柱和双肢柱两大类。单肢柱截面形式有矩形、工字形及单管圆形。双肢柱截面形式有双肢矩形或双肢圆形管柱，用腹杆（平腹杆或斜腹杆）连接而成，如图 3-29 所示。

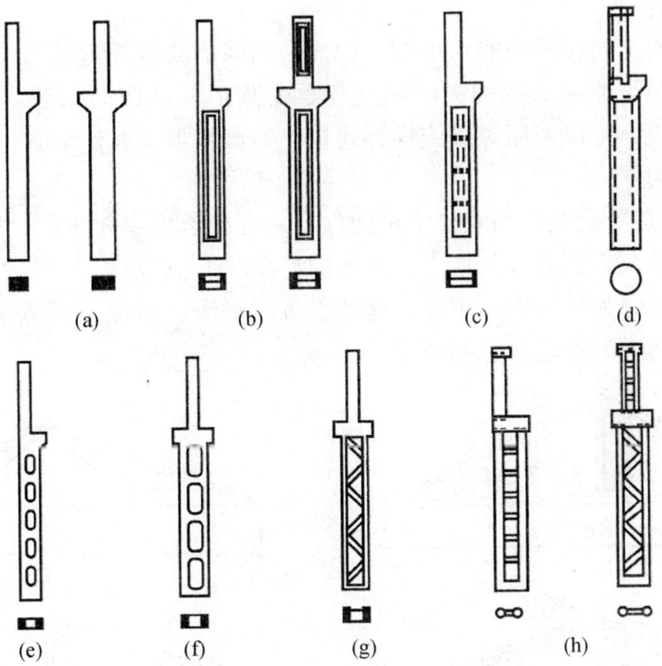

图 3-29 钢筋混凝土柱类型

（a）矩形柱；（b）工字形柱；（c）预制空腹板工字形柱；（d）单肢管柱；（e）双肢柱；（f）平腹杆双肢柱；（g）斜腹杆双肢柱；（h）双肢管柱

1）排架柱构造：排架柱是厂房结构中的主要承重构件之一。它主要承受屋盖和吊车梁等竖向荷载、风荷载及吊车产生的纵向和横向水平荷载，有时还承受墙体、管道设备等荷载。

柱的尺寸应经济合理，同时要满足构造要求。

厂房结构中的屋架、托架、吊车梁和连系梁等构件，常由设在柱上的牛腿支承。其截面尺寸必须满足抗裂和构造要求。

2）抗风柱构造：单层工业厂房的山墙面积很大，为保证山墙的稳定性，应在山墙内侧设置抗风柱，使山墙的风荷载一部分由抗风柱传至基础，另一部分由抗风柱的上端传至屋盖系统再传至纵向柱列。

抗风柱截面形式常为矩形，尺寸常为 400mm×600mm 或 400mm×800mm。抗风柱与屋架的连接多为铰接，在构造处理上必须满足以下要求：一是水平方向应有可靠的连接，以保证有效地传递风荷载；二是在竖向应使屋架与抗风柱之间有一定的相对竖向位移的可能性，以防止抗风柱与厂房沉降不均匀时屋盖的竖向荷载传给抗风柱，对屋盖结构产生不利影响。因此，抗风柱下端插入杯形基础内，上端应通过特制的弹簧板与屋架（屋面梁）做构造连接。

（4）吊车梁构造

当单层工业厂房设有桥式吊车（或梁式吊车）时，需要在柱子的牛腿处设置吊车梁。吊车梁是单层工业厂房的重要承重构件之一。吊车梁一般为钢筋混凝土梁，截面形式有等截面和变截面两种。

吊车梁翼缘的预埋件与柱牛腿的预埋件用钢板或角钢焊接。吊车梁底部安装前应焊上一块垫板，并与柱牛腿顶面预埋钢板焊牢。梁与柱之间的空隙用C20混凝土填实。

（5）连系梁构造

连系梁是柱与柱之间在纵向的水平连系构件。当墙体高度超过15m时，须在适当的位置设置连系梁。其作用是加强结构的纵向刚度和承受其上面墙体的荷载，并将荷载传给柱子。连系梁与柱子的连接，可以采用焊接或螺栓连接，其截面形式有矩形和I形等。

（6）屋盖承重构件

1）屋架：屋架是屋盖结构的主要承重构件，它直接承受屋面荷载，有些厂房的屋架（屋面梁）还承受悬挂吊车、管道或其他工艺设备的荷载。

屋架按其形式可分为三角形、拱形、梯形、折线形等。按制作材料分，有普通钢筋混凝土屋架和预应力钢筋混凝土屋架，如图3-30所示。

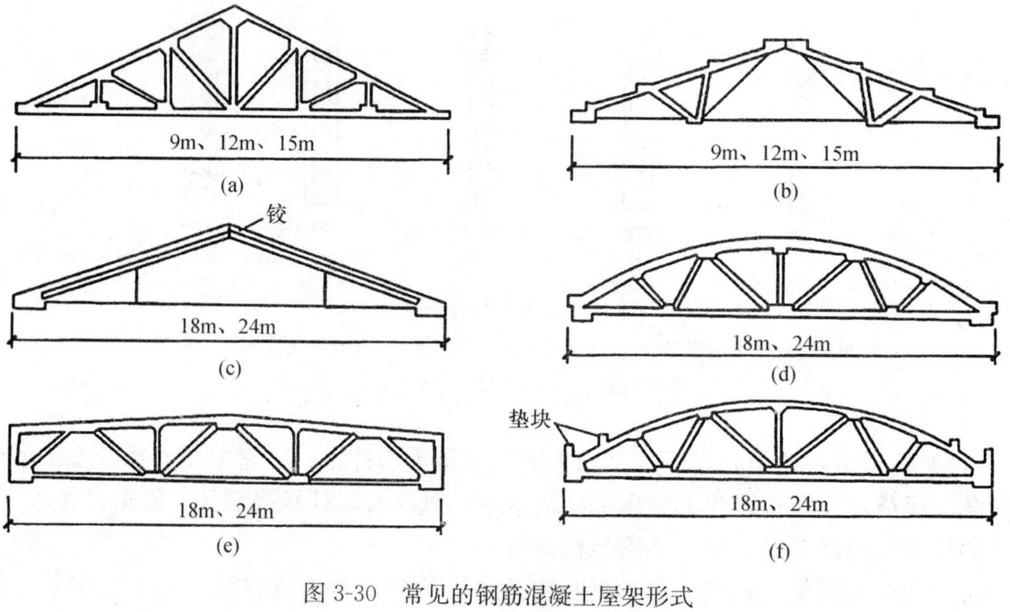

图3-30　常见的钢筋混凝土屋架形式

（a）三角形；（b）组合式三角形；（c）预应力三角拱；（d）拱形；（e）预应力梯形；（f）折线形

屋架与柱的连接方法有焊接和螺栓连接。

2）屋面梁：屋面梁也叫薄腹梁，有单坡和双坡两种，其截面形式有T形和工字形两种。

3）屋盖覆盖构件：

a. 屋面板：在无檩体系中大型屋面板的常用标志尺寸为1.5m×6m，为配合屋架尺寸和檐口做法还有嵌板、檐口板等，屋面板与屋架（屋面梁）上弦相应处预埋铁件相互焊接，其焊点不少于三点，板与板缝隙均用不低于C15细石混凝土填实。

b. 檩条与小型屋面板或槽瓦：在有檩体系屋面中，檩条支承槽瓦或小型屋面板，并将屋面荷载传给屋架。檩条与屋架上弦焊接。

第二节 建筑设备的基本知识

一、建筑给水排水系统基础知识

（一）建筑给水排水系统的分类、组成

（1）建筑给水系统的分类

生活给水系统满足各类建筑物内的饮用、烹调、盥洗、淋浴、洗涤用水，水质必须符合国家规定的饮用水水质标准。

生产给水系统满足各种工业建筑内的生产用水，如冷却用水、锅炉给水等。水质标准满足相应的工业用水水质标准。

消防给水系统满足各类建筑物内的火灾扑救用水。

以上三类给水系统可独立设置，也可根据需要将其中二类或三类联合，构成生活消防给水系统、生产生活给水系统、生产消防给水系统、生活生产消防给水系统。

（2）建筑给水系统的组成

室内给水系统由引入管、给水干管、给水立管、给水横支管、给水支管、给水附件和升压和贮水设备组成，如图 3-31 所示。

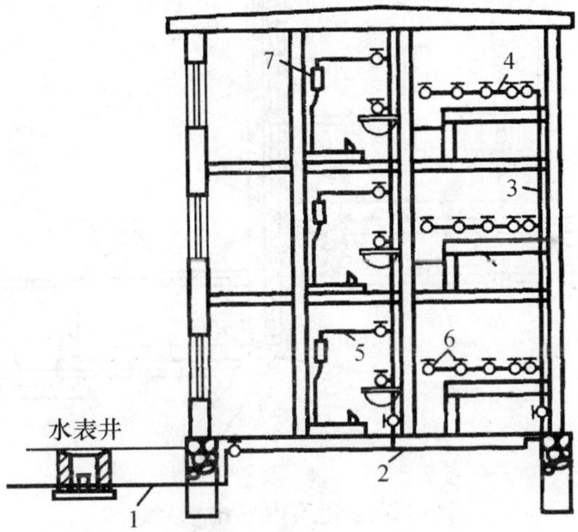

图 3-31 室内给水系统的组成

1—引入管；2—干管；3—立管；4—横支管；5—支管；6—水龙头；7—便器冲洗水箱

（3）建筑排水系统的分类

建筑内部排水系统的任务，是将建筑物内用水设备、卫生器具和车间生产设置产生的污（废）水，以及屋面上的雨水、雪水加以收集后，通过室内排水管道及时顺畅地排至室外排水管网中去。

根据所排污（废）水的性质，室内排水系统可以分为生活污水排水系统、生产污（废）水排水系统和雨（雪）水排水系统三类。

（4）建筑排水系统的组成

一般建筑物内部排水系统由污（废）水受水器、排水管道、通气管、清通装置和提升设

备组成，如图 3-32 所示。

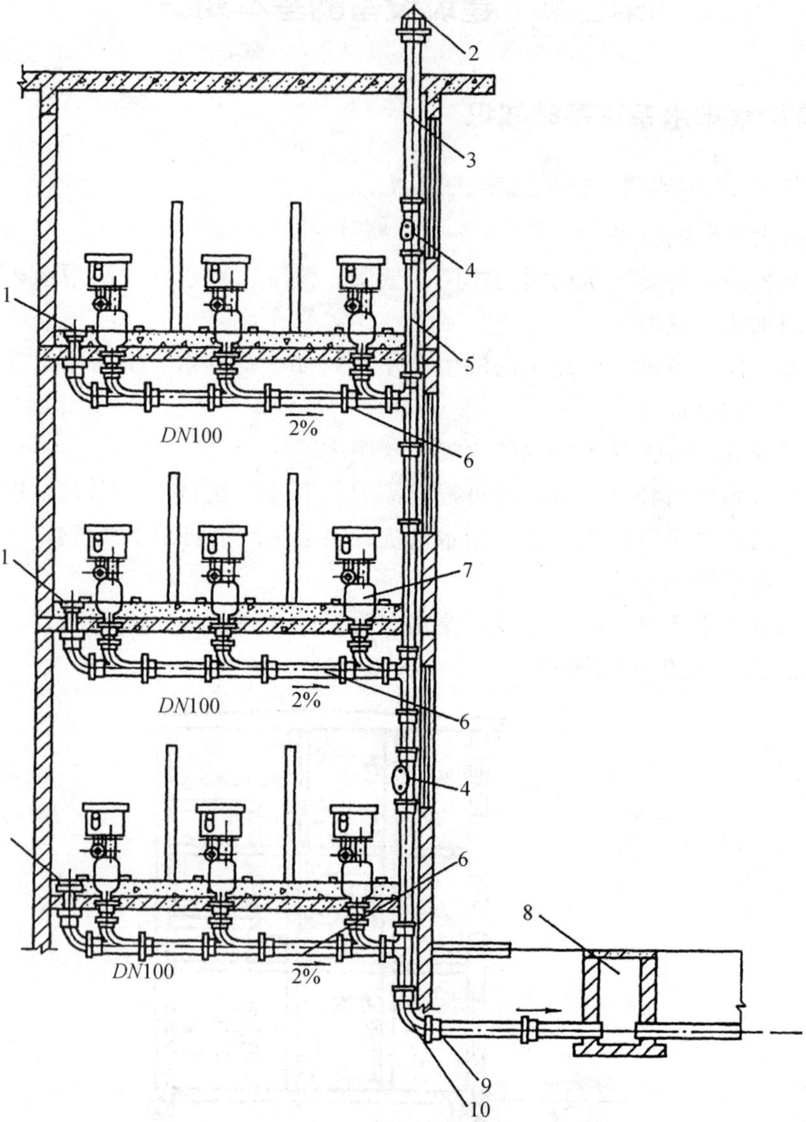

图 3-32　建筑内部排水系统

1—清扫口；2—风帽；3—通气管；4—检查口；5—排水立管；6—排水横支管；7—大便器；8—检查井；9—排出管；10—出户大弯管

（二）建筑给水排水系统常用管材、管件、附件及设备

（1）给水系统常用管材

1）金属管：

a. 焊接钢管：焊接钢管俗称水煤气管，又称为低压流体输送管或有缝钢管。按其表面是否镀锌可分为镀锌钢管（又称白铁管）和非镀锌钢管（又称黑铁管）。按钢管壁厚不同又分为普通钢管、加厚管和薄壁管三种。按管端是否带有螺纹还可分为带螺纹和不带螺纹两种。焊接钢管的直径规格用公称直径“DN”表示，单位为毫米（如 DN25）。普通焊接钢管用于输

送流体工作压力小于或等于1.0MPa的管路，如室内给水系统管道，加厚焊接钢管用于输送工作压力小于或等于1.6MPa的管路。

b. 无缝钢管：用于输送流体的无缝钢管用Q295～Q345牌号的钢材制造而成。

按制造方法可分为热轧和冷轧两种。热轧管外径有32～630mm的各种规格，每根管的长度为3～12m；冷轧管外径有5～220mm的各种规格，每根管的长度为1.5～9m。无缝钢管的直径规格用管外径×壁厚表示，符号为$D\times\delta$，单位为毫米（如159×4.5）。无缝钢管用做输送流体时，适用于城镇、工矿企业给水排水、氧气和乙炔的输送。一般直径小于50mm时，选用冷拔钢管，直径大于50mm时，选用热轧钢管。

c. 铜管：常用铜管有紫铜管（纯铜管）和黄铜管（铜合金管）。紫铜管主要用T2、T3、T4、Tup（脱氧铜）制造而成。铜管常用于高纯水制备、输送饮用水、热水和民用天然气、煤气、氧气及对铜无腐蚀作用的介质。

d. 铸铁管：铸铁管分为给水铸铁管和排水铸铁管两种。给水铸铁管常用球墨铸铁浇铸而成，出厂前内外表面已用防锈沥青漆防腐。按接口形式分为承插式和法兰式两种。按压力分为高压、中压和低压给水铸铁管。直径规格均用公称直径表示。

e. 铝塑管：铝塑管是以焊接铝管为中间层，内外层均为聚乙烯塑料，采用专用热熔胶，通过挤压成型的方法复合成一体的管材。可分为冷、热水用铝塑管和燃气用复合管。铝塑管常用外径等级为D14、D16、D20、D25、D32、D40、D50、D63、D75、D90、D110共11个等级。

2）非金属管：

a. 塑料给水管：塑料管是以合成树脂为主要成分，加入适量的添加剂，在一定的温度和压力下塑制成型的有机高分子材料管道。分为给水硬聚氯乙烯管（PVC-U）和给水高密度聚乙烯管（HDPE）两种。用于室内外（埋地或架空）输送水温不超过45℃的冷热水。

b. 其他非金属管材：给水工程中除使用给水塑料管外，还经常在室外给水工程中使用自应力和预应力钢筋混凝土管给水管。

（2）排水系统常用管材

建筑内部排水系统常用管材主要有建筑排水塑料管、排水铸铁管。

a. 排水铸铁管：排水铸铁管的抗拉强度不小于140MPa，其水压试验压力为1.47MPa，因此管壁较薄，质量较轻，出厂时内外表面均不做防腐处理，其外表面的防腐需在施工现场进行。

b. 建筑排水用塑料管：建筑排水用塑料管适用于输送生活污水和生产污水。其规格用d_e（公称外径）×e（壁厚）表示。

c. 雨水管材：使用重力流排水系统的多层建筑宜采用建筑排水塑料管，高层建筑宜采用承压塑料管、金属管等。压力流排水系统采用内壁较光滑的带内衬的承压排水铸铁管、承压塑料管和钢塑复合管等，其管材工作压力应大于建筑物净高度产生的静水压。用于压力流排水的塑料管，其管材抗变形压力应大于0.15MPa。

（3）给水系统常用管件、附件

1）管件：各种管道应采用与该类管材相应的专用管件，常用的管件有钢管件、焊接钢管管件、无缝钢管管件、可锻铸铁管件、铸铁管件、硬聚氯乙烯管件和给水用铝塑管管件。

2）附件：室内给水系统中的附件是指在管道及设备上用以启闭和调节分配介质流量压力的装置。有配水附件和控制附件两大类。配水附件用以调节和分配水量，一般指各种冷、热水龙头。控制附件用以启闭管路、调节水量和水压，一般指各种阀门，例如闸阀、截止阀、止回阀、旋塞阀、减压阀、安全阀、球阀、浮球阀、泄压阀、倒流防止器、真空破坏器、排气装置、管道过滤器。

3）水表：水表是一种计量用户用水量的仪表。建筑给水系统中广泛应用的是流速式水表。其计量用水量的原理是当管径一定时，通过水表的流量与水流速度成正比。水表计量的数值为累计值。常用的有流速式水表（分为旋翼式和螺翼式两类）和智能卡付费水表（IC卡水表）。

（4）排水系统常用管件、附件

1）管件：常用的管件有排水铸铁管件和硬聚氯乙烯管件。

2）附件：常用的附件有存水弯、检查口、清扫口、雨水斗等。

（5）给水系统常用设备

1）贮水设备：贮水设备一般是指水箱（水池）。水箱在建筑给水系统的作用是增压、稳压、减压、贮存一定水量。

2）升压设备：升压设备一般指将水输送至用户并将水提升、加压的设备。在建筑内部的给水系统中，升压设备一般采用离心式水泵。它具有结构简单、体积小、效率高且流量和扬程在一定范围内可以调节等优点。选择水泵应以节能为原则，使水泵在大部分时间保持高效运行。

3）气压给水设备：气压给水设备由密封罐（内部充满水和空气）、水泵（将水送至密闭罐内和配水管网中）、空气压缩机（给罐内水加压和补充空气）、控制器材（用以控制启闭水泵或空气压缩机等）部分组成。

（6）建筑排水系统常用卫生器具

卫生器具是用来满足日常生活中各种卫生要求，收集和排放生活及生产中产生的污水、废水的设备，是建筑给水排水系统的重要组成部分。

卫生器具按使用功能分为便溺用卫生器具、盥洗淋浴用卫生器具、洗涤用卫生器具、专用卫生器具四大类。

二、建筑供暖系统基础知识

（一）供暖系统的分类及组成

（1）供暖系统的分类

供暖系统按作用范围的大小分为：局部供暖系统、集中供暖系统和区域供暖系统。

供暖系统按使用热介质的种类不同分为：热水供暖系统、蒸汽供暖系统、热风供暖系统。

供暖系统按散热器连接的供回水立管分为：单管系统、双管系统。

（2）供暖系统的组成

供暖系统主要由热源（如锅炉）、供暖管道（室内外供暖管道）和散热设备（各种散热器、辐射板、暖风机等）三部分组成。此外，还有为保证系统正常工作而设置的辅助设备（如膨胀水箱、水泵、排气装置、除污器等）。

（二）供暖系统常用管材、设备及附件

（1）管材

1）金属管材：

a. 焊接钢管：普通焊接钢管用于输送流体工作压力小于或等于1.0MPa的管路，加厚焊

接钢管用于输送工作压力小于或等于 1.6MPa 的管路。

b. 无缝钢管：无缝钢管适用于城镇室外供热管道。一般直径小于 50mm 时，选用冷拔钢管，直径大于 50mm 时，选用热轧钢管。

金属管材常用的连接方法有螺纹连接、法兰连接和焊接。

2）非金属管材：在低温热水地面辐射供暖系统中，常用的加热管有铝塑复合管（以 XPAP 或 PAP 标记）、聚丁烯管（以 PB 标记）、交联聚乙烯管（以 PE-X 标记）、无规共聚聚丙烯管（以 PP-R 标记）、嵌段共聚聚丙烯管（以 PP-B 标记）、耐热聚乙烯管（以 PE-RT 标记）。

3）其他材料：

a. 绝热材料：绝热材料应采用导热系数小、难燃或不燃并具有足够承载能力的材料，且不宜含有殖菌源，不得有散发异味及可能危害健康的挥发物。常用绝热材料有聚苯乙烯泡沫塑料。

b. 发热电缆：发热电缆外径不宜小于 6mm。发热电缆的型号和商标应有清晰标志，冷热线接头位置应有明显标志。发热电缆必须有接地屏蔽层，其发热导体宜使用纯金属或金属合金材料。发热电缆的冷热导线接头应安全可靠，并应满足至少 50 年的非连续正常使用寿命。发热电缆应经国家电线电缆质量监督检验部门检验合格。

（2）设备

1）散热器：散热设备是指通过一定的传热方式，将供热介质携带的热能传给房间，以补偿房间热损失的设备。散热器按材质分为铸铁、钢制和其他散热器；按其结构型式可分为翼型、柱型、管型和板型散热器，按传热方式又可分为对流型和辐射型散热器。

a. 钢制散热器：钢制散热器有柱型、板型、扁管型、闭式钢串片型和钢制翅片管型对流散热器等。

b. 铝制柱翼状散热器：铝制柱翼状散热器具有耐腐蚀、质量轻、热工性能好、使用寿命长、外形美观的特点。

2）散热器的组对材料：散热器的组对材料有对丝、汽包垫片、丝堵和补芯。

对丝、丝堵和补芯均有正、反丝之分，与散热器连接时，其接口处均使用垫片做密封材料，汽包垫片应使用石棉橡胶垫片、耐热橡胶垫片。柱型散热器如挂装，应用中片组装，如采用落地安装，每组至少 2 个足片，超过 14 片时应用 3 个足片。

3）辅助设备：

a. 膨胀水箱：膨胀水箱在热水采暖系统中起着容纳系统膨胀水量，排除系统中的空气，为系统补充水量及定压的作用，是热水供暖系统重要的辅助设备之一。

水箱安装应位置正确，端正平稳。膨胀水箱的管路配置情况，如图 3-33 所示。膨胀水箱配管时，膨胀管、溢流管、循环管上均不得安装阀门。膨胀管应接于系统的回水干管上，并位于循环水泵的吸水口侧。膨胀管、循环管在回水干管上的连接间距应不小于 1.5～2.0m。排污管可与溢流管接通，并一起引向排水管道或附近的排水池槽。当装检查管时，只允许在水泵房的池槽检查点处装阀门，以检查膨胀水箱水位是否已降至最低水位而需补水。膨胀水箱配管时，所有连接管道均应以法兰或活接头与水箱连接，以便拆卸。水箱内外表面均应做防腐。

b. 排气装置：热水供暖系统中如内存大量空气，将会导致散热量减少，室温下降，系统内部受到腐蚀使用寿命缩短、形成气塞破坏水循环，造成系统不热等问题的出现，为保证系统的正常运行，必须及时排出空气。因此供暖系统应安装排气装置。

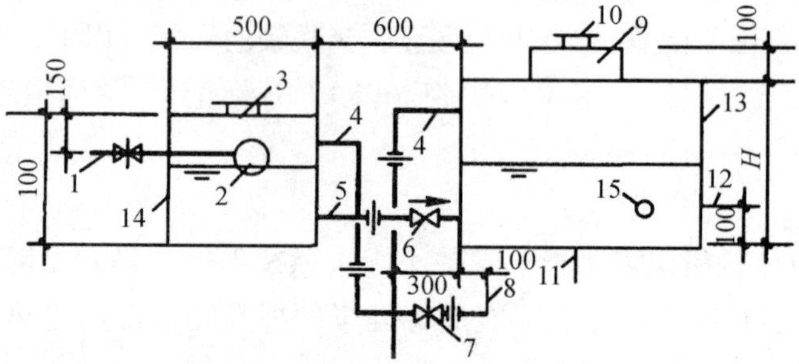

图 3-33　带补给水箱的膨胀水箱配管

1—给水管；2—浮球阀；3—水箱盖；4—溢水管；5—补水管；6—止回阀；7—阀门；8—排污管；9—人孔；10—人孔盖；11—膨胀管；12—循环管；13—膨胀水箱；14—补水箱；15—检查管

集气罐一般是用直径 DN100～DN250 的钢管焊制而成的。分为立式和卧式两种，每种又有 I、H 两种形式。从其顶部引出 DN15 的排气管，排气管应引到附近的排水设施处，末端安装阀门。集气罐一般设于热水供暖系统供水干管或干管末端的最高处。

自动排气阀大都是依靠对浮体浮力，通过自动阻气和排水机构，使排气孔自动打开或关闭，达到排气的目的。

手动排气阀适用于公称压力 $P \leqslant 600\text{kPa}$，工作温度 $t \leqslant 100℃$ 的热水或蒸汽供暖系统的散热器上。

c. 除污器：除污器用来截留、过滤管路中的杂质和污物，保证系统内水质洁净，防止管路阻塞。除污器的型式有立式直通、卧式直通和卧式角通三种。安装时除污器不得反装，进出水口处应设阀门。

d. 疏水器：蒸汽疏水器的作用是自动阻止蒸汽溢漏以及迅速地排出用热设备及管道中的凝水，同时能排除系统中积留的空气和其他不凝性气体。

e. 温控与热计量装置：散热器温控阀是由恒温控制器、流量调节阀以及一对连接件组成，如图 3-34 所示。

散热器温控阀应安装在每组散热器的进水管上或分户供暖系统的总入口进水管上；明装散热器恒温阀不应安装在狭小和封闭空间，其恒温阀阀头应水平安装，且不应被散热器、窗帘或其他障碍物遮挡；暗装散热器恒温阀应采用外置式温度传感器，并应安装在空气流通且能正确反映房间温度的位置上。

进行热量测量与计算，并作为结算热量消耗依据的计量仪器称为热量表（又称为能量计、热表）。

目前，使用较多的热量表是根据管路中的供、回水温度及热水流量，确定仪表的采样时间，进而得出管道供给建筑物的能量。热量表由一个热水流量计、一对温度传感器和一个积算仪三部分组成，如图 3-35 所示。

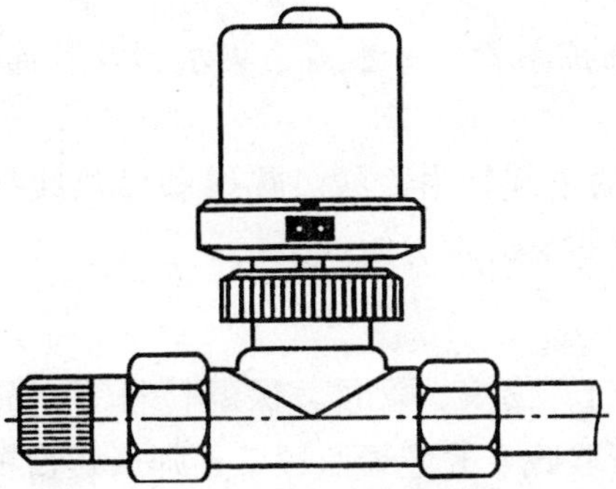

图 3-34　散热器温控阀

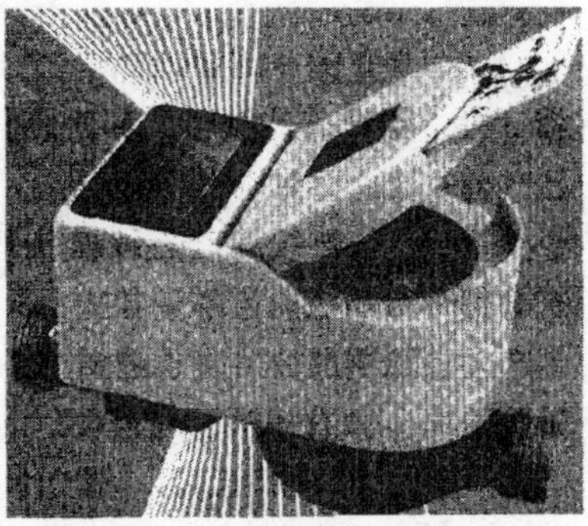

图 3-35　IC 卡水表图

（3）附件

1）补偿器：

a. 自然补偿器：自然补偿不必特设补偿器，因此布置供热管道时，应尽量利用其自然弯曲的补偿能力。

b. 方形补偿器：方形补偿器在供热管道上应用得最普遍，如图 3-36 所示。

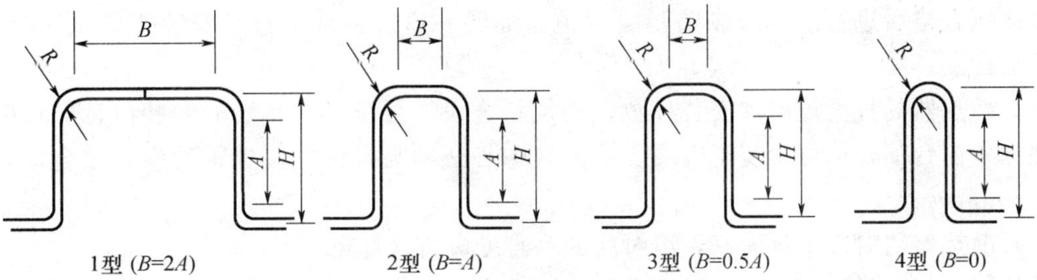

图 3-36　方形补偿器

c. 单向套管补偿器：套管补偿器的补偿能力大，一般可达 250～400mm，如图 3-37 所示。

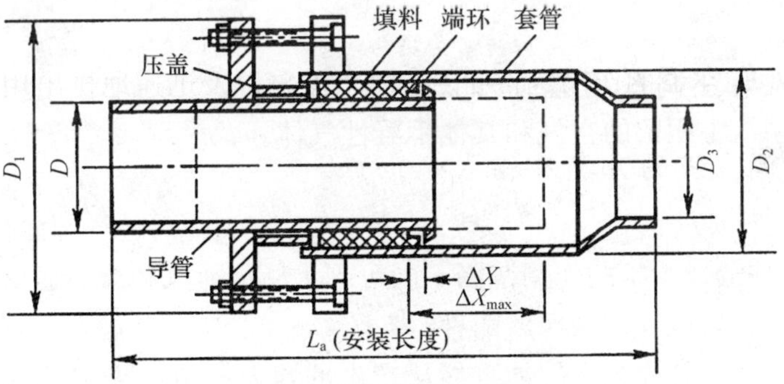

图 3-37　单向套管补偿器

2）减压阀目前国产减压阀有活塞式、波纹管式及薄膜式等。

（三）地面辐射供暖系统分类及组成

（1）分类

地面辐射供暖系统按热媒分为：低温热水地面辐射供暖系统和发热电缆地面辐射供暖

系统。

（2）组成低温热水地面辐射供暖系统材料包括加热管、分水器、集水器及其连接管件和绝热材料等。

发热电缆指以供暖为目的、通电后能够发热的电缆，由冷线、热线和冷热线接头组成，其中热线由发热导线、绝缘层、接地屏蔽层和外保护套等部分组成。

（四）室内供暖管道安装的基本技术要求

（1）供暖系统节能工程采用的散热设备、阀门、仪表、管材、保温材料等产品进场时，应按设计要求对其类型、材质、规格及外观等进行验收，并应经监理工程师（建设单位代表）检查认可，且应形成相应的验收记录。各产品和设备的质量证明文件和相关技术资料应齐全，并符合国家现行有关标准和规定。

（2）供暖系统节能工程采用的散热器和保温材料等进场时，应对其技术性能参数进行复验，复验应为见证取样送检。

（3）试压与防腐

散热器组对后，以及整组出厂的散热器在安装前应做水压试验，试验压力如设计无要求时，应为工作压力的1.5倍，但不小于0.6MPa。散热器的除锈刷油可在组对前进行，也可在组对试压合格后进行。一般刷防锈漆两道，面漆一道。待系统整个安装完毕试压合格后，再刷一道面漆。

（4）散热器的种类规格和安装片数，必须符合设计要求。散热器的安装位置应正确，一般安装在外窗台下，也可安装于内墙上，但其中心必须与设计安装位置的中心重合，允许偏差为±20mm。

（5）散热器组对应平直紧密，组对后的平直度应符合规定。

散热器支架、托架安装，位置应准确，埋设牢固。支架、托架数量，应符合设计或产品说明书要求。如设计未注明时，则应符合相关规范的规定。

散热器背面与装饰后的墙内表面安装距离，应符合设计或产品说明书要求，如设计未注明应为30mm。

三、建筑通风与空调系统基础知识

（一）通风空调系统的分类及组成

（1）分类

1）通风系统：按通风系统的作用范围不同可分为局部通风和全面通风；按通风系统的工作动力不同可分为自然通风和机械通风两种。

局部通风是将污浊空气或有害气体直接从产生的地方抽出，防止扩散到全房间（车间），或将新鲜空气送到某个局部地区，以改善局部地区的劳动条件。

全面通风是在整个房间（车间）或设施全面进行空气交换，排除有害气体，或送入大量的新鲜空气，将有害气体浓度冲淡到允许浓度以内。这种通风方式主要用于产生大量有害气体并扩散的房间（车间）。

自然通风是利用室外冷空气与室内热空气密度的不同，以及建筑物迎风面和背风面风压的不同进行换气的通风方式，称为自然通风。主要靠建筑物门、窗（包括侧窗、天窗、百叶窗等）通风口或“风帽”装置来完成。

机械通风是利用通风机械如风机、风扇等运转产生的抽力或压力，借助通风管道或其他设施，强制室内外空气交换的通风方式，称为机械通风，也称为强制通风。机械通风可以向房间的任何部位供给经过适当方法处理过的适当数量的新鲜空气，也可以从房间任何位置以要求的速度抽出一定数量的污浊空气。

2）空调系统：按其空气处理设备设置的情况可分为集中式空调、分散式空调和半集中式空调三种类型。

集中式空调：集中系统的所有空气处理设备（包括风机、冷却器、加湿器、过滤器等）都设在一个集中的空调机房内。

半集中系统：除了集中空调机房外，半集中系统还设有分散在被空调房间内的二次设备（又称末端装置），其中多半设有冷热交换装置（亦称二次盘管），它的功能主要是在空气进入被空调房间之前，对来自集中处理设备的空气作进一步补充处理，例如，诱导空调系统就属于半集中系统。

全分散系统（局部机组）：这种机组把冷、热源和空气处理、输送设备（风机）集中设置在一个箱体内，形成一个紧凑的空调系统。因此局部机组不需集中的机房，可以按照需要，灵活而分散地设置在空调房间内。

（2）组成

机械通风系统组成，如图 3-38 所示。

空气调节系统是由冷热源、空气处理设备、空气输送管网、室内空气分配装置及调节控制设备等部分组成。

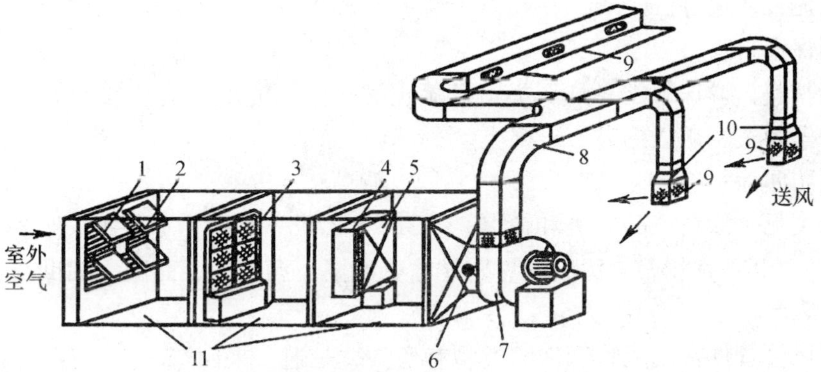

图 3-38 机械通风系统示意图

1—百叶窗；2—保温阀；3—过滤器；4—旁通阀；5—空气加热器；6—启动阀

（二）通风与空调系统常用板材、管材、管件

（1）常用风管的材料

1）金属薄板：

a. 普通薄钢板：普通薄钢板由碳素软钢经热轧或冷轧制成。冷轧钢板号一般为 Q195、Q215 和 Q235，有板材和卷材，常用厚度为 0.5～2mm，板材的规格为 750mm×1800mm、900mm×1800mm 和 1000mm×2000mm 等。

b. 镀锌薄钢板：镀锌薄钢板是用普通薄钢板表面镀锌制成，俗称“白铁皮”。常用的厚度为0.5～1.5mm，其规格尺寸与普通薄钢板相同。

c. 塑料复合钢板：塑料复合钢板是在Q215、Q235钢板表面上喷涂一层厚度为0.2～0.4mm的软质或半软质聚氯乙烯塑料膜制成，有单面覆层和双面覆层两种。

d. 不锈钢板：耐大气腐蚀的镍铬钢叫不锈钢。按其金相组织可分为铁素体钢（Cr13型）和奥氏体钢（18-8型）。18-8型不锈钢中含碳0.14%以下、含铬（Cr）18%、含镍（Ni）8%。

e. 铝及铝合金板：使用铝板制作风管，一般以纯铝为主。

2）非金属材料：

a. 硬聚氯乙烯塑料板：硬聚氯乙烯塑料（硬PVC）板是由聚氯乙烯树脂加入稳定剂、增塑剂、填料、着色剂及润滑剂等压制（或压铸）而成。硬聚氯乙烯板表面应平整，无伤痕，不得含有气泡，厚薄均匀，无离层现象。

b. 玻璃钢（玻璃纤维增强塑料）：玻璃钢是以玻璃纤维制品（如玻璃布）为增强材料，以树脂为胶黏剂，经过一定的成型工艺制作而成的一种轻质高强度的复合材料。

3）辅助材料：

a. 垫料：垫料主要用于风管之间、风管与设备之间的连接，用以保证接口的密封性。法兰垫料应为不招尘、不易老化和具有一定强度和弹性的材料，厚度为5～8mm的垫料有橡胶板、石棉橡胶板、石棉绳、软聚氯乙烯板等。

b. 固件：紧固件是指螺栓、螺母、铆钉、垫圈等。

4）其他材料：通风空调工程中还常用到一些辅助性消耗材料，如氧气、乙炔、煤气、焊条、锯条、水泥、木块等。

（2）常用保温材料

常用保温材料：珍珠岩类、蛭石类、硅藻土类、泡沫混凝土类、软木类、石棉类、玻璃纤维类、泡沫塑料类、矿渣棉类、岩棉类。

（3）常用防腐涂料

涂料的分类见《涂料产品分类和命名》（GB/T 2705—2003），其中工业涂料中的防腐涂料分类见表3-1，其他常用防腐涂料有：防锈漆、底漆、沥青漆、面漆。辅助材料按不同用途分为6类，见表3-2。

（4）常用风管管件常用风管管件的类型有弯头、三通、来回弯、法兰盘、阀门、送风口、回风口、柔性短管等。

表3-1　防腐涂料的分类

序号	防腐涂料类型
1	桥梁涂料
2	集装箱涂料
3	专用埋地管道涂料及设施涂料
4	耐高温涂料
5	其他防腐涂料

表 3-2　辅助材料分类

序号	主要品种	序号	主要品种
1	稀释剂	4	脱漆剂
2	防潮剂	5	固化剂
3	催干剂	6	其他辅助材料

（三）高层建筑防烟排烟

（1）防火分区和防烟分区

高层建筑中，防火分区与防烟分区的划分是极其重要的。在高层建筑设计时，将建筑平面和空间划分为若干个防火分区与防烟分区，一旦起火，可将火势控制在起火分区并加以扑灭，同时，对防烟分区进行隔断以控制烟气的流动和蔓延。因此首先要了解建筑的防火分区与防烟分区。

1）防火分区：防火分区的划分通常在建筑构造设计阶段完成。防火分区之间用防火墙、防火卷帘和耐火楼板进行隔断。高层建筑通常在竖向以每层划分防火分区，以楼板作为隔断。

2）防烟分区：防烟分区的划分通常也由建筑专业在建筑构造阶段完成，但由于防烟分区与暖通专业的防排烟设计关系紧密，设计者应根据防排烟设计方案提出意见。防烟分区应在防火分区内划分，其间用隔墙、挡烟垂壁等进行分隔，每个防烟分区建筑面积不宜超过 $500m^2$。

（2）建筑物的防排烟

为保证建筑内部人员安全进入防烟楼梯间，应在走廊和房间设置排烟设施。排烟设施分为机械排烟设施和可开启外窗的自然排烟设施。另外，高度在 100m 以上的建筑物由于人员疏散比较困难，因此还应设有避难层或避难间，对其应设置防烟设施。

1）防烟设施防烟设施应采用可开启外窗的自然排烟设施或机械加压送风设施。如能满足要求，应优先考虑采用自然排烟，其次，再考虑采用机械加压送风。

2）排烟设施排烟设施应采用可开启外窗的自然排烟设施或机械排烟设施。如果能够满足要求，应优先考虑采用自然排烟，然后再考虑采用机械排烟。

（3）防排烟装置

1）风机：机械加压送风输送的是室外新鲜空气，而排烟风机输送的是高温烟气，因此对风机的要求是不同的。

机械加压送风可采用轴流风机或中、低压离心式风机；排烟风机可采用排烟轴流风机或离心风机，并应在入口处设有当烟气温度达到 280℃时能自行关闭的排烟防火阀。同时，排烟风机应保证在 280℃时能连续工作 30min。

2）防排烟阀门：用于防火防排烟的阀门种类很多，根据功能主要分为防火阀、正压送风口和排烟阀三大类。

（四）通风空调系统管道安装质量验收

（1）通风空调管道的安装技术要求

1）法兰与风管的装配：法兰与风管装配连接形式有翻边、翻边铆接和焊接三种。

2）风管支、吊架的安装：支、吊架是风管系统的重要附件，起着控制风管位置、保证管道的平直度和坡度、承受风管荷载的作用。

3）风管的安装：风管的安装有组合连接和吊装两部分。

4）通风空调工程中常用的阀门有：插板阀（包括平插阀、斜插阀和密闭阀等）、蝶阀、多叶调节阀（平行式、对开式）、离心式风机圆形瓣式启动阀、防火阀、止回阀等。阀门产品制作均应符合国家标准。阀门的安装使其制动装置灵活。

5）风管系统安装后，必须进行严密性检验，合格后方能交付下道工序。风管系统严密性检验以主、干管为主。在加工工艺得到保证的前提下，低压风管系统可采用漏光法检测。风管系统吊、支架采用膨胀螺栓等胀锚方法固定时，必须符合其相应技术文件的规定。

四、建筑电气基础知识

（一）常用建筑电气设备

建筑电气设备主要有：供配电设备、动力设备、照明设备、低压电器设备、楼宇智能化设备、导电材料等。

（1）刀开关

刀开关主要用在低压成套配电装置中，用于不频繁地手动接通和分断容量不大的交直流电路，有时也用做电源隔离开关。常用的刀开关有低压刀开关、胶盖刀开关、铁壳开关、熔断式刀开关、组合开关等。

（2）低压断路器

低压断路器又称自动空气开关。适用于不频繁地接通和切断电路或启动、停止电动机，

并能在电路发生过负荷、短路和欠电压等情况下自动切断电路，是低压交、直流配电系统中重要的控制和保护电器。断路器主要由触头系统、灭弧系统、脱扣器和操作机构等部分组成。常用的低压断路器有万能式断路器、塑料外壳式断路器、模数化小型断路器、智能化低压断路器等。

（3）低压熔断器

低压熔断器是用来进行短路保护的器件，当通过熔断器的电流大于熔断电流时，能依靠自身产生的热量使特制的金属（熔体）熔化而自动分断电路。常用的低压熔断器有 RC1A 系列瓷插式、RL1 系列螺旋式、RM 系列元填料封闭管式、RTO 系列有填料封闭管式、快速熔断器、自复式熔断器等。

（4）漏电保护断路器

漏电保护断路器又称漏电保护开关。当回路中有电流泄漏且达到一定值时，它能快速自动切断电源，以避免触电事故的发生或因泄漏电流造成火灾事故的发生。

（5）配电线路导线和电缆

建筑配电系统中常用的导电材料主要以铜、铝、钢为主。铜电阻率小，延展性强，耐腐蚀；铝导电性能仅次于铜，机械强度为铜的一半，耐腐蚀性较铜差、延展性好、易加工，资源丰富；钢的机械强度高，但导电性能低于铜和铝，不耐腐蚀，在潮湿和热环境下极易氧化生锈。

1）导线：导线又称为电线，常用导线可分为裸导线和绝缘导线。

a. 裸导线：裸导线只有导体部分，没有绝缘层和保护层，主要由铝、铜、钢等制成。裸导线的文字符号标注为：铜、铝、钢分别用字母“T”“L”“G”表示，导线的截面积用数字

表示。例如：LGj-120 表示截面积为 $120mm^2$ 的钢芯铝绞线。常用裸导线有：硬圆铜线 TY、软圆铜线 TR、硬圆铝线 LY、铝绞线 Lj、铜绞线 Tj、硬扁铜线 TBY、软扁铜线 TBR、硬扁铝线 LBY、硬铝母线 LMY、软铝母线 LMR 等。

b. 绝缘导线：绝缘导线是在裸导线外层包有绝缘材料的导线。绝缘导线按线芯材料分为铜芯和铝芯；按结构分为单芯、双芯、多芯等。常用的绝缘导线有：铜芯塑料线 BV、铝芯塑料线 BLV、阻燃铜芯塑料线 ZR-BV、耐火铜芯塑料线 NH-BV、铜芯塑料软线 BVR、铝芯塑料软线 BLVR，铜芯塑料护套线 BVV、铝芯塑料护套线 BLVV、铜芯橡皮线 BX、铝芯橡皮线 BLX 等。

2）电缆：电缆是一种多芯导线，即在一个绝缘软套内裹有多根相互绝缘的线芯。电缆线路与一般线路比较，一次性成本较高，维修困难，但绝缘能力和力学性能比较好。完整的电缆表示方法是：型号、芯数×截面、工作电压、长度。如 VLV22－4 X 70＋1 X 25 表示 4 根截面为 $70mm^2$ 和 1 根截面为 $25mm^2$ 的铝芯聚氯乙烯绝缘钢带铠装聚氯乙烯护套电力电缆。电力电缆是用来输送和分配大功率电能的导线。常用的电力电缆有：聚氯乙烯绝缘及护套铜芯电力电缆 VV，聚氯乙烯绝缘钢带铠装聚乙烯护套铜芯电力电缆 VV22，交联聚氯乙烯绝缘聚氯乙烯护套铝芯电力电缆 YjLY，交联聚氯乙烯绝缘聚钢带铠装聚氯乙烯护套铜芯电力电缆 YjV22 等。

电线、电缆应符合下列规定：

a. 按批查验合格证，合格证有生产许可证编号，按《额定电压 450/750V 及以下聚氯乙烯绝缘电缆》（GB/T 5023）标准生产的产品有安全认证标志。

b. 包装应完好，抽检的电线绝缘层完整无损，厚度均匀。电缆无压扁、扭曲，铠装不松卷。耐热、阻燃的电线、电缆外护层有明显标识和制造厂标。

c. 按制造标准，现场抽样检测绝缘层厚度和圆形线芯的直径；线芯直径误差不大于标称直径的 1%。常用的 BV 型绝缘电线的绝缘层厚度不小于表 3-3 的规定。

表 3-3　BV 型绝缘电线的绝缘层厚度

序号	1	2	3	4	5	6	7	8	9	10	11	12	13	14	15	16	17
电线芯线标称截面积（mm^2）	1.5	2.5	4	5	10	16	25	35	50	70	95	120	150	185	240	300	400
绝缘层厚度规定值（mm）	0.7	0.8	0.8	0.8	1.0	1.0	1.2	1.2	1.4	1.4	1.6	1.6	1.8	2.0	2.2	2.4	2.6

对电线、电缆绝缘性能、导电性能和阻燃性能有异议时，按批抽样送有资质的试验室检测。

3）母排：母排即矩形母线（又称汇流排），是大截面载流导体，用来汇集和分配电流。按材质可分为铜母线、铝母线、钢母线，按其软硬程度可分为硬母线和软母线。母线的型号由字母和表示规格的数字组成，第一个字母表示材质：T—铜、L—铝；第二个字母：M—母线；第三个字母：Y—硬母线、R—软母线。例如 LMR 表示软铝母线，TMY 表示硬铜母线。

（二）建筑电气系统

建筑电气系统主要有：建筑供配电系统、建筑照明电气系统、动力及控制系统、智能建筑系统。

建筑供配电系统是从电力网引入电源，经过电压变换，再分配给各用电设备使用，主要由供电电源和供配电设备组成。

建筑照明电气系统由照明装置及其电气部分组成。照明装置主要是指灯具，其电气部分包括照明配电、照明控制电器、照明线路等。

动力及控制系统作用是对电动机进行启动、停止、反转、调速、保护和计量，达到控制高效、操作方便安全的目的。目前，除传统的继电器控制技术外，数控技术、可编程控制器技术和计算机控制技术已广泛应用于控制系统。

（1）建筑供配电系统

由发电厂、电力网和电力用户组成的统一整体称为电力系统。电力系统能够提高供电的安全性、可靠性、连续性、运行的经济性，并提高设备的利用率，减少整个地区的总备用容量。电压越高越有利于输送电能，但相应的绝缘水平要求和设备的价格愈高。

衡量电力系统电能质量的指标主要有：频率质量、电压质量和波形质量。

1）电力负荷的分级及供电要求：在电力系统上的用电设备所消耗的功率称为用电负荷或电力负荷。根据电力负荷对供电可靠性的要求及中断供电在政治、经济上所造成的损失或影响的程度，分为三级。不同等级负荷对电源的要求不同。

a. 一级负荷对电源的要求：一级负荷分为普通一级负荷和一级负荷中特别重要的负荷。普通一级负荷应由两个电源供电，且当其中一个电源发生故障时，另一个电源不应同时受到损坏。一级负荷中特别重要的负荷，除由满足上述条件的两个电源供电外，尚应增设应急电源、专门对此类负荷供电。应急电源不能与电网电源并列运行，并严禁将其他负荷接入该应急供电系统。应急电源可以是独立于正常电源的发电机组、供电网络中独立于正常电源的专用馈电线路、蓄电池、干电池等。

b. 二级负荷对电源的要求：二级负荷的供电系统应做到当发生变压器故障或线路常见故障时不致中断供电（或中断供电后能迅速恢复供电）。二级负荷宜由两条回线路供电，当电源来自于同一区域变电站的不同变压器时，即可认为满足要求。在负荷较小或地区供电条件困难时，可由一回 6kV 及以上专用的架空线路或电缆线路供电。当采用架空线时，可为一回架空线供电；当采用电缆线路时，应采用两根电缆组成的线路供电，且每根电缆应能承受100％的二级负荷。

c. 三级负荷对电源的要求：三级负荷对供电电源、无要求，一般单电源供电即可，但在可能的情况下，也应提高其供电的可靠性。

2）建筑供电系统的组成：建筑供电系统由高压电源、变配电所和输配电线路组成。建筑低压配电系统的功能是将电能合理分配给低压用电设备，一般由配电装置（配电柜或配电箱）和配电线路（干线及分支线）组成。常用的低压配电方式有：放射式、树干式、混合式。配电线路的作用是输送和分配电能，分为室外和室内配电线路。

a. 室外配电线路：室外配电线路主要有架空线路和电缆敷设两种。架空配电线路是用电杆将导线悬空架设，直接向用户供电的电力线路。架空线路设备材料简单，造价低，易于发现故障和便于维修，但供电可靠性较差。

架空线路及杆上电气设备安装的程序：线路方向、杆位及拉线坑位测量埋桩→挖掘杆坑和拉线坑→立杆和埋设拉线盘→杆上高压电气设备交接试验合格→架空线路做绝缘检查→架空线路的相位确认→与接户线连接。

电杆坑、拉线坑的深度允许偏差，应不深于设计坑深100mm、不浅于设计坑深50mm。架空导线的弧垂值，允许偏差为设计弧垂值的±5%，水平排列的同档导线间弧垂值偏差为±50mm。变压器中性点应与接地装置引出干线直接连接，接地装置的接地电阻值必须符合设计要求。杆上变压器和高压绝缘子、高压隔离开关、跌落式熔断器、避雷器等必须按规定交接试验合格。配电开关及保护装置的规格、型号，应符合设计要求。

电缆配电线路供电可靠性高，受外界环境影响小，供电容量大，造价高。电缆的敷设方式有直接埋地敷设、电缆沟敷设、电缆桥架敷设、电缆排管敷设、管道敷设，以及用托架、支架、悬挂等方法敷设。

电缆直埋敷设是将电缆直接埋入地下。在同一路径上敷设的室外电缆根数超过8根，且场地有条件时（无含有酸、碱强腐蚀或杂散电化学腐蚀的地段），宜采用这种敷设方式。直埋电缆宜采用有外护套的铠装电缆。电缆通过有振动和承受压力的地段应穿保护管。对重要回路的电缆接头，宜按留有备用余量方式敷设电缆。电缆引入建筑物时，所穿保护管应超出建筑物散水坡100mm。

电缆沟敷设是在同一路径敷设的电缆根数较多时，为施工及维护方便，将电缆敷设于电缆沟内。电缆沟一般在地下，由砖砌或混凝土浇筑而成，沟顶部用盖板封住，必要时，应将盖板缝隙密封。电缆沟底应平整，并有防水排水措施，积水可直接接入排水管道或经集水坑用泵排出。电缆支架的长度不宜过大，在腐蚀性环境中电缆支架应涂防腐漆或采用铸铁支架。电缆敷设在电缆沟或隧道的支架上时，应按高压在上低压在下、电力电缆在上控制电缆在下进行敷设。电缆进入电缆沟、隧道、竖井、建筑物、盘（柜）以及穿入管子时，出入口应封闭，管口应密封。电缆与热力管道、热力设备之间的净距应满足要求或采取隔热保护措施。

电缆桥架是用以支撑电缆的连续性刚性结构系统的总称，由托盘、梯架的直线段、弯通、附件及支、吊架等构成。电缆桥架按结构形式分为托盘式、梯架式、组合式、全封闭式；按材质分为钢电缆桥架和铝合金电缆桥架。电缆桥架、线槽应查验合格证，部件齐全，表面光滑、不变形；钢制桥架涂层完整，无锈蚀；玻璃钢制桥架色泽均匀，无破损碎裂；铝合金桥架涂层完整，无扭曲变形，不压扁，表面不划伤。电缆桥架的安装应在建筑工程完工后进行，其中土建施工时预留的孔（洞）及预埋铁件的尺寸应符合设计规定。电缆托盘、梯架经过伸缩沉降缝时，电缆桥架、梯架应断开，断开距离以100mm左右为宜。电缆桥架在穿过防火墙及防火楼板时，应采取防火隔离措施。电缆桥架内的电缆规格应符合规定，并按规定标记。金属电缆桥架及其支架和引入或引出的金属电缆导管必须接地（PE）或接零（PEN）可靠。

电缆敷设施工前应进行外观质量检查，检验电缆电压系列、型号、规格等是否符合设计要求，按规定进行交流耐压和直流泄漏试验。隐蔽工程应在施工过程中进行中间验收，并做好签证。

b. 室内配电线路：敷设在建筑物内部的配线，统称为室内配线或室内配线工程。按线路敷设方式，可以分为明敷和暗敷两种。不论哪种敷设方式均应符合电气装置安装安全、可靠、经济、方便和美观的原则。

室内配线工程应满足以下要求：所用导线的额定电压应大于线路的工作电压；导线的绝缘应符合线路安装方式和敷设环境的条件；导线截面应满足供电负荷和机械强度的要求；导线敷设时，应尽量避免接头。若必须接头，应保证接头牢靠，接触良好；导线在连接处或分支处，不应受机械作用；导线与设备界限端子，连接要可靠；穿在管内的导线，在任何情况下不得有接头，必须接头时，应把接头放在接线盒、灯头盒或开关盒内；导线穿越墙体、楼板时，应加装保护管；穿越墙体时，保护管的两端出线口伸出墙面距离不应小于10mm；导线相互交叉时，应在每根导线上套绝缘管保护，且套管应可靠固定；各种明配线应垂直和水平敷设，要求横平竖直；导线穿过建筑物、构筑物的伸缩缝或沉降缝时，应装设补偿装置，导线应留有余量。

室内线路的明敷设常采用瓷夹、瓷瓶、槽板、线槽、塑料护套线及穿管等配线方式。

塑料护套线配线是采用铝片线卡固定塑料护套线的配线方式。一般是在木结构，砖、混凝土结构，沿钢索上敷设，以及在砖、混凝土结构上粘结，适用于较潮湿和有腐蚀性的场所。塑料护套线多用于照明线路，可以直接敷设在楼板、墙壁等建筑物表面上，但不得直接埋入抹灰层内暗设或建筑物顶棚内。阳光直射的室外场所不宜明配塑料护套线。

槽板配线是将绝缘导线敷设在木槽板或塑料槽板内，上部用盖板把导线盖住，使导线不外露。槽板配线整齐美观、使用安全、造价低，适用于负荷小、干燥的民用建筑和古建筑的修复，房屋内照明线路及室内线路的改造。

线槽配线是将导线敷设于塑料线槽或金属线槽内的配线方式。塑料线槽采用非燃性塑料制成，由槽体和槽盖两部分组成，槽盖和槽体挤压结合，安装、维修及更换导线方便，耐潮湿及酸碱腐蚀，但易受高温或机械损伤。金属线槽适合正常环境的室内场所明配，但不适用于有严重腐蚀的场所。

穿管明配线是将导管敷设于墙壁、支架等建筑物的表面明露处，绝缘导线穿在导管内的配线方式。常用的导管有塑料管（PVC管）、薄壁钢管、水煤气管、金属软管和瓷管等。导管配线可防止腐蚀性气体的侵蚀和机械损伤，更换导线方便。

暗线敷设是在土建工程施工过程中将管子预先埋人建筑物的墙壁、顶棚、地板及楼板内，再将导线穿入管内。暗线敷设不影响建筑物的美观整洁，能防潮、防机械损伤和有害气体的侵蚀，但一次性投资大，施工、维护困难，主要用于新建筑物、装修要求较高场所及易引起火灾和爆炸的特殊场所。所用管材一般有钢管、半硬塑料管、PVC阻燃硬塑料管、波纹塑料管等。

3）建筑物防雷：雷电是雷云之间或雷云对地面放电的一种自然现象。雷电具有极大的破坏性，容易对建筑物、电气设施造成破坏，甚至对人、畜造成伤亡。根据雷电的危害方式不同，可分为：直击雷、雷电感应、雷电波侵入、球状雷电。根据建筑物的重要性、使用性质、发生雷击事故的可能性和后果，建筑物防雷分为三类。一般根据建筑物的防雷等级确定其防雷措施。

a. 防直击雷的措施：防直击雷采取的措施是引导雷云与避雷装置之间放电，将雷电流直接导入大地，以保护建筑物、电气设备及人身不受损害。避雷装置主要由接闪器、引下线和接地装置三部分组成。

接闪器是引雷电流装置，也被称为受雷装置。接闪器的作用是将附近的雷云放电诱导过来，通过引下线流入大地，从而使距接闪器一定距离和一定高度内的建筑物免遭直接雷击。接闪器的类型主要有避雷针、避雷线、避雷网和避雷笼等。

避雷针适用于保护细高建（构）筑物或露天设备，如水塔、烟囱、大型用电设备等。避雷针一般用镀锌圆钢或镀锌钢管制成，其长度在1m以下时，圆钢直径不小于12mm；钢管直径不小于20mm。针长度在1～2m时，圆钢直径不小于16mm，钢管直径不小于25mm。烟囱顶上的避雷针，圆钢直径不小于20mm，钢管直径不小于40mm。屋顶上永久性金属物可兼做避雷针使用，但各部分之间应连成电流通道，其壁厚不小于2.5mm。

避雷线也称架空地线，采用截面不小于35mm^{2}的镀锌钢绞线，架设在架空线路上方，用来保护架空线路避免遭雷击。

避雷带是用小截面圆钢或扁钢做成的条形长带，装设在屋脊、屋檐、女儿墙等易受雷击的部位。避雷带一般高出屋面100～150mm，支持卡间距为1～1.5m，两根平行的避雷带之间的距离应在10m以内。

避雷网是在屋面上纵横敷设由避雷带组成的网格形状导体。高层建筑常把建筑物内的钢筋连接成笼式避雷网，避雷网宜采用圆钢和扁钢，优先采用圆钢。圆钢直径不应小于12mm。扁钢截面不应小于100mm^2，其厚度不应小于4mm。避雷网起到使建筑物不受感应雷害的作用，可靠性更高。

避雷笼也称法拉第笼，适用于高层、超高层建筑物，一般是将避雷带、网按一定间距焊为一个整体。避雷笼对雷电能起到均压和屏蔽的作用，使笼内人身和设备被保护。

建筑物顶部的避雷针、避雷带等必须与顶部外露的其他金属物体连成一个整体的电气通路，且与避雷引下线连接可靠。

引下线是将雷电流引入大地的通道。引下线的材料应采用圆钢或扁钢，宜优先采用圆钢。圆钢直径不应小于8mm。扁钢截面不应小于48mm^2，其厚度不应小于4mm，在易遭受腐蚀的部位，其截面应适当加大。引下线的敷设方式分为明敷和暗敷两种：明敷引下线应沿建筑物外墙敷设，固定于埋设在墙内的支持件上，支持件间距应均匀，水平直线部分0.5～1.5m；垂直直线部分1.5～3m；弯曲部分0.3～0.5m。明敷安装时，应在引下线距地面上1.7m至地面下0.3m的一段加装塑料管或钢管加以保护，与支架焊接处需刷油漆防腐。暗敷引下线的圆钢直径不应小于10mm，扁钢截面不应小于80mm^2。暗敷在建筑物抹灰层内的引下线应有卡钉分段固定，其紧固件及金属支持件均应采用镀锌材料，在引下线距地面1.8m处设断接卡子。引下线一般不得少于两根，其间距不大于30m。

接地装置的作用是将引下线引入的电流迅速流散到大地，包括接地线和接地体，其材料应采用镀锌钢材。接地线通常采用截面不小于100mm^2，厚度不小于4mm^{2}的扁钢或直径为12mm的圆钢焊接，埋入地下1m为宜。接地体是专门用于防雷保护的接地装置，分垂直接地体和水平接地体两类。埋于土壤中的垂直接地体可采用直径20～50mm的钢管（壁厚3.5mm）、直径19mm的圆钢或截面为20mm×3mm～50mm×5mm的等边角钢做成。长度均为2～3m一段，间隔5m埋一根。顶端埋深为0.5～0.8m，用接地线或水平接地体将其连成一体；埋于土壤中的人工水平接地体宜采用扁钢或圆钢。圆钢直径不应小于10mm；扁钢截面不应小于100m时，其厚度不应小于4mm；角钢厚度不应小于4mm；钢管壁厚不应小于3.5mm。

（2）建筑电气照明

建筑电气照明的种类有：正常照明、应急照明（包括疏散照明、安全照明、备用照明）、值班照明、警卫照明、障碍照明。建筑照明的方式是指照明设备按照安装部位或使用功能而构成的基本形式，一般分为：一般照明、分区一般照明、局部照明、混合照明。

1）常用照明电光源和灯具：电光源是指将电能转化为光能的设备。根据发光原理的不同分为热辐射发光光源、气体放电发光光源和其他发光光源。

热辐射发光光源主要有：白炽灯和卤钨灯。气体放电发光光源主要有：荧光灯、高压汞灯、高压钠灯、金属卤化物灯、氙灯、霓虹灯。其他照明光源主要有：场致发光灯（屏）、LED 发光二极管、光纤照明。

照明灯具是能透光、分配和改变光源光分布的器具，包括除光源外所有用于固定和保护光源所需的全部零、部件，以及与电源连接所必需的线路附件。按灯具光通量在空间中的分配特性可分为：直接型灯具、半直接型灯具、漫射型灯具、半间接型灯具、间接型灯具。按灯具的结构特点可分为：开启型灯具、闭合型灯具、封闭型灯具、密闭型灯具、防尘型灯具、防水灯具、防爆型灯具、隔爆型灯具、增安型灯具、防振型灯具。按灯具的安装方式可分为：悬吊式灯具、吸顶灯具、嵌入式灯具、壁灯、落地灯、可移式灯具。

2）照明供电线路：照明负荷按重要性不同可分为：一级负荷、二级负荷、三级负荷。照明供电系统由进户线、配电箱、干线和支线组成。进户线的引入方式主要为架空引入和电缆引入。配电箱是接受和分配电能的装置。配电箱中一般装有开关、熔断器及电能计量仪表（如电度表）等。用电负荷较大的建筑物一般设有总配电箱和分配电箱。汇集干线接入总进户线的配电装置称为总配电箱，汇集支线接入干线的配电装置称为分配电箱。干线是指从总配电箱到分配电箱的线路。支线是指从分配电箱到灯具或其他用电电器的线路。

基本的照明配电有放射式、树干式、混合式三种。

a. 照明配电箱的安装要求：照明配电箱分为明装式和嵌入式两种，主要由箱体、箱盖、汇流排（接线端子排）、断路器安装支架等部分组成。

照明配电箱应安装在干燥、明亮、不易受振、便于操作的场所。配电箱的安装高度应按设计要求确定。配电箱应安装牢固，垂直度允许偏差为 1.5‰；底边距地面为 1.5m，照明配电板底边距地面不小于 1.8m，相互间接缝不应大于 2mm，成列盘面偏差不应大于 5mm。配电箱应采用不可燃材料制作。箱体开孔与导管管径适配，箱体涂层完整。箱内配线整齐，无绞接现象，回路编号齐全，标识正确。导线连接紧密，不伤芯线，不断股。箱内开关动作灵活可靠，带有漏电保护的回路，漏电保护装置动作电流不大于 30mA，动作时间不大于 0.1s。照明配电箱内，分别设置零线（N）和保护地线（PE 线）汇流排，零线和保护地线经汇流排配出。配电箱外壁与墙面的接触部分应涂防腐漆。暗装配电箱箱盖紧贴墙面，墙壁内的预留孔洞应比配电箱的外形尺寸略大。

b. 灯具的安装要求：灯具重量大于 3kg 时，固定在螺栓或预埋吊钩上。软线吊灯，灯具重量在 0.5kg 及以下时，采用软电线自身吊装；大于 0.5kg 的灯具采用吊链，且软电线编叉在吊链内，使电线不受力。灯具固定牢固可靠，不使用木楔。每个灯具固定用螺钉或螺栓不少于 2 个；当绝缘台直径在 75mm 及以下时，采用 1 个螺钉或螺栓固定。花灯吊钩圆钢直径不应小于灯具挂销直径，且不应小于 6mm。大型花灯的固定及悬吊装置，应按灯具重量的 2 倍做过载试验。当钢管做灯杆时，钢管内径不应小于 10mm，钢管厚度不应小于 1.5mm。固定灯具带电部件的绝缘材料以及提供防触电保护的绝缘材料，应耐燃烧和防明火。一般敞开式灯具，室外墙上安装时灯头对地面距离不小于 2.5m。当灯具距地面高度小于 2.4m 时，灯具的可接近裸露导体必须接地（PE）或接零（PEN）可靠，并应有专用接地螺栓，且有标识。行灯电压不大于 36V，在特殊潮湿场所或导电良好的地面上以及工作地点狭窄、行动不便的场所行灯电压不大于 12V。安全出口标志灯距地高度不低于 2m，且安装在疏散出口和楼梯口里侧的上方。疏散标志灯安装在安全出口的顶部，楼梯间、疏散走道及其转角处应安装在1m以下的墙面上，不易安装的部位可安装在上部。疏散通道上的标志灯间距不大于20m（人防工程不大于10m）。

c. 开关、插座、风扇的安装要求：交流、直流或不同电压等级的插座安装在同一场所时，应有明显的区别。单相两孔插座，面对插座的右孔或上孔与相线连接，左孔或下孔与零线连接；单相三孔插座，面对插座的右孔与相线连接，左孔与零线连接；单相三孔、三相四孔及三相五孔插座的接地（PE）或接零（PEN）线接在上孔。插座的接地端子不与零线端子连接。同一场所的三相插座，接线的相序一致。接地（PE）或接零（PEN）线在插座间不串联连接。潮湿场所采用密封型并带保护地线触头的保护型插座，安装高度不低于1.5m。暗装的插座面板紧贴墙面，四周无缝隙，安装牢固，表面光滑整洁、无碎裂、划伤，装饰帽齐全；车间及试（实）验室的插座安装高度距地面不小于0.3m；特殊场所暗装的插座不小于0.15m；同一室内插座安装高度一致；地插座面板与地面齐平或紧贴地面，盖板固定牢固，密封良好。

开关安装位置便于操作，开关边缘距门框边缘的距离0.15～0.2m，开关距地面高度1.3m；拉线开关距地面高度2～3m，层高小于3m时，拉线开关距顶板不小于100mm，拉线出口垂直向下；相同型号并列安装及同一室内开关安装高度一致，且控制有序不错位。并列安装的拉线开关的相邻间距不小于20mm；暗装的开关面板应紧贴墙面，四周无缝隙，安装牢固，表面光滑整洁、无碎裂、划伤，装饰帽齐全。

吊扇挂钩安装牢固，吊扇挂钩的直径不小于吊扇挂销直径，且不小于8mm；有防震橡胶垫；挂销的防松零件齐全、可靠；吊扇扇叶距地高度不小于2.5m；吊扇组装不改变扇叶角度，扇叶固定螺栓防松零件齐全；吊杆间、吊杆与电机间螺纹连接，啮合长度不小于20mm，且防松零件齐全紧固；吊扇接线正确，当运转时扇叶无明显颤动和异常声响；同一室内并列安装的吊扇开关高度一致，且控制有序不错位。壁扇底座采用尼龙塞或膨胀螺栓固定；尼龙塞或膨胀螺栓的数量不少于2个，且直径不小于8mm。固定牢固可靠；壁扇防护罩扣紧，固定可靠，当运转时扇叶和防护罩无明显颤动和异常声响；壁扇下侧边缘距地面高度不小于1.8m。

3）建筑供配电及照明节能：

a. 照明光源、灯具及其附属装置进场验收时应对灯具的效率、镇流器的能效限定值、照明电器谐波含量限值等技术性能进行核查，并经监理工程师（建设单位代表）检查认可，形成相应的验收核查记录。质量证明文件和相关技术资料应齐全，并符合国家现行有关标准和规定。

b. 低压配电系统选择的电缆、电线截面不得低于设计值，进场时应对其截面和每芯导体电阻进行见证取样送检。每芯导体电阻值应符合国家现行有关标准和规定。

c. 工程安装完成后应对低压配电系统进行调试，调试合格后应对低压配电电源质量进行检测。在通电试运行中，应测试并记录照明系统的照度和功率密度值。

d. 母线与母线或母线与电器接线端子，当采用螺栓搭接连接时，应采用力矩扳手拧紧，制作应符合《建筑电气工程施工质量验收规范》（GB 50303—2015）标准中的有关规定。

e. 交流单芯电缆分相后的每相电缆宜按品字形（三叶形）敷设，且不得形成闭合铁磁回路。

f. 三相照明配电干线的各相宜分配平衡，其最大相负荷不宜超过三相负荷平均值的115%，最小相负荷不宜小于三相负荷平均值的85%。

g. 输配电系统应确定合适的电压等级，选择节电设备，提高系统整体节约电能的效果，提高输配电系统的功率因数。

h. 照明系统应采用多种方式，以保证节能的有效控制。优先选择高效照明光源、高效灯具及开启式直接照明灯具，限制白炽灯的使用量。

（三）智能建筑系统

智能建筑系统是将建筑物中各种分离的电气设备及其功能信息，有机地组合成一个相互关联、统一协调的整体。智能建筑系统主要包括火灾自动报警及消防联动系统、通信网络系统、建筑设备监控系统、安全防范系统、信息网络系统、综合布线系统、智能化系统集成等。

（1）火灾自动报警及消防联动系统

火灾自动报警及消防联动系统能在火灾形成初期但还未成灾之前发出警报以便及时疏散人、启动灭火系统，同时联动自动灭火系统、事故广播、事故照明、消防给水和排烟等减灾系统，及时对外发送火警信息。

火灾自动报警系统由触发器件、报警装置、消防联动系统和自动灭火系统等部分组成，实现建筑物的火灾自动报警及消防联动。

触发器件包括火灾探测器和手动触发装置。常用的火灾探测器主要有感温式、感烟式、气体探测式、感光可燃、复合式和智能型等。感烟探测器外形，如图 3-39 所示。

火灾报警控制器一般可分为区域报警控制器、集中报警控制器和通用报警控制器。

自动灭火系统是在火灾报警装置控制器的联动控制下，执行灭火的自动系统。如自动喷洒水灭火系统、泡沫灭火系统、二氧化碳灭火系统、卤代烷灭火系统等。

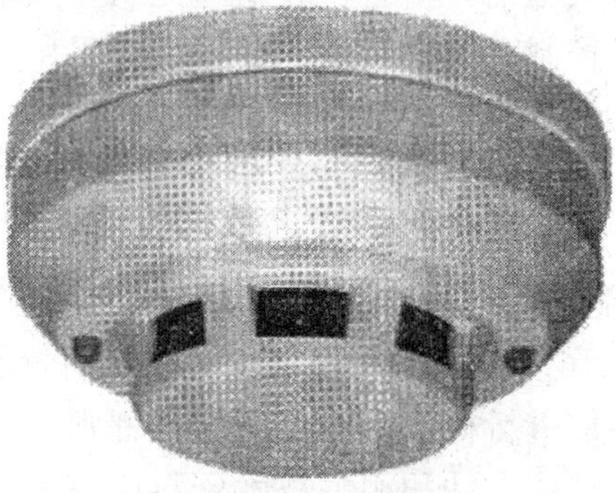

图 3-39　感烟探测器

（2）共用天线电视系统

共用天线电视接收系统也称为 CATV 系统或电缆电视系统。该系统采用用户共用一组天线接收电视信号，既提高了建筑物内各用户的收视效果，也不影响建筑物的美观。

共用天线电视系统一般由信号源设备、前端设备、传输分配网络和用户终端组成。

信号源设备是用以接收并输出图像及伴音信号的设备。前端设备用以将天线接收的信号进行必要的处理，并送入传输分配系统，一般由天线放大器、频道放大器、混合器、干线放大器、调制器等组成。传输分配系统是将前端输出信号进行传输分配，并尽可能均匀地、以足够强的信号分配给每个用户，由线路放大器、分配器、分支器和传输电缆等组成。

分配器是分配高频信号电能的装置，常见的有二分配器、三分配器、四分配器。分支器的作用是将干线信号的一部分送到支线。

传输电缆一般采用同轴电缆，可分为主干线、干线、分支线等。

用户终端又称为用户接线盒，是共用天线电视系统供给电视机电视信号的接线器。用户接线盒有单孔盒和双孔盒之分。单孔盒仅输出电视信号，双孔盒可同时输出电视信号和调频广播信号。用户盒的安装分明装和暗装，明装用户盒可直接用塑料胀管和木螺钉固定在墙上，暗装用户盒应配合土建施工将盒及电缆保护管埋入墙内，盒口应和墙面保持平齐，面板可略高出墙面。

（3）广播音响系统

广播音响系统一般可分为三大类，即业务性广播系统、服务性广播系统、火灾事故广播系统。业务性广播系统主要以满足业务及行政管理为主的语言广播要求，设置于办公楼、商场、院校、车站等建筑物内。系统一般较简单，其设计和设备选型没有过高的要求。服务性广播多以播放欣赏性音乐为主，多设于宾馆、商场或大型公共活动场所。火灾事故广播系统一般与火灾自动报警及联动控制系统配套设置，用于火灾事故发生时或其他紧急情况发生时，引导人员安全疏散。

广播音响系统主要由节目源设备、放大和处理设备、传输线路及扬声器系统四部分组成。节目源、设备通常由节目源和设备组成。放大和信号处理设备主要对音频信号进行功率放大，并以电压显示输出具有一定功率的音频信号。传输线路是将处理好的音频信号传输给扬声系统。扬声器系统是将系统传送的音频信号还原为人们耳朵能听到的声音的设备。

（4）电话交换系统

电话交换系统是通信系统的主要方式之一，按传输的媒介可分为有线和无线传输，一般由三部分组成：电话交换设备、传输系统和用户终端设备。交换设备是根据用户通话的要求，交换通断相应电话通路的设备，能够完成建筑物内部用户之间以及内部用户与外部用户之间的话音、数据传输。通信及传输设备包括配线设备、分线设备、配线电缆、用户线及用户终端机。用户终端设备包括电话机、传真机、网络设备等。

第四章　工程材料的基本知识

第一节　建筑材料概述

一、工程材料的分类

（一）按主要组成成分分类

（1）有机材料

它包括天然有机材料（如木材、天然纤维、天然橡胶等）；人工合成有机材料（如石油沥青、胶粘剂、合成橡胶、合成树脂等）。它们均是以有机物所构成的材料，具有有机物质耐水性好等一系列特性。

（2）无机材料

它包括金属材料（如各种钢材、铝材、铜材等）；非金属材料（如天然石材、水泥、石灰、石膏、陶瓷、玻璃、各种人造石材和人造矿物棉等）。它们均是以无机物构成的材料，具有无机物质耐久性好等一系列特性。

（3）复合材料

有机—无机复合材料（如沥青混合料、聚合物混凝土、金属增强塑料、玻璃钢等塑料复合材料），金属—无机非金属复合材料（如钢筋混凝土、钢纤维混凝土、夹丝玻璃等）。由于它们能够克服单一材料的弱点，发挥复合后材料的综合优点，满足了当代建筑工程对材料性能的要求。因此，复合材料目前已经成为应用最多的工程材料。

（二）按材料在工程中的作用分类

（1）结构材料

承受荷载作用的材料（如构筑物的基础、柱、梁所用的材料）。结构材料的合格与否是决定工程结构的安全性与使用可靠性的关键。

（2）其他功能材料

具有其他功能的材料。如起围护作用的材料，起防水作用的材料；起装饰作用的材料；起保温隔热作用的材料等。功能材料的选择与使用是否科学合理，往往决定了工程使用的可靠性、适用性和美观效果。

（三）按使用部位分类

建筑结构材料；桥梁结构材料；水工结构材料；路面结构材料；建筑墙体材料；建筑装饰材料；建筑防水材料；建筑保温材料等。

二、材料在工程中的作用

（一）材料对保证工程质量的作用

在工程建设中工程质量是人们追求的第一目标，而工程质量的优劣通常与所采用材料的优劣及使用的合理与否有直接的关系。以往工程实践表明，从材料的选择、生产、使用、检验评定，到材料的贮运、保管等都必须做到科学合理。否则，任何环节的失误都可能造成工程质量缺陷，甚至是重大质量事故，国内外工程的重大质量事故无不与材料的质量不良有关。因此，要获得质量可靠的工程，就必须准确熟练地掌握有关材料的知识，能够正确的选择和使用有关材料。

（二）材料对工程造价的影响

在一般工程的总造价中，与材料有关的费用通常占50%以上。在实际工程建设过程中，在满足相同技术指标和质量要求的前提下，选择不同的材料可能对工程的构成成本影响很大；相同的材料采用不同的使用方法也可能产生不同的经济效果；材料的贮运、保管等管理不当，也可能造成很大的浪费。工程实际中只有通过合理地选择、使用与管理材料，才能最大限度地获得经济效益。合格的建筑企业绝不会采取以次充好、盲目使用材料的做法来降低成本。

（三）材料对工程技术的影响

工程的设计方法、施工方法都与材料密切相关。通常，采用不同的材料就决定了工程的施工工艺与施工方法。从土木工程发展的历史来看，就土木工程技术的发展来说，材料性能的变化往往是变革工程建造方法的基础，是决定工程结构设计形式和施工方法的主要因素。在工程设计过程中，欲更完美地实现设计意图，就必须选择适当的材料，结合所选材料的特性，最大程度地优化和满足人们对工程性能的要求。在工程施工过程中，许多技术问题的解决往往离不开材料性能的改进或使用方法的改进。此外，某些新材料的出现通常会促使建筑施工技术的改进，产生更好的技术效果。

第二节　无机胶凝材料

一、无机胶凝材料及其分类

根据化学组成，一般可将胶凝材料分为有机胶凝材料和无机胶凝材料两大类。无机胶凝材料的主要成分为无机矿物，根据其凝结硬化条件不同，又分为：

（1）气硬性胶凝材料，其只能在空气中硬化，也只能在空气中保持或继续发展其强度，常用的气硬性胶凝材料有石灰、石膏和水玻璃等。

（2）水硬性胶凝材料，不仅能在空气中凝结硬化，而且能更好地在水中凝结硬化，保持并继续发展其强度。常用的水硬性胶凝材料为水泥。

二、无机胶凝材料的主要品种及其性能

（一）石灰

石灰是一种常见的气硬性胶凝材料，其原料的石灰石分布地域很广且生产工艺简单，在工程中的应用历史悠久且十分广泛。

（1）石灰的熟化及硬化

工地上在使用石灰时，通常将生石灰加水，使之消解为膏状或粉末状的消石灰，这个过程称为石灰的“消化”，又称“熟化”。石灰的硬化是指石灰由塑性状态逐步转化为具有一定

强度的固体的过程。石灰浆体在空气中逐渐硬化，是由结晶作用和碳化作用同时进行的过程来完成的。

（2）石灰的技术要求

用于工程中的石灰，主要技术指标包括：氧化钙和氧化镁（$CaO+MgO$）含量、生石灰产浆量和未消化残渣含量、二氧化碳含量、消石灰粉的游离水含量以及细度。由这些指标，根据我国建材行业标准的规定，按石灰中氧化镁的含量，将生石灰分为钙质生石灰（MgO 含量≤5%）和镁质生石灰（MgO 含量>5%）两类，按技术指标又可分为优等品、一等品、合格品三个等级。

（二）石膏

石膏是以硫酸钙为主要成分的气硬性胶凝材料，由于石膏及其制品具有许多优良的性质，并且原料来源广泛，生产能耗低，因而在工程中得到了广泛应用。

（1）建筑石膏的凝结硬化及其性能特点

建筑石膏与适量的水拌合后，能形成可塑性良好的浆体，随着石膏与水的反应，浆体的可塑性很快消失并产生强度，此后强度进一步发展而成为坚硬固体。

建筑石膏的凝结硬化速度快；凝结硬化时的体积稳定；硬化后孔隙率较大，质量轻，但强度低；具有良好的隔热和吸音性能；防火性能好，吸湿性强，耐水性能差；有良好的装饰性和可加工性。

（2）建筑石膏的质量标准

为满足工程对建筑石膏的技术要求，根据国家标准（抗折、抗压强度的大小和细度）将建筑石膏划分优等品、一等品与合格品。

（三）水玻璃

水玻璃俗称泡花碱，是一种水溶性的硅酸盐，由碱金属氧化物和二氧化硅结合而成。水玻璃按其形态可分为液体水玻璃和固体水玻璃两种。

（1）水玻璃的性能特点

水玻璃具有良好的黏结能力，硬化时生成的硅胶可以有效堵塞各种材料的毛细孔隙，起到防水的效果。同时水玻璃耐高温、不燃烧、强度高，且能抵抗大多数的无机酸和有机酸的作用。

（2）水玻璃的质量要求

液体水玻璃可以与水按任意比例混合成不同浓度的溶液，浓度越稠黏结力越强。固体水玻璃的形状呈块状、粒状或粉状，其溶解于水中的难易程度随 SiO_2 和 Na_2O 的分子数比值 n（称为水玻璃硅酸盐模数）而定，工程上使用的水玻璃的 n 值一般在 2.6～2.8 之间。硅氟酸钠的适宜掺量为水玻璃质量的 12%～15%。

（四）水泥

水泥呈灰色粉末状，当与其他材料和水充分拌和后，经过一系列的物理化学变化即凝结硬化呈坚硬的人造石材。水泥的品种很多，按照水泥的主要矿物成分划分，有硅酸盐系水泥、铝酸盐系水泥、磷酸盐系水泥、氟铝酸盐系水泥、硫铝酸盐系水泥和铁铝酸盐系水泥、无熟料水泥等。其中硅酸盐系水泥在工程中应用最为普遍。

（1）硅酸盐水泥

在硅酸盐水泥熟料中，掺入一定量的混合材料和适量石膏共同磨细制成的水硬性胶凝材料，均为掺混合材料的硅酸盐水泥。根据所掺混合材料的数量和种类可分为普通硅酸盐水泥、矿渣硅酸盐水泥、火山灰质硅酸盐水泥和粉煤灰硅酸盐水泥。

(2) 硅酸盐水泥的凝结硬化

水泥加水拌合后，成为可塑的水泥浆体。水泥浆体逐渐变稠失去塑性，但尚不具有强度的过程，称为水泥的"凝结"；随后强度逐渐提高并变成坚硬的石状固体——水泥石，这一过程称为"硬化"。水泥的凝结和硬化是一个连续而复杂的物理化学变化过程。影响水泥凝结硬化的因素包括：水泥熟料的矿物组成、细度、用水量，还有养护时间、温度和湿度。

(3) 硅酸盐水泥的技术性质包括：密度、细度、标准稠度用水量、凝结时间、体积安定性、强度和强度等级以及水化热。

三、无机胶凝材料的应用

(一) 石灰

石灰在工程中的用途很广，包括：

(1) 石灰乳和石灰砂浆，石灰乳主要用于内墙和天棚刷白，增加室内美观和亮度，石灰砂浆按其用途分为砌筑砂浆和抹面砂浆。

(2) 石灰稳定类材料，具有较好的强度和耐水性，可用于道路工程的路面基层施工，其中石灰土还可用于建筑工程中的灰土墙施工等。

(3) 制造硅酸盐制品，如轻质墙板、砌块和隔热保温制品，主要应用于墙体材料。

(二) 石膏

以建筑石膏为例：建筑石膏质量轻、易加工，常用于制作民用建筑的各种内隔墙板和吊顶板材；建筑石膏具有良好的装饰性，故常用于室内装饰；由于其凝结较快和硬化时不收缩体积较稳定的特点，建筑石膏常用于制作建筑雕塑。此外建筑石膏也可用于生产水泥和各种硅酸盐建筑制品。

(三) 水玻璃

水玻璃在工程中的用途包括：(1) 加固土壤，提高地基承载力；(2) 涂刷材料表面，提高建筑物抗风化能力；(3) 配制防水剂，用于堵漏；(4) 配制水玻璃矿渣砂浆，修补砖墙裂缝；(5) 配制专门用途的砂浆和混凝土。

(四) 水泥

以工程中常用的硅酸盐水泥为例：硅酸盐水泥强度较高，主要用于重要结构的高强混凝土和预应力混凝土工程。硅酸盐水泥凝结硬化较快，抗冻性及耐磨性好，适用于早期强度要求高、凝结快、冬季施工及严寒地区遭受反复冻融的工程。

第三节　建筑砂、石

一、建筑砂

(一) 建筑砂的分类

建筑砂按产源分为天然砂和人工砂两种：

国家标准《建设用砂》（GB/T 14684—2011）按技术要求的高低把砂分Ⅰ、Ⅱ、Ⅲ三类。Ⅰ类砂宜用于强度等级大于C60的混凝土，Ⅱ类砂宜用于强度等级为C30～C60的混凝土，Ⅲ类砂宜用于强度等级小于C30的混凝土和建筑砂浆。

（二）建筑砂的特性及应用

（1）表观密度、堆积密度和空隙率

砂的表观密度反映了砂粒的密实程度，一般为2600～2700kg/m^3。一般干砂的松散堆积密度为1350～1650kg/m^3，在捣实状态下为1600～1700kg/m^3。空隙率的大小反映了砂中不同粒径砂粒的组合和搭配情况，一般天然河砂的空隙率在40%～45%，级配良好时可小于40%。

（2）砂的颗粒级配和粗细程度

砂的颗粒级配是指粒径大小不同的砂粒互相搭配的情况。砂的细度是指不同粒径的砂粒混合在一起后总体的粗细程度，通常用细度模数Mx表示。根据国标GB/T 14684—2011的规定，按细度模数的大小将砂分为粗（M_x=3.7～3.1）、中（M_x=3.0～2.3）、细（M_x=2.2～1.6）三种规格，M_x在1.5～0.7的为特细砂。用级配好、细度合适的砂配制混凝土不仅可以节约水泥，还可以提高混凝土的密实性和强度。

（3）含泥量、石粉含量和泥块含量

含泥量是指天然砂中粒径小于75mm的颗粒含量。石粉含量是指人工砂中粒径小于75mm的颗粒含量。泥块含量是指砂中原粒径大于1.18mm，经水洗、手捏后小于600mm的颗粒含量。含泥量和泥块含量过高会妨碍水泥浆与砂粒黏结，降低混凝土强度、增大混凝土收缩。

（4）有害物质含量

砂的有害物质是指混杂物、云母、轻物质、有机物、硫化物及硫酸盐、氯化物等。这些物质的存在会妨碍水泥浆与砂粒黏结，降低混凝土强度，增大混凝土收缩，影响混凝土的耐久性；有机物、硫化物及硫酸盐可能导致对水泥混凝土的腐蚀破坏，砂中氯化物含量较大时，对钢筋有锈蚀作用。

（5）砂的坚固性

砂的坚固性是指砂在气候、环境或其他物理因素作用下抵抗破裂的能力。

天然砂的坚固性根据砂样在硫酸钠溶液中经5次浸泡循环后质量损失的大小来判定。国家标准规定，Ⅰ、Ⅱ类砂的质量损失应小于8%，Ⅲ类砂小于10%。

（6）砂的含水状态

在拌制混凝土时，由于砂子的含水状态不同，将影响混凝土的用水量和砂子的用量。一般工业与民用建筑工程则常以干燥状态的骨料为基准设计混凝土配合比，这是因为坚固骨料的饱和面干吸水率一般小于2%，而且在施工过程中要经常测定骨料的实际含水率，并及时调整混凝土组成材料的实际用量，从而可以保证混凝土的质量。

二、建筑石

（一）建筑石材的分类

建筑石材是指主要用建筑工程砌筑或装饰的天然石材，即通过人工开采、加工、能够用作建筑材料的岩石（分为岩浆岩、沉积岩、变质岩三大类）。石材应用广泛，除了用于砌筑结构物主体外，经自然风化或人工加工后形成的碎石和卵石及砂还是生产混凝土、砂浆、修筑道路和结构基础的主要材料。

（二）工程对砌筑石材的要求

（1）对砌筑石材尺寸规格、及抗压强度的要求

常用的砌筑石材根据其加工后的外形规则程度可分为毛石和料石。根据石料的加工程度可分为：细料石、半细料石、粗料石和毛料石。

砌筑石材的强度等级可分为 MU100、MU80、MU60、MU50、MU40、MU30、MU20、MU15、MU10 共 9 个强度等级。

（2）对石材耐水性和抗冻性的要求

不同的石材的内部组成或结构差别很大，造成各自的耐水性具有较明显的差别。石材的耐水性按软化系数分为高（软化系数大于 0.9）、中（软化系数 0.7～0.9）、低（软化系数小于 0.6）三等。

石材的抗冻性指标是以冻融循环次数表示的。试件在规定的冻融循环次数内不出现贯穿性裂缝，质量损失不大于 5%，强度损失不超过 25%时，则认为该石材抗冻性合格。

（3）硬度、耐磨性及耐水性

石材的硬度取决于其矿物组成的硬度与构造。凡由致密、坚硬矿物组成的石材，硬度就高。岩石的硬度以莫氏硬度表示。

耐磨性是指石料在使用条件下抵抗摩擦、边缘剪切以及冲击等复杂作用的性质。石材的耐磨性与其内部组成矿物的硬度、结构、构造特征以及石材的抗压强度和冲击韧性等性质有关。组成矿物愈坚硬、构造愈致密、抗压强度和冲击韧性愈高，则石材的耐磨性愈好。

石材的耐水性以软化系数表示。岩石中含有较多的黏土或易溶物质时，软化系数较小，则耐水性较差。

三、常用砌筑石材的性能及其应用

（一）花岗岩

花岗岩是一种典型的深成岩，其外观常为肉红、浅灰、灰白、浅黄等颜色，主要取决于所含深色矿物的种类与含量。

在工程中，花岗岩常用于砌筑房屋基础、墩、柱、常接触水的墙体、护坡等部位，是建造永久性工程和纪念性建筑的首选材料，但某些花岗岩具有放射性，超标时不能用于和人常接触的工程中。

（二）玄武岩、辉绿岩

玄武岩是喷出岩中最普通的一种，颜色一般为黑色或棕色，常呈玻璃质和隐晶质构造。其强度高，硬度大，易脆，抗风化能力强，常用作高强混凝土骨料，也可用于铺造道路路面。

（三）石灰岩

石灰岩属沉积岩，主要化学成分为 $CaCO_3$，常呈灰白色或浅灰色，俗称灰石或青石。一

般砌筑工程用的石灰岩结构比较致密，耐水性和抗冻性较好。石灰岩来源广、硬度低、易劈裂、便于开采，因而广泛应用于工程中：其块石可作墙身基础、阶石及路面等；其碎石常用作混凝土骨料；石灰岩也是生产水泥的主要原料。

（四）*砂岩*

砂岩也属于沉积岩，是由直径0.1～2mm的石英砂或石灰岩等的细小碎屑，经沉积并经天然胶结物胶结变硬而成的岩石。砂岩的颜色主要取决于胶结物，有灰黄、褐、白色等。

致密的硅质砂岩，接近花岗岩，密度大、强度高、硬度大、难加工，可用于纪念性建筑及耐酸工程等。石灰质砂岩类似石灰岩，易加工、应用广，可用作基础、踏步、人行道等。

第四节　混凝土

一、水泥混凝土的分类及特性

水泥混凝土是以水泥为胶凝材料，与砂子、石子、水和各种外加剂等按一定比例配合，拌制成拌合物，成型后在一定养护条件下经硬化而成的人造石材。水泥混凝土是工程中最主要的建筑材料之一。

(1) 按照表观密度的大小，通常把水泥混凝土分为三类：

1) 重混凝土：表观密度大于2600kg/m^3，骨料为密度较大的重晶石、铁矿石和钢屑等，具有吸收X射线和γ射线的功能，主要用于防辐射和具有耐磨要求的工程。

2) 普通混凝土：表观密度在1950～2600kg/m^3之间，是工程中应用最普遍的混凝土，主要用于房屋、桥梁、水工、交通等各种承重结构中。

3) 轻混凝土：表观密度小于1950kg/m^3，包括轻骨料混凝土（表观密度在800～1950kg/m^3）、多孔混凝土（表观密度在300～1000kg/m^3）和大孔混凝土（表观密度在1500～1900kg/m^3）。轻混凝土主要用作承重和非承重的保温隔热材料。

(2) 与其他常用建筑材料相比，混凝土具有这些特点：

1) 原料丰富，价格低廉；

2) 良好的可塑性；

3) 通过调整组成材料的品种及配合比，可以制成不同物理力学性能的混凝土，以满足工程上的特殊要求；

4) 与钢筋具有牢固的黏结力和相近的线膨胀系数，使之能适用于各种工程结构；

5) 良好的耐腐蚀性，维护费用远低于钢材和木材；

6) 可充分利用工业废料，如矿渣、粉煤灰等，减轻环境污染；

7) 混凝土材料的缺点包括：自重大，抗拉强度低，变形能力小，容易开裂等。

(3) 工程上对水泥混凝土的基本要求主要包括几个方面：

1) 混凝土拌合物必须具有与施工条件相适应的和易性，便于施工作业；

2) 水泥混凝土养护至规定龄期，应达到设计所要求的强度等级；

3) 硬化后的混凝土应具有与使用环境相适应的耐久性，如抗渗、抗冻、抗腐蚀等。

二、混凝土的性能及应用

（一）混凝土的组成材料

普通混凝土（简称混凝土）的基本组成材料是水泥、水、砂及石子。在混凝土拌合物中，水泥和水组成水泥浆，包裹砂、石骨料的表面，并填充骨料的空隙。水泥浆在砂、石骨料中起润滑作用，使拌合物具有良好的工作性。骨料除了起骨架作用外，还可以抑制混凝土由于水泥硬化产生的收缩。

（1）水泥

水泥在混凝土中起胶结作用，是混凝土最重要的组成材料。配制混凝土时，只有正确选择水泥品种及其强度等级，才能保证混凝土的强度、耐久性及经济性。

（2）细骨料、粗骨料

粒径在 75μm～4.75mm 的砂是混凝土的细骨料（又称细集料）。按产源分为天然砂和人工砂两种。

粗骨料（又称粗集料）按产源分卵石和碎石两种。卵石是指由自然风化、水流搬运和分选、堆积而成的、粒径大于 4.75mm 的岩石颗粒，碎石是指天然岩石或卵石经机械破碎、筛分制成的粒径大于 4.75mm 的岩石颗粒。卵石流动性好，胶结能力差；碎石黏结力好，在实际工程中，应本着工程技术要求和经济的原则来选用。

（3）拌合用水及养护用水

混凝土拌合用水及养护用水不应含有影响水泥正常凝结与硬化的有害杂质，凡符合国家标准的生活饮用水和清洁的天然水，均可拌制和养护各种混凝土。

（4）混凝土外加剂、混凝土掺合料

外加剂是混凝土搅拌时加入的不超过水泥质量 5%（特殊情况除外）的物质，主要用于改善和调节混凝土的某些性能（如提高强度），常用的如减水剂、引气剂、早强剂、速凝剂与缓凝剂、防冻剂以及膨胀剂等。为了节约水泥、改善混凝土性能、调节混凝土强度等级，在混凝土拌合时加入的矿物粉质材料，称为混凝土掺合料，常用的有粉煤灰、硅粉、沸石粉等。

（二）混凝土的技术性质

混凝土在未凝结之前，称为混凝土拌合物。它必须具有良好的和易性，便于施工操作，以保证获得良好的浇筑质量；混凝土拌合物凝结硬化以后，应达到足够的强度，以保证建筑物能安全地承受设计荷载，并应具有与使用条件相适应的耐久性。

（1）混凝土拌合物的和易性

和易性是指混凝土拌合物易于施工操作（拌合、运输、浇灌、捣实）并能获得质量均匀、成型密实混凝土的性能。

（2）混凝土的强度

强度是硬化混凝土最重要的技术性质。混凝土的强度包括抗压强度、抗拉强度、抗折强度和抗剪强度，其中抗压强度是确定混凝土强度等级的依据，与其他强度有一定的相关性，可根据抗压强度的大小估计其他强度。

（3）混凝土的变形性能

混凝土的变形通常分为两类：非荷载作用下的变形（化学收缩和干湿变形）和荷载作用

下的变形（分为混凝土的弹塑性变形、变形模量和弹性模量、徐变）。

（4）混凝土的耐久性

混凝土的耐久性是指混凝土结构在设计使用年限内抵抗环境介质作用并能长期保持其良好的使用性能和外观完整性的能力。混凝土除应具有设计要求的强度，以保证其能安全地承受设计荷载外，还应具有在使用条件下抵御周围环境各种因素长期作用的能力。例如，抗渗性能、抗冻性能抗侵蚀性能、耐热性能等。

第五节　砂　浆

一、砂浆的分类

砂浆是由胶凝材料、砂和水按适当比例配合而成。主要用于砌筑、抹面、修补、装饰工程。按所用的胶凝材料，砂浆可分为水泥砂浆、混合砂浆、石灰砂浆等。按功能和用途，可分为砌筑砂浆、抹面砂浆、装饰砂浆、修补砂浆、绝热砂浆和防水砂浆等。

建筑砂浆是建筑工程中一项用量大、用途广的建筑材料，使用时在施工现场配制。合理地选择和使用砂浆，对保证工程质量，降低成本有着重要意义。

二、砂浆的主要品种，性能及应用

（一）砌筑砂浆

（1）砌筑砂浆的组成材料

砌筑砂浆常用的胶凝材料有水泥、石灰、石膏等，应根据砂浆的使用环境和用途来选择胶凝材料的品种。对于干燥环境中使用的砂浆，可选用气硬性胶凝材料；处于潮湿环境或水中使用的砂浆应选用水硬性胶凝材料。

（2）砌筑砂浆的技术性质包括：砌筑砂浆的和易性；砂浆的抗压强度及强度等级；砌筑砂浆的黏结强度与耐久性。

（3）砌筑砂浆的配合比设计

砌筑砂浆要根据工程类别及砌体部位的设计要求来选择砂浆的强度等级。再按所要求的强度等级确定其配合比。

（二）抹面砂浆

凡涂抹在建筑物或构件表面的砂浆统称为抹面砂浆。根据功能的不同，抹面砂浆分为普通抹面砂浆、装饰砂浆、防水砂浆和具有某些特殊功能的抹面砂浆（如绝热砂浆、耐酸砂浆、防射线砂浆、吸声砂浆等）。对于抹面砂浆，要求既具有良好的工作性，易于抹成均匀平整的薄层，便于施工。又应有较高的黏结力，保证砂浆与底面牢固黏结。

抹面砂浆的组成材料与砌筑砂浆基本相同。但有时用于面层装饰时需要采用细砂，为了防止砂浆开裂，有时还需加入一些纤维材料（如纸筋、麻刀、有机纤维等）；为了强化某些功能，有时还加入特殊材料（如陶砂、膨胀珍珠岩等）。

普通抹面砂浆具有保护结构物的作用。同时，经过砂浆抹面的结构物表面具有平整、光洁和美观的效果。为了保证抹灰表面的平整、避免裂缝和脱落，抹面砂浆一般分两层或三层施工。抹灰层各层的作用、所使用砂浆的品种及做法要视基层材料、部位及各地气候情况而定。

装饰砂浆是涂抹在结构物内外表面，具有美化装饰、改善功能、保护结构物的抹面砂浆。装饰砂浆施工时，底层和中层的抹面砂浆与普通抹面砂浆基本相同。但装饰砂浆的面层要求选用具有一定颜色的胶凝材料、骨料以及采用特殊的施工操作工艺，使表面呈现出不同的色彩、质地、花纹和图案等装饰效果。与其他墙面、地面装饰相比，成本低、耐久性好。

（三）防水砂浆

制作砂浆防水层（又称为刚性防水）所采用的砂浆，称作防水砂浆。砂浆防水层仅适用于不受震动和具有一定刚度的混凝土及砖石砌体工程。

防水砂浆可以使用普通水泥砂浆，也可以在水泥砂浆中掺入防水剂来提高砂浆的抗渗能力。防水剂有氯盐型防水剂和非氯盐型防水剂，在钢筋混凝土工程中，应尽量使用非氯盐型防水剂，以防止造成钢筋锈蚀。

防水砂浆的配合比一般采用水泥∶砂＝1∶2.5～3.0，水灰比在0.5～0.55之间。水泥应使用42.5级的普通硅酸盐水泥，砂子应使用级配良好的中砂。

（四）干拌砂浆

干拌砂浆由水泥、钙质消石灰粉或有机胶凝材料、砂、掺和料和外加剂按一定比例混合干拌而成。特点是集中生产，质量稳定，施工方便，现场只需加水搅拌即可使用。

强度等级较高的干拌砂浆用于高强度混凝土空心砌块。施工时稠度可控制在60～80mm，分层度在10～20mm，和易性良好。干拌砂浆的技术性能稳定。可采用手工或机械施工。

干拌砂浆多为袋装，每袋50kg。运输、贮存和使用方便。贮存期可达3个月至半年。干拌砂浆性能优良，品种多样，有砌筑砂浆、抹面砂浆和修补砂浆等。干拌砂浆是近年出现的砂浆新品种，有利于提高砌筑、抹灰、装饰、修补工程的施工质量，改善砂浆现场施工条件。

（五）其他特种砂浆

（1）绝热砂浆

采用水泥、石灰、石膏等胶凝材料与膨胀珍珠岩、膨胀蛭石、陶粒、陶砂或聚苯乙烯泡沫颗粒等轻质多孔材料，按一定比例配制的砂浆称为绝热砂浆。绝热砂浆质轻保温，导热系数约为0.07～0.10W/（m·K），主要用于屋面隔热层、隔热墙壁、冷库以及工业窑炉、供热管道隔热层等处。如在绝热砂浆中掺入或在绝热砂浆表面喷涂憎水剂，则这种砂浆的保温隔热效果会更好。

（2）耐酸砂浆

耐酸砂浆是以水玻璃与氟硅酸钠为胶凝材料，加入石英岩、花岗岩、铸石等耐酸粉料和细骨料拌制并硬化而成的砂浆。水玻璃硬化后具有很好的耐酸性能。耐酸砂浆可用于耐酸地面、耐酸容器基座及与酸接触的结构部位。在某些有酸雨腐蚀的地区，也可应用于建筑物的外墙装修，以提高建筑物的耐酸雨腐蚀作用。

（3）自流平砂浆

自流平砂浆是指在自重作用下能自动流平的砂浆，常用于地坪和地面。自流平砂浆施工方便、质量可靠。其关键技术是掺用合适的外加剂、严格控制砂的级配、颗粒形态和选择具有合适级配的水泥或其他胶凝材料。良好的自流平砂浆可使地坪平整光洁，强度高，耐磨性好，无开裂现象。

第六节　钢　　材

一、钢材的分类及特性

（一）钢材分类

钢按化学成分可分为碳素钢和合金钢两大类。

碳素钢根据含碳量可分为：低碳钢（含碳量小于0.25%）、中碳钢（含碳量0.25%～0.6%）、高碳钢（含碳量大于0.6%）。

合金钢中含有一种或多种特意加入或超过碳素钢限量的化学元素如锰、硅、矾、钛等。这些元素称为合金元素。合金元素用于改善钢的性能，或者使其获得某些特殊性能。合金元素总含量小于5%为低合金钢；5%～10%为中合金钢；大于10%为高合金钢。

钢按用途分类可分为结构钢、工具钢和特殊性能钢（如不锈钢、耐热钢、耐酸钢等）。

根据钢中有害杂质的多少，分为普通钢、优质钢和高级优质钢。

（二）钢材的主要品种

（1）工程常用钢种

1）碳素结构钢：碳素结构钢依据屈服点的大小划分为五个牌号。依牌号升序，含碳量及抗拉强度增大，但冷弯性及伸长率却呈下降变化。工程中主要应用的碳素结构钢是Q235号钢，具有较高的强度，良好的塑性与韧性，可焊性及可加工等综合性能好的优点，成本也较低，且冶炼方便，可轧制各种型钢、钢板、钢管与钢筋，用作钢结构的屋架、闸门、管道、桥梁及一般钢结构中。

2）低合金高强度结构钢：普通低合金高强度结构钢一般是在普通碳素钢的基础上，添加少量合金元素而成，通常加入硅、锰、钒、钛、铌等。加入这些合金元素可起到固溶强化作用，使这些钢的综合性能得到改善，如强度、耐腐蚀性、耐磨性、塑性、低温冲击韧性等得到显著提高。因此，在土木工程中普通低合金高强度结构钢应用日益广泛，在诸如大跨度桥梁、大型柱网构架、电视塔、大型厅馆中成为主体结构材料。

2. 工程常用钢材

钢结构常用钢材规格：在各种钢结构中，大量使用各种规格与型号的型钢。绝大部分型钢用热轧方式生产。较为常用的型钢有：角钢、槽钢、工字钢、H型钢、扁钢及薄壁型钢等。

钢筋混凝土结构常用钢材：钢筋是钢筋混凝土结构使用最多的钢材品种之一，其材质包括普通碳素钢和普通低合金钢两大类。钢筋按生产工艺、性能和用途等的不同可分为：热轧钢筋、冷加工钢筋、热处理钢筋、钢丝、钢绞丝。

（三）钢材的性能及应用

（1）钢材的技术性质

1）力学性能：钢材力学性能包括抗拉性能、冲击韧性、硬度、耐疲劳性。

抗拉性能是钢材的最重要性能，表征抗拉性能的技术指标是拉力试验测定的屈服点、抗拉强度和伸长率。冲击韧性是指钢材抵抗冲击荷载的能力，其指标是通过标准试件的弯曲冲击试验确定的。钢材的硬度是指其表面局部体积内抵抗外物压入产生塑性变形的能力，常用的测定硬度的方法有布式法和洛式法。钢材疲劳强度主要由钢材内部组织状态、成分的偏析、缺陷等因素决定。

2）工艺性能：钢材的工艺性能包括冷弯性能、焊接性能。

冷弯性能是指钢材在常温下承受弯曲变形的能力，是钢材的重要工艺性能。通过冷弯试验来检验冷弯性能，冷弯试验是通过试件弯曲处的塑性变形实现的，因而能揭示钢材是否存在内部组织不均匀、内应力和夹杂物等缺陷。

钢材的可焊性就是指钢材在焊接后反映其焊缝处联结的牢固程度和硬脆倾向大小的一种性能。可焊性好的钢材在焊接加工后，焊缝处的性能应与母材相近，并且局部硬脆倾向小，这样才能使焊接牢固可靠。

（2）钢材的冷加工和热处理

将钢材在常温下进行冷拉、冷拔或冷轧，使产生塑性变形，从而提高屈服强度，这个过程称为冷加工强化处理。

热处理是将钢材按一定规则加热、保温和冷却，以改变其组织，从而获得需要性能的一种工艺过程。热处理的方法有退火、正火、淬火和回火。工程所用钢材一般只在生产厂进行热处理并以热处理状态供应。

（3）钢材的防锈

钢材的锈蚀是指其表面与周围介质发生化学反应而遭到的破坏。凡钢材本身含杂质多，表面不平，经冷加工，存在内应力，有外部电解质作用，均会加剧锈蚀。

钢结构防止锈蚀的方法通常是表面刷防锈漆，常用底漆有红丹、环氧富锌漆、铁红环氧漆等；面漆有灰铅油、醇酸磁漆、酚醛磁漆等。薄壁钢材可采用热浸镀锌或镀锌后加涂塑料涂层。

（4）钢材的防火

尽管钢结构具有良好的机械性能，尤其是很高的强度，但在高温时，却会发生很大的变化。裸露的、未作表面防火处理的钢结构，耐火极限仅 15 分钟左右。在温升 500℃的环境下，强度迅速降低，甚至会迅速塌垮。因此对于钢结构，需要作必要的防火处理，在其表面上涂敷防火涂料。防火涂料主要有：STI-A 型钢结构防火涂料、LG 钢结构防火隔热涂料。防火隔热涂料一般采用分层喷涂工艺制作涂层。

第七节　木　材

一、木材的分类

根据树种，木材分为针叶树和阔叶树两大类。

（一）针叶树

针叶树多为常绿树，树叶细长如针、树干通直高大、纹理平顺、材质均匀、木质较软、易于加工，故又称软木材。针叶树材质虽软但强度较高，干湿变形较小，耐腐蚀性较强。所以常见的针叶树种如红松、落叶松、云杉、冷杉、柏木等在建筑工程中被广泛应用，多用作承重构件和门窗、地面材及装饰材料等。

（二）阔叶树

阔叶树多为落叶树，树叶宽大、叶脉呈网状、树干弯曲、通直部分较短，材质重而硬，较难加工，所以又称为硬木材。阔叶树表观密度大、强度高、干湿变形大、易于开裂翘曲，适用于尺寸较小的木构件。常见的阔叶树种有：水曲柳、桦木、榉树、柞木、榆树等。这些树种有的加工后木纹和颜色美观，具有很好的装饰性，常用作建筑装饰材料。

二、木材的性质

木材的主要物理力学性质是含水率、湿胀干缩、强度等。

（一）含水率

木材中所含水的质量占木材干燥质量的百分比，即含水率。

木材所含水分包括存在于细胞壁内的吸附水和细胞腔内的自由水，以及木材中的化学结合水。潮湿的木材在干燥蒸发时，首先脱去自由水，然后再脱去吸附水。当木材细胞壁中的吸附水达到饱和，而细胞腔和细胞间隙中尚无自由水时，此时的木材含水率，称为木材的纤维饱和点。木材的纤维饱和点往往是木材性能变化规律的转折点，对一般木材多为25％～35％。

（二）木材的湿胀干缩

木材具有显著的湿胀干缩性。当木材从潮湿状态干燥至纤维饱和点时，自由水蒸发其尺寸不改变，继续干燥。亦即当细胞壁中吸附水蒸发时，则发生体积收缩。反之，干燥木材吸湿时，将发生体积膨胀，直至含水量达到纤维饱和点时为止，此后，木材含水量继续增大，体积不再膨胀。木材的这种湿胀干缩性随树种而有差异，一般来讲，表观密度大的，夏材含量多的，胀缩就较大。由于木材的构造不均匀其各向胀缩也不一样，在同一木材中，这种变化沿弦向最大，径向次之，纤维方向最小。

木材的湿胀干缩对木材的使用有严重影响，干缩使木结构构件连接处发生缝隙而致结合松弛，湿胀则造成凸起。由于木材的湿胀干缩明显，因此在加工前应尽量将其进行干燥处理，使木材的含水率达到当地年平均温度和湿度所对应的平衡含水率，以减少木制品中在使用过程中的干缩变形。

（三）强度

木材根据受力状态的不同分为抗拉、抗压、抗弯和抗剪强度。由于木材是一种非均质材料，具有各向异性，使木材的强度有很强的方向性，因此木材的强度有顺纹强度和横纹强度之分。

木材的顺纹抗压强度为作用力方向与木材纤维方向平行时的抗压强度。其受压破坏是管状细胞受压失稳的结果，而不是纤维的断裂。顺纹抗压强度较高且木材的疵点对其影响较小，因此这种强度在工程中应用最广，常用于柱、桩、斜撑及桁架等承重构件。木材的横纹抗压强度为作用力方向与木材纤维方向垂直时的抗压强度。这种受压作用，开始时变形与外力呈正比，当超过比例极限时，细胞壁失去稳定，细胞腔被压扁，产生大量变形。因此木材的横纹抗压强度比顺纹抗压强度低得多。

木材强度除本身构造组织因素外，还与含水率负荷持续时间，温度因素，木材的缺陷有很大关系。

三、工程中常用的木材

工程中常用的木材，按其树种有针叶树木材和阔叶树木材两大类；按其用途和加工程度有原条、原木、锯材三类。

（1）原条：除去皮、根、树梢，但尚未加工成材的木料。常用作脚手架、建筑用材、制作家具等。

（2）原木：已经除去皮、根、树梢，并按一定尺寸加工成规定直径和长度的圆木料。

（3）锯材：已经加工锯解成材的木料。锯材又可分为板材和枋材。凡宽度为厚度的3倍或3倍以上的木料称板材，按其厚度、宽度可分为薄板、中板、厚板和特厚板。宽度不足3倍厚度的木料为枋材，按截面积分为小方、中方、大方。枋材可直接用于装修和制作门窗、扶手、家具等。

四、人造板材

常用的人造板材有下列几种。

（一）细木工板

细木工板又称大芯板，是中间为木条拼接，两个表面胶粘一层或二层单片板而成的实心板材。由于中间为木条拼接有缝隙，因此可降低因木材变形而造成的影响。细木工板具有较高的硬度和强度，质轻、耐久、易加工，适用于家具制造、建筑装饰、装修工程中，是一种极有发展前景的新型木型材。

细木工板按其结构可分为芯板条不胶拼的和胶拼的两种；按其表面加工状况可分为一面砂光细木工板、两面砂光细木工板、不砂光细木工板；按使用胶合剂不同可分为Ⅰ类细木工板、Ⅱ类细木工板；按材质和加工工艺质量可分为一、二、三等三个等级。

（二）胶合板

胶合板是由原木沿年轮旋切成薄片，经选切、干燥、涂胶后，按木材纹理纵横交错，以奇数层数，经热压加工而成的人造板材。常用的有3、5、7、9层胶合板，一般称作：三合板、五合板、七合板、九合板等。由于胶合板的相邻木片的纤维互相垂直，在很大程度上克服了木材的各向异性的缺点，使胶合板具有良好的物理力学性能。胶合板具有材质均匀、强度高、幅面大、变形小、不开裂，兼具木纹真实、自然的特点，被广泛用做室内护壁板、顶棚板、门板的装修及家具制作。

（三）纤维板

纤维板是将板皮、刨花、树枝等废料为原料，将其破碎浸泡、研磨成木浆，经成型、预压、热压、干燥处理而成的板材。纤维板按其表观密度可分为硬质纤维板（表观密度＞800kg/m^3）中密度纤维板（表观密度500～800kg/m^3）和软质纤维板（表观密度＜500kg/m^3）三种。硬质纤维板和中密度纤维板一般用作隔墙、地面、家具等。软质纤维板多用于吊项等。

纤维板材质构造均匀，各向强度一致，弯曲强度较大（可达55MPa）、不易胀缩和翘曲开裂、耐磨、不腐朽、无木节、虫眼等缺陷，故又称无疵点木材。并具有一定的绝缘性能。

（四）刨花板、木丝板、木屑板

刨花板、木丝板、木屑板是利用木材加工过程中产生的大量刨花、木丝、木屑，添加或不添加胶料，经热压而成的板材。该类板材表观密度小、强度低，在建筑过程中常用于天棚、隔断、家具和包装等。

五、木材的防腐

木材的防腐方法一般有两种：一种是将木材进行干燥，降低其含水率至20%以下，并长期保持木材干燥。可将木构件表面刷以油漆进行防护。另一种是把化学防腐剂注入木材，把木材变为对真菌有毒的物质，使其无法寄生。注入防腐剂的方法很多，通常有表面涂刷法、表面喷涂法、浸渍法、冷热槽浸透法、压力渗透法等，其中以冷热槽浸透法和压力渗透法效果最好。

第八节　砖、砌块和瓦

一、砖

砖是由黏土、工业废料或其他地方资源为主要原料，以不同工艺制成的在工程中用于砌筑墙体的材料。砖的种类很多，按制作工艺分，可分为烧结砖和蒸养（压）砖两种；按成分分有黏土砖、粉煤灰砖、煤矸石砖、页岩砖、灰砂砖、炉渣砖等几种；砖又可分为普通实心砖和空心砖两类，普通实心砖是指孔洞率不大于15%或没有孔洞的砖，空心砖是指孔洞率大于15%的砖，其中孔洞率尺寸小而数量多的又称多孔砖。

（一）烧结多孔砖和烧结空心砖

（1）烧结多孔砖是指砖内孔洞内径不大于22mm，孔洞率大于或等于25%，孔多而小的烧结砖。烧结多孔砖常用尺寸为190mm×190mm×90mm（M型）和240mm×115mm×90mm（P型）两种规格。

（2）烧结空心砖是指以黏土、页岩、煤矸石、粉煤灰及其他废料为主原料，经焙烧而成的空心块体材料。其孔洞率一般大于或等于35%，用于砌筑非承重的墙体结构。常用空心砖的尺寸长为290mm、240m，宽为240mm、190mm、180mm、140mm、115mm，高为115mm、90mm。其外观多为带有水平孔的平行六面体，其外壁设有深度1mm以上的凹槽，以便增加与砌筑胶结材料的结合力。

（二）耐火砖

耐火砖是用耐火原料经配料、冲压成型、焙烧而制得的一种能耐燃烧与高温的砖，通常耐火度在1700℃左右。耐火砖因原料不同可分为黏土耐火砖、轻质黏土耐火砖、高铝砖、硅砖、半硅砖、镁砖等，其中以黏土耐火砖应用最多最广。

各种耐火砖在高温下均有足够的强度，而且热膨胀系数小，又各自能抵抗不同气体和炉渣的侵蚀。主要用于建造各种工业窑炉如砌筑炼铁炉、炼钢炉、炼焦炉、玻璃熔炉、水泥旋窑、蒸汽锅炉、各种热处理炉、加热炉等，以及其他高温窑炉的内衬。

（三）蒸养（压）砖

蒸养（压）砖是以石灰和砂子、粉煤灰、煤矸石、炉渣、页岩等含硅材料加水拌合，经成型、蒸养或蒸压而制得的砖。生产和应用这类砖，可以大量利用工业废料，减少环境污染，而不需占用农田，且可常年稳定生产，不受气候与季节影响，故这种砖是我国当前发展砖生产的又一途径。

蒸养（压）砖的规格尺寸同普通烧结砖。目前主要有灰砂砖、粉煤灰砖和炉渣砖等，它们均为水硬性材料，即在潮湿环境中使用，强度将会有所提高。

二、砌块

砌块是建筑上常用的墙体材料，具有生产工艺简单、砌筑方便的特点。

砌块按尺寸规格可分为大型砌块（高度大于980mm）、中型砌块（高度为380～980mm）和小型砌块（高度为115～380mm）；按用途分为承重砌块与非承重砌块；按有无孔洞分为实心砌块和空心砌块；按制作的原材料分为混凝土及轻混凝土空心砌块、粉煤灰硅酸盐密实砌块以及加气混凝土砌块；按生产工艺分为烧结砌块和蒸压蒸养砌块。

（一）混凝土空心砌块

混凝土空心砌块是以水泥为胶结料，以砂、碎石或卵石、煤矸石、炉渣等为骨料经加水搅拌、振动或振动加压成型，再经养护而制成的。其成型方法有手工成型和机械成型两种方法，可制成中、小型砌块，用于承重或非承重的墙体工程中。

（二）蒸养（压）加气混凝土砌块

蒸养（压）加气混凝土砌块是以钙质材料（水泥、石灰等）和硅质材料（砂、矿渣、粉煤灰等）以及加气剂（铝粉）为原料加工而成的砌体材料。

加气混凝土砌块在建筑工程上应用非常广泛，最普遍的是用于墙体，特别是用于非承重外墙时，更显示出其轻质、保温性能好的优点。它也常用于砌筑隔墙，还可以与现浇钢筋混凝土密肋组合成平屋面或楼板，也能用做吸声材料，是一种一材多用的建筑材料。

（三）粉煤灰硅酸盐砌块

粉煤灰硅酸盐砌块是以粉煤灰、石灰、石膏为胶结材料，炉渣为骨料经加水搅拌、振动成型、蒸汽养护而成。其配合比一般为：煤渣55%、粉煤灰31%～35%、石灰8%～12%、石膏1%～2%、水31%～32%（占干状混合料的质量百分比）。

三、瓦

瓦用于铺设在钢筋混凝土或木基层上作为防水层，适用于防水等级为Ⅱ、Ⅲ、Ⅳ级的屋面防水。分脊瓦和平瓦，平瓦主要用黏土、水泥、炉渣、水泥炉渣、硅酸盐、炭化灰砂、煤矸石等材料制成。

瓦种类很多，主要的分类方法是根据其原料来分类，有黏土瓦、混凝土瓦、油毡瓦、琉璃瓦等。

（一）黏土瓦

黏土瓦是以杂质少、塑性好的黏土为主要原料，经过加水搅拌、制胚、干燥、烧结而成，按用途可分为平瓦和脊瓦，按其颜色分为青瓦和红瓦。压制瓦经过模压成型后焙烧而成的平瓦、脊瓦，称为压制平瓦、压制脊瓦；挤出瓦经过挤出成型后焙烧而成的平瓦、脊瓦，称为挤出平瓦、挤出脊瓦；手工脊瓦用手工方法成型后焙烧而成的脊瓦，称手工脊瓦。平瓦用于屋面作为防水覆盖材料的瓦；脊瓦用于房屋屋脊作为防水覆盖材料的瓦。

（二）混凝土瓦

混凝土瓦是由混凝土制成的屋面瓦和配件瓦的统称。混凝土屋面瓦是由混凝土制成的，铺设于屋顶坡面完成瓦屋面功能的建筑构件。它是以水泥、砂或无机的硬质细骨料为主要原料，经过配料、搅拌、成型、养护制成。混凝土瓦具有耐久性好、成本低等优点，但是自重大，主要用于民用建筑及农村建筑坡型屋面。

（三）油毡瓦

油毡瓦是以玻璃纤维毡为胎基，经浸涂石油沥青后，一面覆盖彩色矿物粒料，另一面撒以隔离材料所制成的瓦状星面防水片材。油毡瓦的规格：长×宽为1000mm×333mm，厚度不小于2.8mm。油毡瓦按规格尺寸允许偏差和物理性能分为优等品（A）、合格品（C）。油毡瓦适用于坡屋面的多层防水层和单层防水层的面层。

（四）琉璃瓦

琉璃瓦是由陶土制作成形，表面涂一层彩色釉，再高温烧结而成。常用的有黄、绿、黑、青、紫、翡翠等色，琉璃瓦品种繁多，造型各异，主要有板瓦、筒瓦、滴水、勾头等，有时还制成飞禽、走兽、龙纹大吻等形象，作为檐头和屋脊的装饰。

第九节　建筑陶瓷、建筑玻璃、石材板块饰面材料

一、建筑陶瓷

陶瓷是由适当成分的黏土经成型及烧结而成的较密实材料。陶瓷材料也可看作建筑工程中的新型人造石材。

（一）陶瓷材料的分类

根据陶瓷材料的原料和烧结密实程度不同，可分为陶质、炻质和瓷质三种性能不同的人造石材。

一般陶质材料的孔隙率较高，吸水率也较高，通常大于10%，炻质材料的吸水率为1%～8%，瓷质材料的吸水率通常小于1%。

为改善陶瓷材料表面的机械强度、化学稳定性、热稳定性、表面光洁程度和装饰效果，降低表面吸水率，提高表面抗污染能力，可在陶瓷材料的表面覆盖一层玻璃态薄层，这一薄层称为釉料。此釉料中含有大量的低熔点物质，它是专门调配和磨制成釉浆，将此釉浆涂覆在陶瓷坯体表面或未经上釉的陶瓷制品表面上，再经焙烧使釉料在陶瓷制品表面形成十分致密的玻璃质釉层。这种陶瓷材料为釉面陶瓷材料，其基体多为陶质材料。

（二）常用陶瓷材料的品种

根据陶瓷材料的原料杂质含量不同，制作工艺不同和烧结程度不同，建筑用陶瓷材料可

分为以下几类：

（1）陶瓷锦砖（马赛克）

它是以含杂质极少的纯瓷土磨细制成泥浆，经脱水干燥后，用半干法压制成型，再经充分焙烧而成。它是普通建筑陶瓷中烧结程度最高的材料，质地致密，属于瓷质材料。陶瓷锦砖烧结过程中的变形大，通常只能制成小尺寸产品，其形状有正方形、长方形、六边形等，边长一般不大于40mm。为使用方便，在工厂先按设计图案将陶瓷锦砖反贴在牛皮纸上，每张为一联，使用时按联粘贴，待被黏结牢固后将牛皮纸浸水脱掉。

根据陶瓷锦砖的使用要求和技术特点，一般要求的技术指标有尺寸偏差、吸水率（应小于0.2%）、抗压强度（15～25MPa）、耐急冷急热性、耐酸碱性及成联质量等。

陶瓷锦砖具有抗压强度高、质地坚硬、耐磨、耐水、耐腐蚀、耐污染、抗冻、抗火等优点，适于使用条件要求较高的地面、墙面和其他部位的表面铺贴，具有良好的耐久性。

（2）陶瓷墙地砖

陶瓷墙地砖是以含杂质较少的瓷土为原料，经半干压制法成坯，再经较充分焙烧制成的陶瓷材料。有的墙地砖还上釉，可制成各种各样表面质感的外观或印刷各种图案。陶瓷墙地砖的内部质地差别较大，一般比较致密，属炻质或陶质材料。

陶瓷地砖的厚度一般大于墙砖，它们对基体材料具有良好的保护作用，因此可应用于各种工程的地面和墙面的装饰和防护，是一种物美价廉，且耐久性良好的贴面材料。

（3）陶瓷釉面砖

陶瓷釉面砖是以含有较多杂质的可塑性黏土为主要原料，加水调制成坯料，经压制成坯，再经干燥、素烧、施釉、釉烧等工艺制成的产品。由于该砖成型时含水较多，压实不足，烧结程度较差，为陶质材料，所以其质地较疏松，吸水率较大，物理力学性能较差，表面必须施釉以提高其表面的致密性，改善物理力学性能。

因为釉面砖的吸水率大，抗冻性差，不适于受冻或温湿度变化较大的环境中使用，通常应用于各种房间的室内饰面。

（4）卫生陶瓷

卫生陶瓷是以含有较多杂质的可塑性黏土为原料，加水调制成浆料，塑性模制而成要求的形状，经干燥后表面施釉，再经烧结制成的产品。虽然卫生陶瓷的内部吸水率很大，但经表面施釉后性能大为改善，其成品的吸水率一般不大于3.5%，且表面光洁。

因为卫生陶瓷的体积较大，干燥和烧结中易变形，所以对其质量要求主要是形状尺寸和外观质量。卫生陶瓷产品主要包括洗面器、洗涤器、大便器、小便器、水槽水箱及各种配件等。

二、建筑玻璃

（一）普通玻璃

玻璃是以石英砂及强碱化合物等矿物质为原料，经粉碎、筛分、配料、混合、高温熔融、成型、退火、冷却、切裁和加工等工艺制成的产品。根据强碱化合物的种类不同可分为钠玻璃或钾玻璃。

玻璃具有表面晶莹光洁、透光、透视、保温、隔热、隔声、耐磨、耐气候变化、材质稳定和抗压强度高等优点。除此之外，经过加工后玻璃还具有优良的装饰性；与其他材料复合后可产生优异的性能。

(1) 平板玻璃

平板玻璃一般采用浮法生产，即是将熔融的玻璃液流入锡槽，在干净的锡液表面上水平地浮抛成型逐渐降温退火，获得表面平整，十分光洁，光学性质优良的平板玻璃。平板玻璃按厚度分为2mm、3mm、5mm、6mm四种，有时也生产8mm、10mm、12mm的。平板玻璃通常用于门窗和隔断，技术指标要求主要有外观质量和光学性能。

(2) 磨光玻璃

磨光玻璃是将平板玻璃经表面磨平而成，分为单面磨光和双面磨光两种，厚度一般为5mm、6mm。其特点是表面非常平整，物象透过后不变形，且透光率高（大于84%），用于高级建筑物的门窗或橱窗。

(3) 钢化玻璃

钢化玻璃是将平板玻璃加热到一定温度后迅速冷却而制成。其特点是机械强度比平板玻璃高4～6倍，6mm厚的钢化玻璃抗弯强度达125MPa，且耐冲击、安全、破碎时碎片小且无锐角，不易伤人又名安全玻璃。能耐极热极冷，耐一般酸碱，透光率大于82%。价较贵。主要用于高层建筑门窗、车间天窗及高温车间等处。

(4) 压花玻璃

压花玻璃是将熔融的玻璃在快冷中通过带图案花纹的辊轴滚压而成的制品，又称花纹玻璃。压花玻璃具有透光不透视的特点，这是由于其表面凹凸不平，当光线通过时即产生漫射，因此从玻璃的一面看另一面的物体时，物象显得模糊不清。另外，压花玻璃因其表面有各种图案花纹，所以又具有一定的艺术装饰效果。多用于办公室、会议室、浴室、卫生间以及公共场所分离室的门窗和隔断处。使用时应将花纹朝向室内。

(5) 磨砂玻璃

磨砂玻璃又称毛玻璃，它是将平板玻璃的表面经机械喷砂或手工研磨或氢氟酸溶蚀等方法处理成均匀毛面而成。其特点是透光不透视，且光线不刺目，用于须透光而不须透视之处，如卫生间、浴室、办公室的门窗及隔断等。安装毛玻璃时，应注意将毛面朝向室内。

三、石材板块饰面材料

(一) 天然石材

(1) 花岗石板

天然花岗岩既是优良的砌筑石材，又是优良的装饰石材。天然花岗岩经开采、锯解、切割、磨光而成板材或块材应用于装饰工程中。颜色有深青、紫红、浅灰、纯黑等色，并有小而均匀的黑点。耐久性和耐磨性都很好。磨光的可用于室外墙面及地面；经斩凿加工的可铺设勒脚及阶梯踏步等。

(2) 大理石板

加工工艺同上。多具美丽花纹，有黄、绿、白、黑等颜色，但用于室外易风化。可用于室内墙面、地面、柱面等处。

（二）胶结型人造石材

胶结型人造大理石是以胶结剂、填料及颜料为原料，经模制、固化和加工制成的人造石材。按生产人造大理石的胶结材料不同可分为以下几种。

(1) 树脂型人造大理石

它是以不饱和聚酯为胶结剂，天然碎石和石粉为填料，加入适当的颜料拌制而成的混合料，经浇捣、固化、脱模、烘干、抛光等工序制成的人工石材。这种人造石材具有耐水、耐冻、外观光洁细腻、力学强度高的优点，它的抗污染能力强，但表面耐磨性和大气稳定性较差。

(2) 水泥型人造大理石

它是以白水泥、普通水泥或特种水泥为胶结剂，与碎大理石及颜料配制而成的混合料，经浇捣成型和养护制成的人工石材。这种人造大理石成本低，耐大气稳定性好，也具有较强的耐磨性。

第十节　油漆涂料

目前，我国对建筑涂料的分类通常采用习惯分类方法，主要有以下几种。

（一）按建筑物的使用部位分类

建筑涂料按其在建筑物的不同部位使用可分为外墙涂料、内墙涂料、地面涂料、顶棚涂料、屋面涂料等。

（二）按使用功能分类

建筑涂料按其使用功能可分为装饰性涂料与特种功能性涂料（防火涂料、防水涂料、防霉涂料、弹性涂料等）。

（三）按主要成膜物质性质分类

建筑涂料按其主要成膜物质性质可分为有机系涂料（如丙烯酸酯外墙涂料）、无机系涂料（如硅酸钾水玻璃外墙涂料）、有机无机复合系涂料（如硅溶胶-苯丙外墙涂料），有机涂料又可根据使用溶剂的不同，分为溶剂型、水乳型及水溶性等。

（四）按涂膜层状态分类

建筑涂料可分为表面平整、光滑的平面涂料；表面呈砂粒状装饰效果的砂壁状涂料；形成凹凸花纹立体装饰效果的复层涂料；彩色复层凹凸花纹外墙涂料等。

第十一节　防水、防腐材料

一、防水材料

（一）SBS改性沥青防水材料

以SBS弹性沥青为主要材料可以生产弹性体或塑性体防水卷材、防水胶或膏状改性沥青等防水产品，它们是以沥青、热塑性丁苯橡胶（SBS）、橡胶、合成树脂、表面活性剂等高分子材料制成的，也可以制成水乳性沥青防水材料。为增强防水卷材的抗拉能力，常加入玻璃纤维、复合玻璃布、复合聚酯布或亚麻布等作为胎体，提高卷材的抗变形能力。

与普通沥青防水材料相比，SBS沥青防水材料低温柔性、抗裂性能和黏结性能更好，施工操作方便灵活，适于各种建筑物的屋面与地下防水，其防水性能好，而且对环境无污染。因此，目前SBS改性防水材料已成为建筑工程中廉价可靠的防水材料，在工程中得到了广泛的应用。

通常SBS防水卷材可制成覆（PE）膜光面、覆（PE）膜压纹、细砂、彩砂、岩片、铝箔等表面，它们的作用是防止卷材贮运中自粘连，阻止紫外线的直接照射，并改善防水表面的外观。

SBS改性沥青基防水卷材主要适用于建筑物的屋面、地面、卫生间、地下室、各种构筑物的大面积防水。

SBS改性沥青基防水油膏是膏状防水涂料，它主要用于现场冷作业铺贴玻璃丝布防水层，可加入纤维或粉状材料制成油膏用于嵌缝处理。最好在其表面层未硬化前撒一层石粉或云母粉，以便改善其耐久性。SBS改性沥青基防水油膏主要适用于各种建（构）筑物伸缩缝的防水，旧建（构）筑物的嵌缝修补等。

SBS改性弹性体沥青防水材料应在5℃以上施工，其膏状体不得现场兑水，不得在负温下或曝晒下储存，一般储存期3～6个月。

（二）三元乙丙橡胶防水卷材

三元乙丙橡胶防水卷材（简称EPDM）是以三元乙丙橡胶为主料，加入适量丁基橡胶、硫化剂、促进剂、活化剂、增塑剂及填充料等，经密炼、挤出（或延化）、硫化等工序制成的防水卷材，是一种合成高分子防水卷材。

与其他高分子防水卷材相比，三元乙丙橡胶防水卷材的耐候性与耐臭氧性更好，表现出比其他橡胶高分子材料更好的抗老化能力。

三元乙丙橡胶防水卷材具有优良的防水性、较好的耐腐蚀性。它的使用温度范围也很宽，可在－40～80℃的范围内长期使用。三元乙丙橡胶防水卷材的拉伸强度高（可达8MPa），弹性与延伸性也很好，因此对基层的伸缩或开裂适应性很好。它主要采用冷施工，有胶粘型和自粘型等不同的产品，可适合于各种不同环境与要求的工程。

根据三元乙丙橡胶防水卷材不同温度时的抗拉强度、扯断伸长率、直角型撕裂强度，以及抗热空气与耐臭氧能力、耐碱性、耐低温性、不透水性、加热伸缩性、黏合性能等技术指标，可将三元乙丙橡胶防水卷材划分为一等品或合格品两个产品等级。对不同等级的三元乙丙橡胶卷材都有相应的要求。

三元乙丙橡胶防水卷材可制成各种色彩的外表，可适用于房屋建筑、桥梁、隧道、地铁、水利等工程的地上、地下、外露或隐蔽防水。

（三）聚氨酯防水涂料

聚氨酯防水涂料是以聚氨基甲酸酯为主要成分的双组分反应固化型防水材料。其主料是含有端异氰酸酯基的聚氨酯预聚物，还含有多羟基的固化剂、增韧剂、增黏剂、填充剂、稀释剂等辅料。当主料与辅料按比例混合均匀后，可在常温下形成黏稠状物质，待涂布施工完毕后可常温固化形成柔软、耐水、抗裂和富有弹性的整体防水涂层。

聚氨酯防水材料划分为自流平型（L）和非下垂型（N）。根据聚氨酯防水材料的密度、适用期、表干时间、渗出性指数、流变性、低温柔性、黏结性、恢复率、抗拉-压循环性等指标可将聚氨酯防水材料划分为优等品、一等品、合格品三个产品等级。

L型聚氨酯涂膜防水材料特别适合于要求较高弹性与延伸能力的工程防水，如各种建筑物的地面、地下防水，水工构筑物防水，基层容易变形或开裂的结构物防水等。N型聚氨酯密封膏防水材料主要应用于各种结构的连接缝密封防水或结构物裂缝的防水修补。

聚氨酯防水材料的主要组分（A）与辅助组分（B）多以筒装，应在阴凉处存放，其储存期为6个月。A组分具有一定的毒性，在使用时应注意通风与防护。

（四）水乳型再生胶沥青防水涂料

它是以表面活性物质为乳化剂，使加热液化沥青在水中乳化制成的乳液再加入再生橡胶粉改性后的水乳型防水涂料。该种涂料具有良好的弹性、黏结性、不透水性，较好的耐热、耐低温性和耐老化性；还具有冷作业，方便施工，操作安全的特点。该防水涂料与玻璃布、合成纤维薄毡、无纺布等复合使用还可使防水层具有一定的抗拉伸能力。为提高其抗老化能力，常在其外露表面撒布细砂作为保护层。

该防水涂料可用于各种建筑的屋面、地下室、冷库、墙面、刚性及柔性防水的翻修等方面。

二、防腐材料

在各种建筑物和构筑物的某些部位，由于经常与某些气相、液相及固相的酸、碱、盐类腐蚀介质接触，发生了化学作用或电化作用，因而受到一定程度的破坏，这种现象称为腐蚀。腐蚀性介质按其存在形态可分为气态介质、液态介质和固态介质。各种介质对建筑材料长期作用下的腐蚀性，可分为强腐蚀、中腐蚀、弱腐蚀四个等级。同一形态的多种介质同时作用同一部位时，腐蚀性等级应取最高者。

（一）树脂类防腐蚀材料

树脂类防腐蚀材料是以各种合成树脂为胶黏剂，加入固化剂、填料、溶剂等配制而成的一类防腐蚀建筑材料。其主要的品种有树脂胶料、树脂胶泥、树脂砂浆、树脂稀胶泥、树脂玻璃鳞片胶泥等。

采用以树脂类防腐蚀材料为主的防腐蚀工程，称之间为树脂类防腐蚀工程，其内容一般包括：①树脂胶料铺衬的玻璃钢整体面层和隔离层；②树脂胶泥、砂浆铺砌的块材面层和树脂胶泥灌缝与勾缝的块材面层；③采用树脂砂浆、稀胶泥、玻璃鳞片胶泥制作的整体面层。

树脂材料适用于腐蚀状况比较严重、介质条件复杂的环境，与其他耐蚀材料相比更具针对性、广泛性，且适应面较宽。

（二）涂料类防腐蚀材料

主要是由合成树脂或天然树脂与颜料、填料、增韧性和有机溶剂等按一定比例配制而成。其耐蚀程度主要取决于涂料自身的耐腐蚀性能，同时还取决于涂料与其被保护基面材质的附着力。附着力越大，物理机械性能和耐腐蚀性能越好，所起的防护效果就越好，使用寿命也越长。在有冲击、冲刷、严重磨损的场合，或直接接液态强腐蚀介质的部位，不宜采用涂料防腐。

第十二节　保温、隔热材料

在房屋建筑工程中，其围护结构所采用的建筑材料必须具有一定的保温绝热性能。在夏季不让室外高温通过围护结构传入室内，而在冬季则阻止室内较高温度通过围护结构传递到室外，而使室内温度降低。这对于减少供暖和降温用的石油、煤、电等资源的耗用量，节约能源具有十分重要的意义。

一、常用绝热材料

工程中常用的绝热材料有很多，目前工程中使用较多的有玻璃棉、矿物棉、泡沫塑料、泡沫混凝土、加气混凝土、膨胀珍珠岩及其制品、膨胀蛭石以及多孔炉渣等。

在屋面保温施工中常采用的保温材料有：

（一）膨胀珍珠岩及其制品

膨胀珍珠岩是以天然珍珠岩颗粒为原料，经加热高温后使其自身膨胀而成的多孔轻质颗粒。膨胀珍珠岩十分轻，堆积密度通常为70～250kg/m^3；其颗粒结构为蜂窝泡沫状，它保温性好，化学稳定性好，不燃烧、耐腐蚀、施工方便，是良好的保温、吸音与防火材料。其缺点是容易吸水，而且吸水后的保温性能明显变差，因此施工中应注意防止浸水，并做好防水封闭层的施工。

除了在屋面保温工程中使用散粒状膨胀珍珠岩外，在墙体、管道及设备的保温施工中可以使用膨胀珍珠岩制品。它是利用各种胶粘剂将散粒状的膨胀珍珠岩粘结成板、砖、管瓦等产品，它可方便地直接在工程中使用。此外，在墙体及抹面施工中，膨胀珍珠岩可以代替骨料拌制保温混凝土或保温砂浆，起加强保温的作用。

（二）膨胀蛭石及其制品

天然蛭石是含水的矿物，经过晾干、破碎、筛选和煅烧可以产生5～10倍的膨胀，从而形成蜂窝状的内部结构。膨胀蛭石的堆积密度也很低，约为80～200kg/m^3；因此其保温性很好，耐火性也较好；膨胀蛭石耐碱但不耐酸，电绝缘性不好，吸水性较强。在屋面施工中常使用散粒状膨胀蛭石，在施工中应注意上述特点。

在墙体、楼板与地面保温施工中常采用水泥或水玻璃粘结的各种膨胀蛭石制品，特别是膨胀蛭石轻骨料混凝土墙板等轻质构件在工程中已得到较广泛的应用。

（三）岩棉、玻璃棉、矿渣棉及其保温制品

岩棉、玻璃棉和矿渣棉都是以各种矿物（岩石、砂、矿渣）及辅助材料为主要原料，这些材料的特点是质量轻、耐高温、防蛀、抗腐蚀性好，具有良好的保温、吸音、防火性能。其原棉的表观密度通常为50～200kg/m^3，制品的表观密度约为80kg/m^3。其表观密度越小保温性就越好，表观密度越大强度就较高，工程中常根据对保温性及强度的综合要求来选择不同密度等级的矿物棉及其制品。

（四）泡沫塑料保温材料

泡沫塑料是以各种有机树脂为主要原料生产的超轻质高级保温材料，根据所采用的树脂不同，其种类繁多，工程中较常使用的主要有聚苯乙烯、聚氨酯、聚氯乙烯、聚乙烯、脲醛、

环氧等泡沫塑料。

泡沫塑料保温材料的特点是质量轻（多为20～50kg/m^3）、绝热性好、耐低温性好、有一定的吸音效果、吸水率小、可加工性好。但是，泡沫塑料的使用温度不高，多在70～120℃，其强度也较低。

泡沫塑料在建筑工程中主要用于填充墙体等围护结构、保温板材或管材的夹心层、水泥泡沫塑料颗粒复合板材或保温砖等。

第十三节 管 材

一、管材的分类

（一）按生产方法分类

（1）无缝管——热轧管、冷轧管、冷拔管、挤压管、顶管。

（2）焊管

1）按工艺分——电弧焊管、电阻焊管（高频、低频）、气焊管、炉焊管。

2）按焊缝分——直缝焊管、螺旋焊管。

（二）按断面形状分类

（1）简单断面钢管——圆形钢管、方形钢管、椭圆形钢管、三角形钢管、六角形钢管、菱形钢管、八角形钢管、半圆形钢管。

（2）复杂断面钢管——不等边六角形钢管、五瓣梅花形钢管、双凸形钢管、双凹形钢管、瓜子形钢管、圆锥形钢管、波纹形钢管、表壳钢管。

（3）按壁厚分类——薄壁钢管、厚壁钢管。

（4）按用途分类——管道用钢管、热工设备用钢管、机械工业用钢管、石油、地质钻探用钢管、容器钢管、化学工业用钢管、特殊用途钢管。

二、常用管材

（一）钢管

钢管具有强度高、承受内压大、抗震性能好、重量较轻、接头少、内外表面光滑、易加工安装等优点。钢管的连接方法有螺纹连接、法兰连接、焊接。钢管按照材质分为普通钢管（碳素钢、合金钢）与不锈钢管；普通钢管按制造方法又可分为焊接钢管和无缝钢管两种。

（1）普通无缝钢管

普通无缝钢管是用优质碳素结构钢或低合金高强度结构钢制成，有热轧、冷轧之分，品种规格多、强度高，主要用于石油输送、地质勘探及各种液体、气体工业管道等压力较高的管道。

（2）普通焊接钢管

普通焊接钢管又称有缝钢管，是用Q195、Q215、Q235碳素结构钢板和Q295、Q345低合金高强度结构钢板或钢带卷曲成型后焊制而成的钢管，简称焊管。按焊缝的形式分为直缝焊管和螺旋焊管，较小口径的焊管大都采用直缝焊，大口径焊管则多采用螺旋焊，螺旋焊管的强度一般比直缝焊管高。建筑用焊管一般用于输水管道、煤气管道、暖气管道等，又称为低压流体输送用焊接钢管。焊接钢管有镀锌（白铁管）、不镀锌（黑铁管）两种，镀锌管多半用于外露部分以防腐蚀。无缝钢管与焊接管的连接，除焊接不需要管件外，大口径一般采取法兰连接，需制作法兰盘；小口径采用螺纹连接，需要管箍、对丝、活接、弯头、三通、丝堵等管件。

(3) 不锈钢管

不锈钢管也分为无缝不锈钢管和焊接不锈钢管。在建筑业中，焊接不锈钢管主要用于建筑装饰（YB/T 5363—2006），无缝不锈钢管用于结构（GB/T 14975—2002）、流体输送（GB/T 14976—2002）和锅炉、热交换器（GB 13296—2007）。流体输送用不锈钢无缝钢管又分为热轧（挤、扩）和冷拔（轧）两种。

（二）铸铁管

铸铁管是由生铁制成的无缝管材。与铁管相比，铸铁管抗腐蚀性好、经久耐用、价格便宜；但生铁性脆、不耐振动和弯折，容易发生渗水或破裂，不能抵抗较大的压力，重量较大、易受损伤、施工比钢管困难。因此铸铁管一般只宜用于10～16个大气压的低压场合使用，多用于外部上下水道管路、室内及院内下水道中的分支管路以及穿过铁道、街道和埋设在有腐蚀性的地下水道工程。现在建筑工程中的上、下水管道大量使用PVC管取代铸铁管。铸铁管按其制造方法不同可分为砂型离心、连续和砂型铸铁管。按其材质可分为灰口铸铁管、球墨铸铁管和高硅铸铁管。一般铸铁管按其管端接头处形状的不同，连接方式可分为承插式（套袖式或钟栓式）和折缘式（盘式或法兰式）两种。承插接口常用于埋地管线，折缘接口常用于明装或沿地敷设的管道中和泵房内或经常拆卸的管道。

（三）混凝土管和陶管

根据用途、压力及制造方法的不同，混凝土管分为预应力钢筋混凝土管、普通钢筋混凝土管及无钢筋混凝土管3种。混凝土管有企口、槽口、承插口3种接口形式。混凝土管具有价格便宜和抗腐蚀性好的优点，但也有抗渗性差、管节短、接口多、搬运不便等缺点。

（四）有色金属管

(1) 铝及铝合金管

铝及铝合金，指含铝为98%的工业纯铝和以铝为主体另有铜、镁、锰、锌、铬等合金元素的铝合金。铝及铝合金管是由工业纯铝或铝合金经拉制或挤压制造成形。铝有较好的耐酸腐蚀性能。

(2) 铜及铜合金管

铜管主要由纯铜、磷脱氧铜制造，称为铜管或紫铜管。黄铜管是由普通黄铜、铅黄铜等黄铜制造。

（五）塑料管

塑料管一般是以塑料树脂为原料，加入稳定剂、润滑剂等，在制管机内经挤压加工而成。由于它具有质轻、耐腐蚀、外形美观、无不良气味、加工容易、施工方便等特点，在建筑工程中获得了越来越广泛的应用。主要用作房屋建筑的自来水供水系统配管、排水、排气和排污卫生管、地下排水管系统、雨水管以及电线安装配套用的穿线管等等。塑料管有热塑性塑料管和热固性塑料管两大类。热塑性塑料管采用的主要树脂有聚氯乙烯树脂（PVC）、聚乙烯树脂（PE)、聚丙烯树脂（PP)、聚苯乙烯树脂（PS)、丙烯-丁二烯-苯乙烯树脂（ABS)、聚丁烯树脂（PB）等；热固性塑料采用的主要树脂有不饱和聚酯树脂、环氧树脂、酚醛树脂等。

第十四节　电缆、电线

一、电缆的分类

电线电缆产品按其用途分成下列五大类：裸电线，绕组线，电力电缆，通信电缆和通信光缆，电气装备用电线电缆。

常用电（线）缆类型线缆规格型号含义：

电线型号中：字母B表示布电线，字母V表示塑料中的聚氯乙烯，字母R表示软线（导体为很多细丝绞在一起)。还有铜芯符号、硬线（常见的单芯导体）符号省略没有表示。

常用线缆类型：BV表示单铜芯聚氯乙烯普通绝缘电线，无护套线。适用于交流电压450/750V及以下动力装置、日用电器、仪表及电信设备用的电线电缆。电线电缆主要用于电能传输、分配以及信号的传递，其主要组成部分包括线芯（导体)、绝缘层、屏蔽层、和护层。

BVR表示聚氯乙烯绝缘，铜芯（软）布电线，常常简称软线。由于电线比较柔软，常常用于电力拖动中和电机的连接以及电线常有轻微移动的场合。

BVV表示铜芯聚氯乙烯绝缘聚氯乙烯圆形护套电缆，铜芯（硬）布电线。常常简称护套线，单芯的是圆的，双芯的就是扁的，常常用于明装电线。

BVVB表示铜芯聚氯乙烯绝缘聚氯乙烯平型护套电缆。适用于要求机械防护较高、潮湿等场合，可明敷或暗敷。

SYV实心聚乙烯绝缘射频同轴电缆。适用于闭路监控及有线电视工程。

RG表示物理发泡聚乙烯绝缘电缆，常用于同轴光纤混合网（HFC）中传输数据模拟信号，以及视频传输，通信系统及信号控制系统。

SYWV表示物理发泡聚乙绝缘有线电视系统电缆、视频（射频）同轴电缆（SYV、SY-WV、SYFV)，适用于闭路监控及有线电视工程。

二、电线电缆现场验收

（1）看标签。正规厂家生产的电线合格证的内容应包括：3C认证标志、认证编号、型号规格、执行标准、额定电压、电线长度、生产日期、生产者、检验者、厂名、厂址、固定电话、防伪标识等。而假冒产品的标签往往印刷不清或印制内容不全。

（2）看表面。正规电线的塑料外皮软且平滑，颜色均匀。在其表面，也应印有产品合格证上的数项内容，如：3C认证标志、认证编号、型号、额定电压、执行标准、厂名等。同时，字迹必须清晰，不易擦掉。

（3）试弯曲。可取一根电线头用手反复弯曲，凡是手感柔软、抗疲劳强度好、塑料橡胶手感弹性大且电线绝缘体上无龟裂的就是优等品。伪劣电线绝缘层看上去好像很厚实，实际上大多是用再生塑料制成的，只要稍用力挤压，挤压处会成白色状，弯曲4～6次就有断线现象。

(4) 撕绝缘。优质的绝缘料都有一定的机械强度和柔性，是轻易撕不开的。而劣质电线用手能撕下或掐下来一块。

(5) 看燃烧。按规定电线的绝缘层都具有一定的阻燃性。剥下一段绝缘层，用打火机进行点燃，离开明火后能继续自燃的是劣质线。

(6) 验厚度。截取一段绝缘层，看绝缘层的断面是否有肉眼可见的气孔，其线芯是否位于绝缘层的正中。不居中的是因为工艺不高而造成的偏芯现象，有气孔说明使用的绝缘料不合格。偏心严重最容易在较薄的一侧漏电，有气孔也是影响耐压强度的。

(7) 看电线铜芯的横断面，优等品紫铜颜色光亮、色泽柔和，铜芯黄中偏红表明所用的铜材质量较好而黄中发白则是低质铜材的反映。

(8) 测长度称重量。一定要看其长度与线芯粗细有没有做手脚。在相关标准中规定电线长度的误差不能超过5%，截面线径不能超过0.02%，但市场上存在着大量在长度上短斤少两、在截面上弄虚作假（如标明截面为2.5mm^2的线，实则仅有2mm^2粗）的现象。

(9) 看检验报告。销售商应能提供出质检部门检验报告、3C认证、合格证和备案证，否则，产品质量的好坏就缺乏依据。

(10) 每批检验，核对计划和送货单，留取报验资料，签收送货单和调拨单。

第十五节　照明灯具、开关

一、照明灯具

电光源按照其发光原理可分为热辐射光源和气体放电光源两大类。

(一) 普通白炽灯

普通白炽灯的灯泡中有钨丝并充有惰性气体。

(二) 卤钨灯

卤钨灯在白炽灯灯泡中充入含有卤族元素（碘化物）的惰性气体，利用卤钨循环原理来提高灯的发光效率和使用寿命。但其耐震性较差，应注意防震。

(三) 荧光灯

荧光灯包括普通日光灯和紧凑型荧光灯。它的原理是利用汞蒸气在外加电压作用下产生弧光放电，发出少许可见光和大量紫外线，紫外线又激励灯管内壁涂覆的荧光粉，使之发出大量的可见光。

(四) 放电灯

放电灯通过两电极放电使密封在灯泡内的气体发光，所有此类灯需加装镇流器限制电弧。发射光谱与气体的成分和气压有关（气压越高，光谱成分越好）。包括低压钠灯、高压钠灯、高压汞灯、金属卤化物灯等。

(五) 发光二极管 (LED)

发光二极管（LED）的发光原理是利用电流流过半导体时发出的光线。LED应用领域广泛，最新的白或蓝高光效二极管主要用于信号指示（如：交通灯、出口指示或应急照明）。

一个发光二极管（LED）平均消耗的电流只有20mA，根据颜色的不同，电压降在1.7～4.6V之间。这些特性适用于低压电源供电，特别是电池供电的场合。如电源为市电需使用整流器将电源变换为发光二极管所需电源。

发光二极管功耗低，可在极低的温度下工作，所以使用寿命特别长。需要高亮度照明的地方需很多发光二极管串联使用。

二、开关

开关根据配备对象和目的的不同分为很多种类。从配备对象来看，大规模工业机械和设备使用的开关是限位开关和按钮开关。这类开关的特点是，尺寸大、具有牢固的构造。而微动开关、小型检测开关、轻触开关、拨动开关、推动开关、船型开关、指拨开关以及DIP开关则用于中小规模的业务产品和消费类产品。

多位开关：几个开关并列，各自控制各自的灯。往往也称双联、三联，或一开、二开等。

双控开关：两个开关在不同位置可控制同一盏灯，如位于楼梯口、大厅、床头等，需预先布线。

夜光开关：开关上带有荧光或微光指示灯，便于夜间寻找位置。注意：带灯开关较贵，与日光灯、吸顶灯配合使用时，有时会有灯光闪烁现象；荧光指示几年以后则会变暗。

调光开关：可开关并可通过旋钮可以调节灯光强弱。注意：不能与节能灯和日光灯配合使用。

10A：可满足家庭内普通电器用电限额。

16A：满足家庭内空调或其他大功率电器。

插座带开关：可以控制插座通断电；也可以单独作为开关使用。多用于常用电器处，如微波炉、洗衣机等，还有用于镜前灯。

双极开关：不是双控开关，是更高安全保护要求产品，特点主要是同时控制了零火线。

特殊开关：遥控开关、声光控开关、遥感开关、调速开关、音响开关、220V-110V转换开关、25A三相四线插座、音量开关、机械风量开关、选台开关、13A三极方角插座、20A三极插座、防雷开关等，一般用于特殊场合。

第十六节　常用建筑材料、构配件（半成品）、设备检测

一、水泥

（一）检测项目

通用硅酸盐水泥的检测项目包括：细度、凝结时间、安定性、强度、不溶物、烧失量、三氧化硫、氧化镁、氯离子、碱含量等。对火山灰质硅酸盐水泥、粉煤灰硅酸盐水泥、复合硅酸盐水泥和掺火山灰质混合材料的普通硅酸盐水泥，在测定其胶砂强度时还需增加胶砂流动度的试验。

通用硅酸盐水泥的主要检测项目凝结时间、安定性、强度等三项。根据工程实际的需要，必要时还需进行氯离子含量和碱含量的检测。当用于道路工程的水泥混凝土面层时，还应检

测化学成分、烧失量、比表面积、细度、标稠用水量、28d干缩率、耐磨性。当用于抹灰工程时，可不进行强度的检测。

（二）代表批量及取样方法

（1）代表批量

对于散装水泥，以同一水泥厂生产、同期出厂、同品种、同等级、同出厂编号、同一次进场的水泥为一批，每批的总量不得超过500t。对于袋装水泥，以同一水泥厂生产、同期出厂、同品种、同等级、同出厂编号、同一次进场的水泥为一批，每批的总量不得超过500t。

当在使用中对水泥质量有怀疑或水泥出厂超过3个月（快硬硅酸盐水泥超过1个月）时，应对其质量进行复验，并按复验结果使用。如虽未过期但已受潮结块的水泥，使用前必须重新试验确定其实际强度等级。

（2）取样数量和方法

水泥取样应有代表性，可连续取样，也可从20个以上不同部位各取等量样品，水泥取样总数应至少12kg。水泥宜采用式管以样器取样，也可采用其他取样器具取样。

当采用取样管抽取袋装试样时，应随机选择不少于20袋水泥，将取样管沿对角线方向插入水泥包装袋中，用大拇指按住气孔，小心抽出取样管。将所取样品放入洁净、干燥、不易受污染的容器中，每袋抽取的水泥样品数量尽量保持一致。20袋水泥全部取样后，将水泥样品在容器中充分混合均匀，然后在密闭的容器中编号贮存。

（三）判定标准

对于通用硅酸盐水泥，当各项指标均符合标准要求时判定为合格品；如有任一项技术指标不满足标准要求，即判定为不合格品。

（四）检测报告

进场复验的水泥检测报告应至少包含以下内容：检测报告编号，委托单位名称，工程名称，水泥品种，强度等级，生产厂，代表批量，委托日期，报告日期，检测参数及结果，依据标准，检测结论，见证及取样人员信息（如有必要），检测机构的名称、地址及联系方式，检测、审核、批准三级人员签字，检测机构公章或检测专用章，其他必要的信息。

（五）执行标准

《砌体结构工程施工质量验收规范》（GB 50203—2011）

《混凝土结构工程施工质量验收规范》（GB 50204—2015）

《建筑装饰装修工程质量验收规范》（GB 50210—2001）

《通用硅酸盐水泥》（GB 175—2007）

《水泥取样方法》（GB/T 12573—2008）

二、混凝土

（一）检测项目

混凝土的性能可分为拌合物性能、力学性能、长期和耐久性能3个方面。混凝土拌合物的检测项目包括坍落度（稠度）、和易性、凝结时间、含气量、表观密度等，混凝土的力学性能主要包括抗压强度、抗折强度、弹性模量等，抗渗、抗冻、抗碳化、抗硫酸盐侵蚀以及收缩、徐变等则属于混凝土的长期性能和耐久性能。

在进行混凝土配合比设计时，主要考虑的检测项目有表观密度、坍落度（稠度）、强度。当设计有要求或有必要时，还应检验混凝土的凝结时间、含气量、氯离子含量、碱含量、抗渗等级、抗冻性能等其他指标。

在施工现场，涉及混凝土的检测工作主要是检测拌合物的坍落度以及成型各类试块（抗压强度、抗渗、抗冻等）。对于道路工程，混凝土面层的强度则以抗折强度作为验收依据。

（二）代表批量及取样方法

（1）代表批量

在检测混凝土坍落度和强度时，每 100 盘但不超过 $100m^3$ 的同配合比混凝土，取样次数不应少于一次；当一次连续浇筑的同配合比混凝土超过 $1000m^3$ 时，每 $200m^3$ 取样不应少于一次。对房屋建筑工程，每一楼层、同一配合比的混凝土，取样不应少于一次。对于建筑地面工程，每一楼层取样不应小于一次；当楼层面积大于 $1000m^2$ 时，每增加 $1000m^2$ 应增加取样一次。采用预拌混凝土时，对其拌合物的和性能还应每车（罐）进行目测检查。

在检测混凝土抗渗性能时，每连续浇筑混凝土 $500m^3$ 应留置一组（6 块）抗渗试块，且每项工程留样不少于两组。当采用预拌混凝土的，每 $1000m^3$ 应留置一组抗渗试块。

（2）取样数量和方法

混凝土拌合物取样量应满足检验项目所需用量的 1.5 倍，且不宜小于 0.02L。混凝土强度试件每组 3 块，其尺寸应符合表 4-1 的规定。混凝土抗渗试件每组 6 块，试件为顶面直径 175mm、底面直径 185mm、高度 150mm 的圆台体。

表 4-1　混凝土强度试块允许最小尺寸

骨料最大颗粒直径（mm）	抗压强度试块尺寸（mm）	抗折强度试块尺寸（mm）
≤31.5	100×100×100	100×100×400
≤40	150×150×150	150×150×600（或 550）

混凝土拌合物的取样应具有代表性，同一组混凝土拌合物的取样应从同一盘（车）混凝土中抽取。取样时宜采取多次抽取的方法，一般可在同一盘（车）混凝土中的 1/4、1/2 和 3/4 处之间分别抽取之后经人工搅拌均匀。

（三）坍落度试验方法

首先湿润坍落度筒及底板，坍落度筒的内壁和底板上应无明水。将底板放置在坚实的水平面上，把坍落度筒放在底板中心，然后用脚踩住两边的脚踏板进行装料，坍落度筒在装料时应保持固定的位置。

将混凝土试样用小铲分三层均匀地装入筒内，使捣实后每层高度约为筒高的 1/3 左右。每层装料后用捣棒插捣 25 次，插捣时捣棒应沿螺旋方向由外向中心进行，插捣的部位应在截面上均匀分布。插捣筒边混凝土时，捣棒可稍稍倾斜；插底层时捣棒应贯穿整层深度；插捣第二层和顶层时捣棒应穿透本层至下一层的上表面。浇灌顶层时，混凝土应灌到高出筒口。插捣顶层过程中，如混凝土沉落到低于筒口，则应随时添加。顶层插捣完后，应刮去多余混凝土，并用抹刀抹平。

清除筒边底板上的混凝土，在 5～10s 内垂直平稳地上提坍落度筒。从开始装料到提起坍落度筒的全过程应不间断进行，并应在150s内完成。

提起坍落度筒后，量测筒高与坍落后混凝土试体最高点之间的高度差，即为该混凝土拌合物的坍落度值。

当混凝土拌合物的坍落度大于220mm时，应用钢尺测量混凝土扩展度后最终的最大直径和最小直径，在这两个直径之差小于50mm的条件下，用其算术平均值作为坍落扩展度值。

混凝土拌合物坍落度（坍落扩展度）以毫米为单位，测量精确至1mm，结果修约至5mm。

（四）强度试件制作及养护

在制作试件前应检查试模尺寸，并在试模内表面应涂一层矿物油或其他不与混凝土发生反应的脱模剂。试件的制作应在拌合物取样后15min内完成。

根据混凝土拌合物的坍落度确定混凝土成型方法，坍落度不大于70mm的混凝土宜用机械振动的方法振实，坍落度大于70mm的宜用人工插捣的方法捣实；现浇混凝土或预制构件混凝土试件的成型方法宜与工程（构件）实际采用的成型方法相同。

当采用震动台成型时，混凝土拌合物应一次装入试模，装料时应用抹刀沿试模内壁略加插捣并使混凝土拌合物高出试模上口，振动时应防止试模在振动台上自由跳动。振动应持续到混凝土表面出浆为止，一般振捣时间为20s，应避免过振导致混凝土的离析。

当采用捣棒插捣成型时，混凝土拌合物应分两层装入试模，每层装料厚度应大致相等。捣棒应按螺旋方向从边缘向中心均匀插的。插捣底层时，捣棒应达到试模底面；插捣上层时，捣棒应穿入下层深度约20～30mm。插捣时捣棒应保持垂直，不得倾斜。捣棒拔出时要缓慢，拔出后不得留有孔洞。每层的插捣次数应根据试件的截面而定，一般为每10000mm^{2}截面积不应少于12次。插捣完后，用抹刀沿试模内壁插拔数次，再刮除试模上表面多余的混凝土，等混凝土临近初凝时用抹刀将上表面抹平。

试件成型后应立即用不透水的薄膜覆盖表面。采用标准养护的试件，应在（20±2)℃的环境中静置一至二昼夜，然后折模编号。拆模后标养试件应立即放在温度（20±2)℃、湿度为95%以上的标准养护室（箱）中养护，或在（20±2)℃的不流动的$Ca(OH)_2$饱和溶液中养护。标养期间，试件表面应保持潮湿，并不得用水直接淋刷。同条件养护试件的拆模时间可与实际构件的拆模时间相同，拆模后，试件仍应与实构件保持同条件养护。

（五）判定标准

混凝土拌合物的性能应满足设计和施工工艺的要求；混凝土试件的标养28d强度应满足强度检验评定标准的要求；如设计对混凝土的耐久性能有特殊要求的，其耐久性指标还应满足有关设计的要求。

（六）检测报告

混凝土强度试件的检测报告应至少包含以下内容：检测报告编号，委托单位名称，工程名称，使用部位，设计强度等级，试件规格，代表批量，养护方法，委托日期，成型日期，破型日期，龄期，报告日期，检测结果，依据标准，达设计强度百分数，见证及取样人员信息（如有必要），检测机构的名称、地址及联系方式，检测、审核、批准三级人员签字，检测机构公章或检测专用章，其他必要的信息。

（七）执行标准

《混凝土结构工程施工质量验收规范》（GB 50204—2015）

《混凝土强度检验评定标准》（GB/T 50107—2010）

《地下防水工程施工质量验收规范》（GB 50208—2011）

《预拌混凝土》（GB/T 14902—2012）

《混凝土质量控制标准》（GB 50164—2011）

《普通混凝土配合比设计规程》（JGJ 55—2011）

《普通混凝土拌合物性能试验方法标准》（GB/T 50080—2002）

《普通混凝土力学性能试验方法标准》（GB/T 50081—2002）

《普通混凝土长期性能和耐久性能试验方法标准》（GB/T 50082—2009）

三、砂浆

（一）检测项目

砂浆的性能主要可分为拌合物性能和硬化后性能两个方面。砂浆拌合物的检测项目包括稠度、表观密度、分层度、保水率、凝结时间等，硬化后性能主要包括立方体抗压强度、拉伸黏结强度、抗冻性能、抗渗性能等。

在进行砂浆配合比设计时，主要考虑的检测项目有稠度、保水率、抗压强度。当设计有要求或有必要时，还应检验砂浆的其他指标。

在施工现场，涉及砂浆的检测工作主要是检测拌合物的稠度以及成型立方体抗压强度试块。

（二）代表批量及取样方法

(1) 代表批量

对于砌筑砂浆的抗压强度，以同类型、同强度等级且不超过 250m^3 砌体的砂浆为一个检验批，每一检验批，每台搅拌机应至少抽查一次。每批取样应不少于 3 组，每组 3 块。

对于地面工程砂浆的抗压强度，每一层为一个检验批，每批取样不应小于一组。当每层面积大于 1000m^2 时，每增加 1000m^2 增加一组试块。

(2) 取样数量和方法

抽取现场搅拌砂浆的拌合物样时，一般在使用地点的砂浆槽、砂浆运送车或搅拌机出料口进行，每次至少从 3 个不同部位抽取。抽取预拌砂浆的拌合物时，应在砂浆运到交货地点时开始算起 20min 内完成，试件应随机从同一运输车中抽取，且在卸料过程中卸料量的 1/4～3/4 之间采取。取来的砂浆拌合物试样，在试验前应经人工再翻拌以保证质量均匀。

（三）强度试件制作及养护

砂浆的强度试件为立方体，每组 3 个，试模采用 70.7mm×70.7mm×70.7mm 的带底试模。

先用黄油等密封材料涂抹试模的外接缝，在试模内壁涂刷薄层机油或脱模剂，将取好的砂浆一次性装满砂浆试模。试件的成型方法应根据稠度而定，当稠度＞50mm 时采用人工插捣成型，当稠度≤50mm 时采用机构振实成型。

采用人工插捣成型时，用捣棒均匀地由边缘向中心按螺旋方式插捣 25 次，插捣过程中如砂浆下沉低于试模口，则应随时添加砂浆。期间，可用油灰刀沿试模内壁插捣数次，并用手将试模一边抬高5～10mm各振动5次，使砂浆高出试模顶面6～8mm。采用机械振动成型时，将砂浆一次装满试模，放置到振动台上，振动时试模不得跳动，振动5～10s或持续到表面出浆为止。

待试件表面水分稍干后，将高出试模部分的砂浆沿试模顶面刮去并抹平。

标养试件在制作后应在室温为20±5℃的环境下静置24h，当气温较低时，可适当延长时间，但不应超过2d。然后对试件进行拆模、编号。之后应立即放入温度（20±2)℃、相对湿度为90%以上的标准养护室（箱）中养护。养护期间，试件彼此间隔不小于10mm，混合砂浆试件上面应加覆盖以防有水滴在试件上。

（四）判定标准

对于砂浆配合比，当其稠度、保水率、抗压强度均满足相关标准要求时，方可拌制施工。

在评定砌筑砂浆抗压强度时，验收批的砂浆试件应不少于3组。当砂浆试块抗压强度平均值大于或等于设计强度等级所对应的立方体抗压强度，且砂浆试块抗压强度的最小一组平均值大于或等于设计强度等级所对应的立方体抗压强度的0.75倍时，验收批强度评定为合格。当同一验收批只有1组试块时，该组试块抗压强度的平均值应大于或等于设计强度等级所对应的立方体抗压强度。

（五）检测报告

砂浆强度试件的检测报告应至少包含以下内容：检测报告编号，委托单位名称，工程名称，使用部位，设计强度，代表批量，养护方法，委托日期，成型日期，破型日期，龄期，报告日期，检测结果，依据标准，达设计强度百分数，见证及取样人员信息（如有必要），检测机构的名称、地址及联系方式，检测、审核、批准三级人员签字，检测机构公章或检测专用章，其他必要的信息。

（六）执行标准

《砌体结构工程施工质量验收规范》（GB 50203—2011）

《建筑地面工程施工质量验收规范》（GB 50209—2010）

《砌筑砂浆配合比设计规程》（JGJ/T 98—2010）

《建筑砂浆基本性能试验方法标准》（JGJ/T 70—2009）

《预拌砂浆》（GB/T 25181—2010）

四、钢材

（一）检测项目

工程中常用的钢材品种有热轧带肋钢筋、热轧光圆钢筋、冷轧带肋钢筋、碳素结构钢等，其检测项目包括：屈服强度、抗拉强度、伸长率、弯曲（反复弯曲）、重量偏差等。对于有抗震要求的热轧带肋钢筋还应检测强屈比、超屈比、最大力总伸长率；对于碳素结构钢、低合金高强度结构钢，必要时还应检测冲击性能。

对于经有延伸功能机械设备调直后的钢筋，还应检测其调直后的力学性能和质量偏差。

（二）代表批量及取样方法

（1）代表批量

常用钢材的代表批量见表 4-2。

表 4-2　常用钢材代表批量

钢材种类	验收批组成	每批数量
热轧带肋钢筋	每批由同牌号、同炉罐号、同规格的钢筋组成。在保证碳、锰元素含量允许偏差的条件下，同牌号、同冶炼、浇注方法的不同炉罐号可组成混合批	≤60t
热轧光圆钢筋	每批由同牌号、同炉罐号、同尺寸的钢筋组成在保证碳、锰元素含量允许偏差的条件下，同牌号、同冶炼、浇注方法的不同炉罐号可组成混合批	≤60t
冷轧带肋钢筋	每批由同牌号、同外形、同规格、同生产工艺、同交货状态的钢筋组成	≤60t
碳素结构钢	每批由同牌号、同炉罐号、同质量等级、同品种、同尺寸、同一交货状态的钢材组成。公称容量较小的冶炼炉，在保证碳、锰元素含量允许偏差的条件下，同牌号、同质量等级、同冶炼、浇注、脱氧方法的不同炉号可组成混合批	≤60t
调直钢筋	每批由同厂家、同牌号、同规格的调直钢筋组成	≤30t

（2）取样数量和方法

对于热轧钢筋，每批任选两根钢筋，每根钢筋切取拉伸、冷弯试样各 1 个；任选不少于 5 根钢筋，每根切取不少于 500mm 的重量偏差试样。对于冷轧带肋钢筋，每批随机切取弯曲（反复弯曲）试样 2 个；每盘（指生产钢筋的原料盘）切取拉伸试样 1 个；每盘切取不少于 500mm 的重量偏差试样 1 个。对于调直后的钢筋，每批任选 3 根钢筋，每根钢筋切取 500mm 以上试样各 1 个（3 个试样先进行重量偏差检测，之后取其中 2 个试样用于检测力学性能）；采用无延伸功能的机械设备调直的钢筋，可不进行此项检测。

对于碳素结构钢（钢板、工字钢、角钢、槽钢等），其试样的形状可采用条形试样，厚度一般为钢材原厚。拉伸试样的长度宜为 300～450mm，其宽度一般可取 20mm（4.5mm 以下厚）或 30mm（4.5～25mm 厚）；弯曲试样的长度宜为 250～350mm，其宽度一般可取 2 倍钢材厚原且不小于 10mm；对于厚板（20mm 以上），弯曲试样的厚度应加工减薄成 20mm 厚，并保留一个原轧制面。对于仲裁检测，拉伸试样应采用带头（哑铃型）试件。

在切取碳素结构钢的样坯时，为防止因过热、塑性变形、加工硬化等因素影响试样的力学及工艺性能，应从样坯切割线至试样边缘留有足够的加工余量，以便通过试样加工将热影响区内的材料去除而不影响试样的性能。加工余量一般应不小于钢材的厚度且不小于 20mm。当采用冷剪法切取样坯时，所预留的加工余量应符合表 4-3 的要求。

表 4-3　冷剪样坯的加工余量

钢材厚度（mm）	冷剪加工余量（mm）
≤4	4
＞4～10	厚度
＞10～20	10
＞20～35	15

（三）判定标准

如有任一个或以上项目（拉伸、弯曲、重量偏差）不符合相应标准要求，则应从同一批钢材中再任取双倍数量的试样进行该不合格项目的复测。复测时若仍有一个指标不合格，则该批钢材为不合格品。

（四）检测报告

进场复验的钢材检测报告应至少包含以下内容：检测报告编号，委托单位名称，工程名称，钢材品种，牌号，直径，质量等级（如有必要），生产厂，炉批号，调直状态（如有必要），代表批量，委托日期，报告日期，检测参数及结果，依据标准，检测结论，见证及取样人员信息（如有必要），检测机构的名称、地址及联系方式，检测、审核、批准三级人员签字，检测机构公章或检测专用章，其他必要的信息。

（五）执行标准

《混凝土结构工程施工质量验收规范》（GB 50204—2015）

《钢筋混凝土用钢　第 2 部分：热轧带肋钢筋》（GB/T 1499.2—2007）

《钢筋混凝土用钢　第 1 部分：热轧光圆钢筋》（GB/T 1499.1—2008）

《冷轧带肋钢筋》（GB 13788—2008）

《碳素结构钢》（GB/T 700—2006）

五、钢筋连接件

（一）检测项目

钢筋连接件（焊接接头、机械连接接头）的检测项目包括接头的外观质量和力学性能，对于闪光对焊以及在梁板水平连接中的气压焊接头还应检测其冷弯性能。

对于焊接连接接头，在焊接施工开始前参与该项工程施焊的焊工必须进行现场条件下的工艺检验，其工艺检验的项目与批量验收时相同。对于机械连接接头，在连接施工开始前应对不同钢筋生产厂的进场钢筋以及施工过程中更换钢筋生产厂时进行接头工艺检验，其工艺检验的项目包括接头的抗拉强度和残余变形。

（二）代表批量及取样方法

（1）代表批量

常用钢筋连接接头的代表批量见表 4-4。

表 4-4　常用钢筋连接接头代表批量

连接方法	验收批组成	每批数量
闪光对焊	每批由同台班、同焊工、同焊接参数的接头组成。数量较少时可一周内累计计算	≤300 个
电弧焊	在现浇混凝土结构中，每批以同牌号钢筋、同型式的接头组成；在房屋结构中，每批以不超过 2 个楼层同牌号钢筋、同型式的接头组成。	
电渣压力焊		
气压焊		
机械连接	每批由同施工条件、同材料、同等级、同型式的接头组成。	≤500 个

（2）取样数量和方法

对于焊接接头，应从每批成品中随机切取 3 个拉伸试样；对闪光对焊接头以及用于梁板水平连接中的气压焊接头，还应从每批成品中随机切取 3 个弯曲试样。对于机械连接接头，应在工程结构中随机切取 3 个拉伸试样。

（三）判定标准

对于焊接接头拉伸试件，当 3 个试件的抗拉强度大于等于钢筋母材抗拉强度标准值且至少有 2 个试件断于钢筋母材且呈延性断裂时，判定为合格。当 3 个试件中有 1 个试件的抗拉强度小于钢筋母材抗拉强度标准值时，判定为不合格。当符合下列条件之一，判定为复测：2 个试件断于钢筋母材且呈延性断裂，其抗拉强度大于等于钢筋母材抗拉强度标准值，另 1 个试件断于焊缝或热影响区且呈脆性断裂，其抗拉强度小于等于钢筋母材抗拉强度标准值；1 个试件断于钢筋母材且呈延性断裂，其抗拉强度大于等于钢筋母材抗拉强度标准值，另 2 个试件断于焊缝或热影响区且呈脆性断裂，其抗拉强度大于等于钢筋母材抗拉强度标准值；3 个试件均断于焊缝且呈脆性断裂，其抗拉强度均大于等于钢筋母材抗拉强度标准值。

对于焊接接头弯曲试件，当弯曲至 90°时，如有 2 个或 3 个试件外侧（含焊缝和热影响区）未发生宽度达到 0.5mm 的裂纹，则判定为合格。当有 3 个试件发生宽度达到 0.5mm 的裂纹，则判定为不合格。当有 2 个试件发生宽度达到 0.5mm 的裂纹，则应进行复测。

复测拉伸性能时，应再切取 6 个试件，当仍有 1 个试件的抗拉强度小于钢筋母材抗拉强度标准值，或有 3 个试件断于焊缝且呈脆性断裂，则判定该批接头不合格。复测弯曲性能时，应再切取 6 个试件，当有 3 个及以上试件发生宽度达到 0.5mm 的裂纹，则判定该批接头为不合格。

对于机械连接接头，当 3 根接头试件的抗拉强度均符合相应性能等级要求时，评定为合格。如有 1 根试件抗拉强度不符合相应性能等级要求时，应再取 6 个试件进行复测。复测中如仍有 1 个试件的抗拉强度不符合要求，评定为不合格。

钢筋焊接工艺检验时的判定标准与批量检验时相同。钢筋机械连接工艺检验时，如有 1 根试件的抗拉强度或 3 根试件残余变形的平均值不满足相应性能等级要求时，允许再抽 3 根试件进行复测。复测仍达不到合格要求的，判定为不合格。

（四）检测报告

钢筋连接件检测报告应至少包含以下内容：检测报告编号，委托单位名称，工程名称，钢筋品种，牌号，直径、生产厂及炉批号，连接类型，连接人，代表批量，委托日期，报告日期，检测参数及结果，依据标准，检测结论，见证及取样人员信息（如有必要），检测机构的名称、地址及联系方式，检测、审核、批准三级人员签字，检测机构公章或检测专用章，其他必要的信息。

（五）执行标准

《混凝土结构工程施工质量验收规范》（GB 50204—2015）

《钢筋焊接及验收规程》（JGJ 18—2012）

《钢筋机械连接技术规程》（JGJ 107—2010）

六、防水材料

（一）检测项目

弹性体改性沥青（SBS）防水卷材检测项目包括：单位面积质量、面积及厚度、外观、可溶物含量、耐热性、低温柔性、不透水性、拉力、延伸率、浸水后质量增加、热老化、渗油性、接缝剥离强度、钉杆撕裂强度、矿物粒料粘附性、卷材下表面沥青涂盖层厚度、人工气候加速老化等。进场复验项目宜包括：拉力、延伸率（G类除外）、低温柔性、不透水性、耐热性（地下工程除外）。

高分子防水片材的检测项目包括：规格尺寸、外观质量、拉伸强度、拉断伸长率、撕裂强度、不透水性、低温弯折、加热伸缩量、热空气老化、耐碱性、臭氧老化（适用于匀质片、复合片）、人工气候老化、粘接剥离强度、复合强度（适用于FS2型）、持黏性（适用于自粘片）、抗压性能（适用于异形片）、排水截面积（适用于异形片）。进场复验项目宜包括：常温拉伸强度、常温扯断伸长率、撕裂强度、低温弯折、不透水性能等。

聚氨酯防水涂料的检测项目包括：外观、拉伸强度、断裂伸长率、撕裂强度、低温弯折性、不透水性、固体含量、表干时间、实干时间、加热伸缩率、黏结强度、定伸时老化、热处理、碱处理、酸处理、人工气候老化、流平性、吸水率、燃烧性能、有害物质限量等。进场复验项目宜包括：固体含量、表干时间、实干时间、拉伸强度、断裂伸长率、低温弯折性、不透水性等。

聚合物水泥防水涂料的检测项目包括：外观、固体含量、拉伸强度、断裂伸长率、低温柔性、黏结强度、不透水性、抗渗性、自闭性。进场复验项目宜包括：固体含量、断裂伸长率（无处理）、拉伸强度（无处理）、低温柔性（适用于Ⅰ型）、不透水性等。

（二）代表批量及取样方法

（1）代表批量

常用防水材料的代表批量见表4-5。

表4-5　常用防水材料代表批量

产品类型	验收批组成	每批数量
改性沥青类防水卷材	同厂家、同类型、同品种、同规格的防水材料组成	≤10000m²
高分子类防水卷材		≤5000m²
有机防水涂料		≤5t
无机防水涂料		≤10t

（2）取样数量和方法

对于防水卷材，每批任取1卷，在规格尺寸和外观质量检查合格的条件下，从中裁取不少于1m² 的样品进行其他项目的检测。

对于防水涂料，每批任取5kg，放入不与涂料发生发应的干燥密闭容器中密封。如为双组分涂料，两组份分别取样，共取5kg样品，分别放入不与之发生反应的干燥密闭容器中密封。

（三）判定标准

在地下防水工程中，考虑到使用年限以及维修难度，对所用防水材料的性能指标有较高的要求。因此，用于地下防水工程的防水材料，其检测结果除应满足相关产品标准要求外，还应符合有关设计及验收规范的要求。

弹性体改性沥青防水卷材的各检测项目均符合相应标准要求时，判定为合格品；若有1项物理力学性能不符合要求，允许从该批产品中再随机抽取1卷对不合格项进行单项复测，复测结果达到要求时，判定为合格品。

高分子防水片材的各检测项目均符合相应标准要求时，判定为合格品；若有 1 项不符合要求，应另取双倍试样对不合格项进行复测，复测结果仍不合格时，判定为不合格品。

聚氨酯防水涂料的各检测项目均符合相应标准要求时，判定为合格品；若其中有 1 项物理力学性能不符合要求，应另取 1 份试样对不合格项进行单项复测，复测结果仍不合格时，判定为不合格品。

聚合物水泥防水涂料的检测结果均符合要求，则判该批产品合格。有两项或两项以上指标不符合规定时，则判该批产品不合格；若有一项指标不符合标准时，允许在同批产品中加倍抽样进行单项复检，若该项仍不符合标准，则判该批产品为不合格。

（四）检测报告

进场复验的防水材料检测报告应至少包含以下内容：检测报告编号，委托单位名称，工程名称，材料名称、类型、规格，生产厂，代表批量，委托日期，报告日期，检测参数及结果，依据标准，检测结论，见证及取样人员信息（如有必要），检测机构的名称、地址及联系方式，检测、审核、批准三级人员签字，检测机构公章或检测专用章，其他必要的信息。

（五）执行标准

《地下防水工程质量验收规范》(GB 50208—2011)

《地下工程防水技术规范》(GB 50108—2008)

《屋面工程质量验收规范》(GB 50207—2012)

《弹性体改性沥青防水卷材》(GB 18242—2008)

《高分子防水材料　第 1 部分：片材》(GB 18173.1—2012)

《聚氨酯防水涂料》(GB/T 19250—2013)

《聚合物水泥防水涂料》(GB/T 23445—2009)

七、土工

（一）检测项目

土及其结合料的检测项目包括：击实、密度、含水率、颗粒分析、塑性指数、承载比、无侧限抗压强度、剪切试验、回弹模量、固结试验、有机质含量、水泥石灰剂量、无机结合料稳定土抗压强度等。其中，回填土的主要检验项目包括：击实（最大干密度、最优含水率）、压实系数（干密度）；无机结合料稳定土的主要检验项目包括：击实（最大干密度、最佳含水量）、无侧限抗压强度、压实度。对于地基土，必要时还应检测地基承载力。

（二）代表批量及取样方法

对于房屋建筑工程中的回填土压实系数，以每 500m^2（基坑、室内）为一个批次，每批每层抽取 2 点．对于市政道路工程中的回填土压实系数，以每 1000m^2（路基）为一个批次，每批每层抽取 3 点。对于市政道路工程中的无机结合料稳定土基层，以每 1000m^2 为一个批次，每批抽取 1 点检测压实度；以每 2000m^2 为一个批次，每批抽取 1 组试件进行无侧限抗压强度的检测。

当用环刀法制备压实系数（干密度）试样时，应事先在环刀内壁涂一薄层凡士林，刃口向下对准选好的取土部位，将环刀垂直下压，直至环刀全部没入土内。之后用铁锹挖去环刀四周的土，再用铁锹对准环刀下部填土将整个环刀一同铲出，注意不得扰动环刀内的土。用修土刀修去环刀四周多余的土，修平环刀上下表面土层，并与环刀口平齐。取出环刀内土，编号后装入密封袋内封存。

（三）判定标准

土的压实系数（压实度）指土样实测干密度与最大干密度（击实）之比，当压实系数（压实度）符合设计要求的范围时即判定为合格。

（四）检测报告

土的检测报告应至少包含以下内容：检测报告编号，委托单位名称，工程名称，土的类别、比例（如有必要），取样位置、步次，代表批量，委托日期，报告日期，检测参数及结果，依据标准，检测结论，见证及取样人员信息（如有必要），检测机构的名称、地址及联系方式，检测、审核、批准三级人员签字，检测机构公章或检测专用章，其他必要的信息。

（五）执行标准

《城镇道路工程施工与质量验收规范》（CJJ 1—2008）

《公路路面基层施工技术规范》（JTJ 034—2000）

《土工试验方法标准》（GB/T 50123—1999）

《公土工试验规程》（JTG E40—2007）

《公路工程无机结合料稳定材料试验规程》（JTG E51—2009）

八、地基基础

（一）检测项目

桩基的检测分为试验桩和工程桩，其检测项目包括：竖向抗压承载力、竖向抗拔承载力、水平极限承载力、桩身完整性、桩身混凝土强度、桩长等。复合及人工地基的检测项目还涉及配合比、压实系数、桩径、桩间土密度等。

（二）代表批量及取样数量

工程桩进行静载荷检测时，抽样数量应不少于总数的 1%且不少于 3 根；当总桩数少于 50 根时，应抽取不少于 2 根。

对桩身质量进行检测时，抽样数量应不少于总数的 20%且不少于 10 根；对设计等级为甲级或地质条件复杂，成桩质量可靠性低的灌注桩，抽样数量应不少于总数的 30%且不少于 20 根；对混凝土预制桩及地下水位以上且终孔后已经过核验的灌注桩，抽样数量应不少于总数的 10%且不少于 10 根。

对于水泥土搅拌桩复合地基、高压喷射注浆复合地基、砂桩地基、振冲桩复合地基、灰土挤密桩复合地基、水泥粉煤灰碎石复合地基及夯实水泥土桩复合地基，进行承载力检测时，应抽取总数的 0.5%～1%且不少于 3 处；有单桩强度检测要求时，应抽取总数的 0.5%～1%且不少于 3 根。

（三）判定标准

对于承载力验收检测，静载荷试验的最大加载量不少于设计要求的承载和特征值的 2 倍时，该桩基判定为合格。对于桩身的完整性，如桩身完整则评为Ⅰ类桩；如桩身有轻微缺陷但不影响桩身结构承载力的正常发挥，则评为Ⅱ类桩；如桩身有明显或严重缺陷，则评为Ⅲ类或Ⅳ类桩。

（四）检测报告

桩基的检测报告应至少包含以下内容：检测报告编号，委托单位名称，工程名称、地点，基础、结构形式、层数，设计要求，检测目的，抽样数量，代表批量，委托日期，报告日期，地基条件描述，受检桩的桩型、尺寸、桩号、桩位、桩顶标高，检测方法，检测过程描述，检测数据、曲线、汇总结果，依据标准，检测结论，见证及取样人员信息（如有必要），检测机构的名称、地址及联系方式，检测、审核、批准三级人员签字，检测机构公章或检测专用章，其他必要的信息。

（五）执行标准

《建筑地基基础工程施工质量验收规范》（GB 50202—2002）

《建筑地基处理技术规范》（JGJ 79—2012）

《建筑基桩检测技术规范》（JGJ 106—2014）

《建筑地基基础设计规范》（GB 50007—2011）

《岩土工程勘察规范》[GB 50021—2001（2009 年版）]

九、结构实体

（一）检测项目

依据《混凝土结构工程施工质量验收规范》（GB 50204），对涉及混凝土结构安全的重要部位应进行结构实体检测。检测项目应包括：混凝土强度、钢筋保护层厚度等，必要时可检测其他项目。

（二）代表批量及取样数量

对于混凝土构件，同生产工艺、强度等级，原材料、配合比、养护条件基本一致且龄期相近的同类构件可组成一个检验批。每批的抽样数量不宜小于表 4-6 的规定。

表 4-6 结构实体检测抽样数量

检测批容量	最小抽样数量			检测批容量	最小抽样数量		
	A	B	C		A	B	C
2～8	2	2	3	501～1200	32	80	125
9～15	2	3	5	1201～3200	50	125	200
16～25	3	5	8	3201～10000	80	200	315
26～50	5	8	13	10001～35000	125	315	500
51～90	5	13	20	35001～150000	200	500	800
91～150	8	20	32	150001～500000	315	800	1250
151～280	13	32	50	＞500000	500	1250	2000
281～500	20	50	80	—	—	—	—

注：检测类别 A 适用于一般施工质量的检测，检测类别 B 适用于结构质量或性能的检测，检测类别 C 适用于结构质量或性能的严格检测或复检。

检测钢筋保护层厚度时，对梁、板类构件，应各抽取构件数量的 2%且不少于 5 个构件；当有悬挑构件时，抽取的构件中悬挑梁、板构件所占的比例均不宜小于 50%。对选定的梁类构件，应对全部纵向受力钢筋的保护层厚度进行检测；对选定的板类构件，应抽取不少于 6

根纵向受力钢筋进行检测。

（三）判定标准

对混凝土强度的检测，可采用回弹法、超声回弹综合法、拔出法、钻芯法等方法。检验批混凝土强度的推定，宜按相关检测标准给出推定区间，推定区间的置信度宜为0.90，并使错判概率和漏判概率均为0.05。当设计要求强度小于或等于推定上限值时，可判定为符合设计要求；当设计要求强度相应数值大于推定上限值时，可判定为低于设计要求。

对梁、板类构件纵向受力钢筋的保护层厚度应分别进行验收判定。梁类构件的允许偏差为＋10mm、－7mm，板类构件的允许偏差为＋8mm、－5mm。当该类构件全部钢筋保护层厚度的合格点率为90％及以上时，结果判定为合格；当合格点率小于90％但不小于80％时，可再抽取相同数量的构件进行检测，当按2次抽样总和计算的合格点率为90％及以上时，结果判定为合格；合格点率不满足以上条件时，结果判定为不合格。

（四）检测报告

桩基的检测报告应至少包含以下内容：检测报告编号，委托单位名称，工程名称、地点、结构类型、规模、施工日期及现状，检测目的，检测项目，检测方法，抽样数量，委托日期，报告日期，检测数据、汇总结果，依据标准，检测结论，见证及取样人员信息（如有必要），检测机构的名称、地址及联系方式，检测、审核、批准三级人员签字，检测机构公章或检测专用章，其他必要的信息。

（五）执行标准

《混凝土结构工程施工质量验收规范》（GB 50204—2015）

《建筑结构检测技术规范》（GB 50344—2004）

《回弹法检测混凝土抗压强度技术规程》（JGJ/T 23—2011）

《超声回弹综合法检测混凝土强度技术规程》（CECS 02：2005）

《拔出法检测混凝土强度技术规程》（CECS 69：2011）

《钻芯法检测混凝土强度技术规程》（CECS 03：2007）

十、幕墙工程

（一）检测项目

根据检测项目及检测条件的不同，可分为实验室检测、工程现场检测和特定场地检测。检测项目分为材料检测、安装检测、性能检测3类，其中材料检测包括结构件（铝合金型材、钢材）、面板（玻璃、金属板、石材）、密封（密封胶、密封条）、五金配件；安装检测包括锚件、连接件；性能检测包括抗风压、水密、气密、平面内变形、热工、热循环、隔声、采光、遮阳、抗震、抗冲击、抗爆炸冲击波、防火、防雷等。其中主要检测项目有幕墙的抗风压、水密、气密，面板强度，结构胶硬度、黏结强度、相容性，后置埋件的锚固承载力等。

（二）代表批量及取样数量

材料的现场检验应将同一厂家生产的同一型号、规格和批号的材料作为一个检验批，每批应随机抽取3％且不得少于5件。幕墙性能检测时的样品应具有代表性，不同结构类型的幕墙可分别或以组合形式进行检测。

（三）判定标准

抗风压性能的检测结果应符合设计要求，其他项目的结果应有80%实测值合格，且不合格值不得影响安全和正常使用。满足以上条件的，可判定幕墙合格，否则应判定为不合格。

（四）检测报告

幕墙的性能检测报告应至少包含以下内容：检测报告编号，委托单位名称，工程名称、地点、类型、生产厂、设计要求、规格尺寸、形状及结构、五金件位置，施工日期及现状，检测目的，检测项目，检测方法，测试单元位置，委托日期，报告日期，检测数据、试件有关图示、支承体系及可开启部分的开启方式、汇总结果，依据标准，检测结论，见证及取样人员信息（如有必要），检测机构的名称、地址及联系方式，检测、审核、批准三级人员签字，检测机构公章或检测专用章，其他必要的信息。

（五）执行标准

《建筑装饰装修工程质量验收规范》（GB 50210—2001）

《建筑幕墙》（GB/T 21086—2007）

《建筑幕墙工程检测方法标准》（JGJ/T 324—2014）

十一、沥青及沥青混合料

（一）检测项目

沥青的主要检测项目为延度、针入度、软化点，必要时还应检测腊含量、闪点、溶解度、密度、老化试验。

沥青混合料的检测项目有马歇尔稳定度及流值、密度、沥青含量、矿料级配、路面芯样马歇尔试验等。沥青混合料配合比的主要检测项目为马歇尔试验，必要时还应检测使用性能。

沥青混合料面层的主要检测项目为压实度、弯沉值，必要时还应进行厚度检测。

（二）代表批量及取样方法

（1）代表批量

沥青（黏稠沥青或固体沥青）检测时，以同来源、同规格、同次购入、同储罐的沥青为一个检验批，每批有机抽取4kg试样。

沥青混合料配合比检测时，以同设计要求、同原材料的为一个检验批，每批抽取沥青10kg、集料250kg。

沥青混合料实体质量检测时，以同原材料、同配合比、同施工工艺、同养护条件的为一个验收批。压实度检测每1000m^2测一点；弯沉值检测每车道、每20m，测一点；厚度检测每1000m^2测一点。

（2）取样方法

沥青混合料取样应是随机的，并具有充分的代表性。以检查拌和质量（如油石比、矿料级配）为目的时，应从拌和机一次放料的下方或提升斗中取样，不得多次取样混合后使用。以评定混合料质量为目的时，必须分几次取样，拌和均匀后作为代表性试样。

在道路施工现场抽取沥青混合料试样时，应在摊铺后未碾压前于摊铺宽度的两侧1/2～

1/3 位置处取样，用铁锹将摊铺层的全厚铲出，但不得将摊铺层下的其他层料铲入。每摊铺一车料取一次样，连续 3 车取样后，混合均匀，并用四分法缩分至检测用量。对现场制件的细粒式沥青混合料，也可在摊铺机经螺旋拨料杆拌匀的一端一边前进一边取样。

（三）判定标准

沥青及沥青混合料的各项性能指标应符合相应标准规范的要求。沥青混合料面层压实度对于城市快速路、主干路不得小于 96%，对次干路及以下道路不得小于 95%。面层厚度与设计规定值的偏差应在＋10～－0.5mm 范围内。弯沉值不得大于设计规定。

（四）检测报告

沥青及沥青混合料的检测报告应至少包含以下内容：检测报告编号，委托单位名称，工程名称，材料名称，品种、规格，取样部位（如有必要），代表批量，委托日期，报告日期，检测数据及结果，依据标准，检测结论，见证及取样人员信息（如有必要），检测机构的名称、地址及联系方式，检测、审核、批准三级人员签字，检测机构公章或检测专用章，其他必要的信息。

（五）执行标准

《城镇道路工程施工与质量验收规范》（CJJ 1—2008）

《公路工程沥青与沥青混合料试验规程》（JTJ 052—2000）

十二、给排水管材

（一）检测项目

常用给排水管材的检测项目见表 4-7。

表 4-7 常用给排水管材检测项目

产品名称	检测项目	主要检测项目
建筑排水用硬聚氯乙烯管材	外观，颜色，规格尺寸（平均外径、壁厚、不圆度、管材有效长度、不圆度、管材承口、弯曲度），密度，维卡软化温度，纵向回缩率，二氯甲烷浸渍，拉伸屈服强度，落锤冲击试验，系统适应性（水密性、气密性）	维卡软化温度，纵向回缩率，拉伸屈服强度，落锤冲击试验
建筑排水用硬聚氯乙烯管件	外观检查，颜色，规格尺寸，密度，维卡软化温度，烘箱试验，坠落试验，系统适应性	维卡软化温度，烘箱试验，坠落试验
给水用硬聚氯乙烯管材	外观检查，不透光性，规格尺寸，密度，维卡软化温度，纵向回缩率，二氯甲烷浸渍，落锤冲击，液压试验（20℃/1h、20℃/100h、60℃/1000h），系统适应性，卫生性能	维卡软化温度，纵向回缩率，落锤冲击，液压试验（20℃/1h）
给水用硬聚氯乙烯管件	外观检查，规格尺寸，维卡软化温度，烘箱试验，坠落试验，液压试验，系统适应性，卫生性能	维卡软化温度，烘箱试验，坠落试验，液压试验
冷热水用聚丙烯管材	外观检查，不透光性，规格尺寸，静液压试验（20℃/1h、95℃/1000h），熔体质量流动速率，静液压状态下的热稳定性，系统适应性，卫生性能	静液压试验（20℃/1h）
冷热水用聚丙烯管件	外观检查，不透光性，规格尺寸，纵向回缩率，静液压试验（20℃/1h、95℃/22h、95℃/165h 和 95℃/1000h），简支梁冲击，熔体质量流动速率，静液压状态下的热稳定性，系统适应性，卫生性能	纵向回缩率，静液压试验（20℃/1h）

续表

产品名称	检测项目	主要检测项目
冷热水用耐热聚乙烯管材	外观检查，透氧率，不透光性，规格尺寸，纵向回缩率，静液压试验（20℃/1h、95℃/165h、95℃/1000h），静液压状态下热稳定性试验，熔体质量流动速率，系统适应性，卫生性能	纵向回缩率，静液压试验（20℃/1h）
无压埋地排污、排水用硬聚氯乙烯管材	外观，颜色，规格尺寸，密度，维卡软化温度，纵向回缩率，落锤冲击，二氯甲烷浸渍，连接密封，环刚度	维卡软化温度，纵向回缩率，落锤冲击，环刚度
管道阀门	外观质量，材质，壳体试验，密封试验，阀体壁厚，阀杆直径，管螺纹精度，两端管螺纹轴线角偏差，启闭灵活性，闸板位置，安装性能，卫生性能	壳体试验，密封试验

（二）代表批量及取样方法

（1）代表批量

常用给排水管材的代表批量见表 4-8。

表 4-8　常用给排水管材代表批量

名称	验收批组成	每批数量
建筑排水用硬聚氯乙烯管材（PVC-U）	同生产厂家、同批次、相同材质的管材（件）组成	不超过 50km 或 30t
建筑排水用硬聚氯乙烯管件（PVC-U）		不超过 5000 个
给水用硬聚氯乙烯管材（PVC-U）		不超过 50km 或 30t
给水用硬聚氯乙烯管件（PVC-U）		不超过 5000 个
冷热水用聚丙烯管材		不超过 50km 或 30t
冷热水用聚丙烯管件		不超过 5000 个
冷热水用耐热聚乙烯（PE-RT）管材		不超过 50km 或 30t
无压埋地排污、排水用硬聚氯乙烯（PVC-U）管材		不超过 50km 或 30t
管道阀门	同牌号、同型号、同规格的阀门组成	—

（2）取样数量和方法

取样时，应首先进行外观质量的检查，从外观质量合格的产品中再抽取其他检测项目的试样。

对于给排水用 PVC 管材，每批从 5 根管材上各截取 1m 长管段为试样；对于聚丙烯管材、聚乙烯管材，每批从 2 根管材各截取 1m 长管段作为试样。

对于给排水 PVC 管件，每批抽取数量为 10 件；对于聚丙烯管件、聚乙烯管件，每批抽取数量为 3 件。

对于管道阀门，应每批抽取 10％且不少于 1 个进行壳体试验和密封试验；对于安装在主干管上起切断作用的闭路阀门，则应逐个进行壳体试验和密封试验。

（三）判定标准

对于管材管件，当各检测项目均符合相应标准要求时判定为合格品；当外观、规格尺寸、卫生指标中有任 1 项不符合相应标准要求时，判定为不合格品；当其他性能中如有 1 项不符合相应标准要求时，可在该批中再随即抽取双倍数量的样品对该不合格项进行复测，复测时如仍不符合标准要求，则判定不合格品。

对于管道阀门，当各检测项目均符合相应标准要求时判定为合格品；当有任 1 项不符合相应标准要求时，则判定该批（件）阀门为不合格品。

（四）检测报告

进场复验的给排水管材检测报告应至少包含以下内容：检测报告编号，委托单位名称，工程名称，材料名称、品种，规格尺寸、生产厂，代表批量，委托日期，报告日期，检测参数及结果，依据标准，检测结论，见证及取样人员信息（如有必要），检测机构的名称、地址及联系方式，检测、审核、批准三级人员签字，检测机构公章或检测专用章，其他必要的信息。

（五）执行标准

《建筑给水排水及采暖工程施工质量验收规范》(GB 50242—2002)

《给排水管道工程施工及验收规范》(GB 50268—2008)

《埋地塑料排水管道工程技术规程》(CJJ 143—2010)

《建筑排水用硬聚氯乙烯管材》(GB/T 5836.1—2006)

《建筑排水用硬聚氯乙烯管件》(GB/T 5836.2—2006)

《给水用硬聚氯乙烯（PVC-U）管材》(GB/T 10002.1—2006)

《给水用硬聚氯乙烯（PVC-U）管件》(GB 10002.2—2003)

《冷热水用聚丙烯管道系统　第 2 部分：管材》(GB/T 18742.2—2002)

《冷热水用聚丙烯管道系统　第 3 部分：管件》(GB/T 18742.3—2002)

《冷热水用耐热聚乙烯管材（PE-RT）》(CJ/T 175—2002)

《无压埋地排污、排水用硬聚氯乙烯（PVC-U）管材》(GB/T 20221—2006)

《通用阀门铁制截止阀与升降式止回阀》(GB/T 12233—2006)

《铁制和铜制螺纹连接阀门》(GB/T 8464—2008)

十三、通风与空调

（一）检测项目

风机盘管的进场复测项目包括：供冷量、供热量、风量、出口静压、噪声及功率等。通风与空调系统安装完毕后，应进行通风机和空调机组等设备的单机运转和调试，并应进行系统的风量平衡调试。

（二）代表批量及取样数量

检测风机盘管时，同一厂家的风机盘管按数量抽取 2%，且不得少于 2 台。检测新风量时，抽检比例不应少于新风系统数量的 20%，且不同风量的新风系统不应少于 1 个。检测定风量系统平衡度时，每个一级支路均应进行风系统平衡度检测；当其余支路小于或等于 5 个时，宜全数检测；当其余支路大于 5 个时，宜按照近端 2 个、中间区域 2 个、运端 2 个的原则进行检测。

（三）判定标准

风机盘管的各检测项目均符合相应标准要求时，判定为合格品；若有 1 个主项或 2 个次项不符合要求，则判定为不合格品。

单机试运转和调试结果应符合设计要求；系统的总风量与设计风量的允许偏差不应大于10%，风口的风量与设计风量的允许偏差不应大于15%。

定风量系统平衡度应符合设计要求，且90%的受检支路平衡度应在0.9～1.0范围内。

（四）检测报告

通风与空调的检测报告应至少包含以下内容：检测报告编号，委托单位名称，工程名称，设备（系统）名称、规格型号，测点位置（如有必要），代表批量，委托日期，报告日期，检测参数及结果，检测条件，依据标准，检测结论，见证及取样人员信息（如有必要），检测机构的名称、地址及联系方式，检测、审核、批准三级人员签字，检测机构公章或检测专用章，其他必要的信息。

（五）执行标准

《采暖通风与空气调节设计规范》（GB 50019—2003）

《风机盘管机组》（GB/T 19232—2003）

《组合式空调机组》（GB/T 14294—2008）

《建筑节能工程施工质量验收规范》（GB 50411—2007）

《采暖通风与空气调节工程检测技术规程》（JGJ/T 260—2011）

《公共建筑节能检测标准》（JGJ/T 177—2009）

十四、电气工程

电气工程所用材料较多，检测项目、代表批量及取样数量应符合以下规定：

（1）主要设备、材料、成品和半成品进场检验结论应有记录，确认符合规范规定，才能在施工中应用。

（2）因有异议送有资质试验室进行抽样检测，试验室应出具检测报告，确认符合规范和相关技术规定，才能在施工中应用。

（3）进口电气设备、器具和材料进场验收，除符合规范规定外，尚应提供商检证明和中文的质量合格证明文件、规格、型号、性能检测报告以及中文的安装、使用、维修和试验要求等技术文件。

（4）变压器、箱式变电所、高压电器及电瓷制品应符合下列规定：

1）查验合格证和随带技术文件，变压器有出厂试验记录；

2）外观检查：有铭牌，附件齐全，绝缘件无缺损、裂纹，充油部分不渗漏，充气高压设备气压指示正常，涂层完整。

（5）高低压成套配电柜、蓄电池柜、不间断电源柜、控制柜（屏、台）及动力、照明配电箱（盘）应符合下列规定：

1）查验合格证和随带技术文件，实行生产许可证和安全认证制度的产品，有许可证编号和安全认证标志。不间断电源柜有出场试验记录；

2）外观检查：有铭牌，柜内元器件无损坏丢失、接线无脱落焊，蓄电池柜内电池壳体无碎裂、漏夜，充油、充气设备无泄露，涂层完整，无明显碰撞凹陷。

（6）照明灯具及附件应符合下列规定：

1）查验合格证，新型气体放电灯具有随带技术文件；

2）外观检查：灯具涂层完整，无损伤，附件齐全。防爆灯具铭牌上有防爆标志和防爆合格证号，普通等具有安全认证标志；

3）对成套灯具的绝缘电阻、内部接线等性能进行现场抽样检测。灯具的绝缘电阻值不小于2MΩ，内部接线为铜芯绝缘电线，芯线截面积不小于0.5mm^2，橡胶或聚氯乙烯（PVC）绝缘电线的绝缘层厚度不小于0.6mm。对游泳池和类似场所灯具（水下灯及防水灯具）的密闭和绝缘性能有异议时，按批抽样送有资质的试验室检测。

（7）开关、插座、接线盒和风扇及其附件应符合下列规定：

1）查验合格证，防爆产品有防爆合格证号，实行安全认证制度的产品有安全认证标志；

2）外观检查：开关、插座的面板及接线盒盒体完整，无碎裂，零件齐全，风扇无损坏，涂层完整，调速器等附件适配；

3）对开关、插座、接线盒及其面板等塑料绝缘材料阻燃性能有异议时，按批抽样送有资质的试验室检测。

（8）电线、电缆应符合下列规定：

1）按批查验合格证，合格证有生产许可证编号，按《额定电压450/750V及以下聚乙烯绝缘电缆》（GB 5023.1～GB 5023.7）标准生产的产品有安全认证标志；

2）外观检查：包装完好，抽检的电线绝缘层完整无损，厚度均匀。电缆无压扁、扭曲，铠装不松卷。耐热、阻燃的电线、电缆外护层有明显标识和制造厂标；

3）按制造标准，现场抽样检测绝缘层厚度和圆形线芯的直径；线芯直径误差不大于标称直径的1%；

4）对电线、电缆绝缘性能、导电性能和阻燃性能有异议时，按批抽样送有资质的试验室检测。

（9）导管应符合下列规定：

1）按批查验合格证；

2）外观检查：钢导管无压扁、内壁光滑。非镀锌钢导管无严重锈蚀；镀锌钢导管镀层覆盖完整、表面无锈斑；绝缘导管及配件不碎裂、表面有阻燃标记和制造厂标；

3）按制造标准现场抽样检测导管的管径、壁厚及均匀度。对绝缘导管及配件的阻燃性能有异议时，按批抽样送有资质的试验室检测。

（10）电缆桥架、线槽应符合下列规定：

1）查验合格证；

2）外观检查：部件齐全，表面光滑、不变形；钢制桥架涂层完整，无锈蚀；玻璃钢制桥架色泽均匀，无破损碎裂。铝合金桥架涂层完整，无扭曲变形，不压扁，表面不划伤。

（11）河北省住房和城乡建设厅《关于进一步加强房屋建筑和市政基础设施工程见证取样管理工作的通知》（[2012] 87号文）规定：建筑电气工程所用的材料、成品、半成品、配件（电线电缆、开关、插座、配电箱盘）见证取样和送检的数量按每批数量的3%抽取，且不少于一组。

十五、建筑节能工程

建筑节能工程进场材料和设备的复验项目见表 4-9。

表 4-9　建筑节能工程进场材料和设备的复验项目

序号	分项工程	复验项目
1	墙体节能工程	1. 保温材料的导热系数、密度、抗压强度或压缩强度； 2. 黏结材料的黏结强度； 3. 增强网的力学性能、抗腐蚀性能
2	幕墙节能工程	1. 保温材料：导热系数、密度； 2. 幕墙玻璃：可见光透射比、传热系数、遮阳系数、中空玻璃露点； 3. 隔热型材：抗拉强度、抗剪强度
3	门窗节能工程	1. 严寒、寒冷地区：气密性、传热系数和中空玻璃露点； 2. 夏热冬冷地区：气密性、传热系数、玻璃遮阳系数、可见光透射比、中空玻璃露点； 3. 夏热冬暖地区：气密性、玻璃遮阳系数、可见光透射比、中空玻璃露点
4	屋面节能工程	保温隔热材料的导热系数、密度、抗压强度或压缩强度
5	地面节能工程	保温材料的导热系数、密度、抗压强度或压缩强度
6	采暖节能工程	1. 散热器的单位散热量、金属热强度； 2. 保温材料的导热系数、密度、吸水率
7	通风与空调节能工程	1. 风机盘管机组的供冷量、供热量、风量、出口静压、噪声及功率； 2. 绝热材料的导热系数、密度、吸水率
8	空调与采暖系统冷、热源及管网节能工程	绝热材料的导热系数、密度、吸水率
9	配电与照明节能工程	电缆、电线截面和每芯导体电阻值

第五章　建筑施工技术

第一节　地基与基础工程

一、基坑（槽）开挖、支护及回填方法

（一）基坑（槽）开挖

（1）施工工艺流程

1）浅基坑（槽）开挖，应先进行测量定位，抄平放线，定出开挖长度。

2）按放线分块（段）分层挖土。根据土质和水文情况，采取在四侧或两侧直立开挖或放坡，以保证施工操作安全。

3）在地下水位以下挖土。应在基坑（槽）四侧或两侧挖好临时排水沟和集水井，或采用井点降水，将水位降低至坑、槽底以下500mm，以利土方开挖。降水工作应持续到基础（包括地下水位下回填土）施工完成。雨期施工时，基坑（槽）应分段开挖，挖好一段浇筑一段垫层，并在基槽两侧围以土堤或挖排水沟，以防地面雨水流入基坑槽，同时应经常检查边坡和支撑情况，以防止坑壁受水浸泡造成塌方。

4）基坑开挖应尽量防止对地基土的扰动。当基坑挖好后不能立即进行下道工序时，应预留15～30cm一层土不挖，待下道工序开始再挖至设计标高。采用机械开挖基坑时，为避免破坏基底土，应在基底标高以上预留15～30cm的土层由人工挖掘修整。

5）基坑开挖时，应对平面控制桩、水准点、基坑平面位置、水平标高、边坡坡度等经常复测检查。

6）基坑挖完后应进行验槽，做好记录，当发现地基土质与地质勘探报告、设计要求不符时，应及时与有关人员研究处理。

（2）基坑支护

1）钢板桩施工：钢板桩支护具有施工速度快、可重复使用的特点。常用的钢板桩有U形和Z形，还有直腹板式、H形和组合式钢板桩。常用的钢板桩施工机械有自由落锤、气动锤、柴油锤、振动锤，使用较多的是振动锤。

2）水泥土墙施工：深层搅拌水泥土桩墙，是采用水泥作为固化剂，通过特制的深层搅拌机械，在地基深处就地将软土和水泥强制搅拌形成水泥土，利用水泥和软土之间所产生的一系列物理-化学反应，使软土硬化成整体性的并有一定强度的挡土、防渗墙。

3）地下连续墙施工：用特制的挖槽机械，在泥浆护壁下开挖一个单元槽段的沟槽，清底后放入钢筋笼，用导管浇筑混凝土至设计标高，一个单元槽段即施工完毕。各单元槽段间由

特制的接头连接，形成连续的钢筋混凝土墙体。工程开挖土方时，地下连续墙可用作支护结构，既挡土又挡水，地下连续墙还可同时用作建筑物的承重结构。

（3）土方回填压实

1）施工工艺流程

2）施工要点：土料要求与含水量控制

填方土料应符合设计要求，以保证填方的强度和稳定性。当设计无要求时，应符合以下规定：

a. 碎石类土、砂土和爆破石渣（粒径不大于每层铺土厚的 2/3），可作为表层下的填料；

b. 含水量符合压实要求的黏性土，可作各层填料；

c. 淤泥和淤泥质土，一般不能用作填料。

土料含水量一般以手握成团，落地开花为适宜。含水量过大，应采取翻松、晾干、风干、换土回填、掺入干土或其他吸水性材料等措施；当含水量小时，则应预先洒水润湿。亦可采取增加压实遍数或使用大功率压实机械等措施。

基底处理：

a. 场地回填应先清除基底上垃圾、草皮、树根，排除坑穴中积水、淤泥和杂物，并应采取措施防止地表清水流入填方区，浸泡地基，造成地基土下陷。

b. 当填方基底为耕植土或松土时，应将基底充分夯实和碾压密实。

回填压实：

a. 人工填土要求：填土应从场地最低部分开始，由一端向另一端自下而上分层铺填。每层虚铺厚度，用人工夯实时不大于 20cm，用打夯机械夯实时不大于 25cm。深浅坑（槽）相连时，应先填深坑（槽），填平后与浅坑全面分层填夯。如采取分段填筑，交接处应填成阶梯形。墙基及管道回填应在两侧用细土同时均匀回填、夯实，防止墙基及管道中心线位移。

夯填土应按次序进行，一夯压半夯。较大面积人工回填用打夯机夯实。两机平行时其间距不得小于 3m。在同一夯打路线上，前后间距不得小于 10m。

b. 机械填土要求：铺土应分层进行，每次铺土厚度不大于 30～50cm（视所用压实机械的要求而定）。每层铺土后，利用填土机械将地表面刮平。填土程序一般尽量采取横向或纵向分层卸土，以利行驶时初步压实。，

质量检查：

a. 填土施工过程中应检查排水措施、每层填筑厚度、含水量控制和压实程序。

b. 对有密实度要求的填方，在夯实或压实之后，要对每层回填土的质量进行检验

一般采用环刀法（或灌砂法）取样测定。或用小轻便触探仪直接通过锤击数来检验干密度和密实度，符合设计要求后，才能填筑上层。

c. 基坑和室内填土，每层按 100～500m^2 取样 1 组；场地平整填方，每层按 400～900m^2 取样 1 组；基坑和管沟回填每 20～50m^2 取样 1 组，但每层均不少于 1 组，取样部位在每层压

实后的下半部。用灌砂法取样应为每层压实后的全部深度。

d. 填方施工结束后应检查标高、边坡坡度、压实程度等。

二、钢筋混凝土扩展基础施工

基础的类型较多，其中钢筋混凝土扩展基础（即柱下钢筋混凝土独立基础和墙下钢筋混凝土条形基础）在实际工程中应用较为广泛。

（一）施工工艺流程

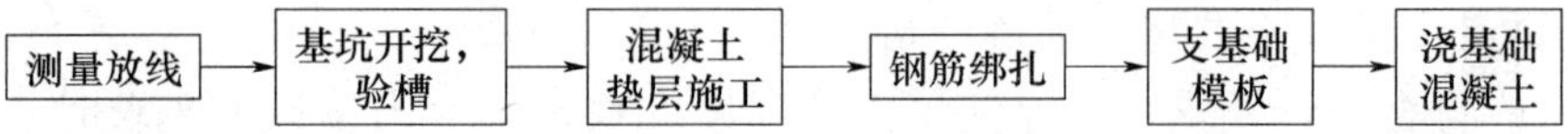

（二）施工要点

（1）垫层混凝土在验槽后应立即浇灌，以保护地基。当垫层混凝土达到一定强度后，在其上弹线、支模、铺放钢筋。

（2）钢筋上的泥土、油污，模板内的垃圾、杂物应清除干净。木模板应浇水湿润，缝隙应堵严，基坑积水应排除干净。

（3）混凝土自高处倾落时，其自由倾落高度不宜超过 2m，如高度超过 2m，应设料斗、漏斗、串筒、斜槽、溜管，以防止混凝土产生分层离析。

（4）混凝土宜分段分层灌注，每层厚度不超过 500mm。各段各层间应互相衔接，每段长 2～3m，使逐段逐层呈阶梯形推进，并注意先使混凝土充满模板边角，然后浇灌中间部分。

（5）混凝土应连续浇灌，以保证结构良好的整体性。

第二节　砌体工程

一、砌体工程的种类

根据砌筑主体的不同，砌体工程可分为砖砌体工程、石砌体工程、砌块砌体工程、配筋砌体工程。

（一）砖砌体

由砖和砂浆砌筑而成的砌体称为砖砌体。砖有烧结多孔砖、蒸压灰砂砖、粉煤灰砖、混凝土砖等，并有实心砖与空心砖两种形式。

（二）石砌体

由石材和砂浆砌筑的砌体为石砌体。常用的石砌体有料石砌体、毛石砌体、毛石混凝土砌体。

（三）砌块砌体

由砌块和砂浆砌筑的砌体为砌块砌体。常用的砌块砌体有混凝土空心砌块砌体、加气混凝土砌块砌体、水泥炉渣空心砌块砌体、粉煤灰硅酸盐砌块砌体等。

（四）配筋砌体

为了提高砌体的受压承载力和减小构件的截面尺寸，可在砌体内配置适量的钢筋形成配筋砌体。由于钢筋混凝土中，砌体仅限于围护与隔断作用，属于自承重构件，因此配筋砌体的使用已越来越少。

二、砌体施工工艺

（一）砖砌体

（1）施工工艺流程

找平 → 放线 → 摆砖 → 立皮数杆 → 盘角 → 砌筑 → 清理 → 勾缝 → 楼层轴线标引测 → 楼层标高控制

（2）施工要点

1）找平、放线：砌筑前，在基础防潮层或楼面上先用水泥砂浆或细石混凝土找平，然后在龙门板上以定位钉为标志，弹出墙的轴线、边线，定出门窗洞口位置，如图 5-1 所示。

2）摆砖：是指在放线的基面上按选定的组砌形式用于砖试摆。一般在房屋外纵墙方向摆顺砖，在山墙方向摆丁砖，摆砖由一个大角摆到另一个大角，砖与砖留 10mm 缝隙。摆砖的目的是为了校对放出的墨线在门窗洞口、附墙垛等处是否符合砖的模数，以尽可能减少砍砖，并使砌体灰缝均匀，组砌得当。

3）立皮数杆：是指在其上划有每皮砖和灰缝厚度，以及门窗洞口、过梁、楼板、梁底、预埋件等标高位置的一种木制标杆，如图 5-2 所示。它是砌筑时控制每皮砖的竖向尺寸，并使铺灰、砌砖的厚度均匀，洞口及构件位置留设正确，同时还可以保证砌体的垂直度。

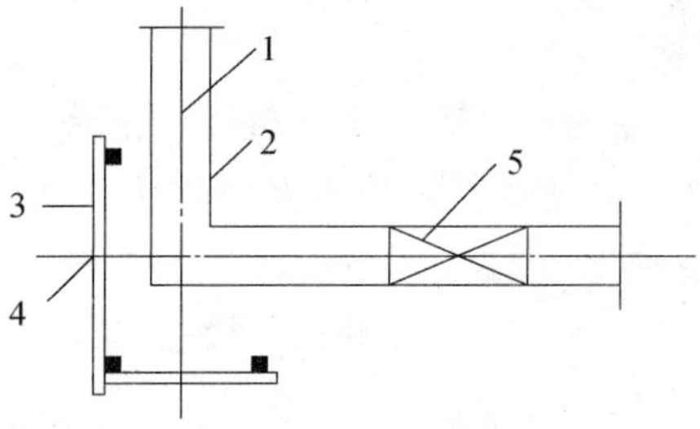

图 5-1　墙身放线

1—墙轴线；2—墙边线；3—龙门板；4—墙轴线标志；5—门洞位置标志

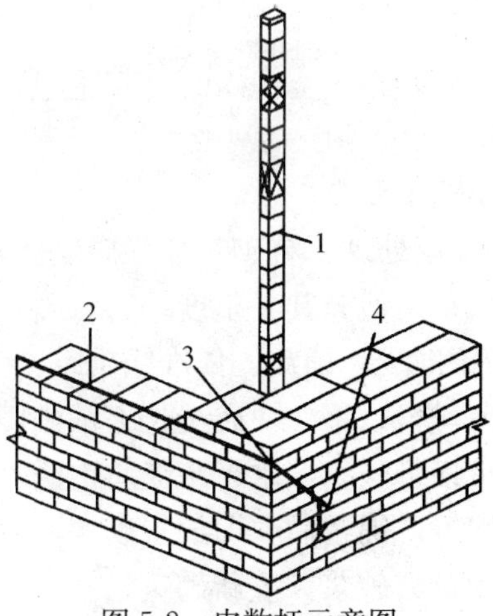

图 5-2　皮数杆示意图

1—皮数杆；2—准线；3—竹片；4—圆铁钉

皮数杆一般立于房屋的四大角、内外墙交接处、楼梯间以及洞口多的地方，一般可每隔10～15m立一根。皮数杆的设立，应有两个方向斜撑或锚钉加以固定，以保证其固定和垂直。一般每次开始砌砖前应用水准仪校正标高，并检查一遍皮数杆的垂直度和牢固程度。

4）盘角、砌筑：砌筑时应先盘角，盘角是确定墙身两面横平竖直的主要依据，盘角时主要大角不宜超过5皮砖，且应随砌随盘，做到“三皮一吊，五皮一靠”，对照皮数杆检查无误后，才能挂线砌筑中间墙体。为了保证灰缝平直，要挂线砌筑。一般一砖墙单面挂线，一砖半以上砖墙则宜双面挂线。

5）清理、勾缝：当该层施工面墙体砌筑完成后，应及时对墙面和落地灰进行清理。

勾缝是清水砖墙的最后的一道工序，具有保护墙面和增加墙面美观的作用。墙面勾缝有采用砌筑砂浆随砌随勾缝的原浆勾缝和加浆勾缝，加浆勾缝系指在砌筑几皮砖以后，先在灰缝处划出1cm深的灰槽，待砌完整个墙体以后，再用细砂拌制1∶1.5水泥砂浆勾缝，勾缝完的墙面应及时清扫。

6）楼层轴线引测：为了保证各层墙身轴线的重合和施工方便，在弹墙身线时，应根据龙门板上标注的轴线位置将轴线引测到房屋的外墙基上，二层以上各层墙的轴线，可用经纬仪或锤球引测到楼层上去，同时还需根据图上轴线尺寸用钢尺进行校核。

7）楼层标高的控制：各层标高除立皮数杆控制外，还可弹出室内水平线进行控制。底层砌到一定高度后，在各层的里墙身，用水准仪根据龙门板上的±0.000标高，引出统一标高的测量点（一般比室内地坪高出200～500mm），然后在墙角两点弹出水平线，依次控制底层过梁、圈梁和楼板底标高。当楼层墙身砌到一定高度后，先从底层水平线用钢尺往上量各层水平控制线的第一个标志，然后以此标志为准，用水准仪引测再定出各层墙面的水平控制线，以此控制各层标高。

（二）砌块砌体

（1）施工工艺流程

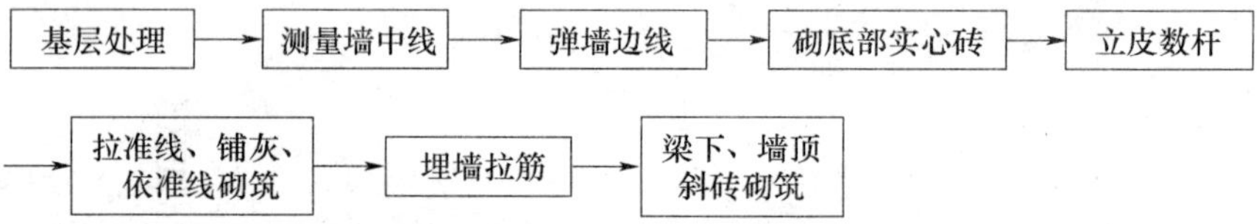

（2）施工要点

1）基层处理：将砌筑加气砖墙体根部的混凝土梁、柱的表面清扫干净，用砂浆找平，拉线，用水平尺检查其平整度。

2）拉准线、铺灰、依准线砌筑：为保证墙体垂直度、水平度，采取分段拉准线砌筑，铺浆要厚薄均匀，每一块砖全长上铺满砂浆，浆面平整，保证灰缝厚度，灰缝厚度宜为15mm，灰缝要求横平竖直，水平灰缝应饱满，竖缝采用挤浆和加浆方法，不得出现透明缝，严禁用水冲洗灌缝。铺浆后立即放置砌块，要求一次摆正找平。如铺浆后不立即放置砌块，砂浆凝固了，须铲去砂浆，重新砌筑。

3）埋墙拉筋：与构造柱相邻部位砌体应砌成马牙槎，马牙槎应先退后进，每个马牙槎沿高度方向尺寸不宜超过300mm，凹凸尺寸宜为60mm。砌筑时，砌体与构造柱间应沿墙高每500mm设拉结钢筋，钢筋数量及深入墙内长度应满足设计要求。

4）梁下、墙顶斜砖砌筑：与梁的接触处待加气砖砌完 14d 后采用灰砂砖斜砌顶紧。

（三）毛石砌体

（1）施工工艺流程

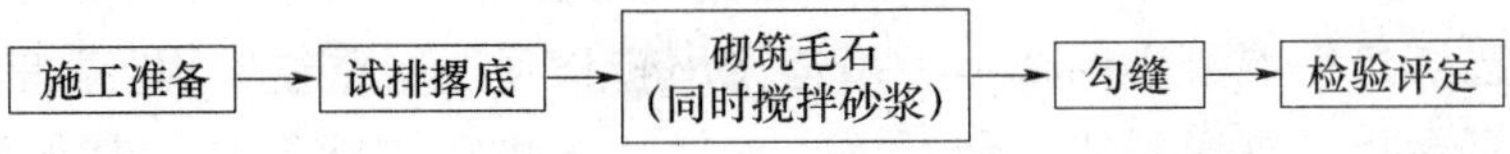

（2）施工要点

1）砂浆用水泥砂浆或水泥混合砂浆，一般用铺浆法砌筑，灰缝厚度应符合要求，且砂浆饱满。毛料石和粗料石砌体的灰缝厚度不宜大于 20mm，细料石砌体的灰缝厚度不宜大于 5mm。

2）毛石砌体宜分皮卧砌，且按内外搭接，上下错缝，拉结石、丁砌石交错设置的原则组砌，不得采用外面侧立石块，中间填心的砌筑方法。每日砌筑高度不宜超过 1.2m，在转角处及交接处应同时砌筑，如不能同时砌筑时，应留斜槎。

3）毛石挡土墙一般按 3～4 皮为一个分层高度砌筑，每砌一个分层高度应找平一次；毛石挡土墙外露面灰缝厚度不得大于 40mm，两个分层高度间分层处的错缝不得小于 80mm；对于中间毛石砌筑的料石挡土墙，丁砌料石应深入中间毛石部分的长度不应小于 200mm；挡土墙的泄水孔应按设计施工，若无设计规定时，应按每米高度上间隔 2m 左右设置一个泄水孔。

第三节　钢筋混凝土工程

一、常见模板的种类、特性及安装与拆除施工要求

（一）常见的模板种类、特性

（1）组合式模板

组合式模板是在现代模板技术中具有通用性强、装拆方便、周转使用次数多的一种新型模板，用它进行现浇混凝土结构施工。可事先按设计要求组拼成梁、柱、墙、楼板的大型模板，整体吊装就位，也可采用散支散拆方法。

（2）工具式模板

工具式模板是针对工程结构构件的特点，研制开发的可持续周转使用的专用性模板，包括大模板、滑动模板、爬升模板、飞模、模壳等。

1）大模板：模板是大型模板或大块模板的简称。它的单块模板面积大，通常是以一面现浇墙使用一块模板，区别于组合钢模板和钢框胶合板模板，故称大模板。

大模板依其构造和组拼方式可以分为整体式大模板、组合式大模板、拼装式大模板和筒形模板，以及用于外墙面施工的装饰混凝土模板。

2）滑动模板：滑动模板（简称滑模）施工，是现浇混凝土工程的一项施工工艺，与常规施工方法相比，这种施工工艺具有施工速度快、机械化程度高、可节省支模和搭设脚手架所需的工料、能较方便地将模板进行拆散和灵活组装并可重复使用。

3）爬升模板：爬升模板是综合大模板与滑动模板工艺和特点的一种模板工艺，具有大模板和滑动模板共同的优点，尤其适用于超高层建筑施工。爬升模板（即爬模）是一种适用于现浇钢筋混凝土竖向（或倾斜）结构的模板工艺，如墙体、电梯井、桥梁、塔柱等。

4）飞模：飞模是一种大型工具式模板，因其外形如桌，故又称桌模或台模。由于它可以借助起重机械从已浇筑完混凝土的楼板下吊运飞出转移到上层重复使用，故称飞模。

飞模主要由平台板、支撑系统（包括梁、支架、支撑、支腿等）和其他配件（如升降和行走机构等）组成，适用于大开间、大柱网、大进深的现浇钢筋混凝土楼盖施工，尤其适用于现浇板柱结构（无柱帽）楼盖的施工。

除上述几种常用模板外，还有密肋楼板模壳、压型钢板模板、预应力混凝土薄板模板等。

（二）模板的安装与拆除

（1）模板安装的施工要求

模板安装时，应符合下列要求：

1）同一条拼缝上的U形卡，不宜向同一方向卡紧。

2）墙模板的对拉螺栓孔应平直相对，穿插螺栓不得斜拉硬顶。钻孔应采用机具，严禁采用电、气焊灼孔。

3）钢楞宜采用整根杆件，接头应错开设置，搭接长度不应少于200mm。

（2）模板安装应注意的事项

模板的支设方法基本上有两种，即单块就位组拼（散装）和预组拼，其中预组拼又可分为分片组拼和整体组拼两种。采用预组拼方法，可以加快施工速度，提高工效和模板的安装质量，但必须具备相适应的吊装设备和有较大的拼装场地。

（3）模板拆除的安全要求

模板在拆除时，应符合以下安全要求：

1）拆模前应制定拆模程序、拆模方法及安全措施。

2）模板拆除的顺序和方法，应按照配板设计的规定进行，遵循先支后拆，先非承重部位后承重部位以及自上而下的原则。拆模时，严禁用大锤和撬棍硬砸硬撬。

3）先拆除侧面模板（混凝土强度大于1N/mm^2），再拆除承重模板。

4）组合大模板宜大块整体拆除。

5）支承件和连接件应逐件拆卸，模板应逐块拆卸传递，拆除时不得损伤模板和混凝土。

6）拆下的模板和配件均应分类堆放整齐，附件应放在工具箱内。

二、钢筋工程施工

（一）钢筋加工

（1）钢筋除锈

钢筋的表面应洁净。油渍、漆污和用锤敲击时能剥落的浮皮、铁锈等应在使用前清除干净。在焊接前，焊点处的水锈应清除干净。

钢筋的除锈，一般可通过以下两个途径：一是在钢筋冷拉或钢丝调直过程中除锈，对大量钢筋的除锈较为经济省力；二是用机械方法除锈。如采用电动除锈机除锈，对钢筋的局部除锈较为方便。还可采用手工除锈（用钢丝刷、砂盘）、喷砂和酸洗除锈等。

(2) 钢筋调直

钢筋的调直是在钢筋加工成型之前，对热轧钢筋进行矫正，使钢筋成为直线的一道工序。钢筋调直的方法分为机械调直和人工调直。以盘圆供应的钢筋在使用前需要进行调直，调直应优先采用机械方法调直，以保证调直钢筋的质量。

(3) 钢筋切断

断丝钳切断法：主要用于切断直径较小的钢筋，如钢丝网片、分布钢筋等。手动切断机：主要用于切断直径在16mm以下的钢筋，其手柄长度可根据切断钢筋直径的大小来调，以达到切断时省力的目的。

液压切断器切断法：主要用于切断直径在16mm以上的钢筋。

(4) 钢筋弯曲成型

钢筋弯曲和弯折的有关规定：

1) 受力钢筋：

a. HPB300钢筋末端应做180°弯钩，其弯弧内直径不应小于钢筋直径的2.5倍，弯钩的弯后平直部分长度不应小于钢筋直径的3倍。

b. 当设计要求钢筋末端需做135°弯钩时，钢筋的弯弧内直径 D 不应小于钢筋直径的4倍，弯钩的弯后平直部分长度应符合设计要求。

c. 钢筋做不大于90°的弯折时，弯折处的弯弧内直径不应小于钢筋直径的5倍。

2) 箍筋：除焊接封闭环式箍筋外，箍筋的末端应做弯钩。弯钩形式应符合设计要求。

(二) 钢筋的连接

钢筋的连接可分为两类：绑扎搭接、机械连接或焊接。当受拉钢筋的直径 $d>25$mm 及受压钢筋的直径 $d>28$mm 时，不宜采用绑扎搭接接头。

(1) 钢筋搭接连接

同一构件中相邻纵向受力钢筋的绑扎搭接接头宜相互错开。

在任何情况下，纵向受拉钢筋绑扎搭接接头的搭接长度不应小于300mm，纵向受压钢筋的搭接长度不应小于200mm。

(2) 钢筋焊接连接

1) 钢筋闪光对焊：钢筋闪光对焊是将两根钢筋安放成对接形式，利用焊接电流通过两根钢筋的接触点产生的电阻热，使接触点金属熔化，产生强烈飞溅，形成闪光，迅速施加顶锻力完成的一种压焊方法。

2) 钢筋电阻点焊：钢筋电阻点焊是将两根钢筋安放成交叉叠接形式，压紧于两电极之间，利用电阻热熔化母材金属，加压形成焊点的一种压焊方法。

3) 钢筋电弧焊：钢筋电弧焊是以焊条利用焊接电流通过产生的电弧热进行焊接的一种熔焊方法。

4) 钢筋电渣压力焊：钢筋电渣压力焊是将两根钢筋安放成竖向对接形成，利用焊接电流通过两根钢筋端面间隙，在焊剂层下形成电弧过程和电渣过程，产生电弧热和电阻热，熔化钢筋，加压完成的一种压焊方法。

(3) 钢筋机械连接

1) 钢筋套筒挤压连接：带肋钢筋套筒挤压连接是将两根待接钢筋插入钢套筒，用挤压连接设备沿径向挤压钢套筒，使之产生塑性变形，依靠变形后的钢套筒与被连接钢筋纵、横肋产生的机械咬合成为整体的钢筋连接方法。

2）钢筋锥螺纹套筒连接：钢筋锥螺纹套筒连接是将两根待接钢筋端头用套丝机做出锥形外丝，然后用带锥形内丝的套筒将钢筋两端拧紧的钢筋连接方法。

3）钢筋墩粗直螺纹套筒连接：钢筋墩粗直螺纹套筒连接是先将钢筋端头墩粗，再切削成直螺纹，然后用带直螺纹的套筒将钢筋两端拧紧的钢筋连接方法。

4）钢筋滚压直螺纹套筒连接：钢筋滚压直螺纹套筒连接是利用金属材料塑性变形后冷作硬化增强金属材料强度的特性，使接头与母材等强的连接方法。根据滚压直螺纹成型方式，又可分为直接滚压螺纹、压肋滚压螺纹、剥肋滚压螺纹三种类型。

（三）钢筋安装

（1）基础钢筋绑扎

1）施工工艺流程：

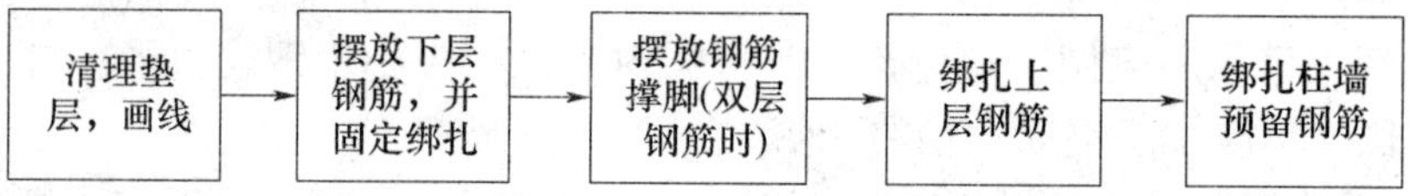

2）施工要点：

a. 钢筋网的绑扎：四周两行钢筋交叉点应每点扎牢。中间部分交叉点可相隔交错扎牢，但必须保证受力钢筋不位移。双向主筋的钢筋网，则需将全部钢筋相交点扎牢。绑扎时应注意相邻绑扎点的钢丝扣要成八字形，以免网片歪斜变形。

b. 基础底板采用双层钢筋网时，在上层钢筋网下面应设置钢筋撑脚或混凝土撑脚，以保证钢筋位置正确。

钢筋撑脚每隔 1m 放置一个。其直径选用：

当板厚 $h \leqslant 30$cm 时为 8～10mm；

当板厚 $h = 30 \sim 50$cm 时为 12～14mm；

当板厚 $h > 50$cm 时为 16～18mm。

c. 钢筋的弯钩应朝上：不要倒向一边；但双层钢筋网的上层钢筋弯钩应朝下。

d. 独立柱基础为双向弯曲，其底面短边的钢筋应放在长边钢筋的上面。

（2）柱钢筋绑扎

1）施工工艺流程：

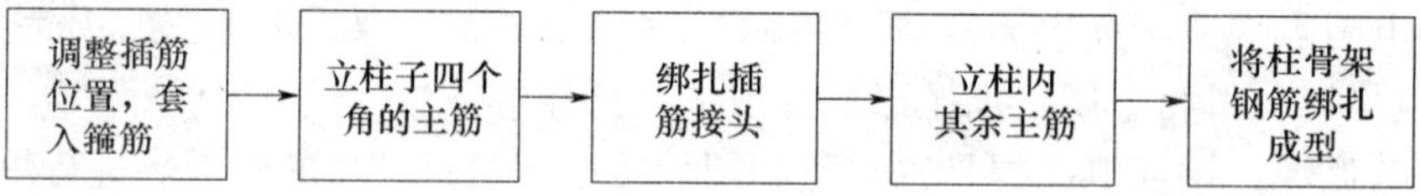

2）施工要点：

a. 柱中的竖向钢筋搭接时，角部钢筋的弯钩应与模板成 45°（多边形柱为模板内角的平分角，圆形柱应与模板切线垂直）。中间钢筋的弯钩应与模板成 90°。如果用插入式振捣器浇筑小型截面柱时，弯钩与模板的角度不得小于 15°。

b. 箍筋的接头（弯钩叠合处）应交错布置在四角纵向钢筋上；箍筋转角与纵向钢筋交叉点均应扎牢（箍筋平直部分与纵向钢筋交叉点可间隔扎牢）。绑扎箍筋时绑扣相互间应成八字形。

（3）板钢筋绑扎

1）施工工艺流程：

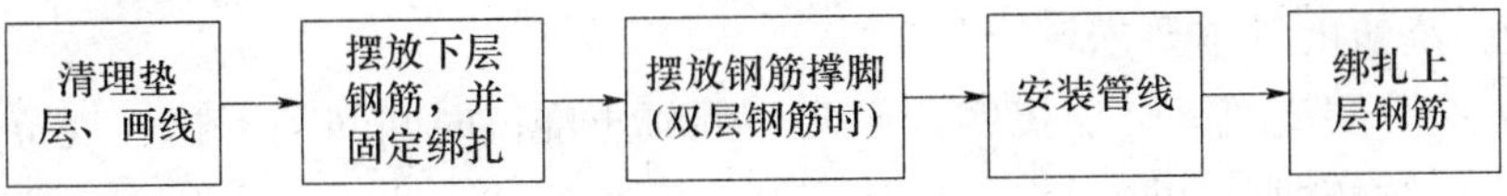

2）施工要点：

a. 现浇楼板钢筋的绑扎是在梁钢筋骨架放下之后进行的。在现浇楼板钢筋铺设时，对于单向受力板，应先铺设平行于短边方向的受力钢筋，后铺设平行于长边方向的分布钢筋；对于双向受力板，应先铺设平行于短边方向的受力钢筋，后铺设平行于长边方向的受力钢筋。且须特别注意，板上部的负筋、主筋与分布钢筋的相交点必须全部绑扎，并垫上保护层垫块。如楼板为双层钢筋时，两层钢筋之间应撑铁，以确保两层钢筋之间的有效高度，管线应在负筋没有绑扎前预埋好，以免施工人员施工时过多地踩倒负筋。

b. 板、次梁与主梁交叉处，板的钢筋在上，次梁的钢筋居中。主梁的钢筋在下；当有圈梁或垫梁时，主梁的钢筋在上。

c. 板的钢筋网绑扎与基础相同，但应注意板上部的负筋。要防止被踩下，特别是雨篷、挑檐、阳台等悬臂板。要严格控制负筋位置，以免拆模后断裂。

三、混凝土工程施工

混凝土工程施工包括混凝土拌合料的制备、运输、浇筑、振捣、养护等工艺过程。

（一）混凝土拌合料的运输

（1）运输要求

混凝土拌合料自商品混凝土厂装车后，应及时运至浇筑地点。混凝土拌合料运输过程中一般要求：

1）保持其均匀性，不离析、不漏浆。

2）运到浇筑地点时应具有设计配合比所规定的坍落度。

3）应在混凝土初凝前浇入模板并捣实完毕。

4）保证混凝土浇筑能连续进行。

（2）运输时间

混凝土从搅拌机卸出到浇筑进模后时间间隔不得超过表 5-1 中所列的数值。若使用快硬水泥或掺有促凝剂的混凝土，其运输时间由试验确定，轻骨料混凝土的运输、浇筑延续时间应适当缩短。

表 5-1　混凝土从搅拌机中卸出到浇筑完毕的延续时间（min）

混凝土强度等级	气温低于 25℃	气温高于 25℃
C30 及 C30 以下	120	90
高于 C30	90	60

（二）混凝土浇筑

混凝土浇筑就是将混凝土放入已安装好的模板内并振捣密实以形成符合要求的结构或构件的施工过程，包括布料、振捣、抹平等工序。

（1）混凝土浇筑的基本要求

1）混凝土应分层浇筑，分层捣实，但两层混凝土浇捣时间间隔不超过规范规定。

2）浇筑应连续作业，在竖向结构中如浇灌高度超过3m时，应采用溜槽或串筒下料。

3）在浇筑竖向结构混凝土前，应先在浇筑处底部填入50～100mm厚与混凝土内砂浆成分相同的水泥浆或水泥砂浆（接浆处理）。

4）浇筑过程应经常观察模板及其支架、钢筋、埋设件和预留孔洞的情况，当发现有变形或位移时，应立即快速处理。

（2）施工缝的留设和处理

施工缝是新浇筑混凝土与已凝结或已硬化混凝土的结合面。由于新旧混凝土的结合力较差，故施工缝处是构件中的薄弱环节。为保证结构的整体性，混凝土的浇筑应连续进行，尽量缩短间歇时间。如因施工组织或技术上的原因不能连续浇筑，混凝土运输、浇筑及中间的间歇时间超过混凝土的凝结时间，则应留置施工缝。

留置施工缝的位置应事先确定，施工缝应留在结构受剪力较小且便于施工的部位。柱子应留水平缝，梁、板和墙应留垂直缝。

施工缝的处理：在施工缝处继续浇筑混凝土时，应待浇筑的混凝土抗压强度不小于1.2MPa方可进行，以抵抗继续浇筑混凝土的扰动，而且应对施工缝进行处理。一般是将混凝土表面凿毛、清洗、清除水泥浆膜和松动石子或软弱混凝土层，再满铺一层厚10～15mm的水泥浆或与混凝土同水灰比的水泥砂浆，方可继续浇筑混凝土。施工缝处混凝土应细致捣实，使新旧混凝土紧密结合。

（3）混凝土振捣

用于振捣密实混凝土拌合物的机械，按其作业方式可分为：内部振动器、表面振动器、外部振动器和振动台。

（三）混凝土养护

养护方法有自然养护、蒸汽养护、蓄热养护等。

对混凝土进行自然养护，是指在平均气温高于5℃的条件下于一定时间内使混凝土保持湿润状态。自然养护又可分为洒水养护和喷洒塑料薄膜养生液养护等。

洒水养护是用吸水保温能力较强的材料（如草帘、芦席、麻袋、锯末等）将混凝土覆盖，经常洒水使其保持湿润。养护时间长短取决于水泥品种，硅酸盐水泥、普通硅酸盐水泥和矿渣硅酸盐水泥拌制的混凝土不少于7d；火山灰质硅酸盐水泥和粉煤灰硅酸盐水泥拌制的混凝土不少于14d，有抗渗要求的混凝土也不少于14d。洒水次数以能保持混凝土具有足够的润湿状态为宜。养护初期和气温较高时应增加洒水次数。

喷洒塑料薄膜养生液养护适用于不易洒水养护的高耸构筑物和大面积混凝土结构及缺水地区。

对于表面积大的构件（如地坪、楼板、屋面、路面等），也可用湿土、湿砂覆盖，或沿构件周边用黏土等围住，在构件中间蓄水进行养护。

混凝土必须养护至其强度达到 1.2MPa 以上，才准在上面行人和架设支架、安装模板，且不得冲击混凝土，以免振动和破坏正在硬化过程中的混凝土的内部结构。

第四节　钢结构工程

一、钢结构的连接

（一）焊接

钢结构工程常用的焊接方法有：手工电弧焊、自动（半自动）埋弧焊、气体保护焊。

（1）手工电弧焊：原理是在涂有药皮的金属电极与焊件之间施加电压，由于电极强烈放电导致气体电离，产生焊接电弧，高温下致使焊条和焊件局部熔化，形成气体、熔渣、熔池，气体和熔渣对熔池起保护作用，同时，熔渣与熔池金属产生冶炼反应后凝固成焊渣，冷却凝成焊缝，固态焊渣覆盖于焊缝金属表面后成型。

（2）埋弧焊：是生产效率较高的机械化焊接方法之一，又称焊剂层下自动电弧焊。焊丝与母材之间施加电压并相互接触放弧后使焊丝端部及电弧区周围的焊剂及母材熔化，形成金属熔滴、熔池及熔渣。金属熔池受到浮于表面的熔渣和焊剂蒸气的保护，不与空气接触，避免有害气体侵入。自动埋弧焊设备由交流或直流焊接电源、焊接小车、控制盒、电缆等附件组成。

（3）气体保护焊：包括钨极氩弧焊（TIG）、熔化极气体保护焊（GMAW）。目前应用较多的是 CO_2 气体保护焊。

CO_2 气体保护焊是采用喷枪喷出 CO_2 气体作为电弧焊的保护介质，使熔化金属与空气隔绝，保护焊接过程的稳定。

（二）螺栓连接

（1）普通螺栓连接

建筑钢结构中常用的普通螺栓牌号为 Q235，很少采用其他牌号的钢材制作。普通螺栓强度等级低，一般为 4.4S、4.8S、5.6S 和 8.8S。例如 4.8S，“S”表示级，“4”表示栓杆抗拉强度为 400MPa，0.8 表示屈强比，则屈服强度为 400×0.8＝320MPa。建筑钢结构中使用的普通螺栓，一般为六角头螺栓，常用规格有 M8、M10、M12、M16、M20、M24、M30、M36、M42、M48、M56、M64 等。普通螺栓质量等级按加工制作质量及精度分为 A、B、C 三个等级，A 级加工精度最高，C 级最差，A 级螺栓为精制螺栓，B 级螺栓为半精制螺栓，A、B 级适用于拆装式结构或连接部位需传递较大剪力的重要结构中，C 级螺栓为粗制螺栓，由圆钢压制而成，适用于钢结构安装中的临时固定，或用于承受静载的次要连接。普通螺栓可重复使用，建筑结构主结构螺栓连接，一般应选用高强螺栓，高强螺栓不可重复使用，属于永久连接的预应力螺栓。

（2）高强度螺栓连接

高强度螺栓按形状不同分为：大六角头型高强度螺栓和扭剪型高强度螺栓。大六角头高强度螺栓一般采用指针式扭力（测力）扳手或预置式扭力（定力）扳手施加预应力，目前使用较多的是电动扭矩扳手，按拧紧力矩的 50％进行初拧，然后按 100％拧紧力矩进行终拧，大型节点初拧后，按初拧力矩进行复拧，最后终拧。扭剪型高强度螺栓的螺栓头为盘头，栓杆端部有一个承受拧紧反力矩的十二角体（梅花头），以及一个能在规定力矩下剪断的断颈槽。扭剪型高强度螺栓通过特制的电动扳手，拧紧时对螺母施加顺时针力矩，对梅花头施加逆时针力矩，终拧至栓杆端部断颈拧掉梅花头为止。

（三）自攻螺钉连接

自攻螺钉多用于薄金属板间的连接，连接时先对被连接板制出螺纹底孔，再将自攻螺钉拧入被连接件螺纹底孔中，由于自攻螺钉螺纹表面具有较高硬度（≥HRC45），其螺纹具有弧形三角截面普通螺纹，螺纹表面也具有较高硬度，可在被连接板的螺纹底孔中攻出内螺纹，从而形成连接。

（四）铆钉连接

铆钉连接按照铆接应用情况，可以分为活动铆接、固定铆接、密缝铆接。固定铆接在桥梁建筑中运用，属于刚性连接。活动铆接在建筑工程中一般不使用。

二、钢结构安装

安装工艺流程：

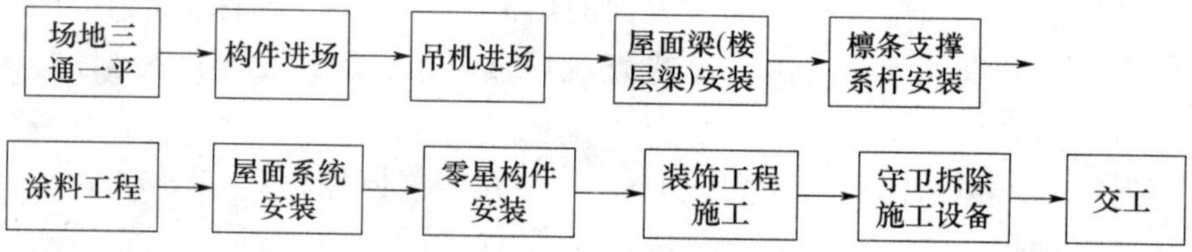

第五节　防水工程

一、防水工程的种类

根据所用材料的不同，防水工程可分为柔性防水和刚性防水两大类。柔性防水用的是各类卷材和沥青胶结料等柔性材料；刚性防水采用的主要是砂浆和混凝土类的刚性材料。按工程部位和用途，防水工程又可分为屋面防水工程、地下防水工程、楼地面防水工程三大类。

二、防水工程施工工艺

（一）防水砂浆施工工艺

（1）施工工艺流程

（2）施工要点

1）防水砂浆防水层的背水面基层的防水层采用四层做法（二素二浆），迎水面基层的防水层采用五层做法（三素二浆）。素浆和水泥浆的配合比按表 5-2 选用。

表 5-2　普通水泥砂浆防水层的配合比

名称	配合比（质量比）		水灰比	适用范围
	水泥	砂		
素浆	1		0.55～0.60	水泥砂浆防水层的第一层
素浆	1		0.37～0.40	水泥砂浆防水层的第三、五层
砂浆	1	1.5～2.0	0.40～0.50	水泥砂浆防水层的第二、四层

2）施工前要进行基层处理，清理干净表面、浇水湿润、补平表面蜂窝孔洞，使基层表面平整、坚实、粗糙，以增加防水层与基层间的黏结力。

3）防水层每层应连续施工，素灰层与砂浆层应在同一天内施工完毕。为了保证防水层抹压密实，防水层各层间及防水层与基层间黏结牢固，必须做好素灰抹面、水泥砂浆揉浆和收压等施工关键工序。素灰层要求薄而均匀，抹面后不易干撒水泥粉。揉浆是使水泥砂浆素灰相互渗透结合牢固，既保护素灰层又起防水作用，揉浆时严禁加水，以免引起防水层开裂、起粉、起砂。

4）防水砂浆防水层完工并待其强度达到要求后，应进行检查，以防水层不渗水为合格。

（二）掺防水剂水泥砂浆防水施工

掺防水剂的水泥砂浆是在水泥砂浆中掺入占水泥重量 3%～5%的各种防水剂配制而成的，常用的防水剂有氯化物金属盐类防水剂和金属皂类防水剂。

（1）施工工艺流程

找平层施工 → 防水层施工 → 质量检查

（2）施工要点

在未加防水剂的水泥砂浆防水层施工要点基础上需增加：

1）防水层施工时的环境温度为 5～35℃，必须在结构变形或沉降趋于稳定后进行。为防止裂缝产生，可在防水层内增设金属网片。

2）当施工采用抹压法时，先在基层涂刷一层 1∶0.4 的水泥浆（重量比），随后分层铺抹防水砂浆，每层厚度为 5～10mm，总厚度不小于 20mm。每层应抹压密实，待下一层养护凝固后再铺抹上一层。采用扫浆法时，先在基层薄涂一层防水净浆，随后分层铺刷防水砂浆，第一层防水砂浆经养护凝固后铺刷第二层，每层厚度为 10mm，相邻两层防水砂铺刷方向互相垂直，最后将防水砂浆表面扫出条纹。

3）氯化铁防水砂浆施工。先在基层涂刷一层防水净浆，然后抹底层防水砂浆，其厚 12mm 分两遍抹压，第一遍砂浆阴干后，抹压第二遍砂浆；底层防水砂浆抹完 12h 后，抹压面层防水砂浆，其厚 13mm 分两遍抹压，操作要求同底层防水砂浆。

（三）防水混凝土施工工艺

防水混凝土是通过采用较小的水灰比，适当增加水泥用量和砂率，提高灰砂比，采用较小的骨料粒径，严格控制施工质量等措施，从材料和施工两方面抑制和减少混凝土内部孔隙的形成，特别是抑制孔隙间的连通，堵塞渗透水通道，靠混凝土本身的密实性和抗渗性来达到防水要求的混土。为了提高混凝土的防水要求，还可通过在混凝土中加入一定量的外加剂，如减水剂、加气剂、防水剂及膨胀剂等，以改善混凝土性能和结构的组成，提高其密实性和抗渗性，达到防水要求。一般有加气剂防水混凝土、减水剂防水混凝土、三乙醇胺防水混凝土、氯化铁防水混凝土等。

（1）施工工艺流程

选料 → 制备 → 浇筑 → 养护

（2）施工要点

1）选料：水泥选用强度等级不低于 42.5，水化热低，抗水（软水）性好，泌水性小（即保水性好），有一定的抗侵蚀性的水泥。粗骨料选用级配良好、粒径 5～30mm 的碎石。细骨料选用级配良好、平均粒径 0.4mm 的中砂。

2）制备：在保证能振捣密实的前提下水灰比尽可能小，一般不大于 0.6，坍落度不大于 50mm，水泥用量在 320～400kg/m^3 之间，砂率取 35％～40％。

3）防水混凝土浇筑与养护：

a. 模板：防水混凝土所用模板，除满足一般要求外，应特别注意模板拼缝严密，保证不漏浆。对于贯穿墙体的对拉螺栓，要加止水片，做法是在对拉螺栓中部焊一块 2～3mm 厚、80mm×80mm 的钢板，止水片与螺栓必须满焊严密，拆模后沿混凝土结构边缘将螺栓割断。也可以使用膨胀橡胶止水片，做法是将膨胀橡胶止水片紧套于对拉螺栓中部即可。

b. 钢筋：为了有效地保护钢筋和阻止钢筋的引水作用，迎水面防水混凝土的钢筋保护层厚度不得小于 50mm。留设保护层，应以相同配合比的细石混凝土或水泥砂浆制成垫块，将钢筋垫起，严禁以钢筋垫钢筋。钢筋以及绑扎钢丝均不得接触模板。若采用铁马凳架设钢筋时，在不能取掉的情况下，应在铁马凳上加焊止水环，防止水沿铁马凳渗入混凝土结构。

c. 混凝土：在浇筑过程中，应严格分层连续浇筑，每层厚度不宜超过 300～400mm，机械振捣密实。浇筑防水混凝土的自由落下高度不得超过 1.5m。在常温下，混凝土终凝后（一般浇筑后 4～6h），应在其表面覆盖草袋，并经常浇水养护，保持湿润，由于抗渗等级发展慢，养护时间比普通混凝土要长，故防水混凝土养护时间不少于 14d。防水混凝土结构拆模时，必须注意结构表面与周围气温的温差不应过大（一般不大于 15℃），否则会由于混凝土结构表面局部产生温度应力而出现裂缝，影响混凝土的抗渗性。拆模后应及时进行填土，以避免混凝土因干缩和温差产生裂缝，也有利于混凝土后期强度的增长和抗渗性提高。

d. 施工缝：底板混凝土应连续浇灌，不得留施工缝。墙体一般只允许留水平施工缝，其位置一般宜留在高出底板上表面不小于 500mm 的墙身上，如必须留设垂直施工缝时，则应留在结构的变形缝处。

（四）防水涂料施工工艺

涂料防水层属于柔性防水层，是用防水涂料涂刷于结构表面所形成的表面防水层，一般采用外防外涂和外防内涂的施工方法。常用的防水涂料有橡胶沥青类防水涂料、聚氨酯防水涂料、硅橡胶防水涂料、丙烯酸酯防水涂料、沥青类防水涂料等。

（1）施工工艺流程

找平层施工 → 防水层施工 → 保护层施工 → 质量检查

（2）施工要点

1）找平层施工：找平层有水泥找平层，沥青砂浆找平层，细石混凝土找平层三种，施工要求密实平整，并找好坡度。

2）防水层施工：

a. 涂刷基层处理剂：基层处理剂涂刷时应用刷子用力薄涂，使涂料尽量刷进基层表面的毛细孔，并将基层可能留下来的少量灰尘等无机杂质，像填充料一样混入基层处理剂中，使之与基层牢固结合。这样即使屋面上灰尘不能完全清扫干净，也不会影响涂层与基层的牢固黏结。特别在较为干燥的屋面上进行溶剂型防水涂料施工时，使用基层处理剂打底后再进行防水涂料涂刷，效果相当明显。

b. 涂刷防水涂料：厚质涂料宜采用铁抹子或胶皮板刮涂施工；薄质涂料可采用棕刷、长柄刷、圆滚刷等进行人工涂刷，也可采用机械喷涂。涂料涂刷应分条或按顺序进行，分条进行时，每条宽度应与胎体增强材料宽度相一致，以避免操作人员踩踏刚涂好的涂层。流平性差的涂料，为便于抹压，加快施工进度，可以采用分条间隔施工的方法，条带宽800～1000mm。

c. 铺设胎体增强材料：在涂刷第二遍涂料时，或第三遍涂料涂刷前，即可加铺胎体增强材料。胎体增强材料可采用湿铺法或干铺法铺贴。

3）保护层施工：保护层的种类有水泥砂浆、泡沫塑料、细石混凝土和砖墙四种，施工要求不得损坏防水层。

（五）卷材防水工程施工工艺

卷材防水应采用沥青防水卷材或高聚物改性沥青防水卷材，所选用的基层处理剂、胶黏剂应与卷材配套。防水卷材及配套材料应有产品合格证书和性能检测报告，材料的品种、规格、性能等应符合现行国家产品标准和设计要求。

（1）施工工艺流程

找平层施工 → 防水层施工 → 保护层施工 → 质量检查

（2）施工要点

1）找平层、保护层施工要求与涂料防水层的施工基本相同。

2）防水层施工要点：

a. 找平层表面应坚固、洁净、干燥。铺设防水卷材前应涂刷基层处理剂，基层处理剂应采用与卷材性能配套（相容）的材料，或采用同类涂料的底子油；

b. 要使用该品种高分子防水卷材的专用粘结剂，不得错用或混用；

c. 必须根据所用黏合剂的使用说明和要求，控制胶黏剂涂刷与黏合的间隔时间，间隔时间受胶黏剂本身性能、气温湿度影响，要根据试验、经验确定；

d. 铺贴高分子防水卷材时，切忌拉伸过紧，以免使卷材长期处在受拉应力状态，易加速卷材老化；

e. 卷材搭接缝结合面应清洗干净，均匀涂刷胶黏剂后，要控制好胶黏剂涂刷与粘合间隔时间，黏合时要排净接缝间的空气，辊压粘牢。接缝口应采用宽度不小于10mm的密封材料封严，以确保防水层的整体防水性能。

第六节 装饰抹灰工程

一、装饰抹灰工程的种类

抹灰是将水泥、石灰膏、膨胀珍珠岩等各种材料配制的砂浆或素浆涂抹在建筑结构体表面，抹灰工程是最为直接也是最初始的装饰工程，同时具有保护主体结构、防水和保温等使用功能。

抹灰工程的种类有石灰砂浆、水泥砂浆、水泥混合砂浆、聚合物水泥砂浆等。

二、工艺流程

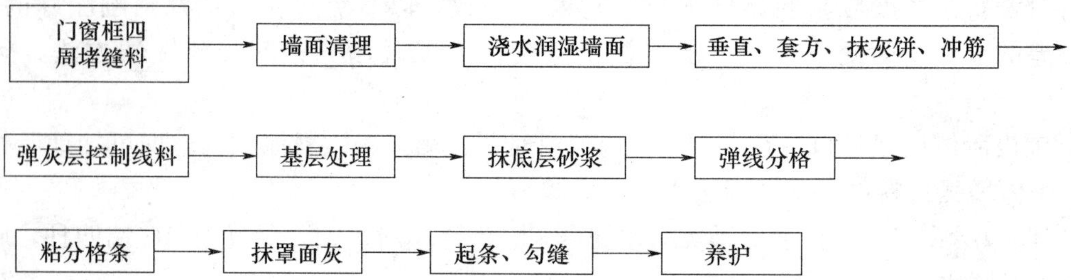

三、施工要点

（一）基层为混凝土墙

（1）基层处理：若混凝土表面很光滑，应对其表面进行“毛化”处理，其方法有两种：一种有将其光滑的表面用尖钻剔毛，剔去光面，使其表面粗糙不平，用水湿润基层。另一种方法是将光滑的表面清扫干净，用10%火碱水除去混凝土表面的油污后，将碱液冲洗干净后晾干，采用机械喷涂或用笤帚甩上一层1∶1稀粥状水泥细砂浆（内掺10%界面剂），使其凝固在光滑的基层表面，用手掰不动为好。

（2）吊垂直、套方找规矩：分别在门窗口角、垛、墙面等处吊垂直，套方抹灰饼，并按灰饼充筋后，在墙面上弹出抹灰灰层控制线。

（3）抹底层砂浆：刷掺水量10%的界面剂，（水灰比为0.4～0.5）紧跟抹1∶3水泥砂浆，每遍厚度为5～7mm，应分层与所冲筋抹平，并用大杠刮平、找直，木抹子搓毛（图5-3）。

（4）抹面层砂浆：底层砂浆抹好后，第二天即可抹面层砂浆，首先将墙面洇湿，按图纸尺寸弹线分格，粘分格条、滴水槽，抹面层砂浆。面层砂浆配合比为1∶2.5水泥砂浆或1∶0.5∶3.5水泥混合砂浆，厚度为5～8mm。阴角的扯平找直如图5-4所示。先用水湿润，抹时先薄薄地刮一层素水泥膏，使其与底灰粘牢，紧跟着抹罩面灰与分格条抹平，并用杠横竖刮平，木抹子搓毛，铁抹子溜光、压实。待其表面无明水时，用软毛刷蘸水垂直于地面的同一方向，轻刷一遍，以保证面层灰的颜色一致，避免和减少收缩裂缝。随后，将分格条起出，待灰层干后，用素水泥膏将缝子勾好。对于难起的分格条，则不应硬起，防止棱角损坏，应待灰层干透后补起。并补勾缝。

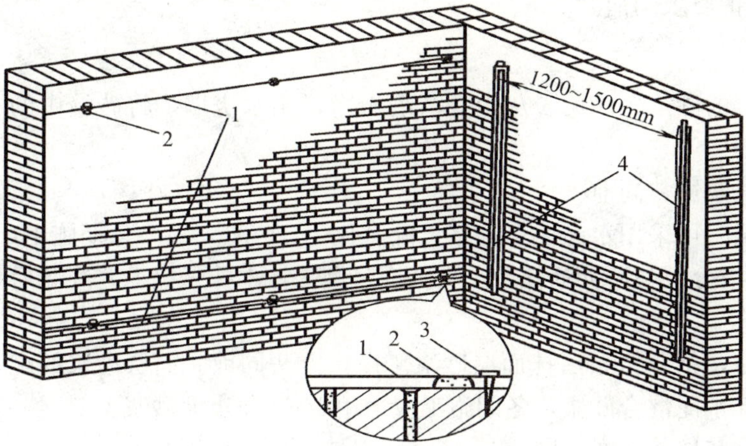

图 5-3　挂线做标志块及标筋

1—引线；2—标志块；3—钉子；4—冲筋

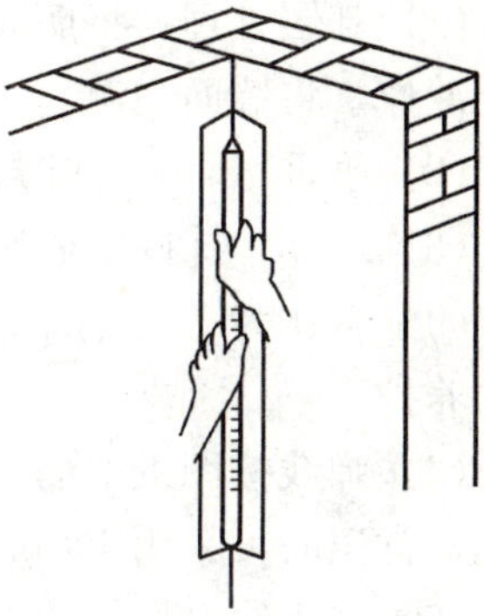

图 5-4　阴角的扯平找直

(5) 抹灰的施工程序：从上往下打底，底层砂浆抹完后，将架子升上去，再从上往下抹面层砂浆。应注意在抹面层灰以前，应先检查底层砂浆有无空、裂现象，如有空裂，应剔凿返修后再抹面层灰；另外应注意底层砂浆上的尘土、污垢等应先清净，浇水湿润后，方可进行面层抹灰。

(6) 滴水线（槽）：在檐口、窗台、窗楣、雨篷、阳台、压顶和突出墙面等部位，上面应做出流水坡度，下面应做滴水线（槽）。流水坡度及滴水线（槽）距外表面不应小于 40mm，滴水线（又称鹰嘴）应保证其坡向正确。

(7) 养护：水泥砂浆抹灰层应喷水养护。

（二）基层为加气混凝土墙

(1) 基层处理：用笤帚将墙面上的粉尘扫净，浇水，将墙洇透，使水浸入加气块墙达 10mm 为宜。对缺棱掉角的砌块，或砌块的接缝处高差较大时，可用 1∶1∶6 水泥混合砂浆掺 10%界面剂拌合均匀，分层衬平，每遍厚度 5～7mm，待灰层凝固后，用水湿润，用上述同配合比的细砂浆（砂子应用纱绷筛去筛），用机械喷或用笤帚甩在加气混凝土表面，第二天浇水养护，直至砂浆疙瘩凝固，用手掰不动为止。

(2) 吊垂直、套方找规矩：同前。

(3) 抹底层砂浆：先刷掺水量 10%的界面剂（水灰比 0.4～0.5），随刷随抹水泥混合砂浆，配合比 1∶1∶6，分遍抹平，大杠刮平，木抹子搓毛，终凝后开始养护。若砂浆中掺入粉煤灰，则上述配合比可以改为 1∶0.5∶0.5∶6，即水泥∶石灰∶粉煤灰∶砂。

(4) 弹线、分格、粘分格条、滴水槽、抹面层砂浆：首先应按图纸上的要求弹线分格，粘分格条，注意粘竖条时应粘在所弹立线的同一侧，防止左右乱粘。条粘好后，当底灰五、六成干时，即可抹面层砂浆。先刷掺水重 10%的界面剂水泥素浆一道，紧跟着抹面。面层砂浆的配合比为 1∶1∶5 的水泥混合砂浆或为 1∶0.5∶0.5∶5 水泥、粉煤灰混合砂浆，一般厚度 5mm 左右，分两次与分格条抹平，再用杠横竖刮平，木抹子搓毛，铁抹子压实、压光，待表面无明水后，再刷子蘸水按垂直于地面方向轻刷一遍，使其面层颜色一致。做完面层后应喷水养护。

（5）滴水线（槽）：做法及养护要求同前。

（三）基层为砖墙

（1）基层处理：将墙面上残存的砂浆、污垢、灰尘等清理干净，用水浇墙，将砖缝中的尘土冲掉，将墙面润湿。

（2）吊垂直、套方找规矩，抹灰饼：同前。

（3）冲筋，抹底层砂浆：常温时可采用水泥混合砂浆，配合比为1∶0.5∶4，冬期施工，底灰的配合比为1∶3水泥砂浆，应分层与所冲筋抹平，大杠横竖刮平，木抹子搓毛，终凝后浇水养护。

（4）弹线按图纸上的尺寸分块，粘分格条后抹面层砂浆。操作方法同前。面层砂浆的配合比，常温时可采用1∶0.5∶3.5水泥混合砂浆，冬期施工应采用1∶2.5水泥砂浆。

（5）滴水线（槽）施工方法及灰层养护方法同前。

第七节　水性涂料涂饰工程

一、水性涂料涂饰工程种类

水性涂料涂饰工程包括乳液型涂料、无机涂料、水溶性涂料等。

涂料的基本构造可分为底层和面层两部分。

二、施工工艺

（一）内墙面、顶棚水性涂料涂饰工程施工工艺

（1）施工工艺流程

基层处理→刮腻子→弹分色线→涂饰底层涂料→涂饰第一遍面层涂料→涂饰第二遍面层涂料

（2）施工工艺要点

1）基层要求：

a. 基层应牢固，不开裂、不掉粉、不起砂、不空鼓、不剥离、无石灰爆裂点和无附着力不良的旧涂层。

b. 表面平整，立面垂直，阴阳角垂直、方正和无缺棱掉角；分格缝深浅一致且横平竖直。

c. 基层应清洁，表面无灰尘、无浮浆、无油迹、无锈斑、无霉点、无盐类析出物和无青苔等杂物。

d. 基层应干燥，涂刷溶剂型涂料时，基层含水率不得大于8%；涂刷乳液型涂料时，基层含水率不得大于10%、pH值不得大于10。

e. 新建筑物的混凝土或抹灰基层在涂饰涂料前应刷抗碱封闭底漆，旧墙面在涂饰涂料前应涂刷界面剂。

2）刮腻子：刮腻子根据表面的平整度来决定遍数，一般情况多为2～3遍。每道腻子层不宜刮得太厚。第一道腻子应调稠些便于批嵌缝洞，第二道则稀些，使之大面找平，第三道

则更稀些，所有腻子层打光磨平后应无刮痕，随之清除墙面粉尘。腻子干燥后，应打磨平整光滑，并清理干净。

3）弹分色线：如墙面设有分色线，应在涂饰前弹线，先涂饰浅色涂料，后涂饰深色涂料。

4）涂饰涂料：分为刷涂、滚涂和喷涂。

（二）外墙涂料涂饰施工工艺

（1）施工工艺流程

基层处理 → 刮腻子 → 磨平 → 弹分格线 → 涂饰底层涂料 → 涂饰第一遍面层涂料 → 涂饰第二遍面层涂料 → 修整

（2）施工工艺要点

1）基层处理：

a. 基层应坚固，不开裂、不掉粉、不起砂、不空鼓、不剥离、无石灰爆裂点和无附着力不良的旧涂层。

b. 表面平整，立面垂直，阴阳角垂直、方正和无缺楞掉角；分格缝深浅一致且横平竖直。

c. 基层应清洁，表面无灰尘、无浮浆、无油迹、无锈斑、无霉点、无盐类析出物和无青苔等杂物。

d. 基层应干燥，涂刷溶剂型涂料时，基层含水率不得大于8%；涂刷乳液型涂料时，基层含水率不得大于10%。pH值不得大于10。

e. 新建筑物的混凝土或抹灰基层在涂饰涂料前应刷抗碱封闭底漆，旧墙面在涂饰涂料前应涂刷界面剂。

2）刮腻子：根据表面的平整度来决定遍数，一般情况多为2～3遍。对于缺陷较大的地方可进行多次找平；打磨腻子注意不要磨穿或漏磨腻子。处理后应平整光滑、角线顺直，并清理干净。

3）弹分格缝：根据设计要求进行吊垂直、套方、找规矩、弹分格缝。此项工作必须严格按照标高控制好，必须保证建筑物外墙的分格缝四周交圈。分格缝必须深浅、宽度均匀一致，平直光滑，棱角整齐。

4）涂饰涂料：涂饰涂料的方法分为刷涂、滚涂和喷涂。

第八节　木门窗安装工程

一、木门窗种类

按照不同的分类方法，常用木门可分成不同的种类。如根据常用木门的开启方式不同可将其分为：平开门、弹簧门、推拉门、转门和折叠门等；而根据常用木门的构造不同，可将其分为：镶板门、拼板门、夹板门（胶合板门）、玻璃门、连窗门等。

按照不同的分类方法常用木窗也可分为许多种类型。如根据开启方式的不同可将常用木窗分为平开窗、推拉窗、固定窗、转窗等，根据构造不同可将常用木窗分为玻璃窗、百叶窗、连门窗等，而根据窗扇的多少又可将常用木窗分为单扇窗、双扇窗、三扇窗、四扇窗等。

二、施工工艺流程

弹线找规矩→决定框安装位置→确定安装标高→掩扇、框安装样板→框扇安装→框安装→扇安装

三、施工工艺要点

（1）结构工程经过验收达到合格后，即可进行安装施工。外窗安装应从顶层用大线坠吊垂直，检查洞口位置的准确度，并在墙上弹出安装位置线，对不符线的结构边楞进行处理。室内框安装时应对洞口的上口水平线进行校正。

（2）根据室内 50cm 的平线检查框安装的标高尺寸，对不符线的结构边棱进行处理。

（3）室内、外框应根据图纸位置和标高安装，为保证安装的牢固，应提前检查预埋木砖数量是否满足，1.2m 高的洞口，每边预埋两块木砖，高 1.2～2m 洞口，每边预埋木砖 3 块，高 2～3m 的洞口，每边预埋木砖 4 块，每块木砖上应钉 2 根长 10cm 的钉子，将钉帽砸扁，顺木纹钉入框内。

（4）框安装应在地面工程和墙面抹灰施工以前完成。

（5）采用预埋带木砖的混凝土块与框进行连接的轻质隔断墙，其混凝土块预埋的数量，亦应根据洞口高度设 2 块、3 块、4 块，用钉子使其与框钉牢。采用其他连接方法的，应符合设计要求。

第九节　金属门窗安装工程

一、施工工艺流程

画线定位→立附框→铝合金门窗就位固定→门窗框嵌缝→门窗玻璃的安装→门窗扇及五金配件安装→清洁和成品保护→装纱扇

二、施工工艺要点

（一）画线定位

（1）根据设计图纸中门窗的安装位置、尺寸和标高，依据门窗中线向两边量出门窗边线。若为多层或高层建筑时，以顶层门窗边线为准，用线坠或经纬仪将门窗边线下引，并在各层门窗口处画线标记，对个别不直的口边应剔凿处理。

（2）门窗的水平位置应以楼层室内＋50cm 的水平线为准向上反量出窗下皮标高，弹线找直。每一层必须保持窗下皮标高一致。

（二）立附框

（1）先将连接件固定在附框上，然后按照弹线的位置将门窗附框准确就位，再用检测工具校正附框的水平度、垂直度，调整正确后用木楔临时固定，安装完成后，及时移除临时固定物体。

（2）金属附框安装应在洞口及墙体抹灰湿作业前完成，铝合金门窗安装应在洞口及墙体抹灰湿作业后进行。

（3）金属附框宽度应大于30mm。

（4）金属附框的内、外两侧宜采用固定片与洞口墙体连接固定；固定片宜用Q235钢材，厚度不应小于1.5mm，宽度不应小于20mm，长度可根据现场需要加工，表面应做防腐处理。

（5）附框与墙体洞口的连接要牢固、可靠，固定点间距应不大于500mm，距框角的距离应不大于150mm. 固定片与墙体固定点的中心位置至墙体边缘距离不应小于50mm。附框固定方法主要有三种：墙体上有预埋铁件时，可直接将连接件与预埋铁件焊牢，焊接处应进行防锈处理；无预埋件时用膨胀螺栓将连接件固定到墙上；当洞口为钢筋混凝土墙体时，可用射钉将连接件固定到墙上。附框经检查合格后，将附框四周与洞口之间缝隙用水泥砂浆分层填实抹平。

（6）相邻洞口金属附框平面内位置变差应小于10mm。金属附框内缘应与抹灰后的洞口装饰面平齐，金属附框宽度和高度允许尺寸偏差及对角线尺寸偏差应符合表5-3的规定。

表5-3 金属附框尺寸允许偏差（mm）

项目	允许偏差值	检测方法
金属附框高、宽偏差	±3	钢卷尺
对角线尺寸偏差	±4	钢卷尺

（三）窗框就位固定

（1）将门窗框装入洞口临时就位，按照画好的门窗定位线将门窗框调整至横平竖直，再用螺钉将门窗与附框连接牢固。

（2）砌体墙不得使用射钉直接固定门窗。

（四）嵌缝

（1）金属门窗安装固定后，应先进行隐蔽工程验收，合格后及时按设计要求处理门窗框与墙体之间的缝隙。

（2）金属门窗框与洞口缝隙，应采用保温、防潮且无腐蚀性的软质材料填塞缝隙，亦可使用防水砂浆填塞；使用聚氨酯泡沫填缝胶，施工前应清除粘接面的灰尘，墙体粘接面应进行淋水处理，固化后的聚氨酯泡沫胶缝表面应作密封处理。外表面留5～8mm深槽口填嵌嵌缝密封胶。

第十节　吊顶工程

吊顶工程包括暗龙骨吊顶、明龙骨吊顶、格栅吊顶。

一、暗龙骨吊顶工程

暗龙骨主要是以轻钢龙骨、铝合金龙骨、木龙骨等为骨架，以石膏板、金属板、矿棉板、木板、塑料板等为饰面材料的吊顶工程。主要特点为龙骨不外露，罩面板表面呈整体的形式，故之为暗龙骨吊顶工程。

暗龙骨吊顶根据基层材质可分为：钢龙骨基层结构体系和木龙骨基层结构体系。

暗龙骨吊顶根据吊顶结构可分为：活动式吊顶、固定式吊顶。

（一）施工工艺流程

弹吊顶水平线、龙骨分档线 → 固定吊杆、吊件 → 安装吊顶边龙骨 → 安装吊顶主龙骨 → 安装吊顶次龙骨 → 整体调平 → 安装吊顶饰面板

（二）施工工艺要点

（1）木龙骨吊顶施工工艺要点

1）弹线：用水准仪在房间内每个墙（柱）角上抄出水平点（若墙体较长，中间也应适当抄几个点），弹出水准线（水准线距地面一般为 500mm），从水准线量至吊顶设计高度沿墙（柱）弹出水准线，即为吊顶标高线。同时，按吊顶平面图，在混凝土顶板弹出吊杆及主龙骨的位置。主龙骨应从吊顶中心向两边分，最大间距为 1200mm，并标出吊杆的固定点，吊杆的固定点间距 1000～1200mm，如遇到梁和管道固定点大于设计和规程要求，应增加吊杆的固定点。

2）安装吊杆：根据设计的吊顶标高线确定吊杆的长度，安装吊杆。有预埋件的吊顶，将吊杆直接焊接在预埋件上，无预埋件的吊顶应按设计要求用金属膨胀螺栓将角码（角钢件）固定在现浇楼板板底，作为安设吊杆的连接件。

3）固定边龙骨：沿标高线在四周墙（柱）面固定边龙骨。

a. 沿吊顶标高线以上 10mm 处在建筑结构表面打孔，孔距 500～800mm，在孔内打入防腐木楔，将边龙骨钉固于木楔上。

b. 混凝土墙、柱面，可在木龙骨上钻孔用水泥钉将边龙骨钉固于混凝土墙、柱面。

4）安装罩面板：在木骨架底面安装吊顶罩面板，罩面板固定方式分为钉固法、螺钉拧固法、胶结粘固法三种方式。

a. 钉固法：用于胶合板、纤维板的罩面板安装以及 PVC 吊顶。

b. 螺钉拧固法：用于塑料板、石膏板、石棉板、珍珠岩装饰吸声板等吊顶。在安装前罩面板四边按螺钉间距先钻孔，安装程序与方法基本上同钉固法。

c. 胶结粘固法：用于钙塑板、金属装饰板等。安装前板材应选配修整，使厚度、尺寸、边楞整齐一致。每块罩面板粘贴前进行预装，然后在预装部位龙骨框底面刷胶，同时在罩面板四周刷胶，刷胶宽度为 10～15mm，经 5～10min 后，将罩面板压粘在预装部位。

（2）轻钢龙骨吊顶施工工艺要点

1）弹线：用水准仪在房间内每个墙（柱）角上抄出水平点（若墙体较长，中间也应适当抄几个点），弹出水准线（水准线距地面一般为 500mm），从水准线量至吊顶设计高度沿墙（柱）弹出水准线，即为吊顶标高线。同时，按吊顶平面图，在混凝土顶板弹出吊杆及主龙骨

的位置。主龙骨应从吊顶中心向两边分，最大间距为1200mm，并标出吊杆的固定点，吊杆的固定点间距1000～1200mm，如遇到梁和管道固定点大于设计和规程要求，应增加吊杆的固定点。

2）吊杆安装：一般采用膨胀螺栓固定吊挂杆件。不上人的吊顶，吊杆长度小于1000mm，且面积较小时可以采用ϕ6的吊杆，吊杆长度大于10O0mm，且面积较大时，应采用ϕ8的吊杆，当大于1500mm还应设置反向支撑。上人的吊顶，吊杆长度小于1000mm，可以采用ϕ8的吊杆，如果大于1000mm，应采用ϕ10～ϕ12的吊杆，吊杆的一端用L30×30×3角码焊接（角码的孔径应根据吊杆和膨胀螺栓的直径确定），焊缝均匀饱满并做防锈处理。吊杆用膨胀螺栓固定在楼板上，用电锤打孔，孔径应稍大于膨胀螺栓的直径。先在吊杆的一端配装好吊杆螺母，再根据弹好的顶棚标高水平线及龙骨位置线，确定吊杆下的端头的标高，按主龙骨位置及吊挂间距，将吊杆的另一端与楼板连接固定。吊杆距主龙骨端部不得超过300mm，否则应增加吊杆。吊顶灯具、风口及检修口等应设附加吊杆。

3）边龙骨安装：边龙骨的安装应按设计要求弹线，沿墙（柱）的水平龙骨线设置横撑龙骨或木方，设置横撑龙骨时，横撑龙骨待次龙骨安装完毕再安装，与次龙骨使用连接件连接牢固；使用木方时用螺丝固定在预埋木砖上，木方需做防火、防潮处理，固定间距应不大于吊顶次龙骨的间距。

4）主龙骨的安装：

a. 在主龙骨上预先装好吊挂件，将组装吊挂件的主龙骨，按分档线位置使吊挂件穿入相应的吊杆螺母，拧好螺母。主龙骨之间采用连接件连接，拉线调整起拱高度。主龙骨平行房间长向安装，起拱高度为房间短跨的1/200～1/300，主龙骨的悬臂端不应大于300mm，否则应增设吊杆，主龙骨的接长应采用对接，相邻龙骨的接头要相互错开。

b. 跨度大于15m以上的吊顶，应在主龙骨上，每隔15m加一道大龙骨，并垂直主龙骨焊接牢固。

c. 如有大的造型吊顶，造型部分应用角钢或扁钢焊接成框架，并应与楼板连接牢固。

d. 吊顶如设检修走道，应另设附加吊挂系统，用ϕ12mm的吊杆与长度为1200mm的Ll5×5角钢横担用螺栓连接，横担间距为1800～2000mm，在横担上铺设走道，可以用6号槽钢两根间距600mm，之间用ϕ12mm的钢筋焊接，钢筋的间距为@100，将槽钢与横担角钢焊接牢固，在走道的一侧设有栏杆，高度为900mmn可以用L50×4的角钢做立柱，焊接在走道槽钢上，之间用30X4的扁钢连接。

5）次龙骨安装：按已弹好的次龙骨分档线，卡放次龙骨吊挂件，按设计规定的次龙骨间距，将次龙骨通过吊挂件吊挂在主龙骨上，设计无要求时，一般间距为300～600mm。墙上应预先标出次龙骨中心线的位置，以便安装罩面板时找到次龙骨的位置。当用自攻螺丝钉安装板材时，板材接缝处必须安装在宽度不小于40mm的次龙骨上。次龙骨不得搭接。在通风、水电等洞口周围应设附加龙骨。吊顶灯具、风口及检修口等应设附加吊杆和补强龙骨。

6）面板安装：顶棚面板的种类繁多，安装方式主要有：自攻螺钉钉固法、托卡固定法、胶结粘固法，按设计顶棚种类选用。

二、明龙骨吊顶工程

主要是以轻钢龙骨、铝合金龙骨、木龙骨等为骨架，以石膏板、金属板、矿棉板、塑料板、玻璃板等为饰面材料，和铝合金龙骨或轻钢龙骨配套使用，将新型的轻质装饰饰面材料板明摆浮搁在明露的龙骨上，便于更换，称之为明龙骨吊顶。

根据基层材质可分为：钢龙骨基层结构体系和木龙骨基层结构体系。

根据吊顶结构可分为：活动式吊顶、固定式吊顶。

根据施工方法可分为：明露式吊顶、隐蔽式吊顶。

（一）施工工艺流程

弹吊顶水平线、龙骨分档线 → 固定吊杆、吊件 → 安装吊顶边龙骨 → 安装吊顶主龙骨 →

安装吊顶次龙骨 → 整体调平 → 安装吊顶饰面板

（二）施工工艺要点

（1）弹标高水平线、划龙骨分档线

用水准仪在房间内每个墙（柱）角上抄出水平点（若墙体较长，中间也应适当抄出几点），弹出水准线（水准线距地面一般为500mm），从水准线量至吊顶设计高度，沿墙（柱）弹出吊顶次龙骨的下皮线。同时，按吊顶平面图，在混凝土顶板弹出主龙骨的位置线。主龙骨宜平行房间长向布置，同时应考虑搁栅灯的方向，一般从吊顶中心向两边分。主龙骨及吊杆间距为900mm～1200mm。如遇到梁和管道固定点大于设计和规程要求，应增加吊杆的固定点。

（2）固定吊顶吊杆安装

采用膨胀螺栓固定吊挂杆件。不上人的吊顶，吊杆长度小于或等于1000mm时，可以采用$\phi6$的吊杆，大于1000mm时，应采用$\phi8$的吊杆，并应设置反向支撑。上人的吊顶，吊杆长度小于或等于1000mm时，可以采用$\phi8$的吊杆，如果大于1000mm，应采用$\phi10$的吊杆，还应设置反向支撑。吊杆的一端同∟ 30×30×3、$L=50$mm角钢焊接（角钢的孔径应根据吊杆和膨胀螺栓的直径确定），另一端套出丝扣，丝扣长度不小于100mm，也可以买成品丝杆与吊杆焊接。制作好的吊杆应做防锈处理，吊杆用膨胀螺栓固定在楼板上，用冲击电锤打孔，孔径应稍大于膨胀螺栓的直径。

吊挂杆件应通直并有足够的承载能力。当预埋的杆件需要接长时，必须搭接焊牢，搭接长度为$10d$，焊缝要均匀饱满。

吊杆距主龙骨端部距离（即悬挑长度）不得超过300mm，否则应增加吊杆。

灯具、风口及检修口等处应设附加吊杆。大于3kg的重型灯具、电扇及其他重型设备严禁安装在吊顶工程的龙骨上，应另设吊挂件与结构连接。

（3）安装边龙骨

边龙骨的安装应按设计要求弹线，沿墙（柱）上的水平龙骨线把L形镀锌轻钢条用自攻螺丝固定在预埋木砖上，木砖应做防腐处理，如为混凝土墙（柱）上可用射钉固定，射钉间距应不大于吊顶次龙骨的间距。

（4）安装主龙骨

主龙骨应吊挂在吊杆上。主龙骨间距900mm～1200mm，一般取1000mm。轻钢龙骨可选用UC50中龙骨或UC38小龙骨。主龙骨应起拱，起拱高度为房间短向跨度的1/200～1/300。主龙骨的接长应采取对接，相邻龙骨的对接接头要相互错开。主龙骨挂好后应基本调平。

跨度大于 15m 的吊顶，应在主龙骨上，每隔 15m 加一道大龙骨，并垂直主龙骨连接牢固。

如有大的造型顶棚，造型部分应用角钢或扁钢焊接成框架，并应与楼板连接牢固。

（5）安装次龙骨

次龙骨应紧贴主龙骨安装。次龙骨间距 300mm～600mm。次龙骨分为 T 型烤漆龙骨、T 型铝合金龙骨。用 T 形镀锌铁片连接件把次龙骨固定在主龙骨上时，次龙骨的两端应搭在 L 形边龙骨的水平翼缘上。

（6）罩面板安装

吊顶罩面板常用的板材有矿棉吸音板、硅钙板、塑料板、装饰石膏板等（图 5-5）。

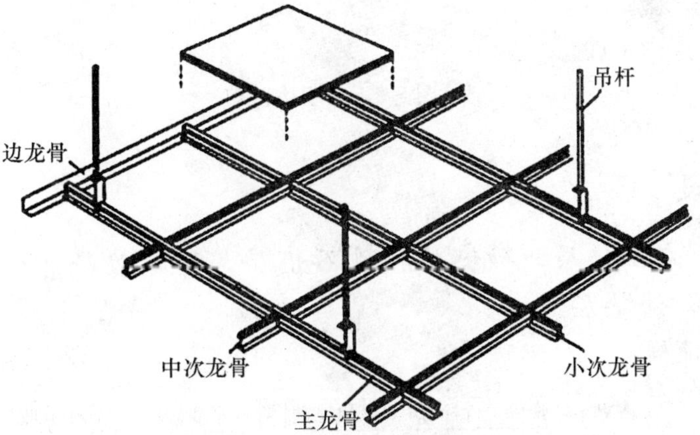

图 5-5　T 形龙骨吊顶示意图

第十一节　建筑地面工程

建筑地面工程是建筑物底层地面（地面）和楼层地面（楼面）的总称。主要包括：基层铺设、整体面层、板块面层。

整体面层

基层：基土、灰土垫层、砂垫层和砂石垫层、碎石垫层和碎砖垫层、三合土及四合土垫层、炉渣垫层、水泥混凝土垫层和陶粒混凝土垫层、找平层、隔离层、填充层、绝热层。

面层：水泥混凝土面层、水泥砂浆面层、水磨石面层、硬化耐磨面层、防油渗面层、不发火（防爆）面层、自流平面层、涂料面层、塑胶面层、地面辐射供暖整体面层。

板块面层

基层：基土、灰土垫层、砂垫层和砂石垫层、碎石垫层和碎砖垫层、三合土及四合土垫层、炉渣垫层、水泥混凝土垫层和陶粒混凝土垫层、找平层、隔离层、填充层、绝热层。基层构造如图 5-6 所示。

面层：砖面层（陶瓷锦砖、缸砖、陶瓷地砖和水泥花砖面层）、大理石面层和花岗石面层、预制板块面层（水泥混凝土板块、水磨石板块、人造石板块面层）、料石面层（条石、块石面层）、塑料板面层、活动地板面层、金属板面层、地毯面层、地面辐射供暖的板块面层。

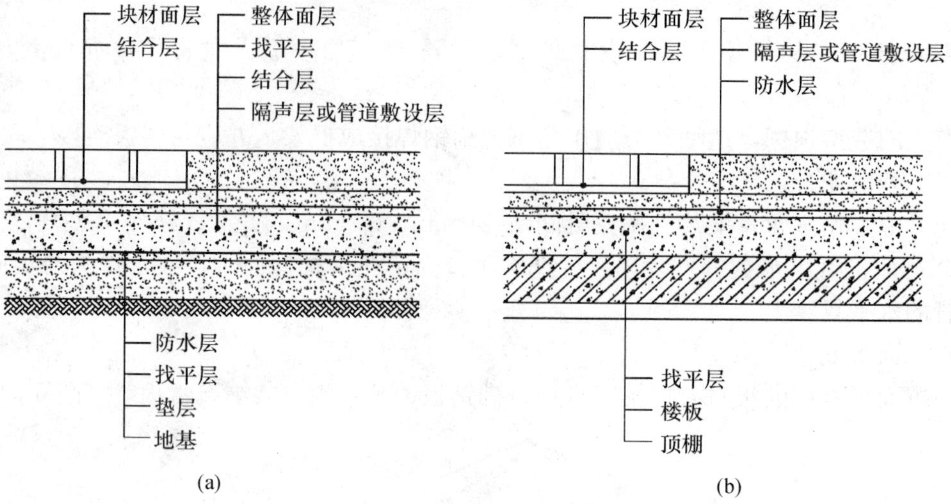

图 5-6　基层构造

一、基层铺设

（一）基土、灰土垫层、砂垫层和砂石垫层、碎石垫层和碎砖垫层、三合土及四合土垫层、炉渣垫层

（1）施工工艺流程

基底清理→弹线、设标志→分层摊铺→夯实或碾压→找平验收

（2）施工工艺要点

1）基底清理：检查基土土质，清除松散土、积水、污泥、杂质等。

2）弹线、设标志：在墙面弹线、地面设标桩，找好标高、挂线，作控制铺填厚度的标志。

3）夯实或碾压：摊铺虚铺厚度一般为 150～250mm（夯实后约 100～150mm 厚），垫层厚度超过 150mm 应由一端向另一端分段分层铺设，分层夯实。各层厚度打标桩控制，夯实采用蛙式打夯机，夯打遍数一般不少于三遍，碾压遍数不少于六遍；人工打夯应一夯压半夯，夯夯相接，行行相接，纵横交错。

4）找平验收：最上一层完成后，应拉线或用靠尺检查标高和平整度，超高处用铁锹铲平；低洼处应及时补。

（二）水泥混凝土垫层、陶粒混凝土垫层、找平层、隔离层、填充层、绝热层

（1）施工工艺流程

基层处理→找标高、弹水平控制线→混凝土搅拌→铺设混凝土→振捣→找平→养护

（2）施工工艺要点

1）清理基层：浇筑混凝土垫层前，应清除基层的淤泥和杂物；基层表面平整度应控制在 15mm 内。

2）找标高、弹水平控制线：根据墙上水平标高控制线，向下量出垫层标高，在墙上弹出

控制标高线。垫层面积较大时，底层地面可视基层情况采用控制桩或细石混凝土（或水泥砂浆）做找平墩控制垫层标高；楼层地面采用细石混凝土或水泥砂浆做找平墩控制垫层标高。

3）混凝土搅拌：混凝土搅拌机开机前应进行试运行，并对其安全性能进行检查，确保其运行正常；混凝土搅拌时应先加石子，后加水泥，最后加砂和水，其搅拌时间不得少于1.5min，当掺有外加剂时，搅拌时间应适当延长。

4）铺设混凝土：铺设前，将基层湿润，并在基底上刷一道素水泥浆或界面结合剂，随刷随铺混凝土。混凝土铺设应从一端开始，由内向外铺设。混凝土应连续浇筑，间歇时间不得超过2h。

5）振捣：用铁锹摊铺混凝土，用水平控制桩和找平墩控制标高，虚铺厚度略高于找平墩，然后用平板振捣器振捣。厚度超过200mm时，应采用插入式振捣器，其移动距离不应大于作用半径的1.5倍，做到不漏振，确保混凝土密实。

6）找平：混凝土振捣密实后，以墙柱上水平控制线和水平墩为标志，检查平整度，高出的地方铲平，凹的地方补平。混凝土先用水平刮杠刮平，然后表面用木袜子搓平。有找坡要求时，坡度应符合设计要求。

7）养护：混凝土强度应以标准养护，龄期为28d的试块抗压试验结果为准。主要养护方法采用覆盖塑料薄膜，铺设毡子、草帘子，洒水等。

二、整体面层楼地面

（一）水泥混凝土面层、水泥砂浆面层、硬化耐磨面层、不发火（防爆）面层

（1）施工工艺流程

基层清理 → 弹标高线和面层水平线 → 洒水湿润 → 铺筑面层（面层配置） → 压光（三遍） → 养护

（2）施工工艺要点

1）基层清理：铺设前必须将基层冲洗干净，根据水准基准线（如：＋500mm基准线）弹出厚度控制线，并贴灰饼、冲筋。

2）洒水湿润：基层表面要提前湿润，但不得有积水现象。铺设面层时，先在表面均匀涂刷水泥浆一遍，其水灰比值为0.4～0.5。随刷随按顺序铺筑混凝土面层，并用木杠按灰饼或冲筋拉平。

3）铺筑面层：用平板振捣器振捣密实，若无机械设备，或采用30kg重滚筒，直至表面挤出浆来即可；低洼处应用混凝土补平，并应保证面层与基层结合牢固。

4）压光：待2～3h混凝土稍收水后，采用铁抹子压光。压光工序必须在混凝土终凝前完成。（5）养护：压光12h后即覆盖并洒水养护，养护应确保覆盖物湿润，每天应洒水3～4次（天热时增加次数），约需延续10～15d左右。但当日平均气温低于5℃时，不得浇水。

（二）自流平面层、塑胶面层

（1）施工工艺流程

清理基面 → 涂刷底涂（间隔时间30min左右） → 配制面料 → 浇注 → 刮涂面层 → 专用滚筒消泡（在20min内） → 面层完成 → 成品保护

(2) 施工工艺要点

1) 清理基面：施工基层应平整、粗糙，清除浮尘、旧涂层等，强度等级应达到 C25 以上，并作断水处理，不得有积水。不能有疏松土、松散颗粒、石膏板、涂料、塑料、乙烯树脂、环氧树脂以及有粘接剂残余物、油污、石蜡、养护剂及油腻等污染物附着。新浇筑混凝土不得少于 4 周，起壳处需修补平整，密实基面需机械方法打磨，并用水洗及吸尘器吸净表面疏松颗粒，待其干燥。有坑洞或凹槽处应与 1d 前以砂浆或腻子先行刮涂整平，超高或凸出点应予铲除或磨平，以节省用料，并提升施工质量。

2) 底涂：将底油加水以 1∶4 稀释后，均匀涂刷在基面上。1kg 底油涂布面积为 $5m^2$。用漆刷或滚筒将自流平底涂剂涂于处理过的混凝土基面上，涂刷二层，在旧基层上需再增 1 道底漆。第一层干燥后方可涂第二层（间隔时间 30min 左右）。底涂剂用量约为 $0.18kg/m^2$。底涂剂干燥后进行自流平施工。

3) 配制面料：先称量 7kg 的水量置于拌和机内，边搅拌边加入环氧树脂自流平，直到均匀不见颗粒状，且流动性佳的情况，再继续搅拌 3～4min，使浆料均匀，静止 10min 左右方可使用。如一次拌和二包，则先加 14kg 的水，但只能先加一包，搅和至均匀不见颗粒，再加第二包。（根据面层不同按设计说明和使用说明施工）。

4) 刮涂面层：待底油半干后即可浇注浆料，并以带齿推刀或刮板加助展开，并控制薄层厚度，再以消泡滚筒处理即成高平整地坪。将搅拌均匀的自流平砂浆倒于底涂过的基面上，一次涂抹须达到所需厚度，再用慢刀或专用齿针刮刀摊平，再用放气滚筒放气，待其自流。表面凝结后，不用再涂抹。

（三）地面辐射供暖的整体面层

(1) 施工工艺流程

安装准备 → 备料 → 铺防水膜 → 铺聚苯板 → 铺钢网 → 固定钢网 → 排管 → 打压试验 → 浇捣混凝土 → 安装分水器 → 调试

(2) 施工工艺要点

1) 安装准备：熟悉图纸和现场环境。

2) 铺聚苯板：保温板铺设要平整，切割整齐，相互连接缝要紧密。

3) 铺钢网：钢丝网排列要整齐，连接处要用铅丝绑扎，并用钢钉固定在地面上。

4) 排管：排管时不得将管材扭曲和折叠，并用专用扎带固定在钢丝网上。

5) 打压试验：进行水压试验，最小试验压力不得低于 0.6MPa，一般可升到 0.8～1MPa，然后稳压，稳压时间为 30min。压降不超过 0.05MPa，即为试压合格。

6) 浇捣混凝土：带压充填混凝土。

7) 分水器安装要平整，排气阀要高出地面。

三、板块楼地面

（一）大理石面层和花岗石面层、预制板块面层、料石面层

(1) 施工工艺流程

基层清理 → 试拼 → 弹线 → 试排 → 刷水泥浆及铺砂浆结合层 → 铺大理石板块(或花岗石板块) → 灌缝、擦缝 → 打蜡

（2）施工工艺要点

1）清理基层：将地面垫层上的杂物清净，用钢丝刷刷掉粘结在垫层上的砂浆，并清扫干净。

2）试拼：在正式铺设前，对每一房间的大理石（或花岗石）板块，应对图案、颜色、纹理试拼，将非整块板对称排放在房门靠墙部位，试拼后按两个方向编号排列，然后按编号码放整齐。

3）弹线：为了检查和控制大理石（或花岗石）板块的位置，在房间内拉十字控制线，弹在混凝土垫层上，并引至墙面底部，然后依据墙面+50cm标高线找出面层标高，在墙上弹出水平标高线，弹水平线时要注意室内与楼道面层标高要一致。

4）灌缝、擦缝：在板块铺砌后1～2昼夜进行灌浆擦缝。根据大理石（或花岗石）颜色，选择相同颜色矿物颜料和水泥（或白水泥）拌合均匀，调成1：1稀水泥浆，用浆壶徐徐灌入板块之间的缝隙中（可分几次进行），并用长把刮板把流出的水泥浆刮向缝隙内，至基本灌满为止。灌浆1～2h后，用棉纱团蘸原稀水泥浆擦缝与板面擦平，同时将板面上水泥浆擦净，使大理石（或花岗石）面层的表面洁净、平整、坚实，以上工序完成后，面层加以覆盖。养护时间不应小于7d。

5）打蜡：当水泥砂浆结合层达到强度后（抗压强度达到1.2MPa时），方可进行打蜡，打蜡后面层达到光滑洁亮。

（二）活动地板面层

（1）施工工艺流程

基层清理→弹支架定位线→测水平→固定支柱（架）底座→安装桁条（搁栅）→调平→铺设活动地板

（2）施工工艺要点

1）基层清理：基层表面应平整、光洁、干燥、不起灰。安装前清扫干净，并根据需要，在其表面涂刷1～2遍清漆或防尘剂，涂刷后不允许有脱皮现象。

2）弹线：按设计要求，在基层上弹出支柱（架）定位方格十字线，测量底座水平标高，将底座就位。同时，在墙四周测好支柱（架）水平线。铺设活动地板面层前，室内四周的墙面应设置标高控制位置，并按选定的铺设方向和顺序设基准点。在基层表面上按板块尺寸弹线形成方格网，标出地板块的安装位置和高度，并标明设备预留部位。

3）安装支柱架：将底座摆平在支座点上，核对中心线后，安装钢支柱（架），按支柱（架）顶面标高，拉纵横水平通线调整支柱（架）活动杆顶面标高并固定。再次用水平仪逐点抄平，水平尺校准支柱（架）托板。为使活动地板面层与走道或房间的建筑地面面层连接好，应通过面层的标高选用金属支架型号。活动地板面层的金属支架应支承在现浇混凝土基层上。

4）安装桁条（搁栅）：支柱（架）顶调平后，弹安装桁条（搁栅）线，从房间中央开始，安装桁条（搁栅）。桁条（搁珊）安装完毕，测量桁条（搁栅）表面平整度、方正度至合格为止。底座与基层之间注入环氧树脂，使之垫平并连接牢固，然后复测再次调平。

5）安装活动地板：在桁条（搁栅）上按活动地板尺寸弹出分格线，按线安装，并调整好活动地板缝隙使之顺直。铺设活动地板面层的标高，应按设计要求确定。

（三）地毯面层

（1）施工工艺流程

基层处理 → 弹线、套方、分格、定位 → 地毯剪裁 → 钉倒刺板挂毯条 → 铺设衬垫 → 铺设地毯 → 细部处理及清理

（2）施工工艺要点

1）基层处理：把沾在基层上的浮浆、落地灰等用錾子或钢丝刷清理掉，再用扫帚将浮土清扫干净。

2）弹线套方、分格定位：严格依照设计图纸对各个房间的铺设尺寸进行度量，检查房间的方正情况，并在地面弹出地毯的铺设基准线和分格定位线。活动地毯应根据地毯的尺寸，在房间内弹出定位网格线。

3）地毯剪裁：根据放线定位的数据，剪裁出地毯，长度应比房间长度大 20mm。

4）钉倒刺板条：沿房间四周踢脚边缘，将倒刺板条牢固钉在地面基层上，倒刺板条应距踢脚 8～10mm。

5）铺衬垫：将衬垫采用点粘法粘在地面基层上，要离开倒刺板 10mm 左右。

6）铺设地毯：先将地毯的一条长边固定在倒刺板上，毛边掩到踢脚板下，用地毯撑子拉伸地毯，直到拉平为止；然后将另一端固定在另一边的倒刺板上，掩好毛边到踢脚板下。一个方向拉伸完，再进行另一个方向的拉伸，直到四个边都固定在倒刺板上。在边长较长的时候，应多人同时操作，拉伸完毕时应确保地毯的图案无扭曲变形。

第十二节　给水管道及配件安装

一、系统分类

室内给水系统一般由引入管、水表、管道系统、配水装置和给水附件等部分组成。

引入管：自室外给水管将水引入室内的管段，又称进户管。

水表：安装在引入管上的水表及其前后设置的阀门和泄水装置的总称。

管道系统：由干管、立管和支管等组成。

配水装置：如各类配水龙头和配水阀等。

给水附件：管道系统中调节和控制水量的各类阀门。

室内给水系统的给水方式：

室外给水管网直接供水。如果室外给水管网能保证最不利点的卫生器具和用水设备连续工作所需要的水压和水量，可直接用作室内生活或生产给水系统的水源。

高位水箱供水。如果室外给水管网中的水压周期性地不足，可采用这种方式。

由加压水泵和高位水箱供水。如果室外给水管网的水压经常不足而用水量又很不均匀，必须用水泵加压，并由水箱调节储存。为防止用水泵直接自室外管网吸水，影响相邻建筑的正常供水，一般要求设吸水池。

用气压罐供水。如果室外给水管网中的水压经常不足而室内又不能设置高位水箱，可采用此方式。这种供水方式用水泵自吸水池吸水送入充满压缩空气的密闭罐内，靠压缩空气的压力，向各用水点供水。与高位水箱供水方式比较，优点是设置地点灵活；缺点是占地面积

大，造价高，存水量少，安装和操作比较复杂。

水泵连续运转供水。现代一些高层建筑，多采用吸水池贮水；用自动化装置控制水泵和保持管内水压。

二、施工工艺流程

安装准备 → 预制加工 → 支吊架安装 → 干管安装 → 立管安装 → 支管安装 → 管道试压 → 防腐、保温 → 管道水冲洗、消毒

三、一般规定

(1) 室内给水管道的水压试验必须符合设计要求。当设计未注明时，各种材质的给水管道系统试验压力均为工作压力的 1.5 倍，但不得小于 0.6MPa。金属及复合管给水管道在试验压力下观测 10min，压力降不应大于 0.02MPa，然后降到工作压力进行检查，应不渗不漏；塑料管给水系统应在试验压力下稳压 1h，压力降不得超过 0.05MPa，然后在工作压力的 1.15 倍状态下稳压 2h，压力降不宜超过 0.03MPa，同时检查各连接处不得渗漏。

(2) 给水系统交付使用前必须进行通水试验并做好记录。

(3) 给水系统管道在交付使用前必须冲洗和消毒，符合国家《生活饮用水标准》方可使用。

(4) 室内直埋给水管道（塑料管道和复合管道除外）应做防腐处理。

第十三节　排水管道及配件安装

一、系统分类

建筑内部排水系统根据接纳污、废水的性质，可分为两类。

（一）生活排水系统

其任务是将建筑内生活废水（即人们日常生活中排泄的污水等）和生活污水（主要指粪便污水）排至室外。我国目前建筑排污分流设计中是将生活污水单独排入化粪池，而生活废水则直接排入市政下水道。

（二）工业废水排水系统

用来排除工业生产过程中的生产废水和生产污水。生产废水污染程度较轻，如循环冷却水等。生产污水的污染程度较重，一般需要经过处理后才能排放。

室内生活污水的排水系统由通气管、排水管、排水立管和排出管组成。

(1) 通气管。作用是不使污水管内形成负压或正压破坏存水弯的水封。

(2) 连接排水设备的排水管。一般在地下埋设，或在地面上、楼板下沿墙、柱明设。但架空管道，不得敷设在有特殊卫生要求的生产厂房内，以及食品库和贵重物品仓库内，也不得布置在遇水会爆炸、损坏的原料、产品和设备上面，以防因管道漏水，影响室内卫生或引起安全、质量事故。如有特殊要求，可在管沟或吊顶内暗设，但应便于安装和检修。

(3) 排水立管应靠近杂质最多的排水点，一般设在墙角、柱角、或沿墙柱设置。立管应

避免穿越卧室、办公室和对卫生、安静要求较高的房间。必要时，可在管槽、管井内暗装，但在检查口处应设检修门。

(4) 排出管，管线应最短，尽量避免转弯。

二、施工工艺流程

（一）UPVC排水系统

安装准备 → 预制加工 → 干管安装 → 立管安装 → 支管安装 → 闭水试验 → 通水试验

（二）RK柔性铸铁排水系统

安装准备 → 预制加工 → 干管安装 → 立管安装 → 支管安装 → 闭水试验 → 通水试验 → 防腐

三、一般规定

(1) 室内排水管一般采用柔性接口机制排水铸铁管或硬聚氯乙烯塑料管。管径小于50mm时，可采用钢管。建筑物的高度大于30m排水立管，可采用给水普压铸铁管或可承受试验压力0.25MPa的承插式排水铸铁管和耐压排水塑料管，排水管的连接方式有承插式、套管式。承插连接的排水管道，安装时，其承口朝向应与水流方向相反（通气管例外）。排水塑料管可采用粘结。

(2) 管道安装应按施工图要求的位置、标高及敷设坡度进行施工。

(3) 排出管是室内排水的总管。指由底层排水管到室外第一个排水检查井之间的管道。施工时，排出管与立管连接处宜采用两个45°弯头或弯曲半径不小于4倍管径的90°弯头，也可采用带清通口的弯头。

(4) 与高层排水立管直接连接的排出管，弯管底部应用混凝土支墩承托或采取固定措施。排水管应埋设于冰冻线以下，严禁铺设在冻土和未经处理的松土上。对湿陷性黄土地区，排出管应做检漏沟。

(5) 安装未经消毒处理的医院含菌污水管道，不得与其他排水管道连接。

(6) 排水管道穿过楼板和墙壁处，应按设计要求设置套管。

第十四节　卫生器具安装

一、卫生器具分类

卫生器具是指用来满足人们日常生活中各种卫生要求，收集和排放生活及生产中的污水、废水的设备。

卫生器具一般采用不透水、无气孔、表面光滑、耐腐蚀、而磨损、耐冷热、便于清扫，有一定强度的材料制造，如陶瓷、陶瓷生铁、塑料、复合材料等。

（一）坐便器

（1）按款式分类

1）分体坐便器：水箱与便体分为两部分组成的坐便器。

2）连体坐便器：水箱与便体一体成型的坐便器。特点：连体坐便生产工艺的要求较高，价格比同类型分体坐便器稍高，这两种坐便器除款式不同在使用效果上没有区别。

（2）按结构分类

1）后排污式坐便器：排污口在便体后方连接在墙体预留排污口上的坐便器。后排污式坐便器按排污口距地面高度分有高位、低位两种尺寸。现在已经淘汰了。

2）下排污式坐便器：排污口在便体下方，连接在地面预留排污口上的坐便器。下排污式坐便器按墙距分有350mm、450mm两种尺寸。

（3）按排污方式分类

1）冲落式坐便器：在便体内沿布有冲水口，主要靠冲水时的水压将污物排净，排物速度快但排污时噪音稍大。

2）虹吸式坐便器：在便体内沿均匀分布有一圈冲水口，冲水时主要靠水流形成漩涡式下落利用水的负压力将污物排净。喷射虹吸式坐便器：在虹吸的基础在便体内另设有单独的冲水口增强了排污效果，且静音效果好。

（二）面盆

（1）按款式分类

1）台上盆：安装在台面上，盆体上沿在台面上方的面盆。

2）台下盆：安装在台面上，整个盆体在台面下方的面盆。

3）柱盆：不需安装台面，面盆下方靠柱体支撑的面盆。

（2）按材质分类

1）陶瓷盆：用瓷土等原材料经过高温烧制成型的面盆。

2）玻璃盆：用钢化玻璃作为原材料经过加工成型的面盆，多为台面盆体成套出售。

3）铸铁盆：用铸铁作为原材料经过锻造成型，表面附有一层搪瓷釉面的面盆，特点使用寿命长。

4）雅克力盆：一种化学合成材料经过加工成型，多为盆体与台面一次成型，主要用于浴室柜台面。

（三）浴缸

（1）按功能分类

1）普通型浴缸：仅能满足一般洗浴功能的浴缸。

2）冲浪型浴缸：缸体内部装有电机可利用水流冲浪按摩的浴缸。

（2）按材质分类

1）铸铁浴缸：用铸铁作为原材料经过锻造成型，表面附有一层搪瓷釉面的浴缸，特点使用寿命长兼顾耐用。

2）钢板浴缸：用钢板作为原材料经过加工成型，表面附有一层搪瓷釉面的浴缸。

3）雅克力浴缸：一种化学合成材料经过加工成型的浴缸，保温性能比金属浴缸好，但表面易划伤易变色。

4）雅克力合成浴缸：在原有雅克力材料中加入新型化学材料合成的浴缸，降低了使用噪音，提高了保温性，延长了使用寿命。

5）木质浴缸：由杉木构成表面镀有桐油的浴缸。特点是造型别致，节省空间。

二、施工工艺流程

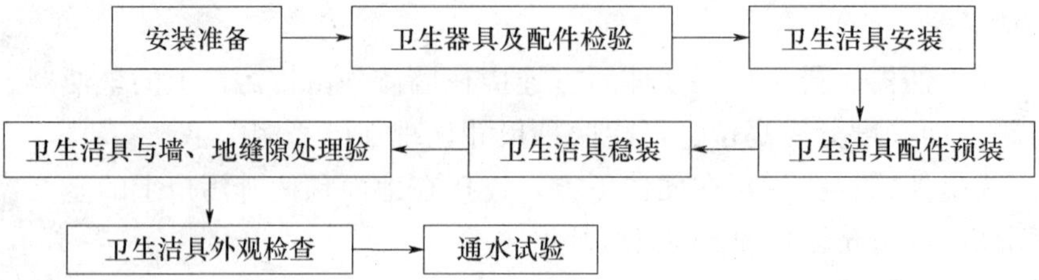

三、一般规定

（1）器具必须完好无损。

（2）支、托架埋设要平整、牢固、砂浆饱满，但不要突出墙面，与卫生器具接触要紧密。

卫生器具和钢铁支、托架的铁锈、污垢要清除干净，油漆的颜色和光泽要均匀、光滑、无漏涂现象。

第十五节　室内采暖管道及配件安装

一、一般规定

（1）室内采暖系统所用管材、管件和其他材料进入施工现场的材料报验单应由监理工程师签字确认。

（2）系统所使用的主要材料、成品、半成品、配件、器具、设备必须有中文质量合格证明文件，其规格、型号、性能检测报告应符合国家技术标准和设计要求。主要器具和设备必须有完整的安装使用说明书。

（3）隐蔽工程验收记录。内容主要有：管道的材质、规格、型号、标高、坐标位置、坡度、防腐、保温，支架的构造、位置、数量。

（4）按节能规范规定，保温隔热材料做进场复试。

（5）管道穿过结构伸缩缝、抗震缝及沉降缝敷设时，有以下要求：

1）在墙体两侧采取柔性连接；

2）在管道或保温层外皮上、下部都留有不小于150mm的净空；

3）在穿墙处做成方形补偿器，水平安装。

（6）管道穿过墙壁和楼板时，应设置套管。安装在楼板内的套管，其顶部应高出装饰地面20mm。安装在卫生间及厨房内的套管，其顶部应高出装饰地面50mm，底部应与板底平面相平。安装在墙壁内的套管其两端与饰面相平。穿过楼板的套管与管道之间缝隙应用阻燃密实材料和防水油膏填实，端面光滑。穿墙套管与管道之间缝隙宜用阻燃密实材料填实，且端面应光滑。管道的接口不得设在套管内。

（7）阀门安装前应做强度和严密性试验，其结果必须符合《建筑给水排水及采暖工程施工质量验收规范》GB50242 规定。阀门的规格、型号应符合设计要求，安装的位置、进口方向正确，启闭灵活。

（8）室内采暖系统管道上使用冲压弯头时，所使用冲压弯头外径与管道外径应相同。

（9）室内采暖系统焊接钢管的连接，管径小于或等于 32mm，应采用螺纹连接，管径大于 32mm 时，采用焊接。干管与立支管连接时，立支管不得直接与干管焊接，应焊接熟铁管箍。立支管变径处不宜使用补心，应使用异径管箍变径，水平干管变径处，应制作偏心接头进行连接。蒸汽干管下平、热水干管上平。

（10）管道的对口焊缝处及弯曲部位严禁焊接支管，接口焊缝距起弯点、支吊架边缘必须大于 50mm。

（11）隐蔽管道和整个采暖系统的水压试验结果必须符合设计和规范规定。

（12）平衡阀、调节阀的规格、型号、公称压力和安装位置应符合设计要求。安装完毕，应根据系统工作压力进行调试，并标识。

（13）埋地敷设的非金属管道，管路中间不得有接头。隐蔽前应做水压试验，待完全隐蔽后再泄压。管道敷设的毛坏地面上，标示管道的位置走向以防管道受到冲击。

（14）室内采暖系统的管道支、吊架构造、位置、间距均应符合规范规定。

（15）管道的防腐、保温、隔热、材质、规格应符合设计要求和规范规定。

（16）系统管道安装完毕应进行系统水压试验和冲洗，并形成记录。

（17）系统冲洗完毕应充水、加热，进行试运行和调试。

二、施工工艺流程

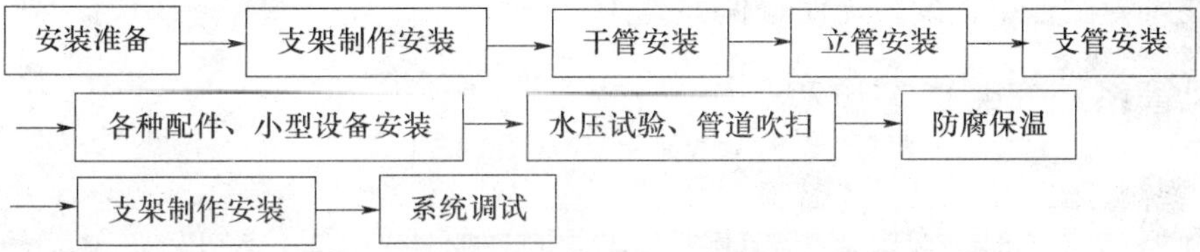

第十六节 风管系统安装

一、一般规定

（1）建筑物围护结构施工完毕，安装部位的障碍物已清理，地面无杂物。

（2）结构预留孔洞的位置、尺寸正确，无遗漏，预留的孔洞应比风管实际截面每边尺寸大 100mm。

（3）风管安装应有设计图纸及大样图，并有技术、质量、安全交底记录。

（4）净化空调风管系统应在安装部位的地面已做好，墙面抹灰工序完毕，室内无飞尘或有防尘措施后进行安装。

(5) 风管安装前应对风管位置、标高、走向进行技术复核，且符合设计要求。

(6) 风管安装前应对其外观进行质量检查，并清除其内外表面粉尘及管内杂物。安装中途停顿时，应将风管端口封闭。

(7) 风管接口不得安装在墙内或楼板内，风管沿墙体或楼板安装时，距墙面、楼板宜大于 150mm。

(8) 风管内不得敷设各种管道、电线或电缆，室外立管的固定拉索严禁拉在避雷针或避雷网上。

(9) 输送含有易燃、易爆气体或安装在易燃、易爆环境的风管系统应有良好的接地措施；通过辅助生产房间的风管必须严密，并不得设置接口。输送空气温度高于 80℃的风管应按设计规定采取防护措施。

(10) 输送产生凝结水或含蒸汽的潮湿空气风管，安装坡度应按设计要求。风管底部不宜设置拼接缝，拼接缝处应做密封处理。

(11) 风管穿过需要封闭的防火防爆楼板或墙体时，应设壁厚不小于 1.6mm 的预埋管或防护套管，风管与防护套管之间应采用不燃且对人体无害的柔性材料封堵。

(12) 风管与建筑结构风道的连接接口，应顺气流方向插入，并应采取密封措施。

(13) 风管与风机、风机箱、空气处理机等设备相连处应设置柔性短管，其长度为150～300mm 或按设计规定。柔性短管不应作为找正、找平的异径连接管。风管穿越结构变形缝处应设置的柔性短管，其长度应大于变形缝宽度 100mm 以上。

(14) 风管测定孔应设置在不产生涡流区的便于测量和观察的部位；吊顶内的风管测定孔部位，应留出活动吊顶板或检查门。

(15) 风管安装偏差应符合以下规定：

1) 明装水平风管水平度偏差不得大于 3mm/m，总偏差不得大于 20mm；

2) 明装垂直风管垂直度偏差不得大于 2mm/m，总偏差不大得于 20mm；

3) 暗装风管位置应正确，无明显偏差。

二、风管系统安装工艺流程

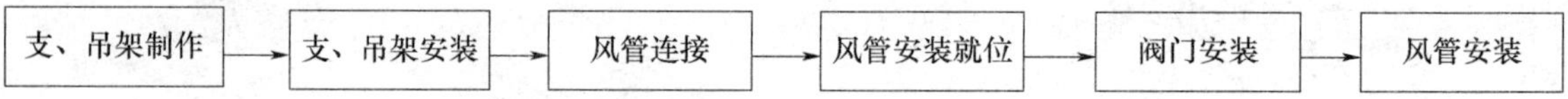

第十七节　通风与空调设备安装

一、一般规定

(1) 施工现场应具备满足施工的水源、电源，设备基础完工并达到安装强度。

(2) 检验土建施工时预留的孔洞、沟槽及各类须埋铁件的位置、尺寸、数量是否符合设计图纸要求。

(3) 通风与空调设备应有装箱清单、设备说明书、产品质量合格证书和产品性能检测报告等随机文件，进口设备还应具有商检合格的证明文件。

(4) 设备安装前，应进行开箱检查，并形成验收文字记录。参加人员为建设、监理、施工和厂商等单位的代表。

(5) 设备就位前应对其基础进行验收，合格后方能安装。

(6) 设备的搬运和吊装必须符合产品说明书的有关规定，并应做好设备的保护工作，防止因搬运或吊装而造成设备损伤。

二、通风与空调设备安装工艺流程

(一) 工艺流程

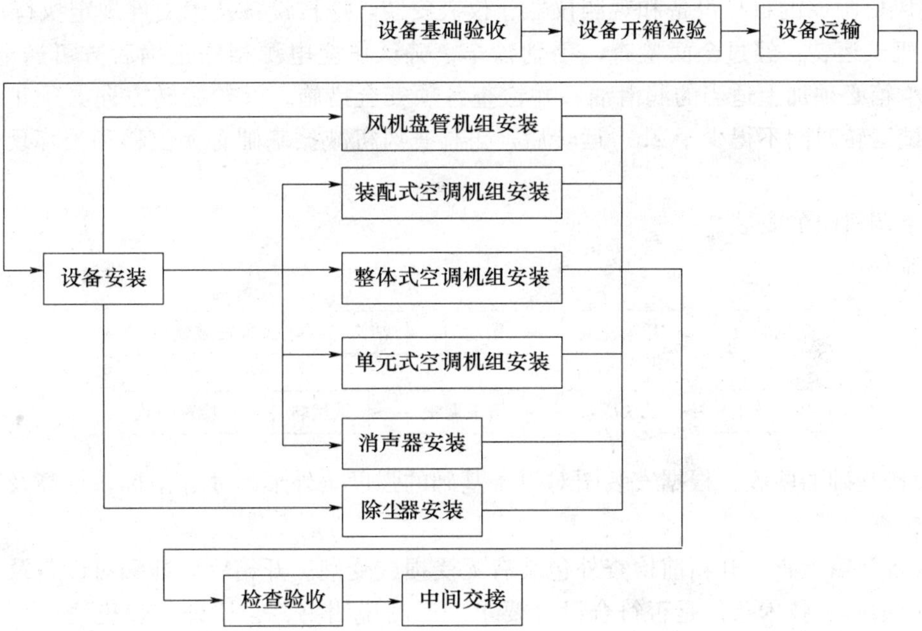

(二) 施工工艺

(1) 通风机的安装工艺流程

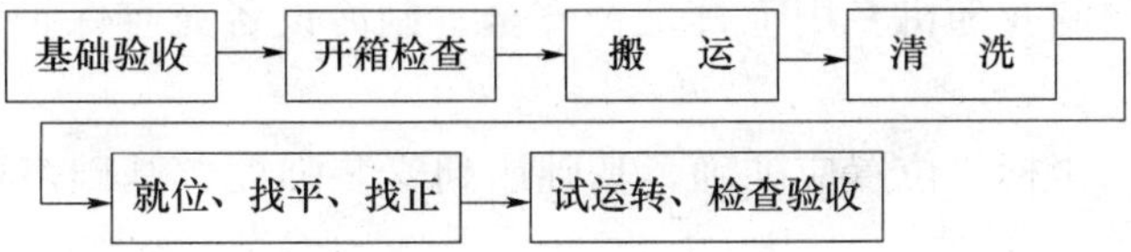

1) 基础验收：

a. 风机安装前应根据设计图纸对设备基础进行全面检查，坐标、标高及尺寸应符合设备安装要求；

b. 风机安装前、应在基础表面铲出麻面，以使二次浇灌的混凝土或水泥砂浆能与基础紧密结合。

2) 通风机检查及运输：

a. 按设备装箱清单，核对叶轮、机壳和其他部位的主要尺寸，进、出风口的位置方向是否符合实际要求，做好检查记录；

b. 叶轮旋转方向应符合设备技术文件的规定；

3）风机安装：

a. 风机就位前，按设计图纸并依据建筑物的轴线、边缘线及标高线放出安装基准线。将设计基础表面的油污、泥土杂物清除和地脚螺栓预留孔内的杂物清除干净；

b. 整体安装的风机，搬运和吊装的绳索不得捆绑在转子和机壳或轴承盖的吊环上。风机吊至基础上后，有垫铁找平，垫铁一般应放在地脚螺栓两侧，斜垫铁必须成对使用。风机安装好后，同一组垫铁应点焊在一起，以免受力时松动；

c. 风机安装在无减振器的支架上，应垫上4～5mm厚的橡胶板，找平找正后固定牢；

d. 通风机附属的自控设备和观测仪器、仪表安装，应按设备技术文件规定执行；

e. 风机试运转：经过全面检查，手动盘车，确认供应电源相序正确后方可送电试运转，运转前轴承箱必须加上适当的润滑油，并检查各项安全措施；叶轮旋转方向必须正确；在额定转速下试运转时间不得少于2h。运转后，再检查风机减振基础有无位移和损坏现象，做好记录。

（2）空调机组的安装

工艺流程：

基础验收 → 开箱检查 → 搬运 → 清洗 → 设置安装就位 →

找平找正 → 二次灌浆 → 精平调整 → 试运转 → 检查验收

1）设备基础的验收：根据安装图对设备基础的强度、外形尺寸、坐标、标高及减振装置进行认真检查。

2）设备开箱检查：开箱前检查外包装有无受损或受潮。开箱后认证和对设备及各段的名称、规格、型号、技术条件是否符合设计要求。产品说明书、合格证、随机清单和设备技术文件应齐全。逐一检查主机附件、专用工具、备用配件等是否齐全，设备表面应无缺陷、缺损、损坏、锈蚀、受潮的现象。

3）整体式空调机组的安装：安装前认真熟悉图纸、设备说明书以及有关的技术资料。检查设备零部件、附属材料及随机专用工具是否齐全。制冷设备充有保护气体时，应检查有无泄漏情况。

空调机组安装时，坐标、位置应准确。基础达到安装强度。基础表面应平整，一般应高出地面100～150mm。

空调机组加减振装置时，应严格按设计要求的减振型号、数量和位置进行安装并找平找正。

水冷式空调机组的冷却水系统、蒸汽、热水管道及电气、动力控制线路的安装工应持证上岗。

（3）风机盘管及诱导管的安装

1）工艺流程：

预检 → 施工准备 → 电机检查试转 → 表冷器水压检验 → 吊架制安 →

风机盘管、诱导器安装 → 连接配管 → 检验

2）施工要点：

a. 安装前应检查电机壳体及表面交换器有无损伤、锈蚀等缺陷。

b. 风机盘管和诱导器应逐台进行通电试验检查，机械部分的摩擦，电器部分不得漏电。

c. 风机盘管和诱导器应逐台进行水压试验，试验压力应为工作压力的 1.5 倍，定压后观察 2～3min，不渗不漏为合格。

d. 除尘器基础验收。除尘器安装前，对设计基础进行全面的检查，外形尺寸、标高、坐标应符合设计要求，基础螺栓预留孔位置、尺寸应正确。基础表面应铲出麻面，以便二次灌浆。应提交耐压试验单，验收合格后方可进行设备安装；

第十八节　成套配电柜、控制柜（屏、台）和动力、照明配电箱（盘）安装

一、配电柜分类

成套配电柜、箱、分为高压和低压两部分。成套设备具体定义就是由一个或多个低压开关设

备和与之相关的控制、测量、信号、保护、调节等设备，由制造厂家负责完成所有内部的电气和机械连接，用结构部件完整的组合到一起的一种组合体。包括开关柜、补偿柜、传动柜、控制柜等不同用途的电气柜。

二、施工工艺流程

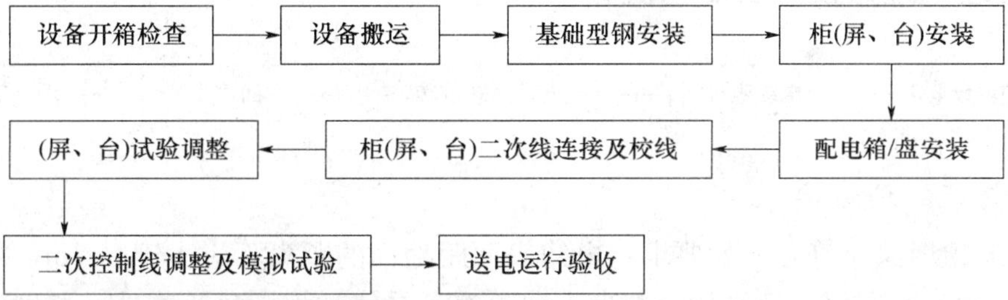

（一）设备开箱检查

（1）设备开箱检查由安装施工单位执行，供货单位、建设单位、监理单位参加，并做好检查记录。

（2）按设计图纸，设备清单核对设备件数。按设备装箱单核对设备本体及附件，备件的规格、型号。核对产品合格证及使用说明书等技术资料。

（3）柜（屏、台、盘）体外观检查应无损伤及变形，油漆完整，色泽一致。

（4）柜内电器装置及元件齐全，安装牢固，无损伤无缺失。

（二）基础型钢安装

（1）型钢预先调直，除锈，刷防锈底漆。

（2）基础型钢架可预制或现场组装。按施工图纸所标位置将预制好的基础型钢架或型钢

焊牢在基础预埋铁上。用水准仪及水平尺找平，校正。需用垫片的地方，须按钢结构施工规范要求。垫片最多不超过三片，焊后清理，打磨，补刷防锈漆。

（3）基础型钢与接地母线连接，将接地扁钢引入并与基础型钢两端焊牢。焊缝长度为接地扁钢宽度的2倍。

（三）配电箱、盘安装

（1）弹线定位：根据设计要求找出配电箱（盘）位置，并按照箱（盘）外形尺寸进行弹线定位。配电箱安装底口距地一般为1.5m，明装底口距地不小于1.8m。在同一建筑物内，同类箱盘高度应一致，允许偏差10mm。

（2）配电箱（盘）带有器具的铁制盘面和装有器具的门均应有明显可靠的裸软铜线接地。

（3）配电箱（盘）安装应牢固、平正，其允许偏差不应大于3mm，配电箱体高50cm以下，允许偏差1.5mm。

（4）绝缘摇测：配电箱（盘）全部电器安装完毕后，用500V兆欧表对线路进行绝缘摇测。摇测项目包括相线与相线之间，相线与零线之间，相线与地线之间，零线与地线之间，两人进行摇测，同时做好记录，做技术资料存档。

第十九节　电缆敷设

电缆敷设方式分为明敷和暗敷两种。明敷的路径有沿桥架、沿线槽、沿钢索、沿墙明挂等。暗敷有穿管，沿地沟、埋地等都是常见的电缆敷设方式。

一、直埋电缆敷设施工工艺流程

电缆的埋设要求 → 电缆敷设 → 电缆铺砂盖砖 → 回填土 → 埋标志桩

（一）电缆的埋设要求

（1）电缆的埋深应符合下列要求：电缆表面距地面的距离不应小于0.7m，穿越农田时不应小于1m，只有在引入建筑物、与地下建筑交叉及绕过地下建筑物处，可埋浅些，但应采取保护措施。在寒冷地区，电缆应埋于冻土层以下，当无法深埋时，应采取措施（如加套管）。

（2）电缆之间、电缆与其他管道、道路、建筑物等之间的平行和交叉时的最小距离应符合规范规定。

（3）电缆与铁路、公路、城市街道、厂区道路时，应敷设在坚固的保护管内。管顶距障碍物不小于1m，管的两端伸出道路路基边2m，伸出排水沟0.5m。

（4）直埋电缆的上下方需铺不小于100mm厚的软土或沙层，并盖上混凝土保护管或砖，其覆盖宽度应超过电缆两侧各50mm。

（二）电缆敷设

（1）清理沟内杂物，在沟底铺上100mm厚的软土或沙层，准备敷设电缆。

（2）电缆敷设完毕，应请建设单位、监理单位，施工单位的质量检查部门共同进行隐蔽工程验收。

（3）隐蔽工程验收合格后，再在电缆上面覆盖 l00mm 的砂或软土，然后盖上保护板，板与板连接紧密，覆盖宽度应超过电缆两侧各 50mm，使用电缆盖板时，盖板应指向受电方向。

（4）回填土前，应清理积水，进行一次隐蔽工程检验，合格后，应及时回填土，并进行分层夯实。

（5）埋标志桩电缆回填土后，作好电缆记录，并应在电缆拐弯、接头、交叉、进出建筑物等处设置明显方位

标桩，直线段每隔 100m 设标志桩，标志桩可以采用 C15 钢筋混凝土制作，并且标有“下有电缆”字样。标志桩露出地面以 15cm 为宜。

二、桥架内电缆敷设施工工艺流程

电缆牵引 → 水平敷设 → 垂直敷设 → 电缆排列和固定 → 电缆挂标志牌

（一）水平敷设

（1）不同等级电压的电缆应分层敷设，高压电缆应敷设在最上层。

（2）同等级电压的电缆沿桥架敷设时，电缆水平净距不得小于 35mm。

（3）电缆敷设排列整齐，水平敷设的电缆，首尾两端、转弯两侧及每隔 5～10m 处设固定点。

（二）垂直敷设

垂直敷设电缆时，有条件的最好自上而下敷设。土建未拆吊车前，用吊车将电缆吊至楼层顶部；敷设前，选好位置，架好电缆盘，电缆的向下弯曲部位用滑轮支撑电缆，在电缆附近和部分楼层应设制动和防滑措施；敷设时，同截面电缆应先敷设低层，再敷设高层。

（三）电缆排列和固定

（1）电缆敷设排列整齐，间距均匀，不应有交叉现象。

（2）大于 45℃倾斜敷设的电缆每隔 2m 处设固定点。

（3）水平敷设的电缆，首尾两端、转弯两侧及每隔 5～10m 处设固定点。

（4）对于敷设于垂直桥架内的电缆，每敷设一根应固定一根，全塑型电缆的固定点为 lm，其他电缆固定点为 1.5m，控制电缆固定点为 lm。

（5）敷设在竖井及穿越不同防火区的桥架，按设计要求位置，作好防火阻隔。

（四）电缆挂标志牌

（1）标志牌规格应一致，并有防腐性能，挂装应牢固。

（2）标志牌上应注明电缆编号、规格、型号、电压等级及起始位置。

（3）沿电缆桥架敷设的电缆在其两端、拐弯处、交叉处应挂标志牌，直线段应适当增设标志牌。

三、电缆沟内及电缆竖井内电缆敷设施工工艺流程

电缆支架安装 → 电缆牵引 → 电缆敷设 → 电缆固定 → 电缆挂标志牌

（一）电缆支架安装

电缆支架安装应符合下列规定：

（1）电缆在电缆沟内及竖井敷设前，土建专业已根据设计要求完成电缆沟及电缆支架的施工，电缆敷设在沟内壁的角钢支架上，电缆支架间平行距离不小于100mm，垂直距离为150～200mm，电缆支架最下层距沟底的距离不小于50～100mm

（2）电缆在竖井内敷设，当设计无要求时，电缆支架最上层至竖井顶部或楼板的距离不小于150～200mm；电缆支架最下层至地面的距离不小于50～100mm。

（3）支架与预埋件焊接固定时，焊缝饱满；用膨胀螺栓固定时，选用螺栓适配，连接紧固，防松零件齐全。支架应横平竖直。

（二）电缆敷设

（1）电缆敷设前，应验收电缆沟及电缆竖井，电缆沟的尺寸及电缆支架间距应符合设计要求，电缆沟内应清洁干燥，应有适量的积水坑。

（2）电缆在支架上敷设时，应按电压等级排列，高压在上面，低压在下面，控制电缆在最下面。如两侧装设电缆支架，则电力电缆与控制电缆应分别安装在沟的两侧。

（3）电缆在支架敷设时，电力电缆间距为35mm，但不小于电缆外径尺寸；不同等级电力电缆间及其与控制电缆间的最小净距为100mm；控制电缆间不作规定。

（4）电缆在支架上敷设，拐弯处的最小弯曲半径应符合表5-4的规定。

表5-4 电缆最小允许弯曲半径

序号	电缆种类	最小允许弯曲半径
1	无铅包钢铠护套的橡皮绝缘电力电缆	$10D$
2	有钢铠护套的橡皮绝缘电力电缆	$20D$
3	聚氯乙烯绝缘电力电缆	$10D$
4	交联聚氯乙烯绝缘电力电缆	$15D$
5	多芯控制电缆	$10D$

注：D为电缆外径。

四、管内电缆敷设施工工艺流程

检查管道 → 试牵引 → 电缆敷设 → 电缆人孔井 → 防火措施 → 电缆挂标志牌

（一）检查管道

（1）金属导管严禁熔焊连接；防爆导管不应采用倒扣连接，应采用防爆活接头，其结合面应紧密。管口平整光滑，无毛刺。

（2）检查管道内是否有杂物，在敷设电缆前，应将杂物清理干净。

（二）敷设电缆

(1) 将电缆盘放在电缆入孔井口的外边，先用安装有电缆牵引头并涂有电缆润滑油的钢丝绳与电缆的一端连接，钢丝绳的另一端穿过电缆管道，拖拉电缆力量要均匀，检查电缆牵引过程中有无卡阻现象，如张力过大，应查明原因，问题解决后，继续牵引电缆。

(2) 三相或单相单芯电缆不得单独穿于导管内。

（三）电缆人孔井

电缆在管道内敷设时，为了抽拉电缆或做电缆连接，电缆管分支、拐弯处，均需按设计要求或规范要求设置电缆入孔井，电缆人孔井的距离，应按设计要求设置，一般在直线部分每隔 50～100m 设置一个。

第二十节 导管敷设

一、焊接钢管暗敷设工艺流程

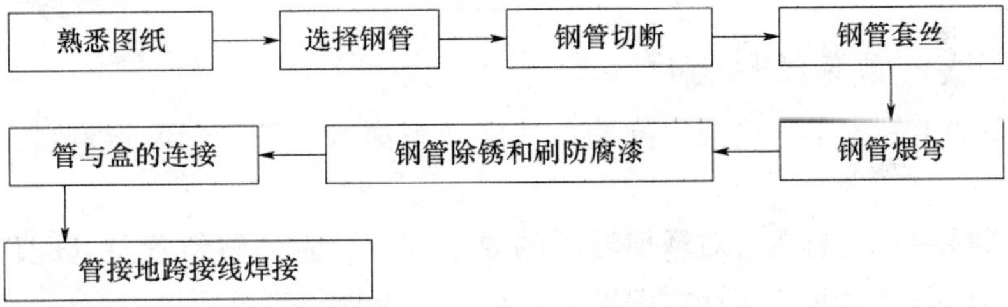

（一）选择钢管

钢管的外观检查：

(1) 钢管进入现场应检查产品技术文件是否齐全、有效（生产许可证、合格证、出厂检验报告）。

(2) 依据国家现行技术标准，检查钢管壁厚是否均匀，管体是否有折扁、裂缝、砂眼、塌陷及严重腐蚀等缺陷。

(3) 根据敷设场所选择钢管的材质：

1) 暗配于干燥场所的穿线导管宜采用薄壁钢管。

2) 埋于地下的穿线导管宜采用厚壁钢管。有严重腐蚀的场所（如酸、碱和具有腐蚀性的气体），不宜采用钢套管配线，应使用硬塑料管配线。

3) 当选用热浸镀锌钢管时，钢管的内外表面应有完整的镀锌层，不得有未镀锌的黑斑和气泡存在。

（二）钢管煨弯

钢管煨弯分冷煨和热煨两种；

(1) 冷煨钢管的常用工具有手动弯管器和电动弯管机及液压弯管机三种。弯曲处不应有折皱、凹穴和裂缝现象，弯扁度不应大于管外径的 10%，弯曲度一般不宜小于 90°，暗配时管弯曲半径，不应小于管外径的六倍；埋设于地下或混凝土楼板内同一平面内转弯的管子弯曲半径，不应小于管外径的 10 倍。

（2）热煨就是用火加热煨管；用火加热煨管只限用于黑铁管（SC焊接钢管），镀锌钢管严禁用火加热煨制。

（三）钢管除锈和刷防腐漆

（1）钢管除锈：管内壁除锈，可用圆形钢丝刷，两端各绑一根钢丝，来回拉动钢丝刷，把管内铁锈清除干净，管子外壁上的铁锈可用钢丝刷或电动除锈机除锈。

（2）钢管防腐：当设计无要求时，暗敷设工程中应尽量使用镀锌钢管。可以免去防腐这一工序。当工程要求使用黑铁管（SC焊接钢管）时，管内壁均应涂樟丹油一道，除了埋入混凝土内的黑铁管外壁不需防腐处理外，其他场所内敷设的黑铁管外壁均应按规定进行防腐处理。

二、硬质阻燃塑料管（PVC）明敷设工艺流程

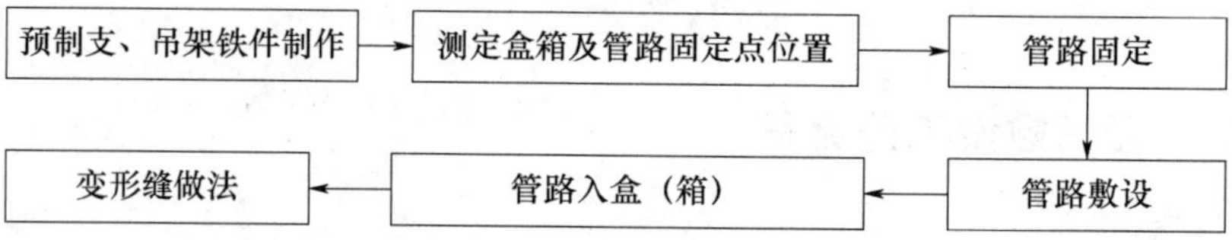

（一）预制支、吊架铁件制作

按照设计图加工好支架，吊架、抱箍、铁件及管煨弯。管子预制煨弯可采用冷煨法和热煨法。

（1）阻燃塑料管敷设与煨弯对环境温度的要求如下：阻燃塑料管及其配件的敷设和煨弯制作，均应在原材料规定允许的环境温度下进行，其温度不得低于－15℃。

（2）冷煨法：管径在25mm及其以下可以用冷煨法，将弯簧插入（PVC）管内需煨弯处，两手抓住弯簧两端头，膝盖顶在被弯处，用手逐步煨出所需弯度，然后抽出弯簧（当弯曲较长管时，可将弯簧用铁丝或尼龙线拴牢上一端，待煨完弯后抽出）。

（3）热煨法：用电炉子、热吹风机等加热均匀，烘烤管子煨弯处，待管被加热到可随意弯曲时，立即将管子放在木板上，固定管子一头，逐步煨出所需管弯度，并用湿布抹擦使弯曲部位冷却定型，然后抽出弯簧。不能因煨弯而使导管出现烤伤、变色、破裂等现象。

（二）测定盒、箱及管路固定点位置

（1）按照设计图测出盒、箱、出线口等准确位置。测量时，应使用自制尺杆，弹线定位。

（2）根据测定的盒、箱位置，把管路的垂直点水平线弹出，按照要求标出支架，吊架固定点具体尺寸位置。

（三）管路敷设

（1）配管及支架、吊架应安装平直、牢固、排列整齐、管子弯曲处，无明显折皱，凹扁现象。

（2）弯曲半径和弯扁度应符合规范规定。

1）直管每隔30m应加装补偿装置，补偿装置接头的大头与直管套入并粘牢，另一端（PVC）管套上一节小头并粘牢，然后将此小头一端插入卡环中，小头可在卡环内滑动。

2）（PVC）管引出地面一段，可以使用一节钢管引出，但需制作合适的过渡专用接箍，并把钢管接箍埋在混凝土中，钢管外壳做接地或接零保护。

三、套接紧定式钢导管（JDG 管）敷设工艺流程

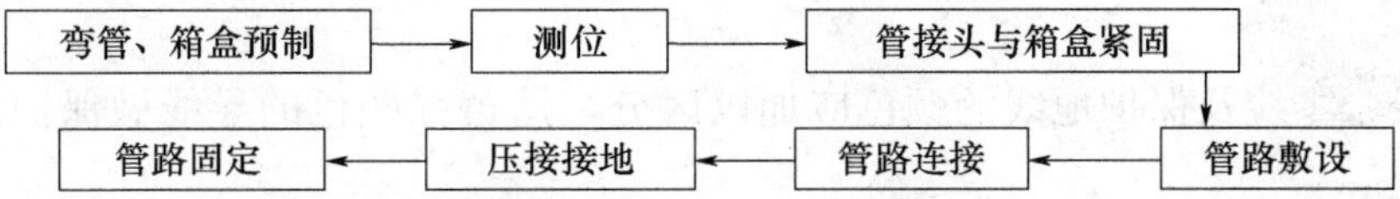

（一）管接头与箱盒紧固

在配管施工中，JDG 管连接时管接头的紧定螺帽必须拧断。管与盒（箱）连接时采用的护口及锁母应该紧定牢固。

（二）管路敷设

（1）管路较长敷设时，应加接线盒。

（2）套接紧定式钢导管管路弯曲时，弯曲管材弧度应均匀，焊缝处于外侧。不应有褶皱、凹陷、裂纹、死弯等缺陷。切断口平整、光滑。管材弯扁程度不应大于管外径的 10%。

（3）套接紧定式钢导管管路明敷设时，支架、吊架的规格，当设计无要求时，不应小于下列规定：圆钢：直径 6mm；扁钢：30mm×3mm；角钢：25mm×25mm×3mm。

（4）套接紧定式钢导管水平或垂直敷设时，其水平或垂直安装的允许偏差为 1.5‰，全长偏差不应大于管内径的 1/2。

（5）套接紧定式钢导管管路明敷设时，排列应整齐，固定点牢固，间距均匀，其最大间距应符合表 5-5 的规定。

表 5-5　固定点间距

敷设方式	钢导管种类	钢导管直径（mm）		
		16～20	25～32	40
吊架、支架或沿墙敷设	厚壁钢导管	1.5	2.0	2.5
	薄壁钢导管	1.0	1.5	2.0

（6）套接紧定式钢导管管路明敷设时，固定点与终端、弯头中点、电器具或箱盒边缘的距离宜为 150～300mm。

（7）套接紧定式钢导管管路暗敷设时，宜沿最近的路径敷设。

（8）套接紧定式钢导管管路暗敷设时，其弯曲半径不应小于管外径的 6 倍，埋入混凝土内平面敷设时，其弯曲半径不应小于管外径的 10 倍。

（9）套接紧定式钢导管管路埋入墙体或混凝土内时，管路与墙体或混凝土表面净距不应小于 15mm。

第二十一节　管内穿线及槽、盒内敷线

施工工艺流程：

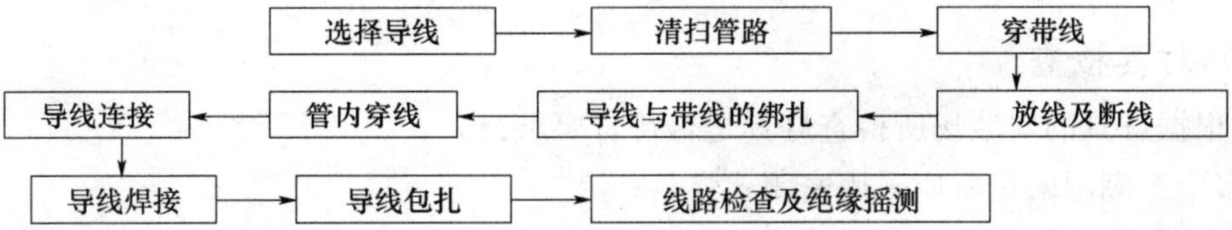

（一）选择导线

（1）应根据设计图要求选择导线。进（出）户的导线应使用橡胶绝缘导线，严禁使用塑料绝缘导线。

（2）相线、零线及保护地线的颜色应加以区分，用黄绿颜色的导线做保护地线，黑颜色导线做零线。

（二）穿带线

（1）带线一般均采用1.2～2.0mm的铁丝。先将铁丝的一端弯成不封口的圆圈，再利用穿线器将带线穿入管路内，在管路的两端均应留有10～15cm的余量。

（2）在管路较长或转弯较多时，可以在敷设管路的同时将带线一并穿好。

（三）管内穿线

穿线时应注意下列问题：

（1）同一交流回路的导线必须穿于同一管内。

（2）不同回路、不同电压和交流与直流的导线，不得穿入同一管内，但以下几种情况除外：

1）标称电压为50V以下的回路；

2）同一设备或同一流水作业线设备的电力回路和无特殊干扰要求的控制回路；

3）同一花灯的几个回路；

4）同类照明的几个回路，但管内导线总数不应多于8根。

（3）导线在变形缝处，补偿装置应活动自如。导线应留有一定的余度。

（四）线路检查及绝缘摇测

绝缘摇测：

照明线路的绝缘摇测一般选用500V，量程为0～500MΩ的兆欧表。测量线路绝缘电阻时，兆欧表上有三个分别标有“接地”（E）；“线路”（L）；“保护环”（G）的端钮。可将被测两端分别接于E和L的两个端钮上。一般照明绝缘线路绝缘摇测有以下两种情况：

（1）电气器具未安装前进行线路绝缘摇测时，首先将灯头盒内导线分开，开关盒内导线连通。摇测应将干线和支线分开，一人摇测，一人应及时读数并记录。摇动速度应保持在120r/min左右，读数应采用一分钟后的读数为宜。

（2）电气器具全部安装完在送电前进行摇测时，应先将线路上的开关、刀闸、仪表、设备等用电开关全部置于断开位置，摇测方法同上所述，确认绝缘摇测无误后再进行送电试运行。

第二十二节　普通灯具安装

施工工艺流程：

灯具检查 → 组装灯具 → 安装灯具 → 通电试运行

（一）灯具检查

（1）根据灯具的安装场所检查灯具是否符合要求：

1）多尘、潮湿的场所应采用密闭式灯具；

2）灼热多尘的场所（如出钢、出铁、轧钢等场所）应采用投光灯；

3）灯具有可能受到机械损伤的，应采用有防护网罩的灯具；

4）安装在震动场所（如有锻锤、空压机、桥式起重机等）的灯具应有防撞措施（如采用吊链软性连接）；

5）除敞开式外，其他各类灯具的灯泡容量在100W及以上的均应采用瓷灯口。

（2）根据装箱单清单清点安装配件。

（3）注意检查制造厂的有关技术文件是否齐全。

（4）检查灯具外观是否正常，有无擦碰、变形受潮、金属镀层剥落锈蚀等现象。

（二）通电试运行

灯具安装完毕后，经绝缘测试检查合格后，方允许通电试运行。通电后应仔细检查和巡视，检查灯具的控制是否灵活、准确；开关与灯具控制顺序是否对应，灯具有无异常噪声，如发现问题应立即断电，查出原因并修复。

第二十三节　开关、插座、风扇安装

一、一般规定

（一）插座安装应符合下列规定

（1）当不采用安全型插座时，托儿所、幼儿园及小学等儿童活动场所安装高度不小于1.8m。

（2）暗装的插座面板紧贴墙面，四周无缝隙，安装牢固，表面光滑整洁。无碎裂、划伤，装饰帽齐全。

（3）车间及实验室的插座安装高度距地面不小于0.3m；特殊场所暗装的插座不小于0.15m；无特殊要求时，同一室内插座安装高度一致。

（4）地插座面板与地面齐平或紧贴地面，盖板固定牢固，密封良好。

（二）照明开关安装应符合下列规定

（1）开关安装位置便于操作，开关边缘距门框边缘的距离0.15～0.2m，开关距地面高度1.3m；拉线开关距地面高度2～3m，层高小于3m时，拉线开关距顶板不小于100mm，拉线出口垂直朝下。

（2）相同型号并列安装及同一室内开关安装高度一致，且控制有序不错位，并列安装的拉线开关的相邻间距不小于20mm。

（3）暗装的开关面板应紧贴墙面，四周无缝隙，安装牢固，表面光滑整洁，无碎裂、划伤，装饰帽齐全。

（三）吊扇安装应符合下列规定

（1）涂层完整，表面无划痕、无污染，吊杆上下扣碗安装牢固到位。

（2）同一室内并列安装的吊扇开关高度一致，且控制有序不错位。

（四）壁扇安装应符合下列规定

（1）壁扇下侧边缘距地面高度不小于1.8m。

（2）涂层完整，表面无划痕、无污染，防护罩无变形。

二、开关、插座、风扇安装施工工艺流程

（一）开关、插座安装工艺流程

清理线盒 → 接线 → 安装开关、插座 → 通电试运行

（1）清理线盒：用錾子将盒子内残存的灰块剔掉，同时将其他杂物一并清出盒外，再用湿布将盒内灰尘擦净。

（2）接线：盒内预留导线出盒口长度10～15cm，削去绝缘层，注意不要碰伤线芯。插接端子，将线芯直接插入接线孔内，再用顶丝将其压紧，线芯不得外露。

1）开关接线：同一建筑物的开关采用同一系列的产品，开关的通断位置一致，且操作灵活，接点接触可靠；电器、灯具的相线经开关控制。

2）插座接线：

a. 单相两孔插座，面对插座的右孔或上孔与相线连接，左孔或下孔与零线连接；单相三孔插座，面对插座右孔与相线连接，左孔与零线连接，上孔与地线（PE）或接零（PEN）连接。

b. 单相三孔、三相四孔及三相五孔插座的接地（PE）或接零（PEN）线接在上孔。插座的接地端子不与零线端子连接。同一场所的三相插座，接线的相序一致。

c. 接地（PE）或接零（PEN）线在插座间不得串联连接。

（3）开关、插座安装：按接线要求，将盒内甩出的导线与开关、插座的面板连接好，将开关或插座推入盒内，对正线盒固定孔，用机螺丝紧定牢固。固定时要使面板端正，并与墙面贴齐。地插座面板与地面齐平或紧贴地面，盖板固定牢固，密封良好。在易燃物上安装时，要用防火材料将开关、插座与易燃物隔离。

（4）通电试运行：

1）开关、插座安装完毕，送电试运行前再按系统按回路分别摇测一次线路的绝缘电阻并做好记录。

2）各支路的绝缘电阻摇测合格后通电试运行，通电后仔细检查和巡视，检查漏电开关是否掉闸，插座接线是否正确，面板是否水平，是否被污染等。检查插座时，最好用验电器，检查时应逐个检查，如有问题断电后及时进行修复，并做好记录。

（二）风扇安装工艺流程

检查吊扇 → 组装吊扇 → 安装吊扇 → 通电试运行

（1）吊扇检查：

1）吊扇的各种零配件是否齐全。

2）扇叶有无变形和受损现象。

3）吊杆上的悬挂销钉必须装设防震橡皮垫及防松装置。

（2）吊扇组装：

1）严禁改变扇叶角度。

2）扇叶的固定螺钉应有防松装置。

3）吊杆之间、吊杆与电机之间，螺纹连接的啮合长度不得小于20mm，并且必须有防松装置。

（3）安装吊扇：

1）吊扇安装：将吊扇托起，并把预埋的吊钩将吊扇的耳环挂牢，然后接好电源接头，包扎严密，向上推起吊杆上的扣碗，将接头扣与其内，紧贴建筑物表面，拧紧固定螺丝。

2）壁扇安装：

a. 壁扇底座采用尼龙塞或膨胀螺栓固定；尼龙塞或膨胀螺栓的数量不少于两个，且直径不小于 8mm；固定牢固可靠。

b. 壁扇防护罩扣紧，固定可靠，当运转时扇叶和防护罩无明显颤动和异常声响。

（4）风扇通电试运行：风扇安装完毕应检查固定扇叶的弹簧垫片是否齐全紧固，且各条支路的绝缘电阻摇测合格后，方可允许通电试运行。通电后要仔细检查和巡视，检查风扇的转向及调速开关是否正常，观察风扇转动是否平稳。

第二十四节　建筑照明通电试运行

施工工艺流程：

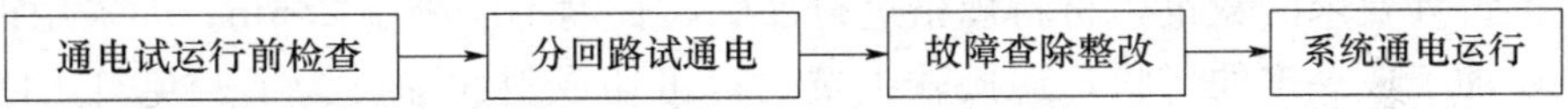

（一）通电试运行前检查

（1）检查总电源开关至各照明回路进线电源开关接线是否正确。

（2）照明配电箱及回路标识应正确一致。

（3）检查漏电保护器接线是否正确，严格区分工作零线（N）与地线（PE），地线（PE）严禁接入漏电开关。

（4）检查开关箱内各接线端子连接是否正确可靠。

（5）断开各回路分电源开关，合上总进线开关，检查漏电测试按钮是否灵敏有效。

（二）分回路试通电

（1）将各回路灯具等用电设备开关全部置于断开位置。

（2）逐次合上各分回路电源开关。

（3）分回路逐次合上灯具等的控制开关，检查开关与灯具控制顺序是否对应、风扇的转向及调速开关是否正常。

（4）用试电笔检查各插座相序连接是否正确，带开关插座的开关是否能正确关断相线。

（三）系统通电连续试运

公用建筑照明系统通电连续试运行时间应为 24h，民用住宅照明系统通电连续试运行时间应为 8h。所有照明灯具均应开启，且每 2h 记录运行状态 1 次，连续试运行时间内无故障。

（四）建筑照明通电试运行技术及检测仪器准备

（1）试运行前应编制照明通电试运行方案，并经监理（建设单位专业负责人）工程师同意，对调试人员进行安全、技术交底。

（2）相应的工艺标准和验收规范齐全。

（3）检查整个照明系统，全线无障碍，能够满足送电要求。

（4）建筑照明通电试运行前应备齐的工具及仪器仪表有电笔、万用表、兆欧表、交流钳形电流表及漏电测试仪等。

第二十五节　接地装置安装

施工工艺流程：

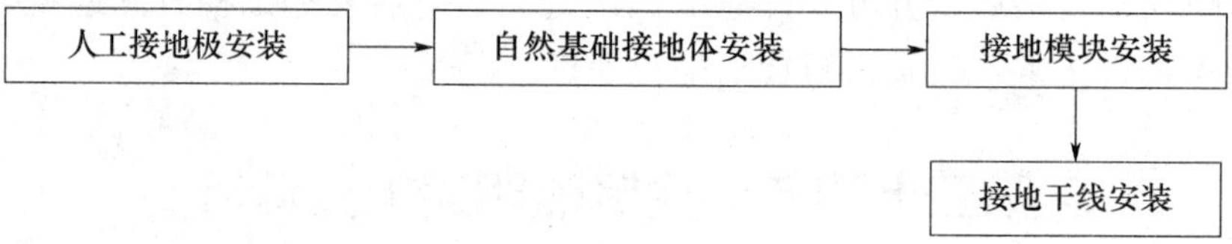

（一）人工接地极安装

（1）根据设计要求的数量，材料规格进行加工，长度不应小于2.5m。如采用钢管打入地下应根据土质加工成一定的形状，遇松软土壤时，可切成斜面形。为了避免打入时受力不均使管子歪斜，也可加工成扁尖形。遇土质很硬时，可将尖端加工成锥形。如选用角钢时，应采用不小于40mm×40mm×4mm的角钢，切割长度不应小于2.5m，角钢的一端应加工成尖头形状。

（2）根据设计图纸要求，对接地装置（网）的线路进行测量弹线，在此线路上挖掘深为0.8—1m，宽为0.5m的沟，沟上部稍宽，底部如有石子应清除。

（3）沟挖好后应立即安装接地极和敷设接地扁钢，防止土方坍塌。先将接地极放在沟的中心线上，打入地中，一般采用手锤打入，一人手扶接地极，一人用大锤敲打接地体顶部。为防止将角钢或钢管打劈，可加一护管帽，套入接地钢管顶端。若采用角钢，可在其顶部焊接约100mm的一段角钢。使用手锤敲打接地极时应平稳，锤击接地极正中，不得打偏，应与地面保持垂直，当接地体顶端距地600mm时停止打入。

（4）接地扁钢敷设前应调直，然后将扁钢放置在沟内，依次将扁钢与接地极用电焊（气焊）焊接，因为扁钢侧放时散流电阻较小，所以扁钢应侧放，不可平放。扁钢与钢管连接的位置距接地极最高点约100mm，为了连接可靠，除应在其接触部位两侧进行焊接外，还应直接将扁钢本身弯成弧形（或直角形）与钢管（或角钢）焊接。焊接时应将扁钢拉直，焊好后清除药皮，刷沥青漆作防腐处理。将接地线引出至需要位置，留有足够的连接长度，以待使用。

（5）接地极连接完毕后，应及时进行隐检，接地极材质、位置、焊接质量，接地体（线）的截面规格等均应符合设计及施工验收规范要求，经检验合格后，方可进行回填，分层夯实。最后将接地电阻摇测数值填写在隐检记录

（6）若建筑物内连带大型变配电站，设计要求采用铜材施工时，可参阅以上钢管与扁钢施工方法。需要指出的是此种接地极（网）一般敷设较深，且铜材散热较快，所以在进行焊接时可采用气焊进行加热而使用电焊进行焊接，可达到满意效果。

（二）自然基础接地体安装

（1）利用无防水底板钢筋或深基础作接地极：按设计图纸尺寸位置要求，标好位置，将底板钢筋搭接焊好。再将柱主筋（不少于 2 根）底部与底板钢筋搭接焊好，并在室外地面以下，将主筋焊接好接地连接板，清除药皮，并将两根主筋用色漆做好标记以便引出和检查。应及时请质检部门进行隐检，同时做好隐检记录。

（2）利用柱形桩基及平台钢筋做好接地极，按设计图纸尺寸位置要求，找好桩基组数位置，把每组桩基四角钢筋搭接封焊，再与柱主筋（不少于 2 根）搭接焊好。并在室外地面 800mm 以下，将主筋焊接好接地连接板，清除药皮，并将两根主筋用色漆做好标记以便引出和检查。应及时请质检部门进行隐检，同时做好隐检记录。

（三）接地模块安装

使用接地模块时，埋设应尽量选择适合的土层进行，预先开挖 0.8～1.0m 的土坑（平埋），不应倾斜设置，底部尽量平整，使埋设的接地块受力均匀，保持与原土层接触良好。接地模块应垂直或水平设置，用连接线使连接头与接地网连接，用螺栓连接后热焊接或热融接，焊接完成以后应去除焊渣等，再用防腐沥青或防锈漆进行焊接表面的防腐处理，回填需要分层夯实，保证土壤的密实和接地模块与土壤的接触紧密，底部回填 0.4～0.5m 后，应适量加水，保证土壤的湿润，使接地模块充分吸湿。使用降阻剂时，为了防腐，包裹厚度应在 30mm 以上。

（四）接地干线安装

（1）室外接地干线敷设，首先将接地干线调直、测位、打眼、煨弯，并将断接卡子及接地端子装好。然后根据设计要求的尺寸位置挖沟，挖好后将扁钢放平埋入。回填土应压实但不需打夯，接地干线末端露出地面应不超过 0.5m，以便连接引下线。

（2）室内接地干线明敷设：首先根据设计要求尺寸位置预留出接地线孔，然后埋设支持件。也可采用 M10 镀锌膨胀螺栓生根固定。再将接地扁钢沿墙吊起，在支持件一端用卡子将扁钢固定，接地干线连接处应焊接牢固。末端预留或连接应符合设计要求。

第二十六节　综合布线系统

施工工艺流程：

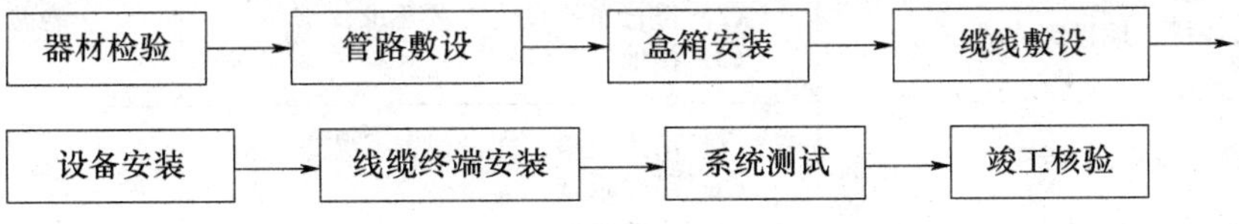

（一）器材检验

（1）施工前应对所用器材进行外观检验，检查其型号规格、数量、标志、标签、产品合格证、产品技术文件资料，有关器材的电气性能、机械性能、使用功能及有关特殊要求，应符合设计规定。

（2）电缆电气性能抽样测试，应符合产品出厂检验要求及相关规范规定。

（3）光纤特性测试应符合产品出厂检验要求及相关规范规定。

注：有关器材检验具体要求，请参见《综合布线系统工程验收规范》（GB 50312—2007）的相关规定。

（二）综合布线系统工程竣工验收项目及内容（表5-6）

表5-6　综合布线系统工程竣工验收项目及内容

阶段	验收项目	验收内容	验收方式
施工前检查	1. 环境要求	（1）土建施工情况：地面、墙面、门、电源插座及接地装置； （2）土建工艺：机房面积、预留孔洞； （3）施工电源； （4）地板铺设	施工前检查
	2. 器材检验	（1）外观检查； （2）型式、规格、数量； （3）电缆电气性能测试； （4）光纤特性测试	施工前检查
	3. 安全、防火要求	（1）消防器材； （2）危险物的堆放； （3）预留孔洞防火措施	施工前检查
设备安装	1. 交接间、设备间、设备机柜、机架	（1）规格、外观； （2）安装垂直、水平度； （3）油漆不得脱落； （4）各种螺丝必须紧固； （5）抗震加固措施； （6）接地措施	随工检验
	2. 配线部件及8位模块式通用插座	（1）规格、位置、质量； （2）各种螺丝必须拧紧； （3）标志齐全； （4）安装符合工艺要求； （5）屏蔽层可靠连接	随工检验
光缆布放（楼内）	1. 电缆桥架及线槽布放	（1）安装位置正确； （2）安装符合工艺要求； （3）符合布放缆线工艺要求； （4）接地	随工检验
	2. 缆线暗敷（包括暗管、线槽、地板等方式）	（1）缆线规格、路由、位置； （2）符合布放缆线工艺要求； （3）接地	隐蔽工程签证
电、光缆布放（楼间）	1. 架空缆线	（1）吊线规格、架设位置、装设规格； （2）吊线垂度； （3）缆线规格； （4）卡、挂间隔； （5）缆线的引入符合工艺要求；	随工检验
	2. 管道缆线	（1）使用管孔孔位； （2）缆线规格； （3）缆线走向； （4）缆线的防护设施的设置质量；	隐蔽工程签证

续表

<table>
<tr><th>阶段</th><th>验收项目</th><th>验收内容</th><th>验收方式</th></tr>
<tr><td rowspan="3">电、光缆布放（楼间）</td><td>3. 埋式缆线</td><td>（1）缆线规格；
（2）敷设位置、深度；
（3）缆线的防护设施的设置质量；
（4）回土夯实质量</td><td>隐蔽工程签证</td></tr>
<tr><td>4. 隧道缆线</td><td>（1）缆线规格；
（2）安装位置，路由；
（3）土建设计符合工艺要求</td><td>隐蔽工程签证</td></tr>
<tr><td>5. 其他</td><td>（1）通信线路与其他设施的距；
（2）进线室安装、施工质量</td><td>随工检验或隐蔽工程签证</td></tr>
<tr><td>缆线终结</td><td>1. 8位模块式通用插座
2. 配线部位
3. 光纤插座
4. 各类跳线</td><td>符合工艺要求</td><td>随工检验</td></tr>
<tr><td rowspan="2">系统测试</td><td>1. 工程电气性能测试</td><td>（1）连接图；
（2）长度；
（3）衰减；
（4）近端串音（两端都应测试）；
（5）设计中特殊规定的测试内容</td><td>竣工检验</td></tr>
<tr><td>2. 光纤特性测试</td><td>（1）衰减；
（2）长度</td><td>竣工检验</td></tr>
<tr><td rowspan="2">工程总验收</td><td>1. 竣工技术文件</td><td>清点、交接技术文件</td><td rowspan="2">竣工检验</td></tr>
<tr><td>2. 工程验收评价</td><td>考核工程质量，确认验收结果</td></tr>
</table>

（三）工程验收文件应包括下列内容

（1）竣工图纸；

（2）设计变更记录和工程洽商记录；

（3）分项工程质量验收记录；

（4）系统检测记录；

（5）培训记录和培训资料；

（6）综合布线管理软件的相关文档。

第二十七节　火灾自动报警系统

火灾自动报警系统是由触发装置、火灾报警装置、联动输出装置以及具有其它辅助功能装置组成的，它具有能在火灾初期，将燃烧产生的烟雾、热量、火焰等物理量，通过火灾探测器变成电信号，传输到火灾报警控制器，并同时以声或光的形式通知着火层及上下邻层疏散，控制器记录火灾发生的部位、时间等，使人们能够及时发现火灾，并及时采取有效措施，扑灭初期火灾，最大限度的减少因火灾造成的生命和财产的损失。

施工工艺流程：

（一）钢管和金属线槽安装主要要求

（1）进场管材、型钢、金属线槽及其附件应有材质证明或合格证，并应检查质量、数量、规格型号是否与要求相符合，填写检查记录。钢管要求壁厚均匀，焊缝均匀，无劈裂和砂眼棱刺，无凹扁现象，镀锌层内外均匀完整无损。金属线槽及其附件，应采用经过镀锌处理的定型产品。线槽内外应光滑平整，无棱刺不应有扭曲翅边等变形现象。

（2）配管前应根据设计、厂家提供的各种探测器、手动报警器、广播喇叭等设备的型号、规格，选定接线盒，使盒子与所安装的设备配套。

（3）电线保护管的弯曲处不应有折皱、凹陷裂缝，且弯扁程度不应大于管外径的10%。

（4）明配管时弯曲半径不宜小于管外径的6倍，暗配管时弯曲半径不应小于管外径的6倍，当埋于地下或混凝土内时，其弯曲半径不应小于管外径的10倍。

（二）钢管内绝缘导线敷设和线槽配线要求

（1）进场的绝缘导线和控制电缆的规格型号、数量、合格证等应符合设计要求，并及时填写进场材料检查记录。

（2）火灾自动报警系统传输线路，应采用钢芯绝缘线或铜芯电缆，其电压等级不应低于交流250V，最好选用500V，以提高绝缘和抗干扰能力。

（3）为满足导线和电缆的机械强度要求，穿管敷设的绝缘导线，线芯截面最小不应小于$1mm^2$；线槽内敷设的绝缘导线最小截面不应小于$0.75mm^2$；多芯电缆线芯最小截面不应小于$0.5mm^2$。

（4）穿管绝缘导线或电缆的总面积不应超过管内截面积的40%，敷设于封闭式线槽内的绝缘导线或电缆的总面积不应大干线槽的净截面积的50%。

（5）导线在管内或线槽内，不应有接头或扭结。导线的接头应在接线盒内焊接或压接。

（6）不同系统、不同电压、不同电流类别的线路不应穿在同一根管内或线槽的同一槽孔内。

（7）横向敷设的报警系统传输线路如果采用穿管布线时，不同防火分区的线路不应穿入同一根管内。采用总线制不受此限制。

（8）导线或电缆在接线盒、伸缩缝、消防设备等处应留有足够的余量。

（9）在管内或线槽内穿线应在建筑物抹灰及地面工程结束后进行。在穿线前应将管内或线槽内的积水及杂物清除干净，管口带上护口。

（10）敷设于垂直管路中的导线，截面积为$50mm^2$以下时，长度每超过30m。应在接线盒处进行固定。

（11）导线连接的接头不应增加电阻值，受力导线不应降低原机械强度，亦不能降低原绝缘强度，为满足上述要求，导线连接时应采取下述方法：

1）塑料导线$4mm^2$以下时一般应使用剥线钳剥削掉导线绝缘层，如有编织的导线应用电工刀剥去外层编织层，并留有约12mm的绝缘台，线芯长度随接线方法和要求的机械强度而定。

2）导线绝缘台并齐合拢，在距绝缘台约12mm处用其中一根线芯在另一根线芯缠绕5～7

圈后剪断，把余头并齐折回压在缠绕线上，并进行涮锡处理。

3）安全型压线帽：是铜线压线帽，分为黄、白、红三色，分别适用于 $1.0mm^2$、$1.5mm^2$、$2.5mm^2$、$4mm^2$ 的2～4根导线的连接。其操作方法是：将导线绝缘层剥去10～13mm（按帽的型号决定），清除氧化物，按规定选用适当的压线帽，将线芯插入压线帽的压接管内，若填不实，可将线芯折回头（剥长加倍），填满为止。线芯插到底后，导线绝缘层应与压接管的管口平齐，并包在帽壳内，然后用专用压接钳压实即可。

（12）导线敷设连接完成后，应进行检查。无误后采用500V、量程为0～500MΩ的兆欧表，对导线之间、线对地、线对屏蔽层等进行摇测，其绝缘电阻值不应低于20MΩ。注意不能带着消防设备进行摇测。摇动速度应保持在120r/min左右，读数时应采用1min后的读数为宜。

（三）火灾自动报警设备安装要求

（1）进厂火灾自动报警设备应根据设计图纸的要求，对型号、数量、规格、品种、外观等进行检查，并提供国家消防电子产品，质量监督检测中心有效的检测检验合格的报告，及其他有关安装接线要求的资料，同时与提供设备的单位办理进厂设备检查手续。

（2）点型火灾探测器、气体火灾探测器、红外光束火灾探测器的安装要求：

1）探测器宜水平安装，如必须倾斜安装时，倾斜角不应大于45°。

2）房间被书架、设备或隔断等分隔，其顶部至顶棚或梁的距离小于房间净高的5%时，则每个被隔开的部分应设置探测器。

3）探测器周围0.5m内，不应有遮挡物，探测器至墙壁、梁边的水平距离，不应小于0.5m。

4）探测器至空调送风口边的水平距离不应小1.5m，至多孔送风顶棚孔口的水平距离不应小于0.5m。（是指在距离探测器中心半径为0.5m范围内的孔洞用非燃烧材料填实，或采取类似的挡风措施）。

5）在宽度小于3m的走道顶棚上设置探测器时，宜居中布置。感温探测器的安装间距不应超过10m，感烟探测器安装间距不应超过15m，探测器至端墙的距离，不应大于探测器安装间距的一半。

6）在电梯井、升降机井设置探测器时其位置宜在井道上方的机房顶棚上。

7）下列场所可不设火灾探测器：

a. 厕所、浴室等潮湿场所；

b. 不能有效探测火灾的场所；

c. 不便于使用、维修的场所（重点部位除外）。

（四）调试要求

（1）火灾自动报警系统调试，应在建筑内部装修和系统施工结束后进行。

（2）调试前施工人员应向调试人员提交竣工图、设计变更记录、施工记录（包括隐蔽工程验收记录），检验记录（包括绝缘电阻、接地电阻测试记录）、竣工报告。

（3）调试负责人必须由有资格的专业技术人员担任。一般由生产厂工程师或生产厂委托的经过训练的人员担任。其资格审查由公安消防监督机构负责。

（4）调试前应按下列要求进行检查；

1）按设计要求查验：设备规格、型号、备品、备件等。

2）按火灾自动报警系统施工及验收规范的要求检查系统的施工质量：对属于施工中出现的问题，应会同有关单位协商解决，并有文字记录。

3）检查检验系统线路的配线、接线、线路电阻、绝缘电阻，接地电阻、终端电阻、线号、接地、线的颜色等是否符合设计和规范要求，发现错线、开路、短路等达不到要求的应及时处理，排除故障。

（5）火灾报警系统应先分别对探测器、消防控制设备等逐个进行单机通电检查试验。单机检查试验合格，进行系统调试，报警控制器通电接入系统做火灾报警自检功能、消音、复位功能、故障报警功能、火灾优先功能、报警记忆功能、电源自动转换和备用电源的自动充电功能、备用电源的欠压和过压报警功能等功能检查。在通电检查中上述所有功能都必须符合条例《火灾报警控制器通用技术条件》（GB 4717）的要求。

（6）按设计要求分别用主电源和备用电源供电，逐个逐项检查试验火灾报警系统的各种控制功能和联动功能，其控制功能和联动功能应正常。

（7）检查主电源：火灾自动报警系统的主电源和备用电源，其容量应符合有关国家标准要求，备用电源连续充放电三次应正常，主电源、备用电源转换应正常。

（8）系统控制功能调试后应用专用的加烟加温等试验器，应分别对各类探测器逐个试验，动作无误后可投入运行。

（9）对于其他报警设备也要逐个试验无误后投入运行。

（10）按系统调试程序进行系统功能自检。系统调试完全正常后，应连续无故障运行120h，写出调试开通报告，进行验收工作。

（五）系统验收程序

（1）火灾报警系统安装调试完成后，由施工单位、调试单位对工程质量、调试质量、施工资料进行预检，同时进行质量评定，发现质量问题应及时解决处理，直至达到符合设计和规范要求为止。

（2）预检全部合格后，施工单位、调试单位应请建设、设计、监理等单位，对工程进行竣工验收检查，无误后办理竣工验收单。

（3）建设单位或施工单位请建筑消防设施技术检测单位进行检测，由该单位提交检测报告。

（4）以上工作全部完成后，由建设单位向公安消防监督机构提交验收申请报告，并提供下列文件和资料：

1）建设过程中消防部门的消防审核文件、备忘录及其落实情况。

2）施工单位、设备厂家的资质证书和产品的检测证书。

3）施工记录（隐蔽工程验收、设计变更洽商、绝缘摇测记录、接地电阻记录、主要材质证明、合格证）等。

4）调试报告。

5）建设单位组织施工单位、设计单位、监理等单位办理的竣工验收单。

6）检测单位提出的检测报告。

7）系统竣工图、系统竣工表。

8）管理、维护人员登记表。

（5）消防工程经公安消防监督机构对施工质量复验和对消防设备功能抽验，全部合格后，发给建设单位《建筑工程消防设施验收合格证书》建设单位可投入使用，进入系统的运行阶段。

第六章　施工项目管理基础知识

第一节　图纸会审、设计变更和工程签证

一、图纸会审的概念、目的、程序及内容

（一）图纸会审的概念和目的

施工图纸是施工和验收的主要依据之一。图纸会审是指工程各参建单位（建设单位、监理单位、施工单位）在收到设计院施工图设计文件后，对图纸进行全面细致的熟悉，审查出施工图中存在的问题及不合理情况并提交设计院进行处理的一项重要活动。图纸会审由建设单位组织并记录，在图纸会审过程中，设计单位对各专业问题进行答复。通过图纸会审可以使各参建单位特别是施工单位熟悉设计图纸、领会设计意图、掌握工程特点及难点，找出需要解决的技术难题并拟订解决方案，对于施工图纸中存在的差错和不合理部分，应于施工前与设计单位联系解决，从而将因设计缺陷而存在的问题消灭在施工之前，以保证工程顺利进行。

（二）图纸会审的程序和内容

（1）图纸会审的程序：图纸会审应在开工前进行。如施工图纸在开工前未全部到齐，可先进行分部工程图纸会审。

1）图纸会审的一般程序：业主或监理方主持人发言→设计方图纸交底→施工方、监理方代表提问题→逐条研究→形成会审记录文件→签字、盖章后生效。

2）图纸会审前必须组织预审：审图中发现的问题应归纳汇总，会上派代表做主要发言，其他人可视情况适当解释、补充。

3）施工方及设计方专人对提出和解答的问题做好记录，以便查核。

4）形成图纸会审记录，由各方代表签字盖章认可。

（2）图纸会审的要求包括：

1）图纸会审前，主持单位应事先通知参加人员熟悉图纸，准备意见，进行必要的核对和计算工作。

2）图纸会审由主持单位做好详细记录。

3）施工图纸及设备图纸到达现场后，应立即进行图纸会审，以确保工程质量和工程进度，避免返工和浪费。

4）图纸会审应在单位工程开工前完成。未经图纸会审的项目，不准开工。当施工图由于客观原因不能满足工程进度时，可分阶段组织会审。

5）外委加工的加工图由委托单位进行审核后交出。加工单位提出的设计问题，由委托单位提交设计单位解决。

6）图纸会审后，形成图纸会审记录，较重要的或有原则性问题的记录应经监理单位、建设单位会签后，传递给设计代表，对会审中存在的问题，由设计代表签署解决意见，并按设计变更单的形式办理手续。

二、工程变更的概念、种类、原则、表现形式、变更因素、时效性、变更程序

（一）工程变更的概念

工程变更指的是针对已经正式投入生产的产品所构成的零件进行的变更。在工程项目实施过程中，按照合同约定的程序对部分或全部工程在材料、工艺、功能、构造、尺寸、技术指标、工程数量及施工方法等方面做出的改变。

（二）工程变更的种类和原则

根据提出变更申请和变更要求的不同部门，将工程变更划分为三类建设单位变更、施工单位变更、监理单位变更。

（1）建设单位变更（包含上级部门变更、建设单位变更、设计单位变更）：

1）上级部门变更：指上级行政主管部门提出的政策性变更和由于国家政策变化引起的变更。

2）建设单位变更：筹建处根据现场实际情况，为提高质量标准、加快进度、节约造价等因素综合考虑而提出的工程变更。

3）设计单位变更：指设计单位在工程实施中发现工程设计中存在的设计缺陷或需要进行优化设计而提出的工程变更。

（2）监理单位变更：监理工程师根据现场实际情况提出的工程变更和工程项目变更、新增工程变更等。

（3）施工单位变更：指施工单位在施工过程中发现设计与施工现场的地形、地貌、地质结构等情况不一致而提出来的工程变更。工程变更控制应遵循双效原则、激励原则、层级原则、价值原则。

（三）工程变更的表现形式和变更因素

工程变更按其发生的原因可分为施工条件变更、设计变更、施工方法和施工计划（如进度计划、费用计划等）的变更、承包商提出的索赔以及承包商违约等都可能引起合同条件变更。工程变更的因素有：

（1）业主原因：工程规模、使用功能、工艺流程、质量标准的变化，以及工期改变等合同内容的调整。

（2）设计原因：设计错漏、设计调整，或因自然因素及其他因素而进行的设计改变等。

（3）施工原因：因施工质量或安全需要变更施工方法、作业顺序和施工工艺等。

（4）监理原因：监理工程师出于工程协调和对工程目标控制有利的考虑，而提出的施工工艺、施工顺序的变更。

（5）合同原因：原订合同部分条款因客观条件变化，需要结合实际修正和补充。

（6）环境原因：不可预见自然因素和工程外部环境变化导致工程变更。

（四）工程变更的时效性和程序

（1）设计图纸变更：设计部门根据建设单位设计委托书的要求进行设计。施工单位按照

设计图纸施工，但施工过程中往往会遇到许多设计者想不到的问题，工程实体与设计图纸及技术说明多少会有些差异。这些变化一定要经设计部门认可后给出工程变更通知，即设计变更通知单应由设计单位发出。由设计方提出的工程变更应该与业主协商或经业主审查并批准。变更超过原设计标准或批准的建设规模时，发包人应报规划管理部门和其他有关部门重新审查批准，并由原设计单位提供变更的相应图纸和说明。监理工程师审批工程设计变更时应与业主及设计单位协商。

（2）施工单位提出工程变更：施工单位提出要求澄清某些问题，技术修改、图纸修改、施工方法改变等变更。为了有效地控制造价，当承包方提出工程变更，需由工程师确认并签发工程变更指令，其变更指令应以书面的形式发出。发生工程变更，若合同中有适用于变更工程的价格，可以依此计算价款。

（3）建设单位提出工程变更：施工过程中建设单位（业主）为加快工程进度、提高使用功能或为了降低工程造价等原因，对原设计图纸及使用材料方面提出与图纸或设计说明不符的要求。

三、工程签证的概念

工程签证以书面形式记录了施工现场发生的特殊费用，直接关系到业主与施工单位的切身利益，是工程结算的重要依据。特别是对一些投标报价不能变更的工程，结算时更是要对设计变更和现场签证进行调整。现场签证是记录现场发生情况的第一手资料。通过对现场签证的分析、审核，可为索赔事件的处理提供依据，并据以正确地计算索赔费用。

（一）工程签证的分类

（1）现场经济签证：

1）零星用工。施工现场发生的与主体工程施工无关的用工，如定额费用以外的搬运、拆除用工等。

2）零星工程。

3）临时设施增补项目。

4）隐蔽工程签证。

5）窝工、非施工单位原因停工造成的人员、机械经济损失。如停水、停电，业主材料不足或不及时，设计图纸修改等。

6）议价材料价格认价单。结算资料汇编规定允许计取议价材差的材料，需要在施工前确定材料价格。

7）其他需要签证的费用。

（2）工期签证：

1）停水、停电签证。

2）非施工单位原因停工造成的工期拖延。

（二）办理工程签证的注意事项

工程签证应及时办理。凡涉及经济费用支出的停工、窝工、用工签证、机械台班签证等，一定要在第一时间联系现场代表核实后签证，如果现场代表拒签，可请他签认事实情况及工期顺延，并且要马上向上级领导汇报办理情况。

第二节　施工组织设计、专项施工方案和技术交底

一、施工组织设计的概念、内容及编制原则和方法

（一）施工组织设计的概念及内容

施工组织设计是对施工活动实行科学管理的重要手段，它具有战略部署和战术安排的双重作用。它体现了实现基本建设计划和设计的要求，提供了各阶段的施工准备工作内容，协调施工过程中各施工单位、各施工工种、各项资源之间的相互关系。

施工组织设计的繁简，一般要根据工程规模大小、结构特点、技术复杂程度和施工条件的不同而定，以满足不同的实际需要。施工组织总设计是为解决整个建设项目施工全局问题的，其对象为群体工程，要求简明扼要，重点突出，要安排好主体工程、辅助工程和公用工程的相互衔接和配套。单位工程的施工组织设计是为具体指导施工服务的，要具体明确，要解决好各工序、各工种之间的衔接配合，合理组织平行流水和交叉作业，以提高施工效率。施工条件发生变化时，施工组织设计须及时修改和补充，以便继续执行。施工组织设计的内容要结合工程对象的实际特点、施工条件和技术水平进行综合考虑，一般包括以下基本内容。

施工组织设计一般包括四项基本内容：

（1）施工方法与相应的技术组织措施，即施工部署和方案，包括的内容有根据工程情况，结合人力、材料、机械设备、资金、施工方法等条件，全面部署施工任务，合理安排施工顺序；对拟建工程可能采用的几个施工方案进行定性、定量的分析，通过技术经济评价，选择最佳方案。

（2）施工进度计划。

（3）施工现场平面布置。

（4）有关劳力，施工机具，建筑安装材料，施工用水、电、动力及运输、仓储设施等暂设工程的需要量及其供应与解决办法。前两项指导施工，后两项则是施工准备的依据。一般来说，施工组织设计还应包括技术经济指标。

（二）施工组织设计的编制程序

如果施工单位编写的施工组织设计的范围由招标文件中的发包范围来界定，则该施工组织设计应该是在工程投标阶段编写的。具体的编写程序有：

（1）计算工程量。

（2）确定施工方案。

（3）组织流水作业，排定施工进度。

（4）计算各种资源的需要量和确定供应计划。

（5）平衡劳动力、材料物资和施工机械的需要量并修正进度计划。

（6）设计施工平面图。

二、专项施工方案包括的内容

（一）专项施工方案的内容

根据国家有关规定，对于达到一定规模、危险性较大的工程，需要单独编制专项施工方

案。例如：

（1）开挖深度超过5m（含5m）的基坑、槽支护与降水工程；或基坑虽未超过5m，但地质条件和周围环境复杂、地下水位在坑底以上的基坑支护与降水工程。

（2）开挖深度超过5m（含5m）的基坑、槽的土方开挖工程。

（3）各类工具式模板工程（包括滑模、爬模、大模板等）；水平混凝土构件模板支撑系统及特殊结构模板工程。

（4）现场临时用电工程。

（5）现场外电防护工程：地下供电、供气、通风、管线及毗邻建筑物防护工程。

（6）脚手架工程，包括高度超过24m的落地式钢管脚手架、各类工具式脚手架和卸料平台。

（7）塔吊、施工电梯安拆工程。

（8）起重吊装工程。

（9）采用人工、机械拆除或爆破拆除的工程。

（10）其他危险性较大的工程。

（二）专项施工方案的编制与实施

（1）专项施工方案编制的内容包括：工程概况、编制依据、施工计划、施工工艺技术、施工安全保证措施、劳动力计划、计算书及附图。

对于危险性较大工程专项施工方案的编制，必须按要求严格履行编制、审核、审批程序，方案的内容要做到全面、具体、科学、安全、可行。

（2）专项施工方案的实施：施工技术方案经审核合格应由施工企业技术负责人及总监理工程师进行审批。具体在实施过程中，专项施工方案由施工单位专职安全管理人员在现场监督下实施。

1）施工单位应当严格按照专项施工方案组织施工，不得擅自修改、调整专项施工方案。如因设计、结构、外部环境等因素发生变化确需修改的，施工单位、监理单位应当重新组织审核。

2）专项施工方案实施前，编制人员或项目技术负责人应当向项目施工、技术、安全、质量管理人员和作业人员进行安全技术交底。

3）施工单位应当指定专职安全生产管理人员对专项施工方案实施情况进行现场监督，发现不按照专项施工方案施工的，应当要求其立即整改，整改合格的，方可进行下一道工序。

4）施工单位技术负责人应当定期巡查专项施工方案实施情况。

5）施工单位应当指定专人对危险性较大工程的实施过程进行监测，发现有危及人身安全紧急情况的，应当立即组织作业人员撤离危险区域。

三、技术交底的概念、类别和内容

（一）技术交底的概念和类别

技术交底是指工程开工之前，由各级技术负责人将有关工程的各项技术要求逐级向下贯彻，直到施工现场。技术交底的目的是使施工人员对工程特点、技术质量要求、施工方法与措施和安全等方面有一个较详细的了解，做到心中有数，顺利地完成施工任务。技术交底的内容包括图纸交底、施工组织设计交底、设计变更交底和分项工程技术交底。设计交底应由建设单位负责组织。

图纸交底的目的在于使施工人员了解工程的设计特点、构造、做法、要求、使用功能等，以便掌握和了解设计意图和设计关键，以方便按图施工。

做好技术交底是保证施工质量的重要措施之一。项目开工前应由项目技术负责人向承担施工的负责人或者分包人进行书面技术交底，技术交底资料应办理签字手续并归档保存。每一分部工程开工前均应由项目经理部的技术负责人进行安全作业技术交底。技术交底文件应该由施工项目技术人员编制，并经项目技术负责人批准实施。技术交底的内容主要包括任务范围、施工方法、质量标准和验收标准，施工中应注意的问题，可能出现的一些措施及应急方案，文明施工和安全防护措施以及成品保护要求等。技术交底应围绕施工材料、机具、工艺、工法、施工环境和具体的管理措施等方面进行，应明确具体的步骤、方法、要求和完成的时间等。技术交底必须以书面形式进行。

（二）技术交底的内容

技术交底记录包括施工组织设计交底、专项施工方案技术交底、分项工程施工技术交底、“四新”（新材料、新产品、新技术、新工艺）技术交底和设计变更交底。各项交底应有文字记录，交底双方签认应齐全。

重点和大型工程施工组织设计交底应由施工企业的技术负责人把主要设计要求、施工措施以及重要事项对项目部主要管理人员进行技术交底。其他工程施工组织设计交底应由项目技术负责人进行交底。

专项施工方案技术交底应由项目专业技术负责人负责，根据专项施工方案对专业工长进行交底。分项工程施工技术交底由专业工长对专业施工班组（或专业分包）进行交底。建设项目中，分部（分项）工程在施工前，项目部应按批准的施工组织设计或专项安全技术措施方案，针对本工程项目的施工作业特点和危险点、危险点的具体预防措施和应注意的安全事项向有关人员进行安全技术交底。安全技术交底主要包括两个方面的内容：一是在施工方案的基础上按照施工的要求，对施工方案进行细化和补充；二是要将操作者的安全注意事项讲清楚，保证作业人员的人身安全。施工安全技术交底的主要内容之一是做好“四口”“五临边”的防护设施，其中“五临边”是指未安栏杆的阳台周边、上下跑道、斜道的两侧边以及框架工程的楼层周边、卸料平台的外侧边。

“四新”技术交底应由项目技术负责人组织有关人员编制。设计变更技术交底应由项目技术部门根据变更要求，并结合具体施工步骤、措施及注意事项等对专业工长进行交底。

根据施工阶段安全技术措施的要求，单项工程、单位工程均应有安全技术措施，分部分项工程应有安全技术具体措施，施工前由技术负责人向参加施工的有关人员进行安全术交底，并应逐级签发和保存安全交底任务单。

第三节　隐蔽工程、施工记录、施工日志、施工试验记录

一、隐蔽工程的概念、特点、分类及验收

（一）隐蔽工程的概念、特点和分类

所谓“隐蔽工程”，就是随着下一道工序的施工而被隐蔽起来，表面上无法看到的施工项

目。根据施工工序，这些“隐蔽工程”都会被后一道工序所覆盖，所以很难检查其材料是否符合规格、施工是否规范。

（1）房建工程的隐蔽工程包括基础工程（如挖土、垫层、钢筋、混凝土、防水等）和主体工程（轴线及放样、柱、梁、楼梯、板钢筋、雨篷、阳台等）。

（2）公路工程的隐蔽工程包括以下内容：

1）地基与基础，包括土质情况、槽基几何尺寸、标高、地基处理。

2）主体结构各部位钢筋，内容包括钢筋品种、规格、数量、间距、接头情况及除锈、代用变更情况。

3）桥梁等结构物预应力筋、预留孔道的直径、位置、坡度、接头处理、孔道绑扎牢固等的情况。

4）现场结构焊接，包括焊条牌号（型号）、焊口规格、焊缝长度、高度及外观清渣等。

5）桥梁工程桥面防水层下找平层的平整度、坡度、桥头搭板位置、尺寸。

6）桥面伸缩缝埋件规格、数量及埋置位置。

7）钢管管道内外绝缘防腐。

8）直径 1200mm 以上钢管管道椭圆度。

9）雨、污水管道：混凝土管座、管带及附属构筑物隐蔽部位。

10）水工构筑物及沥青防水工程，包括防水层下的各层细部做防水变形缝等。

11）通信管道工程。

12）设备基础及水泥混凝土的配筋尺寸、养护、等级、表面标高。

13）光电缆的布放、预留长度、接头的物理、电气性能，电缆沟的开挖与回填及光电缆的接续。

14）接地体的埋设、引接和接地电阻（分干、湿两级人机电设备支架箱体的防锈防腐处理。

（二）隐蔽工程的验收

由于隐蔽工程在隐蔽后，如果发生质量问题，还得重新覆盖和掩盖，会造成返工等非常大的损失。为了避免资源的浪费和当事人双方的损失，保证工程的质量和工程顺利完成，承包人在隐蔽工程隐蔽以前，应当通知有关单位进行验收，并形成验收文件。实践中，隐蔽工程施工完毕，承包单位按技术规程、规范、施工图纸应当先进行自检，自检合格后，在隐蔽工程进行隐蔽前及时通知发包人或发包人派驻的工地代表对隐蔽工程的条件进行检查，并通知建设工程质量监督机构参加隐蔽工程的作业。

发包人或其派驻的工地代表接到通知后，应当在要求的时间内到达隐蔽现场，对隐蔽工程的条件进行检查，检查合格的，发包人或者其派驻的工地代表在检查记录上签字。验收时，施工单位必须附有关分项工程质量验收及测试资料，包括原材料试（化）验单、质量验收记录、出厂合格证等，以备查验。验收时由专业技术负责人组织施工员、质量检查员共同参加，验收后由监理单位专业监理工程师签署验收意见及验收结论，并签字签章。

发包人检查发现隐蔽工程条件不合格的，有权要求承包人在一定期限内完善工程条件，处理后必须进行复验，办理复验手续，填写复验记录，并做出复验结论。如果承包人未通知发包人检查而自行进行隐蔽工程的，事后发包人有权要求对已隐蔽的工程进行检查，承包人应当按照要求进行剥露，并在检查后重新隐蔽或者修复后隐蔽。如果经检查隐蔽工程不符合要求的，承包人应当返工，重新进行隐蔽。在这种情况下检查隐蔽工程所发生的费用（如检查费用、返工费用、材料费用等）由承包人负担，承包人还应承担工期延误的违约责任。

二、施工记录与施工日志的内容

（一）施工记录包括的内容

施工记录包括以下内容：通用记录、隐蔽工程检查记录表、预检工程检查记录表、施工通用检查记录表、中间检查交接记录、土建专用施工记录、地基处理记录、地基钎探记录、桩基施工记录、混凝土搅拌测量记录表、混凝土养护测温记录表、砂浆配合比申请单及通知单、混凝土配合比申请单及通知单、混凝土开盘鉴定、预应力筋张拉记录、建筑烟（风）道、垃圾道检查记录、电梯专用施工记录、电梯承重梁等。

现场施工技术人员必须严格按规定表格逐项认真填写，并经监理建设单位等有关人员认可后才能生效。

（二）施工日志的内容

施工日志是在建筑工程整个施工阶段有关施工活动——包括施工组织管理、施工技术和现场情况

变化的综合性记录或签字确认，也是施工技术人员处理施工问题的备忘录和总结施工管理经验的基本素材。主要内容包括当日气候实况、施工形象进度、混凝土试块编号、资源进退场记录及使用情况、有关工程技术文件的收发及文件内容摘要、原材料进场记录、上级领导到工地检查的指示、有关工程技术生产会议的决定内容摘要、重大技术问题、安全问题的处理决定及贯彻执行情况、现场施工记录、技术交底、技术安全的培训教育记录，施工日记（日志）应由施工员记录或签字确认。

三、施工试验记录的内容以及形成的流程

（一）施工试验记录的内容

施工试验记录是根据设计要求和规范规定进行地质静载试验、工程桩静载试验、原材料及半成品检验等，记录原始数据和计算结果并得出试验结论的资料统称。

（二）施工试验记录的流程

施工单位自检形成测量和检验资料记录对照标准合格后填写报验单，提交监理单位报验申请，监理进行检验验收，附监理检验资料和结论，结论合格，有工序、单元、分部、单位工程的资料依次汇总，把该部分的监理审批或回复的资料附后，形成该部分的验收资料，最后形成工程竣工验收质量评定依据。

第七章 文秘、公文写作

一、公文的定义与分类

（一）公文的定义

公文，在古代指的是处理或联系公务的文件。而在现代一般指行政机关、社会团体和企事业单位在行政管理活动或处理公务活动中产生的，按照严格的、法定的生效程序和规范的格式制定的具有传递信息和记录作用的载体文件。

公文区别于其他文章的主要特点为公文是具有法定效力与规范格式的文件。

（二）公文的作用

公文的作用体现为以下几点：

（1）指导作用。

（2）管理作用。

（3）沟通作用。

（4）凭证作用。

（三）公文的分类

（1）按照制文机关的种类划分：按照制文机关的种类划分为党务机关公文、行政机关公文、司法机关公文、军事机关公文、企事业单位公文、社会团体公文。

（2）按照行文方向划分：上行公文（指下级机关、单位向隶属的上级领导机关和单位报送的公文）、平行公文（指同级或者不相隶属的机关单位之间的行文）、下行公文（指上级领导机关单位对所属的下级机关单位的行文）。草拟公文前，必须弄清楚行文方向，才能确定文种、内容、措辞等。例如，指示是适用于对下级机关布置工作，阐明工作活动的指导原则的领导指导性文件，属于下行公文，同时具有较强的指导性、政策性。因此，在拟指示的时候，注意措辞要求，并应将指导意见表述清楚。

（3）按照保密程度划分：按秘密等级划分，公文可分为绝密公文（绝密件）、机密公文（机密件）、秘密公文（秘密件）、内部公文（内部件）、国内公文（国内件）、公开公文（公开件）几大类。我们在起草或者管理公文时，必须要按照该公文的秘密等级来处理，涉及秘密问题的，不能泄密。

（4）按照对处理时限的要求划分：特急件、急件、平件。

1）特急件指内容至关重要并且特殊紧急，已临近规定的办结时限，需随时随地优先迅速传递处理的公文。

2）急件指内容重要并紧急，需打破工作常规优先迅速传递处理的公文。

3）平件指无特殊时间要求，需按工作常规依次传递处理的公文。

（5）根据形成和作用的公务活动领域划分：通用公文和专用公文。

1）通用公文是各级各类机关、团体、企事业单位，在公务活动中普遍使用的公文。决定、通知、通报、报告、请示、批复、意见、函、会议纪要等全是通用公文。

2）专用公文指一定的专门业务机关、部门、组织在业务工作范围内，因特殊需要专门使用的行业、专业、部门公文。司法类的公文、经济类的公文、任免类公文、议案、提案、建议等属专用公文。

（6）按照规范性和颁发程序的规范程度、行政约束力的强弱划分：规范性公文和非规范性公文。

1）规范性公文有条例、规定、公告、通告、通知、通报、议案、报告、请示、批复、办法、函、会议纪要等。

2）非规范性公文，除规范性公文以外的公文。常用的非规范性通用公文有调查报告、工作计划类、工作总结类、提案、建议、说明、讲话稿、简报信息、书信类、启事类、表格类、大事记等。

（7）公布性公文：公布性公文的一般特点是公文一经形成即直接公之于众，无保密要求；受文者不仅包括各种机关团体等社会组织，而且包括个人甚至主要是个人；所涉及事项性质重要且具有普遍意义或重复发生的特点；除少部分公文为重要消息只需国内或国内外各方面广泛知晓外，大部分公文对有关方面的行为具有强制约束力，要求严格遵守施行；有关规范多为政策且是反复适用的，所涉及的是多数人和普遍性事务而非特定具体的人或事，有效适用期限虽不如规范性公文长，但比一般的领导指导性公文要长远；公文公布形式多样，可直接张贴、广播，可在报刊上发表。我国法定的公布性文件包括通告和公告。

二、公文的要素

公文的体式是指公文的文体、结构要素及在格式上的安排。公文体式作用是为了保证公文的完整性、正确性与有效性、提高办事效率并为了公文处理工作提供方便。规定性文件由国家机关制定。

（一）公文的文体

公布公文的文体是指公文写作中运用语言陈述事情、说明问题所采用的具体方法和特点，即公文的表达方式和语体特征。公文的文体具有应用文体的一般特点：实用性、严肃性和程式性。公文的表达方式是指在写作中运用语言的方法和手段，它是辨别文章体裁的重要标志。主要有叙述、议论、说明三大类。

（1）叙述：叙述是将人物的经历和事件的发展变化过程所作的叙说和交代、通知、通报、请示、报告、总结、会议纪要都必须以叙事为基础。

（2）说明：说明是用简明扼要的文字，把事物的形状、性质、特征、成因、关系、功用等客观真实地解说清楚。说明是公文写作中最常见、最主要的表达方式。

（3）议论：议论是议事说明，把道理说清楚。议论的要素包括论点、论据和论证。论点、论据、论证三者间的关系：论点是统帅，回答“要证明什么”的问题——是议论的核心；论据是基础，回答“用什么证明”的问题。论据分三类：一类是事实论据；二类是理论论据；三类是政策法规；而论证是沟通二者间内在联系的桥梁，回答“如何证明”的问题。

（二）公文的结构要素

公文的结构要素一般包括：发文机关（版头）、公文份号、秘密等级、紧急程度、发文字号、签发人、标题、主送机关、正文、附件（对正文的补充说明）、印章、成文时间、附注、主题词、抄送机关、印发机关和时间。公文结构要素中属于制定项目的有：公文管理标识（包括公文格式代码、印制顺号、秘密等级、缓急时限和收文处理标记）、发文机关版头、发文字号、公文标题、正文、生效标识和页码等；属于选择项目的有：签发人、题注、主送机关、无正文说明、附件说明、注释及特殊要求说明、主题检索、抄送机关和印发说明等。

（三）公文的格式安排

公文一般由眉首、正文、文尾三部分组成。公文眉首包括发文机关、发文字号、签发人、紧急程度、机密等级等内容，一般用横线与正文部分隔开。正文部分一般包括标题、主送机关、内容、附件、落款、附注等。主题词置于横线的上左端，按主题词表规定标引，词目间间隔一个汉字距离。抄送栏在主题词横线之下，抄送单位可使用规范化的简称。文件份数标于印发机关及日期栏横线之下，居右。

三、公文处理的内容

（一）公文处理的理解

广义上说，公文处理工作就是运用科学的原则、程序和方法对机关公文的拟制、办理、管理以及立卷归档所讲行的一系列衔接有序的工作。公文的形成与发挥作用需依赖于公文处理。

（二）公文处理的原则和要求

公文处理的基本任务是科学地组织机关的文书工作，及时准确地处理机关的往来公文，有条理地、安全地运转公文，完整地保管公文，正确地发挥公文的作用，有效地推进机关工作，为机关领导工作服务，为社会主义现代化建设服务。公文处理必须准确、及时、安全、保密，加强集中统一管理，坚持实事求是，按照行文要求和公文处理规定进行的原则。具体要求有准确、周密、确保质量、及时、迅速、注重时效、安全可靠，确保机密。在公文的形成、办理、平时管理和整理归档的各个阶段都应当注重的是规范性。

（三）公文收文办理内容和程序

根据文件来源，在一个机关内部可将公文分为收文和发文。收文指机关收到的来自外部的文件材料。收文办理是指文书部门收到文件材料后，在机关内部及时运转直到阅办完毕的全过程。组成这一过程的一系列相互衔接的环节称为收文办理程序。过程包括签收、拆封与登记，分发与传阅，拟办、批办与承办，催办、查办与注办。

（1）签收、拆封和登记：从思想观点的酝酿、材料的收集与整理、文字起草与讨论修改、审核把关与领导签发定稿以至印制发出所必须经历的一系列处理环节。

1）签收：是指收到文件材料后，收件人在对方的公文投递单或送文簿上签字，以明确交接双方的责任，保证公文运转的安全可靠。

2）拆封：对于写明某某领导“亲收”、“亲启”的封件，则由领导人本人拆封或由其委托的人代拆，密件则应交机要文书或机要室拆封。

3）登记：就是将需要登记的文件在收文登记簿上编号和记载文件的来源、去向，保证文件的收受和处理。

（2）分发和传阅：分发亦称分办，是指文书人员在文件拆封登记以后，按照文件的内容、性质和办理要求，及时、准确地将收来文件分送给有关领导、有关部门和承办人员阅办。传阅是指单份或份数很少的文件以及一些非承办性文件，需要经机关各部门领导人和许多部门阅知时，由文书人员组织在他们中间传递和阅读。当问题重大，的确急需直接上级和更高层次的上级机关同时了解公文内容时，可采用多级行文的方式。同时，为加快文件的传递，也可采用多级行文。属于传阅件之列的主要包括：

1）上级机关的指导性文件或重要会议文件。

2）需要几位领导共同批办的文件，包括上级机关和有关部门的专项业务文凭，下级机关的请示，以及本机关制发的需要会签的文件等。

3）机关领导在文件上有重要批示，需其他领导同志和部门阅知阅办的文件。

（3）拟办、批办与承办：拟办是指对来文的处理提出初步的意见，供领导人批办时参考。批办是指机关领导人对送批的文件如何处理所作的批示。承办是指机关有关部门或人员按照来文的要求进行具体工作或办理复文。

1）拟办：做好拟办工作，要做到认真研究公文的内容和发文机关的要求，弄清来文的背景，查明问题的症结所在，以便有针对性地提出切实可行的拟办意见。拟办意见要周到，要综合考虑各方面的因素和影响。

2）批办：主要内容包括提出处理该份文件所述问题的原则和方法、提出并指明负责承办该文件的单位或者承办人、规定承办的时限等，有既定执行方案的常规性、例行性公文不需要批办。批办的主要内容包括：

a. 提出处理该份文件所述问题的原则和方法。

b. 提出并指明负责承办该文件的单位或者承办人，规定承办的时限。

c. 凡是需要两个单位或者人员共同承办的，必须指出主办单位和主办人，以便承办单位和承办人员具体执行。

d. 各项批办意见，均应郑重地填写在《公文处理清单》的“批办意见”栏目内，并签署批办人姓名日期。

3）承办：公文承办有两方面的意思，一是从业务部门来说，承办是指对具体工作问题的执行和处理，如上级的有关政策、规定，要组织学习和贯彻落实，平级机关来函商办的业务问题，要进行调查和办理；二是从公文处理工作来说，主要是指根据拟办和批办的意见办理复文（指那些必须回复的来文）。

4）催办、查办与注办：

a. 催办是指那些必须办理答复的文件，根据承办时限的要求，及时地对文件承办的情况进行督促和检查。选用形式的方法：在机关内部，尽可能由催办人员上门当面催询，了解有关公文的承办情况，也可以利用分送文件给领导或各部门有关人员的机会进行口头催办；对外机关，可由催办人向承办单位或者承办人用电话进行催询，或用发便函、催办单等方式进行催办。

b. 查办是指文书工作人员协组机关领导检查各项方针、政策、决议、指示的执行和落实，以及对某些问题进行查处、解决的一项承办性工作。

c. 注办是指对公文承办结束后，由经办人在公文处理单上所作的简要说明。注办一般包括以下内容：一般的传阅文件，在有关人员传阅完毕后，文书人员应注明阅毕的日期；需要办理复文的文件，办理后要注明“已复文”，并注上复日的日期和文号；用口头或电话答复要注明时间、地点、接谈或接电话的主要内容等，并由承办人签字；不需复文的文件要注明“已阅”“已办”“已摘记”等字样。

（四）发文办理内容和程序

发文是指机关文书部门根据机关的工作需要向外发出文件材料，包括本机关制发、转发、翻印、复印的文件材料等。发文办理就是指文件从拟稿到印制发出的整个运转过程。发文办理程序由拟稿、审核与签发；核发、缮印与校对；用印、登记与分发等环节组成。总的来说，发文处理程序具有很强的确定性与不可逆性，以下各阶段的先后排序应为会商→核稿→注发→发出。规定性文件兼有行政公文和法律的性质。

（1）拟稿、审核与签发：公文拟稿是公文承办人员根据领导交拟或批办的意见草拟文稿的过程。从思想观点的酝酿、材料的收集与整理、文字起草与讨论修改、审核把关与领导签发定稿以至印制发出所必须经历的一系列处理环节。审核是指公文的草稿在送交机关领导人审批签发以前，对公文的内容、体式进行的全面审核和检查。签发是指机关领导人对文稿的最后审批。经领导人审阅签发的文稿为向外发出的正式文本。公文写作的基本要求应符合党、国家的路线、方针、政策和法律法规、用语庄严、简明、通顺、为使各方面了解情况，多印发文件。文件的成文日期，指领导人签发的日期。有领导被领导关系的机关行文时可采用的行文方式有逐级行文、越级行文、多级行文。

（2）核发、缮印与校对：核发是指在公文正式印发之前，对经领导人签发的文稿进行复核并确定发文字号、分送单位和印制份数的一项工作。

缮印是指对已签发的公文定稿进行印制。

校对是指将公文的誊写稿、打印稿清样与经领导签发的原稿核对校正，以修改和消除书写、排字上的错误。公文校对的两种方法：一种是由印制单位先校对一次或者两次，然后再次由承办人校对一次；另一种方法是完全由承办人员负责校对。

（3）用印、登记与封发：用印是指在印好的文件上加盖机关印章。·切发出的文件，均应进行登记。发文登记一般采用簿册式形式。封发是指对准备发出的文件进行分装和发送。

第八章　工程造价资料相关基本知识

第一节　建筑工程定额的概念、分类

一、建筑工程定额的概念

（一）定额的概念

所谓定，即规定；额，即额度或数额。定额就是规定的数额或额度，是社会物质生产部门在生产经营活动中，根据一定时期的生产水平和产品质量要求，为完成一定数量的合格产品所需消耗的人力、物力和财力的数量标准。由于不同的产品有不同的质量要求和安全规范要求，因此定额不单是一种数量标准，而是数量、质量和安全要求的统一体。

（二）建筑工程定额的概念

建筑工程定额是指在正常施工条件下，在合理的劳动组织、合理地使用材料和机械条件下，完成建筑工程单位合格产品所必须消耗的各种资源的数量标准。这种量的规定，反映出完成建设工程中的某项合格产品与各种生产消耗之间特定的数量关系。

二、建筑工程定额的组成及分类

（一）按定额反映的生产要素内容分类

(1) 劳动消耗定额：劳动消耗定额简称劳动定额，也称人工定额，是指在正常工作条件下，某工种、某等级的工人以社会平均熟练程度和劳动强度，完成单位合格产品所需消耗的劳动时间标准，或者是在单位工作时间内生产合格产品的数量标准。劳动定额的表现形式有时间定额和产量定额，时间定额与产量定额的关系是互为倒数。

(2) 材料消耗定额：材料消耗定额是指在正常施工条件和合理使用材料的情况下，完成单位合格建筑工程产品所必须消耗的材料标准。

(3) 机械消耗定额：机械消耗定额是指在正常的施工条件下，使用某种施工机械完成单位合格建筑工程产品所必须消耗的机械台班的数量标准，或者在单位时间内机械完成合格产品的数量标准。由于我国习惯上是以一台机械一个工作班（台班）为机械消耗的计量单位，所以又把机械消耗定额称为机械台班使用定额。一个台班按一台机械工作 8 小时计。

（二）按编制程序和用途划分

(1) 施工定额：施工定额是施工企业组织生产和加强管理在企业内部使用的一种定额，属于企业生产定额性质。是以同一性质的施工过程或工序为测定对象，确定建筑安装工人在正常的施工条件下，为完成建筑工程单位合格产品的人工、材料、机械台班消耗的数量标准。施工定额由劳动定额、材料消耗定额、机械消耗定额三个相对独立的部分组成，是建筑工程定额中的基础性定额。施工定额是工程建设定额中分项最细、定额子目最多的一种定额。

（2）预算定额：预算定额是指在编制施工图预算时，以工程中的分项工程为测定对象，确定完成规定计量单位分项工程所消耗的人工、材料、机械台班的数量标准，是一种计价性定额，以施工定额为基础综合扩大编制。预算定额是统一预算工程量计算规则、项目划分、计量单位的依据，是编制地区单位估价表、确定工程造价、编制施工图预算的依据，也是编制概算定额（指标）的基础，还可以作为制定招标工程标的、企业定额和投标报价的基础。预算定额的编制应反映社会平均水平，是由国家主管部门或其授权机关组织编制、审批并颁发执行。

（3）综合预算定额：综合预算定额是编制单位工程初步设计概算和施工图预算、招标工程标的及投标报价的依据，也是承发包双方编制施工图预算、签订工程承包合同以及编制竣工结算的依据。

（4）概算定额：概算定额是指生产一定计量单位的合格扩大分项工程或者结构构件所需要的人工、材料和机械台班的消耗数量及费用标准。其项目划分的粗细与扩大初步设计的深度相适应，是综合扩大的预算定额。依据概算定额、初步设计图样及说明等资料编制的设计概算，是设计文件的重要组成部分；是编制建设项目投资计划、确定和控制建设项目投资的依据；是控制施工图设计和施工图预算的依据；同时也是衡量设计方案技术经济合理性和选择最佳设计方案的依据。设计概算是工程项目投资的最高限额。

（5）概算指标：概算指标比概算定额更为综合和概括。它是对各类建筑物或构筑物以面积或体积为计量单位所计算出的人工、主要材料、机械消耗量及费用的指标，是在初步设计阶段编制工程概算、计算和确定工程的初步设计概算造价和计算人工、材料、机械台班需要量时所采用的一种定额。概算指标既是设计单位编制设计概算或建设单位编制年度投资计划的依据，也可作为编制估算指标的基础，是确定投资额的主要依据。

（6）估算指标：估算指标是在项目建议书和可行性研究阶段编制投资估算、计算投资需要量时使用的一种定额。它比概算指标更为综合扩大，非常概略，往往以独立的单项工程或完整的工程项目为计算对象，是一种计价性定额。估算指标是在各类实际工程的概预算和决算资料的基础上通过技术分析和统计分析编制而成的，主要用于编制投资估算和设计概算、进行投资项目可行性分析，项目评估和决策，也可以进行设计方案的技术经济分析，考核建设成本。

（7）工期定额：工期定额是指在一定生产技术和自然条件下，完成某个单项（或群体）工程平均需用的标准天数，包括建设工期和施工工期两个层次。建设工期是指建设项目或独立的单项工程在建设过程中耗用的时间总量，一般用月数或天数表示，不包括由于决策失误而停建或缓建所延误的时间。

（三）按定额制定单位和执行范围分类

（1）全国统一定额：全国统一定额是指由国家建设行政主管部门组织，依据现行有关的国家产品标准、设计规范、施工及验收规范、技术操作规范、质量评定标准和安全操作规程，综合全国工程建设中的技术和施工组织管理水平情况进行编制、批准、发布的，在全国范围内使用的定额，如《全国统一建筑工程基础定额》。

（2）地区定额：地区定额是指各省、自治区、直辖市建设行政主管部门在国家建设行政主管部门统一指导下，考虑地区工程建设特点，对国家定额进行调整，补充编制，并批准、发表的，只在规定的地区范围内使用的定额。

(3) 行业定额：行业定额是指由行业行政主管部门组织，在国家行业行政、主管部门统一指导下，依据各行业专业工程技术特点、标准和规范、施工企业技术装备水平和管理情况进行编制，批准、发布的，一般只在本行业和相同专业性质的范围内使用的专业定额。

(4) 企业定额：企业定额是由施工企业根据本企业的人员素质、机械装备程度和企业管理水平，参照国家、行业或地区定额自行编制的，只限于本企业内部使用的分项工程人工、材料、机械台班消耗的数量编制。

(5) 补充定额：补充定额是随着设计、施工技术的发展而导致的现行定额中缺项而不能满足实际需要的情况下，为补充缺项所编制的定额。一般由施工企业提供测定资料，与建设单位或设计单位协商议定，并同时报主管部门备查，只能在指定的范围使用。

(四) 按投资费用性质分类

(1) 建筑工程定额：建筑工程定额是建筑工程的施工定额、预算定额、概算定额和概算指标的统称。广义上讲建筑工程定额按使用对象又可分为建筑工程定额、市政工程定额、铁路工程定额、公路工程定额等。一般理解建筑工程定额是对房屋、构筑物等项目在建造过程中完成规定计量单位工程所消耗的人工、材料、机械台班的数量标准。

(2) 安装工程定额：安装工程定额是安装工程施工定额、预算定额、概算定额和概算指标的统称。设备安装工程是对需要安装的设备进行定位、组合、校正、调试等工作的过程，包括对机械设备的安装和对电气设备的安装。安装工程定额按适用对象又可分为电气设备安装工程定额、机械设备安装工程定额等。

(3) 建筑安装工程费用定额：建筑安装工程费用定额包括以下三类。

1) 其他直接费用定额：其他直接费用定额是指预算定额分项内容以外，而与建筑安装施工生产直接有关的各项费用开支标准。

2) 现场经费定额：现场经费定额是指与施工现场直接有关，施工准备、组织施工生产和管理所需的费用定额。现场经费定额包括临时设施费和现场管理费两项。

3) 间接费用定额：间接费用定额是指与建筑安装施工生产的个别产品无关，而企业生产全部产品所必需，为维持企业的经营管理活动所必须发生的各项费用开支的标准。间接费用定额由企业管理费定额、财务费用和其他费用组成，每部分又包括若干项具体的费用项目。

(4) 工器具定额：工器具定额是为了新建或扩建项目投产运转首次配置的工具、器具数量标准。工具和器具是指按照有关规定不够固定资产标准而起劳动手段作用的工具、器具和生产用夹具，如模型、工具箱、计量器等。

(5) 工程建设其他费用定额：工程建设其他费用定额是独立于建筑安装工程、设备和工器具购置之外的其他费用开支的标准。

第二节　工程量清单

一、工程量清单的概念

(一) 建设工程工程量清单

建设工程工程量清单是指建设工程的分部分项工程项目、措施项目、其他项目、规费项目和税金项目的名称和相应数量等的明细清单，是由招标人按照《建设工程工程量清单计价规范》附录中统一的项目编码、项目名称、项目特征、计量单位和工程量计价规则进行编制。

工程量清单是建设工程实行清单计价的专用名词，应由具有编制能力的招标人或委托具有相应资质的工程造价咨询人编制。

全部使用国有资金投资或国有资金投资为主的工程建设项目，必须采用工程量清单计价。根据《工程建设项目招标范围和规模标准规定》（国家发展计划委员会第3号令）的规定，国有资金投资的工程建设项目包括使用国有资金投资和国家融资投资的工程建设项目。

（二）建设工程工程量清单计价

建设工程工程量清单计价是指完成工程量清单所需的全部费用，包括分部分项工程费、措施项目费、其他项目费、规费和税金。建设工程工程量清单计价内容涵盖了工程施工阶段从招投标开始到工程竣工结算办理的全过程，包括工程量清单编制、工程量清单招标控制价编制、工程量清单投标报价编制、工程合同价款的约定、竣工结算的办理以及工程施工过程中工程量计价与工程价款的支付、索赔与现场签证、工程价款的调整和工程计价争议处理等活动。

采用工程量清单方式招标发包，工程量清单必须作为招标文件的组成部分，招标人应将工程量清单连同招标文件的其他内容一并发（或发售）给投标人。招标人对编制的工程量清单的准确性和完整性负责。投标人依据工程量清单进行投标报价，对工程量清单不负有核实的义务，更不具有修改和调整的权力。根据我国现行的《建设工程工程量清单计价规范》GB 50500—2008中所采用的单价是综合单价，综合单价是指完成一个规定计量单位的分部分项工程量清单项目或措施清单项目所需的人工费、材料费、机械费、企业管理费和利润。工程量清单编制原则归纳为“四统一”，即项目编码统一、计算规则统一、项目名称统一和计量单位统一。

二、工程量清单的组成

（一）工程量清单的组成内容

工程量清单应由分部分项工程量清单、措施项目清单、其他项目清单、规费项目清单、税金项目清单组成。分部分项工程量清单是由五个要件构成，即项目编码、项目名称、项目特征、计量单位和工程量计算规则。分部分项工程量清单是由清单编制人根据附录规定的“五个要件”进行编制，即分部分项工程量清单应包括项目编码、项目名称、计量单位和工程数量等。清单编制人必须按规范规定执行，不得因情况不同而变动。

分部分项工程量清单是指构成建设工程实体的全部分项实体项目名称和相应数量的明细清单。分部分项工程量清单与计价表的栏目里包括项目编码、工程量和项目特征。在我国目前工程量清单计价过程中，分部分项工程量清单的项目名称应按《建设工程工程量清单计价规范》GB 5050—2008附录的项目名称结合拟建工程的实际确定。分部分项工程量清单项目特征是构成分部分项工程量清单项目、措施项目自身价值的本质特征，是确定一个清单项目综合单价不可缺少的重要依据，在编制的工程量清单中必须对项目特征进行准确和全名的描述。分部分项工程量清单的计量单位应按附录中规定的计量单位确定。分部分项工程量清单中所列工程量应按附录中规定的工程量计算规则计算。

措施项目清单是完成工程项目施工，发生于该工程施工准备和施工过程中的技术、生活、安全、环境保护等方面的非工程实体项目的明细清单。如模板及支架工程、脚手架工程、临时设施、安全施工等。

措施项目清单编制的依据是拟建工程的施工技术方案、招标文件和有关的施工规范。

其他项目清单是指除分部分项工程量清单、措施项目清单外的由于招标人的特殊要求而设置的项目清单，包括的内容有暂列金额、暂估价、计日工和总承包服务费。暂列金额是指招标人在工程量清单中暂定并包括在合同价款中的一笔款项。

规费是指省级政府或省级有关权力部门规定必须缴纳的，应计入建筑安装工程造价的费用。

税金是指国家税法规定的应计入建筑安装工程造价内的营业税、城市维护建设税以及教育费附加等。

第三节　清单计价工程造价的构成

一、分部分项工程费

分部分项工程费由人工费、材料费、施工机械使用费、管理费和利润，以及一定范围内的风险费用组成。

（一）人工费

人工费是指直接从事建筑安装工程施工的生产工人开支的各项费用，内容包括：

（1）基本工资：是指发放给生产工人的基本工资。

（2）工资性补贴：是指按规定标准发放的物价补贴，煤、燃气补贴，交通补贴，住房补贴，流动施工津贴等。

（3）生产工人辅助工资：是指生产工人年有效施工天数以外非作业天数的工资，包括职工学习、培训期间的工资，调动工作、探亲、休假期间的工资，因气候影响的停工工资，女工哺乳时间的工资，病假在六个月以内的工资及产、婚、丧假期的工资。

（4）职工福利费：是指按规定标准计提的职工福利费。

（5）生产工人劳动保护费：是指按规定标准发放的劳动保护用品的购置费及修理费，徒工服装补贴，防暑降温费，在有碍身体健康环境中施工的保健费用等。

（二）材料费

材料费是指施工过程中耗费的构成工程实体的原材料、辅助材料、构配件、零件、半成品的费用，内容包括：

（1）材料原价（或供应价格）。

（2）材料运杂费是指材料自来源地运至工地仓库或指定堆放地点所发生的全部费用。

（3）运输损耗费是指材料在运输装卸过程中不可避免的损耗。

（4）采购及保管费是指为组织采购、供应和保管材料过程中所需要的各项费用，包括采购费、仓储费、工地保管费、仓储损耗。

(5) 检验试验费是指对建筑材料、构件和建筑安装物进行一般鉴定、检查所发生的费用，包括自设实验室进行试验所耗用的材料和化学药品等费用。不包括新结构、新材料的试验费和建设单位对具有出厂合格证明的材料进行检验，对构件做破坏性试验及其他特殊要求检验试验的费用。

(三) 机械费

机械费是指施工机械作业所发生的机械使用费以及机械安拆费和场外运费。

(四) 管理费

管理费是指建筑安装企业组织施工生产和经营管理所需的费用。其构成内容有管理人员的工资、办公费、差旅交通费、固定资产使用费、工具和用具使用费、劳动保险费、工会经费、职工教育经费、财产保险费、财务费、税金（指企业按规定缴纳的房产税、车船使用税、土地使用税、印花税等）、其他费用。

(五) 利润

利润是指施工企业承包工程应收取的合理酬金，是竞争最激烈的项目。在投标报价时，可根据工程的难易程度、市场竞争情况和自身的经营管理水平自行确定合理的利润率。

(六) 一定范围的风险费用

工程项目风险是指工程建设施工阶段发、承包双方在招投标活动和合同履约及施工中所面临涉及工程计价方面的风险。

二、措施项目费

措施费是指为完成工程项目施工，发生于该工程施工前和施工过程中非工程实体项目的费用。包括：

(1) 环境保护费

环境保护费是指施工现场为达到环保部门要求所需要的各项费用。

(2) 文明施工费

文明施工费是指施工现场文明施工所需要的各项费用。

(3) 安全施工费

安全施工费是指施工现场安全施工所需要的各项费用。

(4) 临时设施费是指施工企业为进行建筑工程施工所必须搭设的生活和生产用的临时建筑物、构筑物和其他临时设施费用等。

(5) 夜间施工费

夜间施工费是指因夜间施工所发生的夜班补助费、夜间施工降效、夜间施工照明设备摊销及照明用电等费用。

(6) 二次搬运费

二次搬运费是指因施工场地狭小等特殊情况而发生的二次搬运费用。

(7) 大型机械设备进出场及安拆费

大型机械设备进出场及安拆费是指机械整体或分体自停放场地运至施工现场或由一个施工地点运至另一个施工地点，所发生的机械进出场运输和转移费用及机械在施工现场进行安装、拆卸所需的人工费、材料费、机械费、试运转费和安装所需的辅助设施的费用。

（8）混凝土、钢筋混凝土模板及支架费

混凝土、钢筋混凝土模板及支架费是指混凝土施工过程中需要的各种钢模板、木模板、支架等的支、拆、运输费用及模板、支架的摊销（或租赁）费用。

（9）脚手架费

脚手架费是指施工需要的各种脚手架搭、拆、运输费用及脚手架的摊销（或租赁）费用。

（10）已完工程及设备保护费

已完工程及设备保护费是指竣工验收前，对已完工程及设备进行保护所需费用。

（11）施工排水、降水费

施工排水、降水费是指为确保工程在正常条件下施工，采取各种排水、降水措施所发生的各种费用。

三、其他项目费

其他项目费是指投标人为完成招标人所提供的其他项目清单所发生的费用，组成内容包括暂列金额、暂估价、计日工和总承包服务费。

四、规费

规费是指省级政府或省级有关管理部门规定必须缴纳的，应计入建筑安装工程造价的费用。包括工程排污费、工程定额测定费、社会保障费（养老保险费、失业保险费和医疗保险费）、住房公积金、危险作业意外伤害保险。

五、税金

税金是指国家税法规定的应计入建筑安装工程造价内的营业税、城市维护建设税以及教育费附加等，其中建筑安装工程造价的税金中教育费附加的计算基数是营业税。税金应按国家或省级、行业建设主管部门的规定计算，不得作为竞争性费用。

第九章　检索、处理及应用施工资料

第一节　施工资料的检索、处理

一、工程资料的检索

档案检索是对档案信息进行系统存储和根据需要进行查找的工作。其工作的主要内容分为存储阶段的著录标引、组织检索工具；查找阶段的确定查找内容、查找操作几部分。工程资料的检索工作从性质上来讲，属于档案检索工作的一种，但从资料数量、资料内容、资料种类、检索工作的难度、检索工作的建立和操作步骤等诸多方面比较，工程资料远不及通常意义上的档案检索工作复杂。

下面从以下几方面阐述工程资料检索的特点和方法。

（一）工程资料的著录的特殊性

（1）资料内容之间关联性：工程资料根据工程阶段的不同，其内容也不相同。其中施工阶段资料的形成与施工过程是同步进行的，这些资料之间不是孤立的，它们往往存在着因果关系或前一项是后一项存在的必要条件等关系。

（2）著录的规范性：档案著录是指在编制档案目录时，对档案的内容和形式特征进行分析、选择和记录的过程。由于工程资料内容之间的关联性，相关规范当中已经规定了工程资料的组卷、立卷原则。相关部门（如城建档案馆）为收取档案的内容及顺序也做了相应的规定，这为工程资料的著录工作指定了操作规则和方法。就施工资料而言，各单位资料管理部门也规定本单位相关资料管理办法及著录方式。因此，施工资料的著录工作既遵从国家标准、行业标准、地方标准规定等大方向、大原则，又有各地区、各单位、各部门特点和惯例做法，存在着一定的差异。

（二）工程资料检索工具的一般性和针对性

检索工作根据著录的不同，方法也不尽相同。但最基本的检索工具基本是一致的，具有一般性，其工具多采用案卷目录检索工具。其他还包括卷内文件目录汇集、分类目录、全宗文件目录等其他方法。其中，案卷目录是以案卷为单位，依据案卷整理顺序组织起来的，固定案卷位置，统计案卷数量，监督、保护档案材料的一种管理工具。

二、工程资料的处理要求

对于工程资料的处理，各地区、各单位均有其各自的处理方式和条文规定。对其处理要求及规定不能一概而论，但根据工程资料的共性及特点，其处理要求大同小异。

下面简要说明对工程资料处理的一般规定。

（一）工程文件接收

（1）档案资料室对接收的工程文件资料必须进行数量和外观质量检查，发现问题应及时通知寄发单位补发。

(2) 档案资料室对接收工程文件应及时建立工程文件接收总登记账和分类账（簿式台账和电子台账)，并能利用计算机进行各类工程文件的查询检索。

(3) 登记完毕的工程文件，应及时予以处理，在保证归档份数后，应按领导审定的工程文件分发表及时分发给有关单位和部门。

(4) 对接收的密级文件资料，要严格按保密规定妥善收存，并认真执行密级文件资料的借阅规定。

(5) 档案资料室仅对归档的工程文件资料实施整编作业，并建立档案登录总登记账和分类登记账；对分发各部门的工程文件资料不进行整编作业。

(二) 工程文件资料发放

(1) 分发外单位和部门的工程文件资料由档案资料室统一归口办理。

(2) 分发的图纸资料应建立资料分发台账，资料分发台账应留存备查。

(3) 为避免工程文件资料分发过程中可能出现的错发现象，图纸、资料领取单位应指定领取人名单，并书面通知档案资料室；档案资料室按指定名单发放工程文件资料。

第二节　施工资料的应用

一、施工资料的应用范围

(一) 工程项目竣工验收的重要内容

工程项目进行竣工验收包括两方面的内容：一是指“硬件”，“硬件”指的是建筑物本身(包括所安装的各类设备)；二是指“软件”，“软件”指的是反映建筑物自身及其形成过程的施工资料（包括竣工图及有关录像资料)。因此，对工程项目进行竣工验收时，必须对其软件——施工技术资料同时进行验收。

(二) 维护企业经济效益和社会信誉的需要

施工技术资料反映了工程项目的形成过程，是现场组织生产活动的真实记录，直接或间接地记录了与工程施工效益紧密相关的施工面积，使用材料的品种、数量和质量，采用的技术方案和技术措施，劳动力的安排和使用，工作量的更改和变动，质量的评定等级等情况，它们是建设方与承包方双方进行合同结算的重要依据，也是企业维护自身利益的依据。同时，施工技术资料作为接受业主和社会有关各方验收的“软件”，其质量就如同建筑物质量一样，反映了施工队伍的素质和技术水平。因此，它是企业信誉窗口的一个十分重要的部分。

(三) 开发利用企业资源的需要

企业档案是企业生产、经营、科技、管理等活动的真实记录，也是企业上述各方面知识经验、成果的积累和储备，因此，它是企业的重要资源。施工技术资料是企业科技（工程）档案的来源，所以它是形成企业资源的一个组成部分。开发利用档案资料的途径主要有两种：一种是直接利用档案资料，包括借阅、摘录、复制等；另一种是对档案资料进行加工利用，如进行汇编、索引、专题研究等。

（四）保证城市规范化建设的需要

建筑物日常的维修、保养以及对建筑物的改建、扩建、拆建等，都离不开一个十分重要的依据，即反映建筑物外貌及内在联系的真实记录——竣工图及其他有关的施工技术资料。如果少了这一重要依据，就会对我们的工作带来极大的盲目性，甚至对国家财产和城市建设带来严重后果。

二、施工资料的应用管理

施工资料的应用方面很广，其应用目的也各不相同，因此，谈到施工资料的应用则不能一概而论。但其基本原则是统一的，可以归纳为以下几点：

（一）工程资料的应用应全面。工程资料是一个相互联系的有机整体，应用工程资料时不能断章取义，以偏概全，甚至相互矛盾。

（二）工程资料的应用应秉承诚实信用原则。不得擅自毁灭、伪造、篡改工程资料。

（三）工程资料应用制度化原则。虽然各地区各单位的工程资料管理制度不尽相同，但在工程资料的应用方面都建立了相应的制度，在进行使用、借阅、检查、监督等活动时均应遵守相关制度。

（四）工程资料的应用应遵守相应的保密规定。

第十章　施工信息管理系统

第一节　施工项目信息计算机软件管理平台的建立

一、施工项目计算机信息管理平台的组成部分

（一）施工项目信息管理的概念

施工项目信息管理是指项目经理部以项目管理为目标，以施工项目信息为管理对象，所进行的有计划地收集、处理、储存、传递、应用各类各专业信息等一系列工作的总和。

（二）施工项目信息的主要分类

施工项目信息分类见图 10-1。

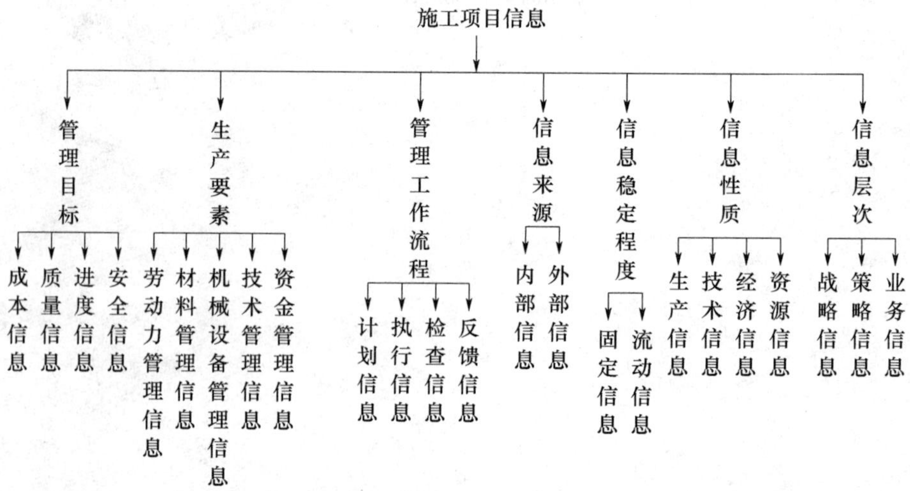

图 10-1　施工项目信息分类

（三）施工项目信息的流动形式

施工项目信息的流动形式分为自上而下流动、自下而上流动、横向流动、内外交流、信息中心辐射流动。例如信息源与接收信息者在同一层次称为横向流动。在项目管理过程中，各管理部门因分工不同形成了各专业信息源，同时彼此之间还根据需要相互接收信息，具体表现为信息流在同一层次横向流动，沟通信息，互相补充；信息内容根据需要互通有无。

二、施工项目计算机信息管理平台的建立

（一）施工项目信息管理系统的内容

（1）建立信息代码系统，将各类信息按信息管理的要求分门别类，并赋予能反映其主要

特征的代码，代码应符合唯一化、规范化、系统化、标准化的要求。

（2）明确施工项目管理中的信息流程。

（3）建立施工项目管理中的信息收集制度。

（4）建立施工项目管理中的信息处理。信息处理主要包括信息的收集、加工、传输、存储、检索和输出等工作。

（二）施工项目管理软件应用简介

微机版的项目管理应用软件种类很多，各有不同的功能和操作特点。项目经理部可根据项目管理的要求进行选择。其主要有项目管理软件 Microsoft Project2000、工程项目管理系统 PKPM 等。

第二节　工程资料专业管理软件的应用

建筑工程资料管理工作的特点是工作量大、涉及面广，对应标准种类繁多，表格形式多样繁杂，为了提高管理的工作效率，建筑工程资料管理软件应运而生。由于资料管理地区差异的特性，目前各地各单位开发了大量资料管理软件。现以建筑工程资料管理软件（筑业）为例，介绍该软件的特点和功能。

一、专业管理软件的特点、功能

建筑工程资料管理软件（筑业）有以下特点：

（1）软件为工程报验（材料试验记录、施工记录及预检、隐检等）提供各种表格，同时方便快捷输出。

（2）具备完善的工程资料数据库管理功能，可方便地进行查询、修改、统计汇总、组卷、打印等。

（3）实现了表格数据录入集简单、快捷于一体的填写方式。

（4）所见所得打印输出功能。

（5）部分省市资料打印印章设置方便。

（6）对数据进行智能判断处理。

建筑工程资料管理软件（筑业）主要功能见表 10-1。

表 10-1　建筑工程资料管理软件（筑业）主要功能

1	自动填表	（一）自动导入工程常用信息
		（二）可以在常用信息中进行编辑，直接修改常用信息的内容
2	自动计算	所有包含计算的表格，用户只需填写基础数据，软件自动计算，用户可以自行输入或修改计算公式
3	查找替换	超级方便的查找功能，工程通用信息统一替换
4	自动生成分部、分项表	根据检验批表格自动生成分部和分项表
5	工程表格相互导入	表格可以在不同工程之间相互导入，移动
6	自动编号	自动填写表格编号，对当前模板下已编号的表格，可以重新编号

续表

7	排序	上下移动：用来调整客户建立表格的顺序； 左右移动：可以改变表格的从属关系； 随意移动：可以把建好的表格随意拖动
8	导入、导出	方便地导入、导出文本和 Excel 文件
9	智能评定	软件根据国家标准或企业标准自动评定检验批质量验收表格的检测值等级，标记不合格点值
10	企业标准设置	用户可以修改检验批资料国家标准数据，形成企业标准，软件自动根据企业标准进行评定
11	表格套打	对于有特殊需要的客户，提供了表格套打功能
12	工程表格批量打印	表格填写完成后，可以批量打印整个工程表格，也可以按照编制日期进行分批打印，随意设置是否打印表格
13	电子组卷	做完工程后，软件可对工程数据进行分类组卷
14	盖章、电子签名	根据当地规定的设置盖章，电子签名，可实现电子存档
15	数据自动保存	用户只需把数据填写完成，软件可自动保存所填的内容；还可以自动备份工程，也可人工备份确保数据的安全
16	附件管理	工程中的所有附件可以进行统一管理
17	用户管理	有权限才能访问软件
18	回收站功能	表格删除可以轻松找回
19	在线服务	如果在线，可以进行在线服务，在线升级

二、专业管理软件操作方法（简介）

（一）简要说明该软件的操作步骤

（1）安装完成后，双击图标，启动工程资料管理软件。

（2）打开软件后自动弹出新建工程向导的窗口。在工程向导对话框中选择相应的类型，在“工程名称”位置输入新建工程的名称，然后单击“新建”按钮，即可新建工程。单击新建工程后会有初始化操作，请您等待。软件初始化操作完毕后弹出【设置—工程信息】窗口，在页面中输入工程基本信息，包括工程名称、工程地址、建筑类型等。

（二）常用操作与技巧

（1）工具栏介绍：主要的工具栏包括有通用工具栏、格式工具栏、表格常用工具栏。

（2）文件导入、导出：

1）导入 Excel 文件：选择要导入 Excel 文件的文件夹或模板，用鼠标右键单击文件夹或模板选择【导入文件】→【Excel 文件】项，弹出“读入 Excel 文件”窗口，在弹出的窗口中单击【…】按钮，弹出“选择 Excel 文件”窗口，在该窗口中选择所要导入的文件，单击“打开”返回“读入 Excel 文件”窗口，单击【开始转换】按钮将表格导入到当前目录下名为“导入表格”即可导入。

2）导入文本文件：选择要导入文本文件的文件夹，用鼠标右键单击文件夹【导入文件】→【导入文本文件】，单击【…】按钮，在弹出的窗口中选择所要导入的文件，单击“打开”

返回“读入文本文件”窗口，然后根据所需的样式选择相应的文本显示样式及预览样式，单击“确定”即可导入。

3）导出文件：本软件中的表格可以输出成 Excel 文件、PDF 文件和文本文件。具体操作方法如下：

选择要导出成 Excel 文件的表格，用鼠标右键单击选择【导出文件】→【导出 Excel 文件】选项，弹出“输出 Excel 文件”窗口，单击【…】按钮，弹出”选择 Excel 文件名“窗口，在该窗口中选择保存路径并输入文件名，单击保存，返回“输出 Excel 文件”窗口，单击【开始转换】即可将该表格转换成 Excel 文件。导出文本文件操作与之相同。

第十一章　资料管理相关的规定和标准

建筑工程资料管理是指在建设过程中形成的有关建筑工程的各种形式信息记录，是填写、编制、审核、收集、整理、组卷、移交及归档等工作的统称。目前我国建筑工程资料管理主要是根据《建设工程文件归档整理规范》（GB/T 50328—2001）、《建筑工程资料管理规程》（JGJ/T 185—2009）的规定进行的。同时建筑工程资料的形成与工程质量验收过程有着不可分割的关系，建筑工程质量验收是依据现行的《建筑工程施工质量验收统一标准》（GB 50300—2013）和配套的建筑工程专业施工质量验收规范执行的。在工程实践中，工程资料不符合要求的，将导致无法进行工程验收。

第一节　建筑工程施工质量验收的基本规定

一、施工现场质量管理基本要求

施工现场应具有健全的质量管理体系、相应的施工技术标准、施工质量检验制度和综合施工质量水平评定考核制度。施工现场质量管理按表 11-1 施工现场质量管理检查记录的要求进行检查记录。施工现场质量管理检查记录应由施工单位填写，总监理工程师进行检查，并做出检查结论。

表 11-1　施工现场质量管理检查记录

开工日期：

工程名称			施工许可证号		
建设单位			项目负责人		
设计单位			项目负责人		
监理单位			总监理工程师		
施工单位		项目负责人		项目技术负责人	
序号	项目		主要内容		
1	项目部质量管理体系				
2	现场质量责任制				
3	主要专业工种操作岗位证书				
4	分包单位管理制度				
5	图纸会审记录				
6	地质勘察资料				
7	施工技术标准				
8	施工组织设计编制及审批				
9	物资采购管理制度				

续表

<table>
<tr><td colspan="2">工程名称</td><td colspan="2"></td><td>施工许可证号</td><td colspan="2"></td></tr>
<tr><td colspan="2">建设单位</td><td colspan="2"></td><td>项目负责人</td><td colspan="2"></td></tr>
<tr><td colspan="2">设计单位</td><td colspan="2"></td><td>项目负责人</td><td colspan="2"></td></tr>
<tr><td colspan="2">监理单位</td><td colspan="2"></td><td>总监理工程师</td><td colspan="2"></td></tr>
<tr><td colspan="2">施工单位</td><td></td><td>项目负责人</td><td></td><td>项目技术负责人</td><td></td></tr>
<tr><td>序号</td><td colspan="3">项目</td><td colspan="3">主要内容</td></tr>
<tr><td>10</td><td colspan="3">施工设施和机械设备管理制度</td><td colspan="3"></td></tr>
<tr><td>11</td><td colspan="3">计量设备配备</td><td colspan="3"></td></tr>
<tr><td>12</td><td colspan="3">检测试验管理制度</td><td colspan="3"></td></tr>
<tr><td>13</td><td colspan="3">工程质量检查验收制度</td><td colspan="3"></td></tr>
<tr><td>14</td><td colspan="3"></td><td colspan="3"></td></tr>
<tr><td colspan="4">自检结果：
施工单位项目负责人：

年　月　日</td><td colspan="3">检查结论：
总监理工程师：

年　月　日</td></tr>
</table>

（1）施工单位应建立健全施工现场质量管理体系，建立必要的质量责任制，推行生产控制和合格控制的全过程质量控制。工程开工前应根据工程规模、特点设置施工项目部，管理人员及主要专业工种应按规定持证上岗。

（2）施工现场应配备满足工程需要的施工技术标准。

（3）施工现场应有健全的、满足全面质量管理、全过程质量控制及综合施工质量水平评定考核要求的各项制度。

（4）熟悉施工图文件、理解设计意图和要求、签署图纸会审记录，收集有关资料、制定符合工程实践的施工组织设计并报监理审核确认。

（5）施工单位检查施工准备工作完成情况，具备开工条件的向项目监理机构报审，总监理工程师下达工程开工令后方可施工。

二、建筑工程的施工质量控制

建筑工程的施工质量控制应符合下列规定：

（1）建筑工程采用的主要材料、半成品、成品、建筑构配件、器具和设备应进行进场检验。凡涉及安全、节能、环境保护和主要使用功能的重要材料、产品，应按各专业工程施工规范、验收规范和设计文件等规定进行复验，并应经监理工程师检查认可。

（2）各施工工序应按施工技术标准进行质量控制，每道施工工序完成后，经施工单位自检符合规定后，才能进行下道工序施工。各专业工种之间的相关工序应进行交接检验，并应记录。

（3）对于监理单位提出检查要求的重要工序，应经监理工程师检查认可，才能进行下道工序施工。

标准明确了对用于工程的主要原材料、构配件（半成品、成品）、设备（器具）进场检验的3个基本步骤：

1）外观质量检查。

2）质量证明文件核查。

3）抽样复试（或见证复试）。

对于工程采用的主要材料、半成品、成品、建筑构配件、器具和设备，施工单位应全部进行进场检验。

施工单位应按施工技术标准控制每道工序的质量，严格落实自检、互检和工序交接检的“三检”制度。

施工工序质量控制使各工序之间和各相关专业工程之间形成有机的整体，是保证工程整体质量的基础。

三、施工质量验收

（1）当专业验收规范对工程中的验收项目未做出相应规定时，应由建设单位组织监理、设计、施工等相关单位制定专项验收要求。涉及安全、节能、环境保护等项目的专项验收要求应由建设单位组织专家论证。

（2）建筑工程施工质量应按下列要求进行验收：

1）工程质量验收均应在施工单位自检合格的基础上进行。

2）参加工程施工质量验收的各方人员应具备相应的资格。

3）检验批的质量应按主控项目和一般项目验收。

4）对涉及结构安全、节能、环境保护和主要使用功能的试块、试件及材料，应在进场时或施工中按规定进行见证检验。

5）隐蔽工程在隐蔽前应由施工单位通知监理单位进行验收，并应形成验收文件，验收合格后方可继续施工。

6）对涉及结构安全、节能、环境保护和使用功能的重要分部工程应在验收前按规定进行抽样检验。

7）工程的观感质量应由验收人员现场检查，并应共同确认。

（3）建筑工程施工质量验收合格应符合下列规定：

1）符合工程勘察、设计文件的规定。

2）符合《建筑工程施工质量验收统一标准》（GB 50300—2013）和相关专业验收规范的规定。

四、质量验收抽样与判定

（1）检验批的质量检验，可根据检验项目的特点在下列抽样方案中选取：

1）计量、计数的抽样方案。

2）一次、二次或多次抽样方案。

3）对重要的检验项目，当有简易快速的检验方法时，选用全数检验方案。

4）根据生产连续性和生产控制稳定性情况，采用调整型抽样方案。

5）经实践证明有效的抽样方案。

（2）检验批抽样样本应随机抽取，满足分布均匀、具有代表性的要求，抽样数量不应低于有关专业验收规范及表 11-2 的规定。

明显不合格的个体可不纳入检验批，但必须进行处理，使其满足有关专业验收规范的规定，对处理的情况应予以记录并重新验收。

表 11-2　检验批最小抽样数量

检验批的容量	最小抽样数量	检验批的容量	最小抽样数量
2～15	2	151～280	13
16～25	3	281～500	20
26～90	5	501～1200	32
91～150	8	1201～3200	50

（3）计量抽样的错判概率 α 和漏判概率 β 可按下列规定采取：

1）主控项目：对应于合格质量水平的 α 和 β 均不宜超过 5%。

2）一般项目：对应于合格质量水平的 α 不宜超过 5%，β 不宜超过 10%。

抽样检验必然存在两类风险，一是错判概率 α，指合格批被判为不合格的概率，即合格批被拒收的概率；二是漏判概率 β，指不合格批被判为合格批的概率，即不合格批被误收的概率。《建筑工程施工质量验收统一标准》及专业验收规范规定的抽样检查数量，对于主控项目，对应于合格质量水平的 α、β 均不宜超过 5%；对于一般项目，对应于合格质量水平的 α 不宜超过 5%，β 不宜超过 10%。也就是说，即使我们严格按照《建筑工程施工质量验收统一标准》及专业验收规范规定抽样检验、验收合格的工程，也存在着主控项目 5%、一般项目 10%以下的不合格风险。

第二节　建筑工程施工质量验收的划分

一、建筑工程质量验收层次

《建筑工程施工质量验收统一标准》将建筑工程施工质量验收应划分为单位工程、分部工程、分项工程和检验批。

（1）建筑工程质量验收层次分为单位工程质量验收、分部工程质量验收、分项工程质量验收、检验批质量验收四个层次。

（2）检验批是施工过程中条件相同并有一定数量的材料、构配件或安装项目，由于其质量水平基本均匀一致，因此可作为检验的基本单元，并按批验收。检验批是工程验收的最小单位，是分项工程、分部工程、单位工程质量验收的基础。

（3）隐蔽工程验收不属于工程质量验收的层次。隐蔽工程验收是工序操作完毕，将被下道工序所掩盖、包裹，而检验批、分部工程质量验收时对其质量状况无法检验所进行的事前验收。考虑到隐蔽工程在隐蔽后难以检验，因此隐蔽工程在隐蔽前进行验收，并应形成验收文件，验收合格后方可继续施工。

二、建筑工程质量验收的划分

（1）具备独立施工条件并能形成独立使用功能的建筑物及构筑物为一个单位工程。施工技术资料的收集整理和工程质量验收应按单位工程进行。

（2）对于规模较大的单位工程，可将其能形成独立使用功能的部分划分为一个子单位工程。子单位工程的划分一般可根据工程的建筑设计分区、使用功能的显著差异、结构缝的设置等实际情况，在施工前由建设、监理、施工单位协商确定，并据此收集整理施工技术资料和验收。

（3）单位工程按工程部位、专业性质划分为分部工程。《建筑工程施工质量验收统一标准》（GB 50300）把建筑工程划分为10个分部工程，分别是：地基与基础、主体结构、建筑装饰装修、屋面、建筑给水排水及供暖、通风与空调、建筑电气、智能建筑、建筑节能、电梯。当分部工程量较大且较复杂时，为便于验收，按材料种类、施工特点、施工程序、专业系统及类别等，将其中相同部分的工程或能形成独立专业体系的工程划分成子分部工程。

（4）分部工程按主要工种、材料、施工工艺、设备类别等划分为分项工程。

（5）建筑工程的分部工程、分项工程划分详见表11-3。当专业验收规范对分项工程的划分不一致时，分项工程划分以专业验收规范为准。

（6）室外工程根据专业类别和工程规模划分单位（子单位）工程、分部工程，详见表11-4。

表11-3　建筑工程的分部工程、分项工程划分（《建筑工程施工质量验收统一标准》附录B）

序号	分部工程	子分部工程	分项工程
1	地基与基础	地基	素土、灰土地基，砂和砂石地基，土工合成材料地基，粉煤灰地基，强夯地基，注浆地基，预压地基，砂石桩复合地基，高压旋喷注浆地基，水泥土搅拌桩地基，土和灰土挤密桩复合地基，水泥粉煤灰碎石桩复合地基，夯实水泥土桩地基
		基础	无筋扩展基础，钢筋混凝土扩展基础，筏形与箱形基础，钢结构基础，钢管混凝土结构基础，型钢混凝土结构基础，钢筋混凝土预制桩基础，泥浆护壁成孔灌注桩基础，干作业成孔桩基础，钢桩基础，锚杆静压桩基础，岩石锚杆基础，沉井与沉箱基础
		基坑支护	混凝土排桩围护墙，板桩围护墙，咬合桩围护墙，型钢水泥土搅拌墙，土钉墙，地下连续墙，水泥土重力式挡墙，内支撑，锚杆，与主体结构相结合的基坑支护
		地下水控制	降水与排水，回灌
		土方	土方开挖，土方回填，场地平整
		边坡	喷锚支护，挡土墙，边坡开挖
		地下防水	主体结构防水、细部构造防水，特殊施工法结构防水，排水，注浆
2	主体结构	混凝土结构	模板，钢筋，混凝土，预应力、现浇结构，装配式结构
		砌体结构	砖砌体，混凝土小型空心砌块砌体，石砌体，配筋砌体，填充墙砌体
		钢结构	钢结构焊接，紧固件连接，钢零部件加工，钢构件组装及预拼装，单层钢结构安装，多层及高层钢结构安装，钢管结构安装，预应力钢索和膜结构，压型金属板，防腐涂料涂装，防火涂料涂装
		钢管混凝土结构	构件现场拼装，构件安装，钢管焊接，构件连接，钢管内钢筋骨架，混凝土
		型钢混凝土结构	型钢焊接，紧固件连接，型钢与钢筋连接，型钢构件组装与预拼装，型钢安装，模板，混凝土
		铝合金结构	铝合金焊接，紧固件连接，铝合金零部件加工，铝合金构件组装，铝合金构件预拼装，铝合金框架结构安装，铝合金空间网格结构安装，铝合金面板，铝合金幕墙结构安装，防腐处理
		木结构	方木和原木结构，胶合木结构，轻型木结构，木结构防护

续表

序号	分部工程	子分部工程	分项工程
3	建筑装饰装修	建筑地面	基层铺设，整体面层铺设，板块面层铺设，木、竹面层
		抹灰	一般抹灰，保温层薄抹灰，装饰抹灰，清水砌体勾缝
		外墙防水	外墙砂浆防水，涂膜防水，透气膜防水
		门窗	木门窗安装，金属门窗安装，塑料门窗安装，特种门安装，门窗玻璃安装
		吊顶	整体面层吊顶、板块面层吊顶、格栅吊顶
		轻质隔墙	板材隔墙，骨架隔墙，活动隔墙，玻璃隔墙
		饰面板	石材安装，陶瓷板安装，木板安装，金属板安装，塑料板安装
		饰面砖	外墙饰面砖粘贴，内墙饰面砖粘贴
		涂饰	水性涂料涂饰，溶剂型涂料涂饰，美术涂饰
		裱糊与软包	裱糊、软包
		外墙防水	砂浆防水层，涂膜防水层，防水透气膜防水层
		细部	橱柜制作与安装，窗帘盒和窗台板制作与安装，门窗套制作与安装，护栏和扶手制作与安装，花饰制作与安装
		幕墙	金属幕墙安装，陶板幕墙安装，玻璃幕墙安装，石材幕墙安装
4	屋面工程	基层与保护	找坡层和找平层，隔汽层，隔离层，保护层
		保温与隔热/02	板状材料保温层，纤维材料保温层，喷涂硬泡聚氨酯保温层，现浇泡沫混凝土保温层，种植隔热层，架空隔热层，蓄水隔热层
		防水与密封/03	卷材防水层，涂膜防水层，复合防水层，接缝密封防水
		瓦面与板面/04	烧结瓦和混凝土瓦铺装，沥青瓦铺装，金属板铺装，玻璃采光顶铺装
		细部构造/05	檐口，檐沟和天沟，女儿墙和山墙，水落口，变形缝，伸出屋面管道，屋面出入口，反梁过水孔，设施基座，屋脊，屋顶窗
5	建筑给水排水及供暖	室内给水系统	给水管道及配件安装，给水设备安装，室内消火栓系统安装，消防喷淋系统安装，防腐，绝热，管道冲洗，消毒，试验与调试
		室内排水系统	排水管道及配件安装，雨水管道及配件安装，防腐，试验与调试
		室内热水供应系统	管道及配件安装，辅助设备安装，防腐，绝热，试验与调试
		卫生器具安装	卫生器具安装，卫生器具给水配件安装，卫生器具排水管道安装，试验与调试
		室内供暖系统	管道及配件安装，辅助设备及安装，散热器安装，金属辐射板安装，低温热水地板辐射供暖系统安装，电加热供暖系统安装，燃气红 外辐射供暖系统安装，热风供暖系统安装，热计量及调控装置安装，试验与调试，防腐，绝热
		室外给水管网	给水管道安装，室外消火栓系统安装，试验与调试
		室外排水管网	排水管道安装，排水管沟与井池，试验与调试
		室外供热管网	管道及配件安装，系统水压试验，土建结构，防腐，绝热，试验与调试
		建筑应用水供应系统	管道及配件安装，水处理设备及控制设施安装，防腐，绝热，试验与调试
		建筑中水系统及雨水利用系统	建筑中水系统，雨水利用系统管道及配件安装，水处理设备及控制设施安装，防腐，绝热，试验与调试
		游泳池及公共浴池水系统	管道及配件系统安装，水处理设备及控制设施安装，防腐，绝热，试验与调试
		水景喷泉系统	管道及配件系统安装，防腐，绝热，试验与调试
		热源及辅助设备	锅炉安装，辅助设备及管道安装，安全附件安装，换热站安装，防腐，绝热，试验与调试
		检测与控制仪表	检测仪器及仪表安装，试验与调试

序号	分部工程	子分部工程	分项工程
6	通风与空调	送风系统	风管与配件制作，部件制作，风管系统安装，风机与空气处理设备安装，风管与设备防腐，旋流风口、岗位送风口、织物（布）风管安装，系统调试
		排风系统	风管与配件制作，部件制作，风管系统安装，风机与空气处理设备安装，风管与设备防腐，吸风罩及其他空气处理设备安装，厨房、卫生间排风系统安装，系统调试
		防排烟系统	风管与配件制作，部件制作，风管系统安装，风机与空气处理设备安装，风管与设备防腐，排烟风阀（口）、常闭正压风口、防火风管安装，系统调试
		除尘系统	风管与配件制作，部件制作，风管系统安装，风机与空气处理设备安装，风管与设备防腐，除尘器与排污设备安装，吸尘罩安装，高温风管绝热，系统调试
		舒适性空调系统	风管与配件制作，部件制作，风管系统安装，风机与空气处理设备安装，风管与设备防腐，组合式空调机组安装，消声器、静电除尘器、换热器、紫外线灭菌器等设备安装，风机盘管、变风量与定风量送风装置、射流喷口等末端设备安装，风管与设备绝热、系统调试
6	通风与空调	恒温恒湿空调系统	风管与配件制作，部件制作，风管系统安装，风机与空气处理设备安装，风管与设备防腐，组合式空调机组安装，电加热器，加湿器等设备安装，精密空调机组安装，风管与设备绝热，系统调试
		净化空调系统	风管与配件制作，部件制作，风管系统安装，风机与空气处理设备安装，风管与设备防腐，净化空调机组安装，消声器、静电除尘器、换热器、紫外线灭菌器等设备安装，中、高效过滤器及风机过滤器单元等末端设备清洗与安装，洁净度测试，风管与设备绝热，系统调试
		地下人防通风系统	风管与配件制作，部件制作，风管系统安装，风机与空气处理设备安装，风管与设备防腐，过滤吸收器、防爆波活门、防爆超压排气活门等专用设备安装，系统调试
		真空吸尘系统	风管与配件制作，部件制作，风管系统安装，风机与空气处理设备安装，风管与设备防腐，管道安装，快熟接口安装，风机与滤尘设备安装，系统压力试验及调试
		冷凝水系统	管道系统及部件安装，水泵及附属设备安装，管道冲洗，管道、设备防腐，板式热交换器，辐射板及辐射供热、供冷地埋管，热泵机组设备安装，管道、设备绝热，系统压力试验及调试
		空调（冷热）水系统	管道系统及部件安装，水泵及附属设备安装，管道冲洗，管道、设备防腐，冷却塔与水处理设备安装，防冻伴热设备安装，管道、设备绝热，系统压力试验及调试
		冷却水系统	管道系统及部件安装，水泵及附属设备安装，管道冲洗，管道、设备防腐，系统灌水渗漏及排放试验，管道、设备绝热
		土壤源热泵换热系统	管道系统及部件安装，水泵及附属设备安装，管道冲洗，管道、设备防腐，埋地换热系统与管网安装，管道、设备绝热，系统压力试验及调试
		水源热泵换热系统	管道系统及部件安装，水泵及附属设备安装，管道冲洗，管道、设备防腐，地表水源换热管及管网安装，除垢设备安装，管道、设备绝热，系统压力试验及调试
		蓄能系统	管道系统及部件安装，水泵及附属设备安装，管道冲洗，管道、设备防腐，蓄水罐与蓄水槽罐安装，管道、设备绝热，系统压力试验及调试
		压缩式制冷（热）设备系统	制冷机组及附属设备安装，管道、设备防腐，制冷剂管道及部件安装，制冷剂灌注，管道、设备绝热，系统压力试验及调试

续表

序号	分部工程	子分部工程	分项工程
6	通风与空调	吸收式制冷设备系统	制冷机组及附属设备安装，管道、设备防腐，系统真空试验，溴化锂溶液加灌，蒸汽管道系统安装，燃气或燃油设备安装，管道、设备绝热，试验及调试
		多联机（热泵）空调系统	室外机组安装，室内机组安装，制冷器管道连接及控制开关安装，风管安装，冷凝水管道安装，制冷剂灌注，系统压力试验及调试
		太阳能供暖空调系统	太阳能集热器安装，其他辅助能源、换热设备安装，蓄能水箱、管道及配件安装，防腐、绝热，低温热水地板辐射采暖系统安装，系统压力试验及调试
		设备自控系统	温度、压力与流量传感器安装，执行机构安装调试，防排烟系统功能测试，自动控制及系统智能控制软件调试
7	建筑电气	室外电气	变压器、箱式变电所安装，成套配电柜、控制柜（屏、台）和动力、照明配电箱（盘）及控制柜安装，梯架、支架、托盘和槽盒安装，导管敷设，电缆敷设，管内穿线和槽盒内敷线，电缆头制作、导线连接和线路绝缘测试，普通灯具安装，专用灯具安装，建筑照明通电试运行，接地装置安装
		变配电室	变压器、箱式变电所安装，成套配电柜、控制柜（屏、台）和动力、照明配电箱（盘）安装，母线槽安装，梯架、支架、托盘和槽盒安装，电缆敷设，电缆头制作、导线连接和线路绝缘测试，接地装置安装，接地干线敷设
		供电干线	电气设备试验和试运行，母线槽安装，梯架、支架、托盘和槽盒安装，导管敷设，电缆敷设，管内穿线和槽盒内敷线，电缆头制作、导线连接和线路绝缘测试，接地干线敷设
		电气动力	成套配电柜、控制柜（屏、台）和动力、照明配电箱（盘）安装，电动机、电加热器及电动执行机构检查接线，电气设备试验和试运行，梯架、支架、托盘和槽盒安装，导管敷设，电缆敷设，管内穿线和槽盒内敷线，电缆头制作、导线连接和线路绝缘测试
		电气照明	成套配电柜、控制柜（屏、台）和照明配电箱（盘）安装，梯架、支架、托盘和槽盒安装，导管敷设，管内穿线和槽盒内敷线，塑料护套线直敷布线，钢索配线，电缆头制作、导线连接和线路绝缘测试，普通灯具安装，专用灯具安装，开关、插座、风扇安装，建筑照明通电试运行
		备用和不间断电源安装	成套配电柜、控制柜（屏、台）和动力、照明配电箱（盘）安装，柴油发电机组安装，不间断电源装置及应急电源装置安装，母线槽安装，导管敷设，电缆敷设，管内穿线和槽盒内敷线，电缆头制作、导线连接和线路绝缘测试，接地装置安装
		防雷及接地	接地装置安装，避雷引下线及接闪器安装，建筑物等电位连接，浪涌保护器安装
8	建筑智能	智能化集成系统	设备安装，软件安装，接口及系统调试，试运行
		信息接入系统	安装场地检查
		用户电话交换系统	线缆敷设，设备安装，软件安装，接口及系统调试，试运行
		信息网络系统	计算机网络设备安装，计算机网络软件安装，网络安全设备安装，网络安全软件安装，系统调试，试运行
		综合布线系统	梯架、托盘、槽盒和导管安装，线缆敷设，机柜、机架、配线架安装，信息插座安装，链路或信道测试，软件安装，系统调试，试运行
		移动通信室内信号覆盖系统	安装场地检查
		卫星通信系统	安装场地检查

续表

序号	分部工程	子分部工程	分项工程
8	智能建筑	有线电视及电视接收系统	梯架、托盘、槽盒和导管安装，线路敷设，设备安装，软件安装，系统调试，试运行
		公共广播系统	梯架、托盘、槽盒和导管安装，线路敷设，设备安装，软件安装，系统调试，试运行
		会议系统	梯架、托盘、槽盒和导管安装，线路敷设，设备安装，软件安装，系统调试，试运行
		信息导引及发布系统	梯架、托盘、槽盒和导管安装，线路敷设，显示设备安装，机房设备安装，软件安装，系统调试，试运行
		时钟系统	梯架、托盘、槽盒和导管安装，线路敷设，设备安装，软件安装，系统调试，试运行
		信息化应用系统	梯架、托盘、槽盒和导管安装，线路敷设，设备安装，软件安装，系统调试，试运行
		建筑设备监控系统	梯架、托盘、槽盒和导管安装，线路敷设，传感器安装，执行器安装，控制器、箱安装，中央管理工作站和操作分站设备安装，软件安装，系统调试，试运行
		火灾自动报警系统	梯架、托盘、槽盒和导管安装，线路敷设，探测器类设备安装，控制器类设备安装，其他设备安装，软件安装，系统调试，试运行
		安全技术防范系统	梯架、托盘、槽盒和导管安装，线路敷设，设备安装，软件安装，系统调试，试运行
		应急响应系统	设备安装，软件安装，系统调试，试运行
		机房	供配电系统，防雷与接地系统，空气调节系统，给水排水系统，综合布线系统，监控与安全防范系统，消防系统，室内装饰装修，电磁屏蔽，系统调试，试运行
		防雷和接地	接地装置，接地线，等电位联接，屏蔽设施，电涌保护器，线缆敷设，系统调试，试运行
9	建筑节能	围护系统节能	墙体节能、幕墙节能、门窗节能、屋面节能、地面节能
		供暖空调设备及管网节能	供暖节能、通风与空调设备节能，空调与供暖系统冷热源节能，空调与供暖系统管网节能
		电气动力节能	配电节能、照明节能
		监控系统节能	监测系统节能、控制系统节能
		可再生能源	太阳能系统、地源热泵系统
10	电梯	电力驱动的曳引式或强制式电梯安装	设备进场验收，土建交接检验，驱动主机，导轨，门系统，轿厢，对重，安全部件，悬挂装置，随行电缆，补偿装置，电气装置，整机安装验收
		液压电梯安装	设备进场验收，土建交接检验，液压系统，导轨，门系统，轿厢，对重，安全部件，悬挂装置，随行电缆，电气装置，整机安装验收
		自动扶梯、自动人行道安装	设备进场验收，土建交接检验，整机安装验收

表 11-4　室外工程的划分

单位工程	子单位工程	分部工程
室外设施	道路	路基、基层、面层、广场与停车场、人行道、人行地道、挡土墙、附属构筑物
	边坡	土石方、挡土墙、支护
附属建筑及室外环境	附属建筑	车棚、围墙、大门、挡土墙
	室外环境	建筑小品、亭台、水景、连廊、花坛、场坪绿化、景观桥

（七）检验批的划分

分项工程可由一个或若干个检验批组成，检验批可根据施工及质量控制和专业验收需要按楼层、施工段、变形缝等进行划分。建筑工程的地基与基础分部工程中的分项工程一般划分为一个检验批，有地下层的基础工程可按不同地下层划分检验批；单层建筑工程中的分项工程可按变形缝等划分检验批，多层及高层建筑建筑工程中主体分部的分项工程可按楼层或施工段来划分检验批；屋面分部工程中的分项工程不同楼层屋面可划分为不同的检验批；其他分部工程中的分项工程一般按楼层划分检验批；对于工程量较少的分项工程可统一划分为一个检验批。安装工程一般按一个设计系统或组别划分为一个检验批。室外工程统一划分为一个检验批。散水、台阶、明沟等含在地面检验批中。

第三节　建筑工程施工质量验收程序、组织及验收标准

一、检验批质量验收

（一）检验批工程质量验收的组织

检验批工程质量验收由专业监理工程师组织，施工单位相应专业的项目专职质量员和专业工长等参加进行验收。

（二）检验批工程质量合格的验收标准

检验批工程质量合格验收标准：主控项目、一般项目的质量抽样检验合格，具有完整的施工操作依据、质量验收记录。

检验批工程质量验收包括资料检查、主控项目和一般项目检验两个方面。

质量控制资料反映了检验批从原材料到最终验收的各施工工序的操作依据、检查情况以及保证质量所必需的管理制度等。对其完整性的检查，实际是对过程控制的确认，是检验批合格的前提。检验批验收资料检查的内容主要包括：

(1) 图纸会审、设计变更、洽商记录；

(2) 建筑材料、成品、半成品、建筑构配件、器具和设备的质量证明书及进场检（试）验报告；

(3) 工程测量、放线记录；

(4) 按专业质量验收规范规定的抽样检验报告；

(5) 隐蔽工程检查记录；

(6) 施工记录和施工过程检查记录、专业工种之间的工序交接检验记录；

(7) 新材料、新工艺、新技术、新设备的质量认证文件、验收标准和施工记录；

(8) 质量管理制度和施工工艺等施工标准规定的其他质量检验资料。

检验批质量验收时，抽样样本应随机抽取、分布均匀、具有代表性，检查数量满足专业验收规范的相应规定和检验批最小抽样数量的要求。见表 11-5、表 11-6。

表 11-5　一般项目正常检验一次抽样判定

样本容量	合格判定数	不合格判定数	样本容量	合格判定数	不合格判定数
5	1	2	32	7	8
8	2	3	50	10	11
13	3	4	80	14	15
20	5	6	125	21	22

表 11-6　一般项目正常检验二次抽样判定

抽样次数	样本容量	合格判定数	不合格判定数	抽样次数	样本容量	合格判定数	不合格判定数
(1)	3	0	2	(1)	20	3	6
(2)	6	1	2	(2)	40	9	10
(1)	5	0	3	(1)	32	5	9
(2)	10	3	4	(2)	64	12	13
(1)	8	1	3	(1)	50	7	11
(2)	16	4	5	(2)	100	18	19
(1)	13	2	5	(1)	80	1126	16
(2)	26	6	7	(2)	160		27

(三) 检验批工程质量验收的程序

(1) 施工单位按照“三检”制度对检验批的每道工序进行控制，上道工序未检验合格不得进行下道工序，专业工种间相关工序应进行交接检验，并保留记录；对隐蔽工程、重要工序，施工单位自检合格后须报项目监理机构验收同意方可进行下道工序，并保留验收记录。

(2) 检验批是建筑工程施工质量验收的基础，当组成检验批的所有工序施工完毕，施工单位应进行自检，对存在的问题（自检出的问题）自行处理，全部整改完毕，检验批自检合格，填写“检验批质量验收记录”的相应部分，并由项目专业质量员在检验批质量检验记录中签字。然后填写《检验批工程报验单》并附施工单位自检的检验批质量验收自检原始记录和相关质量控制资料向项目监理机构进行报验。

(3) 专业监理工程师应按时组织施工单位相应专业的项目专职质量员和专业工长等严格按规定程序进行验收。

(4) 对未经监理人员验收或验收不合格、需旁站而未旁站或没有旁站记录、或旁站记录签字不全的隐蔽工程、检验批，监理工程师不得签认，施工单位严禁进行下一道工序的施工。

二、分项工程质量验收

(一) 分项工程质量验收的组织

分项工程质量验收由专业监理工程师组织，施工单位项目专业技术负责人等进行验收。

（二）分项工程质量合格的验收标准

（1）所含检验批的质量均应验收合格。

（2）所含检验批的质量验收记录应完整。

（三）分项工程质量验收程序

（1）分项工程所含的检验批全部通过验收，施工单位整理验收资料，自检评定合格后填写“分项工程质量验收记录”的相应部分，项目专业技术负责人分项工程质量检验记录中签字；然后填写《分项工程报验单》附《分项工程质量验收记录》报项目监理机构。

（2）专业监理工程师组织施工单位项目专业技术负责人等进行验收，对施工单位所报资料和该分项工程的所有检验批质量检查记录进行审查，构成分项工程的各检验批是否均已验收合格，验收资料文件是否完整；符合要求的专业监理工程师予以签认。

三、分部（子分部）工程质量验收

（一）分部工程质量验收的组织

分部工程由总监理工程师组织，施工单位项目负责人和项目技术、质量负责人等进行验收。地基与基础分部工程验收时勘察、设计单位项目负责人和施工单位技术、质量部门负责人应参加；主体结构、节能分部工程验收时设计单位项目负责人和施工单位技术、质量部门负责人应参加。

（二）分部工程质量合格的验收标准

分部工程质量合格的验收标准：

（1）所含分项工程的质量均应验收合格。

（2）质量控制资料应完整。

（3）有关安全、节能、环境保护和主要使用功能的抽样检验结果应符合相应规定。

（4）观感质量应符合要求。

分部工程的验收在其所含各分项工程验收的基础上进行。

涉及安全、节能、环境保护和主要使用功能的抽样检验要求是“强化验收”的有力措施，内容多为对施工基本完成后的分部（子分部）工程实体进行的见证取样检验或抽样检测，故也可称为“实体检验”。实体检验是在相关工序完成以后、分部（子分部）工程验收之前对结构实体和设备系统进行的综合性检查，对反映实际工程的安全和使用功能有更强的可信度，因此具有更真实和更直接的意义。

《建筑工程施工质量验收统一标准》和专业验收规范规定了涉及安全、节能、环境保护和主要使用功能的具体抽样检验项目，如：结构实体混凝土强度和梁板构件受力钢筋的实际保护层厚度检验，主体结构尺寸、位置抽查，有防水要求的地面蓄水试验，抽气（风）道检查，室内环境检查，给水管道通水试验，卫生器具满水试验，排水干管通球试验，风量、温度测试，灯具固定装置及悬吊装置的荷载强度试验，剩余电流动作保护器测试，接地检测，外墙节能构造检查等。专业验收规范规定了实体检验项目的检查内容、检验范围、抽样数量、质量要求、检查方法、验收条件等具体要求，分部（子分部）工程验收前应按专业验收规范要求进行见证检验或见证抽样检验。

观感质量检查是实地对工程的一个全面检查。核查质量控制资料及分项工程（检验批）

验收的真实性、准确性，全面评价分部（子分部）工程的外观质量和主要使用功能。专业验收规范中对观感质量都有具体的检验要求，分部（子分部）观感质量检查内容就是该分部（子分部）所含分项工程中可检查的目测检查项目和简单量测检查项目，质量评价标准仍是规范的相应要求。尤其是对单位工程观感质量检查记录规定的相关项目和影响使用功能、下道工序不能掩盖的外观质量或影响下工序施工质量的项目应特别关注。观感质量验收的检查往往难以定量，只能以观察、触摸或简单量测的方式进行，检查结果并不给出“合格”或“不合格”的结论，而是综合给出“好”、“一般”、“差”的质量评价结果。基本能符合要求的可评价为“一般”；观感质量比较优良的，则评价为“好”；如观感质量达不到应有的质量要求，且存在明显的严重缺陷，则评为“差”。对于“差”的项目和部位应进行返修处理，在达到质量要求后再进行检查验收。

分部工程如存在影响安全和使用功能的严重缺陷，经返修或加固处理仍不能满足安全使用要求时，严禁通过验收。

（三）分部工程质量验收程序

（1）分部工程所含的分项工程全部通过验收，施工单位应整理各分项工程的验收资料，核查分部工程质量控制资料，并按专业验收规范规定对有关安全、节能、环境保护和主要使用功能进行抽样检验（或核查抽样检验结果），对观感质量进行自检，对存在的问题（自检出的问题）自行处理；全部整改完毕，自检评定合格，填写“分部质量验收记录”的相应部分，并由施工单位项目负责人签字。然后填写《分部工程报验单》并附施工单位自检的分部工程质量验收记录和分部工程相关质量控制资料、有关安全、节能、环境保护和主要使用功能抽样检验结果向项目监理机构进行报验。

（2）总监理工程师应组织专业监理工程师对施工单位报送的相关质量控制资料、有关安全、节能、环境保护和主要使用功能抽样检验资料进行核查，发现问题要求施工单位及时整改，符合要求在相应位置签署监理验收结论后方可进行分部验收。

（3）施工单位应在验收前 72 小时以书面形式把验收的内容、时间、地点通知应参加验收的相关方。总监理工程师应按时组织，建设单位、施工单位、勘察单位、设计单位等相关人员按规定准时参加相关分部工程的验收。

（4）分部工程质量验收含资料核查和实体质量抽样检测（检查）。分部工程所含分项工程的质量均已验收合格，质量控制资料完整，有关安全、节能、环境保护和主要使用功能抽样检验结果均符合有关规定，感观质量验收符合要求。总监理工程师与参验人员协商确认一致，在《分部工程质量验收记录》的“综合验收结论”栏签署验收意见，各参加验收单位项目负责人签字。否则，总监理工程师应签发《工程质量整改通知》，指出不符合之处，要求施工单位整改。施工单位应按监理要求进行整改，重新自检，自检合格后重新报验。

四、单位（子单位）工程质量验收

（一）单位工程质量验收的组织

单位工程质量验收由建设单位项目负责人组织，监理、施工、设计、勘察等单位项目负责人及相关专业技术人员（包括：施工单位项目技术、质量负责人及各专业质量员、技术员，监理单位各专业工程师，设计单位各项目专业负责人）参加。

（二）建设工程竣工验收应具备的条件

住房和城乡建设部《房屋建筑和市政基础设施工程竣工验收规定》（建质［2013］171号）第5条规定了建设工程竣工验收应当具备的条件为：

（1）完成工程设计和合同约定的各项内容。

（2）施工单位在工程完工后对工程质量进行了检查，确认工程质量符合有关法律、法规和工程建设强制性标准，符合设计文件及合同要求，并提出工程竣工报告。工程竣工报告应经项目经理和施工单位有关负责人审核签字。

（3）对于委托监理的工程项目，监理单位对工程进行了质量评估，具有完整的监理资料，并提出工程质量评估报告。工程质量评估报告应经总监理工程师和监理单位有关负责人审核签字。

（4）勘察、设计单位对勘察、设计文件及施工过程中由设计单位签署的设计变更通知书进行了检查，并提出质量检查报告。质量检查报告应经该项目勘察、设计负责人和勘察、设计单位有关负责人审核签字。

（5）有完整的技术档案和施工管理资料。

（6）有工程使用的主要建筑材料、建筑构配件和设备的进场试验报告，以及工程质量检测和功能性试验资料。

（7）建设单位已按合同约定支付工程款。

（8）有施工单位签署的工程质量保修书。

（9）对于住宅工程，进行分户验收并验收合格，建设单位按户出具《住宅工程质量分户验收表》。

（10）建设主管部门及工程质量监督机构责令整改的问题全部整改完毕。

（11）法律、法规规定的其他条件。

在一个单位工程中，对满足生产要求或具备使用条件，施工单位已自行检验，监理单位已预验收的子单位工程，建设单位可组织进行验收。由几个施工单位负责施工的单位工程，当其中的子单位工程已按设计要求完成，并经自行检验，也可按规定的程序组织正式验收，办理交工手续。在整个单位工程验收时，已验收的子单位工程验收资料应作为单位工程验收的附件。

（三）单位工程质量合格的验收标准

单位工程质量验收也称质量竣工验收，验收合格的条件有五个方面：

（1）构成单位工程的各分部工程已验收合格。

（2）质量控制资料应完整。应按《建筑工程施工质量验收统一标准》（GB 50300—2013）规定的单位工程质量控制资料核查记录内容逐项进行完整性复核，施工单位应按其类别汇总、整理，装订成册。

（3）涉及安全、节能、环境保护和主要使用功能各专业分部工程检验资料应复查合格。

（4）对主要使用功能还须进行再抽查。主要目的是综合、全面检验所有前期施工质量的总效果——是否能够满足使用功能的要求，这是用户最为关心的内容。使用功能的检查是对建筑工程和设备安装工程最终质量的综合检查。竣工验收时的全面检查多是在分项、分部工程验收合格的基础上的复核性抽查。抽查项目应在检查资料文件的基础上由参加验收的各方人员商定，并用计量、计数的方法抽样检验，检验结果应符合有关专业验收规范的规定。

（5）观感质量通过验收。观感质量检查需在建设单位主持下，参加验收的各方人员共同进行，观感质量的评价结果分“好”、“一般”、“差”3个等级，《建筑工程施工质量验收统一标准》（GB 50300—2013）规定了单位工程观感质量验收的检查项目，要求对质量评价为“差”的项目进行返修和保存观感质量现场检查原始记录，现场检查原始记录的内容应包括检查项目、检查位置、检查结果等。

（6）单位工程如存在影响安全和使用功能的严重缺陷，经返修或加固处理仍不能满足安全使用要求时，严禁通过验收。

（四）单位工程竣工验收程序

（1）施工单位完成设计图纸和合同约定的全部内容（单位或子单位工程）后，施工单位应依据施工承包合同约定的质量标准、设计图纸、验收规范等组织有关人员进行自检，对检查结果进行评定，并对发现的问题进行必要的整改，符合要求后整理竣工资料，并编制《建设工程竣工报告》。《建设工程竣工报告》应当包括已完工程情况、技术档案和施工管理资料情况、建筑设备安装调试情况、工程质量评定情况等内容，经施工单位法定代表人和技术负责人签字并加盖单位公章，与《单位工程竣工验收报审表》及其完整的竣工资料一并提交项目监理机构，申请竣工预验收。

工程竣工后，项目监理机构应审查施工单位提交的《单位工程竣工验收报审表》、《建设工程竣工报告》及竣工资料，组织工程竣工预验收。

（2）总监理工程师组织各专业监理工程师对竣工资料进行核查及工程实体质量复查，对需要进行功能试验的项目（包括单机试车和无负荷试车），专业监理工程师应督促施工单位及时进行试验，并对重要项目进行现场监督、检查，必要时请建设单位和设计单位参加。

（3）经项目监理机构对竣工资料及实体全面检查，符合合同要求的由总监理工程师签署《工程竣工预验报验单》和《建设工程竣工报告》，并对工程质量等级做出评价。

（4）《建设工程竣工报告》经总监理工程师、监理单位法定代表人签字并加盖监理单位公章后，由施工单位向建设单位提交《建设工程竣工报告》和竣工申请。总监理工程师组织专业监理工程师编写的《工程质量评估报告》。经总监理工程师、监理单位技术负责人签字并加盖监理单位公章后由监理单位提交建设单位。

（5）建设单位审查《建设工程竣工报告》，对具备竣工验收条件的，组织勘察、设计、施工、工程监理等单位和有关专家组成验收组，制定验收方案。对民用建筑建设单位应当进行建筑节能专项竣工验收，对未组织建筑节能分部工程验收或者建筑节能分部工程验收不合格的民用建筑工程，建设单位不得进行该建筑工程竣工验收。

建设单位应在收到《建设工程竣工报告》28d内按规定程序组织工程竣工验收。

建设单位在组织工程竣工验收7个工作日前，将验收时间、地点及验收组名单书面通知工程质量监督机构，并提交有关工程质量文件和质量保证资料；具备验收条件的，工程质量监督机构应当按照建设单位通知的验收时间、地点派员对竣工验收工作进行监督。

建设单位组织工程竣工验收应按下列要求进行：

1）建设、勘察、设计、施工、监理单位分别报告工程合同履约情况和在工程建设各个环节执行法律、法规和工程建设强制性标准的情况；

2）审阅建设、勘察、设计、施工、监理单位的工程档案资料；

3）实地查验工程质量；

4）对工程勘察、设计、施工、设备安装质量和各管理环节等方面做出全面评价，形成经验收组人员签署的工程竣工验收意见。

当参加验收各方对工程质量验收意见不一致时，可请当地建设行政主管部门或工程质量监督机构协调处理。

（6）建设单位自竣工验收合格之日起5日内未收到质量监督机构签发的责令整改通知书的，即可进入竣工验收备案程序。应在自工程竣工验收合格之日起15日内，向建设工程所在地县级以上建设行政主管部门申请办理竣工验收备案。申请工程竣工验收备案应当提交下列文件：

1）建设工程竣工验收备案表三份；

2）建设工程竣工验收报告；

3）城乡规划主管部门出具的工程规划条件核实认可文件；

4）公安消防部门出具的《建设工程消防验收意见书》；

5）环保部门出具的建设工程环保验收认可文件；

6）列入城建档案馆档案接受范围的建设工程，城建档案管理机构出具的建设工程档案验收认可文件；

7）施工单位签署的工程质量保修书；

8）施工单位、监理单位出具的建设单位已按合同约定拨付工程款的证明；

9）法律、法规、规章规定的应当提供的其他材料。

对商品住宅还应提交《住宅质量保证书》和《住宅使用说明书》。

（7）建设单位将未经竣工验收的工程擅自交付使用，或者将不合格的工程作为合格工程交付使用，或者将建设行政主管部门责令停止使用、重新组织竣工验收的工程擅自继续使用，给他人造成损失的，由建设单位依法承担赔偿责任，并依法给予行政处罚。

（8）列入城建档案馆档案接受范围的建设工程，建设单位应当自建设工程竣工验收合格之日起90日内，向城建档案管理机构移交一套完整的工程建设档案资料。

五、建筑工程质量不符合规定的处理

当建筑工程施工质量不符合规定时，应按下列规定进行处理：

（1）经返工重做或更换器具、设备的检验批，应重新进行验收。这种情况是指主控项目不能满足验收规范规定或一般项目超过偏差限制的子项不符合检验规定的要求时应及时进行处理。其中，对于严重的缺陷应推倒重来、重新施工；一般的缺陷可通过返修、更换予以解决，允许施工单位在采取相应的措施后重新验收。施工单位在采取相应的措施后工程质量符合相应的专业验收规范要求，应认为该检验批合格。

（2）经有资质的检测单位鉴定达到设计要求的检验批，应予以验收。当个别检验批发现问题，难以确定能否验收时，应请具有资质的法定检测机构进行实体检测鉴定，当鉴定结果认为能够达到设计要求时，该检验批应可以通过验收。

（3）如经检测鉴定达不到设计要求，但经原设计单位核算、鉴定，仍可满足相关设计规范和使用功能要求时，该检验批可予以验收。

（4）经返修或加固能满足安全和使用基本要求的，可按技术处理方案和协商文件进行验收。经法定检测机构检测鉴定后认为达不到规范的相应要求，即不能满足最低限度的安全储备和使用功能时，则必须进行加固或处理，使之能满足安全和使用功能的基本要求。这样可能会造成一些永久性的影响，如增大结构外形尺寸，影响一些次要的使用功能。但为了避免建筑物的整体或局部拆除，避免社会财富更大的损失，在不影响安全和主要使用功能条件下，可按技术处理方案和协商文件进行验收。但这不能作为轻视质量而回避责任的一种出路，责任方应承担相应的合同责任和法定责任，即承担相应的经济责任和接受处罚。

（5）存在影响安全和使用功能严重缺陷，经返修或加固处理仍不能满足安全使用要求时，严禁通过验收。

第十二章　建筑工程竣工验收备案归档管理知识

第一节　建筑工程竣工验收备案

一、建筑工程竣工验收备案管理规定

《建设工程质量管理条例》（国务院令第 279 号）规定：建设工程竣工验收工作应当由建设单位组织，勘察、设计、施工、监理单位共同参加，建设工程质量监督站进行监督，建设行政主管部门备案。规定明确了建设、勘察、设计、施工、监理单位对建设工程应负的质量责任和义务，即建设、勘察、设计、施工、监理单位是建设工程质量的责任主体。

《建筑工程施工质量验收统一标准》（GB 50300—2013）规定：单位工程质量验收合格后，建设单位应在规定时间内将工程竣工验收报告和有关文件，报建设行政管理部门备案。

建设工程竣工验收备案制度是加强政府监督管理，防止不合格工程流向社会的一个重要手段。建设单位应依据《建设工程质量管理条例》有关规定和《房屋建筑和市政基础设施工程竣工验收备案管理办法》的规定，自工程竣工验收合格之日起 15 日内，向工程所在地的县级以上地方人民政府建设行政主管部门（以下简称备案机关）备案。否则，不允许投入使用。

二、建筑工程竣工验收备案的范围

凡在我国境内新建、扩建、改建各类房屋建筑工程及市政基础设施工程都实行竣工验收备案制度。

依据《房屋建筑和市政基础设施工程竣工验收备案管理办法》（住房和城乡建设部令第 2 号）的规定，抢险救灾工程、临时性房屋建筑工程和农民自建低层住宅工程，不适用本规定。

三、建筑工程竣工验收备案的文件

建设单位应在单位工程竣工验收合格 15 日内将《建设工程竣工验收报告》和有关文件，报建设工程备案机关办理竣工工程验收备案手续。建设单位办理工程竣工验收备案应当提交下列文件，见表 12-1。

表 12-1　建筑工程竣工验收备案提交资料表

序号	材料名称	份数	材料形式	备注
1	建设工程竣工验收备案表	4	原件	
2	建设工程竣工验收报告	6	原件	
3	工程施工许可证	1	复印件〈核对原件〉	
4	工程施工质量验收申请表	1	原件	
5	单位（子单位）工程质量验收记录	1	原件	

续表

序号	材料名称	份数	材料形式	备注
6	工程质量评估报告	1	原件	
7	设计文件质量检查报告	1	原件	
8	勘察文件质量检查报告	1	原件	
9	施工图设计文件审查报告	1	复印件（核对原件）	
10	建设工程规划许可证及规划验收合格证	1	复印件（核对原件）	
11	建筑工程消防验收意见书	1	复印件（核对原件）	
12	建设工程竣工验收档案认可书	1	复印件（核对原件）	
13	环境保护验收意见	1	复印件（核对原件）	
14	建设工程质量验收监督意见书	1	原件	
15	燃气工程验收文件	1	复印件（核对原件）	有该项工程内容的提供
16	电梯安装分部工程质量验收证书	1	原件	有该项工程内容的提供
17	室内环境污染物检测报告	1	复印件（核对原件）	依照标准、规范需要实施 该项工程内容的提供
18	工程质量保修书	1	原件	
19	住宅质量保证书和住宅使用说明书	1	原件	属于商品住宅工程的提供
20	单位工程施工安全评价书	1	复印件（核对原件）	
21	中标通知书（设计、监理、施工）	1	复印件（核对原件）	必须招标的工程提供
22	建设施工合同	1	复印件（核对原件）	
23	工程款支付证明及发票复印件	1	复印件（核对原件）	
24	人防工程验收证明	1	复印件（核对原件）	依照标准、规范需要实施 该项工程内容的提供
25	工程质量安全监督报告	1	原件	监督站提供

工程竣工验收报告应当包括工程报建日期，施工许可证号，施工图设计文件审查意见，勘察、设计、施工、工程监理等单位分别签署的质量合格文件及验收人员签署的竣工验收原始文件，市政基础设施的有关质量检测和功能性试验资料以及备案机关认为需要提供的有关资料。

四、建筑工程竣工验收备案的程序

(1) 建设工程竣工验收备案需具备的条件：

1) 工程竣工验收合格，并完成工程竣工验收报告；

2) 工程质量监督机构已出具工程质量监督报告；

3) 已办理工程监理合同登记核销及施工合同（总包、专业分包和劳务分包合同）备案核销手续；

4) 各项专项资金等已结算。

(2) 建设单位向备案机关领取《房屋建设工程和市政基础设施工程竣工验收备案表》。

(3) 建设单位持加盖单位公章和单位项目负责人签名的《房屋建设工程和市政基础设施

工程竣工验收备案表》一式四份及上述规定的材料，向备案机关备案。

(4) 备案机关在收齐、验证备案材料后15个工作日内在《房屋建设工程和市政基础设施工程竣工验收备案表》上签署备案意见（盖章），建设单位、施工单位、监督站和备案机关各持一份。

第二节　建设工程文件归档管理

一、建设工程文件归档整理规范的基本规定

建设、勘察、设计、施工、监理等单位应将工程文件的形成和积累纳入工程建设管理的各个环节和有关人员的职责范围。

建设工程归档文件是指在工程建设过程中形成的各种形式的信息记录，包括工程准备阶段文件、监理文件、施工文件、竣工图和竣工验收文件。

(1) 工程准备阶段文件是建设单位在工程开工以前，在立项、审批、征地、勘察、设计、招投标等工程准备阶段形成的文件。

(2) 监理文件是监理单位在工程设计、施工等监理过程中形成的文件。

(3) 施工文件是施工单位在工程施工过程中形成的文件。

(4) 竣工图是施工单位在工程竣工验收后，真实反映建设工程项目施工结果绘制的图样。

(5) 竣工验收文件是建设单位在建设工程项目竣工验收活动中形成的文件。

二、建设工程资料管理职责

《建设工程文件归档整理规范》(GB/T 50328) 中明确规定：建设工程技术资料管理职责包括建设单位、监理单位、施工单位、城建档案馆在内的全部工程资料的编制和管理。工程资料不仅由施工单位提供，而且参与工程建设的建设单位、承担监理任务的监理或咨询单位，都负有收集、整理、签署、核查工程资料的责任。建设、勘察、设计、施工、监理等单位应将工程文件的形成和积累纳入工程建设管理的各个环节和有关人员的职责范围。

(1) 在工程文件与档案的整理立卷、验收移交工作中，建设单位应履行下列职责：

1) 在工程招标及与勘察、设计、施工、监理等单位签订协议、合同时，应对工程文件的套数、费用、质量、移交时间等提出明确要求。

2) 收集和整理工程准备阶段、竣工验收阶段形成的文件，并应进行立卷归档。

3) 负责组织、监督和检查勘察、设计、施工、监理等单位的工程文件的形成、积累和立卷归档工作；也可委托监理单位监督、检查工程文件的形成、积累和立卷归档工作。

4) 收集和汇总勘察、设计、施工、监理等单位立卷归档的工程档案。

5) 在组织工程竣工验收前，应提请当地的城建档案管理机构对工程档案进行预验收；未取得工程档案验收认可文件，不得组织工程竣工验收。

6) 对列入城建档案馆（室）接收范围的工程，工程竣工验收后3个月内，向当地城建档案馆（室）移交一套符合规定的工程档案。

(2) 勘察、设计、施工、监理等单位应将本单位形成的工程文件立卷后向建设单位

移交。

（3）建设工程项目实行总承包的，总包单位负责收集、汇总各分包单位形成的工程档案，并应及时向建设单位移交；各分包单位遵循《建设工程文件归档整理规范》（GB/T 50328）基本规定，应将本单位形成的工程文件整理、立卷后及时移交总包单位。建设工程项目由几个单位承包的，各承包单位负责收集、整理立卷其承包项目的工程文件，并应及时向建设单位移交。

（4）城建档案管理机构应对工程文件的立卷归档工作进行监督、检查、指导。在工程竣工验收前，应对工程档案进行预验收，验收合格后，须出具工程档案认可文件。

三、建设工程文件归档

建设工程参建各方宜按《建筑工程资料管理规程》（JGJ/T 185）规定的内容将工程资料归档保存。工程资料的具体归档范围应符合规定，见表 12-2。

表 12-2　工程资料类别、来源及保存

工程资料类别	工程资料名称		工程资料来源	工程资料保存			
				施工单位	监理单位	建设单位	城建档案馆
A 类	工程准备阶段文件						
A1 类决策立项文件	A1-1	项目建议书	建设单位			●	●
	A1-2	项目建议书的审批文件	建设行政管理部门			●	●
	A1-3	可行性研究报告及附件	建设单位			●	●
	A1-4	可行性研究报告的批复文件	建设行政管理部门			●	●
	A1-5	工程立项的会议纪要及领导批示	建设单位			●	●
	A1-6	工程立项的专家建议资料	建设单位			●	●
	A1-7	工程项目评估研究资料	建设单位			●	●
	A1-8	计划任务书审批文件	建设行政管理部门			●	●
	A1-9	河北省固定资产项目备案证	建设行政管理部门			●	●
A2 类建设用地文件	A2-1	选址申请及选址规划意见通知书	建设单位规划部门			●	●
	A2-2	用地申请批准文件	土地行政管理部门			●	●
	A2-3	拆迁安置意见、协议、方案等	建设单位			●	●
	A2-4	建设用地规划许可证及其附件	规划行政管理部门			●	●
	A2-5	划拨建设用地文件	土地行政管理部门			●	●
	A2-6	国有土地使用证	土地行政管理部门			●	●

续表

工程资料类别	工程资料名称		工程资料来源	工程资料保存			
				施工单位	监理单位	建设单位	城建档案馆
A3类	勘察设计文件	岩土工程勘察报告	勘察单位	●		●	●
		水文地质勘察报告	勘察单位	●		●	●
		建设用地钉桩通知单（书）	规划行政管理部门	●	●	●	●
		地形测量和拨地测量成果报告	测绘单位			●	●
		规划设计条件通知书	规划行政管理部门			●	●
		初步设计图纸及设计说明	设计单位			●	
		技术设计图纸和说明	设计单位			●	
		审定设计方案通知书及审查意见	规划行政管理部门			●	●
		施工图联合审查意见书	行政管理部门			●	●
		施工图及设计说明	设计单位	○	○	●	
		设计计算书	设计单位			●	
		施工图设计审查、审批文件	施工图审查机构	○	○	●	●
A4类	招投标及合同文件	勘察招投标文件	建设单位 勘察单位			●	
		勘察承包合同*	建设单位 勘察单位			●	●
		设计招投标文件	建设单位 设计单位			●	
		设计承包合同*	建设单位 设计单位			●	●
		监理招投标文件	建设单位 监理单位		●	●	
		委托监理合同*	建设单位 监理单位		●	●	●
		施工招投标文件	建设单位 施工单位	●	○	●	
A4类		施工承包合同*	建设单位 施工单位	●	○	●	●
		中标通知书		●	●	●	●
A5类	开工文件	建设项目年度计划申报文件	建设单位			●	●
		建设项目年度计划批复文件或年度计划项目表	建设行政管理部门			●	●
		规划审批申请表及报送的文件和图纸	建设单位 设计单位			●	

续表

工程资料类别		工程资料名称	工程资料来源	工程资料保存			
				施工单位	监理单位	建设单位	城建档案馆
A5 类	开工文件	建设工程规划许可证及其附件	规划部门			●	●
		建设工程施工许可证	建设行政管理部门	●	○	●	●
		建筑工程施工许可申请表	建设行政管理部门			●	
		投资许可证、审查证明及交纳各种建设费用证明	建设行政管理部门			●	
A6 类	商务文件	工程投资估算资料	建设单位			●	
		工程设计概算资料	建设单位			●	
		工程施工图预算资料	建设单位			●	
B 类		监理资料					
B1 类监理管理资料	B1-1	法定代表人授权书	监理单位		●	○	●
	B1-2	监理规划	监理单位		●	●	●
	B1-3	监理实施细则	监理单位	○	●	●	●
	B1-4	监理会议纪要	监理单位	○	●	●	
	B1-5	监理日志	监理单位		●		
B1 类	监理管理资料	监理月报	监理单位		●	●	
		工作联系单	监理单位 施工单位	○	●	○	
		监理工程师通知	监理单位	○	●	○	●
		监理工程师通知回复单 *	施工单位	○	●	○	●
		工程开工报审表 * *	施工单位	●	●	●	●
		施工单位申请表（通用）	施工单位	○	○		
		专题报告（总结）	监理单位		●	●	
B2 类	质量控制资料	施工组织设计/ 专项施工方案报审表 *	施工单位	○	○	○	●
		主要施工机械设备报审表 *	施工单位	○	○		●
		施工测量成果报验单 *	施工单位	○	○		●
		工程报验单 *	施工单位	○	○		
		工程材料/构配件/设备报审表 *	施工单位	○	○		●
		检测机构资格报审表 *	施工单位	○	○	○	●
		见证取样送检见证人授权书	监理单位	○	○	○	●
		见证取样试验委托单	监理单位	○	○	○	●
		砌体/混凝土检验批验收认可通知	监理单位	○	○		
		旁站监理记录 *	监理单位		●		
		工程质量整改通知	监理单位	○	●	○	●

续表

工程资料类别	工程资料名称		工程资料来源	工程资料保存			
				施工单位	监理单位	建设单位	城建档案馆
B2 类	质量控制资料	工程质量事故报告单 *	施工单位	●	●	○	●
		工程质量事故处理方案报审表 * *	施工单位	●	●	●	●
B3 类	进度控制资料	施工进度计划（调整计划）报审表 *	施工单位	○	○	○	
B4 类	造价控制资料	工程计量报审表 *	施工单位	○	○	○	
		工程款/进度款支付申请表	施工单位	○	○	○	
		工程款/进度款支付证书	监理单位	○	○	○	
B5 类	合同管理资料	分包单位资质报审表 *	施工单位	●	●	●	●
		工程临时/最终延期申请表	施工单位	●	●	●	●
		工程临时/最终延期审批表	监理单位	●	●	●	●
		合同争议处理意见	监理单位	●	●	●	●
		合同变更资料	施工单位 建设单位	●	●	●	●
		工程暂停令	监理单位	○	●	○	●
		工程复工报审表 *	施工单位	●	●	●	●
		工程变更费用报审表 * *	施工单位	●	●	●	●
		索赔意向通知书	施工单位	○	○	○	
		费用索赔申请表	施工单位	●	●	●	
		费用索赔审批表	施工单位	●	●	●	
		工程竣工结算审核意见书	监理单位	○	○	○	●
B6 类	竣工管理资料	单位（子单位）工程竣工预验收报验表 *	施工单位	●	●	●	
		工程质量评估报告	监理单位	●	●	●	●
		监理工作总结	监理单位		●	●	●
		监理资料移交书	监理单位		●		
	B类其他资料						
C 类	施工资料						
C1 类	施工管理资料	工程概况表	施工单位	●	●	●	●
		施工现场质量管理检查记录	施工单位	○	○		
		建设工程质量事故调（勘）查记录	调查单位	●	●	●	●
		建设工程质量事故报告	调查单位	●	●	●	●
		施工日志	施工单位	●			
C2 类	施工技术资料	图纸会审记录 * *	施工单位	●	●	●	●
		施工组织设计及施工方案	施工单位	●	○		
		危险性较大分部分项工程施工方案专家论证表	施工单位	●	○		
		技术交底记录	施工单位	●			
		设计变更通知单 * *	设计单位	●	●	●	●
		工程洽商记录 * *	施工单位	●	●	●	●

续表

工程资料类别		工程资料名称	工程资料来源	工程资料保存			
				施工单位	监理单位	建设单位	城建档案馆
C3 类	工程主要物资资料	1　进场检验通用表格	施工单位	●			
		质量证明文件、检测报告汇总表					●
		出厂质量证明文件及检测报告	施工单位	●	●	●	●
		材料、构配件进场验收记录	施工单位	○	○		
		2　进场检验专用表格					
		设备开箱检验记录	施工单位	○	○		
		设备（管道附件）试压记录	施工单位	●	○	●	●
		3　进场复试报告通用表格					
		进场材料检测报告（通用）	检测单位	●	●	●	●
		4　进场复试报告					
		钢材力学性能检测报告	检测单位	●	●	●	●
		水泥检测报告	检测单位	●	●	●	●
		砂子检测报告	检测单位	●	●	●	●
		石子检测报告	检测单位	●	●	●	●
		结构密封胶检测报告	检测单位	●	●	●	●
C4 类	施工检测报告	钢材连接检测报告汇总表	施工单位	●	○		●
		钢材连接检测报告	检测单位	●	●	●	●
		高强度螺栓连接摩擦面抗滑移系数检测报告	检测单位	●	●	●	●
		焊缝射线检测报告	检测单位	●	●	●	●
		焊缝磁粉检测报告	检测单位	●	●	●	●
		焊缝超声波检测报告	检测单位	●	●	●	●
		混凝土抗压强度检测报告汇总表	施工单位	●	○		●
		混凝土强度评定表	施工单位	●	●	●	●
		混凝土配合比通知单	检测单位	●	●	●	●
		混凝土试块检测报告	检测单位	●	●	●	●
		混凝土抗渗性能检测报告	检测单位	●	●	●	●
		砂浆抗压强度检测报告汇总表	施工单位	●	○		●
		砂浆强度评定表	施工单位	●	●	●	●
		砂浆配合比通知单	检测单位	●	●	●	●
		砂浆试块检测报告	检测单位	●	●	●	●
		土壤检测报告	检测单位	●	●	●	●
		土壤击实检测报告	检测单位	●	●	●	●
		建筑外门窗检测报告	检测单位	●	●	●	●
		建筑幕墙检测报告	检测单位	●	●	●	●
		后置埋件检测报告	检测单位	●	●	●	●

续表

工程资料类别		工程资料名称	工程资料来源	工程资料保存			
				施工单位	监理单位	建设单位	城建档案馆
C4类	施工检测报告	回弹法检测混凝土强度检测报告	检测单位	●	●	●	●
		结构实体钢筋保护层厚度检测报告	检测单位	●	●	●	●
		节能、保温测试报告	检测单位	●	●	●	●
		室内环境检测报告	检测单位	●	●	●	●
		桩基及地基处理检测报告	检测单位	●	●	●	●
		沉降观测记录	检测单位	●	●	●	●
C5类	施工记录	1　通用表格					
		隐蔽工程验收记录	施工单位	●	●	●	●
		施工记录（通用）	施工单位	●			
		专项工程中间交接验收检查记录	施工单位	●	○		
		2　建筑与结构					
		工程预检记录	施工单位	●	○		
		工程定位测量记录	施工单位	●	●	●	●
		基槽及各层放线测量及复测记录	施工单位	●	●	●	●
		建筑物垂直度、标高、全高观测记录	施工单位	●	○	●	
		地基验槽记录	施工单位	●	●	●	●
		地基钎探记录	施工单位	●	○	●	●
		混凝土浇灌申请书	施工单位	●	○		
		混凝土开盘鉴定	施工单位	●	○		●
		混凝土工程施工记录	施工单位	●	○	●	●
		混凝土坍落度检查记录	施工单位	●	○		
		冬期混凝土搅拌及浇灌测温记录	施工单位	●	○		
		混凝土养护测温记录	施工单位	●	○		
		结构实体钢筋保护层厚度检测记录	施工单位	●	○	●	
		大型构件吊装记录	施工单位	●	●	●	●
		焊接材料烘焙记录	施工单位	●	○		
		大六角高强度螺栓初拧（终拧）施工检查记录	施工单位	●	●	●	●
		空间网格结构挠度值检查记录	施工单位	●	●	●	●
		现场施加预应力筋张拉记录	施工单位	●	●	●	●
		预应力灌浆记录	施工单位	●	●	●	●
		钢筋冷拉记录	施工单位	●			●
		3　桩基、基坑与地基处理					
		钢筋混凝土预制桩施工记录	施工单位	●	○		●
		钢管桩施工记录	施工单位	●	○		●
		钻孔桩钻孔施工记录	施工单位	●	○		●

续表

工程资料类别	工程资料名称		工程资料来源	工程资料保存			
				施工单位	监理单位	建设单位	城建档案馆
C5 类	施工记录	钻孔灌注桩后压浆施工记录	施工单位	●	○		●
		长螺旋钻孔泵压混凝土桩施工记录	施工单位	●	○		●
		套管成孔灌注桩施工记录	施工单位	●	○		●
		井点施工记录（通用）	施工单位	●	○		
		轻型井点降水记录	施工单位	●	○		
		喷射井点降水记录	施工单位	●	○		
		电渗井点降水记录	施工单位	●	○		
		管井井点降水记录	施工单位	●	○		
		深井井点降水记录	施工单位	●	○		
		地下连续墙挖槽施工记录	施工单位	●	○		
		地下连续墙护壁泥浆施工记录	施工单位	●	○		
		地下连续墙混凝土浇筑记录	施工单位	●	○		
		锚杆成孔记录	施工单位	●	○		
		锚杆安装记录	施工单位	●	○		
		预应力锚杆张拉与锁定施工记录	施工单位	●	○		
		注浆及护坡混凝土施工记录	施工单位	●	○		
		土钉墙土钉成孔施工记录	施工单位	●	○		
		土钉墙土钉钢筋安装记录	施工单位	●	○		
		沉井下沉施工记录	施工单位	●	○		●
		沉井、沉箱下沉完毕检查记录	施工单位	●	○		●
		试打桩记录	施工单位	●	○		
		土桩与灰土挤密桩桩孔施工记录	施工单位	●	○		●
		土桩与灰土挤密桩桩孔夯填施工记录	施工单位	●	○		●
		重锤夯实施工记录	施工单位	●	○		●
		强夯施工记录	施工单位	●	○		●
		深层搅拌桩施工记录	施工单位	●	○		●
		振冲处理施工记录	施工单位	●	○		●
		旋喷桩施工记录	施工单位	●	○		●
		高压旋喷钻孔记录	施工单位	●	○		●
		CFG 桩施工记录	施工单位	●	○		●

续表

工程资料类别	工程资料名称		工程资料来源	工程资料保存			
				施工单位	监理单位	建设单位	城建档案馆
C6类	施工试验及检查记录	1 通用表格					
		设备单机试运转记录	施工单位	●	○	●	●
		系统试运转（调试）记录	施工单位	●	○	●	●
		2 建筑与结构工程					
		淋（蓄）水试验记录	施工单位	●	○		●
		地下工程防水效果检查记录	施工单位	●	○		●
		通风（烟）道、垃圾道检查记录	施工单位	●	○		
		3 给排水及采暖工程					
		灌水（满水）试验记录	施工单位	●	○	●	●
		系统（分段）强度、严密性试验记录	施工单位	●	○	●	●
		管道通水试验记录	施工单位	●	○	●	●
		冲洗（吹扫/擦洗/脱脂）记录	施工单位	●	○	●	●
		管道通球试验记录	施工单位	○	○	●	●
		补偿器预拉伸记录	施工单位	○	○		
		室内消火栓试射记录	施工单位	●	○	●	●
		整装锅炉烘炉检查记录	施工单位	●	○		
C6类	施工试验及检查记录	锅炉煮炉检查记录	施工单位	●	○		
		整装锅炉 48 小时试运行记录	施工单位	●	○	●	
		4 建筑电气工程					
		接地电阻测试记录	施工单位	●	○	●	●
		绝缘电阻测试记录	施工单位	●	○	●	●
		避雷接地电阻测试记录	施工单位	●	○	●	●
		电气器具通电安全检查记录	施工单位	○	○	●	●
		电气设备调试记录	施工单位	●	○	●	●
		照明全负荷试验记录	施工单位	●	○	●	●
		大型灯具牢固性试验记录	施工单位	●	○	●	●
		漏电开关模拟试验记录	施工单位	●	○	●	●
		大容量电气线路结点测温记录	施工单位	●	○	●	●
		5 智能建筑工程					
		综合布线测试记录	施工单位	●	○	●	●
		光纤损耗测试记录	施工单位	●	○	●	●
		视频系统末端测试记录	施工单位	●	○	●	●
		智能建筑工程子系统检测记录	施工单位	●	○	●	●
		智能建筑系统试运行记录	施工单位	●	○	●	●
		6 通风与空调工程					

续表

工程资料类别		工程资料名称	工程资料来源	工程资料保存			
				施工单位	监理单位	建设单位	城建档案馆
C6类	施工试验及检查记录	系统无生产负荷联合试运转与调试记录	施工单位	●	○	●	●
		室内温度、湿度测试记录	施工单位	●	○	●	
		净化空调系统检测记录	施工单位	●	○	●	●
		风口（吸风罩）风量测试记录	施工单位	●	○	●	
		排烟系统联合试运转与调试记录	施工单位	●	○	●	●
		制冷系统气密性试验记录	施工单位	●	○	●	
		现场组装除尘器（空调机组）漏风检测记录	施工单位	○	○		
		风管漏风检测记录	施工单位	●	○	●	
		风管漏光检测记录	施工单位	○	○	●	
		风管强度检测记录	施工单位	○			
		通风空调设备、管道接地及防静电连接检查记录	施工单位	●	○	●	●
		灌水（满水）试验记录	施工单位	●	○	●	●
		系统（分段）强度、严密性试验记录	施工单位	●	○	●	●
		管道通水试验记录	施工单位	●	○	●	●
		冲洗（吹扫/擦洗/脱脂）记录	施工单位	●	○	●	●
		补偿器预拉伸记录	施工单位	○	○		
		7　电梯工程					
		电梯安全装置检查记录.	施工单位	●	○	●	●
		电梯负荷运行试验记录	施工单位	●	○	●	●
		电梯负荷运行试验曲线图（确定平衡系数）	施工单位	●	○	●	●
		电梯噪声测试记录	施工单位	●	○	●	●
		电梯加减速和轿厢运行的垂直、水平振动速度试验记录	施工单位	●	○	●	●
		曳引机检查与试验记录	施工单位	●	○	●	●
		限速器试验记录	施工单位	●	○	●	●
		安全钳试验记录	施工单位	●	○	●	●
		缓冲器试验记录	施工单位	●	○	●	●
		层门和开门机械试验记录	施工单位	●	○	●	●
		门锁试验记录	施工单位	●	○	●	●
		绳头组合拉力试验记录	施工单位	●	○	●	●
		选层器钢带试验记录	施工单位	●	○	●	●
		轿厢试验记录	施工单位	●	○	●	●
		控制屏试验记录	施工单位	●	○	●	●

续表

工程资料类别	工程资料名称		工程资料来源	工程资料保存			
				施工单位	监理单位	建设单位	城建档案馆
C7类	施工质量验收记录	检验批质量验收记录 *	施工单位	●	○		
		分项工程质量验收记录 *	施工单位	●	●	●	
		分部（子分部）工程质量验收记录 * *	施工单位	●	●	●	●
		专项工程竣工验收记录	施工单位	●	●	●	●
		住宅工程质量分户验收汇总表	施工单位	●	●	●	●
C8类	竣工验收记录						
		单位（子单位）工程质量竣工验收记录 * *	施工单位	●	●	●	●
		单位（子单位）工程质量控制资料核查记录 *	施工单位	●	●	●	●
		单位（子单位）工程安全和功能检验资料核查及主要功能抽查记录 *	施工单位	●	●	●	●
		单位（子单位）工程观感质量检查记录 *	施工单位	●	●	●	●
	C类其他资料						
D类	竣工图						
D类	竣工图	1 建筑与结构竣工图					
		建筑竣工图	编制单位	●		●	●
		结构竣工图	编制单位	●		●	●
		钢结构竣工图	编制单位	●		●	●
		2 建筑装饰与装修竣工图					
		幕墙竣工图	编制单位	●		●	●
		室内装饰竣工图	编制单位	●		●	
		3 建筑给水、排水与采暖竣工图	编制单位	●		●	●
		4 建筑电气竣工图	编制单位	●		●	●
		5 智能建筑竣工图	编制单位	●		●	●
D类	竣工图	6 通风与空调竣工图	编制单位	●		●	●
		7 室外工程竣工图	编制单位				
		室外给水、排水、供热、煤气、供电、照明管线等竣工图	编制单位	●		●	●
		室外道路、园林绿化、花坛、喷泉等竣工图	编制单位	●		●	●
E类	工程竣工文件						
E1类	竣工验收文件	勘察单位工程质量检查报告	勘察单位	○	○	●	●
		设计单位工程质量检查报告	设计单位	○	○	●	●
		施工图审查机构工程质量检查报告	施工图审查部门	○	○	●	●
		监理单位工程评估报告	监理单位	○	●	●	●

续表

工程资料类别		工程资料名称	工程资料来源	工程资料保存			
				施工单位	监理单位	建设单位	城建档案馆
E1类	竣工验收文件	建筑节能验收报告	政府主管部门	○	○	●	●
		建设工程质量监督报告	政府主管部门	○	○	●	●
		规划部门出具的工程规划验收认可文件	政府主管部门	○	○	●	●
		公安消防部门出具的《建设工程消防验收意见书》	政府主管部门	○	○	●	●
		环保等部门出具的建设工程环保验收认可文件	政府主管部门	○	○	●	●
		其他专项验收认可文件	政府主管部门	○	○	●	●
		建设工程竣工报告	施工单位	●	●	●	●
		建设工程竣工验收报告	建设单位	●	●	●	●
		房屋建筑工程质量保修书	施工单位	●	●	●	●
		住宅质量保证书、住宅使用说明书	建设单位			●	●
		建设工程竣工验收备案表及备案证明书	建设单位			●	●
		建设工程档案验收认可书	城建档案管理部门			●	●
E2类	竣工交档文件	施工资料移交书＊	施工单位	●		●	
		监理资料移交书＊	监理单位		●	●	
		城市建设档案移交责任书	建设单位			●	●
E3类	竣工总结文件	工程竣工总结	建设单位			●	●
		竣工照片、录音、录像资料	建设单位	●		●	●
E4类	竣工决算文件	施工结算资料＊	施工单位	○	○	●	●
		监理费用决算资料＊	监理单位		○	●	●
		E类其他资料					

注：1. 表中工程资料名称与资料保存单位所对应的栏中“●”表示“归档保存”；“○”表示“过程保存”是否归档保存可自行确定。
2. 表中注明“＊”的表，宜由施工单位和监理或建设单位共同形成；表中注明“＊＊”的表，宜由建设、设计、监理、施工等多方共同形成。
3. 勘察单位保存资料内容应包括工程地质勘察报告、勘察招投标文件、勘察合同、勘察单位工程质量检查报告以及勘察单位签署的有关质量验收记录等。

移交城建档案的工程资料分为工程准备阶段文件、监理文件、施工文件、竣工图和工程竣工文件五类，在项目实施过程中归档文件分别由建设单位、监理单位、施工单位负责收集管理。项目竣工后勘察、设计、施工、监理等单位应将本单位形成的工程文件立卷后向建设单位移交（建设单位可委托相关单位实施），最终建设单位向城建档案馆移交。

四、建设工程资料归档的质量要求

（1）根据《建设工程文件归档整理规范》（CB/T 50328）的规定，建设工程资料在归档时应满足以下质量要求：

1）归档的工程文件应为原件。

2）工程文件的内容及其深度必须符合国家有关工程勘察、设计、施工、监理等方面的技术规范、标准和规程。

3）工程文件的内容必须真实、准确，与工程实际相符合。

4）工程文件应采用耐久性强的书写材料，如碳素墨水、蓝黑墨水，不得使用易褪色的书写材料，如：红色墨水、纯蓝墨水、圆珠笔、复写纸、铅笔等。

5）工程文件应字迹清楚，图样清晰，图表整洁，签字盖章手续完备。

6）工程文件中文字材料幅面尺寸规格宜为 A4 幅面（297mm×210mm）。图纸宜采用国家标准图幅。

7）工程文件的纸张应采用能够长期保存的韧力大、耐久性强的纸张。图纸一般采用蓝晒图，竣工图应是新蓝图。计算机出图必须清晰，不得使用计算机出图的复印件。

8）所有竣工图均应加盖竣工图章。竣工图章的基本内容应包括“竣工图”字样、

施工单位、编制人、审核人、技术负责人、编制日期、监理单位、现场监理、总监。竣工图章尺寸为：50mm×80mm。其中竣工图一栏 15mm×80mm，其余行间距均为 7mm，每列间距均为 20mm。竣工图章应使用不易褪色的红印泥，应盖在图标栏上方空白处。竣工图章示例如图 12-1 所示。

竣工图			
施工单位			
编制人		审核人	
技术负责人		编制日期	
监理单位			
总 监		现场监理	

图 12-1　竣工图章式样

（2）利用施工图改绘竣工图，必须标明变更修改依据；凡施工图结构、工艺、平面布置等有重大改变，或变更部分超过图面 1/3 的，应当重新绘制竣工图。不同幅面的工程图纸应按《技术制图复制图的折叠方法》（GB/T 10609.3）统一折叠成 A4 幅面（297mm×210mm），图标栏露在外面。

五、建设工程资料的归档规定

（一）归档资料应符合的规定

归档文件必须完整、准确、系统，能够反映工程建设活动的全过程。文件材料归档范围应符合《建设工程文件归档整理规范》（GB/T 50328）的规定。文件材料的质量应符合建设工程资料归档的质量要求。归档的文件必须经过分类整理，并应组成符合要求的案卷。

（二）归档时间应符合的规定

根据建设程序和工程特点，归档可以分阶段分期进行，也可以在单位或分部工程通过竣工验收后进行。勘察、设计单位应当在任务完成时，施工、监理单位应当在工程竣工验收前，将各自形成的有关工程档案向建设单位归档。

（三）归档顺序应符合的规定

勘察、设计、施工单位在收齐工程文件并整理立卷后，建设单位、监理单位应根据城建档案管理机构的要求对档案文件完整、准确、系统情况和案卷质量进行审查。审查合格后向建设单位移交。勘察、设计、施工、监理等单位向建设单位移交档案时，应编制移交清单，双方签字、盖章后方可交接。

（四）归档数量应符合的规定

工程档案一般不少于两套，一套由建设单位保管，一套（原件）移交当地城建档案馆（室）。凡设计、施工及监理单位需要向本单位归档的文件，应按国家有关规定和《建设工程文件归档整理规范》的要求单独立卷归档。

六、建设工程档案的验收与移交

建设工程档案的验收与移交由四部分组成：工程开工和施工阶段资料的移交；竣工阶段工程资料的移交；工程资料向城建档案馆（室）的移交；停建、缓建、改建、扩建和维修工程的建设工程档案的移交。

（一）工程开工和施工阶段资料的移交

建设单位在委托工程勘察和设计时，应向勘察、设计单位提供工程建设项目的相关批准文件，勘察、设计单位可以在查验批准文件的原件后留存影（复）印件；建设单位应向施工单位提供建设市场管理的相关工程批准文件和工程建设相关资料。工程前期移交的资料主要包括：

（1）工程地质勘察报告；

（2）地下设施分布图及有关情况的说明；

（3）工程建设项目批准文件；

（4）工程建设规划批准文件；

（5）建设用地、征地和施工临时用地批准文件；

（6）建设临时用水、用电和道路通行许可文件；

（7）建设工程质量安全监督注册登记文件；

（8）建设工程施工许可证；

（9）其他施工所需文件。

施工过程中形成的工程资料，应由各参建单位依据《建设工程文件归档整理规范》（GB/T 50328）规定的收集保存单位收集并保存，须相关方签证或签署意见的应及时签证完毕，及时移交并做好移交记录。

（二）竣工阶段工程资料的移交

（1）完成工程项目按照工程设计和合同约定的全部内容，经工程竣工验收合格后，勘察、设计、施工、监理单位分别将工程施工资料根据《建设工程资料管理规程》的规定整理后向建设单位移交。

(2) 建筑工程施工总承包单位负责施工资料的收集整理，分包单位负责本单位分包工程资料的收集整理，向施工总承包单位（或发包方）移交。

(3) 工程建设参建各方应对提交资料负责，保证资料的完整性、真实性和有效性，资料移交前应经本单位资料管理负责人审核，编制资料移交目录清单，经交接双方在资料移交清单上签字后各保存一份（作为原始凭证为今后质量纠纷、法律诉讼、经济赔偿提供依据）。

（三）工程资料向城建档案馆的移交

(1) 列入城建档案馆（室）档案接收范围的工程，建设单位在组织工程竣工验收前，应提请城建档案管理机构对工程档案进行预验收。建设单位未取得城建档案管理机构出具的认可文件，不得组织工程竣工验收。

(2) 城建档案管理机构在进行工程档案预验收时，应重点验收以下内容：工程档案齐全、系统、完整；工程档案的内容真实、准确地反映工程建设活动和工程实际状况；工程档案已整理立卷，立卷符合《建设工程文件归档整理规范》的规定；竣工图绘制方法、图式及规格等符合专业技术要求，图面整洁，盖有竣工图章；文件的形成、来源符合实际，要求单位或个人签章的文件，其签章手续完备；文件材质、幅面、书写、绘图、用墨等符合要求。

(3) 列入城建档案馆（室）接收范围的工程，建设单位在工程竣工验收后3个月内，必须向城建档案馆（室）移交一套符合规定的工程档案。

(4) 停建、缓建建设工程的档案，暂由建设单位保管。

(5) 对改建、扩建和维修工程，建设单位应当组织设计、施工单位据实修改、补充和完善原工程档案。对改变的部位，应当重新编制工程档案，并在工程竣工验收后3个月内向城建档案馆（室）移交。

(6) 建设单位向城建档案馆（室）移交工程档案时，应办理移交手续，填写移交目录，双方签字、盖章后交接。

第十三章　建筑业统计基本知识

第一节　建筑业统计基本知识

建筑业统计的对象是建筑业生产经营活动的数量表现。它通过搜集、整理和分析建筑业大量经济信息，全面地反映建筑业整个行业的生产经营活动的条件、过程及成果，建筑业企业从事的其他业务活动的状况和成果，以及整个企业的生产经营成果、人力、物力的投入和财务状况。建筑业整个行业的生产经营活动包括：

（1）各种房屋、建筑物和构筑物的建造；

（2）各种线路、管道和机械设备的安装；

（3）原有房屋、建筑物和构筑物的修理；

（4）部分非标准设备的制造；

（5）原有房屋、建筑物和构筑物的装饰装修等。

建筑业统计的任务是结合采用多种统计调查方法，准确、及时、全面地搜集反映建筑生产经营活动的统计资料，科学地整理和分析这些资料，并提出切合实际的建议和有根据的预测，为各级政府和主管部门进行宏观决策和管理、编制和检查计划提供依据。同时，建筑业统计搜集整理的一整套反映建筑业企业生产经营全过程及产供销、人财物各方面的资料，也能为企业领导进行微观决策和管理提供依据。

建筑业统计的调查单位是统计调查内容的承担者，也是构成调查总体的基本单位。建筑业统计的调查单位是独立核算的法人建筑业企业。

建筑业统计的范围是根据调查的目的和任务，结合考虑需要而确定的统计调查所必须包括的单位。现行国家统计报表制度规定的建筑业的统计范围是：全社会国有经济、城镇集体和私营经济、联营经济、股份制经济、外商和港澳台投产投资经济以及其他经济类型的独立核算的具有资质等级的法人建筑业企业。

第二节　施工现场统计工作内容

统计工作的主要目的：一是为工程项目决策和检查执行情况提供依据；二是为编制工程施工计划和检查施工进度完成情况提供依据；三是对工程动态提供分析依据。统计工作的特点是通过搜集、汇总、计算统计数据来反映事物的面貌与发展规律。数量性是统计信息的基本特点，即通过数字揭示事物在特定时间、特定方面的数量特征，帮助我们对事物进行定量乃至定性分析，从而作出正确的决策。因此，统计是企业管理的一项基础工作，也是工程管理的重要手段，而统计基础工作的规范化管理是统计数据质量保证的基本要求。

（一）统计基础工作的规范化管理

统计基础工作规范化管理的基本特点为原始记录、统计台账和报表的形成必须有严格的工作程序；企业内部业务部门的统计核算与综合统计机构必须有资料供应和反馈关系。

（1）原始记录是基层单位利用一定的表格或文字形式对建筑业生产经营活动所做的直接登记和最初记载，是指未经过加工整理的各种表格、卡片、账册单等第一手材料，其内容反映了施工管理经营和工程技术管理方面的实际情况。因此填写时应按规定要求内容如实填写，数据真实可靠，各类人员签字齐全，使其具有可追溯性。

（2）统计台账是基层单位根据经营管理和核算工作的需要，用一定的表现形式将原始记录资料按时间顺序进行登记，系统地积累资料，并定期进行总结的账册。其作用一是能使建筑业基层单位的统计资料系统化、条理化、档案化；二是能清楚地反映工程项目的施工进度，有利于领导研究施工趋势和规律，以便随时进行指挥调度；三是有利于检查建筑施工企业各类计划指标的完成情况。

（3）统计报表是收集统计资料、进行统计调查的一种形式。即由基层企业通过表格的形式，按照统一规定的指标和内容、上报时间和程序，定期地向上级报告计划执行情况和重要经济活动情况特定的统计报告制度。

（二）施工现场统计工作内容

（1）搜集、整理、汇总各类上报公司统计报表；

（2）搜集、整理、汇总各类上报公司统计台账；

（3）搜集、整理、汇总项目内部管理统计表；

（4）搜集、整理、汇总上报甲方各类统计报表；

（5）搜集、整理、汇总上报监理各类统计报表；

（6）搜集、整理、汇总回访维修统计报表；

（7）搜集、整理、汇总上报公司各类计划报表；

（8）搜集、整理、汇总上报甲方各类计划报表。

（三）施工现场统计工作各类报表

（1）项目部向公司上报各类统计报表

1）施工生产任务预计完成情况月报；

2）房屋建筑工程产值形象部位完成情况月报；

3）施工产值按结构类型分列季报；

4）房屋建筑竣工工程工期情况季报；

5）项目分管内完成实际工程量季报；

6）单位工程施工完成情况季报；

7）项目施工情况文字分析；

8）项目人工费价格明细表；

9）项目采购材料费价格明细表；

10）项目机械费价格明细表。

（2）项目部向公司上报各类统计台账

1）单位工程登记台账；

2）单位工程预算收入台账；

3）单位工程工程量登记台账；

4）单位工程工期记录台账；

5）单位工程各项费用登记台账；

6）单位工程机械使用登记台账。

（3）项目部内部管理统计表

1）单位工程回款情况及项目部资金使用情况；

2）单位工程甲方、监理审核工程款回收情况；

3）单位工程截止____月土建报量情况；

4）单位工程截止____月安装报量情况；

5）单位工程截止____月分包单位报量情况。

（4）上报甲方各类统计报表。

1）____月工程完成情况统计表；

2）____年度资金使用计划；

3）____月度资金使用计划；

4）____月形象进度核验表；

5）____月工程施工产值确认单；

6）____月度工程在施部位情况汇报。

（5）上报监理及甲方各类统计报表

1）____月工程款支付申请表

2）____月工、料、机动态表；

3）____月工程进度款报审表；

4）施工进度计划报审表；

5）工程开工报审表；

6）本月实际完成情况与进度计划比较表；

7）安全防护、文明施工措施费用支付申请表；

8）____月形象进度核查表。

（6）项目部回访维修统计报表

1）单位工程维修记录；

2）顾客档案（接收单位）；

3）顾客满意住房评价调查表；

4）顾客投诉台账；

5）单位工程回访记录；

6）单位工程维修通知书；

7）项目部回访维修（月、季）年报；

8）年度回访维修计划。

（7）项目部向公司上报各类计划报表

1）____月度建筑安装工程施工生产计划；

2）____季度建筑安装工程施工生产计划；

3）年度建筑安装工程施工生产计划。

（8）项目部向甲方上报各类计划报表

1）____月度在施工程进度计划；

2）____季度在施工程进度计划；

3）年度施工生产进度计划。

第十四章　施工资料管理

第一节　建筑工程技术资料管理

一、工程资料的基本要求和归档立卷原则

建筑工程技术资料是真实、全面地反映建筑工程质量状况和建造过程，具有永久和长期保存价值的工程技术和管理文件；是建筑工程进行施工质量验收和竣工核查的必备条件，也是对建筑工程进行检查、维修、管理、使用、改造的重要依据。工程实施过程中应及时地收集、填写、整理工程技术资料，并要确实保证工程资料的真实性、完整性、有效性和系统性。施工资料由施工单位在工程施工过程中形成并收集汇整的文件或资料的统称。

（一）工程资料的基本要求

(1) 工程资料应真实反映工程建设过程及实体质量的实际情况，并与工程进度同步形成；工程资料的收集、整理设专人负责，并应按立卷要求归类。

(2) 工程资料实行分级管理各负其责的管理原则，管理制度健全、岗位明确、责任落实到管理的各个环节和各级相关人员，并保证工程资料的可追溯性。

(3) 工程资料的内容及深度必须符合相应的技术规范、标准和规程，工程资料形成单位对其真实性、完整性、有效性负责。

(4) 工程资料填写、编制、审核、审批、签认应规范、及时（工程建设各方及时对工程资料进行签字、确认，才能保证工程资料与工程进度同步形成），且文字、图样、图表清晰，项目齐全、准确、真实，结论明确，相关人员及单位的签字盖章齐全，并符合要求。

(5) 工程资料严禁故意抽撤或伪造，也不得随意修改。当需要修改时，应实行划改，并由划改人签名。禁止使用粘贴、涂抹或用涂改液覆盖等方式修改。

(6) 工程资料应使用原件。当使用复印件时，应加盖资料提供单位的公章、经办人签字（姓名全称）及日期，对其真实性负责。

(7) 工程资料用表应采用河北省《建筑工程技术资料管理规程》规定的统一表式，工程资料中文本应以打印为主；纸质载体幅面为A4，用纸应韧力大，耐久性强。若手工书写必须用蓝黑或碳素墨水，并按规定编号。

(8) 工程资料中图纸一般采用蓝晒图，竣工图应是新蓝图。计算机出图必须清晰，不得使用计算机出图的复印件。图纸宜采用国家标准图幅。

(9) 所有竣工图均应加盖竣工图章。竣工图章应使用不易褪色的红印泥，应盖在图标栏上方空白处。

(10) 利用施工图改绘竣工图，必须标明变更修改依据；凡施工图结构、工艺、平面布置等有重大改变，或变更部分超过图面1/3的，应当重新绘制竣工图。

(11) 不同幅面的工程图纸应按《技术制图　复制图的折叠方法》GB/T 10609.3统一折

叠成 A4 幅面，图标栏露在外面。

（二）工程资料归档的立卷原则

（1）立卷应遵循工程文件的自然形成规律，保持卷内文件的有机联系，便于档案的保管和利用。

（2）案卷不宜过厚，一般不超过 40mm；案卷内不应有重份文件；不同载体的文件一般应分别组卷。

（3）施工资料应按单位工程组卷，并符合下列规定：

1）专业承包工程形成的施工资料有专业承包单位负责，并应单独组卷；

2）电梯应按不同型号每台电梯单独组卷；

3）室外工程应按室外建筑环境、室外安装工程单独组卷；

4）当施工资料中部分内容不能按一个单位工程分类组卷时，可按建设项目组卷；

5）施工资料目录应与其对应工程资料一同组卷。

（4）竣工图按专业分类组卷。

（5）其他可按现行国家标准《建设工程文件归档整理规范》GB/T 50328 相关规定执行。

二、图纸会审、设计变更、洽商记录的归档整理及有关要求

根据《建筑工程施工质量验收统一标准》GB 50300 中工程质量控制资料核查记录的格式规定，图纸会审、设计变更、工程洽商记录是按建筑与结构、给排水与采暖、通风与空调、建筑电气、建筑智能、建筑节能、电梯分专业进行归档整理，而《建设工程文件归档整理规范》GB/T 50328 的立卷原则要求“案卷内不应有重份文件”。为此，图纸会审、设计变更、工程洽商记录的归档整理应符合以下要求：

（1）分专业办理，一份工程变更单只应含一个专业；

（2）内容翔实、明确，如有文字无法叙述清楚时应附图说明；

（3）应注明修改施工图纸的“图号”。

三、施工测量资料的内容及填写要求

施工测量资料是在施工过程中形成的确保建筑物位置、尺寸、标高和变形量等满足设计要求和规范规定的各种测量成果记录的统称。其主要内容有：工程定位测量及复测记录，基槽及各层放线测量及复测记录，建筑物垂直度、标高、全高测量记录，建筑物沉降观测记录等。工程定位测量及复测记录、基槽及各层放线测量及复测记录属于质量控制资料，建筑物垂直度、标高、全高测量记录和建筑物沉降观测记录属于工程安全与功能检验（抽查）资料。

工程开工前，建设单位应在工程范围内（或附近）提供工程测量基准点（包括位置、平面坐标及高程），在监理的见证下进行现场交底，并记录；施工单位工程施工测量方案、施工测量（复测）人员资格及测量设备应报经监理单位审查确认，施工平面控制网、高程控制网和临时水准点的测量成果及控制桩的保护措施应经监理单位核查认可。

工程定位测量是指根据工程测量定位基准点和工程总平面图（或具有相应测绘资质等级部门出具的测绘成果、单位工程楼座桩及场地控制网、建筑物控制网）对建筑物、构筑物的平面位置、主控轴线及建筑物±0.000 标高（注明是绝对高程，还是相对高程）进行的测定，

填写工程定位测量及复测记录；工程总图范围内每一建筑物、构筑物均应有相应的工程定位测量及复测记录，以保证建筑物、构筑物的位置、标高正确。

基槽及各层放线测量是指建筑工程根据单体工程控制桩和施工图设计给定的位置、轴线、标高进行的测定，填写基槽及各层放线测量及复测记录，以保证建筑物的各轴线、标高的正确。

在结构工程完成后和工程竣工时，对建筑物外轮廓的垂直度、标高、全高进行实测，填写建筑物垂直度、标高、全高测量记录；设计和规范有要求或施工需进行变形观测的工程，应有施工过程中及竣工后的建筑物沉降观测记录，记录的内容包括：建筑物沉降观测点布置图、变形量、时间荷载关系曲线图并形成报告。

施工测量记录应填写工程名称的全称及测量部位（基槽、楼层及施工段）、测量依据（基准点或控制桩的坐标与高程）、使用测量设备（仪器）的名称和编号、测量定位（确定）方法及说明、施测成果及示意图、复测结果和复测意见等。

四、原材料、构件、设备进场验收资料

原材料、构件、设备进场应及时进行进场验收，在施工单位自检合格的基础上报经监理查验签字同意使用后方可在工程中使用。

进场验收是指对进入施工现场的原材料、构件、设备进行外观质量检查和规格、型号、技术参数及质量证明文件核查并形成相应验收记录的活动。

质量证明文件指随同进场原材料、构件、设备一同提供的能够证明其质量状况的文件。产品质量合格证、型式检验报告、性能检测报告、生产许可证、商检证明、中国强制认证（CCC）证书、计量设备检定证书等均属质量证明文件。涉及消防、电力、卫生、环保等有关物资，须经行政管理部门认可的，应有相应的认可文件。进口材料和设备应有中文安装使用说明书及性能检测报告。国家规定须经强制认证的产品应有认证标志（CCC），生产厂家应提供认证证书复印件，认证证书应在有效期内。

核查通常指对技术资料的检查及资料与实物的核对，包括对技术资料的完整性、技术内容的正确性、与其他相关资料的一致性及整理归档情况的检查，以及将技术资料与相应的材料、构件、设备或产品实物进行核对、确认。

施工物资资料的编制、收集、整理应符合下列要求：

（一）质量证明文件

质量证明文件一般应有原件，应标明施工物质的名称、规格型号、生产单位，并加盖质检专用章和检验员印戳；对于钢材，如无出厂合格证原件，有抄件和原件复印件亦可。抄件须抄写原材质单的全部内容（含原材质单号），抄件和原件复印件上要注明原件存放单位、本抄件或复印件代表的数量，抄件人和抄件、复印件单位签名并盖公章。原材料、构件、设备的质量证明文件必须标注所代表的数量，对于质量证明文件所代表工程材料数量的标注有三种方式，一是用提货单（或发票）随同质量证明文件来标明材料的数量；其二是对抄件的质量证明文件（如钢材）在其右上角规定位置标注数量；其三是施工单位在质量证明书备注栏标注提货数量和日期。

（二）合格证、试验报告汇总表

合格证、试验报告汇总表是用于工程的原材料、构件、设备的合格证、试验报告及品种、

规格、数量等进行分类整理汇总用表，在同类合格证、试验报告的排列顺序应分部位按进场时间的顺序填写。

（三）进场验收记录

进场验收记录是原材料、构件、设备进场时对其出厂质量证明文件及其技术资料的完整性，规格、型号、技术参数与设计要求的符合性，质量证明文件及其技术资料、规格、型号、技术参数、进场数量与进场实物的一致性，外观质量检查、复试报告核查等进行检查评定的记录。各检查项目应简明扼要填写，相关质量证明文件附在其后；在同一进场验收记录内填写同时进场的多个不同规格、型号的原材料、构件、设备时，其相关质量证明文件应与场验收记录填写顺序相同的次序附在其后。

（四）设备开箱检验记录

主要设备开箱检验记录是工程主要设备进场后，按购货合同规定进行检验的记录；参加单位应有购货合同签订双方（购、供货单位）、安装单位、监理单位等；检验的主要内容包括：

(1) 按照设备清单、施工图纸及设备技术资料，核对设备主体及附件、备件的品种、规格、型号是否符合设计要求；附件、备件、标识和质量证明文件、相关技术文件资料、说明书是否齐全；

(2) 设备包装、主体的外观检查应无损伤及变形，油漆完整无损；设备可见器件应齐全、无损伤、裂纹等缺陷；按照相关标准和采购合同要求对所有设备的产地、规格、型号、数量、附件等项目进行检测，符合要求方可接收。

(3) 水泵、锅炉、热交换器、罐类等设备上应有金属材料印制的铭牌，铭牌的标注内容应准确，字迹应清晰。

(4) 对有异议的设备应由相应资质等级的检测机构进行抽样检测，并出具检测报告。当有下列情形之一可认为有异议：

1) 近期该产品因质量低劣而被曝光的；

2) 经了解在其他工程使用中发生过质量问题的；

3) 进场后经观察与同类产品有明显差异，有可能不符合有关标准的。

(5) 对开箱检验所查出存在的问题及处理意见，由购货方督促供货方解决并记录。

(6) 设备开箱时应具备的质量证明文件、相关技术要求如下：

1) 各类设备均应有产品质量合格证，其生产日期、规格型号、生产厂家等内容应与实际进场的设备相符。

2) 对于国家及地方所规定的特定设备，应有相应资质等级检测单位的检测报告，如锅炉（压力容器）的焊缝无损伤检验报告、卫生器具的环保检测报告、水表和热量表的计量检测证书等。

3) 主要设备、器具应有安装使用说明书。

4) 成品补偿器应有预拉伸证明书。

5) 进口设备应有商检证明［国家认证委员会公布的强制性认证（CCC认证）产品除外］和中文版的质量证明文件、性能检测报告以及中文版的安装、使用、维修和试验要求等技术文件。

（五）进场复试报告及现场检验（试验）记录

进场复验（或现场检验试验）是指对进入施工现场的原材料、构件、设备的质量证明文件、规格、型号、外观质量、数量等进行检查验收合格的基础上，依据相关规定在施工现场抽样送至试验室（或在施工现场）进行部分或全部性能参数的检验活动。见证取样送检是指施工单位在监理单位的见证下，按照有关规定从施工现场抽取试样，送至有见证检测资质的检测机构进行试验检测的活动。

现场检验（试验）记录是施工单位相关人员在监理的见证下在施工现场进行检验试验活动的记录，进场材料的现场检验（试验）项目、抽检数量及检验（试验）方法、性能要求等应符合现行有关标准、规范、规程的要求。

五、施工试验资料

施工试验资料是指按照设计要求及现行标准、规范、规程规定，在施工过程中为确定施工工艺参数或验证工程实体质量特性所进行的各种试验（检测、测试）资料的统称。施工试验资料应记录试验依据及方法（过程）、原始数据和计算结果、试验结论等。

建筑与结构的主要试验（检测、测试）内容有：土工质量特性、地基（基桩）性能、钢材连接性能、埋件（植筋）承载力、混凝土（砂浆）性能及施工工艺参数、外墙饰面砖（板）粘结性能、焊缝质量检测、屋面（楼地面）防水性能试验报告等。如：土方回填工程应有土工击实试验和分层（步）回填质量的检测报告；基坑支护工程的锚杆、土钉的抗拔力试验报告；桩基及地基处理的桩基承载力和桩身完整性检测报告，地基承载力检测报告；钢筋连接（钢筋焊接、机械连接）的工艺检验和接头抽样检验报告；混凝土和砌筑砂浆的配合比通知单，标养试块、同条件试块的强度检验报告及单位工程统计评定记录；承重结构后置件（化学植筋、膨胀螺栓等）的承载力拉拔试验报告；钢材一、二级焊缝的超声波或射线探伤检验报告；钢网架结构球节点承载力试验报告；钢结构工程防腐、防火涂料的涂层厚度检测报告；建筑外门窗、幕墙的气密性能、水密性能、抗风压性能、保温性能、隔声性能等安全与功能检测报告；钢筋混凝土结构工程的实体混凝土强度和钢筋保护层厚度检测报告；建筑物外墙采用饰面砖的粘结强度检验报告；节能工程外墙保温板材与基层的现场粘结强度检测报告；外墙保温浆料的同条件养护试件导热系数、干密度和压缩强度的检测报告；建筑节能围护结构的现场实体检验报告；室内环境检测报告；屋面或有防水要求的楼地面的淋（蓄）水试验记录；通风（烟）道测试记录。

设备安装的主要试验（检测、测试）内容有：水暖管道及系统质量检测、系统运转测试等试验报告或测试记录。承压管道、设备及系统的强度、严密性试验记录；非承压管道、设备、卫生洁具的灌（满）水试验记录；管道补偿器的预拉伸记录；给水（热水、采暖、消防等）系统、空调水系统等管道冲洗（吹洗）试验记录；给排水系统、游泳池水系统的通水试验记录；排水水平干管、主立管的通球试验记录；室内消火栓的试射记录；风管加工制作的风管强度检测记录；风管系统及现场组装设备的漏风（或漏光）测试记录；通风与空调工程管网的风量平衡记录、空调系统试运转的调试记录、空调水系统试运转的调试记录及各房间室内风量温度的测量记录；各种设备的单机试运转记录和采暖、消防、通风空调系统的试运转及调试记录；净化空调系统的净化空调系统测试记录；防排烟系统联合试运行和调试应有防排烟系统联合试运行记录。

建筑电气及智能建筑的主要试验（检测、测试）内容有：建筑工程中的主要设备、系统的防雷接地、保护接地、工作接地、防静电接地以及设计对接地电阻有要求的接地电阻测试记录；主要电气设备和动力、照明线路等绝缘电阻的测试记录；大型灯具的牢固性试验记录；漏电开关的模拟试验记录；大容量电气线路的熔点测温记录；电气器具的通电检查记录和电气设备的空载试运行记录；建筑物照明的通电试运行记录；低压配电电源质量进行检测；智能建筑各系统的检测记录及试运行报告；电梯工程的调试、试验记录等。

施工试验资料（施工试验报告、施工试验记录）的实施要点，为确定施工工艺参数的施工试验应在相应工程施工前实施，验证工程实体质量特性施工试验应在相应工程施工完成后质量验收前实施，其他与原材料、构件、设备进场验收资料中进场复试报告及现场检验（试验）记录的实施要点相同。

六、施工记录

施工记录是加强工程质量和安全工程控制，在施工过程中需记录实施过程及相关检查（主要是施工单位内部检查）资料的统称。其主要内容有：工程预检（技术复核）记录，桩基、基坑和地基处理的各种施工及检查记录，混凝土施工、养护的施工及检查记录，大型构件吊装记录，焊接材料烘焙记录，大六角高强螺栓初拧（终拧）施工检查记录，空间网格结构挠度值检查记录，现场施加预应力筋张拉记录，预应力灌浆记录，钢筋冷拉记录，以及交接检查记录、地基验槽记录，地下工程防水效果检查记录，通风道（烟道、垃圾道）检查记录等。其中：工程预检记录（亦称技术复核）是在施工前对某些重要分项准备工作或前道工序进行的预先检查。预检的主要项目：建（构）筑物位置线，现场标准水准点，基础尺寸线（包括基础轴线、断面尺寸、标高），桩基定位的控制点，模板、墙体包括墙体轴线、门窗洞口的位置，预制构件吊装的定位，设备基础的位置、标高、几何尺寸、预留孔洞、预埋件等，主要管道、沟的标高和坡度。桩基、基坑和地基处理的各种施工及检查记录主要包括：预制桩、钢管桩、钻孔桩、沉井沉箱的试打、施工及检查记录，各种井点降水施工记录，地下连续墙施工记录，锚杆、土钉及护壁的施工及检查记录，地基钎探记录，重夯、强夯、土桩（灰土桩、挤密桩）、深层搅拌桩、GFG 桩、旋喷桩及其他地基处理方式的施工及检查记录。混凝土施工、养护的施工及检查记录主要包括：混凝土浇筑申请、开盘鉴定、坍落度检查、混凝土施工、养护及测温记录等。

工程中间交接检查记录指由施工的承接方与完成方经双方检查并对交接内容做出确认活动的记录；同一单位（子单位）工程中不同专业施工单位之间应进行工程交接检查并填写交接检查记录，移交单位、接收单位在监理的见证下共同对移交工程按照施工图、合同和相应专业施工质量验收规范规定共同对交接的工程进行检查验收，对工程交接的内容（质量要求、工程实体及相关资料的情况）、存在问题、问题处理、成品保护及其他事项等进行记录，并签署移交意见，各方签字盖章。如：电梯井道、设备基础、专业分包工程作业条件等。

施工记录的项目种类应符合现行施工质量验收规范的要求，凡现行施工质量验收规范检查中要求“查施工记录”或施工需要对施工过程进行记录的均应有施工记录，资料管理规程有专用记录表格的使用专用记录表格，没有专用记录表格的可使用施工检查通用记录表。记录内容应符合规范要求。

七、隐蔽工程验收记录

隐蔽工程验收记录是指下道工序所遮盖的重要部位或项目，在隐蔽前必须按照质量验收规范进行隐蔽检查验收的记录。本工序操作完毕，将被下道工序所掩盖、包裹而无从检查的分项工程均需进行隐蔽验收，涉及结构安全的重要部位应留置隐蔽前的影像资料。现行施工质量验收规范对隐蔽工程验收项目可归纳为下列三种情形：

(1) 本工序施工完毕未构成验收检验批，被下道工序掩盖、包裹后无法检查本工序施工质量状况。该情形在现行施工质量验收规范中一般为下列四种方式之一提出：

1) 在“基本规定”中提出对工程项目的隐蔽验收要求。

如：《建筑电气工程施工质量验收规范》GB 50303—2015 3.3.11 条第 5 款规定“被隐蔽的接线盒和导管在隐蔽前检查合格，才能隐蔽。”《建筑给水排水及采暖工程施工质量验收规范》GB 50242 3.3.2 条规定“隐蔽工程应在隐蔽前经验收各方检查合格后，才能隐蔽，并形成记录。”这就要求《建筑电气工程施工质量验收规范》GB 50303 所有未构成检验批的隐蔽工程项目隐蔽前均应进行隐蔽工程验收。

2) 在“一般规定”中提出对工程项目的隐蔽验收要求。

如：《建筑装饰装修工程施工质量验收规范》GB 50210 的 4.1.4 条规定了抹灰总厚度大于或等于 35mm 时的加强措施和不同材料基体交接处的加强措施应进行隐蔽验收；5.1.4 条规定了门窗工程的隐蔽工程验收项目为：预埋件和锚固件，隐蔽部位的防腐、填嵌处理。

3) 在主控项目、一般项目的检查方法中明确要求检查隐蔽验收记录。

如：《地下防水工程施工质量验收规范》GB 50208 中“4.1.16 防水混凝土结构的变形缝、施工缝、后浇带、穿墙管、埋设件等设置和构造必须符合设计要求。

4) 在主控项目、一般项目中提出要对“中间工序”的施工质量进行验收的项目。

如：《砌体结构工程施工质量验收规范》GB 50203 中“8.3.2 设置在砌体灰缝内的钢筋的防腐保护应符合本规范第 3.0.16 条的规定（砌体结构钢筋的防腐，应符合设计规定），且钢筋防护层完好，不应有肉眼可见裂纹、剥落和擦痕等缺陷。”尽管施工质量验收规范未明确要求隐蔽验收，但若在检验批验收时检查验收，该项目已被包裹而无从检查，只能在掩盖、包裹前进行隐蔽验收。

(2) 虽是一个施工质量检验批验收项目，但其质量状态容易改变，在下工序掩盖、包裹前需对其易改变的质量状况进行再确认。

钢筋分项工程，尽管按原材料、钢筋加工、钢筋连接、钢筋安装分别进行了验收，但《混凝土结构工程施工质量验收规范》仍提出了在混凝土浇筑之前对钢筋进行隐蔽验收的要求。如：《混凝土结构工程施工质量验收规范》GB 50204—2015 5.1.2 条规定，在浇筑混凝土之前，应进行钢筋隐蔽工程验收，其内容包括：

1) 纵向受力钢筋的品种、规格、数量、位置等；

2) 钢筋的连接方式、接头位置、接头数量、接头面积百分率等；

3) 箍筋、横向钢筋的品种、规格、数量、间距等；

4) 预埋件的规格、数量、位置等。

(3) 某些工序对基层有质量要求时施工前对基层质量的检查验收。这类情形在施工质量验收规范中一般是隐含提出的隐蔽验收项目。

如：《建筑地面工程施工质量规范》GB 50209 的 4.1.3 条“基层铺设前，其下一层表面应干净，无积水”。《屋面工程施工质量规范》GB 50207 4.3.1 条要求，“隔气层的基层应平整、干净、干燥。”这就隐含提出楼地面基层、屋面隔气层和防水层铺设前，对其下层表面质量状况应进行隐蔽验收。

隐蔽工程验收由项目负责人在验收前三天以书面形式向监理（建设）单位提出申请。申请书上应注明该验收工程的名称、部位、数量以及验收时间。隐蔽工程验收记录应按专业、分层、分段、分部位进行填写。其内容包括：位置、标高、材质、品种、规格、数量、焊接接头、防腐、管盒固定、管口处理等，需附图时在备注栏内附图。隐蔽工程验收时，施工单位必须附有关分项工程质量验收及测试资料，以备查。参加验收单位应签字盖章。隐蔽工程验收方法及内容按工程质量验收规范规定。需要进行处理的，处理后必须进行复验，并且办理复验手续，填写复验日期，并做出复验结论。隐蔽工程项目中的主要有关测试资料，包括原材料试（化）验单、质量验收记录、出厂合格证等可填写在备注栏内。

八、质量验收记录填写

质量验收记录的表式从上向下以次分为质量验收记录的名称和编号、验收背景、检查验收记录、验收结论及责任人签字四部分组成，质量验收记录的名称和编号、验收背景、检查验收记录是由资料管理人员或验收人员填写，其核心是资料的内容，并不要求是本人签字。验收结论及责任人签字应是签名人本人填写和签字。检验批应先有现场验收检查原始记录（现场验收检查的手写记录），再归纳汇总形成检验批质量验收记录。检验批质量验收记录表式见表 14-1。

表 14-1 ______________检验批质量验收记录 编号：___________

（《建筑工程施工质量验收统一标准》附录 E）

<table>
<tr><td colspan="3">单位（子单位）工程名称</td><td></td><td>分部（子分部）工程名称</td><td></td><td>分项工程名称</td><td></td></tr>
<tr><td colspan="3">施工单位</td><td></td><td>项目负责人</td><td></td><td>检验批容量</td><td></td></tr>
<tr><td colspan="3">分包单位</td><td></td><td>分包单位项目负责人</td><td></td><td>检验批部位</td><td></td></tr>
<tr><td colspan="3">施工依据</td><td colspan="2"></td><td>验收依据</td><td colspan="2"></td></tr>
<tr><td colspan="3">验收项目</td><td>设计要求及规范规定</td><td>最小/实际抽样数量</td><td colspan="2">检查记录</td><td>检查结果</td></tr>
<tr><td rowspan="7">主控项目</td><td>1</td><td></td><td></td><td></td><td colspan="2"></td><td></td></tr>
<tr><td>2</td><td></td><td></td><td></td><td colspan="2"></td><td></td></tr>
<tr><td>3</td><td></td><td></td><td></td><td colspan="2"></td><td></td></tr>
<tr><td>4</td><td></td><td></td><td></td><td colspan="2"></td><td></td></tr>
<tr><td>5</td><td></td><td></td><td></td><td colspan="2"></td><td></td></tr>
<tr><td>6</td><td></td><td></td><td></td><td colspan="2"></td><td></td></tr>
<tr><td>7</td><td></td><td></td><td></td><td colspan="2"></td><td></td></tr>
<tr><td rowspan="7">一般项目</td><td>1</td><td></td><td></td><td></td><td colspan="2"></td><td></td></tr>
<tr><td>2</td><td></td><td></td><td></td><td colspan="2"></td><td></td></tr>
<tr><td>3</td><td></td><td></td><td></td><td colspan="2"></td><td></td></tr>
<tr><td>4</td><td></td><td></td><td></td><td colspan="2"></td><td></td></tr>
<tr><td>5</td><td></td><td></td><td></td><td colspan="2"></td><td></td></tr>
<tr><td>6</td><td></td><td></td><td></td><td colspan="2"></td><td></td></tr>
<tr><td>7</td><td></td><td></td><td></td><td colspan="2"></td><td></td></tr>
</table>

续表

施工单位 检查结果	专业工长： 项目专业质量员： 年 月 日
监理单位 验收结论	专业监理工程师： 年 月 日

检验批质量验收应在施工单位自检验收合格的基础上进行。检验批验收时必须进行现场验收检验并填写现场验收检查原始记录，现场验收检查原始记录的格式可由施工、监理单位确定，包括检查项目、检查位置、检查记录等内容。现场验收抽样检验位置及点数既要满足随机抽取、分布均匀、具有代表性的要求，也要满足不得存在严重缺陷的质量标准。作为验收组织方的监理人员，应在施工过程中采取旁站、巡视等方式对施工质量进行监督，重要的检查项目还应亲自检查量测，应对施工质量有相当全面而直接的了解，才能在组织验收中发挥积极的组织引导作用，才有可能对该检查项目的质量合格与否进行表态。现场验收检查原始记录应由专业监理工程师和施工单位专职质量员、专业工长共同签署，并在单位工程竣工验收前存档备查，保证该记录的可追溯性。检验批质量验收记录依据施工单位工程报验时提交的质量控制资料和现场验收检查原始记录归纳汇总填写，表式见表 14-1。

（一）检验批质量验收的名称及编号

检验批质量验收记录中检验批的名称按专业验收规范规定的分项工程检验批名称填写。在实际工作中按河北省《建筑工程资料管理规程》给出的各专业验收规范具体的检验批质量验收记录的名称填写即可（选用即可）。表格的编号列于表的右上角，由分部、子分部工程及检验批表式的代码和顺序号组成，具体编号方法应符合规程的规定。

（二）验收背景

检查验收的背景包括：单位（子单位）、分部（子分部）及分项工程名称，检验批部位（验收部位）及检验批容量，施工单位、分包单位及项目负责人。此部分内容反映了该检验批的工程背景，应事先根据工程合同和技术标准填写。单位（子单位）工程名称应于设计文件上的单位（子单位）工程名称一致。分部（子分部）工程名称按《建筑工程施工质量验收统一标准》GB 50300 的规定填写。分项工程名称为本检验批所属的分项工程名称，一般按《建筑工程施工质量验收统一标准》GB 50300 的规定填写，对《建筑工程施工质量验收统一标准》GB 50300 及相关专业验收规范为涵盖的分项工程和检验批，按建设单位组织监理、施工协商确认的分项工程名称填写。施工单位、分包单位必须写全称，并与合同上的盖章一致。施工单位、分包单位的项目负责人应是施工承包合同约定、建设工程行政管理部门备案的项目负责人（项目经理）或报经监理审核确认在本工程担任相应岗位的管理人员。检验批容量指本检验批的工程量，计量项目和单位应符合专业验收规范中对检验批容量的规定，专业验收规范对检验批容量的规定分为有限值和无限值两类，对有限值的填写“实际工程量/限值工程量”，对无限值的仅填写实际工程量。检验批部位按施工前施工单位制定、监理审核确认的“分项工程和检验批划分方案”所对应的本检验批实际验收的区域填写。

(三) 检查验收记录

表格的中部为检查验收记录，这是质量验收记录的核心内容。其又分为两部分：一是有关技术标准的名称及编号；二是检查记录表。

(1) 施工依据和验收依据：施工依据是施工操作所依据的标准规程。验收依据是不低于国家标准要求的企业标准。企业标准可按一般标准编写规则成稿，并经上级部门组织专家审定，使其具有一定的权威性，以作为检查验收的依据。

施工依据和验收依据应在相应栏目内填写相应标准规程的名称及编号。根据《建筑工程施工质量验收统一标准》GB 50300 及《建设工程监理规范》GB 50319 的规定，施工依据和验收依据应是事先报经监理审核确认的相关工艺标准或施工方案、专业质量验收规范或专项验收标准等。

(2) 检查记录：《检验批质量验收记录》的检查记录必须依据《现场验收检查原始记录》归纳汇总填写，检验批中非现场验收内容，《检验批质量验收记录》中填写所检查的质量控制资料名称及编号，并给出结论。《检验批质量验收记录》作为检验批验收的成果凭据，没有对应《现场验收检查原始记录》的《检验批质量验收记录》视为作假。

当本次检验批验收不涉及的检验项目，该栏可直接画“/”。

“检查结果”应按验收依据的规定进行判定和填写。对非抽样项目（检查记录填写检查技术文件名称、编号及验收结论)，合格的打“√”，不合格的打“×”。当抽样检查项目为主控项目时，无论定量检测还是定性检查，全数合格为合格，打“√”；有 1 处超出验收依据规定的允许偏差或不合格的即为不合格，打“×”。当抽样检查项目为一般项目时，定量检测项目无严重超差及定性检查项目无严重缺陷的“检查结果”栏填写合格率；否则，该检查项目不合格，打“×”。

对不符合要求的可暂不填写，待施工单位返修处理后再加以验收。对于特殊情况也可简要写明具体意见以备查考。

(四) 验收结论及签字

表格的下部为验收结论，分为两个栏目。前一栏为施工单位检查结果，应在检验批报验前完成，由施工单位组织自检验收的项目专业质量员填写“合格”，并和专业工长共同签名、标注检查日期；作为施工单位验收“自检合格”的依据。后一栏为监理单位验收结论，由检验批验收的组织者——专业监理工程师填写“同意验收”并签名、标注验收日期；体现了验收是各方对质量合格与否共同确认这一原则。

验收结论栏目中的签名必须是相应检查验收人员本人签字。其具有两重含义：

(1) 表明签名者组织和参与了对该检验批的检查验收。事后如有疑问可作为当事者查询；

(2) 应承担质量责任。即签字者应对有关的施工质量负有责任。我国实行质量负责制，在规定的使用年限内，如发生因该检验批施工质量而引起的问题则应追究有关签字人员的责任。这对于增强有关人员的责任心将起重要作用。

分项工程质量验收记录表式及填写说明：分项工程验收是在检验批验收的基础上进行，且分项工程验收不是直接面对施工现场的操作性检验，而是更高一个层次的汇总性检验，将分项工程所有检验批的验收资料汇总、核查。分项质量验收记录表式见表 14-2。

表 14-2 ______________分项质量验收记录 编号：__________

（《建筑工程施工质量验收统一标准》附录 F）

<table>
<tr><td>单位（子单位）
工程名称</td><td colspan="2"></td><td>分部（子分部）
工程名称</td><td colspan="2"></td></tr>
<tr><td>分项工程数量</td><td colspan="2"></td><td>检验批数量</td><td colspan="2"></td></tr>
<tr><td>施工单位</td><td></td><td>项目负责人</td><td></td><td>项目技术负责人</td><td></td></tr>
<tr><td>分包单位</td><td></td><td>分包单位项目负责人</td><td></td><td>分包内容</td><td></td></tr>
</table>

序号	检验批名称	检验批容量	部位/区段	施工单位检查结果	监理单位验收结论
1					
2					
3					
4					
5					
6					
7					

说明：

施工单位 检查结果	项目专业技术负责人： 年 月 日
监理单位 验收结论	专业监理工程师： 年 月 日

（一）分项工程质量验收的名称及编号

分项工程质量验收记录中分项工程名称一般情况按给出的分项工程名称填写，当专业验收规范对分项工程的划分不一致时按专业验收规范填写；对规范未涵盖的工程项目，按施工前建设单位组织监理、施工等单位协商确定的《分项工程和检验批划分方案》填写。表格的编号列于表的右上角，由分部、子分部工程及分项工程代码组成，对与工程而言，一个单位工程中的一个分项只有一个分项工程质量验收记录，因此，分项工程质量验收记录的编号不编写顺序号。

（二）验收背景

检查验收的背景包括：单位（子单位）、分部（子分部）工程名称及分项工程数量、检验批数量，施工单位、项目负责人、项目技术负责人和分包单位、分包项目负责人、分包内容。单位（子单位）、分部（子分部）工程名称，施工单位、项目负责人、项目技术负责人和分包单位、分包项目负责人的填写要求同检验批验收背景中的要求，分包内容按本分项工程中分包工程承包合同的约定填写。分项工程数量按工程实际工程量填写，计量项目和单位应符合专业验收规范中对分项工程工程量的规定，且等于各检验批容量之和（监理应注意核对）。检验批数量指本分项工程包含的实际发生的所有检验批的数量。

（三）检查验收记录

表的中部是检查验收记录。主要是汇总检验批验收资料的检查，是一个登录性的表格。表中按序号依次列出该分项工程所包含的所有检验批质量验收记录中对应的检验批名称、检验批容量、检验批部位/区段、施工单位检查结果、监理单位验收结论。在排列次序上宜按检验批名称、检验批部位/区段排序。检验批验收覆盖了该分项工程所包含的所有检验批，项目齐全、均已签认验收合格，施工单位就完成了分项工程质量验收和分项工程检查验收记录的填写，项目专业技术负责人（或项目技术负责人）在施工单位检查结果栏签署“合格”并签字、标注检查日期。若发现验收项目不全或有监理未签署同意验收的，应按规定对相应项目的检验批进行再验收。检验批全部验收合格、验收资料完整是分项工程质量合格的标准。

（四）验收结论及签字

专业监理工程师收到施工单位报送的分项工程报验表和“施工单位检查结果”已由施工单位项目专业技术负责人签署“合格”并签字的分项工程质量验收记录，应会同施工单位项目负责人对分项工程质量验收记录进行核查，重点核对检验批登录内容与原检验批相应内容的一致性、原检验批验收资料的完整性和验收项目是否齐全，核查结果在说明栏中填写，有不同意项时监理应明确指出问题、提出处理意见和完成时限，在施工单位未完成整改前暂不签署“监理单位验收结论”栏。对有需要在分项工程验收时检验的特殊分项工程（如结构柱或电梯井的垂直度等），专业监理工程师应会同施工单位进行现场检验，检验结果填写在说明栏。待施工单位按要求完成整改，需现场检验的检验结果符合要求，专业监理工程师在“监理单位验收结论”栏填写“同意验收”并签名、标注验收日期。验收结论栏目中签名的要求及含义同检验批。

分部工程质量验收记录表式及填写说明：

分部质量验收记录表式见表 14-3。

表 14-3 __________分部质量验收记录 编号：________

（《建筑工程施工质量验收统一标准》附录 G）

单位（子单位）工程名称		子分部工程数量		分项工程数量	
施工单位		项目负责人		技术（质量）负责人	
分包单位		分包单位负责人		分包内容	

序号	子分部工程名称	分项工程名称	检验批数量	施工单位检查结果	监理单位验收结论
1					
2					
3					
4					
5					
6					
7					
8					
质量控制资料					
安全和功能检验结果					

续表

观感质量			
综合验收结论			

施工单位 项目负责人 年 月 日	勘察单位 项目负责人 年 月 日	设计单位 项目负责人 年 月 日	监理单位 总监理工程师 年 月 日

注：1. 地基与基础分部工程的验收应由施工、勘察、设计单位项目负责人和总监理工程师参加并签字。
2. 主体结构、节能分部工程的验收应由施工、设计单位项目负责人和总监理工程师参加并签字。

分部工程由总监理工程师组织勘察、设计、施工单位项目负责人及相关技术、质量负责人参加，在分项工程验收基础上进行的验收。其质量合格验收标准有 4 条：（1）所含分项工程质量均已验收合格；（2）质量控制资料应完整；（3）有关安全、节能、环境保护和主要使用功能的抽样检验结果应符合相应规定；（4）观感质量应符合要求。由此可见，分部工程验收既有分项工程验收资料和质量控制资料、安全和主要使用功能检验资料的汇总、复核工作，也有实体工程的现场检验。

（一）分部工程质量验收的名称及编号

分部工程质量验收记录中分部工程名称应按《建筑工程施工质量验收统一标准》（GB 50300）规定的 10 个分部工程名称之一填写，不得更改。表格的编号列于表的右上角，为相应的分部工程代码。对于子分部验收，也可使用本表，子分部工程名称按相应的子分部工程名称填写，也不得更改，编号是分部工程代码与子分部工程代码的组合。

（二）验收背景

检查验收的背景包括：单位（子单位）工程名称、子分部工程数量、分项工程数量，施工单位、项目负责人、技术（质量）负责人和分包单位、分包单位负责人、分包内容。单位（子单位）工程名称，施工单位、项目负责人、技术（质量）负责人和分包单位、分包单位负责人的填写要求同检验批验收背景中的要求，分包内容本分部工程中分包工程承包合同的约定填写。子分部数量、分项工程数量指本分部工程包含的实际发生的所有子分部、分项工程的数量。

（三）检查验收记录

包括：子分部、分项工程验收资料汇总、登录、检查，质量控制资料的整理、核查，有关安全、节能、环境保护和主要使用功能抽样检验资料整理、核查和主要功能抽查、观感质量验收四部分内容。

第一部分内容主要是对前一层次分项工程验收的汇总，基本属于登录性质的核查，按表中序号依次列出该分部工程所包含的所有子分部、分项工程质量验收记录中对应的分项工程名称、检验批数量、施工单位检查结果、监理单位验收结论，子分部工程名称按《建筑工程施工质量验收统一标准》（GB 50300）规定的相应分部工程中的子分部工程名称填写。在排列次序上宜按子分部、分项工程名称排列。核查的要点是本分部工程所包含的所有分项工程均已验收合格（验收项目、监理单位验收结论、签字等齐全）。

第二部分是质量控制资料核查。按照《单位工程质量控制资料核查记录》的要求，对该专业分部工程相关的质量控制资料逐项进行核查（要求分项汇总、整理成册，但未要求装订和填写表格）；

核查的主要内容包括：

（1）资料是否齐全，有无遗漏；

（2）资料内容有无不合格项；

（3）资料是否相互协调一致，有无矛盾；

（4）资料分类整理是否符合要求，案卷目录、份数页数及排列次序等有无缺漏、是否准确；

（5）各项资料签字是否齐全、有效。经核查符合规范规定时在相应栏目填写所核查的资料份数和核查结果“齐全有效”。

第三部分是有关安全、节能、环境保护和主要使用功能抽样检验资料整理、核查和主要功能抽查。该部分包括两项工作内容，一是对有关安全、节能、环境保护和主要使用功能抽样检验资料整理、核查，按照《单位工程安全和使用功能抽样检验资料核查和主要功能抽查记录》对该专业分部工程相关的安全和使用功能抽样检验资料逐项进行核查，主要核查内容及相关要求与质量控制资料核查相同；二是主要使用功能抽样检验，按照规范规定及设计要求（或合同约定），对工程竣工时需要抽样检测的项目，凡能在分部（子分部）工程验收时进行检测的项目均应在分部（子分部）工程验收时进行检测。观感质量检查结果和验收结论并不给出“合格”或“不合格”，而是根据对本分部所有检查项目的实际观感质量综合情况定性给出“好”“一般”“差”的质量评价。对现场实物检查时查出“差”点为不合格点，需要修理或返工后再进行验收。

（四）验收结论及签字

总监理工程师组织勘察、设计、施工单位项目负责人及相关技术、质量负责人参加的分部工程验收人员，应全面对本分部工程所含的分项工程验收资料和质量控制资料、安全和主要使用功能检验资料进行复核，并按规定对主要功能进行现场抽样检验和观感质量验收。符合要求的，总监理工程师应协调验收人员对验收结论和观感质量验收评价意见，将协商一致的验收结论和观感质量评价填写在“综合验收结论”栏。若不符合要求应书面提出所发现的问题、处理意见和完成时限要求，在施工单位未完成整改前暂不签署“综合验收结论”栏，待施工单位按要求完成整改后重新验收。

单位工程质量验收记录表式及填写说明：

一套完整的单位工程质量验收记录包括 4 个验收表式，即：《单位工程质量施工验收记录》《单位工程质量控制资料核查记录》《单位工程安全和功能检验资料核查及主要功能抽查记录》和《单位工程观感质量检查记录》；单位（子单位）工程竣工验收时，施工单位应同时填报《单位工程质量控制资料核查记录》《单位工程安全和功能检验资料核查及主要功能抽查记录》《单位工程观感质量检查记录》作为《单位工程质量施工验收记录》的附表。

在施工质量验收程序和合格条件（质量标准）规定中，除检验批外，以后各层次的验收均依靠前一层次资料核查进行汇总性检查，因此可见工程控制资料和工程安全及功能检验资料的重要。在单位（子单位）工程验收之前，各分部（子分部）工程的验收应已依次完成。

施工单位对单位（子单位）工程自行检查，应将其按类型分类汇总、整理、核查，自检合格后组卷、编码、装订成册，供竣工验收时检查复核。

（一）单位工程质量控制资料核查记录

《单位工程质量控制资料核查记录》每一项资料的内容是单位工程所包含的有关分项工程中检验批主控项目、一般项目要求内容的汇总，是单位工程综合验收的一项重要内容，对每一项质量控制资料的完整性、有效性进行核查，统计各项资料的“份数”填入到相应栏目（谨记不要误写成“页数”），符合要求时签署核查意见（资料齐全有效）及核查人签字确认（要求核查人亲笔签字）。监理单位在工程预验收时也要对每项质量控制资料进行再核查，核查的目的是强调建筑结构设备性能和使用功能方面主要技术性能的检验，防止局部错漏，从而进一步加强对工程质量的控制。对符合要求的签署核查意见（核查通过），并由核查人亲笔签字确认；对发现错漏等问题的，应依据具体问题进行重新检验或其他处理措施。最后由施工单位项目负责人与总监理工程师共同签署单位工程质量控制资料的核查结论，在监理对所有质量控制资料均已核查通过后签署“质量控制资料完整”并签名确认。

（二）单位工程安全和功能检验资料核查及主要功能抽查记录

工程安全和功能的各项主要检测项目，《单位工程安全和功能检验资料核查及主要功能抽查记录》已经列明，当设计和施工合同有其他要求时可以补充；安全和功能的检测，凡分部工程验收时具备检测条件的应在分部验收进行。

参加单位工程竣工验收的各方人员应对分部验收时抽检的安全与功能抽检资料进行核查，核查的主要内容包括：

（1）按规范规定、合同约定及设计要求需进行安全与功能的抽检项目是否全部进行了抽检，具体检测项目是否有遗漏；

（2）抽检的程序、方法是否符合规定；

（3）检测结论是否满足设计要求和规范规定。

对核查符合要求的，可直接在相应抽查结果栏填写抽检数量和结论；若发现检测项目不全或检测结果不满足设计要求和规范规定，则应进行重新检测或返工处理，使之达到设计要求和规范规定。在资料核查通过的基础上，参加验收的各方人员再确定单位工程验收的抽检项目（一般情况下，分部验收时已经做过的安全与功能抽检过检测项目单位工程验收时不再重复抽检）并进行检测，签署检验结果和签字确认。最后由施工单位项目负责人与总监理工程师依据各项核查意见和抽检结果共同签署单位工程安全和功能检验资料核查及主要功能抽查记录的核查和抽检结论（“检验资料完整，抽检结果符合规定”或注明存在的问题），并签名确认。

（三）单位工程质量竣工验收记录

《单位工程质量竣工验收记录表》（表 14-4）是建筑物投入使用之前各方对其合格质量共同确认的文件，也是整个检查验收过程的终结，因而是最重要的。建设单位组织勘察、设计、施工、监理单位在建设行政主管部门委托的工程质量监督机构监督下组成竣工验收组按规定程序对建设工程进行竣工验收。竣工验收组成员对工程所含各分部工程验收、质量控制资料、安全和功能检验资料及主要功能抽查记录等共同逐项核查，对有异议的可对其进行实体复验；对工程安全和主要使用工程进行实体抽查和工程实体观感质量进行检查评定。对有异议的可对其进行实体复验；对工程安全和主要使用工程进行实体抽查和工程实体观感质量进行检查评定。单位工程质量施工验收记录中的验收记录由施工单位填写，验收结论由监理单位填写，而综合验收结论则由参加验收各方经共同商定，对工程质量是否符合设计文件和相关标准的规定及总体质量水平做出评价，由建设单位填写。见表 14-5、表 14-6。

单位工程验收时的验收签字人员应由相应单位的法人代表书面授权。

表 14-4　单位工程质量竣工验收记录

（《建筑工程施工质量验收统一标准》附录 H 的表 H. 0. 1-1）

工程名称		结构类型		层数/建筑面积	
施工单位		技术负责人		开工日期	
项目负责人		项目技术负责人		竣工日期	

序号	项目	验收记录	验收结论
1	分部工程验收	共　　分部，经查符合设计及标准规定　　分部	
2	质量控制资料核查	共　项，经核查符合规定　项	
3	安全和使用功能核查及抽查结构	共核查　项，符合规定　项， 共抽查　项，符合规定　项， 经返工处理符合规定　项	
4	观感质量验收	共抽查　项，达到“好”和“一般”的　项，经返工处理符合要求的　项	
综合验收结论			

参加验收单位	建设单位	监理单位	施工单位	设计单位	勘察单位
	（公章） 项目负责人 年　月　日	（公章） 总监理工程师 年　月　日	（公章） 项目负责人 年　月　日	（公章） 项目负责人 年　月　日	（公章） 项目负责人 年　月　日

表 14-5　单位工程质量控制资料核查记录

（《建筑工程施工质量验收统一标准》附录 H 的表 H. 0. 1-2）

工程名称			施工单位				
序号	项目	资料名称	份数	施工单位		监理单位	
				核查意见	核查人	核查意见	核查人
1	建筑与结构	图纸会审记录、设计变更通知单、工程洽商记录					
2		工程定位测量、放线记录					
3		原材料出厂合格证书及进场检验、试验报告					
4		施工试验报告及见证检测报告					
5		隐蔽工程验收记录					
6		施工记录					
7		地基、基础、主体结构检验及抽样检测资料					
8		分项、分部工程质量验收记录					
9		工程质量事故调查处理资料					
10		新技术论证、备案及施工记录					

续表

工程名称			施工单位				
序号	项目	资料名称	份数	施工单位		监理单位	
				核查意见	核查人	核查意见	核查人
1	给水排水与供暖	图纸会审记录、设计变更通知单、工程洽商记录					
2		原材料出厂合格证书及进场检验、试验报告					
3		管道、设备强度试验、严密性试验记录					
4		隐蔽工程验收记录					
5		系统清洗、灌水、通水、通球试验记录					
6		施工记录					
7		分项、分部工程质量验收记录					
8		新技术论证、备案及施工记录					
1	通风与空调	图纸会审记录、设计变更通知单、工程洽商记录					
2		原材料出厂合格证书及进场检验、试验报告					
3		制冷、空调、水管道强度试验、严密性试验记录					
4		隐蔽工程验收记录					
5		制冷设备运行调试记录					
6		通风、空调系统调试记录					
7		施工记录					
8		分项、分部工程质量验收记录					
9		新技术论证、备案及施工记录					
1	建筑电气	图纸会审记录、设计变更通知单、工程洽商记录					
2		原材料出厂合格证书及进场检验、试验报告					
3		设备调试记录					
4		接地、绝缘电阻测试记录					
5		隐蔽工程验收记录					
6		施工记录					
7		分项、分部工程质量验收记录					
8		新技术论证、备案及施工记录					
1	智能建筑	图纸会审记录、设计变更通知单、工程洽商记录					
2		原材料出厂合格证书及进场检验、试验报告					
3		隐蔽工程验收记录					
4		施工记录					
5		系统功能测定及设备调试记录					
6		系统技术、操作和维护手册					
7		系统管理、操作人员培训记录					

续表

工程名称			施工单位				
序号	项目	资料名称	份数	施工单位		监理单位	
				核查意见	核查人	核查意见	核查人
8	智能建筑	系统检测报告					
9		分项、分部工程质量验收记录					
10		新技术论证、备案及施工记录					
1	建筑节能	图纸会审记录、设计变更通知单、工程洽商记录					
2		原材料出厂合格证书及进场检验、试验报告					
3		隐蔽工程验收记录					
4		施工记录					
5		外墙、外窗节能检测报告					
6		设备系统节能检测报告					
7		分项、分部工程质量验收记录					
8		新技术论证、备案及施工记录					
1	电梯	图纸会审记录、设计变更通知单、工程洽商记录					
2		原材料出厂合格证书及进场检验、试验报告					
3		隐蔽工程验收记录					
4		施工记录					
5		接地、绝缘电阻测试记录					
6		负荷试验、安全装置检查记录					
7		分项、分部工程质量验收记录					
8		新技术论证、备案及施工记录					
9		图纸会审记录、设计变更通知单、工程洽商记录					

结论：

施工单位项目负责人 总监理工程师

年 月 日 年 月 日

表 14-6 单位工程安全和功能检验资料核查及主要功能抽查记录

（《建筑工程施工质量验收统一标准》附录 H 的表 H.0.1-3）

工程名称			施工单位			
序号	项目	资料名称	份数	核查意见	抽查结果	核查（抽查）人
1	建筑与结构	地基承载力检验报告				
2		桩基承载力检验报告				
3		混凝土强度试验报告				
4		砂浆强度试验报告				

续表

工程名称			施工单位			
序号	项目	资料名称	份数	核查意见	抽查结果	核查（抽查）人
5	建筑与结构	主要结构尺寸、位置抽查记录				
6		建筑物垂直度、标高、全高测量记录				
7		屋面淋水或蓄水试验记录				
8		地下室渗漏水检测记录				
9		有防水要求的地面蓄水试验记录				
10		抽气（风）道检查记录				
11		外窗气密性、水密性、耐风压检测报告				
12		幕墙气密性、水密性、耐风压检测报告				
13		建筑物沉降观测测量记录				
14		节能、保温测试记录				
15		室内环境检测报告				
16		土壤氡气浓度检测报告				
1	给水排水与供暖	给水管道通水试验记录				
2		暖气管道、散热器压力试验记录				
3		卫生器具满水试验记录				
4		消防管道、燃气管道压力试验记录				
5		排水干管通球试验记录				
6		锅炉试运行、安全阀及报警联动测试记录				
1	通风与空调	通风、空调系统试运行记录				
2		风量、温度测试记录				
3		空气能量回收装置测试记录				
4		洁净室洁净度测试记录				
5		制冷机组试运行调试记录				
1	建筑电气	建筑照明通电试运行记录				
2		灯具固定装置及悬吊装置的荷载强度试验记录				
3		绝缘电阻测试记录				
4		剩余电流动作保护器测试记录				
5		应急电源装置应急持续供电记录				
6		接地电阻测试记录				
7		接地故障回路阻抗测试记录				
1	智能建筑	系统试运行记录				
2		系统电源及接地检测报告				
3		系统接地检测报告				
1	建筑节能	外墙节能构造检查记录或热工性能检验报告				
2		设备系统节能性能检查记录				

续表

工程名称				施工单位			
序号	项目	资料名称	份数	核查意见	抽查结果	核查（抽查）人	
1	电梯	运行记录					
2		安全装置检测报告					

结论：

施工单位项目负责人　　　　　　　　　　　　　　　　　　　总监理工程师

年　月　日　　　　　　　　　　　　　　　　　　　　　　年　月　日

第二节　市政工程技术资料管理

一、城镇道路工程质量验收

（一）城镇道路工程施工和质量验收的基本要求

（1）施工单位应具备相应的城镇道路工程施工资质，健全技术、质量、安全生产管理体系，制定各项施工管理制度，并贯彻执行。

（2）施工前，施工单位应组织有关施工技术管理人员深入现场调查，了解掌握现场情况，做好充分的施工准备工作。并在工程开工前，根据合同文件、设计文件和相关的法律法规、技术标准，以及建设单位提供的施工界域内地下管线等构筑物资料、工程水文地质资料等踏勘施工现场，依据工程特点编制《施工组织设计》，并按其管理程序进行审批。

（3）施工单位应按合同规定的、经过审批的有效设计文件进行施工。未经批准的设计变更、工程洽商严禁施工。

（4）道路范围（含人行步道、隔离带）内的各种检查井井座应设于混凝土或钢筋混凝土井圈上；检查井的井盖、井座应与道路交通等级匹配，且井盖宜能锁固。

（5）施工中必须建立安全技术交底制度，并对作业人员进行相关的安全技术教育与培训。作业前主管施工技术人员必须向作业人员进行详尽的安全技术交底，并形成文件。应对施工测量及其内业经常复核，确保准确，并保存记录。

（6）遇冬、雨期等特殊气候施工时，应结合工程实际情况，制定专项施工方案，并经审批程序批准后施工。

（7）与道路同期施工，敷设于城镇道路下的新管线等构筑物，应按先深后浅的原则与道路配合施工。施工中应保护好既有及新建地上标杆、地下管线等构筑物。

（8）施工中应按合同文件规定的施工技术标准与质量标准的要求，依照国家现行有关规范的规定，进行施工过程与成品质量控制。前一分项工程未经验收合格严禁进行后一分项工程施工。

（9）道路工程应划分为单位（子单位）工程、分部（子分部）工程、分项工程和检验批，作为工程施工质量检验和验收的基础。任何验收必须在施工单位自检合格的基础上进行，检验批、分项工程、分部（子分部）工程质量检验记录和单位工程检验汇总表、单位（子单位）工程质量竣工验收记录的表式及填写要求见《城镇道路工程施工与质量验收规范》（CJJ 1）的附录A。

（10）工程施工质量应按下列要求进行验收：

1）工程施工质量应符合《城镇道路工程施工与质量验收规范》（CJJ 1）和相关专业验收规范的规定。

2）工程施工应符合工程勘察、设计文件的要求。

3）参加工程施工质量验收的各方人员应具备规定的资格。

4）工程质量的验收均应在施工单位自行检查评定合格的基础上进行。

5）隐蔽工程在隐蔽前，应由施工单位通知监理工程师和相关单位人员进行隐蔽验收，确认合格，并形成隐蔽验收文件。

6）监理工程师应按规定对涉及结构安全的试块、试件和现场检测项目，进行平行检测、见证取样检测并确认合格。

7）检验批的质量应按主控项目和一般项目进行验收。

8）对涉及结构安全和使用功能的分部工程应进行抽样检测。

9）承担复验或检测的单位应为具有相应资质的独立第三方。

10）工程的观感质量应由验收人员通过现场检查共同确认。

（二）单位工程、分部、分项工程、检验批的划分

开工前，施工单位应会同建设单位、监理工程师确认构成建设项目的单位（子单位）工程、分部（子分部）工程、分项工程和检验批，并应符合下列规定：

（1）建设单位招标文件确定的每一个独立合同应为一个单位工程。当合同文件包含的工程内涵较多，或工程规模较大、或由若干独立设计组成时，宜按工程部位或工程量、每一独立设计将单位工程分成若干子单位工程。

（2）各分部（子分部）工程相应的分项工程、检验批应按表14-7的规定执行。

表14-7 城镇道路分部（子分部）工程与相应的分项工程、检验批划分

分部工程	子分部工程	分项工程	检验批
路基		土方路基	每条路或路段
		石方路基	每条路或路段
		路基处理	每条处理段
		路肩	每条路肩
基层		石灰土基层	每条路或路段
		石灰粉煤灰稳定砂砾（碎石）基层	每条路或路段
		石灰粉煤灰钢渣基层	每条路或路段
		水泥稳定土类基层	每条路或路段
		级配砂砾（砾石）基层	每条路或路段
		级配碎石（碎砾石）基层	每条路或路段
		沥青碎石基层	每条路或路段
		沥青贯入式基层	每条路或路段

续表

分部工程	子分部工程	分项工程	检验批
面层	沥青混合料面层	透层	每条路或路段
		粘层	每条路或路段
		封层	每条路或路段
		热拌沥青混合料面层	每条路或路段
		冷拌沥青混合料面层	每条路或路段
	沥青贯入式与沥青表面处治面层	沥青贯入式面层	每条路或路段
		沥青表面处治面层	每条路或路段
	水泥混凝土面层	水泥混凝土面层（模板、钢筋、混凝土）	每条路或路段
	铺砌式面层	料石面层	每条路或路段
		预制混凝土砌块面层	每条路或路段
广场与停车场		料石面层	每个广场或划分的区段
		预制混凝土砌块面层	每个广场或划分的区段
		沥青混合料面层	每个广场或划分的区段
		水泥混凝土面层	每个广场或划分的区段
人行道		料石人行道铺砌面层（含盲道砖）	每条路或路段
		混凝土预制块铺砌人行道面层（含盲道砖）	每条路或路段
		沥青混合料铺筑面层	每条路或路段
人行地道结构	现浇钢筋混凝土人行地道结构	地基	每座通道
		防水	每座通道
		基础（模板、钢筋、混凝土）	每座通道
		墙与顶板（模板、钢筋、混凝土）	每座通道
	预制安装钢筋混凝土人行地道结构	墙与顶部构件预制	每座通道
		地基	每座通道
		防水	每座通道
		基础（模板、钢筋、混凝土）	每座通道
		墙板、顶板安装	
	砌筑墙体、钢筋混凝土顶板人行地道结构	顶部构件预制	每座通道
		地基	每座通道
		防水	每座通道
		基础（模板、钢筋、混凝土）	
		墙体砌筑	每座通道
		顶部构件、顶板安装	每座通道
		顶部现浇（模板、钢筋、混凝土）	每座通道
挡土墙	现浇钢筋混凝土挡土墙	地基	每道挡土墙地基
		基础	每道挡土墙基础
		墙（模板、钢筋、混凝土）	每道墙体
		滤层、泄水孔	每道墙体

续表

分部工程	子分部工程	分项工程	检验批
挡土墙	现浇钢筋混凝土挡土墙	回填土	每道墙体
		帽石	每道墙体
		栏杆	每道墙体
	装配式钢筋混凝土挡土墙	挡土墙板预制	每道墙体
		地基	每道挡土墙地基
		基础（模板、钢筋、混凝土）	每道基础
		墙板安装（含焊接）	每道墙体
		滤层、泄水孔	每道墙体
		回填土	每道墙体
		帽石	每道墙体
		栏杆	每道墙体
	砌筑挡土墙	地基	每道墙体
		基础（砌筑、混凝土）	每道墙体
		墙体砌筑	每道墙体
		滤层、泄水孔	每道墙体
		回填土	每道墙体
		帽石	每道墙体
	加筋土挡土墙	地基	每道挡土墙地基
		基础（模板、钢筋、混凝土）	每道基础
		加筋挡土墙砌块与筋带安装	每道墙体
		滤层、泄水孔	每道墙体
		回填土	每道墙体
		帽石	每道墙体
		栏杆	每道墙体
附属构筑物		路缘石	每条路或路段
		雨水支管与雨水口	每条路或路段
		排（截）水沟	每条路或路段
		倒虹管及涵洞	每座结构
		护坡	每条路或路段
		隔离墩	每条路或路段
		隔离栅	每条路或路段
		护栏	每条路或路段
		声屏障（砌体、金属）	每处声屏障墙
		防眩板	每条路或路段

（三）施工质量控制

（1）工程采用的主要材料、半成品、成品、构配件、器具和设备应按相关专业质量标准进行进场检验和使用前复验。现场验收和复验结果应经监理工程师检查认可。凡涉及结构安全和使用功能的，监理工程师应按规定进行平行检测或见证取样检测，并确认合格；

（2）各分项工程应按《城镇道路工程施工与质量验收规范》（CJJ 1）进行质量控制，各分项工程完成后应进行自检、交接检验，并形成文件，经监理工程师检查签认后，方可进行下一分项工程施工。

（四）施工质量验收组织及质量标准

（1）检验批、分项工程施工质量验收

1）检验批及分项工程应由专业监理工程师组织施工单位项目专业质量（技术）负责人等进行验收。关键分项工程及重要部位应由建设单位项目负责人组织总监理工程师、施工单位项目负责人和技术质量负责人、设计单位专业设计人员等进行验收。

2）检验批合格质量应符合下列规定：

a. 主控项目的质量应经抽样检验合格。

b. 一般项目的质量应经抽样检验合格；

c. 具有完整的施工操作依据和质量检查记录。

3）分项工程质量验收合格应符合下列规定：

a. 分项工程所含检验批均应符合合格质量的规定。

b. 分项工程所含检验批的质量验收记录应完整。

（2）分部工程质量验收

1）分部工程应由总监理工程师组织施工单位项目负责人和技术质量负责人等进行验收。

2）分部工程质量验收合格应符合下列规定：

a. 分部工程所含分项工程的质量均应验收合格。

b. 质量控制资料应完整。

c. 涉及结构安全和使用功能的质量应按规定验收合格。

d. 观感质量验收应符合要求。

（3）单位工程质量验收

单位工程完成后，施工单位应进行自检，并在自检合格的基础上，将竣工资料、自检结果报监理工程师，申请预验收。监理工程师应在预验合格后报建设单位申请正式验收。建设单位应依相关规定及时组织相关单位进行工程竣工验收，并在规定时间内报建设行政管理部门备案。

1）单位工程验收应符合下列要求：

a. 单位工程完成后，施工单位应进行自检，并在自检合格的基础上，将竣工资料与自检结果报监理单位申请预验收。

b. 总监理工程师应组织监理人员（并邀请相关人员）审核竣工资料，进行工程预检；预验合格后依据预检结果写出评估报告，报建设单位申请正式验收。

c. 建设单位项目负责人应根据监理的评估报告组织建设单位项目技术质量负责人、有关专业设计人员、总监理工程师和专业监理工程师、施工单位项目负责人等参加工程验收。该工程的设施运行管理单位应派员参加工程验收。

2）单位工程质量验收合格应符合下列规定：

a. 单位工程所含分部工程的质量均应验收合格。

b. 质量控制资料应完整。

c. 单位工程所含分部工程验收资料应完整。

d. 影响道路安全使用和周围环境的参数指标应符合规定。

e. 外观质量验收应符合要求。

(4) 工程竣工验收,

1) 工程竣工验收应由建设单位组织验收组进行。验收组应由建设、勘察、设计、施工、监理、设施管理等单位的有关负责人组成,亦可邀请有关方面专家参加。验收组组长由建设单位担任。

2) 工程竣工验收应在构成道路的各分项工程、分部工程、单位工程质量验收均合格后进行。当设计规定进行道路弯沉试验、荷载试验时,验收必须在试验完成后进行。道路工程竣工资料应于竣工验收前完成。

3) 工程竣工验收应符合下列规定:

a. 建设项目质量控制资料的隐蔽验收记录、试验检验资料及检验批、分项工程、分部工程、单位工程的质量验收资料均应符合规范相关的规定。

b. 建设项目的安全和主要使用功能的相关检测记录及对各单位工程的实体质量进行检查或抽验均应符合设计要求。

c. 建设项目观感质量全面检验(目测并抽检),各单位工程的实体质量均应符合规范要求。

d. 当参加验收各方对工程质量验收意见不一致时,应由政府行业行政主管部门或工程质量监督机构协调解决。

e. 工程竣工验收合格后,建设单位应按规定将工程竣工验收报告和有关文件,报政府行政主管部门备案。

二、城市桥梁工程质量验收的基本规定

(一) 城市桥梁工程施工和质量验收的基本要求

(1) 施工单位应具备相应的桥梁工程施工资质,施工总承包单位必须选择合格的分包单位并进行有效的管理。建立健全质量保证体系和施工安全管理体系,制定各项管理制度,并贯彻执行。

(2) 施工前,施工单位应组织有关施工技术管理人员深入现场调查,了解掌握现场情况,做好充分的施工准备工作。并在工程开工前,根据合同、设计文件和法律法规、技术标准,以及建设单位提供的施工现场及毗邻区域内各种地下管线等建(构)筑物的现况翔实资料、气象、水文地质资料等踏勘施工现场,依据工程特点编制《施工或影响区域管线等建(构)筑物迁移、保护、加固方案》和《施工组织设计》,按规定程序批准后方可实施;施工中需修改或补充时,应履行原审批程序。

(3) 施工单位应按合同规定的或经过审批的设计文件进行施工。发生设计变更及工程洽商应按国家现行有关规定程序办理设计变更及工程洽商手续,并形成文件。严禁按未经批准的设计变更进行施工。

(4) 工程施工应加强各项管理工作,符合合理部署、周密计划、精心组织、文明施工、安全生产、节约资源的原则。

(5) 与道路同期施工,连接各段道路的构筑物,应按先大桥后小桥的原则与道路配合施工。

(6) 施工中必须建立安全与技术交底制度,作业前主管施工技术人员必须向作业人员进

行详尽的安全与技术交底，并形成文件。应加强施工测量与试验工作，按规定作业，内业资料完整，经常复核，确保准确。应按合同文件规定的标准和设计文件要求进行施工过程和成品质量的控制，确保工程质量。

(7) 工程质量验收应在施工单位自检基础上，按照检验批、分项工程、分部（子分部）工程、单位（子单位）工程顺序进行。单位工程完成，且经监理工程师预验合格后，应由建设单位依据相关规定组织工程验收。各项单位工程验收合格后，建设单位应依相关规定及时组织竣工验收。

(8) 工程施工质量应按下列要求进行验收：

1) 工程施工质量应符合《城市桥梁工程施工与质量验收规范》(CJJ 2) 和相关专业验收规范的规定。

2) 工程施工应符合工程勘察、设计文件的要求。

3) 参加工程施工质量验收的各方人员应具备规定的资格。

4) 工程质量的验收均应在施工单位自行检查评定的基础上进行。

5) 隐蔽工程在隐蔽前，应由施工单位通知监理工程师和相关单位进行隐蔽验收，确认合格后，形成隐蔽验收文件。

6) 监理应按规定对涉及结构安全的试块、试件、有关材料和现场检测项目，进行平行检测，见证取样并确认合格。

7) 检验批的质量应按主控项目和一般项目进行验收。

8) 对涉及结构安全和使用功能的分部工程应进行抽样检测。

9) 承担见证取样检测及有关结构安全检测的单位应具有相应资质。

10) 工程外观质量应由验收人员通过现场检查共同确认。

（二）单位工程、分部、分项工程、检验批的划分

开工前，应将工程划分为单位（子单位）工程、分部（子分部）工程、分项工程和检验批，作为施工控制、施工质量检查验收的基础，并应符合下列规定：

(1) 建设单位招标文件确定的每一个独立合同应为一个单位工程。当合同文件包含的工程内容较多，或工程规模较大，或由若干个独立设计组成时，宜按工程部位或工程量、每一独立设计将单位工程分成若干子单位工程。

(2) 单位（子单位）工程应按工程的结构部位或特点、功能、工程量划分分部工程。分部工程的规模较大或工程复杂时宜按材料种类、工艺特点、施工工法等，将分部工程划为若干子分部工程。

(3) 分部工程（子分部工程）中，应按主要工种、材料、施工工艺等划分分项工程。分项工程可由一个或若干检验批组成。

(4) 检验批应根据施工、质量控制和专业验收需要划定。

(5) 各分部（子分部）工程相应的分项工程宜按表 14-8 的规定执行。规范未规定时，施工单位应在开工前会同建设单位、监理单位共同研究确定。

（三）施工质量控制

(1) 工程采用的主要材料、半成品、成品、构配件、器具和设备应按相关专业质量标准进行验收和按规定进行复验，并经监理工程师检查认可。凡涉及结构安全和使用功能的，监

理工程师应按规定进行平行检测、见证取样检测并确认合格。

（2）各分项工程应按《城市桥梁工程施工与质量验收规范》（CJJ 2）进行质量控制，各分项工程完成后应进行自检、交接检验、并形成文件，经监理工程师检查签认后，方可进行下一个分项工程施工。

（四）施工质量验收组织及质量标准

（1）检验批、分项工程施工质量验收

1）检验批及分项工程应由专业监理工程师组织施工单位专业质量（技术）负责人等进行验收。关键分项工程及重要部位应由建设单位项目负责人和技术质量负责人、设计单位专业设计人员等进行验收。

2）检验批合格质量应符合下列规定：

a. 主控项目的质量经抽样检验应合格。

b. 一般项目的质量经抽样检验合格。当采用计数抽样时，合格点率应符合有关专业验收规范的规定，且不得存在严重缺陷。对于计数抽样的一般项目，正常检验一次、二次抽样按《建筑工程施工质量验收统一标准》（GB 50300—2013）附录D判定。

c. 具有完整的施工操作依据、质量验收记录。

3）分项工程质量验收合格应符合下列规定：

a. 分项工程所含检验批的质量均应验收合格。

b. 分项工程所含检验批的质量验收记录应完整。

（2）分部工程质量验收

1）分部工程由总监理工程师组织施工单位项目负责人和技术质量负责人、专业监理工程师等进行验收。

2）分部工程质量验收合格应符合下列规定：

a. 分部工程所含分项工程的质量均应验收合格。

b. 质量控制资料应完整。

c. 涉及结构安全和使用功能的质量应按规定验收合格。

d. 外观质量验收应符合要求。

如城市桥梁分部（子分部）工程与相应的分项工程、检验批划分，见表14-8。

表14-8　城市桥梁分部（子分部）工程与相应的分项工程、检验批划分

序号	分部工程	子分部工程	分项工程	检验批
1	地基与基础	扩大基础	基坑开挖、地基、土方回填、现浇混凝土（模板与支架、钢筋、混凝土）、砌体	每个基坑
		沉入桩	预制桩（模板、钢筋、混凝土、预应力混凝土）、钢管桩、沉桩	每根桩
		灌注桩	机械成孔、人工挖孔、钢筋笼制作与安装、混凝土灌注	每根桩
		沉井	沉井制作（模板与支架、钢筋、混凝土、钢壳）、浮运、下沉就位、清基与填充	每节、座
		地下连续墙	成槽、钢筋骨架、水下混凝土	每个施工段
		承台	模板与支架、钢筋、混凝土	每个承台

序号	分部工程	子分部工程	分项工程	检验批
2	墩台	砌体墩台	石砌体、砌块砌体	每个砌筑段、浇筑段、施工段或每个墩台、每个安装段（件）
		现浇混凝土墩台	模板与支架、钢筋、混凝土、预应力混凝土	
		预制混凝土柱	预制柱（模板、钢筋、混凝土、预应力混凝土）、安装	
		台背回填	填土	
3	盖梁		模板与支架、钢筋、混凝土、预应力混凝土	每个盖梁
4	支座		垫石混凝土、支座安装、挡块混凝土	每个支座
5	索塔		现浇混凝土索塔（模板与支架、钢筋、混凝土、预应力混凝土）、钢构件安装	每个浇筑段、每根钢构件
6	锚锭		锚固体系制作、锚固体系安装、锚碇混凝土（模板与支架、钢筋、混凝土）、锚索张拉与压浆	每个制作件、安装件、基础
7	桥跨承重结构	支架上浇筑混凝土梁（板）	模板与支架、钢筋、混凝土、预应力钢筋	每孔、联、施工段
		装配式钢筋混凝土梁（板）	预制梁（板）（模板与支架、钢筋、混凝土、预应力混凝土）、安装梁（板）	每片梁
		悬臂浇筑预应力混凝土梁	0＃段（模板与支架、钢筋、混凝土、预应力混凝土）、悬浇段（挂篮、模板、钢筋、混凝土、预应力混凝土）	每个浇筑段
		悬臂拼装预应力混凝土梁	0＃段（模板与支架、钢筋、混凝土、预应力混凝土）、梁段预制（模板与支架、钢筋、混凝土）、拼装梁段、施加预应力	每个拼装段
		顶推施工混凝土梁	台座系统、导梁、梁段预制（模板与支架、钢筋、混凝土、预应力混凝土）、顶推梁段、施加预应力	每节段
		钢梁	现象安装	每段、孔
		结合梁	钢梁安装、预应力钢筋混凝土梁预制（模板与支架、钢筋、混凝土、预应力混凝土）、预制梁安装、混凝土结构浇筑（模板与支架、钢筋、混凝土、预应力混凝土）	每段、孔
		拱部与拱上结构	砌筑拱圈、现浇混凝土拱圈、劲性骨架混凝土拱圈、装配式混凝土拱部结构、钢管混凝土拱（拱肋安装、混凝土压注）、吊杆、系杆拱、转体施工、拱上结构	每个砌筑段、安装段、浇筑段、施工段
		斜拉桥的主梁与拉索	0＃段混凝土浇筑、悬臂浇筑混凝土主梁、支架上浇筑混凝土主梁、悬臂拼装混凝土主梁、悬拼钢箱梁、支架上安装钢箱梁、结合梁、拉索安装	每个浇筑段、制作段、安装段、施工段
		悬索桥的加劲梁与缆索	索鞍安装、主缆架设、主缆防护、索夹和吊索安装、加劲梁段拼装	每个制作段、安装段、施工段
8	顶进箱涵		工作坑、滑板、箱涵预制（模板与支架、钢筋、混凝土）、箱涵顶进	每坑、每制作节、顶进节

序号	分部工程	子分部工程	分项工程	检验批
9	桥面系		排水设施、防水层、桥面铺装层（沥青混合料铺装、混凝土铺装—模板、钢筋、混凝土）、伸缩装置、地袱和缘石与挂板、防护设施、人行道	每个施工段、每孔
10	附属结构		隔声与防眩装置、梯道（砌体；混凝土—模板与支架、钢筋、混凝土；钢结构）、桥头搭板（模板、钢筋、混凝土）、防冲刷结构、照明、挡土墙▲	每砌筑段、浇筑段、安装段、每座构筑物
11	装饰与装修		水泥砂浆抹面、饰面板、饰面砖和涂装	每跨、侧、饰面
12	引道▲			

注：表中“▲”项应符合国家现行标准《城镇道路工程施工与质量验收规范》（CJJ 1）的有关规定。

（3）单位工程质量验收

单位工程完成后，施工单位应进行自检，并在自检合格的基础上，将竣工资料、自检结果报监理工程师，申请预验收。监理工程师应在预验合格后报建设单位申请正式验收。建设单位应依相关规定及时组织相关单位进行工程竣工验收，并在规定时间内报建设行政管理部门备案。

1）单位工程验收程序应符合下列规定：

a. 单位工程完成后，施工单位应进行自检，并在自检合格的基础上，将竣工资料与自检结果报监理单位申请预验收。

b. 总监理工程师应组织监理人员（并约请相关人员）审核竣工资料，进行工程预检；预验合格后依据预检结果写出评估报告，报建设单位申请正式验收。

c. 建设单位项目负责人应根据监理的评估报告组织建设单位项目技术质量负责人、有关专业设计人员、总监理工程师和专业监理工程师、施工单位项目负责人等参加工程验收。该工程的设施运行管理单位应派员参加工程验收。

2）单位工程质量验收合格应符合下列规定：

a. 单位工程所含分部工程的质量均应验收合格。

b. 质量控制资料完整。

c. 单位工程所含分部工程中有关安全和功能的控制资料应完整。

d. 影响桥梁安全使用和周围环境的参数指标应符合规定。

e. 观感质量验收应符合要求。

（4）工程竣工验收

1）工程竣工验收应由建设单位组织验收组进行。验收组应由建设、勘察、设计、施工、监理、设施管理等单位的有关负责人组成，亦可邀请有关方面专家参加。验收组组长由建设单位担任。

2）工程竣工验收应在构成桥梁的各分项工程、分部工程、单位工程质量验收均合格后进行。当设计规定进行桥梁功能、荷载试验时，必须在荷载试验完成后进行。桥梁工程竣工资料须于竣工验收前完成。

三、市政管道工程质量验收的基本规定

（一）市政管道工程施工和质量验收的基本要求

（1）从事给排水管道工程的施工单位应具备相应的施工资质，施工人员应具备相应的资格。给排水管道工程施工和质量管理应具有相应的施工技术标准。

（2）施工单位应建立、健全施工技术、质量、安全生产等管理体系，制订各项施工管理规定，并贯彻执行。

（3）施工单位应按照合同文件、设计文件和有关规范、标准要求，根据建设单位提供的施工界域内地下管线等构（建）筑物资料、工程水文地质资料，组织有关施工技术管理人员深入沿线调查，掌握现场实际情况，做好施工准备工作。

（4）施工单位应熟悉和审查施工图纸，掌握设计意图与要求实行自审、会审（交底）和签证制度；发现施工图有疑问、差错时，应及时提出意见和建议；如需变更设计时应按照相应程序报审，经相关单位签证认定后实施。

（5）施工单位在开工前应编制施工组织设计，对关键的分项、分部工程应分别编制专项施工方案。施工组织设计、专项施工方案必须按规定程序审批后执行，有变更时要办理变更审批。

（6）施工临时设施应根据工程特点合理设置，并有总体布置方案。对不宜间断施工的项目，应有备用动力和设备。

（7）施工测量应实行施工单位复核制、监理单位复测制，填写相关记录，并符合下列规定：

1）施工前，建设单位应组织有关单位进行现场交桩，施工单位对所交桩进行复核测量；原测桩有遗失或变位时，应及时补钉桩校正，并应经相应的技术质量管理部门和人员认定；

2）临时水准点和管道轴线控制桩的设置应便于观测、不易被扰动且必须牢固，并应采取保护措施；开槽铺设管道的沿线临时水准点，每 200m 不宜少于 1 个；

3）临时水准点、管道轴线控制桩、高程桩，必须经过复核方可使用，并应经常校核；

4）不开槽施工管道，沉管、桥管等工程的临时水准点、管道轴线控制桩，应根据施工方案进行设置，并及时校核；

5）对既有管道、构（建）筑物与拟建工程衔接的平面位置和高程，开工前必须校测。

（8）施工单位必须遵守国家和地方政府有关环境保护的法律、法规，采取有效措施控制施工现场的各种粉尘、废气、废弃物以及噪声、振动等对环境造成的污染和危害。

（9）施工单位必须取得安全生产许可证，并应遵守有关施工安全、劳动保护、防火、防毒的法律、法规，建立安全管理体系和安全生产责任制，确保安全施工。对不开槽施工、过江河管道或深基槽等特殊作业，应制定专项施工方案。

（10）给排水管道工程施工质量验收应在施工单位自检基础上，按验收批、分项工程、分部（子分部）工程、单位（子单位）工程的顺序进行，质量验收记录应按《给水排水管道工程施工及验收规范》（GB 50268）填写，并应符合下列规定：

1）工程施工质量应符合工程勘察、设计文件的要求和《给水排水管道工程施工及验收规范》（GB 50268）及相关专业验收规范的规定；

2）参加工程施工质量验收的各方人员应具备相应的资格；

3）工程施工质量的验收应在施工单位自行检查，评定合格的基础上进行；

4）隐蔽工程在隐蔽前应由施工单位通知监理等单位进行验收，并形成验收文件；

5）涉及结构安全和使用功能的试块、试件和现场检测项目，应按规定进行平行检测或见证取样检测；

6）验收批的质量应按主控项目和一般项目进行验收；每个检查项目的检查数量，除《给水排水管道工程施工及验收规范》（GB 50268）有关条款有明确规定外，应全数检查；

7）对涉及结构安全和使用功能的分部工程应进行试验或检测；

8）承担检测的单位应具有相应资质；

9）外观质量应由质量验收人员通过现场检查共同确认。

（11）工程应经过竣工验收合格后，方可投入使用。

（二）单位（子单位）工程、分部（子分部）工程、分项工程和验收批的划分

开工前，应将工程划分为单位（子单位）工程、分部（子分部）工程、分项工程和检验批，作为施工控制、施工质量检查验收的基础，并应符合下列规定：

（1）开（挖）槽施工的管道工程、大型顶管工程、大型沉管工程、大型桥管工程及盾构、浅埋暗挖管道工程，可设独立的单位工程；

（2）分部（子分部）工程、分项工程和验收批的划分见表 14-9。

表 14-9 分部（子分部）工程、分项工程和验收批的划分

<table>
<tr><th colspan="3">分部工程（子分部工程）</th><th>分项工程</th><th>验收批</th></tr>
<tr><td colspan="3">土方工程</td><td>沟槽土方（沟槽开挖、沟槽支撑、沟槽回填）、基坑土方（基坑开挖、基坑支护、基坑回填）</td><td>与下列验收批对应</td></tr>
<tr><td rowspan="8">管道主体工程</td><td>预制管开槽施工主体结构</td><td>金属类管、混凝土类管、预应力钢筒混凝土管、化学建材管</td><td>管道基础、管道接口连接、管道铺设、管道防腐层（管道内防腐层、钢管外防腐层）、钢管阴极保护</td><td>可选择下列方式划分：①按流水施工长度；②排水管道按井段；③给水管道按一定长度连续施工段或自然划分段（路段）；④其他便于过程质量控制方法</td></tr>
<tr><td>管渠（廊）</td><td>现浇钢筋混凝土管渠、装配式混凝土管渠、砌筑管渠</td><td>管道基础、现浇钢筋混凝土管渠（钢筋、模板、混凝土、变形缝）、装配式混凝土管渠（预制构件安装、变形缝）、砌筑管渠（砖石砌筑、变形缝）、管道内防腐层、管廊内管道安装</td><td>每节管渠（廊）或每个流水施工段管渠（廊）</td></tr>
<tr><td rowspan="6">不开槽施工主体结构</td><td>工作井</td><td>工作井围护结构、工作井</td><td>每座井</td></tr>
<tr><td>顶管</td><td>管道接口连接、顶管管道（钢筋混凝土管、钢管）、管道防腐层（管道内防腐层、钢管外防腐层）．钢管阴极保护、垂直顶升</td><td>顶管顶进：每 100m；
垂直顶升：每个顶升管</td></tr>
<tr><td>盾构</td><td>管片制作、掘进及管片拼装、二次内衬（钢筋、混凝土）、管道防腐层、垂直顶升</td><td>盾构掘进：每 100 环；
二次内衬：每施工作业断面；
垂直顶升：个顶升管</td></tr>
<tr><td>浅埋暗挖</td><td>土层开挖、初期衬砌、防水层、二次内衬、管道防腐层、垂直顶升</td><td>暗挖：每施工作业断面；
垂直顶升：每个顶升管</td></tr>
<tr><td>定向钻</td><td>管道接口连接、定向钻管道、钢管防腐层（内防腐层、外防腐层）、钢管阴极保护</td><td>每 100m</td></tr>
<tr><td>夯管</td><td>管道接口连接、夯管管道、钢管防腐层（内防腐层、外防腐层）、钢管阴极保护</td><td>每 100m</td></tr>
</table>

续表

分部工程（子分部工程）			分项工程	验收批
管道主体工程	沉管	组对拼装沉管	基槽浚挖及管基处理、管道接口连接、管道防腐层、管道沉放、稳管及回填	每100m（分段拼装按每段，且不大于100m）
		预制钢筋混凝土沉管	基槽浚挖及管基处理、预制钢筋混凝土管节制作（钢筋、模板、混凝土）、管节接口预制加工、管道沉放、稳管及回填	每节预制钢筋混凝土管
	桥管		管道接口连接、管道防腐层（内防腐层、外防腐层）、桥管管道	每跨或每100m；分段拼装按每跨或每段，且不大于100m
附属构筑物工程			井室（现浇混凝土结构、砖砌结构、预制拼装结构）、雨水口及支连管、支墩	同一结构类型的附属构筑物不大于10个

注：1. 大型顶管工程：指管道一次顶进长度大于300m的管道工程；
2. 大型沉管工程：指预制钢筋混凝土管沉管工程；对于成品管组对拼装的沉管工程，应为多年平均水位水面宽度不小于200m，或多年平均水位水面宽度100～200m之间，且相应水深不小于5m；
3. 大型桥管工程：总跨长度不小于300m或主跨长度不小于100m；
4. 土方工程中涉及地基处理、基坑支护等，可按现行国家标准《建筑地基基础工程施工质量验收规范》（GB 50202）等相关规定执行；
5. 桥管的地基与基础、下部结构工程，可按桥梁工程规范的有关规定执行；
6. 工作井的地基与基础、围护结构工程，可按现行国家标准《建筑地基基础工程施工质量验收规范》（GB 50202）、《混凝土结构工程施工质量验收规范》（GB 50204）、《地下防水工程质量验收规范》（GB 50208）、《给水排水构筑物工程施工及验收规范》（GB 50141）等相关规定执行。

（三）施工质量控制

（1）给排水管道工程所用的原材料、半成品、成品等产品的品种、规格、性能必须符合国家有关标准的规定和设计要求；接触饮用水的产品必须符合有关卫生要求。严禁使用国家明令淘汰、禁用的产品。工程所用的管材、管道附件、构（配）件和主要原材料等产品进入施工现场时必须进行进场验收并妥善保管。进场验收时应检查每批产品的订购合同、质量合格证书、性能检验报告、使用说明书、进口产品的商检报告及证件等，并按国家有关标准规定进行复验，验收合格后方可使用。

（2）施工测量的允许偏差，应符合表14-10的规定，并应满足国家现行标准《工程测量规范》（GB 50026）和《城市测量规范》（CJJ 8）的有关规定；对有特定要求的管道还应遵守其特殊规定。

（3）现场配制的混凝土、砂浆、防腐与防水涂料等工程材料应经检测合格后方可使用。

（4）所用管节、半成品、构（配）件等在运输、保管和施工过程中，必须采取有效措施防止其损坏、锈蚀或变质。

（5）在质量检验、验收中使用的计量器具和检测设备，必须经计量检定、校准合格后方可使用。承担材料和设备检测的单位，应具备相应的资质。

（6）各分项工程应按照施工技术标准进行质量控制，每分项工程完成后，必须进行检验；相关各分项工程之间，必须进行交接检验，所有隐蔽分项工程必须进行隐蔽验收，未经检验或验收不合格不得进行下道分项工程（各分项工程完成后应进行自检、交接检验、并形成文件，经监理工程师检查验收签认后方可进行下一个分项工程施工）。

（7）管道附属设备安装前应对有关的设备基础、预埋件、预留孔的位置、高程、尺寸等进行复核。

(8) 施工单位应按照相应的施工技术标准对工程施工质量进行全过程控制，建设单位、勘察单位、设计单位、监理单位等各方应按有关规定对工程质量进行管理。

表 14-10　施工测量的允许偏差

项目		允许偏差
水准测量高程闭合差	平地	$\pm 204\sqrt{L}$ (mm)
	山地	$\pm 6\sqrt{n}$ (mm)
导线测量方位角闭合差		$40\sqrt{n}$ (″)
导线测量相对闭合差	外槽施工管道	1/1000
	其他方法施工管道	1/3000
直接丈量测距的两次较差		l/5000

(四) 施工质量验收组织及质量标准

(1) 验收批及分项工程验收

1) 验收批及分项工程应由专业监理工程师组织施工项目的技术负责人（专业质量检查员）等进行验收。

2) 验收批质量验收合格应符合下列规定：

a. 主控项目的质量经抽样检验合格；

b. 一般项目中的实测（允许偏差）项目抽样检验的合格率应达到 80%，且超差点的最大偏差值应在允许偏差值的 1.5 倍范围内；

c. 主要工程材料的进场验收和复验合格，试块、试件检验合格；

d. 主要工程材料的质量保证资料以及相关试验检测资料齐全、正确；具有完整的施工操作依据和质量检查记录。

3) 分项工程质量验收合格应符合下列规定：

a. 分项工程所含的验收批质量验收全部合格；

b. 分项工程所含的验收批的质量验收记录应完整、正确；有关质量保证资料和试验检测资料应齐全、正确。

(2) 分部（子分部）工程验收

1) 分部（子分部）工程应由总监理工程师组织施工项目质量负责人等进行验收。对于涉及重要部位的地基基础、主体结构、非开挖管道、桥管、沉管等分部（子分部）工程，设计和勘察单位工程项目负责人、施工单位技术质量部门负责人应参加验收。

2) 分部（子分部）工程质量验收合格应符合下列规定：

a. 分部（子分部）工程所含分项工程的质量验收全部合格；

b. 质量控制资料应完整；

c. 分部（子分部）工程中，地基基础处理、桩基础检测、混凝土强度、混凝土抗渗、管道接口连接、管道位置及高程、金属管道防腐层、水压试验、严密性试验、管道设备安装调试、阴极保护安装测试、回填压实等的检验和抽样检测结果应符合规范规定；

d. 外观质量验收应符合要求。

(3) 单位（子单位）工程质量验收

单位工程完成后，施工单位应进行自检，并在自检合格的基础上，将竣工资料、自检结果报监理工程师，申请预验收。监理工程师应在预验合格后报建设单位申请正式验收。建设单位应依相关规定及时组织相关单位进行工程竣工验收。当参加验收各方对工程质量验收意见不一致时，可由工程所在地建设行政主管部门或工程质量监督机构协调解决。单位工程质量验收合格后，建设单位应将有关文件和技术资料归档，并按规定将竣工验收报告和有关文件，报工程所在地建设行政主管部门备案。

1）单位工程验收程序应符合下列规定：

a. 单位工程有分包单位施工时，分包单位对所承包的工程应按规定进行验收，验收时总承包单位应派人参加；分包工程完成后，应及时地将有关资料移交总承包单位。

b. 单位工程完成后，施工单位应进行自检，并在自检合格的基础上，将竣工资料与自检结果报监理单位申请预验收。

c. 总监理工程师应组织监理人员（并邀请相关人员）审核竣工资料，进行工程预检；预验合格后依据预检结果写出评估报告，报建设单位申请正式验收。

d. 对符合竣工验收条件的单位工程，应由建设单位按规定组织验收。施工、勘察、设计、监理等单位等有关负责人以及该工程的管理或使用单位有关人员应参加验收。

2）单位（子单位）工程质量验收合格应符合下列规定：

a. 单位（子单位）工程所含分部（子分部）工程的质量验收全部合格；

b. 质量控制资料应完整；

c. 单位（子单位）工程所含分部（子分部）工程有关安全及使用功能的检测资料应完整；

d. 涉及金属管道的外防腐层、钢管阴极保护系统、管道设备运行、管道位置及高程等的试验检测、抽查结果以及管道使用功能试验应符合规范规定；

e. 外观质量验收应符合要求。

（4）给排水管道工程质量验收不合格时，应按下列规定处理：

1）经返工重做或更换管节、管件、管道设备等的验收批，应重新进行验收；

2）经有相应资质的检测单位检测鉴定能够达到设计要求的验收批，应予以验收；

3）经有相应资质的检测单位检测鉴定达不到设计要求，但经原设计单位验算认可，能够满足结构安全和使用功能要求的验收批，可予以验收；

4）经返修或加固处理的分项工程、分部（子分部）工程，改变外形尺寸但仍能满足结构安全和使用功能要求，可按技术处理方案文件和协商文件进行验收。

（5）通过返修或加固处理仍不能满足结构安全或使用功能要求的分部（子分部）工程、单位（子单位）工程，严禁验收。

第十五章　资料安全管理的有关规定

资料安全管理是指资料形成单位、资料保存单位对工程资料实体和信息内容采取有效保护措施，避免受到自然灾害或人为侵害，并使其处于安全状态的管理工作。其内容包括：资料安全管理职责、工程资料实体安全管理、资料信息安全管理和资料库房安全管理。

资料安全管理工作遵循严格管理、预防为主、防治结合、确保安全的原则。

一、资料安全管理职责

切实加强对资料管理部门安全管理工作的领导，明确分管领导，制定资料安全责任制，将资料安全工作列入本单位的议事日程和工作计划之中，及时研究和解决存在的问题，确保资料安全管理工作责任的落实。

（1）资料管理部门应履行资料安全管理工作的职责。

1）各级资料管理部门负责单位工程资料安全的综合管理工作。

2）上级资料管理部门负责指导下级资料管理部门的档案安全管理工作。

3）各级资料管理部门对同级各单位资料安全管理工作负有指导、监督、检查的职责。

4）上级机关对下级机关、单位的资料安全管理工作负有指导、监督、检查的职责。

（2）各单位应加强工程资料安全宣传教育，要采用多种形式开展教育活动，增强全员资料安全意识，并使资料安全教育经常化、制度化。

（3）建立健全工程资料安全管理制度，每年计划预算中应确保合理的经费投入，保证资料安全管理工作的需要，做到每年有计划、有检查、有总结。

（4）各资料管理部门应根据本单位实际情况制定周密细致、便于操作、切实有效的突发性灾害、事故应急处置预案（包括：应对火警、防汛、地震、信息管理系统受侵害、意外事故等），不断完善应急措施，随时应对可能出现的各种突发性事件，确保资料实体和资料信息的安全。

（5）工程资料管理人员应熟知资料安全保护知识，定期进行资料安全检查，做好检查记录，发现问题或安全隐患应及时向分管领导汇报，并采取相应的处理措施。

（6）各级资料管理部门应定期在所辖行政区域开展全面、细致的资料安全检查，对检查情况和发现的问题要进行认真分析，并采取切实有效的措施，督促有关单位限时整改。

（7）发生资料安全事故的单位应及时向主管领导和上级机关报告，同时组织在第一时间进行抢救恢复，严禁瞒报、迟报。

二、资料实体安全管理

（1）各单位应确保在工作活动过程中形成的具有保存价值的文件材料收集齐全、完整、真实、准确，并及时归档（包括电子版本）。

（2）各单位应依法定期将具有长远保存价值的文件资料向有关档案馆移交。撤销单位的文件资料或由于保管条件恶劣可能导致资料不安全的，应提前向档案馆移交或寄存。

（3）建立健全工程资料调卷、归卷制度；规范资料提供利用过程中借阅登记和及时归卷的程序；建立工程资料、人员出入库登记制度，确保工程资料安全万无一失。

（4）资料管理工作人员每年应对库藏文件资料进行一次清点核对，做到登记台账与存档资料实体相符。

（5）各级资料管理部门应掌握存档资料安全保管情况，每年定期进行10%的安全性抽样检查，发现问题应及时采取措施予以处理。

（6）新收集文件资料必须经消毒、除尘后方能入库，并对消毒杀虫情况进行登记。

（7）对老化、破损、褪色、霉变等受损资料载体，必须采取抢救措施，按资料保护技术要求进行修复或复制。

（8）不同载体材质的文件资料应分类存放、规范保存。对特殊载体文件的存放，按其特性和要求，使用规范，并加以保管和保存。

（9）存储涉密文件资料信息的载体，应按所存储信息标明密级，并按相应密级文件的管理要求进行管理。

三、资料信息安全管理

（1）认真执行国家有关档案工作的保密制度，制定各级单位文件资料信息安全管理制度，确保存储资料信息的安全。

（2）做好文件资料的鉴定工作，科学、准确地区分、判定资料开放与控制使用范围。对涉密资料的密级变更和解密，已解密的和未定密级的但仍需控制使用的文件资料，必须按照国家有关保密的法律法规和有关规定办理。

（3）企业各级资料管理部门对所保存的涉密资料和控制使用，在管理和利用时应当依照国家有关法规并根据实际工作需要，制定审批手续并严格执行，不得擅自开放或扩大利用范围。因利用工作需要汇编资料文件时，凡涉及秘密文件，应当经原制发机关、单位批准，未经批准不得汇编入册。

（4）应加强对计算机及其他信息设备的使用管理，凡涉及保密资料的电子设备、通信和办公自动化系统均应符合保密要求。涉密计算机信息系统必须与互联网实行物理隔离，严禁用处理国家秘密信息的计算机上互联网。与互联网相连的计算机或其他电子信息设备不得存储、处理和传递涉密档案信息。

（5）各级各类文件资料馆面向社会开放的资料信息网站，应按规定报相关公安部门备案，并在接受安全评估合格后，方可接入互联网。应遵守国家关于计算机信息系统、信息网络的安全保密管理规定，建立资料信息、数据上网审批制度，加强上网资料信息管理。

（6）各级各类资料管理部门的档案信息管理系统应安全可靠。

1）应建立操作权限管理制度，明确权限和操作范围。

2）要建立操作人员密码管理制度，定期修改管理密码。

3）要建立计算机病毒防治制度，定期进行病毒检查。

4）要建立重要数据库和系统主要设备的火灾备份措施，确保档案信息接收、存储及利用的安全。

（7）计算机信息系统打印输出的涉密资料信息，应当按相应密级的文件进行管理。计算机信息系统存储、处理、传递、输出的涉密档案信息要有相应的密级标识，密级标识不能与正文分离。

(8) 用介质交换资料信息或数据必须进行病毒预检，防止病毒破坏系统和数据。存储过涉密档案信息的载体的维修，应保证所存储涉密档案信息不被泄漏。

(9) 到期存档资料经鉴定后，销毁资料载体应确保资料信息无法还原。

1) 销毁纸介质资料载体，应当采用焚毁、化浆、碎纸等方法处理。

2) 销毁磁介质、光盘等资料载体，应当采用物理或化学的方法彻底销毁。

3) 禁止将资料载体作为废品出售。

四、档案库房安全管理

(1) 资料室面积应符合本单位收集和保管文件资料的需要。

(2) 资料室门窗应具有防火性能，并具备良好的密闭性，以防环境的不利因素对室（库）内有影响，资料室门窗要采取相应的防光设施，加强资料室的防光能力。

(3) 资料室内应配备火灾自动报警系统和适合资料室使用的灭火设备。消防器材应定期检查，及时更换过期的消防器材。库区内消防通道畅通，应急照明完好、疏散标志清晰。库房内不得堆放与文件资料无关的物品，严禁将易燃、易爆及其他物品与档案一同存放。

(4) 资料库区内应安装安全防护监控系统或防盗报警装置，库房门窗应有防盗设施。资料室（库）房通道与阅览室须配备视频监控录像设备。监控录像应至少保留 3 个月。

(5) 资料室区内应配置有效的温湿度调节设备与检测系统。温度应控制在 14～24℃（±2℃），相对湿度应控制在 45%～60%（±5%）。存放特殊载体的文件资料库房应配备空气净化装置或空气过滤设施。

(6) 资料室应配有防虫、霉、鼠等有害生物的药品，有效控制面积应达到 100%。建立定期虫霉检查制度，适时更换过期防治药品，及时发现和杜绝档案霉变或虫蛀现象的产生和蔓延。

(7) 资料室照明应选择无紫外线光源。如使用日光灯或其他含紫外线光源灯，要采取相应过滤措施。

(8) 资料室应建立特藏室或专柜，对馆藏重要、珍贵文件资料采取特殊的安全防护措施，确保重要、珍贵文件资料的绝对安全。

五、资料安全管理责任制度

资料员负责工程项目的资料档案管理、计划、统计管理及内业管理工作。

(一) 负责工程项目图纸档案的收集、管理

(1) 负责工程项目的所有图纸的接收、清点、登记、发放、归档、管理工作。在收到工程图纸并进行登记以后，按规定向有关单位和人员签发，由收件方签字确认。负责收存全部工程项目图纸，且每一项目应收存不少于两套正式图纸，其中至少一套图纸有设计单位图纸专用章。竣工图采用散装方式折叠，按资料目录的顺序，对建筑平面图、立面图、剖面图、建筑详图、结构施工图、设备施工图等建筑工程图纸进行分类管理。

(2) 收集整理施工过程中的工程资料并归档。负责对每日收到的管理文件、技术文件进行分类、登录、归档；负责项目文件资料的登记、受控、分办、催办、签收、用印、传递、立卷、归档和销毁等工作；负责做好各类资料积累、整理、处理、保管和归档立卷等工作，

注意保密的原则。来往文件资料收发应及时登记台账，视文件资料的内容和性质准确及时递交项目经理批阅，并及时送有关部门办理。确保设计变更、洽商的完整性，要求各方严格执行接收手续，所接收到的设计变更、洽商，须经各方签字确认，并加盖公章。设计变更（包括图纸会审纪要）原件存档。所收存的技术资料须为原件，无法取得原件的，详细背书，并加盖公章。做好信息收集、汇编工作，确保管理目标的全面实现。

（二）参加分部分项工程的验收工作

(1) 负责备案资料的填写、会签、整理、报送、归档，严格遵守资料整编要求，符合分类方案、编码规则，资料份数应满足资料存档的需要。

(2) 按时向公司档案室移交：在工程竣工后，负责将文件资料、工程资料立卷移交公司。文件材料移交与归档时，应有“归档文件材料交接表”，交接双方必须根据移交目录清点核对，履行签字手续。移交目录一式两份，双方各持一份。

(3) 指导工程技术人员对施工技术资料（包括设备进场开箱资料）的保管；指导工程技术人员对工作活动中形成的，经过办理完毕的，具有保存价值的文件材料进行鉴定验收；对已竣工验收的工程项目的工程资料分级保管交资料室。

（三）负责工程项目的内业管理工作

(1) 负责工程项目的内业管理工作：汇总各种内业资料，及时准确统计，登记台账，报表按要求上报。通过实时跟踪、反馈监督、信息查询、经验积累等多种方式，保证汇总的内业资料反映施工过程中的各种状态和责任，能够真实地再现施工时的情况，从而找到施工过程中的问题所在。对产生的资料进行及时的收集和整理，确保工程项目的顺利进行。有效地利用内业资料记录、参考、积累，为企业发挥它们的潜在作用。

(2) 负责工程项目的后勤保障工作：负责做好文件收发、归档工作。负责部门成员考勤管理和日常行政管理等经费报销工作。负责对竣工工程档案整理、归档、保管，便于有关部门查阅调用。负责公司文字及有关表格等打印。保管工程印章，对工程盖章登记，并留存备案。

六、资料安全管理的过程和保密措施

（一）资料安全管理的过程

收集、审查、整理资料→分类、检索、处理、存储资料→传递、追溯、应用资料→分类安全保管资料→立卷、归档、验收与移交资料。

（二）资料安全的保密措施

安全保管施工资料包括严格遵守国家和地方的有关法律、法规和规定，建立完善的资料管理制度和安全责任制度，坚持全过程安全管理，采取必要的安全保密措施，包括资料的分级、分类管理方式，确保施工资料安全、合理、有效使用。

(1) 保密原则：严格按照《中华人民共和国保密条例》执行，以确保安全防范工程中涉及用户单位机密以及公司自身工程技术机密的不对外泄漏。机密的保管实行点对点管理办法，落实到人头，做到有法可依，违法必究，责任落实到位。

(2) 组织机构建立：为保证保密工作的顺利开展，公司名称以负责人牵头成立保密工作组，组员由档案管理专职人员、技术负责人、项目管理人员和公司经理组成，并为档案管理配备专用的档案室，针对每个工程由项目负责人兼任保密责任人。

（3）保密内容：工程技术实现原理、软硬件使用密码、工程施工线路及设备布局图，工程进度及扩展方式，通信及交换协议，工程实施细节合同等。

（4）保密实施细则

1）在工程合同签订前的技术方案由技术起草者负责保管，对其他部门及外单位人员不得透露任何技术内容及细节。

2）在使用单位的需求情况下，由项目负责人落实并保证不得向外界透露，并以书面形式传递给档案管理人员和技术负责人。

3）档案管理人员对以上信息以书面、电子等方式存档，公司员工在借阅时必须经领导同意且确定借阅时间后方可借阅。

4）档案管理人员不得将机密文件带回家中或带上出入公共场所，相关人员不准随意谈论，泄露机密事项，不准私人打印、复印、抄录文件内容，不得将朋友、他人带入档案室，不得外传、外借相关资料。

5）打印过的废纸和校对底稿应及时清理、销毁。

6）合同签订后的相关文档资料立即存档，并建立保密所必备的借阅制度。

7）出现泄密事件后，应立即上报公司负责人，做到机密不得扩散，同时认真追查相关人员的责任。

七、电子文件与电子档案的管理

（一）一般要求

（1）电子文件形成单位指定专门机构或人员负责对电子文件的形成、收集、积累、鉴定、归档及电子档案的保管实行全过程管理，保证管理工作的连续性。

（2）归档电子文件同时存在相应的纸质或其他载体形成的文件时，则应在内容、相关说明及描述上保持一致。存储电子文件的载体或包装盒上应贴有标签，标签内填写档号、题名、密级、保管期限、硬件及软件环境等。电子文件的载体应设置成禁写操作的状态。

（3）具有长期或永久保存价值的文本或图形电子文件，如没有纸质等拷贝件的必须制成纸质文件或缩微品等，进行归档时必须将电子文件与相应的纸质文件或缩微品一并归档。

（4）记录了重要文件的主要修改过程，有查考价值的电子文件应被保留，当正式文件是纸质的，如果保管部门已开始进行向计算机全文处理的转换工作，则与正式文件定稿内容相同的草稿性电子文件应当保留，否则可根据实际条件或需要，确定是否保留。

（5）保存与纸质等文件内容相同的电子文件时，应在彼此间建立准确、可靠的标识关系。

原电子文件载体在完成电子文件归档后，在其形成部门保留时间至少 1 年。

（6）用扫描仪等设备获得的图像电子文件，如果采用非标准压缩法，收集时应转换成统一格式，如无法转换，则应将相关软件一并收藏。

（7）用计算机辅助设计或绘图等获得的图形电子文件，收集时应注意其软硬件环境和相关数据。

（8）用视频设备获得的动态图像文件，收集时应注意收集其非通用格式的压缩算法和相关软件。

（9）用音频设备获得的文件，应同时收集其属性标识、参数和非通用格式的相关软件。

（10）通用软件产生的电子文件，应同时收集其软件型号、名称、版本号和相关参数手册、说明资料等。专用软件产生的电子文件，原则上应转换成通用型电子文件，如不能转换，则收集时必须连同专用软件一并收藏。

（11）每份电子文件均需在电子文件登记表中登记，电子文件登记表应与电子文件同时保存。把带有归档标识的电子文件集中拷贝至耐久性的载体上，一式三套，一套封存保存，一套供查阅使用。第三套异地保存。对于加密电子文件，则应解密后再完成上述工作。

（12）对于多年才能完成的项目，电子档案应实行分段积累，宜1年拷贝一次。

（二）电子文件的移交与保管

（1）归档的每套载体均应接受检验，合格率应达到100%。检验项目包括：

1）载体有无划痕，是否清洁。

2）有无病毒。

3）核实电子档案的完整性、有效性和审核手续。

4）核实登记表、软件、说明资料等是否齐全。

（2）电子档案保管除应具备纸质档案一般的要求外，还应符合下列条件：

1）归档载体应做防写处理。不得擦、划、触摸记录涂层。

2）环境温度选定范围：17～20℃；相对湿度选定范围：35～45℃。

3）存放时应注意远离强磁场，并与有害气体隔离。

4）对磁性载体每满2年，光盘每满4年进行一次抽样机读检验。抽样率不低于10%，如发现问题及时采取恢复措施。

5）磁性载体上的电子档案每4年转存一次，原载体同时保留时间不少于4年。

6）电子档案的封存载体不得外借。未经批准任何单位或人员不得擅自复制电子文件。

7）利用时要遵守保密规定。对具有保密要求的电子档案，采用联网的方式利用时，必须符合国家或部门有关保密的规定，要有稳妥的安全保密措施。

8）电子档案的销毁，应在办理审批手续后，方可实施。属于保密范围的电子档案被销毁时，如存储在不可擦除的载体上，须连同存储载体一起销毁，并在网络中彻底清除。

对所保存的电子档案载体，必须进行定期检测，应每年一次，采用等距抽样或随机抽样的方式进行。

9）保存照片档案的库房相对湿度应控制在45%～60%之间。

保存照片档案的库房温度应控制在14～24℃之间。

录像档案保存的最佳环境温度、相对湿度分别为：18℃、40%。

10）专门用于存放光盘档案的库房，昼夜温差变化不大于±2℃。

第十六章　施工资料用表填写

第一节　施工资料用表

表 16-1　施工资料用表目录

资料类别	资料名称		
C1 类	施工管理资料	C1-1	工程概况表
		C1-2	施工现场质量管理检查记录
		C1-3	建设工程质量事故调（勘）查记录
		C1-4	工程质量事故报告
		C1-5	施工日志
C2 类	施工技术资料	C2-1	技术交底记录
		C2-2	图纸会审记录
			图纸会审记录续页
		C2-3	工程洽商记录
C3 类	工程主要物资资料	1　进场检验通用表格	
		C3-1-1	——质量证明文件、检测报告汇总表
		C3-1-2	出厂质量证明文件及检测报告粘贴表
		C3-1-3	材料、构配件进场验收记录
		2　进场检验专用表格	
		C3-2-1	设备开箱检验记录
		C3-2-2	设备（管道附件）试压记录
		3　进场复试报告通用表格	
		C3-3-1	进场材料检测报告
		4　进场复试报告	
		C3-4-1	钢材力学性能检测报告
		C3-4-2	水泥检测报告
		C3-4-3	砂子检测报告
		C3-4-4	石子检测报告
		C3-4-5	结构密封胶检测报告
C4 类	施工检测报告	C4-1	钢筋连接检测报告汇总表
		C4-2	钢材连接检测报告
		C4-3	焊缝射线检测报告
		C4-4	焊缝磁粉检测报告
		C4-5	焊缝超声波检测报告

续表

资料类别	资料名称		
C4类	施工检测报告	C4-6	混凝土抗压强度检测报告汇总表
		C4-7	混凝土强度评定表
		C4-8	混凝土配合比通知单
		C4-9	混凝土试块检测报告
		C4-10	混凝土抗渗性能检测报告
		C4-11	砂浆抗压强度检测报告汇总表
		C4-12	砂浆强度评定表
		C4-13	砂浆配合比通知单
		C4-14	砂浆试块检测报告
		C4-15	土壤检测报告
		C4-16	土壤击实检测报告
		C4-17	建筑外门窗检测报告
		C4-18	幕墙检测报告
		C4-19	后置埋件检测报告
		C4-20	结构实体混凝土强度检测报告
		C4-21	结构实体钢筋保护层厚度检测报告
		C4-22	节能、保温测试报告
		C4-23	室内环境检测报告
		C4-24	桩基及地基处理检测报告
		C4-25	沉降观测记录
C5类	施工记录	1 通用表格	
		C5-1-1	隐蔽工程验收记录
		C5-1-2	施工记录（通用）
		C5-1-3	交接检查记录
		2 专用表格：建筑与结构	
		C5-2-1	工程定位测量记录
		C5-2-2	工程预检记录
		C5-2-3	基槽及各层放线测量及复测记录
		C5-2-4	建筑物垂直度、标高、全高观测记录
		C5-2-5	地基验槽记录
		C5-2-6	地基钎探记录
		C5-2-7	混凝土浇灌申请书
		C5-2-8	混凝土开盘鉴定
		C5-2-9	混凝土工程施工记录
		C5-2-10	混凝土坍落度检查记录
		C5-2-11	冬期混凝土搅拌及浇灌测温记录
		C5-2-12	混凝土养护测温记录

续表

资料类别	资料名称		
C5类	施工记录	C5-2-13	结构实体钢筋保护层厚度检测记录
		C5-2-14	大型构件吊装记录
		C5-2-15	焊接材料烘焙记录
		C5-2-16	大六角高强度螺栓初拧（终拧）施工检查记录
		C5-2-17	钢网架（桁架）结构挠度值检查记录
		C5-2-18	现场施工预应筋张拉记录
		C5-2-19	预应力灌浆记录
		C5-2-20	钢筋冷拉记录
		3　专用表格：桩基、基坑与地基处理	
		C5-3-1	钢筋混凝土预制桩施工记录
		C5-3-2	钢管桩施工记录
		C5-3-3	钻孔桩钻孔施工记录
		C5-3-4	钻孔灌注桩后压浆施工记录
		C5-3-5	长螺旋钻孔泵压混凝土桩施工记录
		C5-3-6	套管成孔灌注桩施工记录
		C5-3-7	井点施工记录（通用）
		C5-3-8	轻型井点降水记录
		C5-3-9	喷射井点降水记录
		C5-3-10	电渗井点降水记录
		C5-3-11	管井井点降水记录
		C5-3-12	深井井点降水记录
		C5-3-13	地下连续墙挖槽施工记录
		C5-3-14	地下连续墙护壁泥浆施工记录
		C5-3-15	地下连续墙混凝土浇筑记录
		C5-3-16	锚杆成孔记录
		C5-3-17	锚杆安装记录
		C5-3-18	预应力锚杆张拉与锁定施工记录
		C5-3-19	注浆及护坡混凝土施工记录
		C5-3-20	土钉墙土钉成孔施工记录
		C5-3-21	土钉墙土钉钢筋安装记录
		C5-3-22	沉井下沉施工记录
		C5-3-23	沉井、沉箱下沉完毕检查记录
		C5-3-24	试打桩记录
		C5-3-25	土桩与灰土挤密桩桩孔施工记录
		C5-3-26	土桩与灰土挤密桩桩孔夯填施工记录
		C5-3-27	重锤夯实施工记录

资料类别	资料名称		
C5 类	施工记录	C5-3-28	强夯施工记录
		C5-3-29	深层搅拌桩施工记录
		C5-3-30	振冲处理施工记录
		C5-3-31	旋喷桩施工记录
		C5-3-32	高压旋喷钻孔记录
		C5-3-33	人工挖孔桩施工记录
		C5-3-34	人工挖孔桩混凝土灌注记录
		C5-3-35	CFG 桩施工记录
C6 类	施工试验及检查记录	1　通用表格	
		C6-1-1	设备单机试运转记录
		C6-1-2	系统试运转（调试）记录
		2　专用表格：建筑与结构工程	
		C6-2-1	淋（蓄）水试验记录
		C6-2-2	地下工程防水效果检查记录
		C6-2-3	通风（烟）道、垃圾道检查记录
		3　专用表格：给排水及采暖工程	
		C6-3-1	灌水（满水）试验记录
		C6-3-2	系统（分段）强度、严密性试验记录
		C6-3-3	管道通水试验记录
		C6-3-4	冲洗（吹扫/擦洗/脱脂）记录
		C6-3-5	管道通球试验记录
		C6-3-6	补偿器预拉伸记录
		C6-3-7	室内消火栓试射记录
		C6-3-8	整装锅炉烘炉检查记录
		C6-3-9	锅炉煮炉检查记录
		C6-3-10	整装锅炉 48 小时试运行记录
		4　专用表格：建筑电气工程	
		C6-4-1	接地电阻测试记录
		C6-4-2	绝缘电阻测试记录
		C6-4-3	避雷接地电阻测试记录
		C6-4-4	电气器具通电安全检查记录
		C6-4-5	电气设备调试记录
		C6-4-6	照明全负荷试验记录
		C6-4-7	大型灯具牢固性试验记录
		C6-4-8	漏电开关模拟试验记录
		C6-4-9	大容量电气线路结点测温记录

续表

资料类别	资料名称		
C6类	施工试验及检查记录	5 专用表格：智能建筑工程	
		C6-5-1	综合布线测试记录
		C6-5-2	光纤损耗测试记录
		C6-5-3	视频系统末端测试记录
		C6-5-4	智能建筑工程子系统检测记录
		C6-5-5	智能建筑系统试运行记录
		6 专用表格：通风与空调工程	
		C6-6-1	系统无生产负荷联合试运转与调试记录
		C6-6-2	室内温度、湿度测试记录
		C6-6-3	净化空调系统检测记录
		C6-6-4	风口（吸风罩）风量测试记录
		C6-6-5	排烟系统联合试运转与调试记录
		C6-6-6	制冷系统气密性试验记录
		C6-6-7	现场组装除尘器（空调机组）漏风检测记录
		C6-6-8	风管漏风检测记录
		C6-6-9	风管漏光检测记录
		C6-6-10	风管强度检测记录
		C6-6-11	通风空调设备、管道接地及防静电连接检查记录
		C6-6-12 表式 C6-3-1	灌水（满水）试验记录
		C6-6-13 表式 C6-3-2	系统（分段）强度、严密性试验记录
		C6-6-14 表式 C6-3-3	管道通水试验记录
		C6-6-15 表式 C6-3-4	冲洗（吹扫/擦洗/脱脂）记录
		C6-6-16 表式 C6-3-6	补偿器预拉伸记录
		7 专用表格：电梯工程	
		C6-7-1	电梯安全装置检查记录．
		C6-7-2	电梯负荷运行试验记录
		C6-7-3	电梯负荷运行试验曲线图（确定平衡系数）
		C6-7-4	电梯噪声测试记录
		C6-7-5	电梯加减速和轿厢运行的垂直、水平振动速度试验记录
		C6-7-6	曳引机检查与试验记录
		C6-7-7	限速器试验记录
		C6-7-8	安全钳试验记录

续表

资料类别	资料名称		
C6 类	施工试验及检查记录	C6-7-9	缓冲器试验记录
		C6-7-10	层门和开门机械试验记录
		C6-7-11	门锁试验记录
		C6-7-12	绳头组合拉力试验记录
		C6-7-13	选层器钢带试验记录
		C6-7-14	轿厢试验记录
		C6-7-15	控制屏试验记录
C7 类	施工质量验收记录	C7-1	检验批质量验收记录
		C7-2	分项工程质量验收记录
		C7-3	分部（子分部）工程质量验收记录
		C7-4	专项工程竣工验收记录
		C7-5	住宅工程质量分户验收汇总表
C8 类	竣工验收记录	C8-1	单位（子单位）工程质量竣工验收记录
		C8-2	单位（子单位）工程质量控制资料核查记录
		C8-3	单位（子单位）工程安全和功能检验资料核查及主要功能抽查记录
		C8-4	单位（子单位）工程观感质量检查记录
		C8-5	施工资料移交书

第二节　施工资料用表式及表式说明

一、C1 类施工管理资料

（一）C1-1 工程概况表

（1）由施工单位在工程竣工验收后填写的对工程总体情况的概述，以及各参建单位的记录。

（2）表中：

构造特征：应结合工程设计要求，简要描述其涵盖的主要项目及内容，应做到重点突出，描述全面扼要。

（二）C1-2 施工现场质量管理检查记录

（1）施工现场质量管理检查记录应由施工单位在正式施工前完成并提交审核。

（2）项目总监理工程师进行检查并做出检查结论。

（3）附有关附件。

（三）C1-3 建设工程质量事故调（勘）查记录

（1）建设工程质量事故调（勘）查记录指对重大或重要部位的工程质量事故进行联合调查时的记录。

（2）调查记录应详细、实事求是。事故经过和原因分析包括事故发生的时间、地点、部位、程度、性质和产生的原因等。

(3) 处理意见：联合调查组的结论意见。

(4) 表中：

调（勘）查记录：应包括工程质量事故发生的时间、具体部位，造成质量事故的原因以及现场观察的现象，并初步估计造成的经济损失。

（四）C1-4 工程质量事故报告

(1) 工程质量事故报告是指因工程质量不符合规定的质量标准或设计要求造成一定后果的质量事故，在调查的基础上所填写的事故报告。

(2) 工程质量事故按事故的性质及严重程度可分为一般事故和重大事故。倒塌事故应在12小时内上报，重大事故在24小时内写出书面报告并逐级上报，一般事故每月汇总集中上报。

(3) 凡已形成的一般事故和重大事故，均应进行调查、统计、分析、记录，提出初步处理意见并上报有关单位或上级机关，严禁隐瞒不报或谎报。

(4) 本表指承包单位按事故性质组织企业自行调查或邀监理机构共同调查后填写的报告。

(5) 表中：

1) 事故经过和原因分析：简述事故发生的情况及分析原因，应经企业技术负责人主持会议讨论确定。凡需要修补或做技术处理的事故，均需填写事故经过及原因分析；

2) 事故处理意见：处理意见和措施由项目技术负责人和质检员签字，对于重要部位的质量事故，还需经施工企业领导签署意见。

（五）C1-5 施工日志

(1) 施工日志是施工过程中由承包单位的有关人员对单位工程有关技术管理和质量管理活动、重大事项及其效果逐日做的连续完整的记录。

(2) 施工日志的主要内容：

1) 工程准备工作的记录；

2) 班组抽检活动、组织互检和交接检、施工组织设计及技术交底的执行情况及效果；

3) 主要原材料进场、进场检验、施工内容、施工检验结果的记录；

4) 质量、安全、机械事故的记录；

5) 有关洽商变更情况的记录；

6) 有关档案资料整理、交接的记录；

7) 有关新工艺、新材料的推广使用情况；

8) 工程的开工、竣工日期以及分部、分项工程的施工起止日期；

9) 工程重要部分的特殊质量要求和施工方法；

10) 有关领导或部门对工程所做的生产、技术方面的决定或建议；

11) 气候、气温、地质以及其他特殊情况的记录；

12) 混凝土试块、砂浆试块的留置组数、时间以及强度试验报告结果等。

13) 其他重要事项。

14) 施工日志不得补记，不得隔页或扯页。

15) 施工日志应及时填写并签字。

二、C2 类施工技术资料

（一）C2-1 图纸会审记录

（1）图纸会审应由建设单位组织、设计、施工、监理单位参加。一般按专业会审。

（2）参加图纸会审各方代表应签字齐全，日期、地点填写清楚。

（3）记录可由施工方整理。

（4）建设、设计、施工、监理单位应分别盖章。

（二）C. 2. 2 施工组织设计及施工方案（C2-2）

施工组织设计及施工方案是施工单位在开工前对工程（某一专项）编制组织施工的指导性文件。

（三）C. 2. 3 危险性较大分部分项工程施工方案专家论证表（C2-3）

是指施工过程中对危险性较大的分部分项工程施工方案进行专家论证的结论性文件，如深基坑支护方案、脚手架方案、高大模板方案等。

（四）C2-4 技术交底记录

（1）技术交底是指施工企业相应技术负责人把设计要求、施工措施向施工人员进行交代、贯彻。

（2）技术交底应在单位或分项工程开工 2d 前完成。

（3）技术交底应以书面形式进行，并辅以口头讲解。交底人和被交底人应履行交接签字手续。

（4）技术交底的主要方面：

1）设计图纸交底；

2）施工组织设计交底；

3）设计变更和洽商交底；

4）分项工程技术交底。

5）“四新”技术交底。

（五）C. 2. 5 设计变更通知单

设计变更通知单是指在施工过程中，设计单位对施工图需要变更的部位下发的书面变更文件。

（六）C. 2. 6 工程洽商记录（表 C2-6）

（1）工程洽商记录是施工过程中，由于设计图纸本身差错、设计图纸与实际情况不符、施工条件变化及职工提出施工合理化建议等原因，对设计文件部分内容进行修改而办理的洽商记载。

（2）工程洽商变更内容不能影响结构安全和使用功能，降低节能效果。

（3）施工单位、监理单位和建设单位均可提出洽商要求，施工单位负责洽商的记载。

（4）工程洽商记录应按专业分别填写。

（5）工程洽商记录应由设计、施工、建设和监理等单位的代表签认，并加盖单位技术部门章。

（6）设计单位如委托建设（监理）单位办理签认，应办理委托手续。

(7) 分包工程的有关工程洽商记录，应通过工程总包单位办理。

三、C3类工程主要物资资料

（一）进场检验通用表格

(1) C3.1质量证明文件、检测报告汇总表

1）质量证明文件、检测报告汇总表是对用于工程的原材料、成品、半成品的合格证、试验报告及品种、规格、数量等进行分类整理汇总用表。

2）钢材、焊条（剂）、水泥、砌块（砖）、粗（细）骨料、防水材料、商品混凝土、预制构件、铝合金、塑钢、幕墙、电气及设备安装相关材料等材料质量证明文件、试验报告均应用此表汇总。

(2) C3.2出厂质量证明文件及检测报告

1）各种原材料、成品、半成品、商品混凝土、建筑（预制）构（配）件、器具、设备等合格证、有效证明文件均分类按序贴于此表上。

2）商品混凝土生产企业在供应预拌混凝土时应向购货单位（施工单位或建设单位）提供下列出厂资料：

①《预拌混凝土出厂质量证明书》，应包括工程名称、浇筑部位、浇筑时间、原材料品种和规格、外加剂名称、混凝土配合比等内容。

② 预拌混凝土出厂28d标养试块抗压强度检测报告。

③ 构件进场时，生产企业应提供符合国家标准的《预制构件出厂质量证明书》。

(3) C3.3材料、构配件进场验收记录

1）材料、构配件进场验收记录是对用于工程的原材料、构配件进场时对其出厂质量证明书上相关内容及外包装上载明的内容是否对应，材料的规格、型号、数量与外观质量等与自己所要求的是否相符而做出的验收记录。

2）同一张表内可以填写在同一天进场几种不同型号的同类型产品，但每种型号的出厂质量证明书均应附在后面。

（二）进场检验专用表格

(1) C3.4设备开箱检验记录

1）各类设备安装前进行的开箱检查由建设、监理、施工和厂商等单位代表参加。主要对设备规格、型号进行核对，对设备、附件和包装等实体进行外观检查，以及对随机文件的完整性进行核查。

2）记录内容为参检各方形成的一致意见，由施工单位负责填写。

3）各分部工程中同生产厂家、同规格、同型号设备开箱检验可填入同一张表格。

(2) C3.5设备（管道附件）试压记录

1）设备（管道附件）试压记录是指密闭水箱或水罐、风机盘管、成组散热器及其他散热设备等承压设备（属国家有专项规定的锅炉、压力容器等特种设备除外）、阀门、闭式喷头等在安装前按规定进行压力试验时的记录。

2）试压介质应采用中性介质，以水为介质时环境温度一般控制在5℃以上，且介质温度须高于当时的露点温度。

3）表中：

① 试验压力：可根据设备的公称压力或工作压力确定。根据工作压力确定时，若设备在高温下运行，应按设备技术文件或设备制造技术条件的规定考虑温度系数；

② 实验结论：应根据设备相应的制造技术条件（行业标准）或相应规范做出合格与否的结论。

（三）进场复试报告通用表格

C3.6 进场材料检测报告：

（1）进场材料检测报告是指为保证建筑工程质量对用于工程的材料进行有关指标测试，由检测单位出具的试验证明文件。

（2）此表为检验检测报告通用表格。规程未给出具体表样而相应质量验收规范中规定必须进行进场检测的材料，均使用本表，如保温隔热材料、防水材料、外加剂、掺合料、砌块（砖）、室内用花岗石等具用放射性材料的复试、外墙砖的耐候性试验、钢结构用高强度螺栓以及电气、水暖安装相关材料等。

（3）检测报告应加盖检测单位公章，相关人员签字并加盖岗位资格章。

四、C5 类　施工记录

（一）通用表格

（1）C5.1 隐蔽工程验收记录

1）隐蔽工程验收记录是指被下道工序所遮盖的重要部位或项目，在隐蔽前必须按照质量验收规范进行的隐蔽检查记录。

2）本工序操作完毕，将被下道工序所掩盖、包裹而无从检查的分项工程均需进行隐蔽验收。

3）隐蔽工程验收由项目负责人在验收前三天以书面形式向监理（建设）单位提出申请。申请书上应注明该验收工程的名称、部位、数量以及验收时间。

4）隐蔽工程验收记录应按专业、分层、分段、分部位进行填写。

5）隐蔽工程验收时，施工单位应附有关工程质量验收及测试资料，包括原材料检测报告、质量验收记录、出厂合格证等以备查。

6）隐蔽工程验收方法及内容按工程质量验收规范规定。

7）需要进行处理的，处理后必须进行复验，并且办理复验手续，填写复验日期，并做出复验结论。

表中：

① 隐蔽工程内容包括：隐蔽工程内容执行各相应质量验收规范规定。

② 检验情况：由施工单位填写，指对需隐蔽内容的自检情况，填写应详细、真实。

③ 验收结论：指监理工程师对隐蔽工程的质量所做出的结论。

（2）C5.2 施工记录（通用）

1）施工记录（通用）是指未制定专项施工记录表式而又需在施工过程中必须进行记录的施工项目而采用的表式。

2）按照现行规范要求应进行施工检查的重要工序，如施工过程中影响质量、观感、安装、人身安全的工序，尤其是建筑与结构工程中的砌筑工程、装饰装修工程等应在过程中做好过程控制检查并填写本表。

(3) C5.3 专项工程中间交接验收检查记录（表 C5-1-3）

1）专项工程中间交接验收检查记录是指由施工的承接方与完成方经双方检查并对交接内容做出确认活动的记录。交接验收检查记录由移交单位形成。

2）不同施工单位之间或相关各专业工程之间应进行交接验收检查并形成验收检查记录。交接验收检查记录未经监理工程师（建设单位技术负责人〉检查认可，不得进行下道工序。

3）交接检查记录按照相应专业工程质量验收规范进行。

4）参加验收的建设单位、监理单位、接收单位、移交单位应分别加盖单位公章。

5）表中：

① 交接内容：交接内容包括工程实体质量情况、工程资料。

② 移交意见：移交单位和接收单位共同认可的结论。

（二）建筑与结构

(1) C5.4 工程预检记录

1）工程预检记录（亦称技术复核）是在施工前对某些重要分项准备工作或前道工序进行的预先检查。

2）工程预检记录的主要项目：

① 建（构）筑物位置线、现场标准水准点；

② 基础尺寸线，包括基础轴线、断面尺寸、标高；

③ 桩基定位的控制点；

④ 模板；

⑤ 墙体包括墙体轴线、门窗洞口的位置；

⑥ 预制构件吊装的定位；

⑦ 设备基础的位置、标高、几何尺寸、预留孔洞、预埋件等；

⑧ 主要管道、沟的标高和坡度。

3）表中：

① 分部分项工程名称及部位：按实际分部分项名称和检查部位填写。应注意要按独立项目分别填写，不要把几个预检项目统一写在一张预检记录表上。

② 预检内容：预检内容如一次性检查合格，“要求复查时间”和“复查结论”栏可不填写。

(2) C5.5 工程定位测量记录

1）工程定位测量是指根据给定建筑工程总图范围内的建筑物、构筑物及其他建筑物的位置、标高进行的测量与复测，以保证建筑物、构筑物的位置、标高正确。

2）建设单位应提供测量定位近点的依据点、位置、数据，并应现场交底，如导线点、三角点、水准点和水准点的级别。

3）测量定位、闭合差应符合工程测量规范要求。

4）监理（建设）单位应派员参加并签名。

5）表中：

① 测量依据：指由城建或建设单位提供的图纸或水准点坐标与高程或桩号。

② 定位测量示意图及说明：注明原水准点的方向距离、标高；注明建筑物的位置和临界

关系，并注明施测数值及有关说明。

③ 复测意见：当复测结果符合规范要求时，填写“测量结果符合规范要求，同意施工”并注明规范编号及条款号；

（3）C5.6 基槽及各层放线测量与复测记录

1）基槽及各层放线测量与复测记录是指建筑工程根据施工图设计给定的位置、轴线、标高进行的测量与复测，以保证建筑物的位置、轴线、标高正确。

2）基槽及各层放线必须有初测、复测记录。

3）监理（建设）单位应派员参加并签名。

4）表中：

① 轴线定位方法说明：指轴线定位的依据、使用工具等；

② 标高确定方法说明：指标高确定的依据、使用工具等；

③ 放线依据及成果：测量的平面位置、标高及放线的依据及成果。

④ 复测结果：复测后的平面位置、标高。

（4）C5.7 建筑物垂直度、标高、全高观测记录

1）本表适用于主体结构施工完及工程竣工后，对其全高及垂直度的测量记录。

2）应由施工单位专职人员进行。

3）表中：

结论：指由施工、监理单位对测量结果与标准对照后做出评价。若测量结果不满足设计要求时，应提出处理建议，报建设单位转设计单位做出处理意见。

（5）C5.8 地基验槽记录

1）地基验槽记录是工程地基具备验收条件时，建设单位组织设计、勘察、施工、监理等单位对工程地基进行验收所做的记录。

2）地基验槽应对轴线、轮廓线、断面尺寸、基底高程、坡度及槽底施工质量、地基承载力等进行检测与检查。

3）天然地基应检查槽底土层，查看地基钎探记录和钎探点的布置，桩基和地基处理的地基还应查验其相关的检测报告等技术文件。

4）表中：

① 基底土壤类别：应与地质报告相一致。

② 基底是否为老土层：必须是老土层。

③ 地基土的均匀、密实程度：检查钎探记录，核查地质报告经分析得出。

④ 地下水情况：应说明槽底所在的标高与地下水位情况。

⑤ 有无坑、穴、洞、窑、墓：钎探、洛阳铲探或其他方法判定。

⑥ 定位检查：对轴线、断面尺寸、基底高程、坡度等检查是否符合设计要求。

⑦ 桩：是否有桩基础，并根据桩基础的检验结论得出。

⑧ 初验结论：由项目技术负责人会同施工人员初验后做出的评价。

⑨ 复验结论：由参加验槽的单位和人员分析做出。

⑩ 参加验槽的单位加盖单位公章。

（6）C5.9 地基钎探记录

1）地基钎探记录是为了探明基底下对建筑物沉降影响较大的一定深度内的土层情况，基

槽开挖完成后，按照设计和规范要求对基底进行钎探所做的记录。

2）地基钎探记录主要包括钎探平面布置图和钎探记录。

3）钎探结论：应填写有无异常情况。

（7）C5.10 混凝土浇灌申请书

1）混凝土浇灌申请书是指为保证混凝土工程质量，对承重结构混凝土、防水混凝土和有特殊要求的混凝土，浇筑前的准备工作就绪（如人员安排、工艺布置、计量设备各工序配合等），请求开盘浇灌的申请。

2）混凝土浇灌申请由施工单位填写、项目经理签字批准后申报，监理（建设）单位批准后方可浇灌混凝土。

（8）C5.11 混凝土开盘鉴定

1）混凝土开盘鉴定是指现场对于首次使用的混凝土配合比，不论混凝土浇筑工程量大小，浇筑前均必须对混凝土配合比、拌和物和易性及原料计量准确度进行鉴定。

2）混凝土开盘鉴定必须在混凝土搅拌现场进行。

3）混凝土开盘鉴定要有施工单位项目负责人、监理机构负责人参加。

4）鉴定同意后方可开盘。

5）混凝土开盘鉴定主要内容：

① 混凝土所用原材料检验，包括水泥、砂、石、外加剂等，应与试配所用的原材料相符合。应测定砂、石的实际含水率。其计量允许偏差应符合规范规定。

② 鉴定施工配合比并计算每罐实际用料的称重。

③ 鉴定拌合物的易和性，应用坍落度法或维勃稠度试验。

④ 鉴定掺加料的用量。

（9）C5.12 混凝土工程施工记录

1）混凝土工程施工记录是指不论混凝土浇筑工程量大小，对环境条件、混凝土配合比、浇筑部位、坍落度、试块结果等进行全面真实记录。

2）混合土的运输、浇筑、振捣、养护必须符合质量验收规范要求。

3）凡是进行混凝土施工，不论工程量大小均必须按当班工作日填报混凝土施工记录。

4）表中：备注：简单描述混凝土浇筑过程，并对浇筑过程出现的问题进行描述。

（10）C5.13 混凝土坍落度检查记录

1）混凝土坍落度检查记录是指为保证混凝土质量在浇筑时对混凝土坍落度的检查记录。

2）混凝土坍落度在浇筑地点进行检查，每罐商品混凝土每一工作班至少两次。

（11）C5.14 冬期混凝土搅拌及浇灌测温记录

1）冬期混凝土搅拌及浇灌测温记录是指为保证冬施条件下混凝土质量而对混凝土原材料、混凝土温度进行测试的记录。

2）对于预拌混凝土只作大气温度、出罐温度、入模温度的测温记录。

3）备注栏应注明“现场搅拌”或“预拌混凝土”。

（12）C5.15 混凝土养护测温记录

1）混凝土养护测温记录适用于冬期施工混凝土和大体积混凝土浇筑。

2）冬期施工混凝土和大体积混凝土在浇筑时，根据规范规定设置测温孔。测温应编号，并绘制测温孔布置图。

3）测温的时间、点数以及日次数根据不同的保温方式而不同，但均需符合规范要求。

4）表中：

① 平均温度：按不同测温点温度的加数平均值；

② 各测孔温度：每测温一次均应按不同时、分，不同测温孔的温度分别记录；

③ 浇筑温度：系指混凝土振捣后，在混凝土 50～100mm 深处的温度；

④ 间隔时间：系指本次测温和上次测温的时间间隔，一般间隔时间为 2h；

（13）C5.16 同条件养护混凝土试件测温记录（表 C5-2-13）

1）同条件养护混凝土试件测温记录是指对结构实体用同条件养护试件的测温记录用表：

2）测温应根据当地的气温和养护条件进行，并按下列规定执行：等效养护龄期可取按日平均温度逐日累计达到 600℃・d 时所对应的龄期，0℃及以下的龄期不计入，等效养护龄期不应小 14d，也不宜大于 60d。

（14）C5.17 结构实体钢筋保护层厚度检测记录

1）钢筋保护层厚度检测的结构部位，应由监理（建设）、施工等各方根据结构构件的重要性共同选定。

2）钢筋保护层厚度的检测，可采用非破损或局部破损的方法，也可采用非破损方法并用局部破损方法进行修正。

3）主要检测构件：梁、板。

（15）C5.18 大型构件吊装记录

1）大型构件吊装记录是指应用起重机械、吊具（吊钩、吊索、卡环、横吊架等）或人力将构件直接安装在图纸规定的位置，对结构进行吊装实施过程的记录。

2）吊装完成后应对照设计施工图，核对构件的型号、部位、搁置长度、固定方法、节点处理等是否符合设计要求和有关规定。

3）构件吊装完成后经检查发现质量问题，应及时处理，处理后必须复验。

4）表中：

① 跨、轴线、柱号：分别指被安装构件所在跨、轴线与柱号。

② 搁置尺寸：指构件伸入支承点实际尺寸。

③ 接头（点）处理：指构件接头的处理方法。

④ 固定方法：指构件支承节点的固定方法。

⑤ 标高复测：指安装构件的实际复测标高。

⑥ 焊、卯、栓接检查：尺寸检查指被安装构件的实际尺寸；外观检查指按规范规定的构件结构外观质量内容检查。

（16）C5.19 焊接材料烘焙记录

1）焊条、熔嘴、焊剂和药芯焊丝在使用前，应按产品使用说明书及有关工艺文件规定的技术要求进行烘干；

2）焊接材料烘干后必须存放在保温箱内，随用随取，焊条由保温箱（筒）取出到施焊的时间不得超过 2h，酸性焊条不宜超过 4 小时。

（17）C5.20 大六角高强度螺栓初拧（终拧）施工检查记录

1）大六角高强度螺栓初拧（终拧）施工检查记录是大六角高强度螺栓完成初拧（终拧）后，对其进行扭矩检查的记录。

2）大六角高强度螺栓初拧后，应在 24 小时内完成终拧。

（18）C. 5. 21 空间网格结构挠度值检查记录（表 C5-2-18）

1）空间网格结构挠度值检查记录是对空间网格结构细微变形程度检查的记录。

2）挠度值检查应在空间网格结构完工（自重）和工程整体完工后各测一次。

3）空间网格结构挠度值必须符合验收规范要求。

4）对于桁架等平面结构的挠度测量也用此表。

（19）C5. 22 现场施加预应力筋张拉记录

1）现场施加预应力筋张拉记录是利用千斤顶、锚夹具等张拉设备按施工工艺要求施加预应力实施过程的记录。预应力筋锚具、夹具和连接器应有出厂合格证，并在进场时按规范进行检查验收。

2）预应力筋锚具、夹具和连接器应有出厂合格证，并在进场时按规范规定进行检查验收。

3）施加预应力所用的机具设备及仪表，应校验合格。

五、C6 类施工试验记录

（一）通用表格

（1）C6-1-1 设备单机试运转记录

1）设备在安装完毕、系统试运行前应按设备随机文件、设计和规范要求进行单机试运转

2）表中：

① 安装位号：按图纸标示；

② 设备编号：为设备铭牌上的出厂编号；

③ 检查项目：规范、设计或设备说明书要求的主要项目（如转速、电流、温升、振动、严密性等），备注中可填入规范、设计或设备说明书中的具体参数要求等；

④ 试运转结论：应明确说明试运转过程和各项指标是否符合要求和规定，并做出合格与否结论。

（2）C6-1-2　系统试运转（调试）记录

1）系统及其相关专业施工完毕并进行设备单机试运转后，应按设计要求和现行相应国家标准规定对系统进行整体试运转（调试）。

2）表中：

① 系统名称可按系统图标注及部位划分填写；

② 主要运转（调试）项目：按设计要求本系统应达到的主要功能项目（如温度、湿度、压力、流量、联动协调性、特殊效果等等）；

③ 试运转（调试）情况：简述试运转（调试）过程和主要功能、指标最终达到的状态或调试结果。

④ 结论：应明确说明试运转（调试）过程是否符合规定，试运转（调试）后系统功能是否达到了设计要求，并作出合格与否结论。

（二）给排水及采暖工程

（1）C6-3-1 灌水（满水）试验记录

1）非承压管道系统和非承压设备在安装完毕后，以及暗装、埋地、有绝热层的室内、外

排水管道进行隐蔽前，应按现行相应国家标准进行灌水、满水试验。

2）表中：

① 试验依据：填写设计要求或相应的规范名称和条款；

② 试验部位：填写系统名称或编号（局部试验时还应加注具体位置）；

③ 试验设备：设备名称（+设备安装部位）；

④ 结论：是否合格。

（2）C6-3-2 系统（分段）强度、严密性试验记录

1）室内外输送各种介质的承压管道、承压设备在安装完毕后，或由于工序、工艺原因在系统全部施工完成前需要提前隐蔽的部分，均须按设计要求或现行相应国家标准进行强度、严密性试验。

2）表中：

① 试验依据：填写设计要求或相应的规范名称和条款；

② 试验系统（部位）：填写系统名称或编号（分段试验时还应加注具体位置）；

③ 试验结论：填写试验过程是否符合设计要求或规范规定、实验结果是否合格。

（3）C6-3-3 管道通水试验记录

1）室内外给排水系统、中水及游泳池系统、空调的冷凝水系统、卫生洁具及其排水管、地漏和地面清扫口等在安装完毕时，以及需提前隐蔽的排水管段在隐蔽前，均应做通水试验。

2）表中：

① 试验部位：填写系统名称或系统编号；

② 给水（排水）通畅情况：畅通与否；

③ 渗漏情况：有无渗漏；

④ 试验结论：是否合格。

（4）C6-3-4 冲洗（吹扫/擦洗/脱脂）记录

1）凡设计有要求或规范规定需进行冲洗、吹扫、擦洗或脱脂的汽、水、风等管道，均应在作业时填写相应记录。

2）表中：

① 部位：系统名称或具体位置；

② 冲洗（吹扫/擦洗/脱脂）要求：设计或规范具体要求或规定；

③ 冲洗（吹扫/擦洗/脱脂）记录：实施过程与最终达到的结果；

④ 检查结论：合格与否。

（5）C6-3-5 管道通球试验记录

1）室内排水主立管及水平干管管道均应按现行国家标准做通球试验。

2）表中：

① 试验部位：做试验的系统或所处位置；

② 管道类型：指立管、水平干管；

③ 检查情况：有无异物、卡塞情况；

④ 结论：合格与否。

（6）C6-3-6 补偿器预拉伸记录

1）输送冷热介质的管道上所有的补偿器安装时均应按设计给定值或按规范计算得到的计

算值进行预压缩或预拉伸，同时做好记录。

2）表中：

① 环境温度：安装时的环境温度；

② 介质温度：正式运行时介质的温度，一般取设计值；

③ 计算（或设计）预拉值：设计给定预压缩或预拉伸值时，以给定值为准，尤其是沿途受约束管道（如直埋管）；

④ 结论：合格与否。

（7）C6-3-7 室内消火栓试射记录

1）室内消火栓系统安装完成后按现行国家标准应取屋顶层（或水箱间内）试验消火栓和首层取二处消火栓做试射试验。

2）消火栓试射试验过程与标准应符合当地消防主管部门要求，当其无相应记录表格时可采用本表。

3）表中：

① 系统（编号）：按图纸标注；

② 试射结论：合格与否。

（8）C6-3-8 整装锅炉烘炉检查记录

1）锅炉运行前应按锅炉使用说明或现行国家标准进行烘炉，以保证炉墙的运行安全。

2）表中：

① 烘炉方法和烘炉检查项目：在锅炉使用说明书中对烘炉有专项要求时，应按说明书执行并记录，特别是以轻型材料做保温隔热炉墙的锅炉；说明书中无要求时按相应规范执行。

② 烘炉曲线：用于记录火焰烘炉时的锅炉尾部烟道烟温变化，也可用于记录蒸汽、热水烘炉时的（上）锅筒内水温变化等；

③ 结论：合格与否。

（9）C6-3-9 锅炉煮炉检查记录

1）锅炉烘炉后期应按锅炉使用说明书或现行国家标准进行煮炉，以保证汽水品质和锅炉的运行安全。

2）表中：

① 煮炉用药量：应按锅炉使用说明书或锅炉安装专业成熟的配比进行配置；

② 煮炉检查项目：锅炉使用说明书无规定时主要是锅筒、集箱内的油污、锈迹检查；

③ 煮炉曲线：记录煮炉时锅炉压力以及压力随排污、补水过程的变化情况；

④ 结论：合格与否。

（三）建筑电气工程

（1）C6-4-1 接地电阻测试记录

1）接地电阻测试是建筑电气安装工程完成后，必须进行的测试项目。

2）接地电阻测试主要包括设备、系统的防雷接地、保护接地、工作接地、防静电接地以及设计有要求的接地电阻测试。

3）表中：

① 设计要求：设计规定的接地电阻值；设计无要求时，应符合相关的验收规范和其他有

关规定。

② 季节系数：指规范给定或是地方规定的季节系数值。

③ 测试结论：指的是季节系数乘实测电阻值后的数值。

4）接地电阻的检测仪器应在检定有效期内。

（2）C6-4-2 绝缘电阻测试记录

1）绝缘电阻测试是建筑电气安装工程完成后，必须进行的测试项目。

2）绝缘电阻测试主要包括电气设备绝缘电阻测试、线路导线间绝缘电阻测试、焊接或搭接头的电阻测定、系统绝缘测试及其他必须摇测绝缘电阻的测试；应分别按系统回路进行测试，不得遗漏。

3）绝缘电阻的检测仪器应在检定有效期内。

（3）C6-4-3 避雷接地电阻测试记录

1）避雷接地电阻测试是有避雷装置的接地装置安装完成后，必须进行的测试项目。

2）避雷接地电阻测试记录内容应包括隐检内容和测试电阻。

3）表中：

① 简图：指接地装置平面示意图，绘制比例要适当，注明各组别编号。编号要与项目栏编号（部位）对应。

② 测试电阻：是经计算后的冲击接地电阻值，即实测数据乘季节系数后，再根据接地体的型式、实际长度、土壤电阻率进行工频电阻与冲击电阻换算。

4）接地电阻的检测仪器应在检定有效期内。

（4）C6-4-4 电气器具通电安全检查记录

1）电气器具安装完成后，按层、按部位（户）进行通电检查，并进行记录。

2）检查记录内容包括接线情况、电气器具开关情况等。

3）电气器具应全数进行通电安全检查，合格后在记录表中打钩（√）。

（5）C6-4-5 电气设备调试记录

1）电气设备调试是电气设备安装完成后必须进行的测试。

2）电力变压器高低压试验应由相应资质的试验单位进行并提供报告。

3）试验内容包括高压柜框架、母线、避雷器、高压电瓶、电压互感器、电流互感器、高压开关等质量及性能。

4）调试内容包括过流继电器调试，时间继电器、信号继电器调试以及机械连锁调试。

5）表中：

① 外观检查：填写外观检查结果，应外表完好，没有影响其性能的机械损伤等。

② 试验记录：指高低压设备试验过程的记录，主要是高低压设备的基本参数是否满足设计要求。

③ 评定意见：指高低压设备试验结果是否满足设计和规范的有关要求，能否使用等。

（6）C6-4-7 大型灯具牢固性试验记录

1）凡是灯具需加设专用吊杆或灯具重量在 3Kg 以上的花灯、吊灯、手术无影灯等大型灯具均应进行牢固性试验。

2）表中：

结论：对试验情况的评价，是否满足规范的有关要求。

(7) C6-4-8 漏电开关模拟试验记录

1）动力和照明工程的漏电保护装置应全数做模拟动作试验。

2）表中：

测试结论：对模拟试验情况的评价，是否满足设计和规范的有关要求。

(8) C6-4-9 大容量电气线路结点测温记录

1）大容量（630A 及以上）导线、母线连接处或开关，在设计计算负荷运行情况下应做温度抽测记录。

2）表中：

① 测试工具：一般选用红外线遥测温度仪。

② 测试回路：指大容量结点所在的回路或所在部位。

③ 设计温度：指导线、母线或开关的产品设计允许最高工作温度值。

④ 测试结论：对测试情况的评价，是否满足产品设计和规范的有关要求。

（四）智能建筑工程

(1) C6-5-1 综合布线测试记录

1）综合布线测试内容包括电缆传输链路验证测试和电缆传输通道验证测试。

2）测试前应对测试仪表进行精度校正，校正后精度不低于Ⅱ级。

3）表中：

① 点编号：每条布线为一个点，对应一个编号。

② 房间号：综合布线点编号所在的房间号。

③ 衰减：指信号能量沿基本链路或通道损耗的量度。

④ 近端串扰：指发送与接收信号同时进行的，在这根电缆所产生的电磁干扰。

⑤ 测试结论：对综合布线测试的评价，是否满足设计和规范的有关要求。

(2) C6-5-2 光纤损耗测试记录

1）光纤损耗应全数测试。

2）表中：

测试结论：对光纤损耗测试的评价，是否满足设计和规范的有关要求。

(3) C6-5-3 视频系统末端测试记录

1）视频系统末端测试应在系统完成后按房间逐一进行测试。

2）表中：

① 出线口编号：指视频末端测试的出口线编号。

② 末端电平：指测试的用户终端电平值。

③ 测试结论：对视频末端测试的评价，是否满足设计和规范的有关要求。

(4) C6-5-4 智能建筑工程子系统检测记录

1）系统检测是在工程实施及质量控制阶段完成后开始的。

2）表中：

检测结论：火灾自动报警及消防联动系统、安全防范系统、通信网络系统的检测验收应按相关国家现行标准和国家及地方的相关法律法规执行；其他系统的检测应由省市级以上的建设行政主管部门或质量技术监督部门认可的专业检测机构组织实施。

(5) C6-5-5 智能建筑系统试运行记录

智能建筑系统试运行记录是指系统功能测试及设备调试合格后，按设计标准进行运行的检测记录。

（五）通风与空调工程

(1) C6-6-1 系统无生产负荷联合试运转与调试记录

1) 通风与空调工程系统应按设计和国家现行标准在制冷设备、通风（除尘）与空调设备单机试运转合格后进行无生产负荷的联合试运转及调试。

2) 对舒适性空调、（单向）洁净室系统、通风（除尘）系统的具体调测数据宜分别使用“表 C6-6-2 室内温度、湿度测试记录”、“表 C6-6-3 净化空调系统测试记录”及“表 C6-6-4 风口（吸风罩）风量调试记录”进行记录。

3) 试运行与调试期间实际环境参数与设计环境参数相差较大时，各终端已达到设计效果，即使此时的总风量、总水量偏差较大亦不作为调试不合格的依据；此时应试验系统不带冷热源的总风量、总水量最大出力是否能达到设计值，和此时各设备运行情况。

4) 表中：

① 试运转（调试）情况：综合描述试运转期间系统中的各种设备（风机、水泵、盘管、制冷机、冷却塔等）及主要部件（风阀、调节阀等）的联动是否协调、正确，有无异常现象；各参数是否符合设计和规范的要求；

② 试运转（调试）结论：试运行（调试）过程是否符合设计要求或规范规定、结果是否达到了设计和使用功能要求、试运转（调试）合格与否。

(2) C6-6-5 排烟系统联合试运转与调试记录

1) 防排烟系统联合试运行与调试必须符合设计与消防部门的规定。

2) 当地消防主管部门无格式表时使用本表。

3) 表中：

① 风管类别：以风管材料划分；

② 风压情况：“正压”或“负压”；

③ 启闭及联动情况：防火阀启闭是否灵活，与风机、控制室联动是否正常。

(3) C6-6-6 制冷系统气密性试验记录

1) 组装式的制冷机组、现场充注制冷剂的机组和制冷管道系统应按照设备技术文件和现行国家标准要求进行气密性试验、真空试验和充注制冷剂检漏试验。

2) 表中：试验结果①气密性试验、真空试验填写是否合格；②充制冷剂试验填写是否合格，或漏点经处理后是否合格。

(4) C6-6-7 现场组装除尘器（空调机组）漏风检测记录

1) 现场组装的除尘器、空调机组应进行漏风检测；

2) 检测标准为相应设备的国家制造标准和施工质量验收规范。

(5) C6-6-8 风管漏风检测记录

1) 风管系统安装完毕后，应按不同类别根据现行国家标准分别进行风管漏风检测。

2) 表中：

① 系统允许漏风量：按规范中相应级别、种类风管的给定公式计算值；

② 实测漏风量：各测量段漏风量的平均值。

（6）C6-6-11 通风空调设备、管道接地及防静电连接检查记录

1）静电空气过滤器金属外壳、电加热器金属外壳、输送易燃易爆气体的风管和燃油燃气系统的接地，以及燃油燃气管道系统法兰等连接件的防静电跨接应符合现行国家标准和设计要求。

2）表中：换算值指仪表测量值乘以当地季节系数。

（六）电梯工程

（1）C.6.46 电梯工程负荷试验、安全装置检查记录一般规定及表式

1）负荷试验、安全装置检查是电梯安装工程完成后必须进行的测试项目。

2）负荷试验、安全装置检查包括：电梯性能试验、电梯部件试验、电梯安装检查。

（2）C.6.47 电梯性能试验、电梯部件试验项目齐全，并符合规范与设计对电梯性能试验的要求；电梯部件试验中，曳引机检验、限速器试验、安全钳、缓冲器、层门与开门机、门锁、选层器、轿厢试验均必须满足设计要求，试验结果必须符合规范要求。

（3）C.6.48 电梯运行及有关的性能试验应由相应资质的检测单位进行。

（4）C.6.49 电梯工程试验检查记录内容：

1）电梯安全装置检查记录（C6-7-1）；

2）电梯负荷运行试验记录（C6-7-2）；

3）电梯负荷运行试验曲线图（C6-7-3）；

4）电梯噪声测试记录（C6-7-4）；

5）电梯加、减速度和轿厢运行的垂直、水平振动速度试验记录（C6-7-5）；

6）曳引机检查与试验记录（C6-7-6）；

7）限速器试验记录（C6-7-7）；

8）安全钳试验记录（C6-7-8）；

9）缓冲器试验记录（C6-7-9）；

10）层门和开门机试验记录（C6-7-10）；

11）门锁试验记录（C6-7-11）；

12）绳头组合拉力试验记录（C6-7-12）；

13）选层器钢带试验记录（C6-7-13）；

14）轿厢试验记录（C6-7-14）；

15）控制屏试验记录（C6-7-15）。

附 录

附录一 表格填写指南

表 B1-10 工程开工报审表 编号：

工程名称：

致________________（建设单位）

________________（监理单位）

我方承担的________________工程，已完成相关准备工作，具备了开工条件，特此申请于____年____月____日开工，请审批。

工程开工报审应同时上报监理单位和建设单位审核批准。

附件：

一、施工许可证已获政府主管部门批准； □

二、征地拆迁工作满足工程进度需要； □

三、施工组织设计已获总监理工程师批准； □

四、现场管理人员、施工人员已进场，机具、主要工程材料已落实； □

五、进场道路及水、电、通信等已满足开工要求； □

六、质量管理、技术管理和质量保证的组织机构已建立； □

七、质量管理、技术管理制度已制定； □

八、专职管理人员和特种作业人员已取得资质证、上岗证。 □

以上八项为开工前必备条件，在已经完成或具备条件的工作项目后的“□”内打“√”。

施工单位项目经理签字，并加盖项目部章。

施工单位（章）：________________

项目经理：________________

日 期：____年____月____日

审核意见：

此栏由监理机构总监签署审核意见后，签字并加盖监理机构章。

项目监理机构（章）：________________

总监理工程师：________________

日 期：____年____月____日

审核意见：

此栏由建设单位项目负责人签署审批意见后，签字并加盖建设单位章。

建设单位（章）：________________

项目负责人：________________

日 期：____年____月____日

注：本表一式四份，由建设单位审批后，施工单位、建设单位各执一份，监理单位二份（其中城建档案馆一份）。

表 B2-1　施工组织设计/方案报审表　　　　　　编号：

工程名称：

致________________________________（监理单位） 我方已完成了________________________________工程施工组织设计/方案的编制，并按规定完成了相关审批手续，请予以审查 附件：施工组织设计/方案 施工单位（章）：________________ 项目经理：________________ 日　期：____年____月____日
专业监理工程师审查意见： 本栏由专业监理工程师签署对施工组织设计（方案）的审查意见，并签字。 专业监理工程师：________________ 日　期：____年____月____日
总监理工程师审核意见： 本栏由总监理工程师签署对施工组织设计（方案）的审核意见，签字并加盖监理机构章。 项目监理机构（章）：________________ 总监理工程师：________________ 日　期：____年____月____日

注：本表一式三份，项目监理机构签署后自留一份，报建设单位一份，返施工单位一份。

【填写要点】

（1）此表是施工单位在编制完施工组织设计或专项施工方案后，报监理机构审核用表。

（2）施工单位按施工合同规定时间向项目监理机构报送自审手续完备的施工组织设计（方案），总（专业）监理工程师在合同规定时间内完成审核工作。

（3）施工组织设计是开工报审必备条件之一，施工组织设计（方案）未经项目监理机构批准，该项工程不得施工。

表 B2-2　主要施工机械设备报审表　　　　编号：

工程名称：

致________________（监理单位）

下列施工设备已按施工组织设计（方案）要求进场，请核查并准予使用。

设备名称	规格型号	数量	进场日期	技术状况	备注
			年　月　日		
			年　月　日		
			年　月　日		
			年　月　日		
			年　月　日		
			年　月　日		
			年　月　日		
			年　月　日		

附件：

1. 有关技术说明、调试结果 □
2. 计量设备法定检测部门的鉴定 □
3. 设备状况证明文件 □

此表格内填写拟进场机械设备的基本信息。在相应附件的“□”打“√”，项目经理签字并加盖项目部章。

施工单位（章）：________

项目经理：________

日　期：____年____月____日

专业监理工程师审核意见：

此表格内填写拟进场机械设备的基本信息。在相应附件的“□”打“√”，项目经理签字并加盖项目部章。

项目监理机构（章）：________

专业监理工程师：________

日　期：____年____月____日

注：本表一式二份，项目监理机构签署后自留一份，返施工单位一份。

【填写要点】

（1）凡影响工程质量、施工安全和有计量要求的机械设备进场时，施工单位应自检合格后，填报此表报监理机构审核。

（2）随报审应附有关技术说明、调试结果和设备状况证明文件。

（3）对有计量要求的应有法定检测部门出具的鉴定证明文件，如经纬仪、水准仪等。

表 B2-3　施工控制测量成果报验单　　　　编号：

工程名称：

致＿＿＿＿＿＿＿＿＿＿（监理单位）

我方已完成＿＿＿＿＿＿＿＿＿＿的施工控制测量，经自检合格，请予查验。

专职测量人员岗位证书编号：

测量设备鉴定证书编号：

附件：1. 施工控制测量依据资料；

2. 施工控制测量记录。

此处填写施测部位

测量设备鉴定证书编号：指测量设备有效鉴定证书的编号。

附件：

1. 测量依据多指工程定位测量。一般为工程总平面图，或建设单位提供的规划主管部门下发工程定位测量成果图和工程定位红线桩、高程点等。

2. 施工单位施测过程记录。

3. 在相应附件前打“√”。

测量成果报验，需施工单位项目经理签字并加盖施工单位项目部章。

施工单位（章）：＿＿＿＿＿＿

项目经理：＿＿＿＿＿＿

日　期：＿＿年＿＿月＿＿日

审查意见：

专业监理工程师签署审查意见，签字并加盖监理机构章。

项目监理机构（章）：＿＿＿＿＿＿

专业监理工程师：＿＿＿＿＿＿

日　期：＿＿年＿＿月＿＿日

注：本表一式三份，项目监理机构二份（其中城建档案馆一份），返施工单位一份。

【填写要点】

（1）该表是施工单位对施工测量工作自检合格后，报监理机构申请复核验收用表。

（2）施工测量是施工过程中的关键工序，它不仅贯穿工程开工至竣工全过程，且涉及每个分部工程。测量工作分为工程定位测量、基槽及各层放线测量、沉降观测测量、建筑物外观质量检测测量等。测量工作完成后应进行施工测量放线报验。

（3）表式附件中，施工控制测量记录包括：工程定位测量记录（表 C5-2-2），基槽及各层放线测量及复测记录（表 C5-2-3），建筑物垂直度、标高、全高测量记录（表 C5-2-4）和沉降观测记录等实用表式。

表 B2-4 ________工程报验单

编号：

工程名称：

致________________________________（监理单位）

我方已完成________________________________工程，按设计文件及有关规范进行了自检，质量合格，请予审查和验收。

附件：1. 工程质量控制资料 □

2. 安全和功能检验（检测）记录 □

3. 观感质量验收记录 □

4. 隐蔽工程验收记录 □

5. ________质量验收记录 □

> 1. 附件中1~3项，包含资料内容分别详见本书第五篇章相关章节。
> 2. 隐蔽工程验收记录填写指南见本书第五篇相关章节。
> 3. 第5条横线上填写质量验收记录名称，应与实用表式名称一致。
> 4. 在所含附件的“□”内打“√”。

施工单位（章）：________________

项目经理：________________

日　期：____年____月____日

审查/验收意见：

□所报隐蔽工程的技术资料齐全/不齐全，且符合/不符合要求，经现场检测、检查合格/不合格，同意/不同意隐蔽。

□所报检验批的技术资料齐全/不齐全，且符合/不符合要求，经现场检测、核查合格/不合格。

同意/不同意进行下道工序。

□所报检验批的技术资料基本齐全，且基本符合要求，因砂浆/混凝土试块强度检测报告未出具，暂同意进行下道工序施工，待砂浆/混凝土试块强度检测报告补报后，予以质量认定。

□所报分项工程的各验收批的验收资料完整/不完，且全部/未全部达到合格要求，所以核查为

合格/不合格。

□所报分部（子分部）工程的技术资料齐全/不齐全，且符合/不符合要求，经现场检测核查合格/不合格。

> 监理验收人在所选验收意见前的“□”内打“√”，并划掉非选择意见，如“符合/不符合要求”。验收人签字并盖监理机构章。

项目监理机构（章）：________________

总/专业监理工程师：________________

日　期：____年____月____日

注：本表一式二份，项目监理机构签署后自留一份，返施工单位一份。

表 B2-5　工程材料/构配件/设备报审表

编号：

工程名称：

致________________________________（监理单位）

我方于________年______月______日进场的工程材料/构配件/设备数量如下（或另附清单）。现将质量证明文件及自检结果报上，拟用于下述部位：________________________________，请予以审核。

填写拟进场材料、构配件或设备的基本情况，也可另附明细。

名　称	规　格	产　地	数　量	备　注

附件：1. 材料/构配件/设备进场验收记录 □

2. 材料/构配件/设备质量证明资料 □

3. 复试报告等 □

在所含附件后面的“□”内打“√”。项目经理签字确认并加盖施工单位项目部章。

施工单位（章）：________________

项目经理：________________

日　期：____年____月____日

专业监理工程师审查意见：

经检查上述工程材料/构配件/设备，符合/不符合设计文件和规范的要求，准许/不准许进场，同意/不同意使用于拟定部位。

专业监理工程师确认审查意见划掉非选择项（如“符合/不符合要求”），签字并盖监理机构章。

项目监理机构（章）：________________

专业监理工程师：________________

日　期：____年____月____日

注：本表一式三份，项目监理机构二份（其中城建档案馆一份），返施工单位一份。

表 B2-8　见证取样检测委托单

编号：

工程名称：

样品名称		使用部位	
样品规格		取样部位	
产地（生产厂家）		样品数量	
合格证号		代表数量	
委托检测单位		委托日期	
检测报告统一编号			
检测内容及要求			
备　注			
见证取样和送检印章			
签字栏	取样人	见证人	收样人

适用于工程实体留置或抽样检测的试件。

适用于原材料、半成口和构配件。

检测单位出具检测报告后，填写其报告的统一编号。

此栏填写试件的检测项目、检测方法及有关要求。常用材料构配件的检测项目见本书附录五，工程实体检测项目的检测内容见本书附录六。

此栏一般填写见证单位联系人及其系方式。

此栏应由见证单位加盖见证取样和送检印章。

注：本表一式三份，检测单位、项目监理机构、施工单位各一份。

表 C2-1　图纸会审记录　　　　编号：

<table>
<tr><td>工程名称</td><td></td><td>会审日期及地点</td><td></td></tr>
<tr><td>专业名称</td><td></td><td>页　　数</td><td>共　　页，第　　页</td></tr>
<tr><td></td><td colspan="3"></td></tr>
<tr><td colspan="4">记录内容：
按图纸专业目次记录，与会各单位代表签字并加盖单位公章。
记录人：</td></tr>
<tr><td>建设单位（章）
代表：</td><td>设计单位（章）
代表：</td><td>施工单位（章）
代表：</td><td>监理单位（章）
代表：</td></tr>
</table>

【填写要点】

（1）图纸会审是施工单位开工后第一项技术活动，图纸会审主要解决施工图存在问题、矛盾和各单位提出的合理化建议。该记录一般为施工单位记录并整理。

（2）图纸会审由建设单位组织，设计单位、施工单位、监理单位参加。

（3）图纸会审一般与设计交底一并举行。

（4）图纸会审记录一般按专业会审，并按施工图目次记录。

（5）会审问题涉及多页图纸时，各页次均应记录，便于施工过程中查阅，也便于完工后竣工图的编制。

（6）与会各方代表应签字并加盖单位公章。

表 C2-4　技术交底记录　　　　编号：

<table>
<tr><td>工程名称</td><td></td><td>日　期</td><td>年　月　日</td></tr>
<tr><td>交底部位</td><td></td><td>页　数</td><td>共　　页，第　　页</td></tr>
<tr><td colspan="4">交底内容：

填写技术交底基本信息，同一交底多页时应编制页次。

根据交底项目填写有针对性的交底内容。

技术交底应履行签字手续。</td></tr>
<tr><td>签字栏</td><td colspan="3">技术负责人：　　　　交底人：　　　　接交人：</td></tr>
</table>

【填写要点】

（1）施工技术交底是指施工企业相应技术负责人以书面形式向施工操作人员贯彻设计要求、施工工艺、施工方案及施工措施的技术文件。

（2）技术交底的主要内容：设计图纸交底，施工组织设计交底，设计变更交底，洽商交底，新规范新要求交底，施工工艺交底和分项工程交底等。

（3）技术交底应全面介绍，且符合工程的实际情况，对“四新”（即新材料、新工艺、新技术、新设备）要有针对性。

（4）对节能、消防、幕墙等专项工程应做专项技术交底。

（5）在分项工程交底中应提出安全要求。

表 C3-1-2　出厂质量证明文件及检测报告粘贴表　　编号：

（粘贴页）	
质量证明文件小于A4幅面的均应粘贴于此表，并按工程资料编号规定编号。 审核人和整理人签字，一般审核人为项目技术负责人，整理人为工程资料员。	
签字栏	审核：　　整理：　　年　月日

表 C4-8　混凝土强度评定表　　　　编号：

工程名称：　　　　　　　　　　施工单位：

混凝土强度等级		结构部位	
配合比编号		养护条件	

验收组数n=　　　合格判定系数λ_1=　　　λ_2=　　　λ_3=　　　λ_4=

同一检验批混凝土立方体抗压强度平均值mf_{Cu}=

同一检验批混凝土立方体抗压强度最小值$f_{Cu,min}$=

前一检验期强度标准差σ_0=

同一检验批混凝土立方体抗压强度标准差Sf_{Cu}=

验收批各组试件强度值（MPa）：

> 在适应的计算方法前打“√”。统计方法与非统计方法计算公式与原规程不同。公式释义见【相关规定】

统计方法				非统计方法
标准差已知统计法	$mf_{Cu} \geqslant f_{Cu,k}+0.7\sigma_0$ $f_{Cu,min} \geqslant f_{Cu,k}-0.7\sigma_0$ 当强度等级≤表C20时 $f_{Cu,min} \geqslant 0.85f_{Cu,k}$ 当强度等级＞C20时 $f_{Cu,min} \geqslant 0.90f_{Cu,k}$	标准差未知统计法	$mf_{Cu} \geqslant f_{Cu,k}+\lambda_1 Sf_{Cu}$ $f_{Cu,min} \geqslant \lambda_2 f_{Cu,k}$	$mf_{Cu} \geqslant \lambda_3 f_{Cu,k}$ $f_{Cu,min} \geqslant \lambda_4 f_{Cu,k}$

依据标准：

> 应执行《混凝土强度检验评定标准》（GB/T 50107—2010）

计算：	结论： 日期：　　年　月　日

> 计算后签署结论，施工单位相关人员签字，专业监理工程师审核确认。

签字栏	监理（建设）单位	施工单位		
		技术负责人	质检员	统计

【填写要点】

（1）混凝土强度的评定方法有两种：统计方法和非统计方法。统计方法中有：标准差已知和标准差未知两种情况。

（2）混凝土强度评定应按地基基础、主体结构分部分别评定，并应按同一品种、同一强度等级、同一养护条件单独进行评定。

（3）600℃・d 混凝土强度评定时，应乘以折算系数 1.1，也可根据当地的试验统计结果做适当调整。

表 C4-13　砂浆强度评定表　　　　编号：

工程名称：　　　　　　施工单位：

<table>
<tr><td colspan="2">砂浆强度等级</td><td colspan="2"></td><td>结构部位</td><td colspan="2"></td></tr>
<tr><td colspan="2">配合比编号</td><td colspan="2"></td><td>养护条件</td><td colspan="2"></td></tr>
<tr><td colspan="7">验收批各组试件强度值（MPa）：</td></tr>
<tr><td colspan="7">填写验收批各组试件强度值。</td></tr>
<tr><td colspan="7"></td></tr>
<tr><td colspan="2">验收组数（n）</td><td>砂浆设计强度f_2（MPa）</td><td>平均值v_{fm}（MPa）</td><td>最小值$f_{m,min}$（MPa）</td><td colspan="2">$0.85f_2$</td></tr>
<tr><td colspan="2"></td><td></td><td></td><td></td><td colspan="2"></td></tr>
<tr><td colspan="7">砂浆品种符合设计要求，强度必须符合下列规定：
1. 同一验收批砂浆试块强度平均值大于或等于设计强度等级级值f_2的1.10倍；
2.同一验收批砂浆试块抗压强度的最小一组平均值大于或等于设计强度等组值f_2的85%；
3.同一验收批砂浆只有1组或2组试块时，每组试块抗压强度平均值大于或等级于设计强度等级值f_2的1.10倍</td></tr>
<tr><td colspan="7">依据标准：</td></tr>
<tr><td colspan="4">计算：
按此表三个条件计算并符合《砌体结构工程施工质量验收规范》GB 50203—2003的有关规定。</td><td colspan="3">结论：
计算后签署结论，施工单位相关人员签字，专业监理工程师审核确认。
日期：　　年　月　日</td></tr>
<tr><td rowspan="3">签字栏</td><td rowspan="2">监理（建设）单位</td><td colspan="5">施工单位</td></tr>
<tr><td colspan="2">技术负责人</td><td>质检员</td><td colspan="2">统计</td></tr>
<tr><td></td><td colspan="2"></td><td></td><td colspan="2"></td></tr>
</table>

【填写要点】

(1) 砂浆验收批按分部、同一类型、强度划分。每验收批各组砂浆强度汇总计算后应符合下列规定：

① 同一验收批砂浆试块旨度平均值大于或等于设计强度等级值 f_2 的 1.10 倍；

② 同一验收批砂浆试块抗压强度的最小一组平均值大于或等于设计强度等级值 f_2 的 85%；

③ 同一验收批砂浆只有 1 组或 2 组试块时，每组试块抗压强度平均值大于或等于设计强度等级值 f_2 的 1.10 倍。

(2) 同一砌筑砂浆验收批应按本表中条件计算评定。砂浆试块的留置组数应满足下列要求：

① 砌筑砂浆的验收批，同一类型、强度等级的砂浆试块不应少于 3 组；

② 同一验收批砂浆只有 1 组或 2 组试块时，每组试块抗压强度平均值的 1.10 倍；

表 C5-1-1　隐蔽工程验收记录

编号：

工程名称：　　　　　　　　　　　　　　　　施工单位：

隐检项目		隐检部位	
图纸、变更编号		隐检日期	
施工标准名称		照片编号	

隐蔽内容	质量要求	施工单位自查情况	监理（建设）单位检验情况

填写隐蔽具体内容，见相关规定

填写隐蔽内容对应的验收标准的要求或条款。

说明（图示、照片可另附页）：

填写隐蔽上程必要的文字说明、图示和照片。页面不足时，图示、照片可另附页。照片数量不得少于一张。

施工单位技术负责人、质检员签字，专业监理工程师验收后填写验收结论并签字。

验收结论：

签字栏	监理（建设）单位	施工单位	
		技术负责人	质检员

表C5-2-5　地基验槽记录

编号：

工程名称：　　　　　　　　　　　　施工单位：

验槽部位		项目经理	
开挖时间		项目技术负责人	
完成时间		质　检　员	
验收时间		记　录　人	

项次	项　　目	查验情况	附图或说明
1	基底土壤类别	填写土壤类别及其与勘察报告对比情况	填写需要附图和必要说明的内容。如地基须处理的位置和处理意见等。若页面不足可另附页。
2	基底是否为老土层	基地均应挖至老土	
3	地基土的均匀、密实程度	依据钎探结果填写	
4	地下水情况	地下水位及降水情况	
5	有无坑、穴、洞、窑、墓	是否有坑、穴、洞、窑、墓情况及处理情况	
6	定位检查	对基底高程、断面、轴线及坡度的检查情况	
7	桩、地基处理	桩、地基处理的检查、检测情况	
初验结论	施工单位技术负责人会同施工现场管理人员对地基做出的初步验收结论。		
复验结论	参加验收各方做出的最终验收结论。如需处理的，其处理意见以勘察、设计为主。		

签字盖章栏	建设单位（公章）	监理单位（公章）	设计单位（公章）	勘察单位（公章）	施工单位（公章）

注：签字盖章栏——参加验收各方代表签字并加盖单位公章。

表 C5-2-6　地基钎探记录

编号：

工程名称：　　　　　　　　　　　　施工单位：

钎探方式		直径		锤重		钎探日期	

探点编号	钎探深度及锤击数								探点布置及处理部位示意图
	合计	0~30（cm）	30~60（cm）	60~90（cm）	90~120（cm）	120~150（cm）	150~180（cm）	180~210（cm）	
									结　论

签字栏	技术负责人：	质检员：	钎探人：

每点钎探锤击数的总和。

每击入300mm时的锤击数。

填写摊点布置说明和需处理部位的示意图及其说明。

填写本页钎探结论。一般填写“土质均匀无异常”，不应填写“合格”或“不合格”

相关人员签字。其中钎探人指实际钎探时的操作人员，一般为两个人。

表 C5-2-7　混凝土浇灌申请书　　　　编号：

工程名称：　　　　　　　　施工单位：

> 混凝土配合比通知单统一编号

申请浇灌时间：				申请浇灌混凝土的部位：				
混凝土强度等级：				混凝土配比单编号：				
材料用量	水泥	水	砂	石	外加剂		掺合料	
用量/m^3	kg	kg	kg	kg	kg	kg	kg	kg
每盘用量	kg	kg	kg	kg	kg	kg	kg	kg
准备工作情况	> 以上两行依据混凝土配合比填写，如商品混凝土按商品混凝土厂家提供的开盘鉴定填写。 > 简要描述拟浇筑混凝土的准备工作情况。一般填写上道工序验收情况、隐蔽工程验收情况、施工人员、材料到位情况和机械设备运转情况等。							
施工单位意见	> 施工单位项目经理审查后签署意见并签字。 项目经理： 年　月　日							
监理（建设）单位意见	> 专业监理工程师审查后签署意见并签字。 总监/专业监理工程师： 年　月　日							

【填写要点】

（1）混凝土浇灌申请应在上一道工序及隐蔽工程验收合格且浇灌混凝土准备工作自检就绪后提出。

（2）根据混凝土的来源（自拌混凝土或商品混凝土）不同，配合比数据应与配合比通知单或商品混凝土开盘鉴定数据一致。

表 C5-2-9　混凝土工程施工记录　　　　编号：

工程名称：　　　　施工单位：

浇筑 部位			设计强度等级		浇筑日期		
操作班组			天气情况		温度℃	最高	
						最低	
混凝土搅拌类别	商品混凝土	供货厂名			合同号		
		供货强度等级			配比单编号		
	现场拌制	配合比通知单编号					
		混凝土配合比	材料名称	规格产地	每立方米用量（kg）	每盘用量（kg）	实际每盘用量（kg）
			水泥				
			石子				
			砂子				
			水				
			掺合料				
			外加剂				
开始时间	年　月　日　　时			完成时间	年　月　日　　时		
本次浇筑数量（m^3）		试块留置情况					
备注							
签字栏	监理（建设单位）	施工单位					
		技术负责人	施工员	试验员			

据实填写商品混凝土信息栏

现场拌制混凝土原材料配比信息：
1. 规格产地、每立方米用量应与配合比通知单一致；
2.每盘用量应按施工配合比填写；实际每盘用量应填写施工过程中混凝土配比用原材料用量抽量的最大偏差值。

填写试块（标养、同条件、拆模措施等试块）留置情况

表 C6-1-1　设备单机试运转记录　　　　编号：

工程名称：　　　　施工单位：

<table>
<tr><td colspan="2">设备名称</td><td></td><td colspan="2">所属系统、位置</td><td></td></tr>
<tr><td colspan="2">规格型号</td><td></td><td colspan="2">安装位号</td><td></td></tr>
<tr><td colspan="2">设备编号</td><td></td><td colspan="2" rowspan="2">试运转
时间</td><td rowspan="2">年　月　日　时　分至
年　月　日　时　分</td></tr>
<tr><td colspan="2">生产厂家</td><td></td></tr>
<tr><td>序号</td><td colspan="2">检查项目</td><td colspan="2">检查记录</td><td>备注</td></tr>
<tr><td>1</td><td colspan="2"></td><td colspan="2"></td><td></td></tr>
<tr><td>2</td><td colspan="2"></td><td colspan="2"></td><td></td></tr>
<tr><td>3</td><td colspan="2"></td><td colspan="2"></td><td></td></tr>
<tr><td>4</td><td colspan="2"></td><td colspan="2"></td><td></td></tr>
<tr><td>5</td><td colspan="2"></td><td colspan="2"></td><td></td></tr>
<tr><td>6</td><td colspan="2"></td><td colspan="2"></td><td></td></tr>
<tr><td>7</td><td colspan="2"></td><td colspan="2"></td><td></td></tr>
<tr><td>8</td><td colspan="2"></td><td colspan="2"></td><td></td></tr>
<tr><td>9</td><td colspan="2"></td><td colspan="2"></td><td></td></tr>
<tr><td colspan="6">试运转结论：

年　月　日</td></tr>
<tr><td rowspan="3">签字栏</td><td colspan="2">监理（建设）单位</td><td colspan="3">施工单位</td></tr>
<tr><td colspan="2" rowspan="2"></td><td>专业技术负责人</td><td>专业质检员</td><td>操作人</td></tr>
<tr><td></td><td></td><td></td></tr>
</table>

填写检查项目名称

简要记录各项检查项目的检查经过、结果

设备安装的位置或位置编号

监理机构代表确认试运转结论，参加验收的相关人员签字。

【填写要点】

（1）此表为设备单机试运转通用记录表式。设备在安装完毕后系统试运行前，均应按设备随机文件、设计要求和规范规定进行单机试运转。

（2）此表适用于给排水、采暖、通风与空调、电气工程中设备单机运转记录。

表C6-2-1　淋（蓄）水试验记录（通用）

编号：

工程名称：　　　　　　　　　　施工单位：

<table>
<tr><td>试水部位</td><td colspan="2"></td><td>防水做法</td><td></td></tr>
<tr><td>试水日期</td><td colspan="4">年　月　日　时起
年　月　日　时止</td></tr>
<tr><td>试水简况</td><td colspan="4">简要填写淋（蓄）水试验过程。</td></tr>
<tr><td>检查结果</td><td colspan="4">填写淋（蓄）水试验检查结果，如存在问题的应详述清楚。</td></tr>
<tr><td>复查结果</td><td colspan="4">对首次试验检查存在问题部位处理后的复查结果。</td></tr>
<tr><td>评定意见</td><td colspan="4">专业监理工程师和施工单位相关人员签字。
监理机构审核后签署的填写淋（蓄）水试验评定结果。
年　月　日</td></tr>
<tr><td rowspan="3">签字栏</td><td rowspan="2">监理（建设）单位</td><td colspan="3">施工单位</td></tr>
<tr><td>技术负责人</td><td>质检员</td><td>试验员</td></tr>
<tr><td></td><td></td><td></td><td></td></tr>
</table>

【填写要点】

屋面工程和有防水要求的建筑地面完工后均应进行淋（蓄）水试验并记录。

【相关规定】

（1）屋面进行淋（蓄）水试验主要检查屋面有无渗漏、积水和排水系统是否畅通。其试验可在雨后或持续淋水 2h 后进行，具备蓄水条件的屋面，其蓄水时间不应小于 24h。

（2）建筑地面淋（蓄）水试验蓄水深度应为高于最高点 20～30mm，24h 内无渗漏为合格。

表 C6-3-1　灌水（满水）试验记录　　　　编号：

工程名称：　　　　施工单位：

分项工程名称			试验日期		
试验依据：					
试验部位（设备、器具）	灌（满）水情况	灌（满）水后持续试验时间（min）	液面检查情况	渗漏检查情况	结论
签字栏		施工单位			
		专业技术负责人	专业质检员	操作人	

填写试验依据来源与主要内容

填写试验结论，是否合格。

填写试验系统、部位或试验设备器具等。局部试验应加注具体部位。

填写试验时灌（满）水情况。其要求见本表式的【相关规定】。

填写试验时灌（满）水持续时间。其要求见本表式的【相关规定】。

填写液面下降情况。其要求见本表式的【相关规定】。

填写是否存在渗漏情况。

施工单位相关人员签字，专业监理工程师确认试验结果并签字。

【填写要点】

（1）非承压管道系统、设备和卫生洁具在安装完毕后或在隐蔽前，应按现行相应国家标准进行灌水、满水试验。

（2）房屋建筑工程需进行灌水试验的管道系统有：需隐蔽或埋地的室内、外排水管道，雨水管道等。

（3）卫生洁具安装完毕后应进行满水和通水试验。

（4）局部管道进行试验时，应标明详细部位。如排水系统-1 地下部分进行灌水试验时，表中“试验部位”一栏应填写“排水系统-1 地下主管道”或“排水系统-1±0.000 以下主管道”。

（5）卫生洁具满水试验时，“试验部位”一栏可按单个卫生洁具填写，数量较多的也可按系统填写，填写时应满足第 4 条的要求。

（6）此表是将原规程的灌水试验记录与卫生器具满水试验合并而成。

（7）本表式【填写示例】仅给出了灌水试验记录示例。

表 C6-3-2　系统（分段）强度、严密性试验记录

编号：

工程名称：　　　　　　　　　　　　　　施工单位：

分项工程名称		试验系统（部位）	
工作压力（设计压力）		压力表编号	
管道材质		连接方式	
试验依据：			

试验记录			
	试验介质		
	环境温度（℃）		
	试验压力表设置位置		
	强度试验	试验压力（MPa）	
		持续时间（min）	
		压力降（MPa）	
		渗漏情况	
		破裂及塑性变形情况	
	严密性试验	试验压力（MPa）	
		持续时间（min）	
		压力降（MPa）	
		渗漏情况	

试验结论：

年　月　日

签字栏	监理（建设）单位	施工单位		
		专业技术负责人	专业质检员	操作人

填写实验依据标准的条款号或内容。

填写管材连接方式，各管材连接方式见【填写要点】。

一般设置在系统首端，如设置在顶端试验结果应考虑压差。

填写强度试验主要数据，各类管道系统试验要求见本表式的【相关规定】。

填写严密性试验主要数据，各类管道系统试验要求见本表式的【相关规定】。

施工单位相关人员签字，专业监理工程师确认试验结果并签字。

表 C6-3-3　管道通水试验记录　　　　编号：

工程名称：　　　　　　　　　施工单位：

分项工程名称			试验部位	
试验依据			试验日期	
管线名称/编号	通水起止时间	给水（排水）通畅情况	渗漏情况	试验结论

填写通水试验起止时间。

填写通水试验管道畅通情况。

填写通水试验管道渗漏情况

填写通水试验被测管道试验结论

施工单位相关人员签字，专业监理工程师确认试验结果并签字。

签字栏	监理（建设）单位	施工单位		
		专业技术负责人	专业质检员	操作人

【填写要点】

室内外给排水系统、中水及游泳池系统、空调冷凝水系统安装完成后，均应进行通水试验并记录。

表 C6-3-4　冲洗（吹扫/擦洗/脱脂）记录

编号：

工程名称：　　　　　　　　　　　施工单位：

分项工程名称		部位	
试验介质		日期	

冲洗（吹扫/擦洗/脱脂）要求：

填写相关标准对冲洗（吹扫/擦洗/脱脂）试验的要求。具体要求见本表式的【相关规定】。

冲洗（吹扫/擦洗/脱脂）记录：

记录系统冲洗（吹扫/擦洗/脱脂）试验的过程。

检查结论：

施工单位相关人员签字，专业监理工程师确认试验结果并签字。

监理机构签署关于系统冲洗（吹扫/擦洗/脱脂）试验结果的验收结论。

<table>
<tr><td rowspan="3">签字栏</td><td>监理（建设）单位</td><td colspan="3">施工单位</td></tr>
<tr><td rowspan="2"></td><td>专业技术负责人</td><td>专业质检员</td><td>操作人</td></tr>
<tr><td></td><td></td><td></td></tr>
</table>

【填写要点】

室内外给水、采暖系统完工后，应按相关规定进行冲洗、消毒（脱脂）试验，并应达到设计或有关标准的规定。当设计无要求时，各类管道进行冲洗、消毒（脱脂）试验的方法和范围见本表式的【相关规定】。

表 C6-3-5　管道通球试验记录

编号：

工程名称：　　　　　　　　　　施工单位：

分项工程名称				试验部位	
试验依据				试验日期	
管线名称/编号	管道类型	管道规格	球径	检查情况	结论
填写试验管道系统名称及编号	填写管道主材类型	填写管道主干管规格	填写试验用球直径	填写管道渗漏畅通情况及通球率	填写通球试验结果，合格与否。
签字栏	监理（建设）单位	施工单位			
		专业技术负责人	专业质检员	操　作　人	

施工单位相关人员签字，专业监理工程师确认试验结果并签字。

【填写要点】

（1）该试验表格适用于室内排水系统的通球试验记录。

（2）室内排水系统管道安装完毕后，均应进行管道通球试验。

表 C6-4-1 接地电阻测试记录

编号：

工程名称： 施工单位：

分部名称				测试日期			
仪表型号			天气情况		气温		℃
接地类型		防雷接地	保护接地	重复接地	工作接地	（ ）接地	（ ）接地
组别及实测数据	1						
	2						
	3						
	4						
	5						
	6						
	7						
设计要求		≤ Ω	≤ Ω	≤ Ω	≤ Ω	≤ Ω	≤ Ω
测度结论		年 月 日			季节系数		
签字栏	监理（建设）单位		施工单位				
			专业技术负责人		专业质检员		测 试 人

被测接地形式，如设计另有接地要求的其他接地可在（ ）填写。

填写各接地组别实测电阻数值。

设计要求的接地电阻限值要求。

监理机构确认的接地电阻测试结论。

依据测试季节选取的测试结果修订系数。季节系数可参【填写要点】第3条选用。

表 C6-4-2 ________绝缘电阻测试记录 编号：

工程名称： 施工单位：

分部(分项)名称					测度日期				
仪表型号					工作电压				
天气情况					环境温度				
层段、设备、线路、名称									
绝缘电阻（MΩ）	A—B								
	B—C								
	C—A								
	A—N								
	B—N								
	C—N								
	A—E								
	B—E								
	C—E								
	N—E								
测试结论	年 月 日								
签字栏	监理（建设）单位	施工单位							
		专业技术负责人		专业质检员			测 试 人		

填写被测试层段、设备、线路等名称

填写实测各相线见绝缘电阻值。

监理机构确认的绝缘电阻测试结论。

【填写要点】

绝缘电阻测试应在电气设备、系统安装完成后进行，是工程结构安全和使用功能的重要资料之一。主要包括电气设备绝缘电阻测试、系统绝缘电阻测试、线路导线间绝缘电阻测试以及设计要求的其他绝缘电阻测试。

表C6-4-3　避雷接地电阻测试记录

编号：

工程名称：　　　　　　　　施工单位：

施工图号				测试日期			
项目	编号（部位）	材质	规格	长度（m）	埋深（m）	连接方式	防腐处理
避雷装置							
接地及引线							
接地干线							
简图		设计电阻：Ω		评定意见：			
		测试电阻：Ω					
		仪表编号：		年　月　日			
签字栏	监理（建设）单位	施工单位					
		专业技术负责人		专业质检员		测试人	

由接内器、引下线和接地装置组成。接闪器是用来接受雷电放电的金属导体，由避雷针、避雷线、避雷带、避雷网等组成。

填写接地干线设计埋深。若设计无要求时，一般埋深不小于600mm。接地干线距离建筑物出入口小于3m时，局部埋深应不小于100mm。

一般使用镀锌材料，防腐指地下部分及焊接部位；但是利用建筑物主体钢筋作为引下线的不需防腐。

接地是指埋入土壤中或混凝土基础中作散流作用的导体；引线是连接接闪器和接地体的金属导线。

从引下线断接卡或换线处至接地体的连接导体。

测试结果应考虑季节系数。

防雷接地系统示意图，页面不足可另附页。

【填写要点】

（1）避雷接地安装完成后必须进行避雷接地电阻测试并记录，如测试结果未达到设计要求时，应增设人工接地体，增设后再测试直至满足设计要求位置。

（2）指接地装置平面示意图，绘制比例要适当，注明各组别编号。编号要与项目栏编号（部位）对应。

表 C6-4-4　电气器具通电安全检查记录

编号：

工程名称：　　　　　　　　　　　　　　施工单位：

楼门单元或区域场所		检查日期	

层数或房间	开关								灯具								插座							
	1	2	3	4	5	6	7	8	1	2	3	4	5	6	7	8	1	2	3	4	5	6	7	8

检查结论	年　月　日		
签字栏	监理（建设）单位	施工单位		
		专业技术负责人	专业质检员	操　作　人

填写所检电气器具结果，合格的在相应单元格内打“√”。检查标准见本表式的【相关规定】。

填写所检电气器具所在层次或房间。

监理机构确认的检查结果，相关人员应签字。

表 C7-1　检验批质量验收记录　　　　编号：

工程名称		分项工程名称		验收部位	
施工单位				项目经理	
施工执行标准名称及编号				专业工长	
分包单位		分包项目经理		施工班组长	
	质量验收规范的规定		施工单位检查评定记录	监理（建设）单位验收记录	
主控项目					
一般项目					
施工单位检查评定结果	项目专业质量检查员：			年　月　日	
监理（建设）单位验收结论	监理工程师（建设单位项目专业技术负责人）：			年　月　日	

此栏以上为信息栏，填写与检验批相关的工程信息。施工执行标准名称一栏应填写企业标准，无企业标准的填写国家标准。

此栏以上为主控项目，主控项目经抽样检验必须全部合格。非计数检验的施工单位应简要填写检查记录，计数检验应满足全数合格。

此栏由监理（建设）单位填写检验批主控项目和一般项目的验收检查情况

此栏以上为一般项目，计数检验时对于超差超过企业标准但未超过国家标准的点应用“○”对其标记，超过国家标准的点应用“△”将其标记。

有关监理（建设）单位验收结论与验收记录均应手填

【填写要点】

（1）检验批是工程质量验收的最小单位。检验批由同一工艺或同一生产条件的分项工程按施工段、层次、工程量或有关标准规定的方式将其划分而成。

（2）各专业分项工程检验批的划分按各专业工程质量验收规范中的相应规定执行，详细划分见本书第七篇。

（3）“施工执行标准名称及编号”一栏的填写：企业有企业标准的应填写企业标准名称及编号，无企业标准的应填写施工执行的标准名称及编号。

表 C7-2 ________分项工程质量验收记录　　　　编号：

工程名称		结构类型		检验批数	
施工单位		项目经理		项目技术负责人	
分包单位		分包单位负责人		分包项目经理	

序号	检验批部位、区段	施工单位检查评定结果	监理（建设）单位验收结论
1			
2			
3			
4			
5			
6			
7			
8			
9			
10			
11			
签字栏	监理工程师： （建设单位项目专业技术负责人） 年　月　日	项目专业技术负责人： 年　月　日	

填写分项工程名称

填写检验批的部位或区段名称，且应与检验批质量验收记录中的“验收部位”相同。

由施工单位填写检验批的结果。

此栏由监理（建设）单位签署分项工程验收结论。

项目专业技术负责人和监理工程师应签字。

表 C7-3 ______分部（子分部）工程质量验收记录　　　　编号：

工程名称		结构类型		层数	
施工单位		技术部门负责人		质量部门负责人	
分包单位		分包单位负责人		分包技术负责人	
序号	子分部（分项）工程名称	分项（检验批）数	施工单位检查评定	验收意见	
1					
2					
3					
4					
5					
6					
7					
8					
质量控制资料		项			
安全和功能检验（检测）报告		项			
观感质量验收					
验收单位	分包单位	项目经理	年　月　日		
	施工单位	项目经理	年　月　日		
	勘察单位	项目负责人	年　月　日		
	设计单位	项目负责人	年　月　日		
	监理（建设）单位	总监理工程师 （建设单位项目专业负责人）：	年　月　日		

验收意见由验收各方共同确认填写，签署意见应文字简练，结论明确。

该分部（子分部）工程所含质量控制资料项目数量。项目数量依据表C8-2对应填写。

该分部（子分部）工程所含安全和功能检验（检测）报告项目数量。项目数量依据表C8-3对应填写。

表 C8-1　单位（子单位）工程质量竣工验收记录　　　编号：

<table>
<tr><td colspan="2">工程名称</td><td colspan="2"></td><td>结构类型</td><td colspan="2"></td><td colspan="2">屋数/建筑面积</td><td></td></tr>
<tr><td colspan="2">施工单位</td><td colspan="2"></td><td>技术负责人</td><td colspan="2"></td><td colspan="2">开工日期</td><td></td></tr>
<tr><td colspan="2">项目经理</td><td colspan="2"></td><td>项目技术
负责人</td><td colspan="2"></td><td colspan="2">竣工日期</td><td></td></tr>
<tr><td>序号</td><td colspan="2">项目</td><td colspan="4">验收记录</td><td colspan="3">验收结构</td></tr>
<tr><td>1</td><td colspan="2">分部工程</td><td colspan="4">共　　分部，经查　　分部
符合标准及设计要求　　分部</td><td colspan="3" rowspan="3">表中第1~5项应按表C8-2、表C8-3、表C8-4核查和抽查结果对应填写。
验收组对个单项作出验收结论，并形成综合验收结论。</td></tr>
<tr><td>2</td><td colspan="2">质量控制
资料核查</td><td colspan="4">共　项，经审查符合要求　　项，
经核定符合规范要求　　项</td></tr>
<tr><td>3</td><td colspan="2">安全和主要使用功能核查及抽查结果</td><td colspan="4">共核查　　项，符合要求　　项，
共抽查　　项，符合要求　　项，
经返工处理符合要求　　项</td></tr>
<tr><td>4</td><td colspan="2">观感质量验收</td><td colspan="4">共抽查　项，符合要求　　项，
不符合要求　　项</td><td colspan="3"></td></tr>
<tr><td>5</td><td colspan="2">综合验收结论</td><td colspan="7"></td></tr>
<tr><td rowspan="2">参加验收单位</td><td colspan="2">建设单位</td><td colspan="3">监理单位</td><td colspan="2">施工单位</td><td colspan="2">设计单位</td></tr>
<tr><td colspan="2">（公章）
单位（项目）负责人：
年　月　日</td><td colspan="3">（公章）
总监理工程师：
年　月　日</td><td colspan="2">（公章）
单位负责人：
年　月　日</td><td colspan="2">（公章）
单位（项目）负责人：
年　月　日</td></tr>
</table>

【填写要点】

（1）单位（子单位）工程质量竣工验收记录是对具备工程竣工验收条件的单位工程的分部工程验收结论、质量控制资料核查、安全和主要使用功能核查及抽查结果、观感质量验收等方面验收情况的综合记录。参加验收各方形成统一验收结论，各单位代表签字并加盖单位公章。

（2）单位（子单位）工程质量竣工验收记录结论合格后，建设单位方可按工程竣工验收程序组织工程竣工验收及备案手续。

附录二　竣工图

一、竣工图绘制

（1）竣工图按绘制方法不同可分为以下几种形式：利用电子版施工图改绘的竣工图、利用施工蓝图改绘的竣工图、利用翻晒硫酸纸底图改绘的竣工图、重新绘制的竣工图。

（2）绘制单位应根据各地区、各工程的具体情况，采用相应的绘制方法。

（3）利用电子版施工图改绘的竣工图应符合下列规定：

1）将图纸变更结果直接改绘到电子版施工图中，用云线圈出修改部位，按附表 2-1 的形式做修改内容备注表：

附表 2-1　修改内容备注表

设计变更、洽商编号	简要变更内容

2）竣工图的比例应与原施工图一致；

3）设计图签中应有原设计单位人员签字；

4）委托本工程设计单位编制竣工图时，应直接在设计图签中注明“竣工阶段”，并应有绘图人、审核人的签字；

5）竣工图章可直接绘制成电子版竣工图签，出图后应有相关责任人的签字。

（4）利用施工图蓝图改绘的竣工图应符合下列规定；

1）应采用杠（划）改或叉改法进行绘制；

2）应使用新晒制的蓝图，不得使用复印图纸。

（5）当图纸变更内容较多时，应重新绘制竣工图。

二、竣工图图纸折叠方法

（1）图纸折叠应符合下列规定：

1）图纸折叠前应按附图 2-1 所示的裁图线裁剪整齐，图纸幅面应符合附表 2-2 的规定：

附表 2-2　图幅代号及图幅尺寸

基本图幅代号	0#	1#	2#	3#	4#
B（mm）×A（mm）	841×1189	594×841	420×594	297×420	297×210
c（mm）	10			5	
d（mm）	25				

2）折叠时图面应折向内侧成手风琴风箱式；

3）折叠后幅面尺寸应以 4# 图为标准；

4）图签及竣工图章应露在外面。

5）3# ～0# 图纸应在装订边 297mm 处折一三角或剪一缺口，并折进装订边。

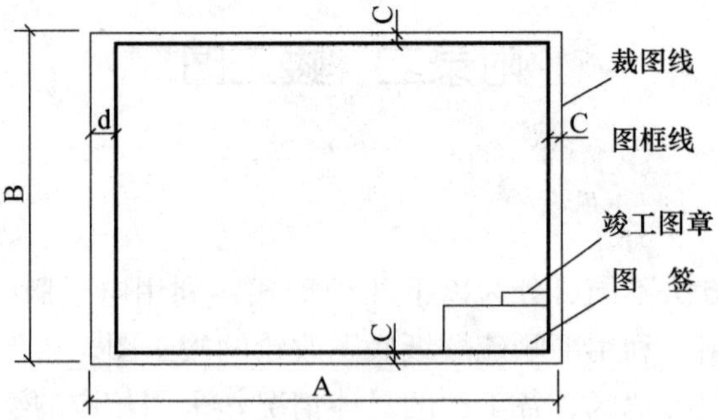

附图 2-1　图框及图纸边线尺寸示意

（2）图纸折叠前，应准备好一块略小于 4# 图纸尺寸（一般为 292mm×205mm）的模。把图纸放在规定位置，然后按照折叠方法的编号顺序依次折叠。

附录三　工程竣工文件

资料类别	工程资料名称			备注
E1 类	竣工验收文件	E1-1	勘察单位工程质量检查报告	
		E1-2	设计单位工程质量检查报告	
		E1-3	施工图审查机构工程质量检查报告	
		E1-4	监理单位工程评估报告	
		E1-5	规划部门出具的工程规划验收认可文件	
		E1-6	公安消防部门出具的《建设工程消防验收意见书》	
		E1-7	环保部门出具的建设工程环保验收认可文件	
		E1-8	其他专项验收认可文件	
		E1-9	建设工程竣工报告	
		E1-10	建设工程竣工验收报告	
		E1-11	房屋建筑工程质量保修书	
		E1-12	住宅质量保证书、住宅使用说明书	
		E1-13	建设工程竣工验收备案表	
		E1-14	建设工程档案验收认可书	
E2 类	竣工交档文件	E2-1	施工资料移交书	
		E2-2	监理资料移交书	
		E2-3	城市建设档案移交责任书	
E3 类	竣工总结文件	E3-1	工程竣工总结	
		E3-2	竣工新貌影像资料	
E4 类	竣工决算文件		施工结算资料	
			监理费用决算资料	

一、建设工程竣工报告

（1）竣工报告由施工单位填写。

（2）报告须经施工、工程监理单位法定代表人或其委托代理人签字，并加盖单位公章后方为有效。

（3）竣工报告填全后报建设单位申请竣工验收。

二、建设工程竣工验收报告

（1）建设项目竣工验收后，向建设行政主管部门或其委托的机构报送。

（2）建设单位在组织竣工验收前，应提前 3 个工作日通知工程质量监督单位，质量监督单位对工程竣工验收实施监督。

（3）竣工验收报告由建设单位负责填写。报告须经建设、勘察、设计、施工图审查机机构、施工、工程监理单位法定代表人或其委托代理人签字，并加盖单位公章后方为有效。

三、房屋建设工程质量保修书

（1）建筑工程承包单位在工程竣工验收后，应当向建设单位出具工程质量保修书；

（2）工程质量保修书应明确建设工程的保修范围、保修期限和保修责任等；

（3）建设工程质量保修书须经建设、施工单位法定代表人或其委托代理人签字，并加盖单位公章后方为有效。

四、住宅质量保证书、住宅使用说明书

《住宅质量保证书》是房地产开发企业对销售的商品住宅承担质量责任的法律文件；《住宅使用说明书》是针对房屋设计、施工及验收中的具体技术指标，如墙体结构类型、抗震指数等做出的相关说明。

《住宅质量保证书》适用于房地产开发企业出售的商品住宅。

五、建设工程竣工验收备案表

建设工程竣工验收备案表上的每一项都必须报主管部门备案。

竣工验收备案表通常包括以下内容：

（1）工程的基本情况；

（2）勘察、设计、施工、监理单位意见；

（3）竣工验收备案文件清单，主要包括：

1）工程竣工验收报告，其主要内容为室内环境检测报告和勘察、设计、施工、工程验收等单位分别签署的质量合格文件及验收人员签署的竣工验收原始文件；

2）规划许可证和规划验收认可文件；

3）工程质量监督注册登记表；

4）工程施工许可证或开工报告；

5）消防部门出具的建筑工程消防验收意见书

6）建设工程档案预验收意见；

7）工程质量保修书；

8）住宅质量保证书；

9）住宅使用说明书；

10）法规、规章规定必须提供得其他文件。

六、建设工程档案验收认可书

（1）凡在本省行政区域内，新建、改建、扩建的投资额在30万元以上或建筑面积在500平方米及其以上的土木工程、建筑工程、设备安装、管线敷设、装饰装修以及市政基础设施等工程（以下简称建设工程）均应进行档案验收及认可。

（2）县以上人民政府建设行政主管部门负责本行政区域内建设工程档案验收及认可，可委托其所属的城建档案管理机构具体负责本行政区域内的建设工程档案验收及认可的有关工作。

（3）建设工程档案验收应根据本省有关建设工程竣工验收及备案管理的有关规定，在建设工程竣工验收前进行。

参考文献

[1] 中国建筑工程总公司．建筑工程施工工艺标准汇编［M］．北京：中国建筑工业出版社，2008.

[2] 河北省工程建设质量监督检测管理总站．建筑工程质量监督与管理［M］．北京：中国建筑工业出版社，2011.

[3] 中国建筑业协会工程建设质量监督与检测分会．建筑工程施工质量验收统一标准填写规范与指南［M］．北京：中国建筑工业出版社，2016.

[4] DBJ01-26　建筑安装分项工程施工工艺规程［S］

[5] GB 50300—2013　建筑工程施工质量验收统一标准［S］

[6] GB 50202—2002　建筑地基基础工程施工质量验收规范［S］

[7] GB 50203—2011　砌体工程施工质量验收规范［S］

[8] GB 50204—2015　混凝土结构工程施工质量验收规范［S］

[9] GB 50209—2010　建筑地面工程施工质量验收规范［S］

[10] GB 50207—2012　屋面工程质量验收规范［S］

[11] GB 50242—2002　建筑给水排水及采暖工程施工质量验收规范［S］

[12] GB 50411—2007　建筑节能工程施工质量验收规范［S］

[13] GB 50303—2015　建筑电气工程施工质量验收规范［S］

[14] GB 50057—2010　建筑物防雷设计规范［S］

[15] GB 50116—2013　火灾自动报警系统设计规范［S］

[16] GB 50016—2006　建筑设计防火规范［S］

[17] JGJ 46—2005　施工现场临时用电安全技术规范［S］

[18] DB13(J) 35—2013　建筑工程技术资料管理规程［S］

模拟试卷（A）

一、单选题

1. 为加快文件的传递，可采用（　　）。

A. 逐级行文　　B. 多级行文　　C. 越级行文　　D. 直接行文

2. 用于在一定范围内公布应当遵守或周知的事项的公文是（　　）。

A. 通知　　B. 通告　　C. 公告　　D. 通报

3. 当问题重大，确急需直接上级和更高层次的上级机关同时了解公文内容时，可采用（　　）的方式。

A. 越级行文　　B. 直接行文　　C. 多级行文　　D. 同时行文

4. 通报情况一般使用以下哪种文种（　　）。

A. 通知　　B. 通告　　C. 通报　　D. 情况报告

5. 发文办理就是指文件从拟稿到（　　）的整个运转过程。

A. 印制发出　　B. 公文签发　　C. 公文用印　　D. 公文登记

6. 在建筑剖面图上不能读到的尺寸标注是（　　）。

A. 建筑层高　　B. 建筑总高

C. 门窗洞口宽度尺寸　　D. 房屋室内外地面高差

7. A2 图纸幅面的尺寸规格是（　　）。

A. 594×841　　B. 420×630　　C. 420×594　　D. 297×420

8. 在建筑施工图中，定位轴线之间的尺寸标注数字应以（　　）为单位。

A. m　　B. dm　　C. cm　　D. mm

9. 表示房屋内部的结构或构造方式，如屋面（楼、地面）形式、分层情况、材料、做法、高度尺寸及各部分的竖向联系等的图样，称为（　　）。

A. 外墙身详图　　B. 楼梯结构剖面图

C. 建筑剖面图　　D. 楼梯剖面图

10. 建筑剖面图及其详图中注写的标高为（　　）。

A. 建筑标高　　B. 室内标高　　C. 结构标高　　D. 室外标高

11. 在建筑总平面图的常用图例中，对于新建建筑物外形应用（　　）绘制。

A. 细实线　　B. 中虚线　　C. 粗实线　　D. 点画线

12. 计算机病毒按（　　）可分为引导型病毒、文件型病毒和混合型病毒，一般由三部分组成，经过 4 个阶段。

A. 破坏程度　　B. 传播方式　　C. 潜伏期长短　　D. 攻击类型

13. 威胁指利用漏洞对资产造成潜在的、恶意的或可能的损害原因，由资产、漏洞和攻击组合在一起构成，包括目标、代理和（　　）。

A. 事件　　B. 等级　　C. 概率　　D. 威胁源

14.（　　）指对存储器上的信息进行扫描和检测，对网络传输进来的数据进行监测。

A. 加密技术　　B. 认证技术　　C. 反病毒技术　　D. 入侵检测技术

15. 工程资料管理软件系统打开后，用户可以选择资料类别，在主菜上单击（　　）选择分类资料。

A. 资料输入　　B. 编辑资料　　C. 查找资料　　D. 导入文档

16. 磁性载体上的电子档案每（　　）年转存一次，原载体同时保留一段时间。

A. 1　　B. 2　　C. 3　　D. 4

17. 对磁性载体每满（　　）年进行一次抽样机读检验，如发现问题应及时采取恢复措施。

A. 1　　B. 2　　C. 3　　D. 4

18. 对光盘载体每满 4 年进行一次抽样机读检验，抽样率不低于（　　）%。

A. 5　　B. 10　　C. 15　　D. 20

19. 针对事故发生的原因，提出防止相同或类似事故发生的切实可行的预防措施，并督促事故发生单位加以实施，以达到事故调查和处理的最终目的。此款符合“四不放过”事故处理原则的（　　）原则。

A. 事故原因不清楚不放过　　B. 事故责任者和群众没有受到教育不放过

C. 事故责任者没有处理不放过　　D. 事故隐患不整改不放过

20. 建筑施工单位的安全生产责任制主要包括各级领导人员的安全职责、（　　）以及施工现场管理人员及作业人员的安全职责三个方面。

A. 项目经理部的安全管理职责

B. 企业监督管理部的安全监督职责

C. 企业各有关职能部门的安全生产职责

D. 企业各级施工管理及作业部门的安全职责

21. 下列关于基坑（槽）开挖施工工艺的说法中，正确的是（　　）。

A. 采用机械开挖基坑时，为避免破坏基底土，应在标高以上预留 15～50cm 的土层由人工挖掘修整

B. 在基坑（槽）四侧或两侧挖好临时排水沟和集水井，或采用井点降水，将水位降低至坑、槽底以下 500mm，以利于土方开挖

C. 雨期施工时，基坑（槽）需全段开挖，尽快完成

D. 当基坑挖好后不能立即进行下道工序时，应预留 30cm 的土不挖，待下道工序开始再挖至设计标高

22. 应在基坑（槽）四侧或两侧挖好临时排水沟和集水井，或采用井点降水，将水位降低至坑、槽底以下（　　）以利土方开挖。

A. 600mm　　B. 500mm　　C. 400mm　　D. 300mm

23. 下列关于基坑支护的表述中，有误的是（　　）。

A. 钢板桩支护具有施工速度快、可重复使用的特点

B. 工程开挖土方时，地下连续墙可用作支护结构，既挡土又挡水，地下连续墙还可同时用作建筑物的承重结构

C. 深层搅拌水泥土桩墙，采用水泥作为固化剂

D. 常用的钢板桩施工机械有自由落锤、气动锤、柴油锤、振动锤，使用较多的是柴油锤

24. 下列各项中，关于钢筋连接的基本规定不正确的说法是（　　）。

A. 钢筋的连接可分为绑扎连接、焊接和机械连接三种

B. 在任何情况下，纵向受拉钢筋绑扎搭接接头的搭设长度不应小于 300mm，纵向受压钢筋的搭接长度不应小于 200mm

C. 钢筋机械连接有钢筋套筒挤压连接、钢筋锥螺纹套筒连接、钢筋镦粗直螺纹套筒连接、钢筋滚压直螺纹套筒连接

D. 当受拉钢筋的直径 d＞22mm 及受压钢筋的直径 d＞25mm 时，不宜采用绑扎搭接接头

25. 混凝土浇水养护的时间：对采用硅酸盐水泥、普通硅酸盐水泥或矿渣硅酸盐水泥拌制的混凝土，不得少于（　　）。

A. 7d　　B. 10d　　C. 5d　　D. 14d

26. 下列关于砌筑砂浆主要技术性质的说法中，错误的是（　　）。

A. 砌筑砂浆的技术性质主要包括新拌砂浆的密度、和易性、硬化砂浆强度和对基面的黏结力、抗冻性、收缩值等指标

B. 流动性的大小用“沉入度”表示，通常用砂浆稠度测定仪测定

C. 砂浆流动性的选择与砌筑种类、施工方法及天气情况有关。流动性过大，砂浆太稀，不仅铺砌难，而且硬化后强度降低；流动性过小，砂浆太稠，难于铺平

D. 砂浆的强度是以 150mm×150mm×150mm 的立方体试块，在标准条件下养护 28d 后，用标准方法测得的抗压强度（MPa）算术平均值来评定的

27. 下列关于砌筑砂浆的组成材料及其技术要求的说法中，正确的是（　　）。

A. M15 及以下强度等级的砌筑砂浆宜选用 42.5 级通用硅酸盐水泥或砌筑水泥

B. 砌筑砂浆常用的细骨料为普通砂。砂的含泥量不应超过 5%

C. 生石灰熟化成石灰膏时，应用孔径不大于 3mm×3mm 的网过滤，熟化时间不得少于 7d；磨细生石灰粉的熟化时间不得少于 3d

D. 制作电石膏的电石渣应用孔径不大于 3mm×3mm 的网过滤，检验时应加热至 70℃并保持 60min，没有乙炔气味后，方可使用

28. 下列各项中，关于冷加工钢筋和热处理钢筋的说法错误的是（　　）。

A. 冷轧带肋钢筋的牌号由 CRB 和钢筋的抗拉强度最大值构成

B. 冷拔低碳钢丝不得做预应力钢筋使用，做箍筋使用时直径不宜小于 5mm

C. 冷拔低碳钢丝是用普通碳素钢热轧盘条钢筋在常温下冷拔加工而成，只有 CDW550 一个强度级别

D. 热处理钢筋强度高，锚固性好，不易打滑，预应力值稳定；施工简便，开盘后钢筋自然伸直，不需调直及焊接

29. 热轧钢筋试验应以同厂别、同炉号、同规格、同一交货状态、同一进场时间，每（　　）为一验收批，不足（　　）时，亦按一验收批计算。

A. 20t，20t　　B. 40t，40t　　C. 50t，50t　　D. 60t，60t

30. 加热盘管弯曲部分不得出现应折弯现象，复合管曲率半径不应小于管道外径（　　）。

A. 3 倍　　B. 5 倍　　C. 8 倍　　D. 10 倍

31. 避雷针一般高出屋面（　　）。

A. 80～120mm　　B. 90～140mm　　C. 100～150mm　　D. 110～160mm

32. 关于施工定额，以下表述正确的是（　　）。

A. 社会性的定额　　B. 企业性的定额　　C. 地区性的定额　　D. 行业性的定额

33. 工程建设定额中，以工序为对象编制的是（　　）。

A. 概算定额　　B. 概算指标　　C. 预算定额　　D. 施工定额

34. 工程建设定额中分项最细、定额子目最多的一种定额是（　　）。

A. 概算指标　　B. 概算定额　　C. 预算定额　　D. 施工定额

35. 在关键部位或关键工序施工过程中，由监理人员在现场进行的监督活动，称为（　　）。

A. 旁站　　B. 巡视　　C. 平行检查　　D. 抽查

36.（　　）是指项目监理机构在施工单位自检的同时，按有关规定、建设工程监理合同约定对同一检验项目进行的检测试验活动。

A. 旁站　　B. 巡视　　C. 平行检查　　D. 抽查

37. 实行分包的项目，安全控制应由（　　）全面负责，分包人向承包人负责，并服从承包人对施工现场的安全管理。

A. 发包人　　B. 分包人　　C. 分包人与承包人　　D. 承包人

38.（　　）负责本行政区域内建设工程竣工验收及备案管理工作。

A. 县级以上建设行政主管部门　　B. 县级以上人民政府主管部门

C. 城建档案馆　　D. 工程质量监督机构

39. 建设工程的竣工验收及备案工作由（　　）负责组织实施。

A. 设计单位　　B. 建设单位　　C. 施工单位　　D. 监理单位

40. 参加工程验收各方对工程质量验收结论意见不一致时，建设（监理）单位可向负责该工程的（　　）申请仲裁。

A. 建设行政主管部门　　B. 人民政府主管部门

C. 人民法院　　D. 质量监督机构

41. 建设单位应当在建设工程竣工验收合格之日起（　　）内向建设工程所在地县级以上建设行政主管部门进行备案。

A. 10 天　　B. 15 天　　C. 30 天　　D. 45 天

42.《计价规范》规定：工程量清单应该采用（　　）。

A. 综合单价计价　　B. 工料单价计价　　C. 两种都行　　D. 两种都不行

43. 施工预算是在（　　）编制的。

A. 项目评估阶段　　B. 项目设计阶段　　C. 项目施工阶段　　D. 项目验收阶段

44. Excel 中的求和函数是（　　）。

A. SUM　　B. NOW　　C. RAND　　D. SQRT

45. 城建档案馆接收范围内的工程竣工验收后，（　　）月内应将有关资料报城建档案馆归档。

A. 1　　B. 2　　C. 3　　D. 4

46. 编码为 A2 的资料是（　　）资料。

A. 项目建议书　　B. 选址规划意见通知书

C. 勘察报告　　D. 施工合同

47. 编码为E1的资料是（　　）资料。

A. 竣工验收文件　　B. 竣工决算文件　　C. 竣工文档文件　　D. 竣工总结文件

48. 根据相关规定，工程施工资料整理后应该向（　　）移交。

A. 建设单位　　B. 施工单位　　C. 监理单位　　D. 质检单位

49. 图纸会审属于（　　）资料。

A. 质量控制　　B. 功能抽查　　C. 观感　　D. 分部验收

50.（易）建筑物沉降观测记录属于（　　）资料。

A. 质量控制　　B. 功能抽查　　C. 观感　　D. 分部验收

51. 当基坑施工深度达到（　　）时，对坑边作业已构成威胁，按照高处作业和临边作业的规定，应搭设临边防护措施。

A. 2m　　B. 3m　　C. 4m　　D. 5m

52. 电梯井内应每隔两层并最多隔（　　）m设一道水平防护。

A. 7　　B. 10　　C. 15　　D. 20

53. 基坑（槽）四周排水沟及集水井应设置在（　　）。

A. 基础范围以外　　B. 堆放土以外　　C. 围墙以外　　D. 基础范围以内

54. 三级安全教育中，项目部级安全教育培训应不少于（　　）学时。

A. 4　　B. 8　　C. 10　　D. 15

55. 出现环境事故时，项目部应立即消除污染，制定措施，防止出现（　　）。

A. 伤亡事故　　B. 环境污染　　C. 二次污染　　D. 安全事故

56. 各种合格证书或检验报告为复印件时必须（　　），并注明使用工程名称、数量、进场日期和原件存放地点。

A. 加盖经销商公章　　B. 加盖生产商公章　　C. 加盖供应方印章　　D. 加盖企业印章

57. 电梯安装企业应提供的资料和文件不包括（　　）。

A. 安装自检记录

B. 安装说明书

C. 安装过程中事故记录与处理报告

D. 由电梯使用单位提出的经制造企业同意的变更设计的证明文件

58. 砖砌体工程检验批验收时，属于主控项目验收内容的是（　　）。

A. 组砌方法　　B. 表面平整度　　C. 楼面标高　　D. 轴线位置偏移

59. 砖砌体水平灰缝的砂浆饱满度不得小于（　　）。

A. 75%　　B. 80%　　C. 85%　　D. 90%

60. 出厂时间超过（　　）的通用水泥，应进行复试。

A. 一个月　　B. 两个月　　C. 三个月　　D. 半年

二、多选题

1.（难）供暖系统按照使用热源介质的种类的不同主要分为（　　）。

A. 热水供暖系统　　B. 蒸汽供暖系统　　C. 热风供暖系统　　D. 煤炭供暖系统

E. 电力供暖系统

2. （中）供暖系统按照作用范围的不同主要分为（　　）。

A. 热水供暖系统　　B. 蒸汽供暖系统　　C. 局部供暖系统　　D. 区域供暖系统

E. 集中供暖系统

3. （难）除污器的型式主要有（　　）。

A. 立式直通　　B. 卧式直通　　C. 卧式角通　　D. 立式角通

E. 蹲式直通

4. 工料单价法当中，计算程序主要分为（　　）。

A. 直接费　　B. 人工费＋机械费　　C. 人工费　　D. 直接费＋人工费

E. 直接费＋机械费

5. 计算机硬件系统主要包括（　　）。

A. 运算器　　B. 控制器　　C. 存储器　　D. 输入设备

E. 输出设备

6. 当分部工程较大或较复杂时，可按（　　）等划分为若干子分部。

A. 材料种类　　B. 施工特点　　C. 施工程序　　D. 专业系统及类别

E. 专业设备及类别

7. （中）检验批可根据施工及质量控制和专业验收需要按（　　）等进行划分。

A. 栋　　B. 楼层　　C. 施工段　　D. 施工单元

E. 变形缝

8. 地面包括（　　）分项。

A. 基层　　B. 垫层　　C. 保温层　　D. 隔离

E. 面层

9. 涂饰包括（　　）涂饰分项。

A. 水性涂料　　B. 溶剂型涂料　　C. 水溶性涂料　　D. 乳液型涂料

E. 美术涂饰

10. 施工阶段的相关资料主要包括（　　）

A. 进度控制资料　　B. 质量控制资料　　C. 造价控制资料　　D. 合同控制资料

E. 材料控制资料

三、判断题（正确的选 A，错误的选 B）

1. 建设单位收集和整理工程准备阶段、竣工验收阶段形成的文件。（　　）

2. （难）国有土地使用证属 A2 类资料。（　　）

3. （中）地形测量和拨地测量成果报告来源于规划部门。（　　）

4. （中）消防设计审核意见来源于公安机关。（　　）

5. （易）设计合同属于 A3 类资料。（　　）

6. 同一脚手架中，所采用的杆件可混用两种材质，同时亦可将两种规格的钢管用于同一脚手架中。（　　）

7. 实行多班作业的塔机，应执行交接班制度，认真填写交接班记录；接班人员经检查确认无误后，方可进行工作。司机和指挥人员每天上、下班应认真做好“塔吊操作交接班记录表”。（　　）

8. “综合治理”属于文明施工检查评分表的保证项目检查内容。（　　）

9. 路面弯沉值检验记录由建设单位和城建档案馆存档保存即可。（　　）

10. 市政工程中，Ⅰ类物资指仅须有质量证明文件的工程物资。（　　）

11. 简易土工取样，基槽和管沟回填按长度50～80m取2个点。（　　）

12. 建设工程的各参建单位必须加强工程文件的管理工作，并设专人负责工程技术资料的管理工作。（　　）

13. 工程准备阶段的验收资料包括工程可行性研究、立项、征地、拆迁、勘察、设计、招投标、开工审批、质量监督手续、概预算等阶段的建设文件和资料。（　　）

14. 在我省建筑工程的竣工验收是由建设行政主管部门委托工程质量监督机构监督执行。（　　）

15. 对于过期的电子档案由档案管理员直接进行销毁。（　　）

16. 用计算机辅助设计或绘图获得的图形电子文件，收集时只需注意其软件环境。（　　）

17. 专用软件产生的电子文件，原则上应转换成通用型电子文件，如不能转换，则收集时必须连同专用软件一并收集。（　　）

18. 工程文件可以采用纯蓝墨水书写。（　　）

19. 建设单位向城建档案馆（室）移交工程档案时，双方协商移交内容及数量并办理移交手续。（　　）

20. 同一脚手架中，所采用的杆件可混用两种材质，同时亦可将两种规格的钢管用于同一脚手架中。（　　）

模拟试卷（A）参考答案

一、单选题

题号	1	2	3	4	5	6	7	8	9	10	11	12	13	14	15	16	17	18	19	20
答案	B	B	C	C	A	C	C	D	C	A	C	B	A	C	A	D	B	B	D	C
题号	21	22	23	24	25	26	27	28	29	30	31	32	33	34	35	36	37	38	39	40
答案	B	B	D	D	A	D	B	A	D	B	C	B	D	D	A	C	D	A	B	D
题号	41	42	43	44	45	46	47	48	49	50	51	52	53	54	55	56	57	58	59	60
答案	B	A	C	A	C	B	A	A	A	B	A	B	A	D	C	C	B	D	B	C

二、多选题

题号	1	2	3	4	5	6	7	8	9	10
答案	ABC	CDE	ABC	ABC	ABCDE	ABCD	BCE	AE	ABE	ABCD

三、判断题

题号	1	2	3	4	5	6	7	8	9	10	11	12	13	14	15	16	17	18	19	20
答案	A	A	B	A	B	B	A	B	B	A	B	A	A	A	B	B	A	B	B	B

模拟试卷（B）

一、【背景资料】某房建施工项目三层楼板电线电缆导管隐蔽工程验收时，资料员陪同监理工程师现场进行隐蔽验收，并提出以下隐蔽工程记录表，提请监理工程师进行核签。

请根据背景资料完成以下问题：

表 C5-1-1　隐蔽工程验收记录　　　　编号：

工程名称：　　　　　　　　施工单位：

隐检项目	电线电缆导管敷设	隐检部位	三层顶板
图纸、变更编号	电施 3	隐检日期	年　月　日
施工标准名称		照片编号	

隐蔽内容	质量要求	施工单位自查情况	监理（建设）单位检验情况
管材材质、规格	设计要求	采用 PVC 阻燃管，材质规格符合设计要求	

（一）单选题

1. 施工单位填写的隐蔽工程验收记录应一式（　　）份。

A. 二　　B. 三　　C. 四　　D. 五

2. 监理机构（　　）在上表中签字。

A. 专业监理工程师　　B. 总监理工程师　　C. 监理员　　D. 总监代表

3. 监理规范规定：未经隐蔽工程验收合格，（　　）。

A. 合格部分可继续施工

B. 必须查明原因、责任人，并追究相关责任

C. 不得进行下道工序的施工

D. 必须查明原因、责任人，并进行相关教育

4.（　　）是指在房屋或构筑物施工过程中，对将被下一工序所封闭的分部、分项工程进行检查验收。

A. 隐蔽工程验收　　B. 检验批验收

C. 分部分项工程验收　　D. 分项工程验收

5. 隐蔽工程验收，应由施工单位在隐蔽验收日提前（　　）小时通知相关验收单位。

A. 8　　B. 48　　C. 24　　D. 12

6. 上表“检查结论”可以是（　　）。

A. 同意隐蔽　　B. 报请建设单位审核

C. 请按规范执行　　D. 基本满足施工要求

7. 室外埋地敷设的电缆导管，埋深不应小于（　　）m。

A. 0.3　　B. 0.5　　C. 0.7　　D. 1.0

8. 建筑电气施工质量验收规范编号为（　　）。

A. GB 50300—2013　　B. GB 50303—2002

C. GB 50204—2011　　D. GB 50242—2002

9. 下列不属于电线电缆导管线槽敷设检验批验收记录中一般项目的检查内容的是（　　）。

A. 金属导管连接规定　　B. 电缆导管弯曲半径规定

C. 暗配导管的敷设规定　　D. 绝缘导管敷设规定

10. 电气照明安装子分部工程代号为（　　）。

A. 02　　B. 03　　C. 04　　D. 05

（二）多选题

1. 下列（　　）项目应进行隐蔽工程验收。

A. 模板　　B. 地下室外防水层　　C. 基坑尺寸　　D. 回填土分层夯实

2. 本工程电线电缆导管敷设的隐蔽内容还应包括（　　）。

A. 管道走向　　B. 管道的弯曲半径　　C. 金属导管的连接　　D. 金属导管的防腐

（三）判断题（正确的填 A，错误的填 B）

1. 资料员陪同监理工程师现场进行隐蔽验收，此做法是否正确？（　　）

2. 隐蔽工程的验收前须由施工单位准备好自检记录，此说法是否正确？（　　）

3. 壁厚小于等于 4mm 的钢电线导管不应埋设于室外土壤内。（　　）

4. 施工单位填写的设备单机试运转记录应一式四份。（　　）

5. 施工单位填写的接地电阻测试记录应一式五份。（　　）

6. 施工单位填写的绝缘电阻测试记录应一式三份。（　　）

7. 埋设于混凝土内的导管内壁应做防腐处理，外壁可不做防腐。（　　）

8. 该工程电气安装工程功能性试验只需进行接地电阻测试就行。（　　）

二、【背景资料】某施工项目开工前，施工单位填写了《施工组织设计（方案）报审表》，报呈监理单位专业监理工程师审核；同时，针对深基坑边坡支护方案，施工单位填写了《施工组织设计/（专项）施工方案报审表》，报呈监理单位审批。

请根据背景资料完成以下问题：

（一）单选题

1. 施工单位填报的《施工组织设计/（专项）施工方案报审表》，应一式（　　）份。

A. 一　　B. 二　　C. 三　　D. 四

2. 《分包单位资格报审表》由（　　）填报。

A. 监理单位　　B. 设计单位　　C. 施工单位　　D. 承包单位

3. 《施工组织设计/（专项）施工方案报审表》属于（　　）类表格。

A. A　　B. B　　C. C　　D. D

4. 《施工组织设计/（专项）施工方案报审表》由（　　）审批。

A. 工程师　　B. 建设单位负责人

C. 总监理工程师　　D. 施工单位技术负责人

5. 根据《建筑施工组织设计规范》（GB/T 50502—2009）文件规定，（　　）以分部（分项）工程或专项工程为主要对象编制的施工技术与组织方案，用以具体指导其施工过程。

A. 分部（分项）施工组织设计　　B. 专项施工方案

C. 施工方案　　D. 专项施工组织

6. 开挖深度超过（　　）m的基坑（槽）的土方开挖工程属于危险性较大的分部分项工程。

A. 3　　B. 5　　C. 7　　D. 8

7. 专项施工方案专家论证会由（　　）组织召开。

A. 建设单位　　B. 监理单位　　C. 建设行政主管部门　D. 施工单位

8.《河北省工程建设管理条例》中规定，未报送工程建设档案资料的，由县级以上人民政府建设行政主管部门责令限期整改，并处以（　　）。

A. 1 千元以下的罚款　　B. 5 千～1 万元的罚款

C. 1 万～10 万元的罚款　　D. 警告

9. 工程开工应具备一定条件，工程项目监理部接到施工单位报送的工程开工报审表后，应逐项检查，如认定已具备开工条件时，由（　　）在工程开工报审表上签署意见，并报建设单位。

A. 监理工程师　　B. 总监理工程师　　C. 监理员　　D. 档案员

10. 由专业承包单位施工的分部（分项）工程或专项工程的施工方案，应由（　　）审批。

A. 总包单位技术负责人　　B. 总包单位项目技术负责人

C. 专业承包单位技术负责人　　D. 专业承包单位项目技术负责人

（二）多选题

1.《危险性较大分部分项工程施工方案专家论证表》，签字栏包括（　　）。

A. 组长　　B. 建设单位　　C. 总监理工程师　　D. 专家

2.《施工组织设计/（专项）施工方案报审表》审定结论包括（　　）。

A. 同意　　B. 修改后再报　　C. 重新编制　　D. 符合要求

（三）判断题（正确的填 A，错误的填 B）

1. 项目开工前，施工单位填写了《施工组织设计/（专项）施工方案报审表》，此做法是否正确？（　　）

2. 施工组织设计文件报呈监理单位专业监理工程师审核，此做法是否正确？（　　）

3. 针对深基坑边坡支护方案，施工单位填写了《施工组织设计/（专项）施工方案报审表》，此做法是否正确？（　　）

4. 当采用悬臂式结构支护时，基坑深度不宜大于 6m。（　　）

5. 拆除护臂支撑时，应按照回填顺序，自下而上逐步拆除。（　　）

6. 搭设高度 24m 以上的落地式钢管脚手架工程属于危险性较大的分部分项工程。（　　）

7. 按照有关规定，开挖深度超过 5m 的基坑、槽的土方开挖工程应当编制专项施工方案。还应组织专家对方案进行论证（　　）

8.《建设工程安全生产管理条例》规定，施工单位应当对达到一定规模的危险性较大的分部分项工程编制专项施工方案，并附有安全施工措施。（　　）

三、【背景资料】某工程《建筑安装施工合同》规定：工程准备阶段文件和工程竣工文件由建设单位负责收集、整理与组卷；施工资料由施工单位负责收集、整理与组卷；竣工图委托监理单位编制；室外工程应按室外建筑环境、室外安装工程单独组卷。

请根据背景资料完成以下问题：

（一）单选题

1. 专业承包工程形成的施工资料应由（　　）负责。

A. 专业承包单位　　B. 建设单位　　C. 施工单位　　D. 监理单位

2. 监理资料应按（　　）进行组卷。

A. 建设项目　　B. 施工项目　　C. 单位工程　　D. 分部工程

3. 电梯应按（　　）单独组卷。

A. 不同型号电梯　　B. 不同用途电梯

C. 单位工程所含电梯　　D. 不同型号每台电梯

4. 施工资料应按（　　）进行组卷。

A. 建设项目　　B. 施工项目　　C. 单位工程　　D. 分部工程

5. 竣工图应按（　　）组卷。

A. 建设项目　　B. 施工项目　　C. 单位工程　　D. 专业分类

6. 工程资料组卷应编制的内容不包括（　　）。

A. 封面　　B. 卷内目录　　C. 备考表　　D. 附录

7. 施工监理工作记录包括施工准备审批文件、工程进度审批文件、（　　）和工程造价审批文件。

A. 监理月报　　B. 工程质量审批文件　　C. 监理会议纪要　　D. 监理通知

8. 照片、录像、电子文件分别储存在（　　）内进行归档保存。

A. 同一光盘　　B. 不同的光盘

C. 同一只读式光盘　　D. 不同的只读式光盘

9. 建设电子档案迁移后，原格式电子档案必须同时保留时间不少于（　　）。

A. 1 年　　B. 2 年　　C. 3 年　　D. 4 年

10. 用文字处理技术形成的电子文件，收集时应注明文件（　　）、属性和文字处理平台。

A. 出处　　B. 类型　　C. 格式　　D. 存储格式

（二）多选题

1. 工程准备阶段文件和工程竣工文件可按（　　）或进行组卷。

A. 建设项目　　B. 分部工程　　C. 施工项目　　D. 单位工程

2. 下列关于工程资料的收集、整理与组卷的规定，正确的是（　　）。

A. 监理资料应由监理单位负责收集、整理与组卷

B. 工程资料可根据数量多少组成一卷或多卷

C. 工程资料组卷应遵循自然形成规律，保持卷内文件、资料内在联系

D. 工程资料可委托中介公司编制

（三）判断题（正确的选 A，错误的选 B）

1. 如建设单位与施工单位达成协议，工程准备阶段文件和工程竣工文件委托施工单位收集、整理与组卷，此做法是否妥当？（　　）

2. 竣工图委托监理单位编制是否妥当？（　　）

3. 归档的照片数量视工程规模或性质而定，不宜少于 20 张。（　　）

4. 数码照片分辨率不得少于 600 万像素。（　　）

5. 归档的照片宜洗成 5 英寸的彩色照片。（　　）

6. 竣工图可以使用计算机出图的复印件。（　　）

7. 室外环境子单位工程包含大门、挡土墙等分部工程。（　　）

8. 附属建筑子单位工程包含车棚、围墙、大门等分部工程。（　　）

四、【背景资料】某建筑公司 7 月份新开工某保障房住宅小区工程 3＃～8＃，共计建筑面积约 6 万㎡，均为地上 12 层。由于本工程为政府形象工程，属于该市重点工程，施工单位对安全工作非常重视，开工后申报了市级安全文明施工工程，现场严格按照省级文明施工标准要求组织安全生产，安全资料整理严格执行河北省《建筑施工安全技术资料管理标准》的有关要求。

请根据背景资料完成以下问题：

（一）单选题

1. 企业安全管理资料属于（　　）类资料。

A. C1　　B. C2　　C. C3　　D. C4

2. 下列不属于企业安全管理资料的是（　　）。

A. 安全操作规程　　B. 企业安全生产各项规章制度

C. 安全目标管理责任书　　D. 企业安全生产许可证

3. 下列不属于项目安全管理资料的是（　　）。

A. 安全操作规程　　B. 项目部文明施工管理制度

C. 安全目标管理责任书　　D. 工程项目概况表

4. 安全教育资料属于（　　）类资料。

A. C1　　B. C2　　C. C3　　D. C4

5. 下列不属于安全教育资料的是（　　）。

A. 班组安全活动记录表　　B. 项目部日常安全会议记录

C. 三级安全教育登记卡　　D. 项目安全教育培训计划

6. 项目安全教育培训计划应由（　　）组织编制。

A. 施工单位技术负责人　　B. 项目技术负责人

C. 项目专职安全员　　D. 项目负责人

7. 在法定假期为（　　）天以上的重大节日前后，项目部应根据实际情况组织工人进行施工、消防、交通、社会治安等方面的安全教育。

A. 1　　B. 2　　C. 3　　D. 4

8. 建筑施工工人在同一施工现场内变换工种或离岗（　　）以上复岗的，项目部应进行转岗复岗安全教育。

A. 2　　B. 3　　C. 6　　D. 1 年

9. 分部分项施工前及有特殊风险的作业前，应对施工作业人员进行书面技术交底，其内容应按照（　　）的要求，讲明操作者的安全注意事项，并形成记录。

A. 施工方案　　B. 施工图纸　　C. 施工合同　　D. 安全生产协议

10. 安全技术管理资料属于（　　）类资料。

A. C2　　B. C3　　C. C4　　D. C5

（二）多选题

1. 安全技术管理资料包括（　　）。

A. 安全操作规程　　B. 施工组织设计

C. 安全技术措施　　D. 危险性较大的分部分项汇总表

2. 监理管理资料包括（　　）。

A. 安全监理专题会议纪要　　B. 监理合同

C. 建设工程开工安全工作报审表　　D. 主要施工机械设施安全报审表

（三）判断题（正确的填 A，错误的填 B）

1. 复工报审表属于 B2 类监理工作表。（　　）

2. 建设工程竣工后施工现场移交单属于监理管理资料。（　　）

3. 复工报审表仅需施工单位和监理单位存档即可。（　　）

4. 安全技术交底需监理单位和施工单位存档保存。（　　）

5. 安全检查基本上都采用安全检查表和一般检查方法，进行定性定量的安全评价。（　　）

6. 安全防护、文明施工措施费用支付计划统计资料及凭证属于建设单位安全资料。（　　）

7. 分包单位考察评价表仅由施工单位保存即可。（　　）

8. 施工现场应坚持开展经常性教育，每周至少一次并保存有关记录。（　　）

五、【背景资料】某办公楼工程为框架结构，地上五层，项目实施前项目经理安排技术负责人负责工程技术交底、安全员负责安全交底、资料员负责资料的管理工作，要求资料员根据有关规定编制资料管理计划，并对项目部相关人员进行资料工作交底，确保工程资料收集整理准确、及时。

请根据背景资料完成以下问题：

（一）单选题

1. 编制各施工班组的月进度计划表是（　　）的资料管理职责。

A. 项目经理　　B. 项目技术负责人　　C. 专业施工员　　D. 项目专业质量员

2. 负责试验报告单的验证确认是（　　）的资料管理职责。

A. 项目经理　　B. 项目技术负责人　　C. 专业施工员　　D. 项目专业质量员

3. 建立和保存合格供方的质量记录是（　　）的资料管理职责。

A. 工地材料员　　B. 项目技术负责人　　C. 专业施工员　　D. 项目专业质量员

4. 工程概况表属于（　　）类资料。

A. C1　　B. C2　　C. C3　　D. C4

5. 依据《建设工程文件归档整理规范》（GB/T 50328—2014）有关规定，案卷不宜过厚，文字材料卷厚度不宜超过（　　）mm。

A. 10　　B. 15　　C. 18　　D. 20

6. 地基与基础分部中，混凝土基础子分部的工程代号为（　　）。

A. 01　　B. 03　　C. 04　　D. 06

7. 依据《建设工程文件归档整理规范》（GB/T 50328—2014）有关规定，案卷不宜过厚，图纸卷厚度不宜超过（　　）mm。

A. 20　　B. 30　　C. 40　　D. 50

8. 图纸基本尺寸为420mm×594mm是（　　）图纸。

A. 1＃　　B. 2＃　　C. 3＃　　D. 4＃

9.《工程材料/构配件/设备报审表》中不需要的附件是（　　）。

A. 材料价格表　　B. 数量清单　　C. 质量证明文件　　D. 自检结果

10. 施工时所用的小型空心砌块的产品龄期最小值是（　　）。

A. 12d　　B. 24d　　C. 28d　　D. 36d

（二）多选题

1. 施工资料交底的内部对象包括（　　）。

A. 试验检测　　B. 供货方　　C. 质量员　　D. 施工员

2. 资料员指导项目技术负责人进行技术资料的（　　）。

A. 编写　　B. 签章　　C. 签字　　D. 审核

（三）判断题（正确的填A，错误的填B）

1. 资料员指导项目经理收发文件。（　　）

2. 资料员负责试验报告单的验证确认。（　　）

3. 试验检测单位是施工资料交底的内部对象。（　　）

4. 模板工程不需要办理隐蔽工程验收手续。（　　）

5.《施工现场质量管理检查记录》中“施工图审查情况”一栏的内容是指建设单位对施工图的审查（　　）。

6. 本工程项目经理安排安全员进行安全技术交底工作是否正确？（　　）

7. 小型空心砌块具有出厂合格证及检验报告即可用于工程砌筑。（　　）

8. 同一厂家、品种、批次的施工物资用在两个分部、子分部工程中时，资料编号中的分部、子分部工程代号可按主要使用部位填写。（　　）

模拟试卷（B）参考答案

一、										
（一）单选题										
题号	1	2	3	4	5	6	7	8	9	10
答案	C	A	C	A	B	A	C	B	A	D
（二）多选题										
题号	1		2							
答案	BCD		AB							
（三）判断题										
题号	1	2	3	4	5	6	7	8		
答案	B	A	B	A	B	A	A	B		
二、										
（一）单选题										
题号	1	2	3	4	5	6	7	8	9	10
答案	C	C	B	C	C	A	D	C	B	C
（二）多选题										
题号	1		2							
答案	AD		ABC							
（三）判断题										
题号	1	2	3	4	5	6	7	8		
答案	A	B	A	A	A	A	A	B		
三、										
（一）单选题										
题号	1	2	3	4	5	6	7	8	9	10
答案	A	C	D	C	D	D	B	D	C	D
（二）多选题										
题号	1		2							
答案	AD		ABC							
（三）判断题										
题号	1	2	3	4	5	6	7	8		
答案	B	A	B	B	B	B	B	A		
四、										
（一）单选题										
题号	1	2	3	4	5	6	7	8	9	10
答案	A	C	A	C	B	D	C	B	A	D

续表

（二）多选题										
题号	1		2							
答案	BCD		AB							
（三）判断题										
题号	1	2	3	4	5	6	7	8		
答案	A	B	B	B	A	A	B	A		
五、										
（一）单选题										
题号	1	2	3	4	5	6	7	8	9	10
答案	C	D	A	A	D	D	D	B	A	C
（二）多选题										
题号	1		2							
答案	CD		BC							
（三）判断题										
题号	1	2	3	4	5	6	7	8		
答案	B	B	B	A	B	B	B	A		

模拟试卷（C）

一、单项选择题（共60题，每题1分，共60分）

1.《建设工程质量管理条例》规定，施工人员对涉及结构安全的试块、试件及有关材料，应当在（　　）监督下现场取样，并送具有相应资质等级的质量检测单位进行检测。

A. 施工企业质量管理部门　　B. 设计单位或监理单位

C. 建设单位或监理单位　　D. 工程质量监督机构

2. 硅酸盐水泥初凝时间不得早于（　　）min。

A. 45　　B. 50　　C. 60　　D. 90

3. 常用的早强剂有（　　）、硫酸盐类和有机胺类。

A. 氯盐类　　B. 糖类　　C. 硝酸盐类　　D. 无机盐类

4. 烧结多孔砖的空洞率不得大于（　　）%。

A. 35　　B. 30　　C. 25　　D. 40

5. 含碳量小于（　　）%碳素钢具有良好的可焊性。

A. 25　　B. 30　　C. 35　　D. 40

6. 石油沥青的黏滞性用（　　）指标来表示。

A. 软化点　　B. 延度　　C. 针入度　　D. 溶解度

7.（　　）适用于宾馆、酒店及各种商业、娱乐场所的装饰和装修。

A. 吸热玻璃　　B. 热反射玻璃　　C. 中空玻璃　　D. 镭射玻璃

8. 施工总平面图内容包括（　　）。

A. 总体布局规划、形状和位置、地形和地貌、朝向和风速、其他

B. 总体布局规划、形状和位置、地形和地貌

C. 总体布局规划、形状和位置

D. 形状和位置、地形和地貌、朝向和风速

9. 砖砌筑前应提前1～2h浇水湿润，烧结普通砖的含水率应控制在（　　）内使用完毕。

A. 5%～8%　　B. 5%～10%　　C. 10%～15%　　D. 10%～20%

10. 在常温条件下采用自然养护方法时，主体结构混凝土浇筑完毕后应在（　　）h以内加以覆盖和浇水。

A. 8　　B. 10　　C. 12　　D. 24

11. 以下关于钢筋代换说法错误的是（　　）。

A. 对于不同级别间的钢筋代换应采用等面积代换

B. 钢筋代换必须征得设计单位的同意才能进行

C. 代换后的钢筋均应当满足构造方面要求

D. 等面积代换即代换后的钢筋总截面积不小于原设计中钢筋总截面积

12. 下列关于钢结构用钢材的相关说法中，正确的是（　　）。
A. 工字钢主要用于承受轴向力的杆件、承受横向弯曲的梁以及联系杆件
B. Q235A 代表屈服强度为 235N/mm²，A 级，沸腾钢
C. 低合金高强度结构钢均为镇静钢或特殊镇静钢
D. 槽钢广泛应用于各种建筑结构和桥梁，主要用于承受横向弯曲的杆件，但不宜单独用作轴心受压构件或双向弯曲的构件
13. 伸长率是衡量钢材（　　）的重要指标。
A. 弹性　B. 脆性　C. 塑性　D. 耐磨性
14. 构件在外荷载作用下具有抵抗变形的能力为构件的（　　）。
A. 强度　B. 刚度　C. 稳定性　D. 耐久性
15. 通过杆件横截面形心并垂直于横截面作用的内力称为（　　）。
A. 弯矩　B. 剪力　C. 轴力　D. 扭矩
16. 砼的耐久性要求，主要指标是（　　）。
A. 抗渗性　B. 抗冻性
C. 混凝土炭化及耐腐蚀性　D. 抗渗性＋抗冻性＋混凝土炭化及耐腐蚀性
17. 按照内容和作用不同，下列不属于房屋建筑施工图的是（　　）。
A. 建筑施工图　B. 结构施工图　C. 设备施工图　D. 系统施工图
18. 下列各项中，不属于设备施工图的是（　　）。
A. 给水排水施工图　B. 采暖通风与空调施工图
C. 设备详图　D. 电气设备施工图
19. 不是钢筋连接的方法是（　　）。
A. 弯钩连接　B. 机械连接　C. 绑扎连接　D. 焊接连接
20. 高强度螺栓的拧紧问题说法错误的是（　　）。
A. 高强度螺栓连接的拧紧应分为初拧、终拧
B. 对于大型节点应分为初拧、复拧、终拧
C. 复拧扭矩应当大于初拧扭矩
D. 扭剪型高强度螺栓拧紧时对螺母施加逆时针力矩
21. 下列关于防水工程的说法中，不正确的是（　　）。
A. 防水混凝土多采用较大的水灰比，降低水泥用量和砂率，选用较小的骨料直径
B. 根据所用材料不同，防水工程可分为柔性防水和刚性防水
C. 按工程部位和用途，防水工程又可分为屋面防水工程、地下防水工程、楼地面防水工程
D. 防水砂浆防水通过增加防水层厚度和提高砂浆层的密实性来达到防水要求
22. 材料储备可解决材料（　　）的矛盾。
A. 生产和材料消耗　B. 储存与保管　C. 运输与周转　D. 周转与流通
23. 材料计划按计划的用途分可以分为材料需用量计划、材料采购计划及（　　）等。
A. 材料月度计划　B. 材料申报计划　C. 主体材料计划　D. 材料使用计划
24. 专用材料一般采用哪种供应方式（　　）。
A. 限额供应　B. 中转供应　C. 甲方供应　D. 直达供应

25. 对机械配件和加工材料的计划、储存、订购、贸易和供应工作进行管理，统称机械设备的（　　）。

A. 供应管理　　B. 修理管理　　C. 协调管理　　D. 保养管理

26. 能够用数据变动的幅度来反映其分散状况的特征值是（　　）。

A. 算术平均值　　B. 极差　　C. 标准偏差　　D. 变异系数

27. 直方图法将收集到的质量数进行分组整理，绘制成频数分布直方图，又称为：（　　）。

A. 分层法　　B. 质量分布图法　　C. 频数分布图法　　D. 排列图法

28. 在数理统计分析法中，用来显示在质量控制中两种质量数据之间关系的方法是：（　　）。

A. 统计调查表法　　B. 直方图法　　C. 控制图法　　D. 相关图法

29. 下列物资中，不属于A类物资的是（　　）。

A. 钢材　　B. 水泥　　C. 木材　　D. 防水材料

30.（　　）反映了在一定社会生产力条件下，建筑行业生产与管理的社会平均水平或平均先进水平。

A. 定额　　B. 工程定额　　C. 劳动定额　　D. 材料消耗定额

31. 适用于施工生产连续使用，供应商长期固定、市场供大于求，竞卖较为激烈的材料设备的采购方式是（　　）。

A. 协作采购　　B. 现货供应　　C. 期货供应　　D. 赊销供应

32. 最优采购批量是指（　　）之和最低的采购批量。

A. 材料费和机械费　　B. 采购费和储存费　　C. 运输费和采购费　　D. 仓储费和损耗费

33. 可不进行物资供方评定工作的是（　　）物资。

A. A类　　B. B类　　C. C类　　D. B，C类

34. 对物资供方的评估的内容不包括（　　）。

A. 生产能力　　B. 社会信誉　　C. 供货速度　　D. 质量保证能力

35. 下列选项中，不属于企业对外结算方式的是（　　）。

A. 转账法　　B. 托收承付　　C. 信汇结算　　D. 支票结算

36. 生产资料市场及物资贸易中心的建立、发展及其市场占有率，国家有关生产资料市场的政策等属于材料采购信息中的（　　）。

A. 供应信息　　B. 市场信息　　C. 资源信息　　D. 政策信息

37. 建筑企业采购和加工业务的业务过程，可分为（　　）等五个阶段。

A. 准备、谈判、执行、成交、结算　　B. 谈判、准备、执行、成交、结算

C. 准备、谈判、成交、执行、结算　　D. 谈判、准备、成交、执行、结算

38. 材料的验收是指对材料（　　）的验收。

A. 外观质量与内在质量　　B. 采购数量

C. 质量　　D. 质量与数量

39. 下列选项中，不属于通用硅酸盐水泥的是（　　）。

A. 快硬硅酸盐水泥　　B. 矿渣硅酸盐水泥

C. 火山灰质硅酸盐水泥　　D. 粉煤灰硅酸盐水泥

40. 火山灰质硅酸盐水泥的代号为（　　）。

A. P·P　　B. P·F　　C. P·C　　D. P·O

41. 和易性是满足施工工艺要求的综合性质，包括（　　）。

A. 流动性、黏聚性和保水性　　B. 流动性和保水性

C. 流动性和黏聚性　　D. 以上答案都不正确

42. 下列各项，不属于常用早强剂的是（　　）。

A. 硝酸盐类早强剂　　B. 氯盐类早强剂　　C. 硫酸盐类早强剂　　D. 有机胺类早强剂

43. 管理合同以及买卖双方之间的关系，审查并记录卖方当前的生产绩效，以保证按期供货的项目采购过程称为（　　）。

A. 采购规划　　B. 发包规划　　C. 合同管理　　D. 合同收尾

44. 记录产品、服务或成果要求，并确定潜在卖方的项目采购过程称为（　　）。

A. 采购规划　　B. 合同收尾　　C. 合同管理　　D. 发包规划

45. 砖进入施工现场在资料和外观检查合格后，还应选样复试，以同批、同规格的产品，每检验批选一组（用于多层的小砌块送两组）每组（　　）做强度试验。

A. 5 块　　B. 10 块　　C. 15 块　　D. 20 块

46. 冷拉钢筋应由不大于（　　）的同级别、同直径钢筋组成一个验收批，不足此数量时也按一个检验批进行验收。

A. 60t　　B. 50t　　C. 20t　　D. 10t

47. 改性石油沥青密封材料，每（　　）为一检验批进行现场抽样复检，不足此数量也按一检验批抽样。

A. 1t　　B. 2t　　C. 3t　　D. 4t

48. 建筑工程使用的防水剂、防冻剂、泵送剂，每（　　）为一检验批，不足此数量者也按一检验批进行检验。

A. 20t　　B. 50t　　C. 60t　　D. 100t

49. 袋装水泥在仓储保管存放时，应用木料垫高超出地面（　　）cm。

A. 20　　B. 30　　C. 40　　D. 50

50. C30 混凝土中用砂子的含泥量不宜超过（　　）。

A. 3%　　B. 3.5%　　C. 4%　　D. 4.5%

51. 快硬硅酸盐水泥出场超过（　　）个月应进行复检，并按复检结果使用。

A. 1　　B. 2　　C. 3　　D. 4

52. 材料采购验收发现不符合规定质量要求的（　　）。

A. 不予验收　　B. 立即退货　　C. 撤销合同　　D. 上诉人民法院

53. 钢筋混凝土结构、预应力混凝土结构中，严禁使用含（　　）水泥。

A. 硫化物　　B. 硫酸盐　　C. 氯化物　　D. 氢氧化物

54. 对库房每日有变动（材料增加或减少）的材料，当日复查一次，即当天对库房收入或发出的材料，核对账、卡、物是否对口的盘点方式是（　　）

A. 对口盘点　　B. 永续盘点　　C. 定期盘点　　D. 按时盘点

55. 限额领料的依据是（　　）。

A. 正确的工程量　　B. 正确的施工定额

C. 正确的施工量和施工定额　　D. 正确的计算

56. 钢材中的大规格型材、普通钢筋和砖、瓦、灰、砂、石、砌块等应入（　　）保管。

A. 库房　　B. 库棚　　C. 料场　　D. 特殊库房

57. 材料出库凭证主要有（　　）

A. 验收入库单、加工单

B. 调拨单、借用单、限额领料单、新旧转账单

C. 盘点盈亏的调整单、数量规格调整单

D. 报损报废单、材料超储耗报告单

58. 材料堆码时必须考虑底层材料所承受的重量，例如袋装水泥一般只能堆放（　　）袋高。

A. 15 以下　　B. 20 以下　　C. 25 以下　　D. 25 以上

59. 下列选项中，不属于工具费用摊销常用方法的是（　　）

A. 一次性摊销法　　B. “五五”摊销法　　C. 期限摊销法　　D. 原值摊销法

60. 下列哪项费用不属于材料实际采购成本（　　）

A. 包装费　　B. 运杂费　　C. 保管费　　D. 增值税

二、多项选择题（共 10 题，每题正确得 2 分，少选得 0.5 分，其他情况不得分）

1. 建筑设计单位对设计文件选用的材料、设备、构配件不得指定（　　）。

A. 生产厂　　B. 具体规格、型号　　C. 性能指标　　D. 供应商

2. 水泥进场应进行外观检查，外观检查的内容有（　　）。

A. 标志：厂名、生产许可证编号、品种、名称、代号、强度等级、日期等

B. 包装：核对与合格证是否相符

C. 重量：抽检重量是否符合规定，每袋允许偏差为±5 kg，但抽取 10 袋过磅总重量应不低于标准值

D. 外观检查还应看，水泥是否受潮、结块、混入杂物、是否有不同强度等级的水泥混合等现象

3. 混凝土缓凝剂主要用于（　　）的施工。

A. 高温季节混凝土　　B. 蒸养混凝土

C. 大体积混凝土　　D. 滑模工艺混凝土

4. 市场采购具体的供货方式可分为（　　）。

A. 协作采购　　B. 现货供应　　C. 期货供应　　D. 赊销供应

5. 施工单位进行设备投资前，需要考虑以下因素（　　）。

A. 项目寿命期或设备经济寿命

B. 租金支付方式、采购付款方式

C. 融资方式

D. 施工单位经营费用减少与折旧费和利息减少的关系、租赁的节税优惠等

6. 钢筋牌号 HRB400 表示为（　　）的热轧带肋钢筋。

A. 屈服强度为 400MPa　　B. 热轧带肋钢筋

C. 强度设计值为 400MPa　　D. 抗拉强度为 400MPa

7. 无绝缘的导线称为裸导线，裸导线主要由（　　）等制成。

A. 铝　　B. 铜　　C. 钢　　D. 铅

8. 材料的保管包括（　　）等方面。

A. 材料的存放场地　　B. 材料的码放　　C. 材料的保管人　　D. 材料的安全消防

9. 周转材料管理的内容包括（　　）。

A. 周转材料的回收管理　　B. 周转材料的养护管理

C. 周转材料的维修管理　　D. 周转材料的改制管理

10. 核算管理是指对周转材料的使用状况进行反映与监督，包括（　　）。

A. 业务核算　　B. 货币核算　　C. 统计核算　　D. 会计核算

三、判断题（共 20 题，每题 1 分，共 20 分，正确的填 A，错误的填 B）

1. 气硬性胶凝材料只能在空气中凝结、硬化、保持和发展强度。（　　）

2. 高性能混凝土是水泥混凝土发展方向之一，它被广泛地应用于桥梁工程、高层建筑、工业厂房结构、港口及海洋工程、水工结构等工程中。（　　）

3. 泵送剂是改善混凝土强度性能的外加剂。（　　）

4. 生石灰熟化时间不得少于 7d，磨细生石灰粉的熟化时间不得少于 3d。（　　）

5. 机械连接主要适用于 HRB500 级钢筋的连接。（　　）

6. 自落式搅拌机适用于拌制半干硬性混凝土。（　　）

7. 通常的施工顺序是先地下后地上、先深后浅、先主体后装修、先土建后安装。（　　）

8. 质量管理的 PDCA 是指控制、实施、检查、处置。（　　）

9. 力学上把物体处于静止状态称为平衡状态。（　　）

10. 力的大小为零，则力矩为零。（　　）

11. 记账的程序是从核查和整理凭证开始，到按规定记账册、结算金额以及编制报表的全部账务处理过程。（　　）

12. 材料常用保养方法有除锈、涂油密封、干燥等。（　　）

13. 单位产品是为实施抽样检查的需要而划分的基本单位．（　　）

14. 为实施抽样检查汇集起来的单位产品，称为检验批或批，它是抽样检查和判定的对象．（　　）

15. 建筑施工企业必须按照工程设计要求、施工技术标准和合同的约定，对建筑材料、建筑构配件和设备进行检验，不合格的不得使用．（　　）

16. 按照合同约定由工程承包单位采购的建筑材料，发包单位可指定购入，但不得指定生产厂、供应商。（　　）

17. 采购市场分析环节包括 4 个步骤。（　　）

18. 承包人采购的材料在使用前，承包人应按工程师的要求进行检测或试验，不合格的不得使用，检验或试验费用有承包人承担。（　　）

19. 确定采购何物及何时、如何采购的项目采购过程称为发包规划。（　　）

20. 邀请招标，指业主根据自己的经验和所掌握的各种信息资料，向有承担该项工程施工能力的 2 个以上（含 2 个）承包商发出招标邀请书。（　　）